Klaus Beckmann

Vorläufiger Rechtsschutz und aufschiebende Wirkung

Studien zu Gerechtigkeit, Verfassung und Steuerung

herausgegeben von

Prof. Dr. Felix Ekardt, LL.M., M.A.
(Universität Bremen / Forschungsstelle für Europäisches Umweltrecht & Bremer Institut für transnationales Verfassungsrecht)

Band 4

LIT

Klaus Beckmann

Vorläufiger Rechtsschutz und aufschiebende Wirkung

Eine kritische Bestandsaufnahme unter besonderer Berücksichtigung von unaufschiebbaren Anordnungen und Maßnahmen von Polizeivollzugsbeamten

LIT

Bibliografische Information der Deutschen Nationalbibliothek
Die Deutsche Nationalbibliothek verzeichnet diese Publikation in der Deutschen Nationalbibliografie; detaillierte bibliografische Daten sind im Internet über http://dnb.d-nb.de abrufbar.

ISBN 978-3-8258-0769-6
Zugl.: Bremen, Univ., Diss., 2007

Verlagskontakt:
Fresnostr. 2 D-48159 Münster
Tel. +49 (0) 2 51/620 32 - 22 Fax +49 (0) 2 51/922 60 99
e-Mail: lit@lit-verlag.de http://www.lit-verlag.de

Auslieferung:
Deutschland/Schweiz: LIT Verlag Fresnostr. 2, D-48159 Münster
Tel. +49 (0) 2 51/620 32 - 22, Fax +49 (0) 2 51/922 60 99, e-Mail: vertrieb@lit-verlag.de
Österreich: Medienlogistik Pichler-ÖBZ GmbH & Co KG
IZ-NÖ, Süd, Straße 1, Objekt 34, A-2355 Wiener Neudorf
Tel. +43 (0) 2236/63 535-290, +43 (0) 2236/63 535 - 243, mlo@medien-logistik.at

Danksagung

Ich danke meinem verehrten Doktorvater, Herrn Prof. Dr. Felix Ekardt, LL.M., M.A., für seine stets konstruktive Begleitung des Promotionsverfahrens. Die Betreuung war mir gegenüber von Anfang an geprägt von Vertrauen, Ermutigung, zielführenden Anregungen, absoluter Zuverlässigkeit und Offenheit. Von anderen Promovenden und von bereits promovierten Personen sowie aus dem Buch mit dem Titel „Promotion" von Prof. Ingo von Münch weiß ich, dass all dies eben nicht selbstverständlich ist. Ferner möchte ich mich auch bei meinem Zweitgutachter, Herrn Prof. Dr. Robert Francke, bedanken.

Polch, den 20. Juli 2008

Inhaltsverzeichnis

Einführung

Das Regelwerk der §§ 80 bis 80b VwGO stellt ein wichtiges Segment des Allgemeinen Verwaltungsrechts im Verwaltungsalltag dar. Die Rechtsanwender in der sog. Eingriffsverwaltung und in einigen Bereichen auch in der Leistungsverwaltung werden fast täglich mit diesem Regelwerk, das auch in das Verwaltungsvollstreckungs- und Polizei- und Ordnungsbehördenrecht ausstrahlt, konfrontiert, so dass hier eine optimierte Gesetzgebung besonders geboten ist. Die Frage ist, ob dem Gesetzgeber im Hinblick auf die besondere Bedeutung dieses Regelwerkes mit seinen Gesetzesnovellen im Großen und Ganzen eine adäquate optimierte Gesetzgebung gelungen ist. Dies muss verneint werden. Die sehr komplexe Materie des vorläufigen Rechtsschutzes nach §§ 80 ff. VwGO ist sehr knapp ausgefallen. Gegen das in der Gesetzgebungslehre enthaltene Postulat einer klaren und knappen Gesetzessprache ist grundsätzlich nichts einzuwenden, solange nicht das von der Verfassung geforderte rechtsstaatliche Bestimmtheitsgebot darunter leidet, denn Rechtsnormen können nur die beabsichtigte Steuerungswirkung entfalten, wenn der Gesetzgeber verständliche und präzise Normen erlässt. Diesen Kriterien entspricht es am ehesten, wenn der Text einer Rechtsnorm vollständig ausformuliert wird, was aber die deklaratorische und konstitutive Verweisung, die Verwendung von Generalklauseln und die Verwendung unbestimmter Rechtsbegriffe nicht ausschließt.[1]

Gerade wegen der überragenden Bedeutung des vorläufigen Rechtsschutzes hätten §§ 80 ff. VwGO besonders sorgfältig und in sich stimmig ausformuliert werden müssen. Dies ist aber bis heute trotz mehrerer Gesetzesnovellen nicht gelungen. Anstatt mit den ergangenen Gesetzesnovellen zum vorläufigen Rechtsschutz die flagranten Schwächen und Mängel zu eliminieren, haben diese Gesetzesnovellen sogar partiell neue Rechtsprobleme hervorgerufen.[2] Während der Perfektionierungsdrang im Hinblick auf das rechtsstaatliche Bestimmtheitsgebot in vielen Rechtsgebieten den Gesetzgeber häufig dazu verleitet hat, mehr zu sagen als notwendig ist[3], hat er sich auf diesem sehr wichtigen Segment des Allgemeinen Verwaltungsrechts nicht nur sehr zurückgehalten, sondern das Regelwerk enthält

---

[1] BVerfGE 87, 234 ff.; *Guckelberger*, Zeitschrift für Gesetzgebung 2004, 62 (63) (69).

[2] Nach *Redeker/von Örtzen*, VwGO, § 80 Rn. 1 lässt der § 80 viele Fragen offen. „Sie gehören zu den umstrittensten Problemen des Verwaltungsprozessrechts. Fast nirgend haben sich bestimmte Lösungen durchgesetzt, vielfach differieren die Spruchkörper des gleichen Gerichts. Die Rechtsprechung ist deshalb fast unübersehbar, Bemühungen der Literatur um Systematisierung und Vereinheitlichung haben bisher kaum Erfolg gehabt, es fehlt die prägende Kraft des BVerwG, bei dem Aussetzungsverfahren selten sind." Im Ergebnis ebenso *Schoch,* in: Schoch/Schmidt-Aßmann/Pietzner, VwGO, Vorb § 80 Rn. 73-76. *Schoch* spricht im Zusammenhang mit den ergangenen Gesetzesnovellen von Problemvermehrung, Regelungswut, zunehmendem rechtspolitischen Aktionismus, Konzeptionslosigkeit und Atomisierung durch Sonderprozessrecht.

[3] Vgl. *Schneider*, Gesetzgebung, § 13 Rn. 443. So sind überlange Paragraphen mit mehr als zehn Absätzen keine Seltenheit: Als Beispiel sei hier das Straßenverkehrsrecht mit bis zu 15 Absätzen genannt.

auch eine Vielzahl von gesetzessprachlichen und gesetzgebungstheoretischen Mängeln. Dies ist auch vor dem Hintergrund, dass zunehmend vorläufige Rechtsschutzverfahren auf vielen Gebieten des Besonderen Verwaltungsrechts den Hauptsacherechtsschutz verdrängen,[4] bedenklich. Letzteres dokumentiert auch die große Bedeutung dieses Regelwerkes. Bei einer funktionierenden prospektiven, begleitenden und retrospektiven Gesetzesfolgenabschätzung zur Optimierung der Gesetzgebung hätten die dem Regelwerk innewohnenden gesetzessprachlichen und gesetzgebungstheoretischen Mängel nicht über einen Zeitraum von bis zu einem halben Jahrhundert andauern dürfen.[5] Das Ergebnis dieser Gesetzgebungsmängel sind unzutreffende und widerprüchliche Interpretationen in der Literatur und in der Judikatur. Die „Leidtragenden" einer solchen suboptimalen Gesetzgebung sind zum einen die Rechtsanwender der sog. Eingriffsverwaltung und zum anderen die Rechtsunterworfenen nebst deren Rechtsbeiständen. Auch der Justiz wird die Arbeit dadurch sicherlich nicht erleichtert.

Ferner ist zu kritisieren, dass an verschiedenen Stellen der VwGO Regelungen über den vorläufigen/einstweiligen Rechtsschutz enthalten sind.[6] Hätte der Gesetzgeber dem Rechtsinstitut des vorläufigen Rechtsschutzes einen separaten Abschnitt gewidmet, wie es ein gescheiterter Entwurf einer einheitlichen Verwaltungsprozessordnung für die Verwaltungs-, Finanz- und Sozialgerichtsbarkeit vorsah,[7] wäre dies sowohl der Übersichtlichkeit als auch der „Lesbarkeit" des Gesetzes zuträglich gewesen.

Korrespondierend mit der großen Bedeutung des vorläufigen Rechtsschutzes nach §§ 80 ff. VwGO für die sogenannte Eingriffsverwaltung im Herrschaftsbereich der Verwaltungsgerichtsordnung existiert zu diesem wichtigen Segment des Allgemeinen Verwaltungsrechts ein kaum noch überschaubares Schrifttum und eine fast unübersehbare Judikatur.[8] Die verwaltungsprozessuale Beschleunigungsregelung der unaufschiebbaren Anordnungen und Maßnahmen von Polizeivollzugsbeamten wird aber nur kursorisch gestreift. Die nur fragmentarischen Ausführungen im Schrifttum zu dieser Regelung des § 80 Abs. 2 S. 1 Nr. 2 VwGO – nachfolgend auch Nr. 2 genannt – sind zudem fast deckungsgleich und für die Rechtsanwender von geringem Erkenntniswert. Bereits die Kernfrage, wer überhaupt unter den Begriff des „Polizeivollzugsbeamten" fällt, ist bereits in der Literatur nur unzureichend erläutert worden. Es fand nur eine grammatische Auslegung[9]

---

[4] Vgl. *Schoch,* in: Schoch/Schmidt-Aßmann/Pietzner, VwGO, Vorb § 80 Rn. 3.
[5] Vgl. *Köck,* Verwaltungsarchiv 2002, S. 1 ff. und *Hofmann/Meyer-Teschendorf,* Zeitschrift für Gesetzgebung 1998, S. 362 ff.
[6] Siehe §§ 47 Abs. 6, 80 ff. und 123 VwGO.
[7] Vgl. §§ 134-140 des Regierungsentwurfes für ein einheitliches Verwaltungsprozessrecht, BT- Drucks.10/3437.
[8] Vgl. auch *Redeker/von Örtzen,* VwGO, § 80 Rn. 1.
[9] Alternativ spricht man auch von philologischer und semantischer Auslegung.

statt. Die bedeutsamere teleologische Auslegungsmethode[10] wurde im Schrifttum[11] offensichtlich nicht angewandt, was aber wegen weiterer Vollzugsdienstkräfte der Gefahrenabwehr auf der Ebene des Bundes, der Länder und der Kommunen und wegen Beliehener und Polizeihelfer mit Aufgaben der Gefahrenabwehr notwendig gewesen wäre. Des Weiteren fehlt eine eingehende Untersuchung hinsichtlich der übrigen Tatbestandsmerkmale „unaufschiebbare Anordnungen und Maßnahmen", denn sie verstehen sich nicht von selbst.

Die Nr. 2 ist neben den weiteren verwaltungsprozessualen Beschleunigungsregelungen des § 80 Abs. 2 S. 1 Nr. 3 und 4 i.V.m. Abs. 3 VwGO in Gestalt des Wegfalles der aufschiebenden Wirkung nur Teil einer verwaltungsprozessualen „Sicherheitsarchitektur". Zur Interpretation der Nr. 2 bedarf es daher auch der Abgrenzung vorgenannter Vorschriften zur Nr. 2, wobei insbesondere die sogenannte Notstandsmaßnahme oder Notstandsklausel des § 80 Abs. 2 S. 1 Nr. 4 i.V.m. Abs. 3 S. 2 VwGO zu einer nachvollziehbaren Interpretation der Nr. 2 einen Beitrag leistet. Bezeichnenderweise ist auch diese komplizierte Vorschrift in den verschiedenen Literatur-Genres – vom Fachaufsatz bis zur Habilitationsschrift – nicht wirklich untersucht worden. Die auch hier nur kursorischen Kommentierungen sind unzutreffend bzw. widersprüchlich. Eine Judikatur hierzu ist nicht vorhanden.[12] Da das Gefahrenabwehrrecht vom Prinzip der selbstaktiven Gefahrenbeseitigung geprägt ist, stellt sich hinsichtlich der vorgenannten verwaltungsprozessualen Beschleunigungsregelungen auf dem Gebiet der Gefahrenabwehr auch die Frage, welche Bedeutung den polizei- und ordnungsbehördlichen bzw. verwaltungsvollstreckungsrechtlichen Rechtsinstituten der unmittelbaren Ausführung einer Maßnahme und des sog. Sofortvollzuges zukommt. Eine belastbare Interpretation der Nr. 2 verlangt daher auch die Einbeziehung der vorstehenden Regelungen zur Effektivitätssteigerung der Gefahrenabwehr. Diese Gesamtschau der verwaltungsprozessualen und polizei- und ordnungsbehördlichen bzw. verwaltungsvollstreckungsrechtlichen effektivitätssteigernden Beschleunigungsregelungen auf dem Gebiet der Gefahrenabwehr ist auch vor dem Hintergrund, dass die Gefahrenabwehr quasi eine „Gemeinschaftsaufgabe" im funktionalen Sinne sowohl für die Polizeivollzugsbeamten und die anderen Vollzugsdienstkräfte der Gefahrenabwehr einschließlich der Beliehenen und Polizeihelfer als auch für die

---

[10] Vgl. *Ekardt*, Zukunft in Freiheit, § 4 B. Danach ist trotz eines vermeintlich eindeutigen Gesetzeswortlautes eine teleologische Auslegung normativ rational notwendig; ebenso *Ekardt/Beckmann*, Polizeivollzugsbeamter und aufschiebende Wirkung von verwaltungsgerichtlichen Rechtsbehelfen, VerwArchiv 2008, 241 ff.

[11] Lediglich *Beckmann*, VR 2002, 404 ff., hat bislang explizit eine teleologische Auslegung vorgenommen. Aber auch *Schunck/de Clerck*, VwGO, § 80, S. 462 und *Büchner/Schlotterbeck*, Verwaltungsprozessrecht, Rn. 559, haben den Begriff des Polizeivollzugsbeamten ohne Begründung weit ausgelegt, während alle anderen Literatur-Genres sich nur auf die grammatische Auslegung beschränkt haben. Selbst diese ist misslungen, weil die Bundeskomponente übersehen wurde oder weil unklar bleibt, welche Personen alles Bundespolizeibeamte sein können.

[12] Vgl. *Schmidt*, in: Eyermann, VwGO, § 80 Rn. 46.

Ordnungsbehörden im weiteren Sinne[13] auf Bundes-, Landes- und kommunaler Ebene ist, für eine nachvollziehbare Interpretation der Nr. 2 hilfreich und notwendig. Eine solche Untersuchung hat in der einschlägigen Literatur bislang nicht stattgefunden. Eine entsprechende Judikatur – auch nicht im Rahmen eines obiter dictum – liegt bis dato hierzu ebenfalls nicht vor. Dies dürfte sicherlich – wie bereits erwähnt – auch das Ergebnis einer suboptimalen Gesetzgebung sein.

Ferner wird auf die erfolgte Rechtsfortentwicklung zur Nr. 2 einzugehen sein. Bemerkenswert ist dabei schon, dass einerseits die Interpretation des Polizeivollzugsbeamten nur restriktiv auf grammatischer Ebene vorgenommen wurde, aber andererseits von der Literatur und Judikatur seit der Erkenntnis, dass Verkehrszeichen keine Rechtsnormen, sondern VA in Gestalt von technischen Allgemeinverfügungen sind, die Nr. 2 auch für Verkehrszeichen und den Smog-Alarm analog angewandt wird.

Da die privilegierende Vorschrift der Nr. 2 nur für Polizeivollzugsbeamte gelten soll und diese ferner nur Anordnungen und Maßnahmen bei Unaufschiebbarkeit zulässt, ist nicht nur fraglich, wer sich alles bei notwendiger teleologischer Auslegung unter den Begriff des Polizeivollzugsbeamten verbirgt, sondern auch, ob und welche Eingriffsermächtigungen ihnen für unaufschiebbare Anordnungen und Maßnahmen zur Verfügung stehen, ohne dabei den Anspruch auf Vollständigkeit zu erheben.

Zu Beginn der Dissertation ist aber aus Verständnisgründen eine Abgrenzung zu den übrigen Regelungen des vorläufigen Rechtsschutzes im Herrschaftsbereich der VwGO vorzunehmen. Obwohl der Schwerpunkt der Dissertation, wie dargelegt, in der Untersuchung der Nr. 2 liegt, sollen im Interesse eines in sich geschlossenen Werkes aus der Perspektive der unaufschiebbaren Anordnungen und Maßnahmen von Polizeivollzugsbeamten auch die übrigen Regelungen der §§ 80 ff. VwGO in die kritische Bestandsaufnahme einbezogen werden, soweit sich auch nur ein mittelbarer Sachzusammenhang mit der Nr. 2 herstellen lässt. Die kritische Bestandsaufnahme der §§ 80 ff. VwGO beginnt demzufolge gesetzessystematisch auch mit der aufschiebenden Wirkung und deren Komplementärvorschrift des § 80b VwGO und mit den weiteren bundes- und landesrechtlichen Komplementärvorschriften in Gestalt der allgemeinen Vollstreckungsvoraussetzungen auf Bundes- und Landesebene. Ob dagegen die weitere Komplementärvorschrift zu § 80 Abs. 1 S. 2 VwGO, nämlich § 80a VwGO, bei unaufschiebbaren Anordnungen und Maßnahmen von Polizeivollzugsbeamten überhaupt relevant sein kann, bedarf einer eingehenden rechtsdogmatischen Prüfung. Ein Grundsatz-Ausnahme-

---

[13] Weil die Verwaltungskompetenz im Bereich des Polizei- und Ordnungsrechts nach der Verfassung grundsätzlich bei den Ländern liegt, gibt es auf Bundesebene auch keine allgemeinen Bundesordnungsbehörden. Dagegen gibt es auf Länder- und kommunaler Ebene auf dem Gebiet der Gefahrenabwehr sowohl allgemeine Ordnungsbehörden als auch sog. Sonderordnungsbehörden. Der Begriff der Sonderordnungsbehörden ist aber nicht unumstritten.

Verhältnis, wie es in den Abs. 1 und 2 des § 80 VwGO angelegt ist, gebietet aus Verständnisgründen zunächst die Klärung des Grundsatzes, bevor über die Ausnahme in Gestalt des Wegfalles der aufschiebenden Wirkung nach § 80 Abs. 2 VwGO am Beispiel der Nr. 2 resümiert werden kann. Unterstrichen wird diese Vorgehensweise auch durch die Abs. 4 und 5 des § 80 VwGO, die uneingeschränkt auf Abs. 2 und somit auch auf die Nr. 2 verweisen und wiederum Ausnahmen zu Abs. 2 sind und im Ergebnis trotz unterschiedlicher Formulierungen[14] die aufschiebende Wirkung bezwecken. Eine isolierte Untersuchung der Nr. 2 ohne Einbeziehung der aufschiebenden Wirkung hätte aus den genannten Gründen kein Fundament. Auch hier ist der Fokus auf die wenig gelungene Gesetzgebung auf Bundes- und Landesebene und auf die problematische und widersprüchliche Literatur zu richten.

Da die unaufschiebbaren Anordnungen und Maßnahmen von Polizeivollzugsbeamten nur Sinn machen, wenn sie bei Nichtbefolgung auch zeitnah mittels Verwaltungszwanges durch Ersatzvornahme oder bei unvertretbaren Handlungen durch unmittelbaren Zwang durchgesetzt werden, sollen auch der Verwaltungszwang im System der §§ 80 ff. VwGO untersucht werden. Entgegen anderslautenden Meinungen[15] sind die obligatorischen Maßnahmen in der Verwaltungsvollstreckung in Gestalt von VA nicht von der Nr. 2 erfasst. Stattdessen greifen hier gesetzliche Regelungen auf der Basis von § 80 Abs. 2 S. 1 Nr. 3 VwGO, wonach Rechtsbehelfe gegen Maßnahmen in der Verwaltungsvollstreckung keine aufschiebende Wirkung haben. Aus rechtsstaatlichen Gründen muss wegen des Prinzipes der selbstaktiven Gefahrenbeseitigung gegenüber dem Polizei- bzw. Ordnungsbehördenpflichtigen die unaufschiebbare Anordnung immer auch mit einer Zwangsmittelandrohung verbunden sei, damit dieser die Konsequenzen bei etwaiger Nichtbefolgung abschätzen kann. Eine Gefahrenbeseitigung nach Nr. 2 ohne obligatorische Zwangsmittelandrohung und ohne zeitnahe Durchsetzung der Zwangsmittelandrohung macht auch wegen des Tatbestandsmerkmales „Unaufschiebbarkeit" keinen Sinn, denn damit wäre auch indiziert, dass eben keine Unaufschiebbarkeit vorliegt. Der Sachzusammenhang zur Nr. 2 ist daher auch für VA in Gestalt von Zwangsmaßnahmen nachvollziehbar hergestellt.

Da Abs. 2 und somit auch die Alternativregelung der Nr. 2 aus Rechtsschutzgründen nicht absolut gelten können, gibt es den behördlichen und gerichtlichen vorläufigen Rechtsschutz nach den Abs. 4 und 5. Beide Vorschriften verweisen uneingeschränkt auf Abs. 2 und somit auch auf Nr. 2, so dass bereits deshalb ein sachlicher Bezug zur Nr. 2 besteht. In der Literatur und Judikatur ist – wie bereits

---

[14] Abs. 4 spricht von Aussetzung der Vollziehung, während Abs. 5 von Anordnung oder Wiederherstellung der aufschiebenden Wirkung spricht.

[15] *Vgl. Schoch*, in: Schoch/Schmidt-Aßmann/Pietzner, VwGO, § 80 Rn. 42 und *Redeker/von Örtzen*, VwGO, § 80 Rn. 10.

ausgeführt – inzwischen fast einhellige Meinung, dass auch Verkehrszeichen und Verkehrseinrichtungen, so sie denn technische Allgemeinverfügungen sind, im Wege der Rechtsfortentwicklung unter Nr. 2 zu subsumieren sind. Insoweit besteht bereits ein Sachzusammenhang zwischen Nr. 2 und den Abs. 4 und 5. Ob allerdings beide Vorschriften auch bei den originären unaufschiebbaren Anordnungen überhaupt zur Anwendung kommen können, ist eine schwierige rechtsdogmatische Frage, deren Beantwortung hier nicht vorgegriffen werden soll. In der Regel wird im Gegensatz zu Verkehrszeichen und Verkehrseinrichtungen sich bei Befolgung oder bei zwangsweiser Durchsetzung einer unaufschiebbaren Anordnung der VA gem. § 43 Abs. 2 VwVfG erledigt haben, soweit es sich dabei um Duldungen oder Unterlassungen handelt. Bei vertretbaren Handlungen in Form eines Tuns könnte wohl im Einzelfall aus dem Gesichtspunkt der Möglichkeit der Rückgängigmachung der durch Ersatzvornahme durchgesetzten unaufschiebbaren Anordnung ebenfalls wegen Nichterledigung des VA ein behördlicher und/oder gerichtlicher vorläufiger Rechtsschutz nach den Abs. 4 und 5 in Frage kommen. Die in den Abs. 4 und 5 enthaltenen Vorschriften sind wegen vielfältiger gesetzgebungstheoretischer Mängel dringend novellierungsbedürftig. Das Ergebnis sind zweifelhafte und widersprüchliche Interpretationen in Literatur und Judikatur.

Schließlich sind auch die Abs. 6 und 7, welche den gerichtlichen vorläufigen Rechtsschutz modifizieren, in die Prüfung einzubeziehen. Soweit Kosten im Sinne des § 80 Abs. 2 S. 1 Nr. 1 VwGO bei der obligatorischen zwangsweisen Durchsetzung von unaufschiebbaren Anordnungen von Polizeivollzugsbeamten erhoben werden müssen, besteht auch insoweit mit Abs. 6 ein mittelbarer Sachzusammenhang. Zwischen der Nr. 2 und Abs. 7 besteht ein solcher immer, denn im Gegensatz zu den unaufschiebbaren Anordnungen erledigen sich Rechtsbehelfe gegen Verkehrszeichen und Verkehrseinrichtungen auf Straßen, Wasserstraßen und Flugplätzen in Form von technischen Allgemeinverfügungen, für die analog Nr. 2 anzuwenden ist, regelmäßig nicht. Aber auch bei unaufschiebbaren Anordnungen von Polizeivollzugsbeamten sind – wie dargelegt – wohl Fälle denkbar, in denen sich trotz Befolgung oder zwangsweiser Durchsetzung mittels Ersatzvornahme bei einem aufgegebenen Tun der VA nicht erledigt. Deshalb sind auch im Hinblick auf Nr. 2 modifizierende Beschlüsse der Verwaltungsgerichtsbarkeit nach Abs. 7 denkbar und möglich.

Die Dissertation beschränkt sich nicht auf eine kritische Auseinandersetzung mit der einschlägigen Gesetzgebung und der dazu ergangenen Literatur und Judikatur. Sie möchte auch einen konstruktiven Beitrag für dringend notwendige Gesetzesnovellen leisten, indem entsprechende Gesetzesvorschläge formuliert werden.

Bei verwaltungsverfahrensrechtlichen Fragen wird – aus arbeitsökonomischen Gründen und zwecks Vermeidung der Ausuferung der Darstellung – das Bundesverwaltungsverfahrensgesetz angewendet. Dies ist vertretbar, da die Landesverwaltungsverfahrensgesetze in Gestalt von „Vollgesetzen" weitgehend deckungsgleich mit dem Verwaltungsverfahrensrecht des Bundes sind. Dies gilt auch für diejenigen Landesverwaltungsverfahrensgesetze, die im Wege einer statischen oder dynamischen Verweisung[16] die meisten Paragraphen des Bundesrechts für anwendbar erklären[17] oder die Bestimmungen des VwVfG in ein umfassendes Allgemeines Verwaltungsgesetz integriert haben. Soweit das Polizei- und Ordnungsbehördenrecht relevant ist, soll exemplarisch das rheinland-pfälzische Recht untersucht werden. Dies ist ebenfalls vertretbar, da hier ein Musterentwurf für ein einheitliches Polizeigesetz existiert,[18] durch den in den Bundesländern zumindest strukturell und inhaltlich eine weitgehende Angleichung stattgefunden hat. Allerdings sind darin nur die Aufgaben und Befugnisse des Polizeivollzugsdienstes geregelt, nicht jedoch auch die der Ordnungsbehörden. Hinsichtlich der allgemeinen Polizeibehörden (Ordnungsbehörden, Verwaltungspolizei oder Sicherheitsbehörden) existiert kein Musterentwurf.[19]

Bei der Erörterung verwaltungsvollstreckungsrechtlicher Fragen wird ebenfalls exemplarisch auf das rheinland-pfälzische Recht zurückgegriffen. Zwar gibt es auf diesem Rechtsgebiet nicht – wie im Polizei- und Ordnungsbehördenrecht – einen Musterentwurf, an dem sich der Bund und die Länder orientieren sollen; dennoch ist das Verwaltungsvollstreckungsrecht des Bundes und der Länder strukturell und inhaltlich weitgehend deckungsgleich.[20] In den Fußnoten werden nicht alle Quellen zitiert, zumal wenn sie keine neuen Erkenntnisse enthalten und mehr oder minder nur auf andere Quellen hinweisen. Stattdessen werden unter den Stichwörtern „statt vieler" bzw. „stellvertretend" nur eine oder nur wenige Quellen zitiert.

---

[16] Dynamische Verweisungen eines Landesgesetzes auf ein Bundesgesetz sind zulässig. Vgl. BVerwG, Urt. v. 16.1.1976 – 4 C 25/74 –; JR 1976, 387, 391.

[17] Vgl. *Knack*, VwVfG, § 1 Rn. 44 bis 48 m.w.N.

[18] Musterentwurf eines einheitlichen Polizeigesetzes des Bundes und der Länder. Der derzeitige Musterentwurf datiert vom 25. 11.1977 und ist bei *Knemeyer*, Polizei- und Ordnungsrecht, Anhang, abgedruckt. Der Vorentwurf zur Änderung des Musterentwurfes eines einheitlichen Polizeigesetzes des Bundes und der Länder (VEMEPolG) ist hier wegen des Schwerpunktes im Bereich der Datenerhebung und Datenverarbeitung nicht relevant.

[19] Vgl. *Lorent-Link*, Verhältnis zwischen Polizei und Ordnungsbehörden, S. 32.

[20] Vgl. *Sadler*, VwVG, VwZG, S. 11 Rn. 4. Danach besteht auf dem wichtigen Gebiet der Verwaltungsvollstreckung große Rechtseinheit in Deutschland.

§ 1 Abgrenzung des vorläufigen Rechtsschutzes nach §§ 80 ff. VwGO zu anderen Rechtsinstituten

Um den vorläufigen Rechtsschutz nach §§ 80 ff. VwGO in seiner Komplexität richtig zu verstehen, ist es notwendig und hilfreich, ihn von dem übrigen vorläufigen Rechtsschutz innerhalb der VwGO und auch von anderen Rechtsinstituten abzugrenzen, die auf den ersten Blick den Eindruck erwecken können, als ob es sich hierbei auch im weitesten Sinne um Regelungen des vorläufigen Rechtsschutzes handelt. Dies ist aus Verständnis- und Systematisierungsgründen angezeigt. Der vorläufige Rechtsschutz nach §§ 86a, 86b SGG und § 69 FGO bleibt hier unerörtert, denn die enumerativen Rechtswegegeneralklauseln der §§ 51 SGG und 33 FGO haben keinen Bezug zu dem Schwerpunktthema der unaufschiebbaren Anordnungen und Maßnahmen von Polizeivollzugsbeamten.

A. Einstweilige Anordnung nach § 123 VwGO

Bei belastenden behördlichen Einzelakten haben wir es im Bereich des Verwaltungsprozessrechts mit zwei Regelungen zu tun, nämlich zum einen mit den §§ 80-80b VwGO und zum anderen mit § 123 VwGO. Diese Zweispurigkeit verlangt eine klare Scheidung, was auch durch § 123 Abs. 5 VwGO geschehen ist. Danach gelten die Abs. 1 bis 3 nicht für die Fälle der §§ 80 und 80a VwGO. Daraus ergibt sich, dass bei belastenden VA der vorläufige Rechtsschutz generell nach §§ 80 ff. VwGO zu gewähren ist und § 123 VwGO als subsidiäre Vorschrift für alle übrigen Fälle greift.[21] Die §§ 80-80b VwGO verdrängen somit als speziellere Normen den § 123 VwGO, wenn es um die Aussetzung der Vollziehung eines belastenden VA geht, der mittels Anfechtungswiderspruch bzw. Anfechtungsklage angreifbar ist. Für alle übrigen Fälle gilt § 123 VwGO. Der vorläufige Rechtsschutz in Gestalt der einstweiligen Anordnung nach § 123 VwGO kommt demgemäß generell nur dann zur Anwendung, wenn als Klageart die Verpflichtungsklage, die Feststellungsklage oder die allgemeine Leistungsklage zur Anwendung kommt. Der § 123 VwGO gilt aber auch schon bei Einlegung des Verpflichtungswiderspruches, denn dieser ist unter Ausblendung der Untätigkeitsklage Sachentscheidungsvoraussetzung für die Verpflichtungsklage. Im Gegensatz zu den §§ 80 ff. VwGO ist die einstweilige Anordnung nicht auf VA beschränkt.

Diese Überlegungen stellen eine Faustformel dar, die in der Praxis zumeist als Abgrenzungskriterium greift.[22] Soweit in der Judikatur und Literatur die Abgren-

---

[21] Vgl. *Finkelnburg/Jank*, Vorl. Rechtsschutz im Verwaltungsstreitverfahren, Rn. 12.

[22] Vgl. *Krämer*, Berliner Praxiskommentare, vorl. Rechtsschutz in VwGO-Verfahren, § 80 Rn. 8; ebenso *Schoch*, in *Schoch/Schmidt-Aßmann/Pietzner*, VwGO, § 80 Rn. 29.

zung nur nach Maßgabe der Rechtsschutzform in der Hauptsache erfolgt, ist diese Rechtsauffassung nicht immer zutreffend,[23] denn der Bundesgesetzgeber kann zulässigerweise systemwidrig das vorläufige Rechtsschutzsystem des § 80 VwGO für anwendbar erklären. So geschehen in § 72 Abs. 1 AEG.[24] Danach haben Widerspruch und Klage gegen die Ablehnung eines Antrages auf Erteilung oder Verlängerung der Aufenthaltsgenehmigung keine aufschiebende Wirkung. Da hier ein begünstigender VA erstritten werden soll, müsste prinzipiell ein Verpflichtungswiderspruch eingelegt und vorläufiger Rechtsschutz nach § 123 VwGO begehrt werden, wenn nicht bundesgesetzlich materiellrechtlich auf § 80 VwGO verwiesen worden wäre. Der Streit über den richtigen Rechtsbehelf in der Hauptsache bei VA mit Doppelwirkung (richtiger: VA mit Drittwirkung) gemäß § 80 Abs. 1 S. 2 VwGO ist durch § 80a VwGO, eingefügt durch das 4. VwGOÄndG,[25] geklärt. Nach der Komplementärvorschrift des § 80a VwGO zu § 80 Abs. 1 S. 2 VwGO gilt bei VA mit Drittwirkung ausschließlich § 80 VwGO. Vor Inkrafttreten des 4. VwGOÄndG wurde in diesen Fällen in der Judikatur und Literatur zuweilen auch vorläufiger Rechtsschutz über § 123 VwGO gewährt.[26]

Ob § 80 oder § 123 VwGO zur Anwendung kommt, richtet sich nach allem zum einen nach der Hauptsacheklageart bzw. nach materiellrechtlichen Vorgaben und zum anderen nach dem konkreten Rechtsschutzziel.[27] Die korrekte rechtsdogmatische Zuordnung eines Rechtsschutzbegehrens ist für den Erfolg sehr bedeutsam, denn §§ 80 ff. VwGO sind in vielerlei Hinsicht günstiger für den Rechtsschutzsuchenden als § 123 VwGO. Besonders hervorzuheben ist der gesetzliche vorläufige Rechtsschutz nach § 80 Abs. 1 VwGO und die Haftungsfrage, denn im Rahmen des Regelwerkes der §§ 80 ff. VwGO droht im Gegensatz zur einstweiligen Anordnung keine Haftung des Antragstellers.

B. Einstweilige Anordnung gemäß § 47 Abs. 6 VwGO

Die Abgrenzung des vorläufigen Rechtsschutzes nach §§ 80 ff. VwGO zur einstweiligen Anordnung nach § 47 Abs. 6 VwGO ist relativ unproblematisch. Während §§ 80-80b und 123 VwGO einen belastenden behördlichen Einzelakt verlangen, der VA oder Realakt sein kann, setzt die einstweilige Anordnung gemäß § 47 Abs. 1 VwGO eine Rechtsnorm voraus. Die Bestimmung entspricht weitestgehend der einstweiligen Anordnung nach § 32 Abs. 1 BVerfGG. Die einstweilige Anordnung nach § 47 Abs. 6 VwGO stellt eine eigenständige Regelung für den vorläufi-

[23] Vgl. *Schoch*, in: *Schoch/Schmidt-Aßmann/Pietzner*, VwGO, § 80 Rn. 29 m.w.N.
[24] Das frühere Ausländergesetz heißt nun Aufenthaltsgesetz.
[25] Gesetz vom 17.12.1990, BGBl. I S. 2800.
[26] Vgl. *Schoch*, in: *Schoch/Schmidt-Aßmann/Pietzner*, VwGO, § 80 Rn. 37 m.w.N.
[27] OVG Hamburg, NVwZ-RR 1993, 53.

gen Rechtsschutz hinsichtlich der in § 47 Abs. 1 VwGO genannten Rechtsnormen dar. Diese strukturelle Eigenständigkeit ergibt sich auch aus §123 VwGO. Anderenfalls hätte der Bundesgesetzgeber in § 123 Abs. 5 VwGO auch konsequenterweise eine Abgrenzung zu § 47 Abs. 6 VwGO vornehmen müssen. Im Einzelfalle kann die rechtliche Einordnung eines gemeindlichen Organisationsaktes vor dem Hintergrund der Regelung des § 47 Abs. 1 Nr. 2 VwGO und des § 35 S. 2 VwVfG schwierig sein.[28] In diesen Fällen ist nicht immer deutlich, ob es sich dabei um Rechtsnormen oder um Allgemeinverfügungen handelt.

C. Vorläufige Vollstreckbarkeit nach § 167 VwGO i.V.m. §§ 708 und 709 ZPO

Die vorläufige Vollstreckbarkeit von Urteilen gemäß § 167 VwGO stellt eine Sonderform des vorläufigen Rechtsschutzes dar.[29] In Abgrenzung zu §§ 80 ff. VwGO ist aber unter Hinweis auf § 167 Abs. 2 VwGO ein Urteil, das auf eine Anfechtungs- und Verpflichtungsklage hin ergeht, nur wegen der Kosten vorläufig vollstreckbar. Soweit in der Literatur die Meinung vertreten wird, dass eine vorgezogene Durchsetzung einer noch nicht rechtskräftigen Hauptsacheentscheidung in Gestalt eines Urteils, das auf eine Anfechtungsklage hin ergeht, nicht möglich sei,[30] bestehen hierzu doch einige Zweifel. Der Bundesgesetzgeber hat bei Einführung des § 80b VwGO – wie so oft – übersehen, dass eine Novellierung womöglich an anderer Stelle Regelungsbedarf auslöst. Nach § 80b Abs. 1 2. Alternative VwGO endet die aufschiebende Wirkung auch, wenn die Anfechtungsklage im ersten Rechtszug abgewiesen worden ist, drei Monate nach Ablauf der gesetzlichen Begründungsfrist des gegen die abweisende Entscheidung gegebenen Rechtsmittels. Dieser neugeschaffene problembeladene Tatbestand erlaubt eine Vollstreckung im weitesten Sinne schon vor Rechtskraft des VA. Insoweit spricht alles dafür, diese Regelung als spezialgesetzlich geregelten Fall der vorläufigen Vollstreckbarkeit gemäß § 167 VwGO zu deuten. Insoweit hätte aus Gründen der Rechtsklarheit dies auch seinen entsprechenden Niederschlag in § 167 VwGO finden müssen.

---

[28] Vgl. *Schoch*, in: *Schoch/Schmidt-Aßmann/Pietzner*, VwGO, § 80 Rn. 31 m.w.N.
[29] Vgl. *Finkelnburg/Jank*, Vorl. Rechtsschutz im Verwaltungsstreitverfahren, Rn. 22.
[30] Vgl. *Finkelnburg/Jank*, Vorl. Rechtsschutz im Verwaltungsstreitverfahren, Rn. 22.

D. Vorbeugender Rechtsschutz

Während der vorläufige Rechtsschutz nach §§ 80 ff. und 123 VwGO die Existenz belastender behördlicher Einzelakte voraussetzt, ist vorbeugender Rechtsschutz in Gestalt einer Unterlassungs- oder Feststellungsklage gegen Belastungen durch behördliches Handeln oder Unterlassen, die noch nicht eingetreten sind, aber unmittelbar bevorstehen, möglich. Ob eine solche Klage zulässig ist, hängt davon ab, ob dem Betroffenen zugemutet werden kann, den Eintritt der Belastung abzuwarten und dagegen den grundsätzlich als angemessen und ausreichend angesehenen gerichtlichen Rechtsschutz in Anspruch zu nehmen. Dies bedeutet, dass ein Rechtsschutzbedürfnis hinsichtlich Gewährung vorbeugenden Rechtsschutzes nur in den recht seltenen Fällen, in denen der nachfolgende Hauptsache- oder Eilrechtsschutz keinen tatsächlich wirksamen Rechtsschutz ermöglicht, gegeben ist.[31] Vorbeugender und vorläufiger Rechtsschutz unterscheiden sich darin, dass der vorbeugende Rechtsschutz im Gegensatz zum vorläufigen Rechtsschutz im Hauptsacheverfahren stattfindet. Der vorläufige Rechtsschutz gewährt eine vorläufige Sicherung oder Regelung, während der vorbeugende Rechtsschutz endgültigen Hauptsacherechtsschutz gewährt. Eine andere Frage ist, ob beide Rechtsinstitute nebeneinander oder nur alternativ möglich sind. Wegen der Unterschiedlichkeit der verschiedenartigen Rechtsschutzziele stehen beide Rechtsschutzformen selbständig nebeneinander.[32] Hinsichtlich der unaufschiebbaren Anordnungen und Maßnahmen von Polizeivollzugsbeamten spielt aus tatsächlichen Gründen wegen des Tatbestandsmerkmales „unaufschiebbar" der vorbeugende Rechtsschutz praktisch keine Rolle. Der vorbeugende Rechtsschutz macht nur dann Sinn, wenn zwischen Klageerhebung und der drohenden behördlichen Belastung ein ausreichender Zeitraum liegt. Gerade dieses Zeitelement fehlt aber bei unaufschiebbaren Anordnungen und Maßnahmen. Somit stehen vorläufiger Rechtsschutz und vorbeugender Rechtsschutz in keinem engen Zusammenhang. Der vorbeugende Rechtsschutz ist keine Kategorie des vorläufigen Rechtsschutzes, sondern des Hauptsacherechtsschutzes.

E. Vorläufiger gemeinschaftseigener Rechtsschutz

Nach Art. 64 Abs. 1 des EG-Vertrages berührt der Titel „Visa, Asyl, Einwanderung und andere Politiken betreffend den freien Personenverkehr" nicht die Wahrnehmung der Zuständigkeiten der Mitgliedsstaaten für die Aufrechterhaltung der öffentlichen Ordnung und den Schutz der inneren Sicherheit. Vor dem Hintergrund

[31] Vgl. *Finkelnburg/Jank,* Vorl. Rechtsschutz im Verwaltungsstreitverfahren, Rn. 27; ebenso *Würtenberger*, Verwaltungsgerichtsbarkeit, Prüfe dein Wissen, S. 203 ff.

[32] Vgl. *Finkelnburg/Jank,* Vorl. Rechtsschutz im Verwaltungsstreitverfahren, Rn. 28.

des Dissertationsschwerpunktes „Unaufschiebbare Anordnungen und Maßnahmen von Polizeivollzugsbeamten“ können Einwirkungen des Gemeinschaftsrechts auf den vorläufigen Rechtsschutz durch die Rechtsprechung des EuGH vernachlässigt werden, weil diese Anordnungen und Maßnahmen der Aufrechterhaltung der öffentlichen Ordnung und dem Schutz der inneren Sicherheit dienen und somit nationales Recht bleiben. Die in der jüngeren Vergangenheit hierzu ergangene Literatur[33] ist daher hier nicht einschlägig.

---

[33] *Jannasch,* NVwZ 1999, 494 ff.; *Dünchheim,* VR 2003, 362 ff.; *Haibach,* DÖV 1996, 60 ff.; *Schoch,* DVBl. 1997, 289 ff.

§ 2 Der gesetzliche vorläufige Rechtsschutz[34] bzw. die aufschiebende Wirkung

Bei den Regelungen des § 80 Abs. 1 und 2 i.V.m. Abs. 3 VwGO handelt es sich um ein Grundsatz-Ausnahme-Verhältnis. Bevor sich also insbesondere der Ausnahmeregelung Nr. 2 zugewandt wird, muss Klarheit über den Grundsatz bestehen. Eine Untersuchung des Wegfalles der aufschiebenden Wirkung am Beispiel von unaufschiebbaren Anordnungen und Maßnahmen von Polizeivollzugsbeamten ohne Klärung der Bedeutung der aufschiebenden Wirkung hätte daher kein tragfähiges Fundament. Im Übrigen ergibt sich ungeachtet dieses aufgezeigten Sachzusammenhanges auch aus der Überschrift der Dissertation die Notwendigkeit, die aufschiebende Wirkung als elementare Vorschrift des vorläufigen Rechtsschutzes nach §§ 80 ff. VwGO und des Allgemeinen Verwaltungsrechts einer eingehenden Untersuchung zu unterziehen. Überdies wird sie auch zeigen, dass hinsichtlich des Fragenkomplexes „aufschiebende Wirkung“ erhebliche Regelungsdefizite, verbunden mit einer Reihe von hinterfragbaren Interpretationen in der Literatur, konstatiert werden müssen.

A. Ist die aufschiebende Wirkung verfassungsrechtlich zwingend geboten?

Die aufschiebende Wirkung verwaltungsgerichtlicher Klagen ist ein zentrales Element des deutschen Rechtsschutzsystems. Nach dem gesetzessystematischen Regelfall des § 80 Abs. 1 VwGO genießen Widerspruch und Anfechtungsklage als Prototypen des Rechtsschutzes gegen staatliche Entscheidungen ebenjene aufschiebende Wirkung, vorbehaltlich bestimmter Ausnahmebestimmungen. Der Gedanke dabei ist, eine rationale (begründete) und unparteiische (nicht auf eine Sonderperspektive festgelegte) Findung bzw. Kontrolle durch mehrere staatlich-politische Instanzen zu ermöglichen und sie nicht dadurch zu vereiteln, dass vor Abschluss der einzelnen Schritte vollendete Tatsachen geschaffen werden. Der gleiche Grundgedanke steht hinter der Möglichkeit, sich um vorläufigen bzw. einstweiligen Rechtsschutz zu bemühen, wenn es um Verpflichtungs- oder Leistungsklagen geht bzw. wenn die aufschiebende Wirkung einer Anfechtungsklage doch einmal nicht besteht. Die Wirksamkeit der aufschiebenden Wirkung bzw. des einstweiligen Rechtsschutzes erscheint damit, vorbehaltlich näherer Analysen (s.u.), als ein zentraler Pfeiler einer freiheitlich-demokratischen Ordnung, die auf

[34] Vgl. zur Terminologie *Schoch*, in: Schoch/Schmidt-Aßmann/Pietzner, VwGO, § 80 Rn. 61 und 188.

den Pfeilern Unparteilichkeit und Menschenwürde und (diese beiden Prinzipien begründend) Rationalität ruht.[35]

Doch erfährt der einstweilige Rechtsschutz ebenso wie die aufschiebende Wirkung im Laufe der Zeit sukzessive Einschränkungen. Der vorläufige Rechtsschutz wird bereits durch die vorzeitige Beendigung der aufschiebenden Wirkung nach § 80b Abs. 1 S. 1 2. Alternative VwGO in der Substanz aufgeweicht, wonach Ausnahmen vom Grundsatz der Unanfechtbarkeit geschaffen wurden.[36] Vor allem aber kennt die aufschiebende Wirkung durch § 80 Abs. 2 VwGO sowie zahlreiche fachgesetzliche Normen mittlerweile so viele Ausnahmen, dass es in der Praxis mehr Ausnahme- als Regelfälle zu geben scheint. So dürften die belastenden VA in Gestalt von Abgaben und Kosten nach § 80 Abs. 2 S. 1 Nr. 1 VwGO bereits einen großen Anteil[37] der unter die Herrschaft der Verwaltungsgerichtsbarkeit fallenden belastenden VA stellen. Aber auch die unaufschiebbaren Anordnungen und Maßnahmen der Polizeivollzugsbeamten fallen quantitativ stark ins Gewicht.[38] Auch die Liste der durch Bundesgesetze wegfallenden aufschiebenden Wirkung von belastenden VA nach § 80 Abs. 2 S. 1 Nr. 3 VwGO wird immer größer. Durch die Öffnungsklausel für die Landesgesetzgeber wird dies womöglich in der Zukunft noch verstärkt.[39] Schließlich wird über den vorgenannten gesetzlichen Wegfall der aufschiebenden Wirkung hinaus in vielen Fällen wegen des öffentlichen Interesses beziehungsweise wegen eines überwiegenden Interesses eines Beteiligten die sofortige Vollziehung nach § 80 Abs. 2 S. 1 Nr. 4 und Abs. 3 S. 1 VwGO angeordnet. Ferner wird der Regelfall der aufschiebenden Wirkung auch durch die Regelung über die sog. Notstandsmaßnahme gemäß § 80 Abs. 2 S. 1 Nr. 4 i.V.m. Abs. 3 S. 2 VwGO aufgeweicht. Des Weiteren werden viele belastende VA über die Ausnahmeregelung des § 80 Abs. 2 VwGO hinaus durch das polizei- und ordnungsbehördliche sowie verwaltungsvollstreckungsrechtliche Rechtsinstitut des sogenannten Sofortvollzugs ebenfalls dem § 80 Abs. 1 VwGO entzogen, denn obwohl sich dieser Sofortvollzug nach richtiger Auffassung als Realakt darstellt, setzt diese besondere Erscheinungsform des Verwaltungszwanges fiktiv eine Eingriffsermächtigung für den Erlass eines belastenden (befehlenden) VA voraus.

---

[35] Zu diesem Begründungszusammenhang *Ekardt*, Das Prinzip Nachhaltigkeit: Generationengerechtigkeit und globale Gerechtigkeit, 2005, Kap. II, IV; *Ekardt*, Zukunft in Freiheit: Eine Theorie der Gerechtigkeit, der Grundrechte und der politischen Steuerung, 2004, §§ 2, 5; *Ekardt*, Wird die Demokratie ungerecht?, III. A. und C.

[36] Vgl. auch *Redeker/von Örtzen*, VwGO, § 80 Rn. 3a.

[37] Ausfluß dieses Faktums dürfte auch § 80 Abs. 6 VwGO sein, der zur spürbaren Entlastung der Verwaltungsgerichtsbarkeit bei Kosten- und Abgabenbescheiden generell – als nicht heilbare Zugangsvoraussetzung – einen behördlichen Ablehnungsbescheid zum vorläufigen Rechtsschutz voraussetzt.

[38] Dabei ist die Einordnung polizeilichen Handelns hinsichtlich der Handlungsinstrumente „VA“ und „Realakt“ ausweislich der vielen Judikate und einer umfänglichen Literatur sehr inkonsistent. So besteht insbesondere hinsichtlich der präventiven polizeilichen Standardmaßnahmen, des Rechtsinstitutes der unmittelbaren Ausführung einer Maßnahme, des sogenannten Sofortvollzuges und der Zwangsmaßnahmen nach dem Verwaltungsvollstreckungsrecht des Bundes und der Länder sowie nach dem Polizei- beziehungsweise Polizei- und Ordnungsbehördenrecht seit langem heftiger Streit über deren Rechtsnatur.

[39] Vgl. auch *Redeker/von Örtzen*, VwGO, § 80 Rn. 3a.

Nachfolgend sollen nun die verfassungsrechtlichen Vorgaben in puncto aufschiebende Wirkung und/oder vorläufiger Rechtsschutz analysiert werden. Hinsichtlich der aufschiebenden Wirkung von Rechtsbehelfen im Verwaltungsprozess existieren zahlreiche einschlägige Entscheidungen des BVerfG zu Art. 19 Abs. 4 GG. Das Problem ist, dass diese Judikate zum einen – zumindest auf den ersten Blick – inkonsistent und zum anderen auch sehr indifferent erscheinen. Die Bundesgerichte, die Obergerichte und die Mehrheit im Schrifttum haben sich den Judikaten des BVerfG angeschlossen,[40] ohne allerdings eine klare Aussage darüber zu treffen, ob die ex lege eintretende automatische aufschiebende Wirkung durch Art. 19 Abs. 4 GG zwingend geboten ist oder nicht – und wie sich die verfassungsrechtliche Position des vorläufigen Rechtsschutzes darstellt. Im Folgenden werden daher auch die Entscheidungen des BVerfG kritisch zu reflektieren sein, denn das Verfassungsgericht ist nicht *die* Verfassung – mit der Folge, dass auch Verfassungsgerichtsjudikate keinesfalls sakrosankt sind.[41]

Zunächst kann festgehalten werden, dass der hier einschlägige Art. 19 Abs. 4 GG rechtshistorisch neuartig ist.[42] Die Norm ist rechtshistorisch ohne Vorbild, ebensowenig wie die ganz generelle Vorstellung der heutigen Judikatur, dass auch die materiellen Grundrechte als solche bereits ihre eigene Einklagbarkeit verbürgten. Nun ist der Wortlaut des Art. 19 Abs. 4 GG für dieses Thema wenig ergiebig; denn er trifft keine explizite Aussage über die aufschiebende Wirkung von Klagen bzw. über den vorläufigen Rechtsschutz. Ferner sind auch die Gesetzgebungsunterlagen ziemlich unergiebig, so dass eine historische Gesetzesauslegung hinsichtlich des Inhaltes, der Reichweite und der Schranken der Rechtswege- und Rechtsschutzgarantie von vorneherein ausscheidet. Gleichwohl berief man sich bei Schaffung der VwGO ausdrücklich auf rechtsstaatliche Grundsätze (wenngleich nicht direkt auf Art. 19 Abs. 4 GG).[43] Nach einem Rechtsvergleich von *Haibach*[44] kennen die Europäische Union und die Mitgliedstaaten, mit Ausnahme von Dänemark, den vorläufigen Rechtsschutz gegen Einzelmaßnahmen der Exekutive. Dabei werde vorläufiger Rechtsschutz durch gerichtliche Aussetzung von Maßnahmen gewährt, während in Deutschland und Finnland ein zweispuriges System des vorläufigen Rechtsschutzes durch Eintritt des Suspensiveffektes bei

---

[40] Vgl. *Schoch,* Vorläufiger Rechtschutz und Risikoverteilung, S. 1117 m.w.N.

[41] Andernfalls müßte man behaupten, dass ein Verfassungsgericht beliebige Entscheidungen treffen könne und diese auch bei offenkundiger Inkonsistenz als „richtig" zu betrachten wären. Selbst ein Parlament muß sogar in den Fällen des § 31 Abs. 2 BVerfGG, wo Verfassungsjudikate ausnahmsweise einmal Gesetzeskraft haben, notfalls gegen die Judikate handeln, in der Erwartung, dass sich dessen Judikatur daraufhin zum Richtigen hin ändert; dazu im einzelnen *Ekardt,* Zukunft, § 4 B.

[42] Vgl. *Greipl,* Art. 19 Abs. 4 GG und Entscheidungen von unabhängigen Sachverständigenausschüssen, S. 61 ff. m.w.N. (auch zum folgenden).

[43] BT-Drucks. 55, 3. Wahlperiode, S. 39.

[44] Vgl. *Haibach,* DÖV 1996, 65 f.

Rechtsmitteleinlegung beziehungsweise durch gerichtliche Anordnung existiere.[45] Eine automatische aufschiebende Wirkung von Klagen gibt es im Ausland dagegen zumeist so nicht.

Die Frage, ob die aufschiebende Wirkung und/oder der vorläufige Rechtsschutz tatsächlich verfassungsrechtlich zwingend geboten ist, muß demzufolge argumentativ stärker durchdrungen werden, entweder aus dem formellen Hauptgrundrecht des Art. 19 Abs. 4 GG[46] oder aus den materiellen Grundrechten, denen die Judikatur ja ebenfalls die Rechtsweggarantie für das entsprechende Grundrecht entnimmt. In unserer Verfassung kommt dieser doppelten Rechtsweggarantie nun eine überragende Bedeutung zu, was sich in Begriffsbildungen wie „Schlussstein des Gewölbes des Rechtsstaates" bzw. „Krönung" oder auch „Vollendung des Rechtsstaates" manifestiert.[47] Nach einer Entscheidung des BVerfG[48] besitzt die verfassungsrechtliche Absicherung der Freiheitssphäre des Bürgers durch die gerichtliche Kontrolle staatlicher Akte für die Verwirklichung des Rechtsstaates einen kaum zu überschätzenden Rang. Und so ist es in der Tat: Wenn nämlich der Grundgedanke liberaler Verfassungen die maximale gleiche Freiheit ist (Art. 2 Abs. 1, 1 Abs. 2 GG) und wenn die Freiheit nur dann etwas wert ist, wenn sie auch real wird und durchsetzungsstark ist[49], dann muß Freiheit auch einklagbar sein. Denn eine Balance von Staatsgewalten, die auch Gerichte einschließt, ist der beste Schutz für die ja zu maximierende Freiheit der Bürger. Das Recht rechnet (zutreffend) damit, dass Menschen und damit auch Parlamentarier und Behördenmitarbeiter nicht nur von guten Gründen beseelt sind, sondern auch von u.U. sachwidrigen Emotionen, Konformitäts- und eigennützigem Kosten-Nutzen-Denken. Von jenen Handlungsantrieben her drohen nicht nur für die Rationalität und Unparteilichkeit staatlicher Entscheidungen, sondern auch für die Freiheit Gefahren. Daraus erwächst die Bedeutung adäquater Sanktionsmechanismen, die die guten Gründe für

---

[45] So das Ergebnis des Rechtsvergleiches von *Haibach*, DÖV 1996, 65 f. Der von *Haibach* vorgenommene Rechtsvergleich zum vorläufigen Rechtsschutz innerhalb der EU ist wegen des zwischenzeitlichen Beitrittes von neun weiteren Staaten aus Mittel- und Osteuropa freilich nicht mehr aktuell. Ferner muß die Aussage zu Deutschland und Finnland dahingehend ergänzt werden, dass in Deutschland auch behördlicher vorläufiger Rechtsschutz gemäß § 80 Abs. 4 VwGO existiert. Nach *Schoch*, in: Schoch/Schmidt-Aßmann/Pietzner, VwGO, § 80 Rn. 19 m.w.N. gehen nahezu alle anderen Rechtsordnungen in Europa ohnehin vom französischen Modell der sofortigen Vollziehbarkeit angefochtener Administrativakte aus. Ebenso *Sandner*, DVBl. 1998, 262 (265).

[46] So statt vieler *Hesselberger*, GG, 2003, Art. 19 Rn. 5; dieses sei Ausfluß des in Art. 20 GG garantierten Rechtsstaatsprinzipes; ebenso *Schmidt-Bleibtreu*, GG, Art. 20 Rn. 21; BVerfGE 35, 382 (401) und *Umbach/Clemens*, GG, Bd. 1, Art. 19 Rn. 146, wobei anzumerken ist, dass das BVerfG bei Rechtsverletzungen durch die öffentliche Gewalt Art. 19 Abs. 4 GG stets als lex specialis-Regelung zum Rechtsstaatsprinzip sieht; vgl. hierzu BVerfGE 83, 182 (194).

[47] Vgl. statt vieler *Wassermann*, AK, Bd. 1, Art. 19 Rn. 7 m.w.N.; ebenso *Umbach/Clemens*, GG, Bd. 1, 2002, Art. 19 Rn. 145 m.w.N.

[48] BVerfGE 40, 237 (251).

[49] Zur Herleitung des Prinzips maximaler gleicher Freiheit sowie zur Argumentation darüber, dass die Gerechtigkeit auch real werden muss, vgl. *Ekardt*, Prinzip (Fn. 2), Kap. IV und VI; speziell zu den Folgerungen für den Rechtsschutz *Ekardt*, Information, Partizipation, Rechtsschutz: Prozeduralisierung von Gerechtigkeit und Steuerung in der Europäischen Union, 2. Aufl. 2008, § 5.

die liberalen Grundprinzipien so übersetzen, dass ihre Befolgung auch für sachwidrig handelnde Parlamentarier und Behörden und Mitbürger sinnvoll wird. Klagerechte ermöglichen darum die Einschaltung einer weiteren und – in Ermangelung wahltaktischer Interessen – womöglich stärker unparteiischen, von sachwidrigen Interessen freieren (Gerichts-) Instanz. Demgemäß stellt nach ständiger Rechtsprechung[50] das Grundgesetz einen möglichst lückenlosen und wirksamen richterlichen Rechtsschutz sicher. Diese Rechtswege- und Rechtsschutzgarantie ergibt einen Gesetzgebungsauftrag,[51] welcher von den Prozessordnungen der allgemeinen und besonderen Verwaltungsgerichte (also auch der Finanz- und Sozialgerichte), die den Rechtsschutz konkretisieren und gewährleisten, umgesetzt wird.

Aufgrund der vorstehenden Argumentation gehört auch ein vorläufiger Rechtsschutz zwingend zum grundrechtlich gebotenen Rechtsschutzkanon.[52] Der Gedanke dabei ist die eingangs erwähnte Überlegung, eine rationale und unparteiische Findung bzw. Kontrolle durch mehrere staatlich-politische Instanzen zu ermöglichen und sie nicht dadurch zu vereiteln, dass vor Abschluss der einzelnen Schritte vollendete Tatsachen geschaffen werden. Anders ausgedrückt: Ein effektiver Freiheitsschutz wäre nicht damit vereinbar, dass die Behörden irreversible Zustände schaffen können, bevor die Übereinstimmung der geplanten Maßnahmen mit den Rechten der Bürger gerichtlich prüfbar war. Diese Argumentation gilt gerade im öffentlichen Recht, letztlich aber sinngemäß auch im Privatrecht, wie die Rechtsprechung zutreffend festgestellt hat.[53] Wo es in einer Prozessordnung an einer Regelung über den vorläufigen Rechtsschutz fehlt, gebietet die Rechtsschutzgarantie darum auch die Lückenfüllung im Wege der Analogie zu den nächstverwandten Regelungen des positiven Rechts.[54]

Die primäre spezifische Funktion des vorläufigen Rechtsschutzes liegt in der Offenhaltung des Hauptsacheverfahrens. Ob diese Sicherungsfunktion sowie die interimistische Befriedungsfunktion aber auch eine *aufschiebende Wirkung* von Widerspruch und Anfechtungsklage verlangen, ist zweifelhaft, wie im Folgenden näher darzulegen sein wird. Wie eingangs bereits angedeutet, sind die vorliegenden Entscheidungen des BVerfG scheinbar inkonsistent, in jedem Fall aber merkwürdig indifferent geblieben. So wird davon gesprochen, dass die aufschiebende Wirkung ein von Art. 19 Abs. 4 GG gebotener „fundamentaler Grundsatz des öffentlich-rechtlichen Prozesses" sei.[55] Ferner ist hinsichtlich der aufschiebenden Wirkung von einer adäquaten Ausprägung der verfassungsrechtlichen Rechts-

---

[50] BVerfGE 8, 274 (326); 30, 1 (25); 35, 263 (274); 51, 176 (185); 81, 123 (129); 84, 34 (49); 96, 27 (39).

[51] Vgl. *Schoch,* in: Schoch/Schmidt-Aßmann/ Pietzner, VwGO, § 80, Vorb § 80 Rn. 13 mw.N.; im Ergebnis auch *Huber,* in: Mangoldt-Klein-Starck, Art. 19 Abs.4 Rn. 379 m.w.N.

[52] Vgl. *Schoch,* in: Schoch/ Schmidt-Aßmann/ Pietzner, VwGO, Vorb § 80 Rn.10 und 34 m.w.N.

[53] BVerfGE 46, 166 (178).

[54] Vgl. *Schmidt-Aßmann,* in: Maunz/Dürig-Herzog, GG, Art. 19, S. 187 m.w.N. So bestand bis zum Jahre 2001 eine solche Lücke im SGG. In dieser Zeitspanne mußte daher auf die §§ 80 ff. VwGO zurückgegriffen werden.

[55] Vgl. BVerfGE 35, 382 (402); 35, 263 (273).

schutzgarantie die Rede.[56] In einer anderen Entscheidung des BVerfG wird davon gesprochen, dass einerseits hierin die verfassungsrechtliche Bedeutung des Suspensiveffektes nach § 80 Abs. 1 VwGO bestehe und dass andererseits Art. 19 Abs. 4 GG die aufschiebende Wirkung von Rechtsbehelfen im Verwaltungsprozessrecht nicht schlechthin gewährleiste, um dann daraus ableitend die Feststellung zu treffen, dass hinsichtlich des vorläufigen Rechtsschutzes entscheidend sei, ob dem Bürger ein verfassungsrechtlich ausreichender Rechtsschutz gewährt wird, mag dies auch auf andere Weise als durch (automatisch eintretende oder gerichtlich wiederhergestellte) aufschiebende Wirkung seines Rechtsbehelfes geschehen.[57] In einer weiteren Entscheidung führt das BVerfG aus, dass die nach § 80 Abs. 1 VwGO für den Regelfall vorgeschriebene aufschiebende Wirkung von Widerspruch und (anfechtender) verwaltungsgerichtlicher Klage eine angemessene, sachgerechte Ausprägung der verfassungsrechtlichen Rechtsschutzgarantie und ein fundamentaler Grundsatz öffentlich-rechtlicher Anfechtungsprozesse sei, um dann fortzufahren, dass andererseits Art. 19 Abs. 4 GG nicht schlechthin die aufschiebende Wirkung der Rechtsbehelfe im Verwaltungsprozess gewährleiste.[58] Eine weitere Entscheidung kommt zu dem Ergebnis, dass die nach § 80 Abs. 1 VwGO für den Regelfall vorgeschriebene aufschiebende Wirkung von Widerspruch und verwaltungsgerichtlicher Klage eine adäquate Ausprägung der verfassungsrechtlichen Rechtsschutzgarantie und ein fundamentaler Grundsatz des öffentlich-rechtlichen Prozesses sei, wobei aber Art. 19 Abs. 4 GG die aufschiebende Wirkung der Rechtsbehelfe im Verwaltungsprozess nicht schlechthin gewährleiste.[59]

Nach alledem wird in der Judikatur nicht recht deutlich, ob die aufschiebende Wirkung verfassungsrechtlich zwingend ist oder nicht. In der Literatur wird einer verfassungsrechtlich gebotenen aufschiebenden Wirkung nun mit folgendem Argument entgegengetreten: Bei Annahme einer verfassungsrechtlich zwingenden Gebotenheit des § 80 Abs. 1 VwGO dürfte die aufschiebende Wirkung nicht durch § 80 Abs. 2 und 3 VwGO marginalisiert werden.[60] Und eine Marginalisierung der aufschiebenden Wirkung hat in der Tat längst stattgefunden, wie bereits oben dargestellt wurde. Ein weiteres Argument ist aber auch die vorzeitige Beendigung der aufschiebenden Wirkung nach § 80b Abs. 1 S. 1, 2. Var. VwGO. Mit dieser Regelung wird nämlich § 80 Abs. 1 VwGO selbst zeitlich verkürzt. Ferner wird auch mit dem sog. Sofortvollzug als Realakt die aufschiebende Wirkung immer mehr

[56] BVerfGE 35, 263 (275).
[57] BVerfGE 51, 268 (284 f.).
[58] Vgl. BVerfGE 69, 220 (227).
[59] BVerfGE 35, 382 (402); ähnlich BVerfGE 65, 253 (70 f.); 51, 268 (284).
[60] Zu diesem Argument *Schoch*, Rechtsschutz (Fn. 6), S. 1132 und passim; weitere Skeptiker gegen eine verfassungsgebotene aufschiebende Wirkung sind etwa *Haibach*, DÖV 1996, 60 (62 f.); *Busch*, DÖV 1983, 623 (626); *Mampel*, DVBl. 1997, 1155.

zurückgedrängt, denn ohne dieses Rechtsinstitut müsste prinzipiell ein VA ergehen, wobei aber ein Rechtsbehelf gem. § 80 Abs. 2 VwGO keine aufschiebende Wirkung entfalten würde. Gleichwohl läßt sich mit dem Hinweis auf die sonst eintretende Verfassungswidrigkeit der §§ 80, 80b VwGO nicht belegen, dass die aufschiebende Wirkung nicht verfassungsgeboten ist. Denn die Verfassung läßt sich nun einmal nicht anhand des einfachen Rechts, welches seinerseits ja stets verfassungskonform sein muß, auslegen. Es ist ja gerade erst die Frage, ob es mit der Verfassung vereinbar ist, die aufschiebende Wirkung so weit zurückzudrängen, wie dies bis heute geschehen ist!

Eher schon ist ein anderes Argument zu bedenken: nämlich dass bei Unterstellung einer verfassungsrechtlichen Gebotenheit viele andere Mitgliedstaaten der EU mit zum Teil langer rechtsstaatlicher Tradition und die EU selbst fundamentale Grundsätze des Rechtsstaates verletzen würden. In der Tat verlangen weder die EMRK noch die Grundrechtecharta der EU das Rechtsinstitut der aufschiebenden Wirkung ausdrücklich, und sie werden bis dato auch nicht so interpretiert, dass sie derartiges verlangen. Auch die meisten europäischen Einzelrechtsordnungen gehen wie Frankreich von der Sofortvollziehbarkeit angefochtener Administrativakte aus.[61] Ebenso kennt Art. 242 EGV für das Gemeinschaftsrecht keine aufschiebende Wirkung. Auch auf dieses Argument könnte man nun allerdings erwidern, dass erst einmal zu klären ist, ob die entsprechenden Ordnungen denn bis dato *richtig* interpretiert wurden. Denn natürlich ist die französische Justiz oder der EuGH oder auch der EGMR genauso wenig *per se* vor Irrtümern gefeit wie das BVerfG. Man kann und muss durchaus fragen, ob der EuGH den europäischen Grundrechten (auch durch den eher restriktiven Umgang mit dem vorläufigen Rechtsschutz) nicht eine zu geringe Schutzwirkung zuspricht, beispielsweise den Grundrechten der Berufs- und Eigentumsfreiheit.

Es gibt gleichwohl ein Argument, welches die aufschiebende Wirkung als verfassungsrechtlich nicht zwingend geboten erweist. Gemeint ist ein Argument, das in einzelnen BVerfG-Entscheidungen auch anklingt, aber dort nicht näher ausgeführt wird: Das Grundgesetz gebietet in der Tat einen effektiven vorläufigen Rechtsschutz. Dieser kann im Grundsatz aber auch durch einstweilige Anordnungen oder systemkonform mit dem gerichtlichen vorläufigen Rechtsschutz nach § 80 Abs. 5 VwGO gewährleistet werden und muß nicht gerade über die aufschiebende Wirkung von Widerspruch und Anfechtungsklage vermittelt werden. Es ist dem Rechtsschutzsuchenden in vielen Fällen durchaus zumutbar, gemeinsam mit seinem Rechtsbehelf um einstweiligen Rechtsschutz nachzusuchen, anstatt ihm sofort qua Gesetz eine aufschiebende Wirkung des Hauptrechtsbehelfs zuzusprechen.

---

[61] Vgl. *Schoch,* in: Schoch/ Schmidt-Aßmann/ Pietzner, VwGO, § 80 Rn. 19 m.w.N.

Natürlich ist dies für den Betroffenen ein Nachteil. Umgekehrt ist die aufschiebende Wirkung aber auch ein Nachteil für denjenigen, der bestimmte Projekte, gegen die Rechtsbehelfe eingelegt wurden, erst einmal nicht durchführen kann. In diesen Fällen kollidiert beispielsweise der Rechtsschutz für die Eigentumsgarantie des Drittbetroffenen mit der Eigentumsgarantie des Bauwilligen. Es muss darum, wenn der Gesetzgeber über das adäquate Rechtsschutzsystem nachdenkt, zu einer Grundrechtsabwägung kommen, die im Grundsatz erst einmal Sache des Gesetzgebers ist, sofern er nicht eine der betroffenen Positionen übermäßig (unverhältnismäßig) beschränkt. Dann aber kann nicht von vornherein die Position des Drittbetroffenen per aufschiebender Wirkung als vorrangig behandelt werden.

Dies gilt umso mehr, als man annimmt, dass der Schutzbereich von Art. 19 Abs. 4 GG normgeprägt ist. Dies würde bedeuten, dass die Rechtsschutzgarantie wie auch die Eigentumsgarantie die einfachgesetzlich eröffnete Rechtsschutzmöglichkeit in seinen Schutzbereich aufnimmt und diese auch bis auf weiteres grundrechtlich absichert (Normbestandsschutz), was aber nicht bedeutet, dass damit eine Versteinerung des verfassungsrechtlich nicht gebotenen Rechtsschutzniveaus verbunden wäre.[62] Ob man dies annehmen sollte, mag hier aber offenbleiben. Jedenfalls ist mit der Annahme normgeprägter Schutzbereiche Vorsicht geboten, weil durch einen gesetzgeberischen Zugriff auf die Grundrechtsschutzbereiche die Gewaltenbalance relativiert zu werden droht.

Der gerichtliche vorläufige Rechtsschutz nach § 80 Abs. 5 VwGO ist also verfassungsgeboten, die aufschiebende Wirkung ist es dagegen im Grundsatz erst einmal nicht. Davon ergibt sich aber eine wichtige Ausnahme, nämlich bei Großprojekten des Umwelt- und Planungsrechts. Die aufschiebende Wirkung ist auf der Grundlage der entwickelten Argumentation genau dann durchaus zwingend geboten, wenn über einstweilige Anordnungen kein hinreichend effektiver und auch Irreversibilitäten möglichst ausschließender Rechtsschutz eröffnet ist.[63] Und genau diese Situation ist in den Großverfahren des Umwelt- und Planungsrechts gegeben. Möglicherweise würde dies schon dann gelten, wenn der vorläufige Rechtsschutz in diesen Bereichen nicht noch zusätzlich den o.g. Erschwerungen unterworfen wäre. Denn der Drittkläger als meist ehrenamtlich agierender Bürger befindet sich gegenüber Behörden und Beigeladenen in Großverfahren ohnehin in einer monetär und informationell stark asymmetrischen Situation. Oftmals wird es ihm daher schwerfallen, das zusätzliche Kostenrisiko für ein weiteres Streitverfahren (eben den vorläufigen Rechtsschutz) zu schultern. Dies ist umso mehr der Fall, als es der vorläufige Rechtsschutz oftmals nötig macht, ad hoc eigene Anstrengungen zur Glaubhaftmachung von Tatsachen zu unternehmen, indem man z.B. auf eigene

---

[62] Vgl. *Huber*, in: Mangoldt/Klein/Starck, GG, Art. 19 Abs. 4 Rn. 379 und 384.

[63] In diesem Sinne z.B. auch *Erbguth*, Zur Vereinbarkeit der jüngeren Deregulierungsgesetzgebung im Umweltrecht mit dem Verfassungs- und Europarecht, 1999.

Rechnung Gutachter engagiert (was Kosten in fünfstelliger Höhe involvieren kann).[64]

B. Die Tatbestandsvoraussetzungen des Abs. 1

I. Widerspruch und Anfechtungsklage

Nach § 80 Abs. 1 VwGO haben Widerspruch[65] und Anfechtungsklage[66] aufschiebende Wirkung. Wie sich nachfolgend noch zeigen wird, enthält Abs. 1 einige gesetzessprachliche und gesetzgebungstheoretische Mängel. Bereits die Formulierung „Widerspruch und Anfechtungsklage" ist gesetzessprachlich problematisch. Um Missverständnissen vorzubeugen, hätte der Gesetzgeber hier den in der Literatur und Judikatur schon lange benutzten Begriff des „Anfechtungswiderspruches"[67] verwenden sollen. Da § 68 VwGO zwei Widerspruchsarten kennt, hätte sich hier zwecks Vermeidung von Irritationen eine Konkretisierung der Widerspruchsart angeboten. Weil als zweiter Rechtsbehelf die Anfechtungsklage genannt ist, kann allerdings mit dem dort genannten Widerspruch rechtsdogmatisch bei gesetzessystematischer Auslegung nur der sog. Anfechtungswiderspruch gem. § 68 Abs. 1 S. 1 VwGO gemeint sein.[68] Bei einem Verpflichtungswiderspruch wäre im Eilverfahren gem. § 123 Abs. 5 VwGO grundsätzlich die einstweilige Anordnung einschlägig.[69] Dass im Übrigen der Gesetzgeber ansonsten auch nicht gesetzlich vorgegebene Begriffe verwendet, ergibt sich auch aus § 80 Abs. 1 S. 2 VwGO. Die dort genannten VA-Arten, Wortschöpfungen zwecks Beschreibung von VA nach ihrem Inhalt, werden schon seit langem in der Literatur und Judikatur verwendet, ohne dass sie als solche legaldefiniert sind.[70] Ferner ist auch die Formulierung „Widerspruch und Anfechtungsklage" aus einem anderen Blickwinkel irritierend. Es könnte dabei der Eindruck entstehen, dass der Anfechtungswiderspruch obligatorisch sei und die aufschiebende Wirkung mit der Anfechtungsklage endet.[71] Mit dieser Formulie-

---

[64] Vgl. zu diesem Fragenkomplex *Ekardt/Beckmann,* Vorläufiger Rechtsschutz zwischen Beschleunigungs- und Internationalisierungstendenzen im Verwaltungsrecht, DÖV 2006, 672 ff.

[65] Ein Widerspruchsverfahren ist im Gegensatz zu der Anfechtungsklage verfassungsrechtlich nicht geboten (BVerfGE 69, 1 ff.).

[66] Als Anfechtungsklagen gelten auch Aufsichtsklagen und Verbandsklagen. Vgl. *Finkelnburg/Jank,* Vorl. Rechtsschutz im Verwaltungsstreitverfahren, Rn. 653 und 654.

[67] Vgl. auch *Papier,* (1. Teil), JA, 1979, 561.

[68] *Finkelnburg/Jank,* Vorl. Rechtsschsutz im Verwaltungsstreitverfahren, Rn. 656.

[69] Vgl. aber die systemwidrige Ausnahme nach § 72 AuslG, wonach systemwidrig ein Widerspruch und eine Klage gegen die Ablehnung eines Antrages auf Erteilung oder Verlängerung der Aufenthaltsgenehmigung aufschiebende Wirkung hatten. Nach dem neuen § 84 Abs. 1 AEG ist dies nicht mehr der Fall.

[70] Es kann hier dahingestellt bleiben, ob es sich aufgrund einer verfestigten Rechtsprechung um Gewohnheitsrecht, Richterrecht oder um in der Wissenschaft entwickelte Rechtsgrundsätze handelt.

[71] Beispiele für solche Interpretationen sind *Schmalz,* Staatsrecht, Rn. 1111 und *Schmidt,* Verwaltungsprozessrecht, S. 314.

rung hätte man bis zur positivrechtlichen Regelung des durch das 6. VwGOÄndG eingeführten § 80b VwGO annehmen müssen, dass die aufschiebende Wirkung für die nachfolgenden Rechtsmittel nicht mehr gelte, was aber rechtsdogmatisch überhaupt nicht nachvollziehbar wäre. § 80b VwGO hat dann klargestellt, dass die aufschiebende Wirkung grundsätzlich bis zur Unanfechtbarkeit gilt, wenn nicht aufgrund der dortigen konstitutiven Alternativregelung eine vorzeitige Beendigung eintritt. Der Gesetzgeber wollte mit den beiden Rechtsbehelfen „Widerspruch und Anfechtungsklage“ wohl nur vor dem Hintergrund des § 68 Abs. 1 S. 2 VwGO ausdrücken, dass sie alternativ zu verstehen sind.[72] Nach § 68 Abs. 1 S. 2 VwGO entfällt nämlich in den drei dort genannten Varianten das generell notwendige Vorverfahren. Dass darüber hinaus die Literatur und Judikatur noch weitere Ausnahmen vom obligatorischen Vorverfahren entwickelt haben, sei nur der Vollständigkeit halber erwähnt.[73] Deshalb wäre es gesetzessprachlich präziser gewesen, wenn von „Anfechtungswiderspruch[74] bzw. Anfechtungsklage“ gesprochen worden wäre.[75] Jedenfalls wäre diese Formulierung aus grammatischer Sicht zu bevorzugen, um vorstehende Missverständnisse zu minimieren. Um keine weiteren falschen Rückschlüsse zu ziehen, sollte diese Formulierung deklaratorisch noch durch die Worte „einschließlich nachfolgender Rechtsbehelfe bzw. Rechtsmittel“ ergänzt werden. Dies würde nämlich auch implizieren, dass die aufschiebende Wirkung grundsätzlich gem. § 80b VwGO bis zur Unanfechtbarkeit andauert.

Ohne dass dies in § 80 Abs. 1 VwGO ausdrücklich erwähnt wird, setzen die §§ 80 ff. VwGO einen belastenden VA im objektiven Sinne voraus,[76] der mittels Rechtsbehelfen und Rechtsmittel aufgehoben werden soll.[77] Sowohl der Anfechtungswiderspruch als auch die Anfechtungsklage verlangen gemäß §§ 42 Abs. 1 1. Alternative, 68 Abs. 1 VwGO einen VA. Liegt also nach *objektiven* Kriterien des § 35 VwVfG kein VA vor, sind §§ 80 ff. VwGO grundsätzlich nicht anwendbar. Dieser Grundsatz, dass objektiv ein VA vorliegen muss, gilt allerdings nicht für bestimmte nichtige VA [78] und für Nichtverwaltungsakte.[79] Die aufschiebende Wirkung erfasst nicht nachfolgende selbständige VA wie Vollstreckungs-

---

[72] Vgl. *Schmitt/Glaeser/Horn,* Verwaltungsprozessrecht, Rn. 259; *Ule,* Verwaltungsprozessrecht, S. 366.
[73] *Schmalz,* Staatsrecht, Rn. 1105 m.w.N.
[74] Im § 68 VwGO hätte in Analogie zum § 42 VwGO auch explizit von Anfechtungs- bzw. Verpflichtungswiderspruch die Rede sein sollen.
[75] Das Problem der Alternativregelung wird nur ganz selten angesprochen. So geht *Hufen,* Verwaltungsprozessrecht, S. 536 Rn. 8, zutreffend von der Alternativregelung aus.
[76] Die bloße Behauptung eines VA genügt nicht.
[77] So stellvertretend *Brühl,* JuS 1995, 628. Dagegen ist *Schenke,* Bonner Kommentar GG, Art. 18 Abs. 4 Rn. 413, missverständlich, wenn er im Zusammenhang mit § 80 Abs. 1 und VwGO die Formulierung „insbesondere VA“ verwendet. Dies könnte den Rückschluss zulassen, dass vorgennate Bestimmungen auch den Verwaltungsrealakt umfassen, was rechtsdogmatisch unzulässig ist.
[78] Nach *Kopp/Schenke,* VwGO, § 80 Rn. 16 und *Bader,* in: Bader/Funke-Kaiser/Kuntze/von Albedyll, VwGO, § 80 Rn. 5, gilt trotz der Regelung des § 43 Abs. 3 VwVfG die aufschiebende Wirkung auch für nichtige VA, wenn ein Zweifels- oder Grenzfall vorliegt.
[79] *Krämer,* Berliner Praxiskommentare, Vorl. Rechtsschutz in VwGO-Verfahren, S. 72 und 73 Rn. 18 m.w.N.

maßnahmen mit VA-Qualität, gegen die gesondert vorgegangen werden muss.[80] Soweit einem befehlenden VA eine unselbständige Zwangsmittelandrohung, ohne gleichzeitige Anordnung der sofortigen Vollziehung des Grund-VA, beigefügt ist, was kraft Verwaltungsvollstreckungs- bzw. Polizei- und Ordnungsbehördenrechts explizit zulässig ist,[81] würde bei einem Rechtsbehelf die aufschiebende Wirkung auch die akzessorische Zwangsmittelandrohung erfassen. Die Regelung gemäß Nr. 3 in Verbindung mit dem Verwaltungsvollstreckungsrecht bzw. Polizei- und Ordnungsbehördenrecht, wonach Maßnahmen in der Verwaltungsvollstreckung kraft Gesetzes keine aufschiebende Wirkung haben,[82] greift in diesem Falle nicht. Eine Divergenz zwischen aufschiebender Wirkung des Grund-VA und der damit verbundenen Zwangsmittelandrohung kann es rechtsdogmatisch logischerweise nicht geben. Diese Schlussfolgerung ergibt sich auch aus Art. 31 GG, denn die bundesgesetzliche Regelung der aufschiebenden Wirkung nach § 80 Abs. 1 VwGO überlagert die landesrechtliche Regelung, wonach Rechtsbehelfe gegen Maßnahmen in der Verwaltungsvollstreckung – hier: Zwangsmittelandrohung – keine aufschiebende Wirkung haben.

Die Rechtsbehelfe nach Abs. 1 können nur aufschiebende Wirkung auslösen, wenn der VA die rechtliche Stellung des Betroffenen verschlechtert und somit für ihn nachteilig ist.[83] Soweit ein Vorverfahren gesetzlich vorgeschrieben ist,[84] obwohl die Maßnahme objektiv kein VA, sondern ein Realakt ist, löst ein solcher Widerspruch keine aufschiebende Wirkung aus.[85] Die Besonderheit liegt hier nur darin, dass entgegen §§ 42 Abs. 1 und 68 Abs. 1 VwGO trotz Fehlens eines VA im objektiven Sinne ein Vorverfahren durchzuführen ist. Soweit *Eyermann*[86] bemängelt, dass Realakte von Abs. 1 nicht erfasst werden, ist dieser Meinung entgegenzutreten. Realakte sind nämlich darauf angelegt, dass sie unbürokratisch sofort durch Tathandlungen umgesetzt werden. Rechtsbehelfe, die hier aufschiebende Wirkung auslösen, wären kontraproduktiv. Deshalb kommen bei Realakten – je nach Einzelfall – nur allgemeine Leistungsklagen oder Feststellungsklagen in Betracht.

---

[80] *Krämer,* Berliner Praxiskommentare, Vorl. Rechtsschutz in VwGO-Verfahren, 1998, S. 77.
[81] Vgl. stellvertretend § 66 Abs. 2 Landesverwaltungsvollstreckungsgesetz RP.
[82] So stellvertretend § 20 AGVwGO RP.
[83] *Funke-Kaiser,* in: Bader/Funke-Kaiser/Kuntze/von Albedyll, VwGO, § 80 Rn. 2.
[84] Vgl. § 126 Abs. 3 BRRG.
[85] Vgl. *Bader,* in: Bader/Funke-Kaiser/Kuntze/von Albedyll, VwGO, § 80 Rn. 7 m.w.N.; ebenso *Schmalz,* Allg. Verwaltungsrecht und Grundlagen des Verwaltungsrechtsschutzes, S. 439 Rn. 1115.
[86] *Eyermann,* VwGO, § 80 Rn. 7.

II. Zulässigkeit und Begründetheit des Rechtsbehelfs

Ein weiterer gesetzgeberischer Schwachpunkt des § 80 Abs. 1 VwGO ist, dass die Regelung keine Aussage darüber trifft, ob die genannten Rechtsbehelfe auch zulässig[87] sein müssen, um die aufschiebende Wirkung auslösen zu können. Die Folge ist eine ausgeprägte Inkonsistenz in der Literatur und Judikatur, die sowohl für die Rechtsanwender als auch für die Betroffenen nebst Anwaltschaft oftmals große Rätsel aufgibt. Die Frage, ob nur ein zulässiger Rechtsbehelf aufschiebende Wirkung auslöst, ist heftig umstritten.[88] Zum einen wird die rigide Auffassung vertreten, dass die aufschiebende Wirkung unabhängig von der Zulässigkeit des Rechtsbehelfs eintritt.[89] Problematisch ist diese Auffassung besonders vor dem Hintergrund von VA mit Doppelwirkung. Zum anderen will die Gegenmeinung die aufschiebende Wirkung generell nur eintreten lassen, wenn der Rechtsbehelf zulässig ist.[90]

Nach der wohl herrschenden vermittelnden Meinung in Judikatur und Literatur entfalten grundsätzlich auch unzulässige Rechtsbehelfe aufschiebende Wirkung, es sei denn, der Rechtsbehelf ist offensichtlich unzulässig.[91] Letzteres wäre der Fall, wenn

- *keine deutsche Gerichtsbarkeit besteht,*
- *der Verwaltungsrechtsweg nicht gegeben ist,*
- *kein objektiver belastender VA vorliegt,*
- *unter keinem denkbaren Gesichtspunkt eine Rechtsverletzung des Rechtsmittelführers vorliegen kann*[92] *und*
- *wenn der VA bestandskräftig geworden ist.*[93]

Dies bedeutet, dass nur in vorgenannten Fällen der Unzulässigkeit des Rechtsbehelfes die aufschiebende Wirkung nicht eintritt. Andere unzulässige Rechtsbehelfe würden dagegen aufschiebende Wirkung auslösen. Die zweite vermittelnde Meinung, die hinsichtlich der aufschiebenden Wirkung auf die Evidenz des Unzulässigkeitsgrundes abstellt, hat sich wohl nicht durchgesetzt, weil es auch schwierig ist, den unbestimmten Rechtsbegriff der Evidenz in den Griff zu bekommen.[94]

---

[87] Die Zulässigkeitsvoraussetzungen sind hinsichtlich des Anfechtungswiderspruches in der VwGO (konstitutiv oder analog) bzw. im VwVfG enthalten, während sie hinsichtlich der Anfechtungsklage nur in der VwGO enthalten sind. Letzteres gilt auch für die nachfolgenden Rechtsmittel.

[88] Stellvertretend *Funke-Kaiser,* in: Bader/Funke-Kaiser/Kuntze/von Albedyll, VwGO, § 80 Rn.14.

[89] *Stein,* Fälle und Erläuterungen zum Allg. Verwaltungsrecht/Verwaltungsprozessrecht, S.255 u. 256. Danach ist aus verschiedenen rechtsdogmatischen Gründen nicht auf die Zulässigkeit abzustellen. In krassen Fällen könnte wegen des befürchteten Rechtsmissbrauches ja die sofortige Vollziehung angeordnet werden; ebenso *Brühl,* JuS 2001, S. 628.

[90] Vgl. *Pietzner/Ronellenfitsch,* Das Assesssorexamen, § 53 II Rn. 18 u. 19.

[91] Vgl. OVG Münster, NJW 1972, 2279.

[92] Gemeint ist hier der Dritte bei VA mit Drittwirkung i.S.d. § 80 Abs. 1 S. 2 VwGO.

[93] Statt vieler *Sodan,* in : Sodan-Ziekow, VwGO, § 80 Rn. 32 u. 33 und *Schoch,* in: Schoch/Schmidt-Aßmann/Pietzner, VwGO, § 80 Rn. 65 –71; *Martini,* Verwaltungsprozessrecht, S. 141 und im Ergebnis auch Pietzner /Ronellenfitsch, Das Assessorexamen, § 53 Rn. 20 m.w.N.

[94] *Schwabe,* Examensrelevantes Verwaltungsprozessrecht, S. 101.

Dass der Gesetzgeber im Rahmen des § 80 Abs. 1 VwGO die Frage der Zulässigkeit des Widerspruches bzw. der Anfechtungsklage nicht geregelt hat, ist in der Verwaltungsgerichtsordnung keine singuläre Erscheinung. Auch bei der Abhilferegelung des § 72 VwGO und bei der Frage der Begründetheit einer Klage gemäß § 113 VwGO, die analog auch für das Widerspruchsverfahren gilt, trifft der Gesetzgeber hierzu keine Aussage. Die Folge sind auch hier widersprüchliche Interpretationen in Judikatur und Literatur.

Im Interesse einer Gleichbehandlung des Suspensiveffektes sollte aus Rechtssicherheits- und Rechtsklarheitgründen die herrschende vermittelnde Meinung gesetzlich geregelt werden. Als einige Gerichte in der Vergangenheit bei VA mit Drittwirkung § 123 VwGO systemwidrig anwandten, sah sich der Gesetzgeber durch das 4. VwGOÄndG veranlasst, klarzustellen, dass auch ein solcher Widerspruch unter den Suspensiveffekt des § 80 Abs. 1 VwGO fällt. Wenn der Gesetzgeber sich schon bemüßigt zeigte, nur wegen einiger abweichender systemwidriger Urteile eine deklaratorische Regelung in § 80 Abs. 1 S. 2 VwGO aufzunehmen, müsste dies angesichts der aufgezeigten verschiedenen Theorien zur Zulässigkeit eines Rechtsbehelfes im Rahmen des vorläufigen Rechtsschutzes nach § 80 Abs. 1 VwGO umso mehr gelten, denn eine unterschiedliche Handhabung führt zu ganz unterschiedlichen Konsequenzen für den Rechtsunterworfenen, zumal wenn nach erfolgtem Vollzug auch in einigen Fällen mangels der Möglichkeit der Rückgängigmachung eine Erledigung des VA eingetreten sein dürfte, was die Rechtsposition schwächt. Es wäre realitätsfremd anzunehmen, dass den Rechtsanwendern in der Breite die beiden aufgezeigten Extrempositionen und die vermittelnde Meinung auch bekannt sind. Dabei muss man sich auch vergegenwärtigen, dass den wenigsten Rechtsanwendern auch bei entsprechendem Problembewusstsein die hierzu notwendige Literatur zur Verfügung steht. Selbst wenn dies der Fall wäre, kann nicht davon ausgegangen werden, dass sie sich dann auch der vermittelnden Meinung anschlössen. Zu favorisisieren ist bei einer gesetzlichen Regelung die herrschende vermittelnde Meinung, denn sie stellt einen Kompromiss zwischen den beiden Extrempositionen dar und ist auch für den Rechtsanwender wegen der expliziten Regelung praktikabel.

Zwar wird vereinzelt in der Judikatur[95] und Literatur[96] die Meinung vertreten, dass auch bei offensichtlicher Unbegründetheit die aufschiebende Wirkung entfällt; gleichwohl dürfte es sich hierbei um Mindermeinungen handeln. Der Sinn der aufschiebenden Wirkung liegt doch darin, den VA bis zur Klärung im Hauptsacheverfahren vorläufig nicht zu verwirklichen.[97]

---

[95] OVG Koblenz, NJW 1976, 908.

[96] *Eyermann,* VwGO, § 80 Rn. 14.

[97] Vgl. statt vieler *Sodan,* in: Sodan-Ziekow, VwGO, § 80 Rn. 31 und auch *Schoch,* in: Schoch/Schmidt-Aßmann/Pietzner, VwGO, § 80 Rn. 62.

III. Über die VA-Klassifizierungen

Die Ursprungsfassung des § 80 Abs. 1 VwGO hatte folgende Fassung: *„Widerspruch und Anfechtungsklage haben aufschiebende Wirkung. Dies gilt auch bei rechtsgestaltenden Verwaltungsakten.“* Mit dem 4. VwGOÄndG erhielt S. 2 die heutige Fassung. Sie hat folgenden Wortlaut: *„Dies gilt auch bei rechtsgestaltenden und feststellenden Verwaltungsakten sowie bei Verwaltungsakten mit Doppelwirkung (§ 80a).“*

Aus dem in S. 2 enthaltenen Tatbestandsmerkmal „auch“ ergibt sich im Umkehrschluss, dass der Gesetzgeber offenbar zunächst davon ausging, dass grundsätzlich die ex lege eintretende aufschiebende Wirkung nur befehlende VA, also VA, die ein Tun, Dulden oder Unterlassen beinhalten (auch HDU-Verfügungen genannt), anspricht. Dabei hat der Gesetzgeber verkannt bzw. übersehen, dass sowohl der Anfechtungswiderspruch als auch die Anfechtungsklage die Kassation eines belastenden VA zum Ziel haben, und zwar ohne Rücksicht darauf, ob dieser VA ein befehlender VA oder ein VA nach S. 2 ist.[98] Nach allem ist S. 2 sowohl in der Ursprungsfassung als auch in der heutigen Fassung nur deklaratorischer Natur. Satz 2 in der heutigen Fassung stellt also nur positivrechtlich klar, was rechtsdogmatisch schon seit vielen Jahrzehnten galt, wobei es ausgeblendet werden kann, ob dies Gewohnheitsrecht oder Richterrecht ist. Die eigentliche Klarstellung bezieht sich lediglich auf die VA mit Doppelwirkung. Vor dieser durch das 4. VwGO-ÄndG eingeführten Klarstellung in S. 2 haben nämlich einige Obergerichte aus rechtsdogmatisch nicht nachvollziehbaren Gründen vorläufigen Rechtsschutz über § 123 Abs. 1 VwGO gewährt. Dies ist jetzt aber nicht mehr zulässig.

Da rechtsgestaltende und feststellende VA sowohl begünstigender als auch belastender Natur sein können, hätte der Gesetzgeber im Interesse der Rechtsklarheit für diese VA-Arten das Attribut „belastend“ beifügen sollen. Zwingend ist dies gesetzessystematisch aber nicht, denn die in Abs. 1 genannten Rechtsbehelfe kommen ja nur zur Anwendung, wenn ein belastender VA aufgehoben werden soll.

Ein weiteres Manko ist, dass in der Literatur über die in § 80 Abs. 1 S. 2 VwGO genannten VA-Klassifizierungen hinaus auch in inhaltlicher Hinsicht von streitentscheidenden, beurkundenden, gestattenden, gewährenden und dinglichen VA gesprochen wird.[99] Des Weiteren werden auch privatrechtsgestaltende VA als

[98] Soweit *Büchner/Schlotterbeck*, Verwaltungsprozessrecht, Rn. 549, meinen, dass die aufschiebende Wirkung hinsichtlich der feststellenden und rechtsgestaltenden VA nur einträte, wenn diese VA auch der Vollziehung fähig sind, ist diese Auffassung unzutreffend. Dabei wird offenbar übersehen, dass vorgenannte belastende VA selbst nicht vollzogen werden können. Die aufschiebende Wirkung hat hier nur die Konsequenz, dass während ihrer Dauer keine nachteiligen Folgerungen gezogen werden dürfen. Insbesondere dürfen während dieser Phase keine nachteiligen belastenden Folge-VA ergehen So darf z.B. während der aufschiebenden Wirkung einer Aufhebungsverfügung einer Baugenehmigung keine bauaufsichtliche Beseitigungsanordnung ergehen.

[99] So *Knack*, VwVfG, § 35, S. 329 ff.

eigenständige VA-Art genannt.[100] Andere Autoren/Kommentatoren nehmen nur drei Klassifizierungen vor und sprechen nur von befehlenden, rechtsgestaltenden und feststellenden VA, wobei die vorgenannten übrigen VA-Arten offenbar den rechtsgestaltenden oder feststellenden VA zugeordnet werden.[101] Da die genannten Begriffe nicht gesetzlich formuliert sind und in der Rechtsprechung diese Unterteilung keine besondere Bedeutung erlangt hat, ist die deklaratorische Regelung des S. 2 auch deshalb nicht ganz unangreifbar.[102] Für den Rechtsanwender sind hinsichtlich der in der Literatur enthaltenen VA-Klassifizierungen weitere Irritationen wahrscheinlich. In Kenntnis dieser aufgezeigten Problematik wird wohl vereinzelt in der Literatur hinsichtlich der in § 80 Abs. 1 S. 2 VwGO vorgenommenen VA-Klassifizierungen auch von sonstigen VA gesprochen,[103] wobei wohl wegen ihres rein begünstigenden Charakters die gewährenden und gestattenden VA Abs. 1 S. 2 nicht erfasst werden können.

Besser wäre es allerdings, wenn diese Klassifizierungen in § 35 VwVfG legaldefiniert wären. Dann gäbe es nicht die beschriebenen Probleme. Eine weitere Fehlleistung ist darin zu sehen, dass der Gesetzgeber von VA mit Doppelwirkung spricht. Mit diesem Begriff verbindet die Literatur und Judikatur auch VA, die ein und dieselbe Person begünstigen und belasten (z.B. bei Beifügung von Nebenbestimmungen zu einem begünstigenden VA). Wenn hingegen ein VA eine Person begünstigt und eine andere Person belastet, liegt ein VA mit Drittwirkung vor.[104]

Deshalb wäre es unter dem Gesichtspunkt der Rechtsklarheit geboten gewesen, sowohl in S. 2 als auch in § 80a VwGO von VA mit Drittwirkung zu sprechen. Im Übrigen spricht auch die Komplementärvorschrift des § 80a Abs. 1 VwGO zu § 80 Abs. 1 S. 2 VwGO im Text ausdrücklich vom Dritten. Von daher ist es nicht nachvollziehbar, dass der Gesetzgeber weiterhin von VA mit Doppelwirkung spricht, zumal dem heimlichen Gesetzgeber, die Ministerialbürokratie, diese Problematik eigentlich nicht entgangen sein dürfte.

1. Die einzelnen VA-Kategorien i.S.v. Abs. 1 S. 2

Wie oben bereits erwähnt, ging der Gesetzgeber ursprünglich offensichtlich davon aus, dass die aufschiebende Wirkung grundsätzlich nur bei *befehlenden VA* eintreten könne. Dies ergibt sich aus Satz 2 in der Ursprungs- und Jetztfassung, und zwar aus dem Tatbestandsmerkmal „auch". Der Umstand, dass in der Ursprungsregelung des Satzes 2 nur von rechtsgestaltenden VA die Rede war und die aktuelle

[100] *Weides*, Verwaltungsverfahren und Widerspruchsverfahren, S. 34.
[101] *Suckow*, Allgemeines Verwaltungsrecht und Verwaltungsrechtsschutz, S. 51.
[102] So *Stelkens/Bonk/Sachs*, Verwaltungsverfahrensgesetz, § 35 Rn. 138.
[103] Vgl. *Tettinger/Wahrendorf*, Verwaltungsprozessrecht, S. 149 Rn. 5.
[104] So *Stelkens/Bonk/Sachs*, Verwaltungsverfahrensgesetz, § 35 Rn. 138.

Fassung auf weitere VA-Arten erweitert wurde, ist rechtsdogmatisch ohne Belang. Wie bereits ausgeführt, handelt es sich bei S. 2 lediglich um eine deklaratorische Regelung mit der Folge, dass selbst unvollständige bzw. unklare Formulierungen im Ergebnis ohne Rechtsfolgen bleiben.

Befehlende VA sind solche VA, mit denen ein Handeln (Tun), Dulden oder Unterlassen gefordert wird.[105] Sie werden auch in der Literatur als sog. HDU-Verfügungen bezeichnet. Es handelt sich dabei um die typischen VA der Eingriffsverwaltung, die mittels des Polizei- und Ordnungsbehörden- bzw. Verwaltungsvollstreckungsrechtes mit den dort genannten Zwangsmitteln des Zwangsgeldes, der Ersatzvornahme und des unmittelbaren Zwanges vollstreckt werden können.[106] Befehlende VA enthalten Gebote und Verbote, die mit weitem Abstand den Hauptanteil der VA-Arten nach § 80 Abs. 1 VwGO bilden.[107] Befehlende VA sind im Allgemeinen polizeiliche/ordnungsbehördliche Verfügungen, sofern diese nicht eine Geldforderung beinhalten.

Ein *rechtsgestaltender VA* ist ein VA, durch den ein Rechtsverhältnis unmittelbar begründet, geändert oder aufgehoben wird. Da die Rechtsbehelfe des § 80 Abs. 1 VwGO die Kassation eines belastenden VA bewirken sollen, sind rechtsgestaltende VA i.S.d. § 80 Abs. 1 S. 2 VwGO nur solche, mit denen ein Rechtsverhältnis geändert oder aufgehoben wird.[108] Soweit in der Literatur[109] die Meinung vertreten wird, dass nur solche rechtsgestaltende VA der aufschiebenden Wirkung unterliegen, die auch zur Vollziehung fähig sind, ist diese Rechtsmeinung abzulehnen.[110] Es wird dabei übersehen, dass nur befehlende VA im engeren Sinne vollzogen bzw. vollstreckt werden können. Bei rechtsgestaltenden VA wird deren „Vollziehung“ dagegen durch eine Folgemaßnahme in Gestalt eines befehlenden VA eingeleitet.[111]

Der *feststellende VA* hat die Aufgabe, in den gesetzlich vorgegebenen Fällen die Feststellung von Tatsachen und Rechtsfolgen zu bewirken. Feststellende VA wurden in der Vergangenheit von der Rechtsprechung allgemein für zulässig gehalten. Wegen Änderung der Rechtsprechung des Bundesverwaltungsgerichtes[112] wird grundsätzlich eine gesetzliche Ermächtigungsgrundlage verlangt, auf

---

105 Vgl. § 1 Abs. 1 Landesverwaltungsvollstreckungsgesetz von Rheinland-Pfalz i.V.m. § 36 Abs. 2 Nr. 4 VwVfG.

106 Allerdings werden VA, die eine Geldforderung beinhalten, mittels Pfändungen, Pfändungs- und Überweisungsverfügungen und mit Sicherungshypotheken und mit Anträgen auf Zwangsversteigerung oder Zwangsverwaltung vollstreckt. Vgl. die §§ 27 bis 60 LVwVG RP.

107 Dies ergibt sich auch aus der Gesetzessystematik des § 80 Abs. 1 VwGO mit ihren Sätzen 1 und 2.

108 Z.B. Versetzung eines Beamten in den Ruhestand gegen dessen Willen, die Rücknahme oder der Widerruf einer Genehmigung oder Erlaubnis, die Entwidmung einer Straße, Ausübung des Vorkaufrechts, die Entlassung aus der Staatsbürgerschaft..

109 Vgl. *Büchner/Schlotterbeck*, Verwaltungsprozessrecht, Rn. 549.

110 Wie später nachgewiesen wird, führt diese unzutreffende Sicht der Dinge zu falschen Bewertungen.

111 Z.B. bei einer vollziehbaren Rücknahme einer Baugenehmigung durch eine bauaufsichtliche Beseitigungsanordnung gem. § 81 LBauO RP.

112 BVerwGE 72, 265.

die nur ausnahmsweise verzichtet werden kann.[113] Wird demzufolge ein feststellender VA unter Verstoß gegen den Gesetzesvorbehalt erlassen, ist schon aus diesem Grunde einem Rechtsbehelf stattzugeben, ohne dass eine Entscheidung in der Sache ergeht.[114] Bundesrechtliche Beispiele: Nach § 44 Abs. 5 VwVfG kann die Feststellung der Nichtigkeit eines VA auf Antrag begehrt werden. Die Beendigung des Beamtenverhältnisses wird nach § 29 Abs. 2 Bundesbeamtengesetz (BBG) festgestellt. Nach § 2 Versicherungsaufsichtsgesetz (VAG) entscheidet das Bundesamt für das Versicherungswesen, ob ein Unternehmen Versicherungsgeschäfte betreibt.

Ein VA mit Drittwirkung liegt vor, wenn durch VA eine Person begünstigt und eine andere Person (Dritter) belastet wird. Hauptanwendungsfall ist im Verwaltungsalltag die Baugenehmigung. Weil einzelne Obergerichte entgegen der herrschenden Meinung bei Baugenehmigungen vorläufigen Rechtsschutz auch über § 123 Abs.1 VwGO gewährten,[115] hat der Gesetzgeber im neuen S. 2 auch klarstellend den VA mit Doppelwirkung (= VA mit Drittwirkung) aufgenommen.

Wie oben bereits erwähnt, liegt ein *VA mit Doppelwirkung im engeren Sinne*[116] vor, wenn ein VA eine Person begünstigt und zugleich belastet. Eine solche Konstellation ist gegeben, wenn ein begünstigender VA z.B. eine Nebenbestimmung enthält. Eine Nebenbestimmung hat regelmäßig eine belastende Wirkung für den Adressaten eines begünstigenden VA. Ob der Widerspruch gegen den belastenden Teil aufschiebende Wirkung haben kann, hängt davon ab, ob der belastende Teil isoliert anfechtbar ist. Nur wenn der belastende Teil objektiv abgegrenzt und bezeichnet werden kann, tritt die aufschiebende Wirkung des eingelegten Rechtsbehelfes ein.[117] Steht dagegen die Begünstigung und die Belastung in einem untrennbaren Zusammenhang, kann eine aufschiebende Wirkung nicht eintreten. Lässt sich der belastende Teil objektiv abgrenzen, was regelmäßig bei der Nebenbestimmung der Auflage der Fall ist, tritt insoweit aufschiebende Wirkung ein, so dass von der Begünstigung gemäß § 43 Abs. 1 VwVfG sofort Gebrauch gemacht werden kann. Ist der belastende Teil nicht abgrenzbar, was regelmäßig bei den übrigen Nebenbestimmungen der Fall sein dürfte, muss der Adressat hiergegen Verpflichtungswiderspruch einlegen und vorläufigen Rechtsschutz über § 123 Abs. 1 VwGO begehren.[118] Soweit bei dieser Konstellation die Auffassung vertreten wird, dass ein solcher Verpflichtungswiderspruch aufschiebende Wirkung

[113] Vgl. *Druschel,* Die Verwaltungsaktbefugnis, S. 211 m.w.N.
[114] Vgl. vorstehende Fn.112.
[115] Vgl. *Schoch,* in: Schoch/Schmidt-Aßmann/Pietzner, VwGO, § 80 Rn. 37 m.w.N.
[116] *Lorenz,* Verwaltungsprozessrecht, S. 472 Rn. 13 und *Schenke,* Verwaltungsprozessrecht, Rn. 941, sprechen auch von VA mit sachlicher Doppelwirkung.
[117] Vgl. *Pietzner/Ronellenfitsch,* Das Assessorexamen, § 53 Rn. 6 m.w.N.
[118] Vgl. *Sodan,* in: Sodan-Ziekow, VwGO, § 80, Rn. 22 und im Ergebnis auch *Schoch,* in: Schoch/Schmidt-Aßmann/Pietzner, VwGO, § 80 Rn. 40.

auslöst[119] mit der Folge, man könne dann von dem begünstigenden VA keinen Gebrauch mehr machen, ist dies rechtsdogmatisch falsch.[120] Nach § 43 Abs. 2 VwVfG wird ein VA nicht durch Einlegung eines Verpflichtungswiderspruches bzw. einer Verpflichtungsklage unwirksam. Allerdings liegt das Risiko beim Rechtsbehelfseinleger, wenn er in der Hauptsache nicht obsiegt und die für ihn lästige Nebenbestimmung wirksam bleibt.

2. Allgemeinverfügungen und Rechtsnatur des Abs. 1 S. 2

Die Allgemeinverfügung ist eine besondere Erscheinungsform des VA nach § 35 S. 2 VwVfG. Dies gilt auch für den Unterfall des Organisationsaktes, sofern er tatsächlich VA-Charakter hat. Somit hat auch ein Rechtsbehelf gegen solche Maßnahmen aufschiebende Wirkung,[121] denn § 80 Abs. 1 VwGO umfasst ohne Rücksicht auf die Zahl der Regelungsadressaten und sonstigen Betroffenen sämtliche VA-Arten,[122] soweit sie mittels Anfechtungswiderspruch bzw. Anfechtungsklage aufgehoben werden können. Eine andere Frage ist, ob dem Suspensiveffekt bei Allgemeinverfügungen nur eine relative Wirkung für denjenigen zukommt, der Widerspruch oder Anfechtungsklage erhebt,[123] oder auch eine absolute Wirkung für alle von dem VA Betroffenen.

Als Faustregel lässt sich sagen, dass bei personalen Allgemeinverfügungen nach § 35 S. 2 1. HS VwVfG (Adressat: bestimmter oder bestimmbarer Personenkreis) der Suspensiveffekt nur zugunsten des Rechtsmittelführers eintritt, während Allgemeinverfügungen nach § 35 S. 2 2. HS VwVfG (VA, die die öffentlich-rechtliche Eigenschaft einer Sache oder ihre Benutzung regeln) wohl generell eine absolute Wirkung für alle von dem VA Betroffenen bewirken.[124] Allgemeinverfügungen nach § 35 S. 2 2. HS VwVfG sind rechtsdogmatisch nur ganzheitlich zu verstehen, so dass der Suspensiveffekt eine absolute Wirkung für alle von dem VA Betroffenen auslöst. Legt beispielsweise ein Straßenanlieger gegen die straßen-

---

[119] Vgl. *Lorenz*, Verwaltungsprozessrecht, S. 472 Rn. 13.

[120] Vgl. *Finkelnburg/Jank*, Vorl. Rechtsschutz im Verwaltungsstreitverfahren, Rn. 656.

[121] Vgl. *Schoch*, in: Schoch/Schmidt-Aßmann/Pietzner, VwGO, § 80 Rn. 41; *Tettinger/Wahrendorf*, Verwaltungsprozessrecht, S. 200 Rn. 6; *Kopp/Schenke,*, VwGO, § 80 Rn. 15. Das OVG Münster, DVBl. 1976, 948, hat bei einer Schließung einer Schule zwar die Eigenschaft einer Allgemeinverfügung bejaht, aber trotzdem für eine einstweilige Anordnung plädiert. Begründet wurde dies damit, dass § 80 Abs. 1 VwGO ein zweipoliges Rechtsverhältnis, also zwischen Einzelperson und öffentliche Gewalt, bedinge, was aber bei Organisationsakten nicht der Fall sei. Demgegenüber haben das BVerwG, DVBl. 1978, 649 und ebenfalls BVerfG, NJW 1980, 35, zutreffend festgestellt, dass jeder VA der aufschiebenden Wirkung unterliege, sofern nicht Abs. 2 zum Tragen komme.

[122] Vgl. *Erichsen*, Verwaltungsrecht und Verwaltungsgerichtsbarkeit, S. 55.

[123] *Schwabe*, Examensrelevantes Verwaltungsprozessrecht, S. 95, meint, dass ein Widerspruch gegen Allgemeinverfügungen nur gegenüber dem Widerspruchsführer aufschiebende Wirkung auslöst, ohne allerdings zwischen den drei Varianten der Allgemeinverfügung gem. § 35 S. 2 VwVfG zu differenzieren.

[124] Vgl. *Erichsen*, Verwaltungsrecht und Verwaltungsgerichtsbarkeit, S. 55. Allerdings ist *Erichsen* hier nicht eindeutig.

rechtliche Widmung bzw. Entwidmung bzw. gegen eine Straßenbenennung und Hausnummerierung Widerspruch ein, wird deutlich, dass der Suspensiveffekt nur absolut und nicht nur zugunsten des widersprechenden Straßenanliegers gelten muss. Die aufschiebende Wirkung gilt auch bei Planfeststellungsbeschlüssen, soweit in der Hauptsache die vollständige oder teilweise Aufhebung angestrebt wird.[125] Die Allgemeinverfügung kann ihrem Inhalt nach sowohl ein befehlender als auch ein sonstiger VA im Sinne des § 80 Abs. 1 S. 2 VwGO sein.

Wie oben bereits erwähnt, dient § 80 Abs. 1 S. 2 VwGO lediglich der Klarstellung.[126] Satz 2 entfaltet somit keine konstitutive Wirkung. Die ursprüngliche Klarstellung in Abs. 1 S. 2 und die nachfolgende modifizierende Klarstellung in Abs. 1 S. 2 waren aus rechtsdogmatischer Sicht überflüssig, denn die in § 80 Abs. 1 VwGO genannten Rechtsbehelfe sollen nämlich die Aufhebung eines belastenden VA bewirken, wobei die VA-Kategorie keine Rolle spielt. Von daher ist erstaunlich, dass es in der Vergangenheit überhaupt in der Judikatur und Literatur umstritten sein konnte, ob auch die VA nach Satz 2 von der aufschiebenden Wirkung erfasst werden können, denn weder der Anfechtungswiderspruch noch die Anfechtungsklage setzen exklusiv nur einen befehlenden VA voraus. Von daher war Satz 2 überflüssig und allenfalls nur für die VA-Kategorie „VA mit Drittwirkung" wegen vereinzelter obergerichtlicher Abweichungen von der Systematik der §§ 80 ff. VwGO angezeigt.

IV. Kann eine Vollstreckungsmaßnahme in Gestalt eines VA von § 80 Abs. 1 VwGO erfasst werden?

Soweit in der Literatur die Auffassung vertreten wird, dass Maßnahmen in der Verwaltungsvollstreckung, falls sie VA sind, der aufschiebenden Wirkung unterliegen, sofern nicht auf der Grundlage von § 187 Abs. 3 VwGO a.F. bzw. nach § 80 Abs. 2 S. 1 Nr. 3, S. 2 VwGO diese ausgeschlossen ist,[127] hält diese Meinung in dieser allgemeinen Form einer rechtsdogmatischen Prüfung nicht stand. Abgesehen davon, dass zwischenzeitlich wohl alle Länder bei Maßnahmen in der Verwaltungsvollstreckung die aufschiebende Wirkung durch Landesrecht ausgeschlossen haben,[128] wären sie hierzu im Wege der Bundestreue wohl auch zumindest

---

[125] Vgl. stellvertretend *Funke-Kaiser*, in: Bader/Funke-Kaiser/Kuntze/von Albedyll, § 80 Rn. 4.

[126] Vgl. *Schenke*, Verwaltungsprozessrecht, Rn. 939; *Eyermann*, VwGO, § 80 Rn. 7; *Pietzner/Ronellenfitsch*, Das Assessorexamen, § 53 Rn. 12; *Schoch*, NVwZ 1991, 1121 f.

[127] Vgl. *Schoch*, in: Schoch/Schmidt-Aßmann/Pietzner, VwGO, § 80 Rn. 42 und *Redeker/von Örtzen*, VwGO, § 80 Rn. 10.

[128] Vgl. statt vieler § 20 AGVwGO RP.

hinsichtlich der Zwangsmittelandrohung gezwungen gewesen.[129] Dies ergibt sich aus dem Umstand, dass der Bundesgesetzgeber im § 80 Abs. 2 VwGO für eine Vielzahl von Fällen für den Grund-VA den Wegfall der aufschiebenden Wirkung geregelt hat, sodass auch etwaige akzessorische Zwangsmaßnahmen ebenfalls von der aufschiebenden Wirkung ausgeschlossen sein müssen. Eine solche Regelung ist auch unschädlich, wenn ein Rechtsbehelf gegen den Grund-VA aufschiebende Wirkung hat. In diesem Fall würde diese verwaltungsprozessuale Diskrepanz über Art. 31 GG geregelt werden. Es ist also keineswegs so, dass es im Belieben der Landesgesetzgeber liegt, ob sie z.B. der Zwangsmittelandrohung aufschiebende Wirkung zukommen lässt oder nicht. Weitergehende Betrachtungen, wie sich die Rechtslage darstellen würde, wenn vorgenannte Regelungen auf Landesebene nicht bestünden, erübrigen sich daher.

V. Vollzogener VA

Für den Fall, dass ein VA vor Einlegung eines Rechtsbehelfes bereits vollzogen wird, obwohl kein Fall des Abs. 2 vorliegt, ist die Literatur hinsichtlich der Frage, ob auch hier aufschiebende Wirkung eintritt, uneinheitlich. Ule ist der Meinung, dass in diesem Fall nur das Gericht gem. § 80 Abs. 5 S. 3 VwGO die Aufhebung der Vollziehung anordnen kann,[130] so dass im Falle eines vollzogenen VA (faktischer Vollzug) eine aufschiebende Wirkung nicht eintritt. Eine Gegenmeinung hält zutreffend auch bei einem vollzogenen VA den Eintritt der aufschiebenden Wirkung für möglich,[131] so lange keine Erledigung des VA eintritt. Bei einem solchen faktischen Vollzug muss der Betroffene unter Hinweis auf die aufschiebende Wirkung in Verbindung mit den allgemeinen Vollstreckungsvoraussetzungen des Verwaltungsvollstreckungs- oder des Polizei- und Ordnungsbehördenrechts (hier: Grundregel der Unanfechtbarkeit als Vollstreckungsvoraussetzung) als Komplementärrecht zu Abs. 1 in analoger Anwendung des Abs. 5 S. 1 entweder durch die Behörde oder durch das Gericht der Hauptsache feststellen lassen, dass der Rechtsbehelf aufschiebende Wirkung hatte und somit noch nicht unanfechtbar war und die Aufhebung der Vollziehung gem. Abs. 5 S. 3 begehren, soweit nicht von einer Erledigung des VA ausgegangen werden muss. Auch Rechtsbehelfe zur Verteidi-

---

[129] Vgl. *Bauer,* Die Bundestreue, und § 3 C. III. 4. Dessen ungeachtet würde aber auch ohne eine solche Regelung der Widerspruch gegen eine Zwangsmittelandrohung, die mit dem Grund-VA verbunden ist, der seinerseits unter § 80 Abs. 2 VwVO fällt, keine aufschiebende Wirkung haben können, denn in diesem Fall würde Art. 31 GG greifen.

[130] Vgl. *Ule,* Verwaltungsprozessrecht, S. 368; ebenso auch *Wieseler,* Der vorl. Rechtsschutz gegen Verwaltungsakte, S. 4o f.

[131] Vgl. *Schoch,* in: Schoch/Schmidt-Aßmann/Pietzner, VwGO, § 80 Rn. 43 m.w.N.; *Kopp/Schenke,* VwGO, § 80 Rn. 20; *Finkelnburg/Jank,* Vorl. Rechtsschutz im Verwaltungsstreitverfahren, Rn. 669; *Kopp/Schenke,* VwGO, § 80 Rn. 12; OVG Münster, Beschl. v. 5.10.1972, OVGE 28, 128.

gung einer bloß angemaßten Rechtsposition entfalten trotz gelegentlicher Gegenstimmen ebenfalls aufschiebende Wirkung.[132]

C. Die Bedeutung der aufschiebenden Wirkung

Die Rechtsfolge der „aufschiebenden Wirkung" nach Einlegung des Rechtsbehelfes „Anfechtungswiderspruch" bzw. „Anfechtungsklage" ist ein unbestimmter Rechtsbegriff.[133] Ebenso wie die Frage, ob die Zulässigkeit des Rechtsbehelfes Voraussetzung für die aufschiebende Wirkung ist, ist die Auslegung dieses unbestimmten Begriffes in Judikatur und Literatur sehr uneinheitlich. Die aufschiebende Wirkung wird in der Literatur auch als Suspensiveffekt bezeichnet. Der Begriff des Suspensiveffektes ist aber nicht identisch mit dem der Rechtsmittel der VwGO.[134] Der den verwaltungsprozessualen Rechtsmitteln innewohnende Suspensiveffekt verhindert letztlich den Eintritt der Rechtskraft.

Hinsichtlich des Wesens der aufschiebenden Wirkung existieren mehrere Theorien. Intention des Gesetzgebers war es, dass vor Eintritt der Unanfechtbarkeit keine vollendeten Tatsachen geschaffen werden.[135] Es sollte damit das Übergewicht der öffentlichen Verwaltung kompensiert werden,[136] also eine gewisse Machtbalance zwischen Exekutive und Rechtsunterworfenen hergestellt werden. Wie ausgeführt, handelt es sich dabei um eine einfachgesetzliche Regelung, die sich zwar von Art. 19 Abs. 4 GG ableiten lässt, aber durch Art. 19 Abs. 4 GG nicht zwingend geboten ist.

In diesem Zusammenhang ist von strengen und eingeschränkten Wirksamkeitstheorien, von Vollstreckungs- bzw. Vollziehungstheorien und von vermittelnden Theorien die Rede. Soweit behauptet wird, dass dieser Theorienstreit rein akademischer Natur sei[137] bzw. die beiden Haupttheorien sich nur in Nuancen unterscheiden, ist dies generell zutreffend.[138] Im Einzelfall können die Theorien jedoch zu unterschiedlichen Ergebnissen führen. Als Beispiel dafür wird im Schrifttum immer auf den Fall der Entlassung eines Beamten aus dem Beamtenverhältnis verwiesen. Nach der strengen Wirksamkeitstheorie würde die Entlassungsverfügung

---

[132] *Lorenz,* Verwaltungsprozessrecht, S. 469 Rn. 2 m.w.N.; ebenso *Eyermann,* VwGO, § 80 Rn. 10; *Bader,* in: Bader/Funke-Kaiser/Kuntze/von Albedyll, VwGO, § 80 Rn. 7.

[133] Vgl. auch *Papier,* JA 1979, 561 (562).

[134] *Lorenz,* Verwaltungsprozessrecht, 1999, S. 642 Rn. 4.

[135] *Würtenberger,* Verwaltungsgerichtsbarkeit, Prüfe dein Wissen, S. 209.

[136] Vgl. *Schoch* in: Schoch/Schmidt-Aßmann/Pietzner, VwGO, § 80 Rn. 23.

[137] So z.B. Pietzner/Ronellenfitsch, Das Assessorexamen, § 53 Rn. 14 und *Giermulla/Jaworski/Müller-Uri,* Verwaltungsrecht, Rn. 893 ff.

[138] Vgl. *Martini,* Verwaltungsprozessrecht, S. 141; *Finkelnburg/Jank,* Vorl. Rechtsschutz im Verwaltungsstreitverfahren, Rn. 639; *Pietzner/Ronellenfitsch,* Das Assessorexamen, § 53 Rn. 2 und 14; *Schmalz,* Staatsrecht, Rn. 1115; *Lorenz,* Verwaltungsprozessrecht, S. 471 Rn. 8; ebenso im Ergebnis auch *Ipsen,* Allg. Verwaltungsrecht, § 19 Rn. 1204.

erst mit Beendigung der aufschiebenden Wirkung, also mit der Unanfechtbarkeit, wirksam werden mit der bedenklichen Folge, dass dieser dann auch das bis dahin gezahlte Gehalt behalten könne. In den meisten Fällen führen die verschiedenen Theorien allerdings zum selben Ergebnis.

Die Anhänger der verschiedenen Wirksamkeitstheorien übersehen dabei, dass die Wirksamkeit eines VA lediglich von der ordnungsgemäßen Bekanntgabe und dem Fehlen eines Nichtigkeitstatbestandes gem. § 43 Abs. 1 und 3 VwVfG i.V.m. § 44 VwVfG abhängt.[139] Mit dem Erlass des VA ist dieser für den Adessaten verbindlich, soweit er nicht ausnahmsweise aufschiebend bedingt oder anfangsbefristet ist. Strikt davon zu trennen ist die Fage der Vollstreckung befehlender VA bzw. des Vollzuges vollstreckungsunfähiger VA nach § 80 Abs. 1 S. 2 VwGO.[140] Die verschiedenen Wirksamkeitstheorien sind somit schon aus diesen Gründen nicht überzeugend.[141] Außerdem gilt das Prinzip widerspruchsfreier Gesetze, was aber bei der Wirksamkeitstheorie nicht der Fall wäre. Bei dieser Theorie widersprächen sich § 43 Abs. 1 und 2 VwVfG und § 80 Abs. 1 VwGO.[142] Deshalb vertritt das BVerwG zutreffend die sog. Vollziehbarkeitstheorie/Vollzugstheorie, auch Vollzugshemmung genannt.[143] Unter Hinweis auf die nicht vollstreckungsfähigen VA im Sinne von Abs. 1 S. 2 muss die Vollziehbarkeitstheorie aber in einem weiten Sinne verstanden werden.[144] Die Rechtswirksamkeit des VA wird von der aufschiebenden Wirkung nicht berührt.[145]

Die Bedeutung der aufschiebenden Wirkung nach der herrschenden Vollzugstheorie liegt – kurz gesagt – darin, dass jegliche auf Verwirklichung des Inhaltes des VA gerichtete Maßnahme zu unterbleiben hat. Deshalb dürfen Behörden, Gerichte und auch Private aus dem angefochtenen VA keine rechtlichen oder tatsächlichen Folgerungen gleich welcher Art ziehen.[146] Behörden dürfen daher befehlende VA nicht vollstrecken. Bei anderen VA-Klassifizierungen dürfen Behörden keine nachteiligen Folgemaßnahmen zur Verwirklichung des VA (z.B. keine bau-

---

[139] *Büchner/Schlotterbeck,* Verwaltungsprozessrecht, Rn. 556; *Stelken/Bonk/Sachs,* VwVfG, Rn. 212

[140] Vgl. auch *Stein,* Fälle und Erläuterungen zum Verwaltungsrecht/Verwaltungsprozessrecht, S. 254.

[141] Stellvertretend *Büchner/Schotterbeck,* Verwaltungsprozessrecht, Rn. 556; im Ergebnis auch *Lin,* Das deutsche Modell des vorl. Rechtsschutzes bei der polizeilichen Gefahrenabwehr, S. 34.

[142] Im Übrigen spricht § 80 Abs. 2 Nr. 4, Abs. 3 S. 1 und Abs. 4 VwGO von der (sofortigen) Vollziehung und nicht von Wirksamkeit.

[143] Vgl. BVerwGE 13 S. 1 (6); 66, 218 (222); 99, 109 (112); ebenso *Hufen,* Verwaltungsprozessrecht, S. 534 Rn. 3 m.w.N.; *Kotulla,* DV 2000, 521 (524) und *Schmalz,* Allg. Verwaltungsrecht und Grundlagen des Verwaltungsrechtsschutzes, S. 440 Rn. 1118.

[144] Vgl. *Brühl,* JuS 1995, 627 (628 f.); ebenso *Papier,* JA 1979, 561 (562); ebenso *Ipsen,* Allg. Verwaltungsrecht, § 19 Rn. 1204 m.w.N.

[145] Vgl. *Brühl,* JuS 1995, 627 (628); *Schmalz,* Allg. Verwaltungsrecht und Grundlagen des Verwaltungsrechtsschutzes, S. 440 Rn. 1119; *Stelkens/Bonk/Sachs,* VwVfG, § 43 Rn. 211 f.

[146] Vgl. auch *Tettinger/Wahrendorf,* Verwaltungsprozessrecht, S. 200 Rn. 7; im Ergebnis auch *Finkelnburg/Jank,* Vorl. Rechtsschutz und Verwaltungsstreitverfahren, Rn. 641. Danach untersagt die aufschiebende Wirkung jedermann, aus dem angefochtenen VA unmittelbare oder mittelbare, tatsächliche oder rechtliche Folgerungen gleich welcher Art zu ziehen. Ebenso *Schoch,* Vorl. Rechtsschutz und Risikoverteilung im Verwaltungsrecht, S. 834 m.w.N.; ebenso *Redeker/von Oertzen,* VwGO, § 80 Rn. 4 m.w.N.

aufsichtliche Beseitigungsanordnung bei Aufhebung der Baugenehmigung) einleiten.[147] Bei VA mit Drittwirkung darf der Begünstigte vom VA keinen Gebrauch machen.[148] Es besteht daher eine Verwirklichungs- und Ausnutzungshemmung.[149] Angesichts dieser vielfältigen Theorien wäre es im Interesse der Rechtsanwender und der Betroffenen bzw. der Anwaltschaft und der Verwaltungsgerichtsbarkeit geboten, eine entsprechende Legaldefinition aufzunehmen, um rechtspositivistisch Klarheit zu schaffen.[150] Wenn der Bundesgesetzgeber schon im Wege der Annex-Kompetenz regeln konnte, dass ein Rechtsbehelf aufschiebende Wirkung hat, kann und sollte er angesichts der verschiedenen Theorien mit ihren unterschiedlichen rechtsdogmatischen Deutungsversuchen auch diesen unbestimmten Rechtsbegriff im Sinne einer Vollzugstheorie im weiteren Sinne legaldefinieren. Zwar durfte der Bundesgesetzgeber die Frage der aufschiebenden Wirkung wohl im Wege der Annexkompetenz oder der Kompetenz kraft Sachzusammenhanges als ungeschriebene Gesetzgebungskompetenzen des Bundes regeln, aber das gibt ihm nicht das Recht, diese verfahrens- bzw. vollstreckungsrechtliche Frage ganz an sich zu ziehen. Konkretisiert werden musste diese Aussage von den Ländern, soweit nicht der Bund für bundeseigene Behörden die Gesetzgebungskompetenz besitzt. Dies ist beim Bund und bei den Ländern durch die allgemeinen Vollstreckungsvoraussetzungen erfolgt. Hinsichtlich der vollstreckungsunfähigen VA nach Abs. 1 S. 2 sind mangels einer Regelung über allgemeine Vollzugsvoraussetzungen im VwVfG derzeit analog die allgemeinen Vollstreckungsvoraussetzungen des Verwaltungsvollstreckungsrechts des Bundes und der Länder bzw. des Polizei- und Ordnungsbehördenrechts anzuwenden. Da die Wirksamkeitstheorien nach richtiger Ansicht an § 43 VwVfG scheitern dürften,[151] war es folgerichtig, dass vom BVerwG die Vollziehbarkeitstheorie/Vollzugstheorie im weiteren Sinne wohl in Kenntnis der Gesetzgebungskompetenz favorisiert wird. Im Wege der obigen ungeschriebenen Gesetzgebungskompetenz des Bundes durfte der Bundesgesetzgeber daher in Abs. 1 von der aufschiebenden Wirkung sprechen, musste aber die konkrete Umsetzung in Gestalt der allgemeinen Vollstreckungsvoraussetzungen den Ländern überlassen, soweit nicht der Bund zuständig ist. Die ungeschriebene Gesetzgebungskompetenz erlaubt nur Einzelregelungen und keine umfassende Regelung.[152]

---

[147] Wenn *Kotulla*, DV 2000, 521 (525), meint, dass zwischen Erlass des VA und Rechtsbehelfseinlegung Behörden, Gerichte und Private aus dem Bestand des VA alle entsprechenden Folgerungen tatsächlicher oder rechtlicher Art ziehen können, ist dies aber falsch.

[148] *Lorenz*, Verwaltungsprozessrecht, S. 471 Rn. 9 u. 10; *Pietzner/Ronellenfitsch*, Das Assessorexamen, § 53 Rn. 15; ebenso im Ergebnis *Stein*, Fälle und Erläuterungen zum Allg. Verwaltungsrecht/Verwaltungsprozessrecht, S. 254.

[149] *Stumm*, Verwaltungsrecht II, S. 233 Rn. 281; *Funke-Kaiser*, in: Bader/Funke-Kaiser/Kuntze/von Albedyll, VwGO, § 80 Rn. 16.

[150] *Krämer*, Berliner Praxiskommentare, Vorl. Rechtsschutz in VwGO-Verfahren, S. 68 Rn. 4. Darin wird ebenfalls im Ergebnis das Fehlen einer Legaldefinition für die aufschiebende Wirkung beklagt, weil die verschiedenen Theorien nur verwirrend sind.

[151] Vgl. hierzu auch *Stelkens/Bonk/Sachs*, VwVfG, § 43 Rn. 211 und 212.

[152] Vgl. *Richter/Schuppert/Bumke*, Casebook Verfassungsrecht, S. 424.

Letztlich sind die gesamten Theorien unter Hinweis auf die allgemeinen Vollstreckungsvoraussetzungen als Komplementärvorschriften zu Abs. 1, wonach befehlende VA erst grundsätzlich nach Unanfechtbarkeit vollstreckt werden dürfen – bis zu einer eigenen gesetzlichen Regelung gelten diese Regelungen auch für die sonstigen VA-Kategorien entsprechend –, ein akademischer Streit ohne wirkliche Bedeutung. Dies wird allenthalben im Schrifttum übersehen.

I. Erstreckt sich die aufschiebende Wirkung auch auf die mit dem Grund-VA verbundene Zwangsmittelandrohung?

Bundesgesetzlich hat ein Rechtsbehelf gegen einen belastenden VA, der mittels Anfechtungwiderspruch oder Anfechtungsklage angefochten wird, aufschiebende Wirkung. Da nach den besonderen Vollstreckungsvoraussetzungen des Verwaltungsvollstreckungs- bzw. Polizei- und Ordnungsrechts auch die obligatorische Zwangsmittelandrohung beigefügt werden kann, wenn einem Rechtsbehelf gegen den Grund-VA aufschiebende Wirkung zukommt, stellt sich die Frage, ob sich diese auch auf den VA der Zwangsmittelandrohung erstreckt. Dabei muss man wissen, dass aufgrund landesgesetzlicher Regelungen nach Nr. 3, S. 2 Rechtsbehelfe gegen Maßnahmen in der Verwaltungsvollstreckung keine aufschiebende Wirkung haben.[153] Maßnahmen in der Verwaltungsvollstreckung sind aber auch die Zwangsmittelandrohungen. Diese Divergenz lässt sich über Art. 31 GG lösen. Danach erstreckt sich die bundesgesetzliche aufschiebende Wirkung des Grund-VA auch auf die nachrangige landesrechtliche Zwangsmittelandrohung. Bei Bundesbehörden kann in dieser Frage der Art. 31 GG nicht greifen, weil der Bund über ein eigenes Verwaltungsvollstreckungsgesetz verfügt, sodass Art. 31 GG bei widersprüchlichen Bundesgesetzen zu keinem Ergebnis führt. Hier überlagert aber die bundesweit geltende aufschiebende Wirkung für den Grund-VA, der für die gesamte Eingriffsverwaltung auf allen Ebenen gilt, als dominante Vorschrift entgegenstehende Regelungen des Bundesverwaltungsvollstreckungsgesetzes nach dem Grundsatz einer widerspruchsfreien Bundesgestzgebung. Der landesgesetzliche Ausschluss der aufschiebenden Wirkung bezüglich der Zwangsmittelandrohung kommt demzufolge nur zur Wirkung, wenn ein Rechtsbehelf gegen einen isolierten Bescheid über die Zwangsmittelandrohung nach Unanfechtbarkeit des Grund-VA ergeht oder wenn ein Rechtsbehelf gegen den Grund-VA gem. § 80 Abs. 2 VwGO keine aufschiebende Wirkung hat.[154]

---

[153] Vgl. hierzu exemplarisch § 20 AGVwGO RP.
[154] Vgl. zu diesem Fragenkomplex auch § 2 IV.

II. Ahndung und Strafbarkeit

Aus vorstehender Kurzinterpretation des Wesens der aufschiebenden Wirkung ergibt sich auch, dass während ihrer Dauer ein mit einer Sanktion bewehrtes Verhalten nicht geahndet werden kann, unabhängig davon, ob später der Rechtsbehelf erfolgreich ist oder nicht. Nichts anderes darf – entgegen der in der Judikatur und Literatur überwiegend vertretenen Auffassung –[155] jedoch dem Grundsatz nach dann gelten, wenn die sanktionsbewehrte Handlung vor Einlegung des Rechtsbehelfs und damit vor Eintritt der aufschiebenden Wirkung begangen wurde und später der VA aufgehoben wird, da ein objektiv rechtmäßiges Handeln nicht geahndet werden darf.[156] Die aufschiebende Wirkung hat zur Folge, dass während dieser Zeit der Betroffene keinerlei Sanktionen zu befürchten hat.[157]

Solange also ein mit Sanktionen bewehrter VA nicht vollziehbar ist,[158] kann keine Ordnungswidrigkeit/Straftat begangen werden.[159] Damit werden sowohl § 80 Abs. 1 VwGO als auch die allgemeinen Vollstreckungsvoraussetzungen des Verwaltungsvollstreckungsrechtes und des Polizei- und Ordnungsbehördenrechtes als Komplementärvorschriften zu Abs. 1 berücksichtigt.

D. Beginn der aufschiebenden Wirkung

Mit Einlegung des Anfechtungswiderspruches[160] bzw. der Anfechtungsklage tritt die aufschiebende Wirkung ein. Alternativ tritt diese auch mit Aussetzung der Vollziehung gem. Abs. 4 oder mit ihrer Anordnung oder Wiederherstellung nach

---

[155] *Stein,* Fälle und Erläuterungen zum allg. Verwaltungsrecht/Verwaltungsprozessrecht, S. 257.

[156] Vgl. *Bader,* in: Bader/Funke-Kaiser/Kuntze/von Albedyll, VwGO, § 80 Rn. 18 m.w.N.; so im Ergebnis auch *Pietzner/Ronellenfitsch,* Das Assessorexamen, § 53 Rn. 27 m.w.N. und *Schoch,* in: Schoch/Schmidt-Aßmann/Pietzner, VwGO, § 80 Rn. 104 m.w.N.; a. A. *Eyermann,* VwGO, § 80 Rn. 17 m.w.N.

[157] Vgl. *Schmidt,* Verwaltungsprozessrecht, S. 313.

[158] Vollziehbar ist ein VA, wenn die allg. Vollstreckungsvoraussetzungen des Verwaltungsvollstreckungsrechtes vorliegen. Bei vollstreckungsunfähigen VA nach Abs. 1 S. 2 sind die allg. Vollstreckungsvoraussetzungen analog anzuwenden. Deshalb ist eingedenk dieser Rechtslage z.B. in den Bußgeldvorschriften auch die Regelung enthalten, dass ordnungswidrig nur derjenige handelt, wer gegen einen vollziehbaren VA verstößt. Vgl. hierzu z.B. § 89 Abs. 4 Nr. 2 LBauO RP, wonach die Nichtbeachtung einer vollziehbaren Einstellungsverfügung eine Ordnungswidrigkeit darstellt.

[159] Vgl. *Pietzner/Ronellenfitsch,* Das Assessorexamen, § 53 Rn. 27. Danach bleibt bei aufschiebender Wirkung eines Rechtsbehelfes der Ungehorsam, der straf-oder bußgeldbewehrt ist, auch für die Zeit zwischen Bekanntgabe und Einlegung des Rechtsbehelfes folgenlos.

[160] Soweit *Köhler,* VwGO, § 80, S. 574, die Meinung vertritt, dass im Falle der Widerspruchseinlegung bei der Widerspruchsbehörde gem. § 70 Abs. 1 S. 2 VwGO die aufschiebende Wirkung erst eintritt, wenn der Widerspruch bei der Erlassbehörde eingeht, ist nicht belastbar. Eine differenzierende Betrachtung zwischen Anfechtungswidersprüchen, die sich an die Erlassbehörde und solchen, die sich zulässigerweise an die Widerspruchsbehörden richten, lässt sich rechtsdogmatisch nicht begründen. Soweit die obigen Widersprüche fristwahrend eingelegt worden sind, ist die von *Köhler* aufgeworfene differenzierende Sicht unter Hinweis auf die allgemeinen Vollstreckungsvoraussetzungen des Verwaltungsvollstreckungsrechtes ohnehin nur akademischer Natur.

Abs. 5 ein.[161] Die Möglichkeit der Einlegung eines Rechtsbehelfes im Sinne von Abs. 1 genügt nicht. Die aufschiebende Wirkung tritt auch für die im Saarland und Rheinland-Pfalz geltenden sog. Aufsichtsklagen gegen stattgebende und teilweise stattgebende Entscheidungen von Stadt- und Kreisrechtsausschüssen als Widerspruchsbehörden ein. Gleiches gilt auch prinzipiell für Verbandsklagen.[162] Auch bei einer sog. angemaßten Rechtsposition tritt entgegen einigen anderslautenden Quellen[163] aufschiebende Wirkung ein.

Obwohl das Rechtsinstitut der aufschiebenden Wirkung dem Verwaltungsvollstreckungsrecht bzw. dem Verwaltungsverfahrensrecht[164] zuzuordnen ist und somit grundsätzlich der Bundesgesetzgeber hierüber wegen der Länderkompetenz gem. Art. 70 GG nicht befinden durfte, ist diese Regelung als Annex zur Bundeskompetenz des Art. 74 Nr. 1 GG dennoch verfassungskonform.[165] Der Gesetzgeber hat offen gelassen, ob diese Wirkung ex tunc oder ex nunc gilt. Nach wohl einhelliger Meinung tritt die aufschiebende Wirkung ex tunc auf den Zeitpunkt des Erlasses des VA ein.[166]

Aus § 80 Abs. 5 S. 3 VwGO ergibt sich, dass die aufschiebende Wirkung auch eintreten kann, wenn der VA bei Einlegung des Rechtsbehelfes bereits vollzogen ist.[167] Dies gilt auch, wenn der Betroffene dem VA freiwillig nachgekommen ist.[168] Ist dagegen bereits aus tatsächlichen Gründen die Aufhebung des Vollzuges nicht mehr möglich, hat sich der VA erledigt, so dass sich dann die Frage der aufschiebenden Wirkung nicht mehr stellt. Die in der Literatur[169] anzutreffende Meinung, dass Vollzugsmaßnahmen bei Ausblendung des § 80 Abs. 2 VwGO vor Einlegung eines Rechtsbehelfes rechtmäßig sind und diesen erst durch Einlegung eines Rechtsbehelfes nachträglich die Rechtsgrundlage entzogen werde, verkennt die Rechtslage. Tatsächlich werden aber in diesen Fällen Vollzugsmaßnahmen nicht erst nachträglich rechtswidrig, sondern sie sind es auch dann von Anfang an. Dies

---

[161] Vgl. *Kopp/Schenke,* VwGO, § 80 Rn. 53; *Huba,* JuS 1990, 384.

[162] Vgl. *Finkelnburg/Jank,* Vorl. Rechtsschutz und Verwaltungsstreitverfahren, Rn. 653 und 654.

[163] *Kopp/Schenke,* VwGO, § 80 Rn. 49.

[164] So im Egebnis auch *Schmitt/Glaeser/Horn,* Verwaltungsprozessrecht, S. 169 Rn. 256 m.w.N.

[165] Vgl. *Huxholl,* Die Erl. eines VA im Widerspruchsverfahren, § 2 S. 136. Nach *Huxholl* darf der Bundesgesetzgeber als Annex zu Art. 74 Nr. 1 GG auch Einzelheiten des Widerspruchsverfahrens in Gestalt der §§ 72 und 73 VwGO regeln. Diese Annexzuständigkeit muss auch für die Aussage gelten, dass ein eingelegter zulässiger Rechtsbehelf aufschiebende Wirkung entfaltet.

[166] Vgl. *Pietzner/Ronellenfitsch,* Das Assessorexamen, § 53 III Rn. 25; *Schenke,* Verwaltungsprozessrecht, 8. Aufl., 2002, Rn. 962.

[167] Vgl. OVG Münster, Beschluss v. 5.10.1972, OVGE 28, 128.

[168] *Drews/Wacke/Vogel/Martens,* S. 593 m.w.N. Nach einer Entscheidung des OVG Münster, DVBl. 1974, 472, steht es der aufschiebenden Wirkung eines Rechtsbehelfs nicht entgegen, wenn der Betroffene dem VA zunächst nachgekommen ist. Dieser Auffassung ist aus rechtsdogmatischen Gründen zuzustimmen, denn warum sollte einem rechtstreuen Bürger, der aus Unkenntnis der Rechtslage die Verfügung vorzeitig befolgt und im Nachhinein innerhalb der Rechtsbehelfs- bzw. Ausschlussfrist von einem Jahr nach der vermittelnden Meinung einen zulässigen Rechtsbehelf einlegt, die aufschiebende Wirkung genommen werden?

[169] Vgl. *Finkelburg/Jank,* Vorläufiger Rechtsschutz und Verwaltungsstreitverfahren, Rn. 670 m.w.N.; im Ergebnis auch *Hufen,* Verwaltungsprozessrecht, S. 536 Rn. 8; *Schmalz,* Staatsrecht, Rn. 1116 und *Schenke,* Verwaltungsprozessrecht, Rn. 37 m.w.N.

ergibt sich nämlich aus den allgemeinen Vollstreckungsvoraussetzungen des Verwaltungsvollstreckungs- bzw. des Polizei- und Ordnungsbehördenrechts, wonach generell erst nach der Grundregel der Unanfechtbarkeit vollstreckt werden kann,[170] soweit nicht ein Fall des § 80 Abs. 2 VwGO greift. Da ein etwaiger Rechtsbehelf die aufschiebende Wirkung rückwirkend auf den Zeitpunkt der Wirksamkeit des angegriffenen VA, also auf den Zeitpunkt der Bekanntgabe/Zustellung, bewirkt, musste der Gesetzgeber vor dem Hintergrund, dass die Ausnützung der Rechtsbehelfsfrist aus verfassungsrechtlichen[171] und einfachgesetzlichen Gründen[172] folgenlos bleiben muss, in den allgemeinen Vollstreckungsvoraussetzungen des Verwaltungsvollstreckungsrechtes bzw. des Polizei- und Ordnungsbehördenrechts, wie geschehen, regeln, dass generell eine sog. HDU-Verfügung erst nach Unanfechtbarkeit vollstreckt werden darf.[173] Dies gilt analog auch für den Vollzug vollstreckungsunfähiger sonstiger VA-Klassifizierungen nach Abs. 1 S. 2, solange nicht – vorzugsweise in § 43 VwVfG – entsprechende allgemeine Vollzugsvorausetzungen aufgenommen werden. Die vorgenannten allgemeinen Vollstreckungsvoraussetzungen sind nach alledem aus Gesetzgebungskompetenzgründen beachtliche Komplementärvorschriften zu § 80 Abs. 1 VwGO, die auch die verwaltungsprozessualen Vorgaben des § 80 Abs. 1 und 2 VwGO berücksichtigen bzw. umsetzen.

E. Ende der aufschiebenden Wirkung nach § 80b VwGO als Komplementärvorschrift zu Abs. 1

Der durch das 6. VwGOÄndG geschaffene § 80b VwGO steht in Korrelation zu § 80 Abs. 1 VwGO und hat eine lange Vorgeschichte. Erst in der 13. Wahlperiode des Deutschen Bundestages konnte nach mehreren Anläufen mit dem 6. VwGOÄndG § 80b VwGO verabschiedet werden. Auslöser der konstitutiven

---

[170] Vgl. z.B. § 2 LVwVG RP; *Stumm*, Verwaltungsrecht II, S. 235 Rn. 283.

[171] Die folgenlose Ausnützung der Rechtsbehelfsfristen lässt sich aus der Rechtsschutzgarantie des Art. 19 Abs. 4 GG und/oder aus dem Rechtsstaatsprinzip ableiten, deren einfachgesetzliche Umsetzung in den allgemeinen Vollstreckungsvoraussetzungen (hier: Unanfechtbarkeit) seinen Niederschlag findet.

[172] Da ein zulässiger Rechtsbehelf die aufschiebende Wirkung rückwirkend auf den Zeitpunkt der Wirksamkeit des streitbefangenen VA auslöst, mussten die Landesgesetzgeber in den allgemeinen Vollstreckungsvoraussetzungen des Verwaltungsvollstreckungsrechtes im Wege der Bundestreue dafür sorgen, dass auch schon in der Zeit zwischen Erlass des VA und Einlegung des zulässigen Rechtsbehelfes befehlende VA nicht vollstreckt werden dürfen. Dies ist auch flächendeckend geschehen, indem die Vollstreckung eines befehlenden VA generell vom Eintritt der Unanfechtbarkeit abhängig gemacht wird. Soweit in der Literatur zuweilen der Eindruck erweckt wird, als ob der Gesetzgeber auch hätte regeln können, dass während dieser Interimszeit bereits legal vollstreckt werden könne, muss dies aus den genannten Gründen zurückgewiesen werden. Da der Bundes- und die Landesgesetzgeber bis zum heutigen Tage eine entsprechende Regelung für die sonstigen belastenden VA im Sinne des Abs. 1 S. 2 versäumt hat, müssen die allgemeinen Vollstreckungsvoraussetzungen des Verwaltungsvollstreckungsrechtes analog berücksichtigt werden.

[173] Die Frage, ob der VA auch bereits bei vorzeitiger Beendigung der aufschiebenden Wirkung nach § 80b VwGO vollstreckt werden kann, wird noch später erörtert werden.

Regelung des § 80b Abs. 1 S. 1 2. HS VwGO[174] in Gestalt der vorzeitigen Beendigung der aufschiebenden Wirkung war ein Papier der Chefpräsidenten der Verwaltungsgerichtsbarkeit und des Bundes Deutscher Verwaltungsrichter aus dem Jahre 1976 sowie § 137 des Entwurfes einer einheitlichen Verwaltungsprozessordnung und ferner ein entsprechender Vorschlag der Bund-Länder-Arbeitsgruppe Verwaltungsgerichtsbarkeit vom Oktober 1988.[175] Eine rechtshistorische Untersuchung zeigt, dass über mehrere Legislaturperioden hinweg die Bedenken zwischen Bundesregierung und Bundesrat mehrmals wechselten.[176]

Man könnte über diesen langen und sehr kontroversen Vorlauf der gesetzlichen Regelung zur Tagesordnung übergehen, wenn dadurch wirklich der angestrebte Gesetzeszweck, nämlich den Anreiz zu nehmen, Rechtsmittel allein deswegen einzulegen, um den Eintritt der Unanfechtbarkeit eines belastenden VA zu verzögern, verwirklicht werden könnte. Der vom Gesetzgeber unterstellte Rechtsmittelmissbrauch lässt sich durch keine Fakten belegen.[177] Auch der vom Gesetzgeber propagierte Hinweis, dass durch die konstitutive Regelung des § 80b Abs. 1 S. 1 2. HS VwGO der „Wirtschaftsstandort Deutschland" gestärkt werden würde,[178] ist durch keine nachvollziehbaren Fakten belegt. Eher dürfte das Gegenteil der Fall sein. Die Verwaltungswirklichkeit ist eine völlig andere. Der Verfasser hat in seiner Eigenschaft als Referent in der Weiterbildung des öffentlichen Dienstes in mehreren Bundesländern die Erfahrung gemacht, dass die Neuregelung auch noch nach mehreren Jahren nach Inkrafttreten praktisch eine unbekannte Norm geblieben ist. Die Vorschrift ist aber auch bei der Anwaltschaft offensichtlich nach wie vor unbekannt. Ein entsprechender Indikator ist auch das fast völlige Fehlen einer veröffentlichten Judikatur. An sich müsste zumindest ein Fachanwalt für Verwaltungsrecht nach gerichtlicher Abweisung einer Anfechtungsklage nach Einlegung des Rechtsmittels in der Hauptsache immer auch die Fortdauer der aufschiebenden Wirkung nach § 80b Abs. 2 VwGO beantragen, um der vorzeitigen Beendigung der aufschiebenden Wirkung und somit einer drohenden vorzeitigen Vollziehung des streitbefangenen VA rechtswirksam zu begegnen. Ob wegen der diffusen Gesetzeslage insoweit ein Problembewusstsein in der Anwaltschaft vorhanden ist, muss jedoch bezweifelt werden. Da nach den Erkenntnissen des Verfassers § 80b VwGO für die Eingriffsverwaltung anscheinend – wie bereits oben ausgeführt – bislang ebenfalls eine mehr oder weniger unbekannte Norm geblieben ist und des-

---

[174] Dass die aufschiebende Wirkung bis zum Inkrafttreten des § 80b VwGO auch bis zur Unanfechtbarkeit dauerte, war in der Literatur und Judikatur unbestritten, wenn man mal von der Mindermeinung absieht, dass die aufschiebende Wirkung mit Erlass des Widerspruchsbescheides enden und erst durch die Anfechtungsklage wiederaufleben sollte. Ob diese Erkenntnis Gewohnheitsrecht oder Richterrecht ist, kann dahingestellt bleiben. Deshalb ist die Regelung in § 80b Abs. 1 1. HS VwGO nur deklaratorischer Natur.

[175] Vgl. *Schoch*, in: Schoch/Schmidt-Aßmann/Pietzner, VwGO, § 80b Rn. 4 m.w.N.

[176] Vgl. *Schoch*, in: Schoch/Schmidt-Aßmann/Pietzner, VwGO, § 80b Rn. 3 und 4 m.w.N.

[177] So zutreffend *Schoch*, in: Schoch/Schmidt-Aßmann/Pietzner, VwGO, § 80b Rn. 9 m.w.N.

[178] Vgl. BR-Drucks. 30/96 S. 16 = BT-Drucks. 13/3993 S. 9.

halb weiterhin vor der Unanfechtbarkeit des VA überhaupt kein vorzeitiger Vollzug des streitbefangenen VA erwogen wird, besteht wohl, unabhängig von der Rechtslage, auch keine Veranlassung, dass Anwälte im Interesse des Mandanten entsprechend mit einem Antrag auf Fortdauer der aufschiebenden Wirkung reagieren. Da vor Unanfechtbarkeit des streitbefangenen VA seitens der Eingriffsverwaltung kein Vollzugsdruck erzeugt wird, besteht daher offenbar bislang auch seitens der Anwaltschaft keine Notwendigkeit, darüber nachzudenken, wie einem solchen konkreten Vollzugsdruck verwaltungsprozessual rechtswirksam begegnet werden kann. Rückfragen des Verfassers beim OVG Koblenz bestätigen, dass der vorläufige gerichtliche Rechtsschutz in Gestalt der Fortdauer der aufschiebenden Wirkung nach § 80b Abs. 2 VwGO praktisch keine Rolle spielt. Allein dieser Befund wäre ein Grund, § 80b VwGO wegen offensichtlicher Verfehlung der beabsichtigten Steuerung ersatzlos zu streichen. Im Übrigen wirft § 80b VwGO aber auch eine Fülle von Rechtsfragen auf, so dass es eigentlich nicht verwunderlich ist, wenn § 80b VwGO in der Verwaltungspraxis praktisch keine Rolle spielt. Ferner könnte auch möglicherweise aus verwaltungsvollstreckungs- bzw. polizei- und ordnungsbehördenrechtlichen Gründen die Gesetzesintention wegen mangelnder Bundestreue der Länder ins Leere gehen.

I. Unanfechtbarkeit

Nach § 80b Abs. 1 S. 1 1. HS VwGO endet die aufschiebende Wirkung des Widerspruches und der Anfechtungsklage grundsätzlich mit der Unanfechtbarkeit. Diese Regelung korreliert mit § 80 Abs. 1 VwGO und ist dessen Komplementärvorschrift. Die Unanfechtbarkeit als unbestimmter Rechtsbegriff liegt vor, wenn ein Rechtsbehelf oder ein Rechtmittel nicht mehr rechtswirksam eingelegt werden kann, sei es durch den Verzicht, Ablauf der Rechtsbehelfs- und Rechtsmittelfristen, durch Prozessvergleich oder durch rechtskräftiges Urteil.[179] Ein VA kann nur formell unanfechtbar, aber nicht wie eine Gerichtsentscheidung materiell rechtskräftig werden. Während rechtskräftige Gerichtsentscheidungen das Gericht binden, kann die Behörde grundsätzlich einen unanfechtbaren VA nach den Bestimmungen der §§ 48 ff. VwVfG ändern oder aufheben. Die Unanfechtbarkeit umfasst somit die Fälle der Bestandskraft und der Rechtskraft.[180] Die aufschiebende Wirkung

---

[179] Vgl. *Beckmann*, VR 1997, 387 ff.; *Beckmann*, in: Beckmann-Gast, Landesverwaltungsvollstreckungsgesetz für Rheinland-Pfalz, § 2 S. 3; *App/Wettlaufer*, Verwaltungsvollstreckungsrecht, § 8 Rn. 12. Nach Art. 19 Abs. 1 Nr. 1 BayVwZVG liegt die Unanfechtbarkeit eines VA vor, wenn er nicht mehr mit einem förmlichen Rechtsmittel angefochten werden kann. Zu bemängeln ist jedoch diese Legaldefinition dahingehend, das hier nur von Rechtsmitteln und nicht auch von Rechtsbehelfen gesprochen wird. Vgl. auch *Heesen/Hönle*, BGSG, VwVG und UZwG, § 6 VwVG Rn. 9; *Schoch*, in: Schoch/Schmidt-Aßmann/Pietzner, VwGO, § 80 Rn. 103.

[180] Vgl. *Sadler*, VwVG, § 6 Rn. 38 m.w.N.; *Sadler*, VwVG, VwZG, § 6 VwVG, Rn. 30 bis 38 m.w.N.

endet somit entgegen anderslautenden Mindermeinungen nicht mit der Zurückweisung des Widerspruches oder mit der nicht rechtskräftigen Abweisung der Klage.[181] Herrschende Meinung in Literatur und Judikatur war aber schon immer gewesen, dass die aufschiebende Wirkung bis zur Unanfechtbarkeit gilt, so dass die Regelung des § 80b Abs. 1 S. 1 1. HS VwGO nur deklaratorischer Natur ist.[182]

II. Vorzeitige Beendigung der aufschiebenden Wirkung

Vorgreiflich nachfolgender Untersuchungen zu § 80 Abs. 4 und 5 VwGO erledigen sich gem. § 43 Abs. 2 VwVfG unaufschiebbare Anordnungen nach Befolgung bzw. zwangsweiser Durchsetzung nicht immer,[183] sodass in diesen wohl eher seltenen Fällen die aufschiebende Wirkung durch Aussetzung der Vollziehung bzw. Anordnung der aufschiebenden Wirkung eintritt.[184] Deshalb ist auch § 80b VwGO für unaufschiebbare Anordnungen eine relevante Vorschrift. Dies gilt vorgreiflich späterer Untersuchungen hinsichtlich der analogen Anwendung von Nr. 2 auf Verkehrszeichen und Verkehrseinrichtungen für diese prinzipiell immer. Damit ist auch hier ein direkter Bezug zur Nr. 2 hergestellt.

Die eigentliche konstitutive Neuregelung des § 80b VwVG ist die Regelung des § 80b Abs. 1 S. 1 2. HS und S. 2 VwGO (vorzeitige Beendigung der aufschiebenden Wirkung) und stellt eine Ausnahme von der Unanfechtbarkeit dar.[185] Unter Hinweis auf § 80b Abs. 2 VwGO könnte der Eindruck entstehen, dass auslösendes Moment nur abweisende Urteile der Verwaltungsgerichte sind. Der Gesetzgeber hat aber offenbar übersehen, dass das OVG gem. § 48 VwGO in diversen Rechtsbereichen ebenfalls im ersten Rechtszug zuständig sein kann. Die Ausnahmeregelung des 2. HS greift aber nicht in den Fällen, in denen das Bundesverwaltungsge-

---

[181] Vgl. *Sadler*, VwVG, § 6 Rn. 45 m.w.N.

[182] *Pietzner/Ronellenfitsch*, Das Assessorexamen, § 53 III Rn. 29; ebenso wohl auch *Kopp/Schenke*, VwGO, § 80b Rn. 4; *Schmitt/Glaeser/Horn*, Verwaltungsprozessrecht, Rn. 259; *Papier*, Einstweiliger Rechtsschutz in ö.-r. Streitigkeiten (1. Teil), JA 1979, S. 561 (563); *Beckmann*, VR 1997, 387; *Eyermann*, VwGO, § 80b Rn. 3. *Schoch*, in: Schoch/Schmidt-Aßmann/Pietzner, VwGO, § 80b Rn. 14, spricht hinsichtlich der Unanfechtbarkeit von einer Selbstverständlichkeit, ohne eine Wertung darüber vorzunehmen, ob es sich dabei um Gewohnheitsrecht, Richterrecht oder um einen Rechtsgrundsatz handelt. Außerdem hält er den Begriff der Unanfechtbarkeit für falsch und plädiert stattdessen für den Begriff der Bestandskraft. Dabei übersieht *Schoch*, dass die Unanfechtbarkeit sowohl die Bestandskraft als auch die Rechtskraft umfasst. A.A. *Kotulla*, DV 2000, 521 (527). Danach sieht *Kotulla* in § 80b Abs. 1 S. 1 1. HS VwGO eine konstitutive Regelung, auf die nicht verzichtet werden kann.
Eine klare Abgrenzung zwischen Gewohnheitsrecht und Richterrecht dürfte nicht leicht sein. Gewohnheitsrecht wird nämlich auch als Richterrecht gesehen. Vgl. hierzu *Huber*, Allg. Verwaltungsrecht, S. 58 m.w.N. Nach *Lang*, Methodenlehre der Rechtswissenschaft, S. 2 b) zur Auslegung von Gewohnheitsrecht und Präjudizien kann die „ständige Rechtsprechung" den Geltungsgrad von Gewohnheitsrecht erreichen; ebenso *Bull*, Allg. Verwaltungsrecht, Rn. 286.

[183] Ist eine Aufhebung des Vollzuges gem. § 80 Abs. 5 S. 3 VwGO möglich, hat sich der streitbefangene VA nicht erledigt.

[184] Vgl. § 80b Abs. 1 S. 2 VwGO.

[185] *Pietzner/Ronellenfitsch*, Das Assessorexamen, § 53 III Rn. 29, spricht vom zaghaften Versuch, der Verzögerungstaktik einen Riegel vorzuschieben.

richt gem. § 50 VwGO erste und letzte Instanz ist, denn in diesen Fällen kann ein Rechtsmittelmissbrauch mangels eines weiteren Rechtsmittels nicht mehr stattfinden.[186] Der Umstand, dass diese verwaltungsprozessualen Fakten in § 80b Abs. 2 VwGO offenbar übersehen wurden, kann an der obigen Erkenntnis nichts ändern.[187] Falls bei einem Gerichtsbescheid gem. § 84 Abs. 2 Nr. 5 VwGO die mündliche Verhandlung beantragt wird, liegt keine abweisende Entscheidung vor, denn nach § 84 Abs. 3 VwGO gilt der Gerichtsbescheid bei rechtzeitig Beantragung der mündlichen Verhandlung nicht als ergangen. Der Antrag auf mündliche Verhandlung ist kein Rechtsmittel, sondern nur ein Rechtsbehelf, denn es fehlt hier am Devolutiveffekt. Des weiteren liegt auch keine klageabweisende Entscheidung gem. § 80b Abs. 1 S. 1 2. HS VwGO vor, denn in diesem Fall wird lediglich das Gerichtsverfahren fortgesetzt und mit einem Urteil beendet.[188]

Die im 2. HS enthaltene Ausnahmeregelung setzt also ein abweisendes Urteil oder einen abweisenden Gerichtsbescheid eines Verwaltungsgerichtes oder eines OVG/VGH voraus, sofern das OVG/VGH gem. § 48 VwGO erstinstanzlich zuständig ist. Die Ermittlung der vorzeitigen Beendigung der aufschiebenden Wirkung ist allerdings nicht unproblematisch. Danach endet die aufschiebende Wirkung drei Monate nach Ablauf der gesetzlichen Begründungsfrist des gegen die abweisende Entscheidung gegebenen Rechtsmittels. Angesichts der Tatsache, dass sowohl der Antrag auf Zulassung als auch die Berufung selbst nach §§ 124 ff. VwGO sowohl in der Ursprungsfassung des 6. VwGOÄndG als auch in der jetzt gültigen Fassung[189] unter Einschluss des Rechtsmittelbereinungsgesetzes[190] Rechtsmittel sind,[191] waren aufgrund der unpräzisen Gesetzesformulierung Inkonsistenzen hinsichtlich des Bezugspunktes für die Ermittlung der vorzeitigen Beendigung einfach vorprogrammiert.[192] *Schoch*[193] sieht aus der Entstehungsgeschichte der Vorschrift in dem Antrag auf Zulassung der Berufung das Rechtsmittel im Sinne dieser Vorschrift, ohne darin ein wirkliches Rechtsmittel zu sehen. Nach *Schoch* würde das Gesetzesziel, nämlich die Verfahrensbeschleunigung, unterlaufen werden, wenn erst die zugelassene Berufung der maßgebliche Bezugspunkt wäre. Da in der Tat in der VwGO kein zeitliches Limit über die Entscheidung der Zulassung der Berufung existiert, könnte im Einzelfall die vorzeitige Beendigung

---

[186] So im Ergebnis auch *Schoch,* in : Schoch/Schmidt-Aßmann/Pietzner, VwGO, § 80b Rn. 20 m.w.N.

[187] Vgl. auch *Schoch,* in: Schoch/Schmidt-Aßmann/Pietzner, VwGO, § 80b Rn. 2o.

[188] Vgl. *Schoch,* in: Schoch/Schmidt-Aßmann/Pietzner, VwGO, § 80b Rn. 27.

[189] VwGO in der Fassung vom 22.03.2005, BGBl. I S. 837.

[190] Gesetz zur Bereinigung des Rechtsmittelrechts im Verwaltungsprozess v. 20.12.2001, BGBl.IS.3987.

[191] Vgl. die Überschriften zu den §§ 124 ff. VwGO. Dort heißt es: „Teil III Rechtsmittel und Wiederaufnahme des Verfahrens 12. Abschnitt Berufung;“ A.A. *Lorenz,* Verwaltungsprozessrecht, S. 643 Rn. 8.

[192] Vgl. *Schoch,* in: Schoch/Schmidt-Aßmann/Pietzner, VwGO, § 80b Rn. 22-24 m.w.N. Danach sieht ein Teil der veröffentlichten Judikatur und Literatur als Rechtsmittel die Berufung an, während zutreffend der übrige Teil auch den Antrag auf Zulassung als Rechtsmittel ansieht.

[193] Vgl. *Schoch,* in: Schoch/Schmidt-Aßmann/Pietzner, VwGO, § 80b Rn.24, ebenso *Krämer,* Berliner Praxiskommentare, Vorl. Rechtsschutz in VwGO-Verfahren, S. 173 Rn. 8 m.w.N.

der aufschiebenden Wirkung doch sehr viel länger dauern als im Falle der Anwendung der Vorschrift auf den Antrag auf Zulassung der Berufung, womit der angestrebte Zweck der Regelung weiter verwässert würde.

Dagegen sieht der Verfasser[194] auch in dem Antrag auf Zulassung der Berufung ein echtes Rechtsmittel. Dies ergibt sich bereits aus der Überschrift zu §§ 124 ff. VwGO, in der ohne Differenzierung von „Rechtsmittel und Wiederaufnahme des Verfahrens" die Rede ist. Im Übrigen kann auch deshalb bei dem Antrag auf Zulassung der Berufung von einem Rechtsmittel gesprochen werden, weil auch hier der für ein Rechtsmittel erforderliche Suspensiv- und Devolutiveffekt gegeben ist. Nach 0§ 124a Abs. 4 letzter S. VwGO hemmt der Antrag auf Zulassung der Berufung die Rechtskraft des Urteils und nach § 124a Abs. 5 S. 1 VwGO entscheidet über diesen Antrag das Oberverwaltungsgericht. Auch *Meyer-Ladewig*[195] sieht in dem Antrag auf Zulassung der Berufung im Gegensatz zu *Schoch* zutreffend ein Rechtsmittel. All diese juristischen Streitigkeiten hätten leicht verhindert werden können, wenn der Gesetzgeber sich auch hier eindeutig erklärt hätte und das Rechtsmittel unter Angabe der konkreten Norm benannt hätte.

Die Ermittlung der vorzeitigen Beendigung der aufschiebenden Wirkung wird über die oben beschriebenen Probleme hinaus noch unübersichtlicher durch das Rechtsmittelbereinigungsgesetz. Danach kann auch das Verwaltungsgericht unter bestimmten Voraussetzungen die Berufung zulassen, woran das Oberverwaltungsgericht gebunden ist.[196] In diesem Fall muss innerhalb eines Monates nach Zustellung des vollständigen Urteils beim Verwaltungsgericht Berufung eingelegt werden.[197] Ferner muss in diesen Fällen die Berufung innerhalb von zwei Monaten nach Zustellung des vollständigen Urteils begründet werden. Auf Antrag kann die Begründungsfrist vor deren Ablauf vom Vorsitzenden des Senates verlängert werden.[198] Durch diese Verlängerungsmöglichkeit wird § 80b Abs. 1 S. 1 2. HS vollends unübersichtlich, denn vorstehende Vorschrift spricht von einer gesetzlichen Begründungsfrist. Die Frage ist daher bei einer Berufungszulassung durch das Verwaltungsgericht, ob hier hinsichtlich der Ermittlung der vorzeitigen Beendigung der aufschiebenden Wirkung nach § 80b Abs. 1 VwGO als Bezugspunkt die gesetzliche Begründungsfrist nach § 124a Abs. 3 S. 1 VwGO gilt oder ob nicht im Wege der Auslegung doch die Fristverlängerung durch den Vorsitzenden des Senates als Bezugspunkt greift. Eine prospektive oder begleitende sorgfältige Gesetzesfolgenabschätzung hat offenbar nicht stattgefunden. Auch hier wurden also nicht im gebotenen Maße Überlegungen angestellt, ob nicht die getroffenen Regelungen

---

[194] Vgl. *Beckmann*, VR 1999, 272 ff. m.w.N.; ders., NVwZ 1998, 373 (374) m.w.N.

[195] Vgl. *Meyer-Ladewig*, in: Schoch/Schmidt-Aßmann/Pietzner, Vorb. § 124 VwGO Rn. 1; a.A. *Lorenz*, Verwaltungsprozessrecht, 1999, S. 642 Rn. 6.

[196] Vgl. § 124a Abs. 1 S. 2 VwGO.

[197] Vgl. § 124a Abs. 2 VwGO.

[198] Vgl. § 124a Abs. 3 VwGO.

möglicherweise Auswirkungen auf andere Regelungen in der VwGO haben könnten.[199] Der Verfasser[200] hat bereits auf diesen Dissens zwischen § 124a Abs. 3 S. 3 VwGO und § 80b Abs. 1 S. 1 2. HS VwGO hingewiesen.

Bereits diese Ausführungen zeigen, dass die Ermittlung der vorzeitigen Beendigung der aufschiebenden Wirkung enorme juristische Schwierigkeitgen bereitet. Eine Norm, die derartige handwerkliche Mängel aufweist, hat schon aus diesem Grund keine Daseinsberechtigung. Die Durchsetzungsnotwendigkeit von Rechtsnormen verlangt daher eine präzise und verständliche Ausformulierung unter zulässiger Einbeziehung von Legaldefinitionen, Verweisen und Fiktionen. Dies verlangt aber auch die Rechtsschutzgarantie und das Rechtsstaatsprinzip, wobei eine Grenzüberschreitung dieser Verfassungsgrundsätze wohl nur selten konstatiert wird. Regelmäßig werden schlecht ausformulierte Gesetze durch Richterrecht oder durch von der Literatur entwickelte Rechtsgrundsätze „ausgebügelt".

Die vorzeitige Beendigung der aufschiebenden Wirkung gilt nicht nur für den gesetzlichen vorläufigen Rechtsschutz nach § 80 Abs. 1 VwGO, sondern auch für den behördlichen und gerichtlichen vorläufigen Rechtsschutz nach den Abs. 4 und 5 des § 80 VwGO,[201] soweit die Vollziehung ausgesetzt oder aufschiebende Wirkung angeordnet oder wiederhergestellt wird. Im Gegensatz zum Gericht kann aber die Behörde die Vollziehung ausdrücklich bis zur Unanfechtbarkeit aussetzen. In diesem Fall scheidet die Alternativregelung der vorzeitigen Beendigung der aufschiebenden Wirkung aus. Auch durch diese unstimmige Regelung hinsichtlich der Gesetzesintention, die Bekämpfung des Rechtsmittelmissbrauches, kann die Behörde bei Unterstellung eines entsprechenden Problembewusstseins jederzeit diese Gesetzesintention unterlaufen, ohne dass dies unterbunden werden könnte. Die Behörde muss auch nicht begründen, warum sie die Vollziehung bis zur Unanfechtbarkeit aussetzen will. Eine andere Frage ist hier, warum nur die Behörde und nicht auch das Gericht bis zur Unanfechtbarkeit aussetzen kann. Die Gesetzgebungsunterlagen geben hierüber keinerlei Auskunft. Auch diese Überlegungen zeigen, dass das Regelwerk misslungen ist. Die gerichtliche Anordnung oder Wiederherstellung der aufschiebenden Wirkung nach § 80b Abs. 1 S. 2 VwGO kommt selbstredend auch dann zur Anwendung, wenn dies erst durch eine Beschwerde nach den §§ 146 ff. VwGO oder durch eine Abänderung nach § 80 Abs. 7 VwGO erreicht wurde.[202]

---

[199] Dies ist das Ergebnis eines hohen Grades der Differenzierung in der Gesetzgebung, womit eine starke Verflechtung der Regelwerke verbunden ist. Bei jeder Gesetzesänderung hat dies vielfach eine Kettenreaktion von notwendigen Gesetzesanpassungen zur Folge, was aber oft vom heimlichen Gesetzgeber, der Ministerialbürokratie, nicht mehr geleistet wird.

[200] Vgl. *Beckmann*, VR 2005, 43 (44).

[201] Vgl. § 80b Abs. 1 S. 2 VwGO.

[202] Vgl. *Schoch*, in: Schoch/Schmidt-Aßmann/Pietzner, VwGO, § 80b Rn.38.

1. Zwecktauglichkeit des Rechtsinstitutes der vorzeitigen Beendigung der aufschiebenden Wirkung/gesetzliche Beschränkung der aufschiebenden Wirkung

Nach dem erklärten Willen des Gesetzgebers sollte das Rechtsinstitut der vorzeitigen Beendigung der aufschiebenden Wirkung (Beschränkung der aufschiebenden Wirkung) als Komplementärvorschrift zu § 80 Abs. 1 VwGO den unterstellten Rechtsmittelmissbrauch eindämmen und somit auch die Verwaltungsgerichtsbarkeit vor weiteren in der Sache aussichtslosen Prozessen schützen. Dazu wäre es aber auch notwendig gewesen, dass der Gesetzgeber eine verständliche, präzise ausformulierte und in sich stimmige Regelung getroffen hätte. Wie vorstehende Ausführungen aber zeigen, ist bereits dies nicht gelungen.

Ferner könnte unter Ausblendung des misslungenen Regelwerkes die Gesetzesintention, nämlich die Bekämpfung des Rechtsmittelmissbrauches, doch wohl nur dadurch rechtswirksam begegnet werden, wenn tatsächlich unverzüglich nach Eintritt der vorzeitigen Beendigung der aufschiebenden Wirkung der streitbefangene VA auch vollstreckt bzw. vollzogen wird. Der Gesetzgeber durfte wohl als Annexregelung zu den Rechtsbehelfen in der Verwaltungsgerichtsordnung die aufschiebende Wirkung und die vorzeitige Beendigung der aufschiebenden Wirkung regeln. [203] An sich gehörte diese Regelung in die Gesetzgebungskompetenz der Länder,[204] denn der Regelungsinhalt ist dem Verwaltungsvollstreckungs- bzw. dem Verwaltungsverfahrensrecht[205] zuzuordnen. Mangels dieser Gesetzgebungskompetenz durfte der Gesetzgeber daher sowohl in § 80 Abs. 1 VwGO als auch in § 80b Abs. 1 S. 1 2. HS VwGO als Annex nur regeln, dass der eingelegte Rechtsbehelf aufschiebende Wirkung entfaltet und unter gewissen Voraussetzungen diese aufschiebende Wirkung auch gem. § 80b VwGO vorzeitig enden kann, d.h. schon vor Unanfechtbarkeit. Alles Weitere[206] liegt nach der Gesetzgebungskompetenzregelung des Grundgesetzes grundsätzlich in der Gesetzgebungskompetenz der Länder, soweit nicht gem. Art. 73 Nr. 8 GG der Bund für seine Bediensteten zuständig ist. Das Verwaltungsvollstreckungsrecht des Bundes und der Länder und das Polizei- und Ordnungsbehördenrecht sind hinsichtlich der allgemeinen Vollstreckungsvoraussetzungen im Ergebnis deckungsgleich, ohne dass hierzu – wie im Polizei- und Ordnungsbehördenrecht – ein Musterentwurf für ein einheitliches Verwaltungsvollstreckungsrecht existiert. Die allgemeinen Vollstreckungsvoraus-

---

[203] Vgl. *Huxholl,* Die Erledigung eines VA im Widerspruchsvefahren, S. 135. Danach durfte der Bund als Annex zu Art. 74 Nr. 1 GG in der VwGO auch das Vorverfahren regeln. Dies muss auch für den verwaltungsverfahrensrechtlichen bzw. der verwaltungsvollstreckungsrechtlichen Begriff der aufschiebenden Wirkung und Wegfall der aufschiebenden Wirkung bzw. vorzeitigen Beendigung der aufschiebenden Wirkung gelten.

[204] Nach Art. 73 Nr. 8 GG hat der Bund für seine Bediensteten und für die Bediensteten der bundesunmittelbaren Körperschaften auf dem Gebiete des Verwaltungsvollstreckungsrechtes ebenfalls die Gesetzgebungskompetenz.

[205] Vgl. *Schmitt/Glaeser/Horn*, Verwaltungsprozessrecht, S. 169 Rn. 256.

[206] Verwaltungsvollstreckungsrecht des Bundes und der Länder.

setzungen sind dabei Komplementärvorschriften zu § 80 Abs. 1 VwGO und ferner auch zu § 80b VwGO und müssen die bundesgesetzlich vorgegebenen Rechtsgrundsätze dieser Paragraphen voll berücksichtigen. Ferner müssen sie auch vorgreiflich der Prüfung zu Abs. 2 diese Regelungen übernehmen, was auch geschehen ist.

Rechtsdogmatisch sind alle Regelungen über die allgemeinen Vollstreckungsvoraussetzungen nicht logisch aufgebaut. Die Grundregel der Unanfechtbarkeit wird überall als Alternativregelung an erster Stelle genannt. Erst dann wird alternativ auf den gesetzlichen Wegfall der aufschiebenden Wirkung des § 80 Abs. 2 S. 1 Nr. 1 bis 3VwGO und auf den behördlichen Wegfall der aufschiebenden Wirkung mittels Anordnung der sofortigen Vollziehung gem. § 80 Abs. 2 S. 1 Nr. 4 VwGO verwiesen, ohne dass allerdings diese offensichtliche Bezugnahme auf § 80 Abs. 2 VwGO immer gesetzgeberisch deutlich wird.[207] Liegt nämlich ein Fall des § 80 Abs. 2 VwGO vor, darf nach dem Verwaltungsvollstreckungsrecht des Bundes und der Länder und der Polizei- und Ordnungsbehördengesetze vollstreckt werden, ohne die Unanfechtbarkeit abwarten zu müssen. Wenn aber kein Fall des § 80 Abs. 2 VwGO vorliegt, darf erst nach Unanfechtbarkeit vollstreckt werden. Nach alledem ist es unsinnig, zunächst die Unanfechtbarkeit zu prüfen. Die Unanfechtbarkeitsprüfung hat daher erst zu erfolgen, wenn § 80 Abs. 2 VwGO nicht anwendbar ist. Deshalb wäre ein Formulierung, wonach grundsätzlich die Unanfechtbarkeit allgemeine Vollstreckungsvoraussetzung ist, soweit nicht ein Fall des § 80 Abs. 2 und 3 VwGO vorliegt, oder eine Formulierung, wonach in den Fällen des § 80 Abs. 2 VwGO vollstreckt werden kann, ansonsten erst bei Unanfechtbarkeit, rechtsdogmatisch logischer aufgebaut.[208]

Dass bei Nichtanwendung des § 80 Abs. 2 VwGO die Vollstreckung erst nach Unanfechtbarkeit erfolgen darf, ergibt ein hohes Mass an Rechtssicherheit. Damit sind sowohl der Suspensiveffekt nach § 80 Abs. 1 VwGO mit seiner ex tunc-Wirkung und das Recht auf Ausschöpfung der Rechtsbehelfsfristen nach §§ 70 und 74 VwGO als auch die Interimszeit zwischen Erlass des VA und Einlegung des Rechtsbehelfes und die Nichteinlegung eines Rechtsbehelfes innerhalb der Rechtsbehelfs- bzw. Ausschlussfrist berücksichtigt.

Die allgemeinen Vollstreckungsvoraussetzungen im Verwaltungsvollstreckungsrecht des Bundes und der Länder sind im Ergebnis in etwa deckungsgleich und korrespondieren erkennbar als Komplementärvorschriften mit § 80 Abs. 1

---

[207] Hinsichtlich des Verweises auf Nr. 4 hätte in den allgemeinen Vollstreckungsvoraussetzungen auch explizit darauf hingewiesen werden sollen, dass auch die Notstandsmaßnahme nach Abs. 3 S. 2 hiervon erfasst wird. Da aber die Regelung über die Notstandsmaßnahme gem. Abs. 3 S. 2 eine besondere Ausformung von Nr. 4 ist, wäre dieser explizite Hinweis jedoch nur deklaratorischer Natur.

[208] Vgl. hierzu den Entwurf einer Gesetzesnovelle zu den allgemeinen Vollstreckungsvoraussetzungen unter § 6 F. der Diss.

und 2 VwGO, ohne immer durchgehend ausdrücklich darauf Bezug zu nehmen. Dies wird auch von der einschlägigen Literatur so gesehen.[209]

Zumindest hinsichtlich befehlender VA konkretisieren bzw. ergänzen die allgemeinen Vollstreckungsvoraussetzungen des Verwaltungsvollstreckungs- bzw. des Polizei- und Ordnungsbehördenrechtes somit den verwaltungsprozessualen unbestimmten Rechtsbegriff der aufschiebenden Wirkung. Wegen der unbeabsichtigten Gesetzeslücke gelten diese aber auch analog für die sonstigen VA im Sinne von § 80 Abs. 1 S. 2 VwGO. Aus verfassungs- bzw. einfachgesetzlichen Gründen waren die Länder also verpflichtet, die Regelungen über die aufschiebende Wirkung durch das Rechtsinstitut der Unanfechtbarkeit und auch über den Wegfall der aufschiebenden Wirkung nach § 80 Abs. 2 VwGO in die allgemeinen Vollstreckungsvoraussetzungen zu übernehmen. Da Nr. 4 durch Abs. 3 ergänzt wird, hätte in den allgemeinen Verwaltungsvollstreckungsvoraussetzungen konsequenterweise auch der Abs. 3 genannt werden sollen.

Es stellt sich nun die Frage, ob das Rechtsinstitut der vorzeitigen Beendigung der aufschiebenden Wirkung nach § 80b VwGO von den allgemeinen Vollstreckungsvoraussetzungen des Verwaltungsvollstreckungs- bzw. des Polizei- und Ordnungsbehördenrechtes gedeckt ist. Dies muss verneint werden, denn diese Regelungen erfassen nicht den Tatbestand des Rechtsinstitutes der vorzeitigen Beendigung der aufschiebenden Wirkung nach § 80b VwGO. Sie nehmen nämlich erkennbar ausschließlich Bezug auf die Regelungen des § 80 Abs. 1 und 2 VwGO. Gesetzessystematisch ist die vorzeitige Beendigung der aufschiebenden Wirkung ein modifizierender Tatbestand zur Unanfechtbarkeit und somit eine Komplementärvorschrift zu § 80 Abs. 1 VwGO.

Dagegen ordnet *Schoch*[210] die vorzeitige Beendigung der aufschiebenden Wirkung unter einen Fall des § 80 Abs. 2 S. 1 Nr. 1 bis 3 VwGO ein, indem er feststellt, dass hinsichtlich der allgemeinen Vollstreckungsvoraussetzungen das geltende Recht nur verlangt, dass ein angefochtener VA im Zeitpunkt der Vollstreckung keine aufschiebende Wirkung habe. *Schoch* lässt dabei offen, unter welche Regelung des § 80 Abs. 2 S. 1 Nr. 1 bis 3 VwGO er den Tatbestand der vorzeitigen Beendigung innerhalb der allgemeinen Vollstreckungsvoraussetzungen einordnet. Bereits bei grammatischer Interpretation der allgemeinen Vollstreckungsvoraussetzungen hinsichtlich der Bezugnahme zu § 80 Abs. 2 VwGO muss aus der Formulierung „... wenn ein Rechtsbehelf keine aufschiebenden Wirkung *hat*“[211] geschlossen werden, dass der Rechtsbehelf hinsichtlich der Ausnahmerege-

---

[209] Vgl. *Sadler*, Verwaltungsvollstreckungsgesetz des Bundes, § 6 Rn. 30 ff. m.w.N.; ebenso *App/Wettleufer*, Verwaltungsvollstreckungsrecht, § 8 Rn. 13 und § 30 Rn. 28; ebenso *Schmitt/Glaeser/Horn*, Verwaltungsprozessrecht, S. 168 Rn. 256. In diesen Kommentaren werden die Ausnahmeregelungen des § 80 Abs. 2 VwGO erörtert, wodurch die Eigenschaft als Komplementärvorschrift deutlich wird..

[210] Vgl. *Schoch*, in: Schoch/Schmidt-Aßmann/Pietzner, VwGO, § 80b Rn. 36 m.w.N.

[211] So § 2 Nr. 2 des Landesverwaltungsvollstreckungsgesetzes RP.

lungen der Nr. 1 bis 3 von Anfang an keine aufschiebende Wirkung hat. Ein solcher Fall ist hier indes nicht gegeben, denn die vorzeitige Beendigung der aufschiebenden Wirkung tritt gem. § 124a VwGO generell erst fünf Monate nach Zustellung des erstinstanzlichen abschlägigen Urteils ein. Entscheidend ist aber, dass *Schoch* verkannt hat, dass § 80b VwGO eindeutig eine Komplementärvorschrift zu § 80 Abs. 1 VwGO ist und daher auch nicht mit Abs. 2 in Verbindung gebracht werden darf. Es bleibt also festzuhalten, dass die allgemeinen Vollstreckungsvoraussetzungen des Verwaltungsvollstreckungsrechts des Bundes und der Länder bzw. des Polizei- und Ordnungsbehördenrechtes[212] den Tatbestand der vorzeitigen Beendigung der aufschiebenden Wirkung nach § 80b VwGO als Modifizierung der Unanfechtbarkeit bislang nicht umfassen und dass die allgemeinen Vollstreckungsvoraussetzungen auch keine Öffnungsklausel für weitergehende systemwidrige Interpretationen über den § 80 Abs. 2 VwGO hinaus enthalten.[213] Die vom Verfasser vorgetragenen rechtsdogmatischen Bedenken gegen eine weite Auslegung der allgemeinenen Vollstreckungsvoraussetzungen im Sinne von *Schoch* werden inzwischen auch unter ausdrücklicher Berufung auf die Rechtsposition des Verfassers von *Heesen/Hönle*[214] unterstützt.

Die Gesetzesintention, nämlich mit dem Rechtsinstitut der vorzeitigen Beendigung der aufschiebenden Wirkung den Rechtsmittelmissbrauch zur Entlastung der Verwaltungsgerichtsbarkeit wirksam einzudämmen, ist auf der ganzen Linie misslungen. Hätten nämlich *Schoch* u.a. mit ihrer weiten Auslegung der allgemeinen Vollstreckungsvoraussetzungen Recht und würde demgemäß tatsächlich in der Praxis bei Eintritt der vorzeitigen Beendigung der aufschiebenden Wirkung vorzeitig vollstreckt, wären solche Vollstreckungen bzw. Vollziehungen von streitbefangenen VA sicherlich schon oft Gegenstand von vorläufigen Rechtsschutz- und Hauptsacheverfahren geworden, was aber offensichtlich nicht der Fall ist. Indikator hierfür ist das fast völlige Fehlen entsprechender veröffentlichter Judikatur. Dass entsprechende Novellierungen in den allgemeinen Vollstreckungsvoraussetzungen bislang nicht erfolgten, dürfte eher das Ergebnis von Unkenntnis der beschriebenen Problematik als Verweigerung der Bundestreue sein.

Die beschriebenen Probleme für befehlende VA sind auch auf die vollstreckungsunfähigen VA i.S.v. Abs. 1 S. 2 übertragbar. Da nur befehlende VA einer Vollstreckung nach dem Verwaltungsvollstreckungsrecht des Bundes und der

---

[212] Die allg. Vollstreckungsvoraussetzungen sind nicht nur im Verwaltungsvollstreckungs-, sondern auch im Polizei- und Ordnungsrecht der Länder enthalten. Vgl. hierzu *Steiner (Hrsg.)*, Besonderes Verwaltungsrecht, S. 358 Rn. 281.

[213] Vgl. *Beckmann*, VR 1999, 272 ff.; ders., Kritische Gesamtschau des neuen § 80b VwGO, NVwZ 1998, 146 (148); im Ergebnis auch *Lorenz*, Verwaltungsprozessrecht, S. 473 Rn.15. Die Meinung von *Beckmann* (Verfasser) wird auch von *Heesen/Hönle*, BGSG, VwVG, UZwG, § 6 VwVG Rn. 13, ausdrücklich übernommen und bestätigt.

[214] Vgl. *Heesen/Hönle*, BGSG, VwVG und UZwG, § 6 VwVG Rn. 13 m.w.N.

Länder und des Polizei- und Ordnungsbehördenrechtes zugänglich sind,[215] stellt sich die Frage, welche Bewandtnis das Rechtsinstitut der vorzeitigen Beendigung der aufschiebenden Wirkung für die sonstigen VA-Arten nach Abs. 1 S. 2 hat. Wegen Vollstreckungsunfähigkeit der sonstigen VA-Kategorien kommen hier zunächst nur nachteilige Folgemaßnahmen in Betracht,[216] die ihrerseits als befehlende VA mittels Verwaltungszwanges zu vollstrecken sind. Leider haben die Bundes- und Landesgesetzgeber hinsichtlich vollstreckungsunfähiger VA bislang versäumt, rechtspositivistisch zu regeln, wann die nachteiligen Folgemaßnahmen in Gestalt von Schließungsverfügungen, Untersagungen, Beseitigungsanordnungen usw. bei vorausgegangenen rechtsgestaltenden VA in Gestalt von Rücknahmen und Widerrufen bzw. bei negativen Feststellungen rechtswirksam erfolgen dürfen, wenn für die vorausgegangenen Grund-VA keine Ausnahmeregelung des § 80 Abs. 2 VwGO vorliegt.

In der Fachliteratur zum Verwaltungsvollstreckungsrecht wird die These aufgestellt, dass der allgemeine Grundsatz gilt, ein VA könne – außer in den Fällen des § 80 Abs. 2 VwGO – nur nach Unanfechtbarkeit vollzogen werden, ohne einen Beleg für einen solchen allgemeinen Grundsatz zu liefern.[217] Hier bleibt anzumerken, dass es angesichts einer flächendeckenden positivrechtlichen Regelung hinsichtlich der Unanfechtbarkeit in den allgemeinen Vollstreckungsvoraussetzungen überhaupt keiner solcher Thesen bedarf. Dieser vermeintliche Grundsatz[218] muss aber für alle belastenden VA-Arten gelten, die mittels Anfechtungswiderspruch bzw. Anfechtungsklage angreifbar sind. Da die Unanfechtbarkeit als Vollstreckungsvoraussetzung nach den allgemeinen Vollstreckungsvoraussetzungen des Verwaltungsvollstreckungsrechtes des Bundes und der Länder bzw. des Polizei- und Ordnungsbehördenrechtes aber nur ausdrücklich befehlende VA erfasst, besteht bis heute eine unbeabsichtigte Regelungslücke, die durch Rechtsfortentwicklung in Form der Analogie zu den allgemeinen Vollstreckungsvoraussetzungen zu schließen ist.[219]

Es kann also festgehalten werden, dass für rechtsgestaltende und feststellende VA die allgemeinen Vollstreckungsvoraussetzungen des Verwaltungsvollstreckungsrechtes des Bunds und der Länder bzw. des Polizei- und Ordnungsbehördenrechts analog anzuwenden sind, solange keine positivrechtliche Regelung vorliegt. Es spricht nichts dafür, dass seitens des Gesetzgebers das Fehlen einer Regelung gewollt ist. Soweit also die allgemeinen Vollstreckungsvoraussetzungen

---

[215] Bei VA, die eine Geldforderung beinhalten, geschieht dies durch Pfändungen, Pfändungs- und Überweisungsbeschlüsse und durch Sicherungshypotheken, während VA, die ein Tun, Dulden oder Unterlassen beinhalten, durch Zwangsmittel vollstreckt werden.

[216] Z.B. eine bauaufsichtliche Beseitigungsanordnung nach Rücknahme einer Bauerlaubnis.

[217] Vgl. *Engelhard/App*, VwVG, § 6, S. 56; *Sadler*, VwVG, § 6 Rn. 42 m.w.N.

[218] Dass hier auf die 2. Variante der vorzeitigen Beendigung der aufschiebenden Wirkung nicht hingewiesen wurde, kann vernachlässigt werden.

[219] Vgl. *Beckmann*, VR 1999, 272 (274); ders., VR 1998, 123 ff.

nicht um den Tatbestand der vorzeitigen Beendigung der aufschiebenden Wirkung erweitert werden, kann in diesen Fällen auch keine nachteilige Folgemaßnahme rechtmäßig vorzeitig ergehen. Rechtssystematisch müsste dieser Tatbestand als Unterfall der Unanfechtbarkeit positioniert werden und nicht als weiterer Fall zu § 80 Abs. 2 VwGO, denn § 80b Abs. 1 VwGO ergänzt lediglich § 80 Abs. 1 VwGO.

Dass also die Neuregelung des § 80b VwGO in der Praxis bislang keine Rolle spielt, dürfte zum einen auf die schwer verständliche und widersprüchliche Regelung[220] des Bundesgesetzgebers und zum anderen an den fehlenden Gesetzesanpassungen in den allgemeinen Vollstreckungsvoraussetzungen des Verwaltungsvollstreckungsrechtes bzw. des Polizei- und Ordnungsbehördenrechtes liegen. § 80b VwGO spielt aber auch offensichtlich bei der Anwaltschaft keine Rolle. Indikator hierfür ist das fast völlige Fehlen einer entsprechenden Judikatur.[221] Diese beschriebene Unkenntnis bzw. das mangelnde Problembewusstsein ist schließlich wohl auch in der Ministerialbürokratie auf Bundes- und Landesebene vorhanden, denn ansonsten hätte schon längst per Runderlasse auf die veränderte Rechtslage hingewiesen werden müssen. Sie hätte längst im Rahmen einer notwendigen retrospektiven Gesetzesfolgenabschätzung feststellen müssen, dass die beabsichtigte Steuerung, nämlich den unterstellten Rechtsmittelmissbrauch einzudämmen, nicht funktioniert.

2. Verpflichtet die Bundestreue die Länder zur Gesetzesanpassung?

Die sog. Bundestreue hat die Funktion, die aufeinander angewiesenen „Teile" des Bundesstaates, Bund und Länder, stärker unter der gemeinsamen Verfassungsrechtsordnung aneinander zu binden. Alle an dem verfassungsrechtlichen „Bündnis" Beteiligten sind deshalb verpflichtet, dem Wesen dieses „Bündnisses" entsprechend zusammenzuwirken und zu einer Festigung und zur Wahrung seiner und der wohlverstandenen Belange seiner Glieder beizutragen. Über das Wesen der bundesstaatlichen Treuepflicht, die auch unter anderen Namen wie „bundesfreundliches Verhalten", „Bundessinn" „Bundesstaatstreue", „bündnisfreundliches Verhalten" oder „gemeinschaftsfreundliches Verhalten" plakatiert wird, besteht wohl weitgehend Konsens, aber nicht in der juristischen Handhabung.[222]

---

[220] Vgl. § 124a Abs. 3 S. 3 VwGO, der von einer *richterlichen* Begründungfristverlängerung spricht, während § 80b Abs. 1 VwGO von einer *gesetzlichen* Rechtsmittelbegründungsfrist spricht.

[221] Während zum speziellen vorläufigen Rechtsschutz der Fortdauer der aufschiebenden Wirkung nach § 80b Abs. 2 VwGO eine nennenswerte Judikatur fehlt, existiert demgegenüber zur adäquaten Regelung des § 80 Abs. 5 VwGO eine Vielzahl von Judikaten.

[222] Vgl. *Bauer*, Die Bundestreue, S. 1 m.w.N.

Die normativen Grundlagen der Bundestreue werden in der Literatur sehr heterogen diskutiert. Die Ableitung der wohl nicht ausdrücklich in der Verfassung genannten Bundestreue erfolgt sehr uneinheitlich. Nach *Denninger*[223] handelt es sich bei der Bundestreue doch um geschriebenes Verfassungsrecht, denn das bundesstaatliche Prinzip des Art. 20 Abs. 1 GG impliziere auch die Bundestreue. Für andere ist die Bundestreue u.a. „Ausdruck des allgemeinen bundesstaatlichen Prinzipes", während wieder andere Autoren die Bundestreue am Gewohnheitsrecht festmachen oder sie als verfassungsrechtliche Ausprägung des Rechtsprinzipes von Treu und Glauben interpretieren. Neben diesen Interpretationsversuchen existieren weitere, die bei *Bauer*[224] nachgelesen werden können. Die verbreitete Kompromissformel von der Bundestreue als „Satz des ungeschriebenen Verfassungsrechts" ist aber ausweislich der sehr verschiedenen Denkansätze zur normativen Begründung der Bundestreue nicht zufriedenstellend gelöst.[225]

Die Deutungsversuche des Bundesverfassungsgerichts sind ebenso uneinheitlich wie die der Literatur. Soweit das Bundesverfassungsgericht nicht völlig auf eine normative Ableitung der Bundestreue verzichtet, leitet es sie bzw. das heute überwiegend synonym verwendete bundesfreundliche Verhalten von verschiedenen staatsrechtlichen Rechtsinstituten ab. Begründet und beschrieben wurde die Bundestreue bzw. das bundesfreundliche Verhalten u.a. mit „ Wesen des Bundesstaates", „bundesstaatlichem Prinzip", „verfassungsrechtlichem Grundsatz des Föderalismus," „Art. 20 Abs. 1 GG," und „ungeschriebenem Verfassungsgrundsatz". Das Bundesverfassungsgericht sieht die Bundestreue als Schranke für das Gebrauchmachen bzw. die Wahrnehmung von Kompetenzen, Zuständigkeiten, Gesetzgebungsbefugnissen, Verwaltungsbefugnissen, Ermessensspielräumen und Rechten sowie als Grundlage für zumeist zweiseitige Pflichten.[226] Nach Auffassung des Bundesverfassungsgerichtes konstituiert die Bundestreue bzw. das bundesfreundliche Verhalten selbst keine Rechte und Pflichten zwischen Bund und Ländern, sondern nur im Zusammenhang mit einem konkreten verfassungsrechtlichen Verhältnis. Von daher sei die Bundestreue bzw. das bundesfreundliche Verhalten nur akzessorischer Natur. Für die rechtspraktische Anwendung bleibt aufgrund der Spruchpraxis des Bundesverfassungsgerichtes unklar, ob die Bundestreue als einsetzbare Generalklausel verwendet wird oder ob dieses Prinzip nicht vielmehr zwar relativ oft erwähnt wird, aus ihm aber nur selten konkrete Folgerungen abgeleitet werden.[227]

Die Bundestreue erfasst das ganze Bundesstaatsrecht. Nach Auffassung des Bundesverfassungsgerichtes haben Bund und Länder die Pflicht zu bundesfreund-

---

[223] Vgl. *Denninger,* Staatsrecht 2, S. 73.
[224] Vgl. *Bauer,* Die Bundestreue, S. 4 bis 6 m.w.N.
[225] Vgl. *Bauer,* Die Bundestreue, S. 5.
[226] Vgl. *Bauer,* Die Bundestreue, S.9 und 10 m.w.N.
[227] Vgl. *Bauer,* Die Bundestreue, S. 11 und 12 m.w.N.

lichem Verhalten bei jeder ihrer Maßnahmen zu beachten. Die Bundestreue kann sowohl durch ein Tun als auch durch ein Unterlassen verletzt werden. Der Geltungsbereich der Bundestreue erfasst den Funktionsbereich der Gesetzgebung, der Verwaltung und Rechtsprechung.[228] Die Bundestreue verpflichtet also Bund und Länder, auf die Interessen und Kompetenzsphären der anderen Wirkungseinheiten Rücksicht zu nehmen, alles zu unterlassen, was den anderen Wirkungseinheiten schadet, unter Umständen auch dazu, zum Schutz ihrer Interessen tätig zu werden, wenn diese selbst etwa mangels entsprechenden Kompetenzen dazu nicht in der Lage sind, sowie dazu, mit anderen Wirkungseinheiten zu kooperieren.[229]

Die Bundestreue gilt im Rahmen der Gesetzgebung sowohl für die ausschließliche, die konkurrierende, die Rahmen- und Grundgesetzgebung des Bundes als auch für die Landesgesetzgebung und beeinflusst in erster Linie das „Wie", also den Inhalt des jeweiligen Gesetzeswerkes. Dies gilt aber in besonders gelagerten Fällen auch für das „Ob".[230]

Wenn man also der These des Verfassers folgt, dass § 80b Abs. 1 VwGO hinsichtlich der konstitutiven Neuregelung der vorzeitigen Beendigung der aufschiebenden Wirkung nur einige Wirkung entfalten kann, wenn die allgemeinen Vollstreckungsvoraussetzungen des Verwaltungsvollstreckungsrechtes des Bundes und der Länder bzw. des Polizei- und Ordnungsbehördenrechtes um einen solchen Tatbestand als Modifikation bzw. als Unterfall der Unanfechtbarkeit erweitert werden, zumal hier auch wegen der verschiedenen Rechtsbegriffe der „Unanfechtbarkeit" und der „vorzeitigen Beendigung der aufschiebenden Wirkung" Art. 31 GG die beschriebene Rechtssituation nicht retten kann, sind die Länder aufgrund der oben beschriebenen Bundestreue gehalten, eine entsprechende Novellierung vorzunehmen. Dass der Bund und die Länder sich hinsichtlich der allgemeinen Vollstreckungsvoraussetzungen erkennbar an § 80 VwGO orientiert haben,[231] ohne dass durchgehend auf § 80 Abs. 1 VwGO und auf die einzelnen Ausnahmeregelungen des § 80 Abs. 2 VwGO immer explizit Bezug genommen wurde, dürfte eigentlich unstrittig sein.[232] Der Umstand, dass dies so geregelt wur-

---

[228] Vgl. *Bauer,* Die Bundestreue, S. 327 m.w.N.

[229] Vgl. hierzu *Bothe,* in: Reihe alternativer Kommentare (Hrsg. Wassermann), Art. 20 Abs. 1-3, Rn. 39.

[230] Vgl. *Bauer,* Die Bundestreue, S. 328 bis 330 m.w.N.

[231] Vgl. § 2 Landesverwaltungsvollstreckungsgesetz RP, der erkennbar auf § 80 Abs. 1 und 2 VwGO fußt. Er hat folgenden Wortlaut: „Verwaltungsakte können nur vollstreckt werden, 1. wenn sie unanfechtbar sind oder 2. wenn der Rechtsbehelf keine aufschiebende Wirkung hat oder 3. wenn ihre sofortige Vollziehung besonders angeordnet ist (§ 80 Abs. 2 S. 1 Nr. 4 VwGO).
Zu bemängeln ist gesetzgebungstheoretisch allerdings, dass bei Nr. 1 nicht auf § 80b Abs. 1 S. 1 1. HS VwGO und bei Nr. 2 nicht auf § 80 Abs. 2 S. 1 Nr. 1 bis 3 VwGO hingewiesen wurde. § 6 Abs. 1 VwVG entspricht inhaltlich dem vorgenannten § 2, ist lediglich vom Aufbau anders strukturiert.

[232] Vgl. *Schoch,* in: Schoch/Schmidt-Aßmann/Pietzner, VwGO, § 80b Rn. 36. Dieser ist der Meinung, dass eine Ergänzung der allgemeinen Vollstreckungsvoraussetzungen, wie sie der Verfasser vorschlägt, nicht notwendig sei. Er ist der Meinung, dass es lediglich darauf ankomme, dass im Zeitpunkt der Vollstreckung der Rechtsbehelf keine aufschiebende Wirkung habe. Offenbar interpretiert *Schoch* die allgemeinen Vollstreckungsvoraussetzungen nicht eng an die Regelung des § 80 Abs. 1 und Abs. 2 VwGO, denn ansonsten könnte er nicht den Tatbestand der vorzeitigen

de, dürfte ebenfalls – wenn auch möglicherweise unbewusst – Ausdruck der Bundestreue gewesen sein. Sowohl § 80 Abs. 1 als auch Abs. 2 VwGO enthalten verwaltungsprozessuale Vorgaben, die der Landesgesetzgeber bei den allgemeinen Vollstreckungsvoraussetzungen nicht einfach ignorieren konnte, ohne mit der Bundestreue oder sogar mit der Verfassung, Art. 19 Abs. 4 und Art. 20 Abs. 3 GG, in Konflikt zu geraten. Dass der Landesgesetzgeber die aufschiebende Wirkung über die Regelung des § 80 Abs. 1 VwGO hinaus auch auf den Zeitraum zwischen Erlass des VA und Rechtsbehelfseinlegung vorverlagern durfte und musste und zudem den Fall berücksichtigt, dass innerhalb der Rechtsbehelfs- bzw. Ausschlussfrist kein Rechtsbehelf eingelegt wird, findet seinen Niederschlag in den allgemeinen Vollstreckungsvoraussetzungen in Gestalt der Unanfechtbarkeit.

Somit scheitert derzeit nach vorzeitiger Beendigung der aufschiebenden Wirkung mangels eines entsprechenden Tatbestandes in den allgemeinen Vollstreckungsvoraussetzungen eine vorzeitige Vollstreckung, wenn man nicht *Schoch* mit seiner hinterfragbaren weiten Auslegung folgt.[233] *Schoch* muss in diesem Fall auch vorgehalten werden, dass er beispielsweise bei der analogen Anwendung von Nr. 2 auf Verkehrszeichen und Verkehrseinrichtungen wohl zu Recht Kritik anmeldet, aber hinsichtlich der Gesetzeslücke im Verwaltungsvollstreckungs- bzw. Polizei- und Ordnungsbehördenrecht bezüglich der vorzeitigen Beendigung der aufschiebenden Wirkung von einer großzügigen, gesetzessystematisch angreifbaren Gesetzesinterpretation Gebrauch macht.

Die Landesgesetzgeber untergraben mit der Nichtaufnahme des Tatbestandes der vorzeitigen Beendigung der aufschiebenden Wirkung in den allgemeinen Vollstreckungsvoraussetzungen die Gesetzesintention – nämlich das Unterbinden eines unterstellten Rechtsmittelmissbrauches – und verhalten sich damit objektiv nicht bundesfreundlich. Allerdings darf hier aber zugunsten der Landesgesetzgeber unterstellt werden, dass kein entsprechendes Problembewusstsein vorhanden ist,[234] was jedoch nichts an dem Befund der Verletzung der Bundestreue ändert.

Der Bundesgesetzgeber besitzt dieses Problembewusstsein aber auch nicht, denn dann hätte er längst den einschlägigen § 6 Abs. 1 VwVG[235] ebenfalls entspre-

---

Beendigung der aufschiebenden Wirkung von der derzeitigen Rechtsordnung der allgemeinen Vollstreckungsvoraussetzungen als umfasst ansehen. Die in § 80 Abs. 2 VwGO genannten Ausnahmeregelungen sind nämlich enumerativer Natur. Die allgemeinen Vollsteckungsvoraussetzungen verweisen im Ergebnis vollinhaltlich auf § 80 Abs. 1 und 2 VwGO und Abs. 2 der allgemeinen Vollstreckungsvoraussetzungen ist tatbestandlich nicht so angelegt, dass über § 80 Abs. 2 VwGO hinaus weitergehende Interpretationen möglich sind, so dass von einer Öffnungsklausel gesprochen werden könnte. Im Übrigen verkennt *Schoch,* dass die vorzeitige Beendigung der aufschiebenden Wirkung kein Fall des § 80 Abs. 2 VwGO sein kann, sondern gesetzessystematich eine Modifizierung der Unanfechtbarkeitsregelung nach § 80 Abs. 1 VwGO darstellt, denn § 80b VwGO ist eine Komplementärvorschrift zu Abs. 1.

[233] Vgl. *Schoch,* in: Schoch/Schmidt-Aßmann/Pietzner, VwGO, § 80b Rn. 36.

[234] Die Feststellung der Verletzung der Pflicht zu bundesfreundlichem Verhalten setzt weder den Nachweis einer Treulosigkeit noch Böswilligkeit voraus. Bundesfreundliches Verhalten impliziert überhaupt keinen Vorwurf. So *Schmidt-Bleibtreu,* GG, Art. 19, S. 520.

[235] In § 6 VwVG ist bislang ebenfalls nicht der Tatbestand der vorzeitigen Beendigung der aufschiebenden Wirkung aufgenommen.

chend ändern müssen. Solange also der Bundesgesetzgeber selbst seinen § 6 Abs. 1 VwVG nicht entsprechend modifiziert, könnte er dies auch nicht glaubwürdig von den Ländern verlangen. Nach der Rechtswissenschaft und Rechtspraxis unterliegt die Bundestreue nur einer eingeschränkten Justiziabilität. Streit besteht über die exakte Grenzziehung zwischen justiziablen und nichtjustiziablen Gehalten und über die rechtsdogmatische Umsetzung des damit verbundenen Anliegens.[236] Bei Kenntnis der Regelungslücke[237] durch die Landesgesetzgeber und bei notwendiger vorheriger Novellierung des bundeseigenen § 6 Abs. 1 VwVG müsste wohl der Bund die Länder vor dem Bundesverfassungsgericht zu entsprechenden Gesetzesnovellierungen verklagen können, wenn sie sich einer Gesetzesnovellierung hartnäckig verweigern.[238]

Die für befehlende VA aufgezeigte Regelungslücke in den allgemeinen Vollstreckungsvoraussetzungen hinsichtlich eines Tatbestandes nach § 80b Abs. 1 S. 1 2. HS VwGO gilt auch für die vollstreckungsunfähigen VA nach § 80 Abs. 1 S. 2 VwGO, denn wegen dieser unbeabsichtigten Gesetzeslücke muss derzeit auf die allgemeinen Vollstreckungsvoraussetzungen des Verwaltungsvollstreckungs- bzw. Polizei- und Ordnungsbehördenrechtes entsprechend zurückgegriffen werden. Gesetzessystematischer wäre es allerdings, endlich rechtspositivistisch – im Verwaltungsverfahrens- oder im Verwaltungsvollstreckungsrecht –, wenn auch systemwidrig, entsprechende allgemeine Vollzugsvoraussetzungen aufzunehmen.[239] Somit können derzeit auch diese VA nicht bei vorzeitigem Wegfall der aufschiebenden Wirkung nach § 80b Abs. 1 VwGO vollzogen werden.

Die Aufnahme eines entsprechenden Tatbestandes nach § 80b Abs. 1 S. 1 2. HS VwGO wirft aber noch ein anderes Problem auf. Die allgemeinen Vollstreckungsvoraussetzungen des Verwaltungsvollstreckungsrechtes des Bundes und der Länder enthalten alle einen Ermessenstatbestand.[240] Wenn aber die Intention des Bundesgesetzgebers greifen soll, den unterstellten Rechtsmittelmissbrauch wirksam einzudämmen, müsste hinsichtlich des erweiterten Tatbestandes der vorzeitigen Beendigung der aufschiebenden Wirkung als Unterfall der Unanfechtbakrkeit gebundene Verwaltung gelten. Es ist ohne solche Regelung kaum anzunehmen, dass eine Ermessensreduzierung auf Null von den Rechtsanwendern erkannt wird. Denn nur eine obligatorische unverzügliche Vollziehung nach Ein-

---

236 Vgl. *Bauer*, Die Bundestreue, S. 393.

237 Immerhin hat der Verfasser als einziger mehrfach darauf hingewiesen. Inzwischen unterstützen aber auch *Heesen/Hönle*, BGSG, VwVG und UZwG, § 6 VwVG Rn. 13 die Auffassung des Verfassers.

238 Vgl. *Lechner*, BVerfGG, § 70 S. 303.

239 Vgl. den Gesetzesentwurf in § 6 G.

240 § 6 Abs. 1 VwVG spricht von „kann". Eine solche „Kann"-Bestimmung ist wohl in allen Ländern enthalten. So auch *Haibach*, DÖV 1996, 64 m.w.N.; ebenso *Weber*, VR 2004, 183; *Heesen/Hönle/Peilert*, BGSG, VwVG und UZwG, § 6 VwVG Rn. 3; *Sadler*, VwVG u. VwZG, § 3, S. 12 Rn. 5 m.w.N. Danach geschieht die Vollstreckung nach pflichtgemäßem Ermessen, wenn nicht eine Ermessensreduzierung auf „Null" vorliegt. Es herrscht also das Opportunitätsprinzip.

tritt der vorzeitigen Beendigung der aufschiebenden Wirkung wäre ein entsprechendes Signal an die Rechtsunterworfenen bzw. Rechtsuchenden. Die Bundestreue verlangt also die Aufnahme der vorzeitigen Beendigung der aufschiebenden Wirkung als Unterfall der Unanfechtbarkeit in den allgemeinen Vollstreckungsvoraussetzungen und ferner die Regelung, dass für diesen Tatbestand „gebundene Verwaltung" gilt. Ob hinsichtlich der gebundenen Verwaltung Art. 31 GG greifen kann, so dass dies auch ohne explizite Regelung gilt, muss aufgrund der rechtlichen Ausgestaltung des § 80b VwGO verneint werden. In § 80b VwGO wird zwar mehr schlecht als recht versucht, den Zeitpunkt der vorzeitigen Beendigung der aufschiebenden Wirkung zu regeln, aber es fehlt eine klare Aussage, dass ein VA dann zeitnah zu vollziehen ist, um dem unterstellten Rechtsmissbrauch zu begegnen. Dies ergibt sich allenfalls zwischen den Zeilen.

Würde man der Auffassung von *Schoch* folgen, wonach die derzeitigen allgemeinen Vollstreckungsvoraussetzungen bereits den Tatbestand der vorzeitigen Beendigung der aufschiebenden Wirkung als Fall des Abs. 2 S. 1 Nr. 1 bis 3 implizieren,[241] so dass eine Gesetzesnovelle nicht notwendig wäre, hätte dieser Befund angesichts der offenbar nur sehr seltenen Vollstreckungen bei vorzeitiger Beendigung der aufschiebenden Wirkung zur Folge, dass dann regelmäßig gegen das Gebot der Bundestreue verstoßen wird. Denn die Bundestreue wird auch verletzt, wenn die Länder bzw. die kommunalen Behörden Bundesgesetze nicht nach dem Willen des Bundesgesetzgebers ausführen.

3. Notwendige Modifizierung des § 6 Abs. 1 VwVG

Neben den Ländern muss gerade auch der Bund – wie oben bereits angedeutet – die allgemeinen Vollstreckungsvoraussetzungen in § 6 Abs. 1 VwVG ergänzen, um die Regelung mit § 80b Abs. 1 S. 1 2. Variante VwGO kompatibel zu machen. Das Postulat einer widerspruchsfreien Bundesgesetzgebung gebietet daher, dass der Bund in § 6 Abs. 1 VwVG einen Unterpassus zur Unanfechtbarkeit in Gestalt der vorzeitigen Beendigung der aufschiebenden Wirkung nach § 80b Abs.1 VwGO aufnimmt. Ebenso müsste geregelt werden, dass insoweit gebundene Verwaltung gilt. Auch an Hand dieses Beispieles lässt sich exemplarisch belegen, dass aufgrund der Überregulierung der Gesetzgeber immer öfter den Überblick verliert. Eine sorgfältige prospektive, begleitende oder retrospektive Gesetzesfolgenabschätzung könnte dies weitgehend verhindern.

---

[241] Eine Festlegung auf eine der drei gesetzlich geregelten alternativen Ausnahmetatbestände hat *Schoch* vermieden.

4. Weitere unkalkulierbare Risiken bei vorzeitiger Beendigung der aufschiebenden Wirkung

Die in § 80b VwGO enthaltene vorzeitige Beendigung der aufschiebenden Wirkung tritt unter Zurückstellung der vorgetragenen Bedenken automatisch ein, ohne dass es dazu noch eines entsprechenden gesonderten Bescheides bedarf. Dies birgt in einigen Fällen für den Betroffenen erhebliche Gefahren in sich, denn bei Eintritt der vorzeitigen Beendigung der aufschiebenden Wirkung bei rechtsgestaltenden belastenden VA in Gestalt eines Widerrufes oder einer Rücknahme – beispielsweise einer Fahrerlaubnis –, würde das weitere Führen eines Kfz. den Tatbestand des Fahrens ohne Fahrerlaubnis nach § 21 StVG zur Folge haben. Zu einer Bestrafung wird es in diesen Fällen aber wohl kaum kommen, denn hier könnten wegen der aufgezeigten unklaren Gesetzeslage die Irrtumstatbestände des Strafgesetzbuches greifen. Die mögliche Rechtsfolge, dass nach vorzeitiger Beendigung der aufschiebenden Wirkung auch ein Straftatbestand oder ein Bußgeldtatbestand verwirklicht werden könnte, ist bisher im Schrifttum lediglich vom Verfasser[242] angesprochen worden. Um solche nachteilige Rechtsfolgen zu vermeiden, wäre es qua Gesetz geboten gewesen, die Behörde zu verpflichten, auf den Eintritt der vorzeitigen Beendigung der aufschiebenden Wirkung schriftlich hinzuweisen und auf die Rechtsfolgen bei Nichtbeachtung aufmerksam zu machen, nämlich auf den drohenden Vollzug des VA im weiteren Sinne und auf mögliche bußgeld- und strafrechtliche Folgen einschließlich von Nebenfolgen.

Auch diese Überlegungen dokumentieren die Unzulänglichkeiten dieser Regelung. Aufgrund der unklaren Gesetzeslage[243] würden die Rechtsanwender in den Behörden größte Schwierigkeiten bekommen, eine solche Feststellung zeitnah und fehlerfrei zu treffen. Dies könnte ihnen aber aufgrund der diffusen Rechtslage derzeit jedoch nicht vorgeworfen werden. Umso mehr könnten die Rechtsunterworfenen Irrtumstatbestände reklamieren, die eine Bestrafung oder Ahndung ausschließen.

5. Kritische Anmerkungen zu § 80b Abs. 1 S. 2 VwGO

Danach kann die aufschiebende Wirkung vorzeitig enden, wenn ein Tatbestand des § 80 Abs. 1 VwGO vorliegt oder die Behörde oder das Gericht der Hauptsache die Vollziehung aussetzt oder die aufschiebende Wirkung anordnet oder wiederher-

---

[242] Vgl. *Beckmann,* VR 1997, 387 (388).

[243] Erinnert sei hier an das nicht gelöste Problem der richterlichen Begründungsfristverlängerung nach § 124a Abs. 3 S. 3 VwGO, welches in Widerspruch zu § 80b Abs. 1 VwGO steht, wo von der gesetzlichen Rechtsmittelbegründungsfrist gesprochen wird.

stellt. Eine Einschränkung ist allerdings dann gegeben, wenn die Behörde die Vollziehung bis zur Unanfechtbarkeit aussetzt. Diese Wirkung tritt aber nur ein, wenn die Behörde (Erlass- oder Widerspruchsbehörde) dies ausdrücklich erklärt. Warum diese Aussetzung der Vollziehung bis zur Unanfechtbarkeit nur durch die Behörde möglich ist, entzieht sich der Logik. Fehlt also eine solche Erklärung, kommt auch hier die vorzeitige Beendigung der aufschiebenden Wirkung zum Zuge. Abgesehen davon, warum nur die Behörde bis zur Unanfechtbarkeit aussetzen darf, wird die Intention des Gesetzgebers, nämlich den Rechtsmittelmissbrauch wirksam einzudämmen, damit konterkariert, zumal das Gesetz keine Vorgaben enthält, wann eine Aussetzung der Vollziehung bis zur Unanfechtbarkeit überhaupt ausgesprochen werden kann.[244] Die Behörde kann daher jederzeit ohne jegliche Begründung immer die Vollziehung bis zur Unanfechtbarkeit aussetzen und auch damit die genannte Intention des Gesetzgebers für diese Regelung aushebeln. Mit dieser Regelung ebnet der Gesetzgeber also der Verwaltung für eine Konterkarierung seiner Absichten wohl unfreiwillig eine gesetzliche Plattform.

6. Fortdauer der aufschiebenden Wirkung

Da für die Fortdauer der aufschiebenden Wirkung gem. § 80b Abs. 3 VwGO, §§ 80 Abs. 5 bis 8 und 80a VwGO entsprechend gelten, dürfte der Antrag auf Fortdauer der aufschiebenden Wirkung schon mit dem Antrag auf Zulassung der Berufung oder im Fall der Zulassung der Berufung durch das Verwaltungsgericht schon mit der Einlegung der Berufung zulässig sein.[245] Soweit in der Literatur unter Hinweis auf § 80 Abs. 5 VwGO die Auffassung vertreten wird, ein solcher Antrag wäre schon vor Einlegung des Rechtsmittels zulässig,[246] ist diese Aussage in dieser allgemeinen Form bedenklich.[247] Der Antrag auf Fortdauer der aufschiebenden Wirkung kann auch noch nachträglich, d.h. nach Eintritt der vorzeitigen Beendigung der aufschiebenden Wirkung, gestellt und die Fortdauer der aufschiebenden Wirkung nachträglich angeordnet werden.[248] Entgegen § 80b Abs. 2 VwGO ist das Oberverwaltungsgericht nur in den Fällen zuständig, in denen erstinstanzlich das Verwaltungsgericht zuständig ist. Offensichtlich hat der Gesetzge-

---

[244] Vgl. *Beckmann*, NVwZ 1998, 373 (374).

[245] Vgl. *Beckmann*, NVwZ 1998, 373 (374); ebenso im Ergebnis auch *Schoch*, in: Schoch/Schmidt-Aßmann/Pietzner, VwGO, § 80b Rn. 40; *Kopp/Schenke*, VwGO, § 80b Rn. 13; *Krämer*, Berliner Praxiskommentare, Vorl. Rechtsschutz in VwGO-Verfahren, S. 173 Rn. 8 und S. 175 Rn. 15; ebenso OVG Münster, Beschl. v. 29.5.2002–13 B 434/01-NVwZ 2002, 76 m.w.N. und *Pietzner/Ronellenfitsch*, Das Assessorexamen, § 53 Rn. 29 m.w.N.

[246] Vgl. *Puttler*, in: Sodan-Ziekow, VwGO, § 80b Rn. 30; *Schoch*, in: Schoch/Schmidt-Aßmann/Pietzner, VwGO, § 80 Rn. 40, geht auf dies Problem nicht ein und erklärt lediglich, dass eine Antragsfrist nicht normiert sei.

[247] Vgl. § 6 A. der Diss.

[248] Vgl. OVG Münster, Beschl. v. 29.5.2002 – 13 B 434/01 - NVwZ 2002, 76 m.w.N.; a.A.*Eyermann*, VwGO, § 80b Rn. 6. Danach ist ein solcher Antrag unzutreffend nur bis Fristende nach § 80b S. 1 VwGO möglich. Aus § 80b Abs. 2 VwGO lässt sich diese rigide Auffassung jedoch nicht ableiten.

ber hier übersehen, dass nach §§ 48 und 50 VwGO das Oberverwaltungsgericht bzw. das Bundesverwaltungsgericht erstinstanzlich zuständig sein könnte. Insoweit dürfte es sich um eines der vielen redaktionellen Versehen des Gesetzgebers handeln.[249]

Ein Entscheidungsmaßstab/Prüfmaßstab für eine gerichtliche Entscheidung über die Fortdauer der aufschiebenden Wirkung ist auch hier nicht vorhanden. Der Prüfmaßstab ist hier eingeschränkt. Hintergrund der Vorschrift war die Vorstellung des Gesetzgebers, dass Klagen gegen belastende VA nur deshalb anhängig gemacht werden, um den Suspensiveffekt auszunutzen. Ziel der Regelung war es daher, der missbräuchlichen Ausnutzung des Suspensiveffektes durch Einlegung aussichtsloser Rechtsmittel zu begegnen. Der Gesetzgeber ging dabei von der Vorstellung aus, dass sowohl über den Antrag auf Zulassung als auch über den Antrag auf Fortdauer zusammen entschieden werde. Deshalb wird es in Literatur und Judikatur wegen dieser Parallelisierung der Entscheidungen als gerechtfertigt angesehen, als Prüfmaßstab sich an den Erfolgsaussichten eines Antrages auf Zulassung der Berufung zu orientieren.[250] Im Falle der vorherigen oder gleichzeitigen Berufungszulassung, sei es durch das Verwaltungsgericht, sei es durch den Antrag auf Zulassung der Berufung, würde daher ein Antrag auf Fortdauer der aufschiebenden Wirkung immer erfolgreich sein, denn hier könnte dann augenscheinlich nicht der beklagte Rechtsmittelmissbrauch zwecks Erreichung des Suspensiveffektes unterstellt werden.[251] Ist im Zeitpunkt der Entscheidung über das eingelegte Rechtsmittel in der Hauptsache noch nicht entschieden worden, sollen regelmäßig Prüfmaßstab ohne Interessenabwägung die Erfolgsaussichten eines Antrages auf Zulassung der Berufung sein. Gegen Beschlüsse nach § 80b Abs. 2 VwGO kann gem. § 152 VwGO keine Beschwerde eingelegt werden.[252]

Wie bereits in § 80a Abs. 3 VwGO hat der Gesetzgeber auch in § 80b Abs. 3 VwGO trotz der zutreffenden kritischen Literatur und widersprüchlichen Rechtsprechung wieder auf § 80 Abs. 5 bis 8 VwGO verwiesen und somit die leidige Frage aufgeworfen, ob der mit diesem Verweis erfasste Abs. 6 auch hier zur Anwendung kommt. Dies muss verneint werden. Es handelt sich – ebenso wie im Falle des § 80a Abs. 3 VwGO – offenbar um ein redaktionelles Versehen des Gesetzgebers. § 80 Abs. 6 VwGO wollte die Verwaltungsgerichtsbarkeit lediglich vor den Massenverfahren der öffentlichen Abgaben und Kosten bewahren und hat für diese Fälle die Vorschaltung eines behördlichen Aussetzungsverfahrens verlangt.

---

[249] Vgl. *Schoch,* in: Schoch/Schmidt-Aßmann/Pietzner, VwGO, § 80b Rn. 37; *Beckmann,* NVwZ 1998, 373 (375).

[250] Vgl. OVG Münster, Beschl. v. 29.5.2001 – 13 B 434/01, NVwZ 2002, 76 (77) m.w.N.

[251] Vgl. OVG Koblenz, Beschl. vom 13.11.1998, Az.: 7 B 12224/98. OVG. Der Beschluss enthält folgenden Leitsatz: "Bei der Entscheidung nach § 80b VwGO ist keine umfassende Interessenabwägung, sondern nur die Feststellung gefordert, ob nach dem Ergebnis des Verfahrens auf Zulassung der Berufung von einer rechtsmissbräuchlichen Ausnutzung des Suspensiveffektes auszugehen ist." So auch *Hufen,* Verwaltungsprozessrecht, S. 536 Rn. 8 m.w.N.

[252] Vgl. *Puttler,* in: Sodan-Ziekow, VwGO, § 80b Rn. 34.

Da öffentliche Abgaben und Kosten keine VA mit Doppelwirkung sind, macht der Verweis auf Abs. 6 gem. § 80a Abs. 3 VwGO keinen Sinn, so dass mit der herrschenden Meinung in Literatur und Judikatur dieser Verweis zutreffend in die Kategorie „redaktionelles Versehen des Gesetzgebers" eingestuft werden kann. Dies gilt aber auch für § 80b Abs. 3 VwGO, in dem wiederum auf Abs. 6 des § 80 VwGO verwiesen wurde. *Schoch*[253] geht wohl zutreffend davon aus, dass der Gesetzgeber von der kontroversen Diskussion über § 80a Abs. 3 VwGO einfach keine Notiz genommen hat und es sich dabei eben nicht in Kenntnis dieser Diskussion um eine bewusste Entscheidung gehandelt habe. Angesichts der vielen Fehlleistungen des Gesetzgebers im Regelwerk der §§ 80 ff. VwGO können wohl tiefschürfige und konsistente Überlegungen des Gesetzgebers in der Tat nicht gerade unterstellt werden. Daraus zieht *Schoch*[254] die Schlussfolgerung, dass wegen der Nichtanwendung des § 80 Abs. 6 VwGO für die Fortdauer der aufschiebenden Wirkung nur § 80b Abs. 2 VwGO zur Anwendung komme. Die behördlichen Befugnisse seien abschließend in § 80b Abs. 1 S. 2 VwGO geregelt. Die von *Schoch* vertretene Meinung, dass es der Behörde untersagt sei, ebenfalls bei entsprechendem Antrag auf Fortdauer der aufschiebenden Wirkung zu reagieren, muss allerdings bezweifelt werden. Der Einwand, die Befugnisse der Behörde seien abschließend in § 80b Abs. 1 S. 2 VwGO geregelt, überzeugt nicht. In dieser Vorschrift wird lediglich geregelt, dass die vorzeitige Beendigung der aufschiebenden Wirkung unter den dort genannten Voraussetzungen nicht nur auf die Fälle des gesetzlichen vorläufigen Rechtsschutzes nach § 80 Abs. 1 VwGO reduziert wird, sondern auch für die Fälle gilt, in denen die Behörde die Aussetzung der Vollziehung verfügt, sofern sie nicht ausdrücklich die Vollziehung bis zur Unanfechtbarkeit aussetzt.

Aus dem relevanten § 80b Abs. 2 VwGO lässt sich aber nicht ohne weiteres entnehmen, dass eine Behörde niemals die Fortdauer der aufschiebenden Wirkung anordnen darf. Der mögliche Einwand, die Behörde könne eher die automatisch eintretende vorzeitige Beendigung der aufschiebenden Wirkung durch großzügige Anordnungen der Fortdauer der aufschiebenden Wirkung unterlaufen, wäre vorbehaltlich der dargelegten grundsätzlichen Bedenken nicht überzeugend. Dies kann sie nach der derzeitigen Rechtslage schon im Vorfeld damit bewirken, dass sie schrankenlos die Vollziehung im Einzelfall oder auch generell bis zur Unanfechtbarkeit aussetzt. Damit wäre schon die oben beschriebene Automatik des Eintritts der vorzeitigen Beendigung der aufschiebenden Wirkung unterlaufen, ohne dass dies verhindert werden könnte. Damit wäre auch § 80b Abs. 2 VwGO gegenstandslos.

---

[253] Vgl. *Schoch*, in: Schoch/Schmidt-Aßmann/Pietzner, VwGO, § 80b Rn. 51 m.w.N.
[254] Vgl. vorstehende Fn.

Die Intention des Gesetzgebers für die Neuregelung des § 80b VwGO kann nach allem wegen der oben beschriebenen Mängel des § 80b VwGO und der fehlenden Gesetzesnovellierung der allgemeinen Vollstreckungsvoraussetzungen des Verwaltungsvollstreckungsrechts des Bundes und der Länder bzw. der Polizei- und Ordnungsbehördengesetze auch durch die nicht nachvollziehbare Möglichkeit der Behörde, die Vollziehung bis zur Unanfechtbarkeit auszusetzen, jederzeit unterlaufen werden, ohne dass für letzteres ein gesetzlicher Rahmen vorgegeben ist und ohne dass die Behörde dies demzufolge ausdrücklich begründen müsste. Hinzu kommen die Beschlüsse zur Fortdauer der aufschiebenden Wirkung, so dass eine restriktive Auslegung des § 80b Abs. 2 VwGO nicht überzeugt.[255]

7. Plädoyer für eine ersatzlose Streichung des § 80b VwGO

Es gibt mehrere fundierte Gründe für eine ersatzlose Streichung dieser Vorschrift. So ist die die vorzeitige Beendigung der aufschiebenden Wirkung auch sieben Jahre nach Inkrafttreten der Vorschrift offensichtlich im Verwaltungsalltag weder bei den Rechtsanwendern noch bei der Anwaltschaft angekommen. Eine vorzeitige Vollstreckung bzw. Vollziehung erfolgt nicht. Die Regelung wirft zudem tatbestandlich einige Fragen auf, wobei insbesondere bereits die Ermittlung des Zeitpunktes der vorzeitigen Beendigung der aufschiebenden Wirkung schwierig ist. Außerdem müsste zudem in Umsetzung dieser Regelung das Verwaltungsvollstreckungs- bzw. Polizei- und Ordnungsbehördenrecht hinsichtlich der allgemeinen Vollstreckungsvoraussetzungen um den Tatbestand der vorzeitigen Beendigung der aufschiebenden Wirkung als gebundene Verwaltung – als Unterfall der Grundregel der Unanfechtbarkeit – modifiziert werden, bevor die Gesetzesintention überhaupt Wirkungen erzielen könnte. Eine weitere Unstimmigkeit liegt in der Möglichkeit der Behörde, die Vollziehung ohne weitere Begründung bis zur Unanfechtbarkeit auszusprechen. Schließlich kann das OVG bzw. der VGH und wohl auch die Behörde die Fortdauer der aufschiebenden Wirkung anordnen. Nach allem wäre es geboten, eine solche nicht zielführende Regelung ersatzlos zu streichen. Dies hatte übrigens schon der Bundesrat mit anderer Begründung anlässlich dieser Gesetzesnovelle gefordert.[256]

Überdies bringt der Antrag auf Fortdauer der aufschiebenden Wirkung, der bei einem abschlägigen erstinstanzlichen Urteil aus vorstehenden Gründen neben der Einlegung des Rechtsmittels in der Hauptsache eigentlich obligatorisch sein müss-

---

[255] Vgl. *Beckmann*, NVwZ 1998, 373 (375). Danach ist eine behördliche Zuständigkeit nach § 80b Abs. 2 VwGO nicht unzulässig; ebenso wohl auch *Puttler*, in: Sodan-Ziekow, VwGO, § 80b Rn. 31. Nach *Puttler* ist es mit Ausnahme bei öffentlichen Abgaben und Kosten nicht erforderlich, einen solchen Antrag vorher bei der Behörde zu stellen. Daraus lässt sich ableiten, dass auch ein behördliches Verfahren nach § 80b Abs. 2 VwGO zulässsig ist.

[256] Vgl. BR-Drucks. 30/1/96, S. 13 u. 14 und *Schoch*, in: Schoch/Schmidt-Aßmann/Pietzner, VwGO, 80b Rn. 5.

te, weitere Belastungen in Gestalt von weiteren speziellen Gerichtsbeschlüssen, wodurch die beabsichtigte Entlastung der Verwaltungsgerichtsbarkeit ebenfalls konterkariert wird.[257] Das beste Programm für die mit Einführung des § 80b VwGO angestrebte Stärkung des Wirtschaftsstandortes Deutschland wäre also angesichts der aufgezeigten gravierenden Mängel die ersatzlose Streichung des § 80b VwGO, denn § 80b VwGO erzielt in dieser Form nicht die gewünschte Steuerung, nämlich die Verhinderung eines unterstellten Rechtsmittelmissbrauches. Eine funktionierende retrospektive Gesetzesfolgenabschätzung hätte übrigens schon längst zum Schluss kommen müssen, dass die derzeitige Gesetzeslage die Gesetzesintention nicht im Ansatz zielführend zu steuern vermag.

F. Rechtslage zwischen Erlass des VA und Einlegung des Rechtsbehelfes

Erstaunlicherweise schweigt sich die Literatur fast ausnahmslos darüber aus, wie sich die Rechtslage zwischen Erlass des VA und Einlegung des Rechtsbehelfes darstellt. Jeder Rechtsanwender oder Rechtskundige muss sich doch hier die Frage stellen, welche Bedeutung diese vorgenannte Interimszeit in der Praxis hat, wenn man weiß, dass nur der eingelegte Anfechtungswiderspruch bzw. die Anfechtungsklage nebst nachfolgenden Rechtsbehelfen bzw. Rechtsmitteln die aufschiebende Wirkung des angefochtenen VA auslöst.[258] Sofern vereinzelt überhaupt diese sich aufdrängende Frage im Schrifttum erörtert wird, sind die Resultate dieser Reflexionen meist nicht belastbar.

I. Rechtslage bei befehlenden VA

Soweit in der einschlägigen Literatur die Auffassung vertreten wird, dass grundsätzlich zwischen Erlass des VA und Einlegung eines Rechtsbehelfes der VA vollstreckt werden könne,[259] muss dem entgegengetreten werden.[260] Dabei wird offen-

---

[257] Vgl. Drucksache Nr. 13/1993 des Deutschen Bundestages – 13. Wahlperiode; *Beckmann,* VR 1997, S. 387 (389); ders., NVwZ 1998, S. 373 (375); ders., VR 1999, S. 272 (274).

[258] Die bloße Möglichkeit, einen Rechtsbehelf einlegen zu können, führt keine aufschiebende Wirkung herbei. So auch *Schmitt/Glaeser/Horn,* Verwaltungsprozessrecht, Rn. 247.

[259] Vgl. *Redeker/von Örtzen,* VwGO, § 80 Rn. 7 m.w.N; *Klinger,* Kommentar zur VwGO, § 80, S. 387 m.w.N.; *Krämer,* Berliner Praxiskommentare, Vorl. Rechtsschutz in VwGO-Verfahren, § 80 Rn. 38; *Sodan,* in: Sodan-Ziekow, VwGO, § 80 Rn. 51; *Ule,* Verwaltungsprozessrecht, S. 366; *Schmitt/Glaeser/Horn,* Verwaltungsprozessrecht, Rn. 255; *Papier,* JA 1979, 561 (563) und auch im Ergebnis *Pietzner/Ronellenfitsch,* Das Assessorexamen, Rn. 26 m.w.N. Nach *Schoch,* in: Schoch/Schmidt-Aßmann/Pietzner, VwGO, § 80 Rn. 100, ist unzutreffend die Rechtmäßigkeit einer behördlichen Vollzugsmaßnahme vor Rechtsbehelfseinlegung durch den rückwirkenden Eintritt der aufschiebenden Wirkung auflösend bedingt. Dabei übersehen die Protagonisten einer solchen Sichtweise, dass bereits die allgemeinen Vollstreckungsvoraussetzungen eine sog. voreilige Vollziehung verbieten.

bar schlicht übersehen, dass die allgemeinen Vollstreckungsvoraussetzungen des Verwaltungsvollstreckungs- bzw. des Polizei- und Ordnungsbehördenrechtes[261] mit §§ 80 und 80b VwGO korrelieren und als Komplementärvorschriften die darin enthaltenen Regelungen in Gestalt der Alternativregelung der Unanfechtbarkeit umsetzen.[262] Die Länder waren und sind im Wege der Bundestreue verpflichtet, den Grundsatz des § 80 Abs. 1 VwGO, nämlich die rückwirkend eintretende aufschiebende Wirkung unter Hinweis auf §§ 70 und 74 VwGO zu berücksichtigen. Der Adressat eines belastenden VA kann vor dem Hintergrund des § 80 Abs. 1 VwGO darauf vertrauen, dass er die vorstehenden Rechtsbehelfsfristen voll ausnutzen kann, ohne befürchten zu müssen, dass dies für ihn nachteilige Folgen zeitigen kann.[263] Dass während der Interimszeit zwischen Erlass des VA und Einlegung des Rechtsbehelfes befehlende VA nicht vollstreckt werden dürfen, ist – wie schon zuvor angemerkt wurde – wohl auch verfassungsrechtlicher Ausfluss des Rechtsstaatsprinzipes, wonach bei einfachgesetzlicher Einräumung von Rechtsbehelfsfristen und der Schaffung des Suspensiveffektes der Adressat eines belastenden VA darauf vertrauen kann, die Rechtsbehelfsfrist ohne zwischenzeitliche Sanktionsmaßnahmen wirklich ausnützen zu können.[264] Sonst müsste der Betroffene bei einem belastenden VA sofort nach seinem Eingang den Rechtsbehelf einlegen, um vor Überraschungen in Form von behördlichen Vollstreckungsmaßnahmen gefeit zu sein, was in Widerspruch zur Intention einer solchen Frist steht.[265] Dem Betroffenen muss es freistehen, sich innerhalb der gesetzlichen Rechtsbehelfsfrist zu entscheiden, ob er vom Rechtsbehelf Gebrauch machen will. Es spricht also unter Hinweis auf die allgemeinen Vollstreckungsvoraussetzungen als notwendige Komplementärvorschriften zu Abs. 1 alles gegen eine legale Vollstreckung bzw. Vollziehung des VA in der Interimsphase zwischen Erlass des VA und Einlegung des Rechtsbehelfes. Von einem gesetzlichen vorläufigen Rechtsschutz könnte man bei alledem daher nicht mehr sprechen, wenn während dieser Interimszeit legal Vollstreckungs- bzw. Vollziehungshandlungen vorgenommen werden könnten. Damit würde der gesetzliche vorläufige Rechtsschutz konterkariert. Da sich der VA nach Vollzug zudem oft mangels Rückgängigmachung des VA erledigt, wird diese Feststellung noch deutlicher.

---

[260] Vgl. hierzu die kritischen Anmerkungen von *Engelhardt/App*, VwVG, VwZG, S. 61 m.w.N.; ebenso *Renck*, NVwZ 1992, 338. Er spricht von der Irrlehre, die glaubt, ein wirksamer VA werde damit ohne weiteres durchsetzbar.

[261] Soweit in den Ländern auch in den Polizei- und Ordnungsbehördengesetzen die allgemeinen Vollstreckungsvoraussetzungen enthalten sind, sind diese dann die Komplementärvorschriften zu § 80 Abs. 1 VwGO. Vgl. hierzu die erschöpfende Auflistung bei *Lemke*, Verwaltungsvollstreckungsrecht des Bundes und der Länder, 1997, S. 62 bis 66; ebenso *Steiner (Hrsg.)*, Besonderes Verwaltungsrecht, S. 358 Rn. 281.

[262] *Haibach*, DÖV 1996, 64 m.w.N.

[263] Vgl. hierzu auch *Schmitt/Glaeser/Horn*, Verwaltungsprozessrecht, Rn. 257 m.w.N.; im Ergebnis wohl auch *Hesselberger*, Das GG, Art. 19 Rn. 5. Ebenso *Schoch*, in: Schoch/Schmidt-Aßmann/Pietzner, VwGO, § 80 Rn. 100.

[264] So im Ergebnis auch *Bull*, Allg. Verwaltungsrecht, § 17 Rn. 881.

[265] Vgl. auch *Heesen/Hönle*, BGSG, VwVG und UZwG, § 6 Rn. 9 m.w.N.

Eine Vollstreckung vor Einlegung eines Rechtsbehelfes verletzt also das Rechtsstaatsprinzip, denn dieses verbietet hier vor dem Hintergrund des § 80 Abs. 1 VwGO und der §§ 70 oder 74 VwGO die Vollstreckung des VA vor Ablauf der Rechtsbehelfsfrist. Diese muss im vollen Umfang ausgeschöpft werden können, ohne jedwede rechtlichen Nachteile. Solche Rechtsüberlegungen haben der Bund und die Länder hinsichtlich befehlender VA in den allgemeinen Vollstreckungsvoraussetzungen voll berücksichtigt und umgesetzt, in dem sie die Grundregel aufgestellt haben, dass ein VA mit Ausnahme der Fälle nach § 80 Abs. 2 VwGO erst nach Unanfechtbarkeit vollstreckt werden darf. Belastende VA im Anwendungsbereich des Anfechtungswiderspruches bzw. der Anfechtungsklage dürfen daher unter Hinweis auf diese Komplementärvorschriften zu §§ 80 Abs. 1 i.V.m. 80b Abs. 1 VwGO nicht vor Unanfechtbarkeit[266] vollstreckt werden, soweit kein Fall des § 80 Abs. 2 VwGO vorliegt.

Soweit in der Literatur die Meinung vertreten wird, dass ein VA auch unanfechtbar sei, wenn der Widerspruch gem. § 80 Abs. 2 VwGO keine aufschiebende Wirkung hat,[267] ist dies eine kapitale Fehldeutung. Eine solche Sicht würde zum einen einfachgesetzlich gegen §§ 70 und 74 VwGO und ferner auch gegen Art. 19 Abs. 4 GG verstoßen, denn damit würde die überwiegende Anzahl von VA dem in der Verfassung garantierten Rechtsschutz gegen die öffentliche Gewalt entzogen. Gleichzeitig würde wohl auch das dem Hauptgrundrecht übergeordnete bzw. überlagernde Rechtsstaatsprinzip eine solche Sicht verbieten.

Soweit also die Befürworter einer Vollstreckung während der Interimszeit zwischen Erlass des VA und Einlegung des Rechtsbehelfes meinen, dass eine Vollstreckung in diesem Fall erst durch die Einlegung des Rechtsbehelfes im nachhinein auflösend bedingt rechtswidrig wird,[268] übersehen die Protagonisten einer solchen Sichtweise offensichtlich die allgemeinen Vollstreckungsvoraussetzungen im Verwaltungsvollstreckungsrecht des Bundes und der Länder bzw. des Polizei- und Ordnungsbehördenrechtes als Komplementärvorschriften zu § 80 Abs. 1 und 2 VwGO. Da die Eingriffsverwaltung an Gesetz und Recht gebunden ist, wäre eine Vollstreckung unter Missachtung der allgemeinen Vollstreckungsvoraussetzungen (hier: Vollstreckung vor Einlegung eines Rechtsbehelfes innerhalb der Rechtsbehelfs- bzw. Ausschlussfrist und somit vor Unanfechtbarkeit) schon deswegen rechtswidrig.[269] Daher ist die Auffassung, dass in diesen Fällen die Rechts-

---

[266] Die vorzeitige Beendigung der aufschiebenden Wirkung nach § 80b VwGO wird hier aus vorgenannten Gründen (vgl. § 6 F.) ausgeblendet.

[267] So *Benfer*, Rechtseingriffe von Polizei und Staatsanwaltschaft, Rn. 1572.

[268] So z.B. *Schoch*, in: Schoch/Schmidt-Aßmann/Pietzner, VwGO, § 80 Rn. 100 m.w.N.

[269] Vgl. auch *App/Wettlaufer*, Verwaltungsvollstreckungsrecht, § 8 Rn. 12. Danach existiere ein allgemeiner Grundsatz, dass ein VA unabhängig von einem konkreten Rechtsbehelf erst vollzogen werden darf, wenn er unanfechtbar ist. Bevor in § 80b Abs. 1 S. 1 1. HS VwGO die aufschiebende Wirkung ausdrücklich bis zur Unanfechtbarkeit geregelt wurde, galt dies auch schon vorher gewohnheitsrechtlich und ist wohl Ausfluss des Rechtsstaatsprinzips. Daher ist

widrigkeit erst durch die spätere Rechtsbehelfseinlegung eintritt, rechtsdogmatisch nicht haltbar. Diese Interpretationen machen deutlich, dass die Komplementärvorschriften zu §§ 80 Abs. 1 i.V.m. 80b Abs. 1 VwGO, nämlich die besagten allgemeinen Vollstreckungsvoraussetzungen des Verwaltungsvollstreckungs- bzw. des Polizei- und Ordnungsbehördenrechts, von den Protagonisten einer Vollstreckung bzw. eines Vollzuges zwischen Erlass des VA und Einlegung eines zulässigen Rechtsbehelfes offenbar in diesem Zusammenhang übersehen wurden. Deshalb ist es dringend geboten, in Abs. 1 endlich einen derartigen deklaratorischen Hinweis aufzunehmen.

II. Die Rechtslage in der Interimszeit bei sonstigen VA

Fakt ist, dass nur befehlende VA mittels Verwaltungszwanges unter Beachtung der allgemeinen und besonderen Vollstreckungsvoraussetzungen des Verwaltungsvollstreckungsrechts bzw. des Polizei- und Ordnungsbehördenrechtes vollstreckbar im Wortsinn sind. Die in § 80 Abs. 1 S. 2 VwGO enthaltenen VA-Kategorien sind dagegen vollstreckungsunfähig. Soweit *Pietzner/Ronellenfitsch*[270] der Meinung sind, dass die vollstreckungsunfähigen VA-Kategorien nach § 80 Abs. 1 S. 2 VwGO wegen Fehlens einer rechtspositivistischen Regelung – wie in § 6 Abs.1 Bundesverwaltungsvollstreckungsgesetz – in der Interimszeit zwischen Erlass des VA und Einlegung des Rechtsbehelfes vollziehbar seien, ist dem zu widersprechen.

Eine unterschiedliche Behandlung von vollstreckungsfähigen befehlenden VA und vollstreckungsunfähigen sonstigen VA i.S.d. § 80 Abs. 1 S. 2 VwGO zwischen Erlass des VA und der Rechtsbehelfseinlegung ist rechtsdogmatisch aus gesetzessystematischen Gründen abzulehnen. Die aufschiebende Wirkung unterscheidet in Abs. 1 nicht zwischen befehlenden und sonstigen VA. Richtig ist, dass es weder im Verwaltungsverfahrensrecht noch im Verwaltungsvollstreckungsrecht bzw. Polizei- und Ordnungsbehördenrecht eine den allgemeinen Vollstreckungsvoraussetzungen vergleichbare Regelung für sonstige VA-Kategorien gibt. Insoweit besteht aber eine ungewollte Gesetzeslücke. Für vollstreckungsunfähige VA i.S.d. § 80 Abs.1 S. 2 VwGO hat die aufschiebende Wirkung das Verbot vorzeitiger behördlicher Folgemaßnahmen zur Verwirklichung des feststellenden und rechtsgestaltenden VA (z.B. keine bauaufsichtliche Beseitigungsanordnung nach vorausgegangener angefochtener Aufhebung der Baugenehmigung) zur Folge. Bei VA mit Drittwirkung darf der Begünstigte nicht während der Dauer der aufschiebenden Wirkung von dem begünstigenden VA Gebrauch machen. Mit anderen Worten:

---

auch die Forderung, dass ein VA erst generell nach Unanfechtbarkeit vollstreckt werden darf, wohl nur deklaratorischer Natur.

[270] Vgl. *Pietzner/Ronellenfitsch*, Das Assessorexamen, § 53III Rn. 26.

Vor Unanfechtbarkeit dürfen keine Folgemaßnahmen eingeleitet werden und der Begünstigte darf von dem begünstigenden VA noch keinen Gebrauch nachen. Wie bereits erwähnt, hat der Gesetzgeber für belastende VA nach S. 2 eine entsprechende Komplementärregelung – wie in den allgemeinen Verwaltungsvollstreckungsvoraussetzungen – offenbar übersehen. Diese Gesetzeslücke besteht nunmehr schon seit einem halben Jahrhundert, ohne dass dies im Schrifttum oder in der Judikatur überhaupt erörtert wurde.[271] Allerdings hat der Bundesgesetzgeber wohl in „instinktiver" Verinnerlichung der allgemeinen Vollstreckungsvoraussetzungen (hier: die Grundregel der Unanfechtbarkeit) in § 52 VwVfG geregelt, dass die Herausgabe von Urkunden und Sachen erst verlangt werden kann, wenn der zurückgenommene oder widerrufene VA unanfechtbar ist. Inkonsequent ist aber, dass der Gesetzgeber in dieser Vorschrift die Herausgabe nur bei Unanfechtbarkeit und nicht auch in Fällen des § 80 Abs. 2 VwGO zulässt. Auch diese halbherzige Regelung zeigt, dass selbst der Gesetzgeber das Problem nicht in seiner ganzen Bandbreite erkannt hat.

Soweit in der Literatur die Vollziehung von belastenden sonstigen VA i.S.d. Abs. 1 S. 2 in der Interimszeit mit § 43 Abs. 1 VwVfG begründet wird,[272] ist diese Auffassung rechtlich nicht haltbar. Begünstigende und belastende VA sind danach, sofern keine Anfangsbefristung bzw. aufschiebende Bedingung beigefügt ist, immer sofort nach Bekanntgabe innerlich und äußerlich wirksam. Die Auffassung, dass belastende VA nach Bekanntgabe zwar immer äußerlich wirksam seien, aber innerlich erst nach Unanfechtbarkeit oder bei Wegfall der aufschiebenden Wirkung nach § 80 Abs. 2 VwGO, also bei Vollziehbarkeit des VA,[273] ist unzutreffend. Eine solche Interpretation lässt der einschlägige § 43 VwVfG nicht zu. Die Frage der Wirksamkeit eines VA muss nämlich strikt von der Frage der Vollstreckung befehlender VA bzw. des Vollzuges vollstreckungsunfähiger VA im Sinne des § 80 Abs. 1 S. 2 VwGO getrennt werden. Hinsichtlich der vollstreckungsunfähigen VA besteht eine offensichtliche Gesetzeslücke. Deshalb sind hier analog die allgemeinen Vollstreckungsvoraussetzungen des Verwaltungsvollstreckungs- bzw. des Polizei- und Ordnungsbehördenrechts als Komplementärvorschriften zu beachten,[274] solange nicht für diesen Tatbestand eigene gesetzliche Regelungen geschaffen werden. Diese Sichtweise wird auch von der nur spärlichen Judikatur geteilt,[275]

---

[271] Das Fehlen einer gesetzlichen Regelung im Sinne der allgemeinen Vollstreckungsvoraussetzungen des Verwaltungsvollstrecksungsrechtes wurde bislang erstaunlicherweise in der Literatur überhaupt nicht erkannt. Erst der Verfasser hat auf dieses seit Jahrzehnten bestehende Problem hingewiesen. Vgl. *Beckmann*, VR 2003, 217 ff..

[272] Vgl. *Schmidt*, Verwaltungsprozessrecht, S. 329.

[273] Vgl. *Kopp/Ramsauer*, VwVfG, § 43 Rn. 23 m.w.N.

[274] Vgl. *Beckmann*, VR 2003, 217 ff.

[275] Vgl. OVG Niedersachsen, Urteil v. 13.07.1994, 1 L 5561/92 = BRS 56 Nr. 204. Eine bauaufsichtliche Beseitigungsanordnung kann danach nur ergehen, wenn die erteilte rechtswidrige Baugenehmigung zuvor vollziehbar aufgehoben worden ist. Vollziehbarkeit bedeutet hier Unanfechtbarkeit oder Anordnung der sofortigen Vollziehung der Rücknahme oder des Widerrufes.

ohne dies argumentativ zu verdeutlichen. Dagegen hat die Literatur die aufgezeigte Problematik verkannt.

III. Plädoyer für eine deklaratorische Verweisung auf die allgemeinen Vollstreckungsvoraussetzungen des Verwaltungsvollstreckungs- bzw. Polizei- und Ordnungsbehördenrechts in Abs. 1

Es muss konstatiert werden, dass die weit überwiegende verwaltungsprozessuale Literatur das Problem, wie sich die Rechtslage der Vollziehung zwischen Erlass des VA und der Rechtsbehelfseinlegung darstellt, überhaupt nicht anspricht, obwohl sich diese Frage geradezu aufdrängt. Die Kernaussage des § 80 Abs. 1 VwGO, dass die Einlegung eines nicht offensichtlich unzulässigen Rechtsbehelfes aufschiebende Wirkung hat, wirft doch sofort die Frage auf, wie sich die Rechtslage vor Eintritt der aufschiebenden Wirkung darstellt. Soweit sich die Literatur ausnahmsweise dieser Frage annimmt, sind die rechtlichen Schlussfolgerungen nicht durchgehend überzeugend oder abzulehnen. Dies hat ihre Ursache offensichtlich darin, dass bei der Klärung dieser Rechtsfrage der Fokus sich ausschließlich auf § 80 Abs. 1 VwGO richtet und relevante Regelungen außerhalb des Verwaltungsprozessrechtes als Komplementärvorschriften zu Abs. 1 überhaupt nicht präsent sind. Soweit in der Literatur ausnahmsweise doch auf die allgemeinen Vollstreckungsvoraussetzungen verwiesen wird, fehlen aber generell Überlegungen hinsichtlich der sonstigen VA i.S.d. Abs. 1 S. 2 oder sie sind allesamt unzutreffend.

Da die einschlägige Literatur also die Rechtslage in der Interimszeit in ihrer rechtlichen Dimension nicht im Fokus hat, wäre hier gesetzgebungstheoretisch dringend in § 80 Abs. 1 VwGO eine Verweisung auf die allgemeinen Vollstreckungsvoraussetzungen geboten. Merkwürdigerweise sah sich der Gesetzgeber bei Inkrafttreten der VwGO genötigt, im damaligen § 80 Abs. 1 S. 2 VwGO wohl deklaratorisch darauf hinzuweisen, dass sich die aufschiebende Wirkung auch auf rechtsgestaltende VA erstreckt, um diese Regelung mit dem 4. VwGOÄndG auch auf feststellende VA und auf VA mit Doppelwirkung zu erweitern. Eine Klarstellung war aber allenfalls nur wegen abweichender Rechtsauffassungen einiger Obergerichte hinsichtlich der VA mit Doppelwirkung verständlich. Ansonsten konnte rechtsdogmatisch nie streitig sein, dass Anfechtungswidersprüche oder Anfechtungsklagen die Kassation eines belastenden VA bewirken sollen, ohne dass es auf die VA-Kategorie ankommt. Deshalb war rechtsdogmatisch Abs. 1 S. 2 in der Ursprungsfassung und in der aktuellen Fassung überflüssig. Anders verhält es sich aber – wie dargestellt – bei der oben beschriebenen Rechtslage in der Interimszeit. Hier würde eine Klarstellung Sinn ergeben, denn ein entsprechender Querverweis auf die allgemeinen Vollstreckungsvoraussetzungen des Verwaltungsvollstreckungs- bzw. Polizei- und Ordnungsbehördenrechts für befehlende VA würde den Rechtsanwender, den Adressaten und Anwalt sowie die Gerichte auf ein Problem aufmerksam machen, welches offenbar leicht übersehen wird und sehr oft nicht präsent ist. Hinsichtlich der sonstigen VA-Kategorien nach S. 2 wäre es geboten, wenn rechtspositivistisch in Anlehnung an die Regelungen der allgemeinen Vollstreckungsvoraussetzungen eine eigenständige Regelung für allgemeine Vollzugsvoraussetzungen im Verwaltungsverfahrens- bzw. im Verwaltungsvollstreckungsrecht bzw. im Polizei- und Ordnungsbehördenrecht aufgenommen werden würde. Es würde dabei genügen, die allgemeinen Vollstreckungsvoraussetzungen für entsprechend anwendbar zu erklären. Würde eine solche längst überfällige Regelung erfolgen, sollte auch deklaratorisch im Abs. 1 darauf verwiesen werden. Ansonsten sind für die sonstigen VA bis zu einer rechtspositivistischen Regelung die allgemeinen Vollstreckungsvoraussetzungen des Verwaltungsvollstreckungs- bzw. Polizei- und Ordnungsbehördenrechts analog anzuwenden.

Es macht also wenig Sinn, etwas gesetzgeberisch klarzustellen, was rechtsdogmatisch eigentlich unbestritten sein müsste, wie dies z.B. bei der Regelung des § 80 Abs. 1 S. 2 VwGO zumindest hinsichtlich der belastenden rechtsgestaltenden und feststellen VA der Fall ist. Eine deklaratorische Regelung macht dagegen Sinn, wenn das Zusammenspiel mit einer anderen Norm als Komplementärvorschrift offensichtlich im Schrifttum weitgehend nicht präsent ist. In diesem Fall ist ein solcher deklaratorischer Verweis ein hilfreicher und auch notwendiger Beitrag für eine möglichst präzise und verständliche Gesetzgebung.

IV. Formulierungsvorschlag für einen neuen Abs. 1 bei Beibehaltung des jetzigen Systems nach §§ 80 ff. VwGO

Nach den bestehenden Richtlinien des Bundes zur Gesetzestechnik müssen Gesetze sprachlich einwandfrei sein und sollen – soweit möglich – für jedermann verständlich gefasst sein.[276] Diesen ministerieninternen Vorgaben wird § 80 Abs. 1 VwGO ebenso wie die übrigen Regelungen der §§ 80 ff. VwGO nicht gerecht. Auch das Bemühen um möglichst knappe Formulierungen ist legitim, so lange dies nicht auf Kosten vorstehender Postulate geht. Abs. 1 enthält gesetzessprachliche Ungenauigkeiten und ist ferner tatbestandlich nicht präzise ausformuliert und so auch selbst für Rechtskenner schwer verständlich. Der legitime Aspekt der Kürze der Norm geht hier eindeutig zu Lasten der Präzision und der Verständlichkeit. Da §§ 80 ff. VwGO sicherlich zentrale Normen für das Allgemeine Verwaltungsrecht im Verwaltungsprozessrecht sind, muss hier die Kürze einer Norm zugunsten der

[276] Vgl. § 35 Abs. 1 GGO II (Gemeinsame Geschäftsordnung der Bundesministerien).

Präzision und Verständlichkeit zurückstehen. Es kann nicht sein, dass im Besonderen Verwaltungsrecht einzelne Paragraphen über mehrere Seiten bis ins Einzelne ausformuliert sind,[277] während im Allgemeinen Verwaltungsrecht das Regelwerk des vorläufigen Rechtsschutzes, das in das Besondere Verwaltungsrecht einwirkt, derart knapp ausformuliert wird, dass viele Fragen offen bleiben. Es darf nicht sein, dass eine solche zentrale Norm für den Verwaltungsalltag der Eingriffsverwaltung[278] wegen der Durchsetzungsnotwendigkeit von belastenden VA sich nur halbwegs widerspruchsfrei über das Studium von Kommentaren und Lehrbüchern erschließt. Da es sich bei dem vorläufigen Rechtsschutz nach §§ 80 ff. VwGO um eine zentrale Vorschrift des Allgemeinen Verwaltungsrechts handelt, sind aus gesetzgebungstheoretischer Sicht neben einer optimalen Gesetzessprache[279] im Einzelfall auch Legaldefinitionen und deklaratorische und konstitutive Verweisungen notwendig. Dem Gesetzgeber dürfte nämlich der vorliegende Befund einer widersprüchlichen Literatur und Judikatur zu § 80 Abs. 1 VwGO nicht entgangen sein. Trotz sieben Gesetzesnovellen zur VwGO hat der Gesetzgeber es nicht geschafft, den vorläufigen Rechtsschutz präziser und verständlicher zu gestalten.

Ein neuer § 80 Abs. 1 VwGO könnte bei Beherzigung des § 35 Abs. 1 der Gemeinsamen Geschäftsordnung der Bundesministerien (GGO) folgenden Wortlaut haben:

Der Anfechtungswiderspruch oder die Anfechtungsklage und die nachfolgenden Rechtsbehelfe bzw. Rechtsmittel gegen befehlende VA haben aufschiebende Wirkung, sofern sie nicht aus nachfolgenden Gründen bereits unzulässig sind:

- *der Verwaltungsrechtsweg ist nicht gegeben,*
- *es liegt objektiv kein VA vor,*
- *der Rechtsbehelf ist nicht wirksam eingelegt worden,*
- *der Rechtsmittelführer ist nicht rechtsmittelbefugt und*
- *die Rechtsbehelfsfrist wurde nicht gewahrt.*

Die aufschiebende Wirkung gilt auch für sonstige belastende VA-Kategorien[280] *einschließlich der VA mit Drittwirkung. Die aufschiebende Wirkung bewirkt hinsichtlich befehlender VA ein Vollstreckungsverbot, ein Verbot, tatsächliche und rechtliche Folgerungen aus den angefochtenen sonstigen VA zu ziehen und ein Verbot des Gebrauchmachens des VA durch Private bei VA mit Drittwirkung. Die allgemeinen Vollstreckungsvoraussetzungen des Verwaltungsvollstreckungsrechts des Bundes und der Länder bzw. des Polizei- und Ordnungsbehördenrechtes für*

---

[277] Z.B. § 2 StVG, der die Fahrerlaubnis und den Führerschein regelt.

[278] Nur in wenigen Fällen wird auch die Leistungsverwaltung mit den §§ 80 ff. VwGO konfrontiert. Beispiel: Rückforderung von zu Unrecht bekommenen Leistungen.

[279] Sie muss präzise und verständlich sein.

[280] Solange z.B. im § 35 VwVfG keine Legaldefinitionen für VA ihrem Inhalt nach vorgenommen wurden, sollte zwecks Vermeidung von Missverständnissen besser von sonstigen VA gesprochen werden.

befehlende VA bleiben hinsichtlich der dortigen Grundregel der Unanfechtbarkeit als Komplementärvorschriften zu Abs. 1 unberührt.[281]

Mit einer solchen Gesetzesnovelle könnten die vorhandenen widersprüchlichen Interpretationen im Schrifttum und in der Judikatur erheblich abgebaut werden. Die vorliegenden Steuerungsdefizite in Form von Regelungslücken könnten dadurch zumindest weitgehend beseitigt werden. Gleichzeitig könnten damit auch die daraus resultierenden Vollzugsdefizite minimiert werden.[282]

[281] Ein entsprechender Gesetzesvorschlag für das Verwaltungsvollstreckungsrecht ist unter § 6 F. enthalten. Solange der Bundesgesetzgeber bzw. die Landesgesetzgeber für die vollstreckungsunfähigen VA i.S.v. Abs. 1 S. 2 keine entsprechenden allgemeinen Vollzugsvoraussetzungen erlassen haben, sind die allgemeinen Verwaltungsvollstreckungsvoraussetzungen hier analog anzuwenden. Im Fall einer solchen gesetzlichen Regelung ist ebenfalls in Abs. 1 deklaratorisch darauf hinzuweisen. Solange nicht in den allgemeinen Verwaltuangsvollstreckungsvoraussetzungen als Unterfall der Unanfechtbarkeit die vorzeitige Beendigung der aufschiebenden Wirkung nach § 80b VwGO aufgenommen ist, sind weitere Ausführungen hierzu entbehrlich. Außerdem gibt es gute Gründe, den § 80b VwGO gänzlich zu streichen.

[282] Die obigen Begriffe sind entwickelt bei *Ekardt*, Diss., § 4.

§ 3 Der Wegfall der aufschiebenden Wirkung am Beispiel von unaufschiebbaren Anordnungen und Maßnahmen

Die wenig untersuchte Regelung von Nr. 2 stellt nur einen Teilaspekt der Sicherheitsarchitektur auf dem Gebiet des Verwaltungsprozessrechts dar. Weitere verwaltungsprozessuale Beschleunigungsregelungen, die auch der Gefahrenabwehr dienen, sind ferner in § 80 Abs. 2 S. 1 Nr. 3 und 4 und Abs. 3 VwGO enthalten. Während die sog. Notstandsmaßnahme bzw. Notstandsklausel nach § 80 Abs. 2 Nr. 4 i.V.m. Abs. 3 S. 2 VwGO eindeutig nur der Gefahrenabwehr zuzuordnen ist, ist dies bei Nr. 3 und Nr. 4 i.V.m. Abs. 3 S. 1 anders. Beide Vorschriften greifen auch außerhalb der Gefahrenabwehr. Es wird sich zeigen, dass Nr. 2 sich nur unter Einbeziehung dieser vorgenannten verwaltungsprozessualen Beschleunigungsregelungen gesetzessystematisch richtig deuten lässt. Weiterhin müssen bei der Interpretation dieser Vorschrift auch die außerhalb des Verwaltungsprozessrechts existierenden Rechtsinstitute der unmittelbaren Ausführung einer Maßnahme und des sog. Sofortvollzuges, die ebenfalls einen Beitrag zur effektiven Gefahrenabwehr leisten, berücksichtigt werden. Ohne eine solche Abgrenzung der oben aufgezeigten effektivitätssteigernden verwaltungsprozessualen, polizei- und ordnungsbehördlichen sowie verwaltungsvollstreckungsrechtlichen Rechtsinstitute der Gefahrenabwehr zu Nr. 2 kann eine überzeugende Interpretation von Nr. 2 eigentlich nicht gelingen. Bei dieser Problematik muss zudem immer präsent sein, dass die Gefahrenabwehr eine „Gemeinschaftsaufgabe" im funktionalen Sinne für die Polizeivollzugsbeamten und für sonstige Vollzugsdienstkräfte des Bundes, der Länder und der Kommunen und der Beliehenen und Polizeihelfer sowie der Ordnungsbehörden[283] – auf allen drei staatlichen Ebenen – darstellt.

Faktum ist, dass sämtliche juristischen Literatur-Genres, seien es Kommentare, Lehrbücher, allgemeine Schriften oder Abhandlungen und Monografien – unter Einschluss von Dissertationen und Habilitationsschriften –, die zu untersuchende Schwerpunktregelung Nr. 2 nur kursorisch behandeln und zudem allesamt mehr oder weniger fast inhaltsgleich sind. Bereits die Tatsache, dass die im Mittelpunkt der Untersuchung stehende Regelung von Nr. 2 unbestimmte Rechtsbegriffe enthält, die sich zudem nur über andere Rechtsgebiete erschließen, verlangt geradezu nach einer Interpretation dieser Regelung durch die einschlägige verwaltungsprozessuale Literatur. Dies gilt umso mehr, als man dabei die anderen effektivitätssteigernden Rechtsinstitute der Gefahrenabwehr nach Abs. 2 i.V.m. Abs. 3 sowie

[283] Gemeint sind damit zum einen die Sonderordnungsbehörden des Bundes und die allgemeinen Ordnungsbehörden der Länder und der Kommunen und zum anderen auch die Sonderordnungsbehörden der Länder und der Kommunen. Über die Sonderordnungsbehörden des Bundes und insbesondere über die Sonderordnungsbehörden der Länder und der Kommunen gibt es bislang keine gemeinsame Sprachregelung.

nach Polizei- und Ordnungsbehörden- bzw. Verwaltungsvollstreckungsrecht in die Prüfung einbeziehen muss, um eine konsistente Interpretation zu erreichen. Der mögliche Einwand, die Regelung sei aus sich heraus verständlich und bedürfe keiner weiteren Interpretation,[284] entbehrt jeder Grundlage und wäre eher ein Indiz für mangelndes Problembewusstsein. Ebenso wäre der Einwand, wonach in der Praxis unaufschiebbare Anordnungen und Maßnahmen von Polizeivollzugsbeamten nur äußerst selten vorkämen, so dass mangels Praxisrelevanz eine Kommentierung dieser Regelung quasi nur rein akademischer Natur sei, nicht zutreffend.[285] Im Polizeialltag werden nämlich täglich viele unaufschiebbare Anordnungen und Maßnahmen getroffen. Allerdings dürfte den ausführenden Polizeivollzugsbeamten die Eingriffsermächtigung der unaufschiebbaren Anordnungen oder Maßnahmen, deren Rechtsqualität und deren verwaltungsprozessuale Einordnung in das System des vorläufigen Rechtsschutzes nicht unbedingt immer bewusst sein. Dies gilt in noch stärkerem Maße für den Adressaten der polizeilichen Anordnung/Maßnahme bzw. für dessen Anwalt, zumal die mündlich verfügten unaufschiebbaren Anordnungen zumeist ohne ausdrückliche Nennung der Rechtsgrundslage verfügt werden – eine Tatsache, die den Rechtsschutz erschwert.

Nr. 2 ist eine von vier enumerativ geregelten Tatbeständen des Abs. 2, wonach die aufschiebende Wirkung entfällt. Nachdem die Bedeutung der aufschiebenden Wirkung als elementare Bestimmung dieses Regelwerkes in ihrer ganzen Bandbreite beleuchtet wurde, kann sich der Ausnahmeregelung des Wegfalles der aufschiebenden Wirkung im Allgemeinen und den unaufschiebbaren Anordnungen und Maßnahmen von Polizeivollzugsbeamten im besonderen genähert werden. Eine wirklich fundierte Literatur fehlt hierzu.

A. Verfassungsrechtliche Fragen zu § 80 Abs. 2 VwGO und dessen Systematik

Wie bereits unter § 2 der Dissertation ausführlich dargelegt wurde, ist entgegen Teilen der Literatur und Judikatur der Suspensiveffekt des Abs. 1 mit Ausnahme von Großprojekten des Umwelt- und Planungsrechts nicht durch Art. 19 Abs. 4 GG zwingend vorgegeben.[286] Wenn schon der Suspensiveffekt nach Abs. 1 generell nicht verfassungsrechtlich zwingend geboten ist, ergibt sich im Umkehrschluss,

---

[284] Die angesprochene fast inhaltsgleiche Interpretation im Schrifttum von Nr. 2 könnte duchaus zu diesem Rückschluss verleiten.

[285] So im Ergebnis *Schoch,* Vorläufiger Rechtsschutz und Risikoverteilung im Verwaltungsrecht, S. 838: „Praktische Relevanz hat § 80 Abs. 2 Nr. 2 VwGO vor allem durch die von der h.M. propagierte Heranziehung bei Verkehrszeichen erlangt."

[286] Vgl. *Ekardt/Beckmann*, Vorläufiger Rechtsschutz zwischen Beschleunigungs- und Internationalisierungstendenzen im Verwaltungsrecht, DÖV, 2006, S. 672 ff.

dass dies auch für den Wegfall der aufschiebenden Wirkung gelten muss. Die einfachgesetzliche fortschreitende Marginalisierung des Suspensiveffekts kann daher auch nicht aufgehalten werden.

In den Fällen des Abs. 2 S. 1 Nr. 1 bis 3 und S. 2 entfällt kraft Gesetzes die aufschiebende Wirkung eines nicht offensichtlich unzulässigen Rechtsbehelfes, während im Fall Nr. 4 eine einzelfallbezogene Interessenabwägung den Wegfall der aufschiebenden Wirkung bewirkt.[287] Soweit in der Literatur Abs. 2 mit der vorläufigen Verbindlichkeit gleichgesetzt wird[288] oder wenn Abs. 2 mit Vollziehbarkeit interpretiert wird,[289] sind diese Aussagen rechtsdogmatisch unzutreffend. Dabei handelt es sich um Begrifflichkeiten, die dem Vollstreckungsrecht zuzuordnen sind. Dazu hat grundsätzlich der Landesgesetzgeber die Gesetzgebungskompetenz. Die Annexkompetenz des Bundesgesetzgebers endet bei Abs. 2 mit der Feststellung, dass bei einem Rechtsbehelf in den Fällen des Abs. 2 die aufschiebende Wirkung entfällt. Die konkrete Ausgestaltung bzw. Umsetzung dieser bundesgesetzlichen Vorgabe muss der Landesgesetzgeber[290] im Verwaltungsvollstreckungs- bzw. im Polizei- und Ordnungsbehördenrecht – wie auch geschehen – vornehmen.

Bei den vier alternativen Ausnahmetatbeständen handelt es sich erkennbar um eine enumerative Aufzählung. Es kann wegen der alternativen Struktur des Abs. 2 rechtsdogmatisch niemals zutreffen, dass zwei oder mehr Tatbestände nach Abs. 2 gleichzeitig erfüllt sein können. In den Fällen von Nr. 2 kommt aber regelmäßig wegen der generell notwendigen Zwangsmittelandrohung auch immer gleichzeitig Nr. 3[291] zur Anwendung. Dies widerspricht nicht dem Kumulationsverbot, denn die Aussagen über die alternativen Tatbestände des Abs. 2 beziehen sich auf den jeweiligen Grund-VA und nicht auch auf den akzessorischen VA der Zwangsmittelandrohung. Es ist also strikt zwischen Grund-VA und dem damit verbundenen VA der Zwangsmittelandrohung zu unterscheiden. Wenn also, was zuweilen vor-

---

[287] Der Wegfall der aufschiebenden Wirkung verstößt nicht gegen Art. 19 Abs. 4 GG, denn es besteht die Möglichkeit des vorl. Rechtsschutzes nach Abs. 4 und 5. So *Kopp/Schenke*, VwGO, § 80 Rn. 56 m.w.N. Allerdings ist der behördliche vorl. Rechtsschutz nach Abs. 4 nicht verfassungsrechtlich vorgeschieben. Ebenso *Krämer*, Berliner Praxiskommentare, Vorl. Rechtsschutz in VwGO-Verfahren, S. 83 Rn. 52.

[288] Vgl. *Büchner/Schlotterbeck*, Verwaltungsprozessrecht, Rn. 557 m.w.N. Da aber alle Länder eine Regelung vorgenommen haben, wonach Rechtsbehelfe gegen Maßnahmen in der Verwaltungsvollstreckung keine aufschiebende Wirkung haben, werden mit dieser nicht differenzierenden Aussage auch bundesgesetzliche Regelungen der Verwaltungsvollstreckung bei Ausführung durch die Länder erfasst. Da diese landesgesetzlichen Regelungen sich auf Nr. 3 stützen, sind es entgegen von *Büchner/Schotterbeck* im Ergebnis nicht fünf, sondern nur vier Ausnahmetatbestände.

[289] Vgl. Leitsatz des Beschl. des BVerwG vom 7.11.1977 – VII B 135/77 (Bremen). Darin heißt es: „Dieses Gebot (Halteverbotsschild) ist gem. § 80 Abs. 2 Nr. 2 VwGO grundsätzlich sofort vollziehbar.“ Das BVerwG übersieht dabei, dass sich diese Aussage erst über die allgemeinen Vollstreckungsvoraussetzungen des Verwaltungsvollstreckungsrechts bzw. des Polizei- und Ordnungsbehördenrechts erschließt. Der Bundesgesetzgeber konnte lediglich im Wege der ungeschriebenen Gesetzgebungskompetenz des Bundes regeln, dass in den Fällen des Abs. 2 die aufschiebende Wirkung des Rechtsbehelfes entfällt. Die Frage der sofortigen Vollziehbarkeit ist dagegen grundsätzlich den Ländern vorbehalten. In den obigen allgemeinen Vollstreckungsvoraussetzungen ist alternativ geregelt, dass in den Fällen des § 80 Abs. 2 VwGO der VA sofort vollstreckbar ist.

[290] Für die unmittelbare und mittelbare Bundesverwaltung ist der Bund gesetzgeberisch zuständig.

[291] Ein Fall des S. 2 dürfte bei Nr. 2 nicht relevant sein.

kommt, die Behörde in Verkennung eines Tatbestandes von Nr.1 bis 3 dennoch die sofortige Vollziehung nach Nr. 4 anordnet, wäre dies unschädlich. Der Adressat einer solchen Anordnung der sofortigen Vollziehung, die im Rahmen eines gesetzlichen Tatbestandes von Nr. 1 bis 3 ergeht, wird hierdurch nämlich nicht zusätzlich belastet, denn der mit Abs. 2 verbundene Wegfall der aufschiebenden Wirkung des VA kann rechtsdogmatisch schließlich nur einmal eintreten.

B. Der Beginn des Wegfalles der aufschiebenden Wirkung

Nach § 80 Abs. 2 VwGO entfällt die aufschiebende Wirkung nur, wenn einer der dort genannten vier Tatbestände erfüllt ist. Rechtsdogmatisch stellt sich hier die Frage, wie diese Bestimmung zu interpretieren ist. Da dieser Abs. 2 erkennbar in enger Korrelation zu Abs. 1 steht, denn er nimmt Bezug auf die aufschiebende Wirkung und leitet sich von ihm ab, muss ein Rechtsbehelf eingelegt worden sein, der aber im Gegensatz zu Abs. 1 nicht zur aufschiebenden Wirkung führt.[292] Er besagt daher nur, dass ein eingelegter Rechtsbehelf in den Fällen des Abs. 2 keine aufschiebende Wirkung entfaltet.[293] Ab wann in solchen Fällen der VA vollzogen[294] werden kann, regelt Abs. 2 jedoch nicht und kann es wegen fehlender Gesetzgebungskompetenz auch nicht.[295] Die Ausnahmetatbestände des Abs. 2 signalisieren – mit Ausnahme des Abs. 2 S. 1 Nr. 4 (einzelfallbezogene Interessenabwägung) – eine generalisierende Höherbewertung des öffentlichen Interesses an der sofortigen Vollziehung des VA gegenüber dem Aufschubinteresse des Betroffenen,[296] wobei in der einschlägigen Literatur auf die vorgenannte Problematik überhaupt nicht näher eingegangen wird. Lediglich *Schoch*[297] hat das Problem erkannt, aber wohl abzulehnende Schlussfolgerungen gezogen. Nach dessen Auffassung gerate in den Fällen des gesetzlichen Ausschlusses der aufschiebenden Wirkung nach § 80 Abs. 2 S. 1 Nr. 1 bis 3 und S. 2 VwGO diese nicht etwa nur

---

[292] Vgl. *Puttler,* in: Sodan-Ziekow, VwGO, § 80 Rn. 30.

[293] *Finkelnburg/Jank,* Vorl. Rechtsschutz in Verwaltungsstreitverfahren, S. 8 Rn. 14; *Büchner/Schlotterbeck,* Verwaltungsprozessrecht, Rn. 551; *Kopp/Schenke,* VwGO, § 80 Rn. 55.

[294] Der Begriff „vollzogen" wird hier in seiner weiten Auslegung, also über die Vollstreckung hinaus, verwandt.

[295] Insoweit ist die Interpretation des Abs. 2 mit der sofortigen Vollziehbarkeit ohne Bezugnahme auf die allgemeinen Vollstreckungsvoraussetzungen des Verwaltungsvollstreckungsrechtes falsch. So ist für *Büchner/Schotterbeck,* Verwaltungsprozessrecht, Rn. 552, offenbar der Wegfall der aufschiebenden Wirkung und die sofortige Vollziehbarkeit ein Synonym, denn er erwähnt hierbei nicht die allgemeinen Vollstreckungsvoraussetzungen des Verwaltungsvollstreckungsrechtes, was rechtsdogmatisch notwendig wäre. Ebenso interpretiert *Eyermann,* VwGO, § 80 Rn. 4, den Wegfall der aufschiebenden Wirkung mit der sofortigen Vollziehbarkeit. Es wird offenbar nicht erkannt, dass die verwaltungsprozessuale aufschiebende Wirkung erst durch die allgemeinen Vollstreckungsvoraussetzungen des Verwaltungsvollstreckungsrechtes bzw. des Polizei- und Ordnungsbehördenrechts ihre Bedeutung bekommt. § 80 Abs. 1 und 2 VwGO korrelieren mit den obigen allgemeinen Vollstreckungsvoraussetzungen als Komplementärvorschriften.

[296] Vgl. *Funke-Kaiser,* in: Bader/Funke-Kaiser/Kuntze/von Albedyll, VwGO, § 80, Rn. 20.

[297] Vgl. *Schoch,* in: Schoch/Schmidt-Aßmann/Pietzner, VwGO, § 80 Rn. 106.

nachträglich in Wegfall, sie trete gar nicht erst ein. Dasselbe gelte in Bezug auf § 80 Abs. 2 S. 1 Nr. 4 VwGO, wenn die Behörde die sofortige Vollziehbarkeit bereits mit dem Erlass des VA angeordnet habe.

Dieser Sichtweise kann aber nicht gefolgt werden. Wie bereits angeführt, knüpft Abs. 2 an Abs. 1 an. Die aufschiebende Wirkung nach Abs. 1 bedingt aber notwendigerweise einen (zulässigen) Anfechtungswiderspruch bzw. eine (zulässige) Anfechtungsklage. Die Formulierung in Abs. 2 „Die aufschiebende Wirkung entfällt nur ..." impliziert nämlich bereits die Einlegung eines (zulässigen) Rechtsbehelfs. Die Aussage ist daher, dass nur ein eingelegter (zulässiger) Rechtsbehelf in den Fällen des Abs. 2 keine aufschiebende Wirkung entfaltet. Der von *Schoch* vertretenen Auffassung, dass die aufschiebende Wirkung nicht nachträglich nach Einlegung des Rechtsbehelfes wegfalle, sondern erst gar nicht eintrete, kann daher nicht gefolgt werden. Er verinnerlicht dabei offenbar die komplementären allgemeinen Vollstreckungsvoraussetzungen des Verwaltungsvollstreckungs- bzw. des Polizei- und Ordnungsbehördenrechtes. Nach § 2 des Landesverwaltungsvollstreckungsgesetzes von Rheinland-Pfalz[298] können befehlende VA nur vollstreckt werden, wenn sie erstens unanfechtbar sind oder wenn zweitens der Rechtsbehelf keine aufschiebende Wirkung hat oder wenn drittens ihre sofortige Vollziehung besonders angeordnet ist (§ 80 Abs. 2 S. 1 Nr. 4 VwGO).[299] Diese Regelung ist derzeit mangels einer entsprechenden Regelung über allgemeine Vollzugsvoraussetzungen analog auch auf sonstige VA im Sinne des § 80 Abs. 1 S. 2 VwGO anzuwenden.[300] Mit den vorgenannten Regelungen von Nr. 2 und Nr. 3 der rheinland-pfälzischen Vollstreckungsvoraussetzungen wird die Lücke zwischen Erlass des VA und der Regelung nach § 80 Abs. 2 VwGO geschlossen. Erst mit diesen Regelungen in den allgemeinen Vollstreckungsvoraussetzungen lässt sich rechtsdogmatisch ableiten, dass in den Fällen des § 80 Abs. 2 VwGO prinzipiell sofort nach Erlass des VA vollstreckt werden kann.[301] Nur die Verbindung des § 80 Abs. 2 VwGO mit den originär oder analog anwendbaren komplementären allgemeinen Vollstreckungsvoraussetzungen lassen es also zu, dass in den Fällen des § 80 Abs. 2 VwGO von vorläufiger Verbindlichkeit oder von Vollziehbarkeit gesprochen werden kann.

Aus den allgemeinen Vollstreckungsvoraussetzungen als Komplementärvorschriften zu Abs. 2 ergibt sich daher erst, und zwar unabhängig davon, ob ein

---

[298] Dies entspricht wohl den allgemeinen Vollstreckungsvoraussetzungen des Bundes und der Länder.

[299] Beim Bund und in den Ländern sind die allgemeinen Vollstreckungsvoraussetzungen im Ergebnis gleichlautend.

[300] Vgl. aber den Gesetzesvorschlag für allg. Vollzugsvoraussetzungen unter § 6 G.

[301] Die Wirksamkeit und Effektivität des Rechtsschutzes gem. Art. 19 Abs. 4 GG verlangt aber grundsätzlich – mit Ausnahme des § 80 Abs. 2 S. 1 Nr. 2 und Nr. 3, S. 2 und Nr. 4 i.V.m. Abs. 3 S. 2 VwGO in Verbindung mit einer landesgesetzlichen Regelung, wonach Rechtsbehelfe gegen Maßnahmen in der Verwaltungsvollstreckung keine aufschiebende Wirkung haben –, dass zwischen Erlass und Vollstreckung/Vollzug eine Zeitspanne bleibt, in der der Betroffene vorläufigen Rechtsschutz beantragen kann.

Rechtsbehelf eingelegt wurde,[302] dass generell in den Fällen des Abs. 2 ein VA schon ab Erlass vollstreckt werden kann und nicht abgewartet werden muss, bis ein Rechtsbehelf eingelegt wird, der dann aber keine aufschiebende Wirkung entfalten kann.[303]

Schoch ist daher nicht zu folgen. Er hat mit der ganz überwiegenden Literatur offensichtlich die aus der Gesetzgebungskompetenz erwachsende Verzahnung zwischen Verwaltungsprozessrecht mit dem Verwaltungsvollstreckungsrecht übersehen.[304] Abs. 2 sollte daher im Rahmen einer Gesetzesnovelle – ebenso wie in Abs. 1 – durch eine deklaratorische Regelung ergänzt werden, wonach die allgemeinen Vollstreckungsvoraussetzungen des Verwaltungsvollstreckungs- bzw. des Polizei- und Ordnungsbehördenrechtes hinsichtlich der Regelungen über § 80 Abs. 2 VwGO [305] unberührt bleiben.[306]

Es kann also festgehalten werden, dass die jetzige Regelung – ebenso wie Abs. 1 – ohne einen Exkurs in die allgemeinen Vollstreckungsvoraussetzungen als Komplementärvorschriften nicht in ihrer vollen Tragweite verstanden werden kann. Auch diese Rechtsfrage wurde bislang in der gesamten einschlägigen verwaltungsprozessualen Literatur überhaupt nicht erkannt und demzufolge auch nicht erörtert, wenn man einmal von *Schoch* absieht, der zwar die Rechtsproblematik erkannt hat, ohne diese aber mit einem notwendigen Exkurs in das Verwaltungsvollstreckungs- bzw. Polizei- und Ordnungsbehördenrecht nachvollziehbar zu begründen.

C. Anordnungen und Maßnahmen als Synonyme?

In der verwaltungsprozessualen Literatur wird nicht darüber reflektiert, ob die Begriffe „Anordnungen" und „Maßnahmen" Synonyme sind oder ob es sich dabei

---

[302] Vgl. hierzu auch *Busch*, DÖV 1983, 623 (626).

[303] Vgl. auch *Haibach*, DÖV 1996, 64.

[304] *Busch*, DÖV 1983, 626. Auch *Mampel*, DVBl. 1997, 1155, spricht hinsichtlich des Abs. 2 von der sofortigen Vollziehbarkeit und setzt in Verkennung der Rechtslage den Wegfall der aufschiebenden Wirkung nach Abs. 2 mit der sofortigen Vollziehbarkeit gem. den allgemeinen Vollstreckungsvoraussetzungen des Verwaltungsvollstrecksungsrechtes des Bundes und der Länder bzw. des Polizei- und Ordnungsbehördenrechts gleich. Dabei wird übersehen, dass der Bundesgesetzgeber als Annexregelung verwaltungsprozessual den Wegfall der aufschiebenden Wirkung regeln konnte, aber nicht im Detail die allgemeinen Vollstreckungsvoraussetzungen. Diese sind nach der Gesetzgebungskompetenz des GG den Ländern vorbehalten, soweit nicht der Bund durch eigene Bundesbehörden tätig wird. Dass im Wege der Bundestreue die Annexregelungen von §§ 80 ff. VwGO zu beachten waren, ist eine andere Frage.

[305] Wie bereits anderenorts angedeutet wurde, wäre es an der Zeit, endlich die Lücke hinsichtlich vollstreckungsunfähiger VA mittels allg. Vollzugsvoraussetzungen- vorzugsweise im § 43 VwVfG- zu schließen. Solange müssen die allgemeinen Vollstreckungsvoraussetzungen die ungewollte Gesetzeslücke schließen.

[306] Sollten für die sonstigen VA-Kategorien nach Abs. 2 S. 1 eigens allgemeine Vollzugsvoraussetzungen in Anlehnung an die allgemeinen Verwaltungsvollstreckungsvoraussetzungen geschaffen werden, sollte auch hierauf im Abs. 2 deklaratorisch hingewiesen werden. Solange sich allerdings der Gesetzgeber für eine solche längst überfällige Regelung verweigert, müssen die allgemeinen Verwaltungsvollsreckungsvoraussetzungen analog angewandt werden.

um unterschiedliche Rechtsbegriffe handelt.[307] Für den Rechtskundigen muss sich diese Frage aber doch sofort aufdrängen. In offenbarer Verkennung der Bedeutung der Vorschrift für den Polizeialltag[308] und wohl gepaart mit fehlendem Problembewusstsein, sind fast alle Kommentierungen und Ausführungen in Lehrbüchern zum einschlägigen Verwaltungsprozessrecht – nicht nur hinsichtlich vorstehender Tatbestandsmerkmale – nur kursorisch und im Ergebnis fast deckungsgleich und somit ohne Erkenntniswert. Es wird im nur spärlichen Schrifttum auch nur vereinzelt auf die Rechtsqualität der Anordnungen und Maßnahmen eingegangen. Vorweg kann aber gesagt werden, dass Anordnungen und Maßnahmen wegen der Gesetzessystematik auf jeden Fall VA sein müssen.

Nach deutschen Wörterbüchern[309] ist eine Anordnung eine Anweisung, Befehl, Bestimmung, während eine Maßnahme als eine Vorkehrung, ein Schritt, der unternommen wird, beschrieben wird. Wie man daraus sieht, ist eine scharfe grammatische Trennung hinsichtlich dieser beiden Begriffe nicht ganz einfach. Eine Anordnung wird wohl immer als Befehl/Anweisung verstanden werden müssen. Ein Befehl impliziert aber, dass ein „Ranghöherer" einem Dritten (Rangniederen) etwas mündlich, schriftlich oder elektronisch aufgibt, was dieser dann zumeist in einem zeitlichen Rahmen selbst auszuführen hat. Die Anordnung verlangt also eine mündliche, schriftliche oder elektronische Kommunikation im weiteren Sinne[310] zwischen Befehlsgeber und einem Dritten bzw. mehreren Dritten.[311]

Dagegen wird in deutschen Wörterbüchern die Maßnahme u.a. auch als eine Handlung, die etwas bewirken soll, beschrieben. Eine Maßnahme ist demnach eine Kommunikationsform zwischen der Eingriffsverwaltung und einem Dritten bzw. mehreren Dritten, die nicht auf der üblichen Kommunikationsebene der Mündlichkeit bzw. der Schriftlichkeit einschließlich der Elektronik in Form der E-Mails stattfindet. Maßnahmen sind also im Gegensatz zu den Anordnungen nonverbaler Natur. Nach Nr. 2 werden dies z.B. die verkehrsregelnden Zeichen und Weisungen

---

[307] Lediglich *Köhler,* VwGO, § 80, S. 581, Nr. 2 aa) nimmt sich dieser Problematik an. Darin heißt es: „Es muss sich um eine Anordnung oder Maßnahme handeln; damit wollte der Bundesrat, der diesen Zusatz angeregt hatte, die problematische Frage umgehen, ob z.B. die Regelung des Straßenverkehrs oder eine unmittelbare Vollzugsanordnung unter den Begriff ‚VA' fällt." Soweit die unmittelbare Vollzugsanordnung angesprochen wird, muss dies aus rechtsdogmatischen Gründen zurückgewiesen werden. Gemeint sind damit offenbar Maßnahmen in der Verwaltungsvollstreckung in Form von VA. Hierzu muss aber auf die Ausnahmeregelung der Nr. 3 verwiesen werden, denn alle Länder haben inzwischen geregelt, dass Rechtsbehelfe gegen Maßnahmen in der Verwaltungsvollstreckung keine aufschiebende Wirkung haben. Deshalb ist wegen der Alternativregelung des Abs. 2 bewiesen, dass unter Maßnahmen keine Vollstreckungs-VA fallen. Sollten damit aber auch der Sofortvollzug oder die unmittelbare Ausführung einer Maßnahme gemeint sein, geht dies ins Leere, weil diese entgegen Teilen des Schrifttums und der Judikatur Realakte sind.

[308] Vgl. *Schoch,* Verl. Rechtsschutz und Risikoverteilung im Verwaltungsrecht, S. 838: „Praktische Relevanz hat § 80 Abs. 2 Nr. 2 VwGO vor allem durch die von der h.M. propagierte Heranziehung bei Verkehrszeichen erlangt."

[309] „Neues Deutsches Wörterbuch", Lingen Verlag, Köln, 2003; ebenso „Das große Wörterbuch der deutschen Sprache" von Störig, Stuttgart, 1990.

[310] Davon werden auch Lautsprecher, Telefon, Telefax, Telex, Telegramm und E-Mail erfasst.

[311] Bei personalen Allgemeinverfügungen nach § 35 S. 2 VwVfG.

sowie Anweisungen zum Anhalten durch Polizeivollzugsbeamten gem. § 36 StVO sein.

Sowohl die Anordnung als auch die Maßnahme sind aber aus gesetzessystematischen Gründen VA. Die unterschiedlichen Begriffe differenzieren nur die Handlungsform des VA i.S.v. § 37 Abs. 1 VwVfG.

I. Anordnungen

Wie bereits erwähnt müssen Anordnungen VA-Qualität haben. Da die Ausnahmeregelung der Nr. 2 in enger Korrelation zu Abs. 1 steht und sich auch davon ableitet, muss die Anordnung zwingend ein VA – einschließlich der Allgemeinverfügung[312] – sein, denn die in Abs. 1 genannten Rechtsbehelfe des Anfechtungswiderspruches bzw. der Anfechtungsklage setzen nach §§ 42 und 68 VwGO prinzipiell objektiv einen VA voraus.[313] Die Anordnungen von Polizeivollzugsbeamten im Sinne von Nr. 2 sind typischerweise die sog. HDU-Verfügungen.[314]

Ohne dass dies explizit in Nr. 2 erwähnt wird, ergehen unaufschiebbare Anordnungen von Polizeivollzugsbeamten generell mündlich.[315] Sie können unter bestimmten Voraussetzungen wohl auch fernmündlich erfolgen, wenn die Authenzität des anrufenden Polizeivollzugsbeamten für den Adressaten erkennbar ist. In diesem Falle steht eine fernmündliche Anordnung einer mündlichen wohl gleich.[316]

---

[312] Vgl. *Finkelnburg/Jank*, Vorl. Rechtsschutz in Verwaltungsstreitverfahren, Rn. 696. Nicht nachzuvollziehen ist die hier getroffene Feststellung, dass der Gesetzgeber mit der Formulierung „Anordnung und Maßnahme" den Begriff des VA nach § 35 VwVfG eingeschränkt habe und dass dennoch auch die Allgemeinverfügung bei Nr. 2 Anwendung finden müsse. Rechtsdogmatisch richtig ist aber, dass sowohl mündliche Anordnungen als auch Maßnahmen durch Zeichen in der Verkehrsregelung Allgemeinverfügungen sein können. Soweit *Funke-Kaiser*, in: Bader/Funke-Kaiser/Kuntze/von Albedyll, VwGO, § 80 Rn. 31, meinen, dass unter Nr. 2 auch VA, die durch tatsächliches Handeln ergehen, fallen, ist dies abzulehnen. In diesen Fällen handelt es sich rechtsdogmatisch um Realakte.

[313] Die aufschiebende Wirkung findet aber auch auf nichtige VA, soweit ein Zweifels- oder Grenzfall vorliegt, statt; so auch *Kopp/Schenke*, VwGO, § 80 Rn. 16 und *Krämer*, Die Berliner Praxiskommentare, Vorl. Rechtsschutz in VwGO-Verfahren, 1998, § 80 Rn. 18 m.w.N. Die aufschiebende Wirkung von Nichtverwaltungsakten wird von *Kopp/Schenke*, VwGO, § 80 Rn. 16, abgelehnt, während wohl *Krämer*, Die Berliner Praxiskommentare, Vorl. Rechtsschutz in VwGO-Verfahren, 1998, § 80 Rn, 18, diese unzutreffend bejaht.

[314] HDU-Verfügungen sind polizeiliche Verfügungen, die ein Handeln (Tun), Dulden oder Unterlassen, also ein Gebzw. Verbot, beinhalten.

[315] Vgl. *Schoch*, in: Schoch/Schmidt-Aßmann/Pietzner, VwGO, § 80 Rn. 122; ebenso *Vahle*, DVP 2003, 341 ff.; ebenso *Habermehl*, Polizei- und Ordnungsrecht, Rn. 470; *Schunck/de Clerck*, VwGO, S. 462; *Beckmann*, Landesverwaltungsvollstreckungsgesetz RP, § 66, S. 2; *Obermeyer*, VwVfG, § 37 Rn. 18.; *Funke-Kaiser*, in: Bader/Funke-Kaiser/Kuntze/von Albedyll, VwGO, § 80 Rn. 31. Die Mündlichkeit als Handlungsform ist mangels einer expliziten Regelung im rheinland-pfälzischen Polizei- und Ordnungsbehördenrecht durch die subsidiäre Regelung des § 37 Abs. 2 VwVfG abgesichert.

[316] Vgl. *P. Stelkens/U. Stelkens*, in: Stelkens/Bonk/Sachs, VwVfG, S. 1142 Rn. 38 m.w.N. Danach wird unter Hinweis auf ein Urt. des OLG Hamm als Handlungsform für den Erlass eines VA auch eine fernmündliche Erklärung bejaht; ebenso *Kopp/Ramsauer*, VwVfG, § 37 Rn. 2o und § 41 Rn. 14, wenn der Adressat den für die Behörde anrufenden Amtsträger erkennen kann; ebenso *Obermeyer*, VwVfG, § 37 Rn. 18.

Würden Polizeivollzugsbeamte schriftliche Verfügungen[317] erlassen und diese auf dem Postweg bekannt machen oder zustellen, wären diese bereits deshalb nicht mehr unaufschiebbare Anordnungen im Sinne von Nr. 2. Wird allerdings z.B. ein standardisierter Vordruck für eine sog. HDU-Verfügung verwendet, der eine schnelle Ausfüllung erlaubt und diese an Ort und Stelle dem Polizeipflichtigen bekannt gemacht[318] oder per Empfangsbekenntnis[319] an Ort und Stelle zugestellt,[320] kann die unaufschiebbare Anordnung wohl auch schriftlich erfolgen, was aber im Polizeialltag aus verschiedenen Gründen nicht Polizeipraxis ist und wohl nur in Ausnahmefällen praktiziert wird.[321] Gesetzessystematisch bleibt eine solche Vorgehensweise eine unaufschiebbare Anordnung, auch wenn die Handlungsform generell die Mündlichkeit ist. Da bei unaufschiebbaren Anordnungen in der Regel sehr kurzfristig gehandelt werden muss, scheiden andere Kommunikationsmittel wie Telegramm, Telefax oder E-Mail usw. wohl generell aus. Mündliche und damit unter bestimmten Voraussetzungen wohl gleichstehende fernmündliche unaufschiebbare Anordnungen müssen keine Rechtsgrundlage und keine Bezeichnung als polizeiliche Verfügung enthalten.[322] Dies gilt aber nicht für den Fall der schriftlichen Bestätigung nach § 37 Abs. 2 S. 2 VwVfG. Auch bei nichtschriftlichen VA schreiben einige Landesgesetze eine Rechtsmittelbelehrung vor.[323] Die Rechtmäßigkeit der unaufschiebbaren Anordnung wird aber durch das Erfordernis der Rechtsbehelfsbelehrung nicht berührt.

Wenn in der Literatur die Auffassung vertreten wird, dass Nr. 2 nur VA erfasst, sei es auch nur durch tatsächliches Handeln,[324] ist auch zu prüfen, ob im Falle tatsächlichen Handelns durch Polizeivollzugsbeamte objektiv ein VA vorliegen kann oder ob es sich dann nicht um einen Realakt bzw. um einen Justizverwaltungsakt handelt. Die rechtsdogmatische Klärung der beiden letztgenannten Rechtsinstitute ist hierbei unabdingbar, denn Nr. 2 erfasst nur VA. Überhaupt zählt

---

[317] Bei schriftlichen Verfügungen geht das VG Frankfurt/Main, NVwZ 1990, 1100, von der widerlegbaren Vermutung aus, dass dann auch Zeit für eine formgerechte Anordnung der sofortigen Vollziehung nach § 80 Abs. 2 S. 1 Nr. 4 VwGO gewesen wäre, so dass dann keine unaufschiebbare Anordnung mehr vorgelegen haben könne.

[318] Vgl. § 41 Abs. 1 VwVfG.

[319] Vgl. die §§ 10 ff. VwZG.

[320] Vgl. *Knack*, VwVfG, § 41 Rn. 10. Aus der Rn. 15 zu § 41 könnte man auch herauslesen, dass schriftliche VA nur per Post bekannt zu machen seien und insoweit die in der vorgenannten Rn. 1o propagierte Formfreiheit insoweit eingeschränkt wissen will. Es wäre gut, wenn klargestellt würde, dass auch schriftliche VA gem. § 41 Abs. 1 VwVfG einfach durch Übergabe an den Adressaten bekanntgemacht werden können.

[321] Die Wasserschutzpolizei Koblenz macht insbesondere bei ausländischen Schiffsführern hiervon Gebrauch.

[322] *Habermehl*, Polizei- und Ordnungsrecht, Rn. 518; *Schenke*, Polizei- und Ordnungsrecht, Rn. 494; *Drews/Wacke/Vogel/Martens*, Gefahrenabwehr, S. 600; *Knemeyer*, Polizei- und Ordnungsrecht, Rn. 398 und § 39 Abs. 2 Nr. 2 2. Variante VwVfG.

[323] Vgl. *Knack*, VwVfG, § 37 Rn. 37 m.w.N. Es wird aber keine Aussage darüber getroffen, in welcher Form die Rechtsbehelfsbelehrung zu erfolgen hat. Sollte aus dem Kontext heraus damit eine mündliche Belehrung gemeint sein, ist eine solche Aussage unzutreffend, denn der zuständige Bundesgesetzgeber hat hierfür im einschlägigen § 58 Abs. 1 VwGO explizit die Schriftform vorgeschrieben. Deshalb ist diese Aussage auch vor dem Hintergrund der Gesetzgebungskompetenz kritisch zu sehen.

[324] Vgl. *Krämer*, Berliner Praxiskommentare, Vorl. Rechtsschutz in VwGO-Verfahren, § 80 Rn. 49; ebenso *Jäde*, Verwaltungsverfahren, Widerspruchsverfahren , Verwaltungsprozessrecht, Vorl. Rechtsschutz, Rn. 258.

die Scheidung zwischen polizeilichen Verfügungen und polizeilichen Realakten[325] rechtsdogmatisch wohl zu den schwierigsten Rechtsfragen des Polizei- und Ordnungsrechtes. Gerade bei den sog. polizeilichen Standardmaßnahmen, bei dem Verwaltungszwang einschließlich des sog. sofortigen Vollzuges (sofortigen Zwanges)[326] und bei der unmittelbaren Ausführung einer Maßnahme existiert eine außerordentlich widersprüchliche Literatur und Judikatur, wodurch der Polizei- und Behördenalltag erschwert wird. Dieses Steuerungsdefizit des Gesetzgebers durch eine suboptimale Gesetzgebung auf Bundes- und Landesebene wird aber zugunsten des Polizeivollzugsbeamten dadurch erträglich, dass nur in seltenen Fällen seitens des Betroffenen juristisch „nachgekartet" wird und somit die falsche Einordnung dieser Maßnahmen in HDU-Verfügungen, Realakten oder Justizverwaltungsakten zumeist folgenlos bleibt.

1. Zur Scheidung der polizeilichen Anordnung (polizeiliche Verfügung) vom polizeilichen Realakt

Die Trennung ist im Bereich des Polizei- und Ordnungsbehördenrechts bei den sog. polizeilichen Standardmaßnahmen des Polizei- und Ordnungsbehördenrechtes und beim Verwaltungszwang einschließlich des sofortigen Vollzuges und des Rechtsinstitutes der unmittelbaren Ausführung einer Maßnahme nicht ohne Schwierigkeiten,[327] wie dies auch die sehr widersprüchliche Judikatur und Literatur zeigen.[328] Bei der Scheidung zwischen polizeilichen Verfügungen und polizeilichen Realakten kommt es auf das Tatbestandsmerkmal „Regelung" der Legaldefinition des VA in § 35 VwVfG an.[329] Nach *Stein*[330] enthalten rein tatsächliche Verrichtungen keinen Regelungsgehalt. Allerdings sei ein solcher dann anzunehmen, wenn in der tatsächlichen Verrichtung konkludent eine Anordnung mitenthalten sei. In diesem Falle könne die Abgrenzung aber sehr schwierig sein. Nach *Habermehl*[331] sind alle präventiven Standardmaßnahmen nach dem Polizei- und Ordnungsrecht von ihrer Rechtsnatur her VA. Selbst bei den als Befugnis zur eigen-

---

[325] Der Begriff des Realaktes ist gesetzlich nicht definiert. Unter Realakt werden hier Handlungen der Vollzugsorgane mit echtem Eingriffscharakter (z.B. Sicherstellung einer Sache) verstanden. Zuweilen wird in der Literatur auch bei schlichtem Verwaltungshandeln (z.B. Verwarnungen, Aktenführung, Datensammlung, Hinweise etc.) von Realakten gesprochen.

[326] Es kursieren auch noch die Begriffe „Sofortvollzug" oder „Sofortmaßnahme". Wegen der unterschiedlichen Rechtsgestaltung dieser Materie in den Ländern hat sich bislang kein einheitlicher Begriff durchgesetzt.

[327] Vgl. auch *Schenke*, Polizei- und Ordnungsrecht, § 10 Rn. 510.

[328] Nach *Drews/Wacke/Vogel/Martens*, Gefahrenabwehr, S. 342, beschäftigen die Realakte trotz ihrer großen praktischen Bedeutung die Verwaltungsgerichte wenig, wodurch die Inkonsistenzen zur Klärung dieser Rechtsinstitute groß sind.

[329] Vgl. *Drews/Wacke/Vogel/Martens*, Gefahrenabwehr, § 12, S. 215.

[330] *Stein*, Fälle und Erläuterungen zum Allg. Verwaltungsrecht/Verwaltungsprozessrecht, S. 169.

[331] Vgl. *Habermehl*, Polizei- und Ordnungsrecht, Rn. 527 und 528.

ständigen Durchführung seitens der Polizei ausgestalteten Standardmaßnahmen bestehe der Regelungsgehalt nicht darin, dem Betroffenen ein notfalls vollstreckbares seinerseitiges Handeln aufzugeben, sondern vielmehr werde dem Adressaten die Duldung des in der tatsächlichen Durchführung der Maßnahme liegenden Eingriffes in seine in der Regel speziellen Freiheitsgrundrechte auferlegt. Dabei übersieht *Habermehl,* dass sich diese Duldungspflicht bereits aus dem Wesen des Verwaltungszwanges[332] und auch der präventiven Standardmaßnahmen in Gestalt der Realakte ergibt. Dies ergibt sich mittelbar aber auch aus dem Straftatbestand „Widerstand gegen die Staatsgewalt," denn auch der rechtsunkundige Bürger weiß, dass Widerstand auch gegen vollzugspolizeiliche Anordnungen strafbewehrt ist. Auch *Götz*[333] sieht in den Standardmaßnahmen ausschließlich VA, ohne dies zu begründen. Diese rechtsdogmatisch nicht nachvollziehbaren Deutungsversuche, Realakte ohne bzw. mit wenig überzeugenden Begründungen in VA umzudeuten, sind wohl noch auf dem tief verwurzelten Irrglauben, dass der Adressat nur bei einer solchen Konstruktion Rechtsschutz erlangen könne zurückzuführen. Offenbar ist noch immer entgegen § 40 VwGO die Vorstellung vorhanden, dass verwaltungsgerichtlicher Rechtsschutz nur bei Vorliegen eines VA möglich ist, wie dies vor Inkrafttreten der VwGO der Fall war.[334] Die Rechtsschutzgarantie des § 40 VwGO erfasst aber auch den Realakt, denn der Gesetzgeber spricht nur von öffentlich-rechtlichen Streitigkeiten nichtverfassungsrechtlicher Art und setzt keinen VA voraus. Dass bei der unkomfortableren Rechtslage in den Vorläufergesetzen der Bundesländer zur Verwaltungsgerichtsbarkeit und auch im preußischen Polizeiverwaltungsgesetz damals aus der Perspektive des Rechtsunterworfenen der Versuch unternommen wurde, mit allerlei Rechtskonstruktionen aus Realakten unbedingt VA zu machen, war insoweit verständlich. Mit der Einführung der Generalklausel über den Verwaltungsrechtsweg nach § 40 VwGO ist die Scheidung zwischen VA und Realakt zumindest bei unaufschiebbaren Anordnungen und Maßnahmen von Polizeivollzugsbeamten nach Nr. 2 nicht mehr sehr bedeutsam. Bei den präventiven Standardmaßnahmen ist es zumeist aus verwaltungsprozessualer Sicht ziemlich egal, ob es sich um einen VA oder um einen Realakt handelt. In beiden Fällen kämen wegen der zumeist nicht mehr rückgängig zu machenden Vollzugsmaßnahmen entweder eine analoge Fortsetzungsfeststellungsklage oder eine Feststellungsklage in Frage. Besondere Vorteile für die eine oder andere Klageart sind nicht erkennbar. Vorläufiger Rechtsschutz sowohl nach Abs. 4 und 5 als

---

[332] Vgl. *Lemke,* Verwaltungsvollstreckungsrecht des Bundes und der Länder, S. 449 m.w.N.

[333] Vgl. *Götz,* Polizei- und Ordnungsrecht, Rn. 278.

[334] Vor Inkrafttreten der VwGO hatten die bisherigen Verwaltungsgerichtsgesetze den Verwaltungsrechtsweg nur bei VA vorgesehen; vgl. hierzu *Köhler,* VwGO, S. 18 sowie auch *Finger,* Polizeiliche Standardmaßnahmen und ihre zwangsweise Durchsetzung – Rechtsnatur, Rechtsgrundlage und Rchtsschutz am Beispiel der Ingewahrsamnahme, JuS 2005, 116 117); ebenso auch *Pietzner,* Rechtsschutz in der Verwaltungssvollstreckung, Verwaltungsarchiv 1993, S. 261 (277).

auch nach § 123 VwGO sind dann ebenfalls keine Option. In den Fällen, in denen nach Vollzug eine Rückgangigmachung möglich ist, käme bei einem Realakt die allgemeine Leistungsklage und die einstweilige Anordnung nach § 123 VwGO und bei einem VA der Anfechtungswiderspruch sowie der behördliche und gerichtliche vorläufige Rechtsschutz zur Anwendung.

Dagegen teilt *Gusy*[335] zutreffend die präventiven Standardmaßnahmen in solche, die eine Befehlsermächtigung (z.B. Platzverweis), und in solche, die eine Ausführungsermächtigung (z.B. erkennungsdienstliche Behandlung)[336] enthalten, ein. Danach wären Standardmaßnahmen mit einer Befehlsermächtigung immer VA und solche mit einer Ausführungsermächtigung Realakte. In der Vornahme eines Realaktes sei entgegen anderslautenden Meinungen[337] kein konkludenter VA auf Duldung zu sehen. Diese Duldungspflicht ergebe sich bereits aus der gesetzlichen Ermächtigungsgrundlage selbst und bedürfe weder einer weiteren Begründung noch einer zusätzlichen Konkretisierung durch konkludente VA. Die von *Gusy* vertretene Rechtsauffassung überzeugt.[338] Die Klassifizierung der einzelnen unaufschiebbaren Anordnungen und Maßnahmen von Polizeivollzugsbeamten davon abhängig zu machen, ob die jeweilige Eingriffsnorm eine Befehlsermächtigung oder eine Ausführungsermächtigung enthält, ist rechtsdogmatisch eine einprägsame und hilfreiche Formel zur Deutung der Rechtsqualität einer Eingriffsnorm. Allerdings räumt *Gusy*[339] auch ein, dass die Einteilung der präventiven Standardmaßnahmen in Befehls- und Ausführungsermächtigungsnormen im Einzelfalle auch Probleme bereitet.[340] Im Ergebnis wird die von *Gusy* vertretene Auffassung auch von *Drews/Wacke/Vogel/Marftens*[341] geteilt.

Aus den Befugnisvorschriften des Polizei- und Ordnungsbehördenrechtes und aus Spezialvorschriften ergibt sich also – wie auch im gesamten öffentlichen Recht – im Allgemeinen nicht die konkrete Handlungsform.[342] In den einzelnen Eingriffsermächtigungen steht generell nicht explizit, ob die Norm eine Eingriffsermächtigung zum Erlass eines VA enthält oder zu einem Realakt befugt.[343] Eine ausdrückliche Regelung hinsichtlich der Handlungsform VA ist z.B. in § 49a Abs. 1 S. 2 VwVfG und in § 35 Bundesleistungsgesetz enthalten. Ansonsten

---

335 Vgl. *Gusy*, Polizeirecht, § 4 Rn. 182 ff. m.w.N.

336 *Reichert/Ruder*, Polizeirecht, Rn. 652, sieht in der Anordnung, erkennungsdienstliche Maßnahmen durchzuführen, unzutreffend einen VA.

337 Z.B. *Habermehl*, Polizei- und Ordnungsrecht, Rn. 527 ff.

338 Eine andere Frage ist, ob bei Widerstand nicht eine Begleitverfügung auf Duldung oder Unterlassung auf der Grundlage der Befugnisgeneralklausel erlassen werden müsste.

339 Vgl. *Gusy*, Polizeirecht, § 4 Rn. 183.

340 Vgl. *Druschel*, Die VA-Befugnis, S. 153. Beispiel hierfür ist die Klassifizierung der Sicherstellung als VA in Teilen der Literatur.

341 Vgl. *Drews/Wacke/Vogel/Martens*, Gefahrenabwehr, § 12, S. 215 m.w.N.

342 Die in einer Norm enthaltenen Eingriffsakte können in der Handlungsform des VA oder des Realaktes ergehen. Vom Realakt zu unterscheiden ist hier schlichtes Verwaltungshandeln, wie z.B. Belehrungen, Hinweise usw.

343 *Gusy*, Polizeirecht, Rn. 181.

muss dies in jedem Einzelfall im Wege dieser Faustregel aus der jeweiligen Eingriffsnorm ermittelt werden.[344]

Ob ein VA oder ein Realakt vorliegt, beurteilt sich danach, ob die jeweilige Norm eine Regelung i.S.d. § 35 VwVfG enthält. Dies ist dann der Fall, wenn sie nach ihrem Erklärungsgehalt darauf gerichtet ist, eine Rechtsfolge zu setzen. Eine Norm, die sich an die sog. Eingriffsverwaltung richtet und dieser die Befugnis einräumt, gegenüber dem Bürger ein Gebot oder Verbot auszusprechen, stellt eine Befugnisnorm dar, sodass deren Handeln ein VA ist.[345] Das Vorliegen einer Befehlsermächtigung signalisiert also das Vorhandensein einer Befugnisnorm zum Erlass eines VA.[346] Man muss sich dabei vor Augen führen, dass das Polizei- und Ordnungsrecht generell von der Eigenverantwortlichkeit des Pflichtigen, der sog. selbstaktiven Gefahrenbeseitigung, geprägt wird. Demgegenüber liegt ein Realakt vor, wenn die Norm nicht final auf die Bewirkung einer Rechtsfolge gerichtet, sondern auf die Herbeiführung eines tatsächlichen Erfolges beschränkt ist. Ermächtigt also ein Gesetz die Behörde, dem Bürger zu sagen „Tu du", liegt als Handlungsform ein VA vor. Räumt ein Gesetz der Behörde ein zu sagen „Wir tun", liegt als Handlungsform ein Realakt vor.[347]

Die Faustformel, nämlich die Scheidung zwischen VA und Realakt mittels der Befehlsermächtigung oder der Ausführungsermächtigung zu lösen, greift aber nicht in den Fällen, in denen die Regelungstechnik des Gesetzgebers eine sog. Pflichtnorm enthält. Im Gegensatz zu den Befugnisnormen richten sich die Pflichtnormen an den Bürger und verpflichten diesen zu einem bestimmten Tun, Dulden oder Unterlassen. Solche Pflichtnormen sind beispielsweise § 11 des KrW-/AbfG, § 53 Abs. 1 des BimschG, § 26 Abs. 3 des BauGB und § 21a der StVO.[348] Die Frage ist, wie eine solche Pflichtnorm bei Nichtbeachtung des Bürgers durchzusetzen ist. Soweit die Pflichtnorm durch eine Befugnisnorm ergänzt wird, ist dies unproblematisch. Ebenso bereitet es keine Probleme, wenn nach dem Gesetz eine bestehende Pflicht unmittelbar durch Zwangsmittel durchgesetzt werden kann, ohne dass es einer vorhergehenden Anordnung der Erfüllung der Pflicht im Einzelfall bedarf.[349] Weiterhin gilt dies auch für den Fall, dass ein Gesetz den Erlass von

---

[344] Vgl. hierzu zutreffend *Gusy*, Polizeirecht, § 4 Rn. 181.

[345] Vgl. *Druschel*, Die VA-Befugnis, S. 153.

[346] Wenn *Pietzner/Ronellenfitsch*, Das Assessorexamen, S. 607 Rn. 15, meinen, dass Nr. 2 nur VA erfasst, die durch tatsächliches Handeln oder Vollzugsmaßnahmen ergehen, ist diese Sichtweise nicht zutreffend. Das Ergebnis tatsächlichen Handelns ist immer ein Realakt. Hinsichtlich der Vollzugsmaßnahmen bleibt unscharf, was damit gemeint sein soll. Sollten damit die Rechtsinstitute der unmittelbaren Ausführung einer Maßnahme und der sofortige Vollzug, die Anwendung der Ersatzvornahme und die Anwendung unmittelbaren Zwanges gemeint sein, wären dies ebenfalls Tathandlungen in Gestalt von Realakten.

[347] *Habermehl*, Polizei- und Ordnungsrecht, Rn. 512.

[348] Vgl. *Druschel*, Die Verwaltungsaktbefugnis, S. 153.

[349] Z.B. nach § 58a AEG.

VA zur Konkretisierung von gesetzlichen Vorschriften, wie dies bislang nur im § 11 Abs.1 S. 1 BremVwVG enthalten ist, zulässt.[350]

In diesem Zusammenhang stellt sich die Frage, wie sich eine solche Pflichtnorm durchsetzen lässt, wenn die beschriebenen Fallgestaltungen nicht vorliegen. In diesem Fall muss die Nichtbeachtung der Pflichtnorm mittels einer polizeilichen Verfügung, gestützt auf die polizeiliche Generalklausel, durchgesetzt werden.[351] Somit wird auch dem Gebot des Vorbehaltes des Gesetzes genügt.[352] Pflichtnormen spielen aber im Zusammenhang mit Nr. 2 in der Praxis keine Rolle, weil die Durchsetzung solcher gesetzlicher Pflichten wohl regelmäßig am Tatbestandsmerkmal „unaufschiebbar“ scheitern dürfte. Allerdings kann die Nichtbeachtung solcher Pflichtnormen auch im Einzelfall eine Ahndung als Ordnungswidrigkeit nach sich ziehen.[353]

Gerade im Hinblick auf die präventiven Standardmaßnahmen stellt sich täglich im Polizeialltag die Frage, ob die Norm zu einem VA oder Realakt berechtigt. Dies gilt aber auch ebenso für den Verwaltungszwang einschließlich des sofortigen Vollzuges und der unmittelbaren Ausführung einer Maßnahme. Sofern überhaupt in der Literatur diese Rechtsfrage thematisiert wird, ist die Interpretation ausgesprochen widersprüchlich. Dies gilt auch für die hierzu ergangene Judikatur.

Da Nr. 2 rechtsdogmatisch einen VA voraussetzt, ohne dass dies explizit geregelt wird,[354] ist die Scheidung zwischen Verfügung und Realakt von entscheidender Bedeutung.[355] Bei Realakten greift das Regelwerk der §§ 80 ff. VwGO nämlich nicht. Hier könnte allenfalls vorläufiger Rechtsschutz nach § 123 VwGO gewährt werden, was aber in der Praxis oft nicht mehr möglich ist, weil mit der Durchführung des Realaktes nichts mehr zu regeln ist.[356]

Letztlich ist es aber hinsichtlich der präventiven Standardmaßnahmen in der Praxis für den Betroffenen ziemlich unerheblich, ob man sich der Meinung anschließt, dass alle diese Maßnahmen VA sind oder ob man sie nach den zutreffen-

---

[350] Vgl. hierzu *Druschel,* Die Verwaltungsaktbefugnis, S. 154 bis 156 m.w.N.

[351] Die Nichtbeachtung einer solchen Pflichtnorm tangiert immer auch die öffentliche Sicherheit.

[352] Vgl. *Druschel,* Die Verwaltungsaktbefugnis, S. 177 f.

[353] Wer nach der Pflichtnorm des § 21a Abs. 1 S. 1 StVO keinen Sicherheitsgurt anlegt, begeht gem. § 49 Abs. 1 Nr. 20a StVO eine Ordnungswidrigkeit.

[354] Der Anfechtungswiderspruch und die Anfechtungsklage setzen gem. §§ 42 und 68 VwGO objektiv einen VA voraus.

[355] Soweit *Rühle/Suhr,* Polizei- und Ordnungsbehördengesetz RP, S. 143, meinen, dass eine Maßnahme gleichzeitig ein VA und ein Realakt sein kann, ist dies rechtsdogmatisch abzulehnen. Ein aliud lässt sich aus dem Allg. Verwaltungsrecht nicht ableiten. Wenn die Kriterien eines VA nach § 35 VwVfG vorliegen, kann nicht gleichzeitig ein Realakt vorliegen. Auch *Mayer/Kopp,* Allg. Verwaltungsrecht, S. 192, meinen, dass Realakte grundsätzlich keine VA seien, aber im Einzelfall wegen einer konkludent enthaltenen behördlichen Entscheidung, dass der Realakt vorgenommen werden soll bzw. die Ablehnung der Vornahme des beantragten Aktes ein VA sei. Letzteres muss aber aus obigen Gründen zurückgewiesen werden.

[356] Ist z.B. eine Durchsuchung als Realakt durchgeführt worden, kann eine einstweilige Anordnung im Nachhinein auch nichts mehr bewirken. Anders verhält es sich bei einer Sicherstellung, wenn man sie zutreffend als Realakt einstuft. Hier kann die einstweilige Anordnung im Vorgriff auf eine allgemeine Leistungsklage zur Herausgabe der sichergestellten Sache führen.

den Kriterien der Befehls- und der Ausführungsermächtigung in VA und Realakte unterteilt. Soweit man in ihnen einen VA sieht, hätte ein etwaiger Rechtsbehelf kraft gesetzlicher Ausnahmeregelung von Nr. 2 keine aufschiebende Wirkung. Auch bei Standardmaßnahmen als Realakte werden Fakten gesetzt, die den Rechtsschutz nicht erleichtern. Prozessrechtlich bestehen – wie oben bereits erwähnt – hinsichtlich der Standardmaßnahmen als VA oder als Realakte keine signifikanten Vorteile für VA, sofern nach Befolgung oder Vollzug eine Erledigung eingetreten ist. Die Ausführungen von *Gusy* zur Scheidung zwischen VA und Realakt gelten im Prinzip auch für Maßnahmen des Verwaltungszwanges einschließlich des sog. Sofortvollzuges als besondere Erscheinungsform des Verwaltungszwanges und für die Rechtsinstitute der unmittelbaren Ausführung einer Maßnahme.

2. Zur Scheidung der präventiven Standardmaßnahmen als VA von den repressiven Justizverwaltungsakten

Nur präventive Standardmaßnahmen der Polizei auf Bundes- und Länderebene in Form von VA sind hinsichtlich Nr. 2 von Bedeutung. Aus verfassungsrechtlichen Gründen darf der Gesetzgeber zum Schutz sensibler Rechtsgüter wie Freiheit, körperliche Unversehrtheit und Eigentum nicht schwammige Generalklauseln erlassen, sondern muss hierfür präzise Eingriffsnormen schaffen. Dies ist im Bereich des Polizei- und Ordnungsrechtes in Anlehnung an den Musterentwurf eines einheitlichen Polizeigesetzes[357] in Gestalt der präventiven Standardmaßnahmen geschehen. Soweit der Gesetzgeber solche vorsieht, gehen sie der Generalermächtigung als lex specialis-Vorschrift vor. Im Umkehrschluss bedeutet dies aber auch, dass nicht auf die Generalklausel zurückgegriffen werden darf, wenn nicht alle Tatbestandsvoraussetzungen der Standardmaßnahme erfüllt sind.[358] Nach dem Polizei- und Ordnungsrecht wenden sich die meisten Standardmaßnahmen sowohl an die Polizei als auch an die Ordnungsbehörden.[359] Die Standardmaßnahmen nach dem Polizei- und Ordnungsrecht des Bundes und der Länder und nach dem Besonderen Polizei- und Ordnungsbehörden- bzw. Sonderordnungsrecht dienen der Gefahrenabwehr und sind somit präventiver Natur. Ausnahmsweise gilt die repressive Standardmaßnahme des § 81b 2. Alt. der StPO auch als VA und nicht als Justizverwaltungsakt.[360] Diese Rechtsauffassung ist aber insoweit angreifbar, als es sich dabei nicht um einen VA, sondern um einen Realakt handeln dürfte.

---

[357] Musterentwurf eines einheitlichen Polizeigesetzes des Bundes und der Länder vom 11.6.1976 (geänderte Fassung vom 25.11.1977).
[358] Vgl. auch *Götz*, Polizei- und Ordnungsrecht, § 11 Rn. 277; ebenso *Benfer*, Rechtseingriffe von Polizei und Staatsanwaltschaft, Rn. 148.
[359] Vgl. die §§ 10 ff. POG RP.
[360] *Benfer*, Rechtseingriffe von Polizei und Staatsanwaltschaft, Rn. 1551.

Neben gefahrenabwehrenden Maßnahmen obliegen der Polizei auch Aufgaben, die ihr durch Rechtsvorschriften übertragen worden sind.[361] Eine Hauptgruppe stellt die Straf- und Ordnungswidrigkeitenverfolgung nach § 163 StPO und § 53 OwiG dar.[362] Bei der Erfüllung dieser repressiven polizeilichen Aufgaben stehen ihr strafprozessuale Maßnahmen wie vorläufige Festnahmen, erkennungsdienstliche Behandlungen, Beschlagnahmungen, Durchsuchungen etc. zur Verfügung. Insoweit gehen die spezialgesetzlichen strafprozessualen und ordnungswidrigkeitsrechtlichen repressiven Standardmaßnahmen als speziellere Regelungen den präventiven vor. Den präventiven Standardmaßnahmen stehen weitgehend entsprechende repressive Standardmaßnahmen für die Polizei gegenüber.[363] Lediglich für die Art und Weise der Anwendung des unmittelbaren Zwanges gelten auch für die repressiven Standardmaßnahmen die einschlägigen Bestimmungen des Polizei- und Ordnungsbehördenrechtes des Bundes und der Länder.[364]

Die Abgrenzung zwischen präventivem und repressivem Handeln der Polizei ist nicht immer leicht. Es kann vorkommen, dass die Polizei zunächst aus Gründen der Gefahrenabwehr einschreitet und dann bei neuen Erkenntnissen hinsichtlich etwaiger Straftaten bzw. Ordnungswidrigkeiten auch repressive Standardmaßnahmen ergreift. Wenn die Polizei also vor Ort sowohl von präventiven als auch von repressiven Standardmaßnahmen Gebrauch macht, stellt sich insbesondere aus prozessualen Gründen (verschiedene Rechtswegzuweisung) und aus Kostengründen die Frage, wie sich bei dieser Doppelfunktionalität die Rechtslage darstellt.

Handelt es sich also um eine repressive Standardmaßnahme nach den strafprozessualen Vorschriften, ist für diese sog. justiziellen Akte (Justizverwaltungsakte) Nr. 2 nicht anwendbar. Stattdessen greifen hier die speziellen Rechtsmittel nach § 23 Abs. 2 EGGVG.[365] Der Verwaltungsrechtsweg nach § 40 VwGO scheidet hier als subsidiäre Rechtswegverweisung aus und somit auch Nr. 2.

II. Maßnahmen

In der einschlägigen Literatur[366] werden als Maßnahmen immer nur verkehrsregelnde Maßnahmen nach § 36 StVO genannt, ohne dass eine klare Zuordnung zu den beiden alternativen Rechtsbegriffen der Anordnung und Maßnahme erfolgt. Es wird zwar oft alternativ von unaufschiebbaren Anordnungen und Maßnahmen

---

[361] Z.B. § 1 Abs. 2 Polizei- und Ordnungsbehördengesetz von Rheinland-Pfalz.

[362] Die Polizei ist hierbei originär und im Auftrag der Staatsanwaltschaft zuständig (vgl. § 161 StPO und § 152 Abs. 1 GVG).

[363] Vgl. hierzu *Benfer*, Rechtseingriffe von Polizei und Staatsanwaltschaft, Rn. 148 ff.

[364] Vgl. *Knemeyer*, Polizei- und Ordnungsrecht, Rn. 121.

[365] *Habermehl*, Polizei- und Ordnungsrecht, Rn. 706.

[366] Vgl. statt vieler *Schmidt*, Verwaltungsprozessrecht, S. 324.

gesprochen, um anschließend indifferent nur noch von Maßnahmen zu sprechen, womit im Ergebnis beide Begriffe als Synonyme gewertet werden.

Maßnahmen sind in Abgrenzung zur Anordnung nur diejenigen Handlungsformen zwischen Polizei und einem Dritten bzw. mehreren Dritten, die nicht auf der üblichen Kommunikationsebene der Mündlich- bzw. Schriftlichkeit einschließlich der Elektronik in Form der E-Mails stattfindet. Nach Nr. 2 werden dies die verkehrsregelnden Zeichen und Weisungen bzw. Anweisungen zum Anhalten gem. § 36 StVO sein. Diese Maßnahmen sind rechtlich als VA im Sinne des § 35 VwVfG zu werten. Hinsichtlich verkehrsregelnder Zeichen der Polizei hat dies zur Folge, dass die durch diese Zeichen angesprochenen Verkehrsteilnehmer entsprechend reagieren müssen. Bei vorsätzlicher oder fahrlässiger Missachtung dieser Zeichen, Weisungen und Anweisungen würde dies den Tatbestand einer Ordnungswidrigkeit nach § 49 Abs. 3 Nr. 1 StVO in Verbindung mit § 24 StVG erfüllen, wenn nicht sogar der Straftatbestand des § 315c StGB verwirklicht wird. Verwaltungszwang scheidet hier wohl regelmäßig situationsbedingt aus. Nach *Köhler*[367] wurde das Tatbestandsmerkmal „Maßnahme" auf Vorschlag des Bundesrates wohl zur rechtlichen Abdeckung der verkehrsregelnden Maßnahmen nach § 36 StVO aufgenommen. Allerdings ist die von *Köhler* vorgenommene Kurzkommentierung nicht ganz nachvollziehbar und eindeutig, wonach auf Anregung des Bundesrates die Maßnahme deshalb aufgenommen wurde, um die problematische Frage zu umgehen, ob z.B. die Regelung des Straßenverkehrs oder eine unmittelbare Vollzugsanordnung unter den Begriff „VA" fällt. Es erschließt sich hier nicht, was mit unmittelbarer Vollzugsanordnung gemeint sein soll. Wenn damit Maßnahmen des Verwaltungszwanges mit der Rechtsqualität von VA gemeint sein sollten, übersieht er, dass die Aufnahme des Tatbestandsmerkmales „Maßnahme" überflüssig war, denn hier griff bereits im Zeitpunkt des Inkrafttretens der VwGO im Jahre 1960 die Ausnahmeregelung von Nr. 3, wonach durch Bundesgesetz die aufschiebende Wirkung kraft Gesetzes entfallen kann. Obwohl Vollstreckungsrecht generell Landesrecht ist, konnte über die damalige Ermächtigungsnorm des § 187 Abs. 3 VwGO der Landesgesetzgeber regeln, dass Maßnahmen in der Verwaltungsvollstreckung keine aufschiebende Wirkung haben. Davon hatten alle Länder auch Gebrauch gemacht. Insoweit bestand für die Aufnahme des Wortes „Maßnahme" überhaupt kein Handlungsbedarf, weil hier die Spezialregelung von Nr. 3 vorgeht.

Mit dem Begriff „Maßnahmen" können also nur VA gemeint sein, die nach § 37 Abs. S. 1 VwVfG in anderer Weise ergehen. Sowohl die Anordnung als auch die Maßnahme sind Synonyme für einen befehlenden VA. Die unterschiedlichen Bezeichnungen deuten nur auf die unterschiedlichen Formen eines VA nach

---

[367] Vgl. *Köhler*, VwGO, § 80, S. 581.

§ 37 Abs. 2 S. 1 VwVfG hin. Die Form des VA ist bei unaufschiebbaren Anordnungen generell mündlich,[368] während Maßnahmen im Sinne von Nr. 2 in anderer Weise, und zwar in nonverbaler Form, ergehen.

III. Tatbestandsmerkmal „unaufschiebbar"

Nach *Schmidt*[369] hat der Begriff der Unaufschiebbarkeit in Nr. 2 nur deklaratorische Bedeutung. Er begründet dies mit der Sekundärkompetenz der Polizei gegenüber den Aufgaben der Ordnungsbehörden, wonach nur bei Gefahr im Verzuge eingeschritten werden könne.[370] Da hierbei das Zurückstellen einer Gefahrenabwehrmaßnahme immer auch einen Schaden für die öffentliche Sicherheit darstelle, bedeute dies, dass das Entfallen der aufschiebenden Wirkung bei Anordnungen und Maßnahmen von Polizeivollzugsbeamten als selbstverständlich aufgefasst werden müsse.

Diese apodiktische Aussage hält einer Überprüfung nicht stand. *Schmidt* übersieht, dass vollzugspolizeiliche Anordnungen bei Gefahr im Verzuge nicht nur an Stelle anderer Behörden[371] einschließlich der allgemeinen Ordnungsbehörden subsidiär auf der Basis der polizeilichen Generalklausel erlassen werden können, sondern dass die Polizei auch originär zu vollzugspolizeilichen Anordnungen und Maßnahmen aufgrund von präventiven Standardmaßnahmen und spezialgesetzlichen Eingriffsermächtigungen berufen ist. Insoweit ist die Sichtweise von *Schmidt* verkürzt und entspricht nicht der ganzen Rechtslage.

In der Literatur existiert eine Vielzahl von Definitionen für das Tatbestandsmerkmal „Unaufschiebbarkeit".[372] Die überzeugendste Definition hat *Funke-Kaiser*[373] vorgenommen. Danach ist eine Anordnung unaufschiebbar, wenn aus der allein maßgeblichen Sicht des Polizeibeamten zur Zeit des behördlichen Handelns ein Tätigwerden so eilbedürftig war, dass keine Zeit blieb, um einen schriftlichen Bescheid zu erlassen, der dann auch das besondere Interesse im Sinne von Abs. 2 S. 1 Nr. 4 begründen konnte.

---

[368] Theoretisch könnte eine unaufschiebbare Anordnung im Einzelfall wohl auch schriftlich, beispielsweise unter Verwendung eines Vordruckes für sog. HDU-Verfügungen, der an Ort und Stelle ausgefüllt und sofort dem Betroffenen bekannt gemacht/zugestellt wird, ergehen; vgl. § 3 C. I.

[369] Vgl. *Schmidt*, Verwaltungsprozessrecht, S. 324.

[370] Vgl. § 1 Abs. 6 des Polizei- und Ordnungsbehördengesetzes RP.

[371] In Frage kommen hier eigentlich nur die Sonderordnungsbehörden im weiteren Sinne.

[372] *Drews/Wacke/Vogel/Martens*, Gefahrenabwehr, S. 118; *Rühle*, Polizei- und Ordnungsrecht RP, S. 187; *Lorenz*, Verwaltungsprozessrecht, 1999, S. 475 Rn. 22; *Martini*, Verwaltungsprozessrecht, 1999, S.142; *Finkelnburg/Jank*, Vorl. Rechtsschutz im Verwaltungsstreitverfahren, Rn. 697; *Schmitt/Glaeser/Horn*, Verwaltungsprozessrecht, Rn. 263 (Fn. 131). Zum Teil wird die Unaufschiebbarkeit mit der Gefahr im Verzug gleichgestellt, was wohl zutreffend ist. Die Begriffe der Gefahr im Verzuge und der Unaufschiebbarkeit sind wohl Synonyme.

[373] Vgl. *Funke-Kaiser*, in: Bader/Funke-Kaiser/Kuntze/von Albedyll, VwGO, § 80 Rn. 28.

Nicht alle von der Polizei wahrzunehmenden Befugnisse zum Erlass von polizeilichen Verfügungen implizieren also entgegen *Schmidt* immer auch die Unaufschiebbarkeit im Sinne von Nr. 2. Das Tatbestandsmerkmal „unaufschiebbar" ist konstitutiver Natur. Die verwaltungsprozessualen Begriffe der „Unaufschiebbarkeit" und „Gefahr im Verzug" als formelle Polizeibegriffe sind Synonyme. Diesbezügliche Fehleinschätzungen können und müssen im Hauptsacherechtsschutz oder Sekundärrechtsschutz geprüft werden. Für das Tatbestandsmerkmal „unaufschiebbar" wird dem Polizeibeamten ein Einschätzungsspielraum eingeräumt. Kann nachgewiesen werden, dass der Polizeibeamte offensichtlich von unzutreffenden Voraussetzungen ausgegangen ist, werden Rechtsmittel bzw. Schadensersatzklagen als Sekundärrechtsschutz erfolgreich sein.[374]

Das Tatbestandsmerkmal „Unaufschiebbarkeit" impliziert auch eine Einschränkung der Zwangsmittel. Das Zwangsgeld scheidet hier von vorneherein wegen der Schriftlichkeit und des nachfolgenden bürokratischen Verwaltungsverfahrens aus und ist daher ungeeignet, denn die unaufschiebbare Anordnung verlangt notwendigerweise die zeitnahe Durchsetzung der Anordnung bei Nichtbefolgung. Deshalb kommt bei der unaufschiebbaren Anordnung aufgrund der polizeilichen Generalklausel, je nachdem, ob die Anordnung vertretbar ist oder nicht, sowohl die Ersatzvornahme als auch der unmittelbare Zwang in Frage. Dagegen dürfte bei unaufschiebbaren Anordnungen aufgrund von präventiven Standardmaßnahmen und spezialgesetzlichen Ermächtigungen nur der unmittelbare Zwang in Betracht kommen, weil es sich dabei regelmäßig um unvertretbare Handlungen handelt.

1. Keine Nebenbestimmungen bei unaufschiebbaren Anordnungen und Maßnahmen

Ob Nebenbestimmungen zu einem VA zulässig sind, bemisst sich nach § 36 VwVfG. Diese Bestimmung differenziert zwischen gebundenen und Ermessenverwaltungsakten. Danach muss zunächst als Vorfrage geklärt werden, ob die Ermächtigungsgrundlage zum Erlass des geplanten VA gebundene oder Ermessensverwaltung ist. Handelt es sich um gebundene Verwaltung, können nach § 36 Abs. 1 VwVfG einem VA eine Nebenbestimmung bzw. mehrere Nebenbestimmungen nur beigefügt werden, wenn dies in einer Rechtsvorschrift ausdrücklich erlaubt ist. Fehlt eine solche, kann dennoch zur Sicherstellung der gesetzlich geforderten Tatbestandsvoraussetzungen eine Nebenbestimmung beigefügt werden. In Frage kommt in diesen Fällen eigentlich nur die aufschiebende Bedingung.

---

[374] *Würtenberger/Heckmann/Riggert*, Polizeirecht in BW, Rn. 127; *Habermehl*, Polizei- und Ordnungsrecht, Rn. 471.

Andere Nebenbestimmungen wie die Auflage können die gesetzlich unabdingbar geforderten Tatbestandsvoraussetzungen rechtsdogmatisch nicht sicherstellen. Bei der Ermessensverwaltung kann dagegen prinzipiell nach pflichtgemäßem Ermessen gem. § 36 Abs. 2 VwVfG immer eine Nebenbestimmung beigefügt werden.

Bei unaufschiebbaren Anordnungen[375] sind dagegen Nebenbestimmungen nicht denkbar. Nebenbestimmungen sind Rechtsinstitute, die nur schriftlich oder elektronisch beigefügt werden können, ohne dass dies explizit in § 36 VwVfG geregelt ist. Mündliche unaufschiebbare Anordnungen müssen situationsbedingt kurz und verständlich sein,[376] so dass schon aus diesen Gründen die recht schwierigen Rechtskonstrukte der Nebenbestimmungen im Rahmen von Nr. 2 ausscheiden. Die Gefahrenabwehr erfordert also knappe verständliche Verfügungen. Bei vollzugspolizeilichen Maßnahmen – z.B. in Gestalt von Zeichen, Weisungen bzw. Anweisungen nach § 36 StVO – scheiden Nebenbestimmungen ohnehin von vorneherein aus. Verkehrsregelnde Maßnahmen bzw. Maßnahmen zum Anhalten von Kfz. müssen eindeutig sein, so dass deshalb – und auch aus Gründen der Praktikabilität – Nebenbestimmungen nicht in Betracht kommen können. Nebenbestimmungen scheiden daher sowohl bei vollzugspolizeilichen Anordnungen als auch bei vollzugspolizeilichen Maßnahmen aus.

2. Zur Frage, ob unaufschiebbare Anordnungen und Maßnahmen VA im Sinne von Abs. 1 S. 2 sein können

Unaufschiebbare Anordnungen oder Maßnahmen können aus rechtsdogmatischer Sicht immer nur als polizeiliche Verfügungen (sog. HDU-Verfügungen) ergehen. Von Verfügungen wird im Bereich der Eingriffsverwaltung nur gesprochen, wenn damit eine Handlung (Tun), Duldung oder Unterlassung (Ge- bzw. Verbot) gefordert wird. Daher können unaufschiebbare Anordnungen oder Maßnahmen von Polizeivollzugsbeamten immer nur befehlende VA in Gestalt von sog. HDU-Verfügungen und niemals rechtsgestaltende, feststellende oder VA mit Doppelwirkung sein. Sonstige VA-Kategorien nach Abs. 1 S. 2 sind unbürokratischen, schnellen und effektiven Handlungsweisen, wie sie bei den sog. HDU-Verfügungen durch Polizeivollzugsbeamte vorherrschen, nicht zugänglich. Diese VA-Kategorien ergehen immer schriftlich oder elektronisch.

---

[375] Bei den präventiven Standardmaßnahmen kommen ohnehin keine Nebenbestimmungen in Betracht, denn die dortigen Tatbestände sind abschließender Natur und es darf in diesen Fällen bei Fehlen eines Tatbestandsmerkmales nicht auf die polizeiliche Generalklausel zurückgegriffen werden. Dies impliziert auch, dass nicht auf Nebenbestimmungen zurückgegriffen werden darf.

[376] Vgl. *Lorent-Link*, Verhältnis zwischen Polizei und Ordnungsbehörden, S. 59 m.w.N.; *P. Stelkens/U. Stelkens*, in: Stelkens/Bonk/Sachs, VwVfG, S. 1138 Rn. 35a m.w.N.

3. Können auch personale und dingliche Allgemeinverfügungen unaufschiebbare Anordnungen sein?

Personale Allgemeinverfügungen nach § 35 S. 2 1. Alt. VwVfG können selbstverständlich ohne weiteres auch unaufschiebbare Anordnungen und Maßnahmen von Polizeivollzugsbeamten sein.[377] Dingliche Allgemeinverfügungen nach § 35 S.2 2. und 3. Variante VwVfG (z.B. straßenrechtliche Widmungen) können als rechtsgestaltende VA niemals unaufschiebbare Anordnungen sein, denn sie ergehen schriftlich und müssen vielfach auch gem. § 41 Abs. 3 und 4 VwVfG öffentlich bekannt gemacht werden. Wie bereits angeführt, können unaufschiebbare Anordnungen nur eine Handlung (Tun), Duldung oder Unterlassung beinhalten, aber keine Feststellung, Rechtsgestaltung oder keinen VA mit Drittwirkung, denn diese müssen immer schriftlich ergehen.

4. Unaufschiebbare Anordnung und Zwangsmittelandrohung

Nach den verwaltungsvollstreckungsrechtlichen Vorschriften[378] muss auch solchen mündlichen unaufschiebbaren Anordnungen generell eine mündliche Zwangsmittelandrohung beigefügt werden.[379] Wird ausnahmsweise z.B. ein Vordruck für HDU-Verfügungen verwendet, der an Ort und Stelle ausgefüllt und bekannt gemacht/zugestellt wird, sollte dieser konsequenterweise auch eine schriftliche Zwangsmittelandrohung enthalten. Nur in besonderen Situationen kann die Androhung unterbleiben.[380] Der Androhung kommt nämlich eine Warnfunktion zu, damit der Adressat weiß, welche Zwangsmaßnahmen auf ihn zukommen können und er dadurch die Möglichkeit hat, innerhalb der gesetzten Frist der Verfügung freiwillig nachzukommen.[381] Die Androhung selbst stellt einen VA dar, denn die Regelung liegt in der Auswahl der drei Zwangsmittel.[382] In Frage kämen bei unaufschiebbaren Anordnungen aber nur die Ersatzvornahme oder der unmittelbare Zwang.[383] Das angedrohte Zwangsgeld muss nämlich schriftlich festgesetzt werden und nach Vorgabe des Verwaltungsvollstreckungsrechtes nach den speziellen Regelungen hinsichtlich von VA, die eine Geldforderung beinhalten, vollstreckt werden, was

---

[377] Beispiel: Der Polizeivollzugsbeamte fordert bei Tauwetter Kinder auf, sofort einen zugefrorenen See zu verlassen.
[378] Vgl. z.B. § 66 Abs. 1 S. 2 LVwVG RP.
[379] Vgl. § 66 Abs. 1 S. 2 Landesverwaltungsvollstreckungesetz RP und so auch ausdrücklich *Lisken/Denninger,* Handbuch des Polizeirechts, 3. Aufl., 2001, Rn. 809.
[380] Vgl. § 66 Abs. 1 LVwVG RP. Beispiel hierfür sind die Verkehrszeichen und Verkehrseinrichtungen als technische Allgemeinverfügungen oder Weisungen eines Verkehrspolizisten zur Verkehrsregelung.
[381] Vgl. VGH Baden-Württemberg, NVwZ 1991, 686.
[382] Vgl. OVG Koblenz, AS 15, 239, 241.
[383] *Schunck/de Clerck,* VwGO, S. 463, meint unzutreffend, dass unaufschiebbare Anordnungen und Maßnahmen nur mittels unmittelbaren Zwanges durchsetzbar sind. Bei vertretbaren Handlungen muss die Ersatzvornahme den Vorrang haben.

bürokratisch aufwendig und zeitraubend ist, weshalb schon deshalb das Zwangsgeld bei unaufschiebbaren Anordnungen ausscheidet.[384] Fehlt eine solche Androhung, wäre der Verwaltungszwang rechtswidrig.

Es stellt sich in diesem Zusammenhang die Rechtsfrage, ob der Wegfall der aufschiebenden Wirkung nach Nr. 2 sich auch auf die generell obligatorische mündliche Zwangsmittelandrohung erstreckt. Nach dem klaren Wortlaut der Ausnahmeregelung von Nr. 2 ist dies aber nicht der Fall.[385] Nr. 2 spricht nur von unaufschiebbaren Anordnungen und somit von Verfügungen. Solche enthalten Handlungen, Duldungen und Unterlassungen. Mündliche Zwangsmittelandrohungen sind aber keine Verfügungen, weil sie keine neuen zusätzlichen eigenständigen Handlungen, Duldungen oder Unterlassungen beinhalten. Mit der Zwangsmittelandrohung wird lediglich angedroht, welche Folgen die Nichtbefolgung der Anordnung als Haupt-VA haben kann. Deshalb ist die Androhung auch keine Anordnung im Sinne Nr. 2. Die aufschiebende Wirkung entfällt dagegegen hinsichtlich der mündlichen akzessorischen Zwangsmittelandrohung nach § 80 Abs. 2 S. 1 Nr. 3 und S. 2 VwGO[386] kraft Gesetzes. Nach bundes- und landesrechtlichen Vorschriften hat nämlich ein Rechtsbehelf gegen Maßnahmen (VA) in der Verwaltungsvollstreckung keine aufschiebende Wirkung.[387] Somit besteht auch hinsichtlich der generell obligatorischen mündlichen und akzessorischen Zwangsmittelandrohung keine gesetzliche Lücke. Die Länder sind im Wege der sog. Bundestreue gezwungen gewesen,[388] die Regelung, dass Rechtsbehelfe gegen Maßnahmen in der Verwaltungsvollstreckung keine aufschiebende Wirkung haben, in das Verwaltungsvollstreckungsrecht aufzunehmen.[389] Ansonsten liefe die Gesetzesintention bezüglich Nr. 2 ins Leere, wenn die damit verbundene akzessorische Zwangsmittelandrohung den Wegfall der aufschiebenden Wirkung konterkarieren könnte. Diese konterkarierende Situation könnte bei unterstelltem Fehlen einer solchen Regelung aber gegebenenfalls über Art. 31 GG gerettet werden.[390] Soweit in der

---

[384] Vgl. im Ergebnis auch *Rühle,* Polizei- und Ordnungsrecht für RP, B. S. 205 Rn. 68.

[385] In Nr. 2 ist von der Zwangsmittelandrohung als eigenständiger VA keine Rede. Mit gutem Grunde, denn ob ein Rechtsbehelf gegen eine Maßnahme in der Verwaltungsvollstreckung keine aufschiebende Wirkung hat, ergibt sich aus der Nr. 3 in Verbindung mit Regelungen des Bundes und der Länder.

[386] Abs. 2 S. 2 dürfte im Zusammenhang mit Nr. 2 derzeit aber keine Rolle spielen.

[387] Vgl. z.B. § 20 AGVwGO RP. Von dem wird auch die Zwangsmittelandrohung erfasst; vgl. hierzu auch *Rühle,* Polizei- und Ordnungsrecht RP, J., S. 220 Rn. 92.

[388] Allerdings muss bezweifelt werden, ob dieser Gesichtspunkt in den Ländern präsent war.

[389] Inzwischen haben wohl bis auf Bremen alle Länder eine Regelung aufgenommen, dass Rechtsbehelfe in der Verwaltungsvollstreckung keine aufschiebende Wirkung haben; so *Gusy,* Polizei- und Ordnungsrecht, Rn. 556. Nach *Lin,* Das deutsche Modell des vorl. Rechtsschutzes bei der polizeilichen Gefahrenabwehr, S. 61, schließt Bremen gem. Art. 11 AGVwGO die aufschiebende Wirkung nur bei der Anfechtung von Maßnahmen aus, die der Verwaltungsvollstreckung zur Beitreibung von Geldbeträgen dienen. In diesem Falle greift aber Art. 31 GG, wenn die Zwangsmittelandrohung mit einem VA nach der Nr. 2, Nr. 4 i.V.m. Abs. 3 S. 1 oder mit der Nr. 4 i.V.m. Abs. 3 S. 2 verbunden ist. Wenn der Grund-VA nach Abs. 2 keine aufschiebende Wirkung hat, muss dies auch für die damit akzessorisch verbundene obligatorische Zwangsmittelandrohung gelten.

[390] In Rhld-Pf. ist dies z.B. im § 20 AGVwGO geregelt. Danach haben Rechtsbehelfe gegen Maßnahmen in der Verwaltungsvollstreckung keine aufschiebende Wirkung.

Literatur[391] in den Zwangsmitteln eine unaufschiebbare Anordnung nach Nr. 2 gesehen wird, ist also eine solche Interpretation nicht belastbar. Die aufschiebende Wirkung entfällt also bei unaufschiebbaren Anordnungen nach Nr. 2, während sie hinsichtlich der damit verbundenen mündlichen Zwangsmittelandrohung nach Nr. 3 bzw. S. 2[392] entfällt.[393] Diese Trennung ist auch systematisch.

5. Unaufschiebbare Maßnahme und Zwangsmittelandrohung

Unaufschiebbare Maßnahmen, die durch Zeichen eines Polizisten gesetzt werden, ergehen situationsbedingt ohne ausdrückliche Zwangsmittelandrohung.[394] Verstöße dagegen können geahndet, bestraft oder mit Nebenfolgen wie die Verhängung eines Fahrverbotes belegt werden. Dagegen ist es schwer vorstellbar, wie beispielsweise die Nichtbefolgung einer verkehrsregelnden Maßnahme in Gestalt der Vorfahrtsregelung als unvertretbare Handlung mit dem hier in Frage kommenden Zwangsmittel des unmittelbaren Zwanges durchsetzbar sein soll. Da überdies das Zwangsgeld schriftlich festzusetzen ist, scheidet dies Zwangsmittel von vorneherein aus. Da das Lenken eines Fahrzeuges keine vertretbare Handlung ist, scheidet auch die Ersatzvornahme aus, so dass als Ultima Ratio theoretisch nur der unmittelbare Zwang bliebe. Eine vorherige an sich obligatorische Androhung kann unterbleiben, wenn es die Umstände erfordern.[395] Dies wird bei den nonverbalen unaufschiebbaren Maßnahmen der Fall sein.

6. Sonstige verfahrensrechtliche Fragen bei unaufschiebbaren Anordnungen und Maßnahmen

Die unaufschiebbare Anordnung muss gem. § 37 Abs. 1 VwVfG hinreichend bestimmt sein. Der Adressat bzw. Betroffene einer unaufschiebbaren Anordnung muss wegen des Prinzipes der selbstaktiven Gefahrenabwehr in der Lage sein, sein Verhalten danach richten zu können. Dies setzt voraus, dass die unaufschiebbare Anordnung vollständig, klar und unzweideutig ist. Die unaufschiebbare Anordnung muss folglich so ausformuliert sein, dass sie ohne weiteres aus der Sicht des Adres-

---

[391] Vgl. *Knemeyer,* Polizei- und Ordnungsrecht, Rn. 360 und *Lemke,* Verwaltungsvollstreckungsrecht des Bundes und der Länder, § 17, S. 467.

[392] S. 2 greift wohl bei Nr. 2 niemals.

[393] Dies gilt auch dann, wenn ausnahmsweise ein Vordruck verwendet wird. Es bleibt dann trotzdem eine unaufschiebbare Anordnung nach Nr. 2.

[394] Nach § 66 Abs. 1 S. 2 Landesverwaltungsvollstreckungsgesetz RP können Zwangsmittelandrohungen unterbleiben, wenn es die Umstände erfordern. Ein solcher Tatbestand dürfte bei Zeichen durch Polizeivollzugsbeamte gegeben sein.

[395] Vgl. § 66 Abs. 1 S. 2 LVwVG RP.

saten bzw. Betroffenen zu verstehen ist.[396] Dies gilt entsprechend auch für unaufschiebbare Maßnahmen.

Eine vorherige Anhörung erfolgt nicht. Nach § 28 Abs. 2 Nr. 1 VwVfG kann von dieser an sich obligatorischen Anhörung abgesehen werden, wenn eine sofortige Entscheidung wegen Gefahr im Verzuge oder im öffentlichen Interesse notwendig erscheint. Wie oben bereits erwähnt, kann man den verwaltungsprozessualen Begriff „unaufschiebbar“ mit dem formellen Gefahrenbegriff der „Gefahr im Verzug“ gleichsetzen, sodass damit klargestellt ist, dass eine verwaltungsverfahrensrechtliche Anhörung entfallen kann.

Unaufschiebbare Anordnungen werden in der Praxis wohl auch regelmäßig nicht begründet werden. Auch insoweit dürfte die unaufschiebbare Anordnung dann nicht gegen das Verwaltungsverfahrensrecht verstoßen.[397] Nach § 39 Abs. 2 Nr. 2 VwVfG bedarf es einer Begründung nicht, soweit demjenigen, für den der VA bestimmt ist oder der von ihm betroffen wird, die Auffassung der Behörde über die Sach- und Rechtslage bereits bekannt oder auch ohne schriftliche Begründung für ihn ohne weiteres erkennbar ist. Letztere Alternativregelung dürfte bei unaufschiebbaren Anordnungen zumeist zutreffen.

7. Können gegen unaufschiebbare Anordnungen nebst Zwangsmittelandrohungen und Maßnahmen Rechtsbehelfe eingelegt werden?

Auch diese Frage wird in der einschlägigen verwaltungsprozessualen und in der Polizei- und Ordnungsrecht-Literatur vernachlässigt. Lediglich *Vahle*[398] hat dies erörtert, allerdings mit rechtsbedenklicher Schlussfolgerung. Nach dessen Auffassung erledigen sich Polizeiverwaltungsakte „auf der Straße“ – etwa zur Regelung des Straßenverkehrs oder der Personalienfeststellung – in aller Regel mit ihrem Erlass bzw. ihrer Befolgung. Eine Korrektur der getroffenen Entscheidung sei im Erledigungsfall nicht (mehr) möglich, sodass das Widerspruchsverfahren seine entsprechende Rechtsschutzfunktion nicht oder nur sehr eingeschränkt erfüllen könne. Demgemäß halte die h. M. einen Widerspruch in diesem Fall für unzulässig. Der Betroffene habe hier nur noch die Möglichkeit, eine sog. Fortsetzungsfeststellungsklage zu erheben.

Ohne dass *Vahle* dies ausdrücklich erwähnt, beziehen sich seine Überlegungen offensichtlich auf § 80 Abs. 2 S. 1 Nr. 2 VwGO. Mit dem Erlass einer solchen unaufschiebbaren Anordnung ist aber entgegen der Rechtsmeinung von *Vahle* diese nicht erledigt. Nach § 68 VwGO kann der Betroffene auch in solchen Fällen

---

[396] Vgl. *Stollmann*, VR 2003, 335 ff.
[397] Es wird hier davon ausgegangen, dass hierzu keine speziellen Vorschriften vorliegen, die das explizit regeln.
[398] Vgl. *Vahle*, DVP 2003, 341 ff.; ebenso *Rühle/Suhr*, Polizei- und Ordnungsbehördengesetz RP, 140.

einfachgesetzlich nach dem Erlass der HDU-Verfügung Rechtsbehelfe einlegen.[399] Nach Befolgung oder zwangsweiser Durchsetzung wäre dies nur dann noch möglich, wenn sich der VA nicht erledigt hat. Die sofortige Anfechtungsklage ohne vorausgehendem Vorverfahren kommt bei unaufschiebbaren Anordnungen oder Maßnahmen unter Hinweis auf § 68 Abs. 1 VwGO nicht in Betracht. Weder im Allgemeinen noch im Besonderen Polizeirecht dürften Rechtsnormen existieren, wonach kraft Gesetzes ein Vorverfahren entfällt. Eine andere Frage ist aber, ob er mit dem Anfechtungswiderspruch erfolgreich ist.

Diese Überlegungen werden auch durch § 80 Abs. 2 VwGO belegt. Denn die dort getroffene Formulierung „Die aufschiebende Wirkung entfällt nur ...“ impliziert bereits zwingend einen Rechtsbehelf nach § 80 Abs. 1 VwGO. Der Eintritt der aufschiebenden Wirkung nach § 80 Abs. 1 VwGO bedingt nämlich zwingend einen Anfechtungswiderspruch bzw. eine Anfechtungsklage.

Somit ist aus einfachgesetzlichen Gründen[400] gegen eine mündlich verfügte unaufschiebbare Anordnung nebst Zwangsmittelandrohung ein Anfechtungswiderspruch möglich. Ein plausibler Widerspruch könnte nämlich auch bei sog. unaufschiebbaren Anordnungen prinzipiell zu einer Abhilfe führen. Dass aber bei Nichtabhilfe ein solcher Widerspruch kraft Gesetzes keine aufschiebende Wirkung entfaltet, ist dagegen eine andere Frage. Ebenso eine andere Frage ist auch, ob bei Nichtabhilfe noch ein Widerspruchsbescheid ergeht oder ob dieser bei Erledigung des VA entfällt und ob insoweit noch vorläufiger Rechtsschutz möglich wäre.

Diese Überlegungen gelten prinzipiell auch für unaufschiebbare Maßnahmen. Da z.B. verkehrsregelnde Handlungen von Polizeivollzugsbeamten und das Anhalten nach § 36 StVO unaufschiebbare Maßnahmen und somit VA sind, könnte der betroffene Verkehrsteilnehmer gegenüber dem Polizeivollzugsbeamten aus rechtsdogmatischer Sicht prinzipiell dagegen ebenfalls Widerspruch einlegen.[401] Der Polizeibeamte könnte diesem Widerspruch auch sofort abhelfen, in dem er z.B. sein Zeichen zum Anhalten aufgibt und somit die sofortige Weiterfahrt gewährt. Dass diese rechtsdogmatische Sicht der Dinge mit der Realität des Polizeialltages aber wenig zu tun hat, ist eine andere Frage.

Soweit *Vahle*[402] aber meint, dass ein Widerspruch gegen unaufschiebbare Anordnungen nach Befolgung wegen regelmäßiger Erledigung der Hauptsache[403]

---

[399] Vgl. §§ 42 und 68 Abs. 1 VwGO; *Habermehl*, Polizei- und Ordnungsrecht, Rn. 520; ebenso im Ergebnis auch *Schoch*, JURA 2001, 632.
[400] Der Widerspruch ist verfassungsrechtlich nicht vorgegeben, denn Art. 19 Abs. 4 GG spricht nur vom Rechtsweg, womit nur staatliche Gerichte gemeint sind. Widersprüche richten sich dagegen nur an Erlass- bzw. Widerspruchsbehörden.
[401] So auch *Drews/Wacke/Vogel/Martens*, Gefahrenabwehr, S. 362.
[402] Vgl. *Vahle*, DVP 2003, 343.
[403] Es muss hier richtigerweise Erledigung des VA gem. § 43 Abs. 2 VwVfG heißen.

unzulässig sei, ist dies im Allgemeinen zutreffend.[404] Wo kein VA mehr existiert, kann auch kein Widerspruch mehr eingelegt werden. Dies gilt aber auch bei zwangsweiser Durchsetzung der unaufschiebbaren Anordnungen bzw. Maßnahmen. Insoweit sind diese zutreffenden Ausführungen von *Vahle* nicht vollständig, denn unaufschiebbare Anordnungen und Maßnahmen können sich nicht nur durch Befolgung, sondern auch durch zwangsweise Durchsetzung mittels Ersatzvornahme oder unmittelbaren Zwanges erledigen. Anzumerken bleibt aber zudem, dass entgegen von *Vahle* in diesem Fall keine Fortsetzungsfeststellungsklage, sondern eine analoge Fortsetzungsfeststellungsklage möglich ist. Die Fortsetzungsfeststellungsklage gilt nur, wenn bereits ein Gerichtsverfahren anhängig war.

8. Kann gegen eine unaufschiebbare Anordnung nebst Zwangsmittelandrohung oder Maßnahme ein mündlicher Widerspruch eingelegt werden oder der Widerspruch zur Niederschrift des handelnden Polizeibeamten eingelegt werden?

Wie bereits ausgeführt, ergehen unaufschiebbare Anordnungen generell mündlich,[405] während unaufschiebbare Maßnahmen auf andere Weise – regelmäßig durch Zeichen – ergehen. Nach § 68 Abs. 1 VwGO wäre gegen solche Anordnungen und Maßnahmen grundsätzlich ein Vorverfahren durchzuführen.[406] Ein solches Vorverfahren beginnt nach § 69 VwGO mit Einlegung des Widerspruches. Der Widerspruch muss nach § 70 Abs. 1 VwGO schriftlich[407] oder zur Niederschrift eingelegt werden. Die Frage ist, ob im Hinblick auf Nr. 2 entgegen § 70 Abs. 1 VwGO hier auch mündliche Widersprüche möglich sind. In der einschlägigen verwaltungsprozessualen Literatur wird dies fast ausnahmslos überhaupt nicht thematisiert. Entgegen § 70 Abs. 1 VwGO ist im Wege einer systematischen verfassungskonformen Auslegung auch ein mündlicher Widerspruch möglich.[408]

---

[404] Es muss in jedem Einzelfall geprüft werden, ob eine Erledigung tatsächlich eingetreten ist. Besteht die Möglichkeit der Rückgängigmachung des Vollzugs, liegt keine Erledigung vor, sodass in diesem Fall auch nach Befolgung des VA noch Widerspruch eingelegt werden kann; vgl. hierzu *Huxholl*, Die Erledigung eines VA im Widerspruchsverfahren, S. 85 m.w.N. und BVerwG BauR 1999, S. 733.

[405] Unaufschiebbare Anordnungen können auch schriftlich mittels Vordrucke erfolgen, wenn sie an Ort und Stelle ausgefüllt werden und dem Betroffene am Ort des Geschehens nach § 41 Abs. 1 VwVfG bekannt gemacht oder per Empfangsbekenntnis zugestellt werden. Werden schriftliche Verfügungen allerdings durch die Post bekannt gemacht oder zugestellt, wird allein durch den damit verbundenen Zeitfaktor von einem bzw. mehreren Tagen bereits dokumentiert, dass es sich dabei nicht um eine unaufschiebbare Anordnung handeln kann.

[406] *Schieferdecker*, Die Entfernung von Kfz als Maßnahme staatlicher Gefahrenabwehr, S. 289, spricht zwar davon, dass es grundsätzlich möglich sein muss, gegen die Grundverfügung vorzugehen. Aus der Formulierung „Würde aber bei einem rechtswidrigen mündlich verfügten Wegfahrgebot keine Zeit für die Einlegung eines Rechtsbehelfes bestehen" lässt sich aber ableiten, dass auch *Schieferdecker* die Einlegung eines mündlichen Widerspruches nicht sieht.

[407] Unter schriftlicher Einlegung ist auch einTelegramm, Fernschreiben oder ein Telefax zu verstehen; vgl. *Sadler*, VwVG, VwZG, § 6 VwVG, Rn. 45.

[408] Vgl. *Beckmann*, VR 2003, 1 ff. und ohne jede Begründung *Bender*, Rechtseingriffe von Polizei und Staatsanwaltschaft, Rn. 1576; *a.A. Reichert/Ruder*, Polizeirecht, S. 276. Sie haben im Rahmen einer Fallbesprechung lapidar ohne

Wenn schon gemäß Nr. 2 die unaufschiebbare Anordnung generell die Mündlichkeit als Handlungsform impliziert, muss dies aber ebenso für die Form des an Ort und Stelle einzulegenden Widerspruchs gelten. Festmachen lässt sich diese Sichtweise verfassungsrechtlich wohl an den Grundrechten des GG als Freiheitsrechte und insbesondere an Art. 3 GG. Hinsichtlich der Form des VA und der Form des Widerspruches muss insoweit Waffengleichheit herrschen. Es kann nicht sein, dass dem Polizeivollzugsbeamten bei Gefahr im Verzug das Recht eingeräumt wird, schnell, effektiv und unbürokratisch, also mündlich zu handeln, während dagegen der Rechtsunterworfene nach den förmlichen bürokratischen Vorgaben des § 70 VwGO handeln müsste. Der Polizeivollzugsbeamte, der vor Ort eine unaufschiebbare Anordnung nebst Zwangsmittelandrohung generell mündlich verfügt und dafür zu sorgen hat, dass diese auch zeitnah entweder befolgt oder zwangsweise durchgesetzt wird, lehnt wohl situationsbedingt zu Recht ein mögliches Ansinnen, er möge bitte den Widerspruch zur Niederschrift aufnehmen, ab, denn dies würde ihn vor dem Hintergrund der zwangsweisen Durchsetzung der unaufschiebbaren Anordnung unnötig ablenken. Einen solchen kontraproduktiven bürokratischen Akt der Aufnahme einer Niederschrift zur Einlegung eines Widerspruches – gekoppelt womöglich noch mit einem Aussetzungsantrag nach Abs. 4 – kann nicht vom Gesetzgeber, sofern diesem diese Problematik überhaupt präsent war, gewollt sein. Der Polizeibeamte könnte sich dadurch wohl auch provoziert fühlen, wodurch die Situation eskalieren könnte. Wäre der vor Ort handelnde Polizeibeamte, der eine akute Gefahrensituation eliminieren will, gezwungen, einen solchen Widerspruch zu Protokoll zu nehmen, bedeutet dies eine vom Gesetzgeber nicht gewollte Konterkarierung der unbürokratischen Vorgehensweise zwecks effektiver Gefahrenabwehr. Man wird ebenso auch nicht alternativ argumentieren können, dass der Betroffene ja gemäß § 70 Abs. 1 VwGO die Möglichkeit hätte, einen schriftlichen Widerspruch einzulegen und diesen an Ort und Stelle gegebenenfalls dem handelnden Polizeivollzugsbeamten aushändigen könnte, was ebenso realitätsfern wäre. Da bei unaufschiebbaren Anordnungen auch keine mündlichen Rechtsbehelfsbelehrungen erfolgen, die zudem auch gem. §§ 70 Abs. 2 i.V.m. 58 Abs. 1 VwGO unzulässig wären, sind die in § 70 VwGO vorgegebenen Handlungsweisen zumeist auch nicht dem „Normalbürger" bekannt. § 70 VwGO geht erkennbar von

---

weitere Begründung ausgeführt, dass ein mündlicher Widerspruch gegen eine Anordnung der Beschlagnahme gem. § 70 Abs. VwGO nicht formgerecht sei; so wohl auch mit anderer Begründung *Rühle/Suhr*, Polizei- und Ordnungsbehördengesetz Rheinland-Pfalz, § 9, S. 14o. Dort heißt es: „Damit entfalten Widersprüche gegen Maßnahmen von Polizeibeamten im Streifendienst regelmäßig nicht aufschiebende Wirkung. So kommt es nicht mehr darauf an, ob bei einem im Außendienst tätigen Polizeibeamten überhaupt formwirksam Widerspruch eingelegt werden kann (denn dieser müsste nach § 70 Abs. 1 VwGO bei der Behörde im organisatorischen Sinne, also beim Polizeipräsidium eingelegt werden". *Giermulla/Jaworski/Mülller-Uri*, Verwaltungsrecht, Rn. 895 bis 897, lassen offen, ob ein Widerspruch gegen das Anhaltegebot der Polizei mit der Kelle ebenfalls durch eine Kelle mit der deutlich sichtbaren Aufschrift „Widerspruch" möglich ist.

der Schriftlichkeit eines VA aus. Die Tatsache, dass auch mündliche VA erlassen werden können, wurde hier schlicht übersehen.

Zwar spricht auch *Sadler*[409] von einem mündlichen Widerspruch, meint aber damit fälschlicherweise den zur Niederschrift eingelegten Widerspruch. Ein protokollierter Widerspruch ist aber nicht mit einem mündlichen Widerspruch, wie er hier erörtert wird, identisch. Die alternative Widerspruchseinlegung bei der Widerspruchsbehörde gem. § 70 Abs. 1 S. 2 VwGO ist dagegen situationsbedingt bei unaufschiebbaren Anordnungen zumeist keine Option, denn die unaufschiebbare Anordnung wird sich oft nach Befolgung oder Vollzug erledigt haben.

Zusammenfassend lässt sich festhalten, dass die aus den Freiheitsrechten und aus Art. 3 GG sich ableitende Waffengleichheit bei unaufschiebbaren Anordnungen und Maßnahmen abweichend von 70 Abs. 1 VwGO einen mündlichen Widerspruch zulässt. Nach allem sollte § 70 Abs. 1 VwGO aus Gründen der Rechtsklarheit entsprechend novelliert werden. Eine solche Novelle könnte folgenden Wortlaut haben:

(1) Der Widerspruch ist innerhalb eines Monats, nachdem der VA dem Beschwerten bekanntgegeben worden ist, schriftlich oder zur Niederschrift bei der Behörde zu erheben, die den VA erlassen hat. *Im Falle des § 80 Abs. 2 S. 1 Nr. 2 VwGO und der sog, Notstandsmaßnahme nach § 80 Abs 2 S. 1 Nr. 4 i.V.m. Abs. 3 S. 2 VwGO kann der Beschwerte den Widerspruch bei dem handelnden Polizeivollzugsbeamten im formellen und im materiellen Sinne*[410] *bzw. bei dem Rechtsanwender (Sachbearbeiter) der Ordnungsbehörde mündlich einlegen. Dies gilt auch für die damit verbundene Zwangsmittelandrohung.* Die Frist wird auch durch Einlegung bei der Behörde, die den Widerspruchsbescheid zu erlassen hat, gewahrt.

9. Zur Frage, ob ein mündlicher Widerspruch als solcher ausdrücklich benannt werden muss

Aus den einschlägigen §§ 68 ff. VwGO ergeben sich keine besonderen Anforderungen dahingehend, ob ein Widerspruch als solcher ausdrücklich benannt werden muss. Es muss lediglich erkennbar sein, dass Widerspruch eingelegt wurde, ohne dass es auf die Wortwahl ankommt.[411] Nach einem rheinland-pfälzischen Ministerialerlass soll in Zweifelsfällen bei dem Betroffenen nachgefragt werden, ob es sich hierbei um einen förmlichen Widerspruch oder um einen nicht förmlichen außergerichtlichen Rechtsbehelf handeln soll. Wenn also schon bei schriftlichen VA, die

---

[409] Vgl. *Sadler*, VvVG, VwZG, § 6 VwVG, Rn. 45.

[410] Vorgreiflich der noch vorzunehmenden Untersuchung werden auch Polizeivollzugsbeamte im materiellen Sinne von Nr. 2 erfasst.

[411] Vgl. *Dolde*, in: Sodan/Ziekow, VwGO, § 70 Rn. 12.

zumeist noch mit einer Rechtsbehelfsbelehrung versehen sind, keine besonderen Anforderungen hinsichtlich der Rechtsbehelfseinlegung bestehen, muss dies umso mehr bei mündlichen Widersprüchen gelten.

Da die mündlich erlassenen unaufschiebbaren Anordnungen ohne Rechtsbehelfsbelehrung ergehen und dem einschreitenden Polizeivollzugsbeamten die konkrete Handlungsform (ob VA oder Realakt) wohl überwiegend auch nicht immer präsent ist, wird der zumeist rechtsunkundige Adressat einer solchen unaufschiebbaren Anordnung wohl auch selten den zutreffenden Rechtsbehelf des Widerspruches als solchen ausdrücklich benennen. Vielmehr werden stattdessen wohl Unmutsbekundungen wie „Unverschämtheit" oder „ich befolge dies nur unter Protest" verwandt. Vielfach werden auch Begriffe wie „Beschwerde" und „Einspruch" benutzt. Entscheidend ist, ob der Adressat einer unaufschiebbaren Anordnung nebst Zwangsmittelandrohung erkennbar mit dieser nicht einverstanden ist und eine rechtliche Kontrolle anstrebt.[412] Aus der Sicht des Betroffenen hat sich allerdings nach Befolgung oder nach zwangsweiser Durchsetzung der unaufschiebbaren Anordnung die Angelegenheit zumeist irgendwie erledigt, so dass im Nachhinein auch im Allgemeinen keine Rechtsschutzüberlegungen mehr angestellt werden. Wer allerdings rechtskundig ist und die Angelegenheit nötigenfalls auf dem Rechtswege überprüfen lassen will, wird bei unaufschiebbaren Anordnungen gem. § 37 Abs. 2 S. 2 VwVfG die schriftliche Bestätigung beantragen, um dann auf deren Grundlage Überlegungen zum Rechtsschutz anzustellen. Fallen im Nachhinein aber noch Kosten in Gestalt von Ersatzvornahmekosten oder – wie in Rheinland-Pfalz – noch Gebühren für die Durchführung des unmittelbaren Zwanges und der Ersatzvornahme an, können sich noch Widerspruchs- und Klageverfahrenverfahren anschließen, in denen incidenter die Rechtmäßigkeit der unaufschiebbaren Anordnung zu prüfen ist.

10. Welche Rolle spielt die schriftliche Bestätigung nach § 37 Abs. 2 S. 2 VwVfG?

Nach § 37 Abs. 2 S. 2 VwVfG ist ein mündlicher VA schriftlich zu bestätigen, wenn hieran ein berechtigtes Interesse besteht und der Betroffene dies unverzüglich verlangt. Im Gegensatz zu einer mündlichen unaufschiebbaren Anordnung muss die schriftliche Bestätigung die Rechtsgrundslagen enthalten.[413] Ob dies auch auf in anderer Weise erlassene VA gilt, ist in der einschlägigen Literatur umstrit-

---

[412] *Benfer*, Rechtseingriffe von Polizei und Staatsanwaltschaft, 2001, Rn. 1576; *Vahle*, DVP 2003, S. 343.

[413] *Habermehl*, Polizei- und Ordnungsrecht, Rn. 518.

ten.[414] Der Antrag auf schriftliche Bestätigung kann sofort nach der unaufschiebbaren Anordnung und auch nach Befolgung bzw. nach zwangsweiser Durchsetzung gestellt werden, wobei die Frage, ob eine Erledigung des VA eingetreten ist mit der Folge der Unwirksamkeit des VA nach § 43 Abs. 2 VwVfG, keine Rolle spielt. Hinsichtlich des geforderten berechtigten Interesses gelten im Prinzip dieselben Rechtsgedanken wie bei einer Fortsetzungsfeststellungsklage, nämlich Wiederholungsgefahr und eine fortdauernde diskriminierende Wirkung (Rehabilitationsinteresse) und nach *Schoch*[415] auch der effektive Grundrechtsschutz. Die beabsichtigte Geltendmachung eines Amtshaftungsanspruches[416] kann nur noch direkt mittels Schadensersatzklage nach Art. 34 GG i.V.m. § 839 BGB geltend gemacht werden, wenn sich der VA – wie hier – vor Klageerhebung erledigt hat.[417] Eine schriftliche Bestätigung ist also auch zulässig, wenn wegen Erledigung des VA eine analoge Fortsetzungsfeststellungsklage, eine Feststellungsklage oder eine allgemeine Leistungsklage bzw. Sekundärrechtsschutz im Wege einer Amtshaftungsklage nach Art. 34 GG in Verbindung mit § 839 BGB in Erwägung gezogen wird. Eine solche schriftliche Bestätigung kann notfalls durch eine allgemeine Leistungsklage erstritten werden.[418] Es wird in der Literatur aber auch die Meinung vertreten, dass gegen eine Ablehnung des Antrages die „normalen Rechtsbehelfe" gegeben sind.[419] Mit „normalen Rechtsbehelfen" kann nur der (Verpflichtungs-) Widerspruch gemeint sein. Da die Bestätigung selbst aber grundsätzlich kein VA ist – die schriftliche Bestätigung kann nur insoweit ein VA sein, als die Bestätigung inhaltlich von dem ursprünglichen VA abweicht und die Abweichung nicht auf einem offensichtlichen und für den Betroffenen im Sinne von § 42 VwVfG erkennbaren Versehen beruht[420] –, kann die Ablehnung einer schriftlichen Bestätigung auch kein VA sein, so dass ein Verpflichtungswiderspruch wohl unzulässig ist. Mit einem Verpflichtungswiderspruch gem. § 68 Abs. 2 VwGO wird nämlich der Erlass eines beantragten, aber abgelehnten VA begehrt, wobei der begehrte VA nach objektiven Kriterien des § 35 VwVfG ein VA sein muss. Nach alledem kommt nur die allgemeine Leistungsklage in Betracht.

---

[414] Während *Ule/Laubinger,* VwVfG, § 37 Rn. 6; *Knack,* VwVfG, § 37 Rn. 4.2. und *Obermeyer,* VwVfG, § 37 Rn. 20, eine entsprechende Anwendbarkeit aufgrund des klaren Wortlautes des Gesetzes ablehnen, wird dagegen von *Kopp/Schenke,* VwVfG, § 37 Rn. 22 sowie *Stelkens/Bonk/Sachs,* VwVfG, § 37 Rn. 39a, eine entsprechende Anwendung bejaht. Rechtsdogmatisch spricht grundsätzlich alles für eine analoge Anwendung auch auf die in anderer Weise erlassenen VA. In der Verwaltungswirklichkeit ist dies aber aus tatsächlichen Gründen kaum praktikabel. So im Ergebnis auch einschränkend *Stelkens/Bonkl/Sachs,* VwVfG, § 37 Rn. 39a.

[415] *Schoch,* Rechtsschutz gegen polizeiliche Maßnahmen, JURA 2001, S. 632.

[416] Vgl. *Knack,* VwVfG, § 37 Rn. 4.2.

[417] *Knemeyer,* Polizei- und Ordnungsrecht, Rn. 397 m.w.N.; *Gusy,* Polizeirecht, Rn. 491; *Bull,* Allg. Verwaltungsrecht, Rn. 964.

[418] Vgl. *Meyer/Borgs,* VwVfG, § 37 Rn. 17; *Obermeyer,* VwVfG, § 37 Rn. 23; *Knack,* VwVfG, § 37 Rn. 4.2.

[419] Vgl. *Kopp/Ramsauer,* VwVfG, § 37 Rn. 25.

[420] Vgl. *Kopp/Ramsauer,* VwVfG, § 37 Rn. 23.

Es kann also konstatiert werden, dass der Betroffene mit einem mündlichen Anfechtungswiderspruch, verbunden mit einem Antrag auf schriftliche Bestätigung,[421] seine Rechtsposition trotz des Ausnahmetatbestandes nach § 80 Abs. 2 S. 1 Nr. 2 VwGO zugunsten des Polizeivollzugsbeamten entscheidend verbessern kann, denn der vor Ort handelnde Polizeibeamte wird hierdurch nochmals gezwungen, die Rechtslage zu überdenken mit der möglichen Rechtsfolge, dass er es dabei bewenden lässt und von der unaufschiebbaren Anordnung Abstand nimmt. Aus der Sicht des Betroffenen ist der Antrag auf schriftliche Bestätigung wahrscheinlich zielführender als nur die Einlegung des mündlichen Widerspruches, der zudem nicht einmal explizit als solcher bezeichnet werden muss. Für einen Prozess – ob im Hauptsache- bzw. im Sekundärrechtsschutzverfahren kann dahingestellt bleiben – ist die schriftliche Bestätigung mit ihrer notwendigen Begründung möglicherweise von ausschlaggebender Bedeutung. Der Haken ist allerdings, dass der rechtsunkundige Bürger von dieser rechtlichen Möglichkeit der schriftlichen Bestätigung generell nichts weiß und dass der Polizeibeamte auch nicht verpflichtet ist, den Adressaten einer unaufschiebbaren Anordnung hierauf hinzuweisen. Diese unterstellte Unkenntnis gilt wohl im Allgemeinen auch für den Bevollmächtigten. Im Übrigen muss wohl bezweifelt werden, ob die Polizeivollzugsbeamten im Rahmen ihrer Ausbildung insoweit instruiert werden.

11. Zur Frage der Abhilfe einer unaufschiebbaren Anordnung oder Maßnahme

Wie oben bereits ausgeführt, kann der Adressat bzw. Betroffene nach Erlass einer mündlichen unaufschiebbaren Anordnung oder Maßnahme hiergegen einen mündlichen Widerspruch einlegen. Der Umstand, dass ein solcher Widerspruch keine aufschiebende Wirkung entfaltet, heißt aber nicht a priori, dass in diesen Fällen die VwGO außer Vollzug gesetzt wird und z.B. keine Abhilfe mehr möglich wäre. Es versteht sich von selbst, dass ein mündlich vorgetragener Widerspruch den handelnden Polizeivollzugsbeamten veranlassen kann, seine Meinung zu revidieren und von der mündlich verfügten unaufschiebbaren Anordnung bzw. Maßnahme Abstand zu nehmen. Es stellt sich in einem solchen Fall die Frage, ob es sich dabei auch um eine Abhilfe handelt. Rechtsdogmatisch muss dies bejaht werden, denn diese Frage darf nicht von der Handlungsform des VA abhängig sein. Ohne dass dies ausdrücklich in § 72 VwGO zum Ausdruck kommt, kann eine Abhilfe nach

[421] Vgl. *Rauball*, Allg. und besonderes Polizei- und Ordnungsrecht, S. 16.

dem Gesetzeswortlaut nur schriftlich erfolgen.[422] Aus der Formulierung „und entscheidet über die Kosten" ergibt sich nämlich, dass diese Entscheidung nur schriftlich erfolgen kann. An die Möglichkeit, dass ein Polizeivollzugsbeamter nach einer mündlich erlassenen unaufschiebbaren Anordnung bzw. einer in anderer Weise erlassenen unaufschiebbaren Maßnahme nach einem plausiblen mündlichen Widerspruch auch abhelfen kann, hat der Gesetzgeber offensichtlich nicht gedacht. Die Abhilfe geschieht in diesen Fällen mündlich oder konkludent, indem zu erkennen gegeben wird, dass sich die Angelegenheit erledigt hat bzw. die getroffene Anordnung gegenstandslos geworden ist. Eine andere Frage ist, ob dem Polizeivollzugsbeamten diese aufgezeigte Rechtskonstruktion der Abhilfe in der Praxis bewusst ist. Dies muss allerdings bezweifelt werden. Gleichwohl kann ihm dies aber nicht vorgeworfen werden, denn in der Judikatur und Literatur wurde bislang diese Rechtslücke auch nicht erkannt.

Auch der Adressat einer unaufschiebbaren Anordnung wird in solchen Fällen die Sache auf sich beruhen lassen, da bis dahin regelmäßig auch noch keine Kosten seinerseits entstanden sind. Sollten allerdings vor zwangsweiser Durchsetzung mittels Ersatzvornahme oder unmittelbaren Zwanges seitens des Betroffenen schon Kosten entstanden sein – z.B. durch Kontaktaufnahme mit seinem Anwalt per Handy, wodurch Rechtsanwaltsgebühren fällig werden – müsste eine mündliche bzw. konkludente Abhilfe, die einen VA darstellt, unter Hinweis auf § 37 Abs. 2 S. 2 VwVfG auf Verlangen schriftlich bestätigt werden.

Nach alledem müsste aus Gründen der Rechtsklarheit § 72 VwGO entsprechend modifiziert werden. Eine Gesetzesnovelle zu § 72 VwGO könnte folgenden Wortlaut haben:

Hält die Behörde den Widerspruch für *zulässig*[423] *und* begründet, so hilft sie ihm ab und entscheidet über die Kosten. *Im Falle einer unaufschiebbaren Anordnung oder Maßnahme von Polizeivollzugsbeamten nach § 80 Abs. 2 S. 1 Nr. 2 VwGO nebst Zwangsmittelandrohung und auch im Falle einer sog. Notstandsmaßnahme nach § 80 Abs. 2 S. 1 Nr. 4 i.V.m. Abs. 3 S. 2 VwGO*[424] *einschließlich der Zwangsmittelandrohung kann auch mündlich oder konkludent abgeholfen werden und es bedarf hier generell auch keiner Kostenlastentscheidung. Sollten allerdings*

---

[422] Vgl. *Redeker/von Oertzen*, VwGO, § 72 Rn. 3.; ebenso *Kopp/Schenke*, VwGO, § 72 Rn. 5; *Eyermann*, VwGO, § 72 Rn. 7; a.A: *Geis*, in: Sodan-Ziekow, VwGO, § 72 Rn. 19, wonach der Abhilfebescheid nicht unbedingt schriftlich ergehen müsse.

[423] Das Vorverfahren nach §§ 68 ff. VwGO und die gerichtlichen Klageverfahren setzen die Zulässigkeit und Begründetheit der Rechtsbehelfe voraus. Deshalb sollte auch im § 72 VwGO die Zulässigkeit aufgenommen werden, um die damit verbundenen Inkonsistenzen in Literatur und Judikatur zu beenden. Die Zulässigkeitvoraussetzungen sind entgegen Literaturmeinungen und Judikaten nicht disponibel, wie es beispielsweise hinsichtlich der Fristen § 60 VwGO (Wiedereinsetzung in den vorigen Stand) dokumentiert. Wären die Zulässigkeitsvoraussetzungen, die im VwVfG und in der VwGO konstitutiv bzw. auch analog anwendbar sind, disponibel, brauchte es nicht des § 60 VwGO, der unter bestimmten Voraussetzungen Verfristungen von Rechtsbehelfen und Rechtsmitteln heilt.

[424] Die Dissertation wird später zeigen, dass die sog. Notstandsmaßnahme die Pendantvorschrift zu Nr. 2 für Ordnungsbehörden ist.

schon Kosten auf Seiten des Betroffenen entstanden sein, muss auf Antrag ergänzend eine schriftliche Kostenlastentscheidung durch die Behörde des Polizeivollzugsbeamten im formellen oder materiellen Sinne[425] *bzw. durch die Ordnungsbehörde des Sachbearbeiters ergehen. § 37 Abs. 2 S. 2 VwVfG bleibt hinsichtlich der mündlichen oder konkludenten Abhilfeentscheidung unberührt. Dies gilt auch für §§ 48 ff. VwVfG. Im Fall einer erstmaligen Beschwerde sind die Abhilfebescheide den Beteiligten zuzustellen, zu begründen und mit einer Rechtsbehelfsbelehrung zu versehen.*[426]

Es kann konstatiert werden, dass der Gesetzgeber im Hinblick auf die verwaltungsprozessualen Beschleunigungsregelungen der Nr. 2 und 4 i.V.m. Abs. 3 S. 2 (sog. Notstandsmaßnahme) die Abhilferegelung modifizieren sollte. In diesen Fällen kann die Abhilfe auch mündlich oder konkludent geschehen. Dies wurde vom Gesetzgeber übersehen.

Eine Abhilfe eines VA, der in anderer Weise erlassen wurde, dürfte in der Praxis wohl kaum erfolgen. Dies ergibt sich aus der besonderen Situation, die eine Kommunikation in Form eines Widerspruches in der Realität kaum zulässt. So ist es realitätsfern, dass z.B. ein Autofahrer das Fenster herunterkurbelt und gegenüber dem verkehrsregelnden Schutzpolizisten einen Widerspruch zuruft und dieser dann sofort im Wege einer Abhilfe den Verkehr für den Widerspruchsführer freigibt. Deshalb ist eine Abhilfe bei unaufschiebbaren Maßnahmen wohl eher theoretischer Natur.

Vorstehende Ausführungen gelten aber nicht für den Fall, dass der Widerspruch erst nach Befolgung der unaufschiebbaren Anordnung bzw. nach deren zwangsweiser Durchsetzung mittels Ersatzvornahme oder unmittelbaren Zwanges eingelegt wird und sich der VA mangels der Möglichkeit der Rückgängigmachung des Vollzuges erledigt hat. Eine Abhilfe setzt notwendigerweise einen rechtswirksamen VA voraus, der dann aber nicht mehr vorliegt.

Neben der prinzipiellen Abhilfemöglichkeit kann der einschreitende Polizeibeamte bei Nichteinlegung eines mündlichen Widerspruches eine unaufschiebbare Anordnung auch nach §§ 48 ff. VwVfG aufheben. Eine solche Aufhebung in Gestalt der Rücknahme würde ebenso wie die Abhilfe mündlich oder konkludent erfolgen.

---

[425] Die Diss. wird auch zeigen, dass der Begriff des Polizeivollzugsbeamten weiter als angenommen ist.

[426] Eine unterschiedliche Handhabung im Gegensatz zum Widerspruchsbescheid nach § 73 Abs. 3 VwGO ist nicht nachvollziehbar. Dieses dient auch der Rechtssicherheit zugunsten des Inhabers eines begünstigenden VA (vgl. hierzu auch *Beckmann*, VR 1998, S. 226 (228).

12. Zur Frage, ob bei unaufschiebbaren Anordnungen oder Maßnahmen noch ein Widerspruchsbescheid ergeht

Falls der mündlich eingelegte Widerspruch gegen die mündlich verfügte unaufschiebbare Anordnung zum Erfolg führt, indem der handelnde Polizeivollzugsbeamte ausdrücklich oder konkludent im Ergebnis abhilft, stellt sich die Frage, ob noch ein Widerspruchsbescheid zu ergehen hat, nicht. Mit der Abhilfe hat sich dann das Vorverfahren erledigt. Unberührt bleibt die Möglichkeit der schriftlichen Bestätigung der Abhilfe nach § 37 Abs. 2 S. 2 VwVfG.

Wird dem sofortigen mündlichen Widerspruch nicht abgeholfen und wird die unaufschiebbare Anordnung befolgt oder vollzogen oder der Betroffene befolgt die Anordnung oder diese wird vollzogen und der Betroffene legt erst danach Widerspruch ein, erledigen sich in beiden Fällen zumeist der VA nebst obligatorischer Zwangsmittelandrohung, sodass nach der h.M. auch kein Widerspruchsbescheid mehr ergehen muss. In den Fällen, wo die Möglichkeit der Rückgängigmachung des Vollzuges besteht, tritt allerdings keine Erledigung des VA ein[427] mit der Folge, dass ein Widerspruchsbescheid ergehen muss. Soweit die Meinung vertreten wird, dass die Erfüllung eines Gebotes (Tun oder Dulden) und die Vollziehung des VA dann zur Erledigung führt, wenn anzunehmen ist, dass sich der VA aufgrund der Vollziehung oder der Befolgung in keiner Weise mehr rechtlich auswirkt,[428] ist keine sehr brauchbare Interpretationshilfe hinsichtlich der schwierigen Rechtsfrage, ob sich ein VA erledigt hat. Abgesehen davon, dass hier die Unterlassung als dritte Variante einer sog. HDU-Verfügung ignoriert wird, dürfte die Frage, ob sich der VA aufgrund der Befolgung oder des Vollzuges in keiner Weise mehr rechtlich auswirkt, wegen der Unschärfe dieser Formulierung nicht immer leicht zu beantworten sein. Dagegen ist es einfacher, sich als Faustregel des § 80 Abs. 5 S. 3 VwGO zu bedienen, wonach dieser spezielle Folgenbeseitigungsanspruch auf dem Gebiet des vorläufigen Rechtschutzes greift, wenn die Aufhebung des Vollzuges möglich ist. Ist dies der Fall, hat sich der VA nicht erledigt, sodass dann ein Widerspruchsbescheid zu ergehen hat. Auch behördlicher und/oder gerichtlicher vorläufiger Rechtsschutz wäre dann möglich und zielführend. Im anderen Fall besteht für einen Widerspruchsbescheid kein Raum mehr.[429] Eine Mindermeinung plädiert aber dessen ungeachtet zwecks Entlastung der Verwaltungsgerichtsbarkeit und zwecks Selbstkontrolle der Verwaltung für einen Widerspruchsbescheid.[430] Für beide Meinungen gibt es gute Gründe, sodass rechtsdogmatisch die rigide Vernei-

[427] Vgl. auch den Umkehrschluss aus dem Urteil des BVerwG, BauR 1999, S. 733

[428] So wohl im Ergebnis auch *Stelkens/Bonk/Sachs*, VwVfG, § 43 Rn. 200 und 201 m.w.N.

[429] Vgl. *Stelken/Bonk/Sachs*, VwVfG, § 43 Rn. 204 m.w.N.; *Hofmann/Gerke*, Allg. Verwaltungsrecht, Rn. 831 m.w.N.

[430] *Schenke*, Polizei- und Ordnungsrecht, 2003, Rn. 523 m.w.N. Die Begründung ist ziemlich plausibel. Ebenso *Pietzner/Ronellenfitsch*, Das Assessorexamen, § 31 Rn. 29 und 30. Dieser wird auch Fortsetzungsfeststellungswiderspruch genannt.

nung eines Widerspruchbescheides bei Erledigung des VA nicht sehr überzeugt.[431] In der Hauptsache kommt, wenn man zutreffend von einer Erledigung des VA ausgeht und einen Fortsetzungsfeststellungswiderspruchsbescheid ablehnt, dann nur noch eine analoge Fortsetzungsfeststellungsklage (Rechtswidrigkeitsfeststellungsklage) in Betracht. Wenn nur ein Schadensersatzanspruch wegen Amtspflichtverletzung in Erwägung gezogen wird, muss sofort beim Landgericht geklagt werden, ohne dass die Rechtswidrigkeit der polizeilichen Maßnahme noch vorher präjudiziell im Wege der analogen Fortsetzungsfeststellungsklage geklärt werden kann.[432]

D. Sind die nachfolgenden Rechtsinstitute ebenfalls unaufschiebbare Anordnungen oder Maßnahmen?

I. Unmittelbare Ausführung einer Maßnahme

Die Eingriffsverwaltung – und somit auch die Polizei – müssen grundsätzlich Gebote und Verbote durch Verwaltungsakte (sog. HDU-Verfügungen) bei Nichtbefolgung mittels Verwaltungszwangs durchsetzen. Primär verantwortlich für die Gefahrenbeseitigung ist und bleibt aber der Störer bzw. der Polizeipflichtige. Man spricht insoweit auch von selbstaktiver Gefahrenbeseitigung.[433] Bei diesem generell obligatorischen mehrstufigen (gestreckten) Verwaltungszwangsverfahren ist auch sichergestellt, dass die Betroffenen gem. §§ 68 ff. VwGO gegen die einzelne Maßnahmen Rechtsbehelfe einlegen[434] und auch generell vorläufigen Rechtsschutz beantragen können. Ausnahmsweise kann im Bereich der Gefahrenabwehr auch anstelle des Störers ein Nichtstörer in Anspruch genommen werden, wenn die Polizei oder die allgemeinen Ordnungsbehörden[435] dazu selbst nicht in der Lage sind. Im Bereich der Gefahrenabwehr gibt es aber akute Gefahrensituationen, in denen sofortiger Handlungsbedarf bei Abwesenheit des Verantwortlichen, Nichtvorhandensein eines Verantwortlichen[436] bzw. Nichtermittlung eines Verantwortlichen, Nichtaufnahmefähigkeit eines Verantwortlichen und Nicht-in-der-Lage-sein

---

[431] Wird dagegen erst nach Befolgung oder zwangsweiser Durchsetzung Widerspruch eingelegt, sind obige Überlegungen von Anfang an mangels der Existenz eines VA im Zeitpunkt des Widerspruches gem. § 43 Abs. 2 VwVfG nicht anwendbar.

[432] Vgl. *Knemeyer,* Polizei- und Ordnungsrecht, Rn. 397, Fn. 27.

[433] *Habermehl,* Polizei- und Ordnungsrecht, Rn. 509; ebenso *Stein,* Fälle und Erl. zum Polizei- und Ordnungsrecht RP, § 11 B; ebenso *Kästner,* JuS 1994, 362.

[434] Die prinzipielle selbstaktive Gefahrenbeseitigung ist Ausfluss der verfassungsrechtlichen Garantie effektiven Rechtsschutzes und auch des Prinzipes der Verhältnismäßigkeit; so zutreffend *Kästner,* JuS 1994, 362.

[435] Die Sonderordnungsbehörden im weiteren Sinne können ebenfalls die unmittelbare Ausführung einer Maßnahme anwenden, wenn die Fachgesetze auf diese Bestimmung verweisen.

[436] Z.B. bei Naturkatastrophen. Vgl. *Rühle/Suhr,* Polizei- und Ordnungsbehördengesetz Rheinland-Pfalz, § 6 Rn. 1.1.2.

des Verantwortlichen dringend geboten ist.[437] Das gesetzliche Instrumentarium hierfür ist die sog. unmittelbare Ausführung einer Maßnahme,[438] die neben einer Eingriffsermächtigung eine nach dem Gefahrengrad zu bemessende Eilbedürftigkeit bedingt.[439] Die Haftung des Störers bzw. Handlungspflichtigen verlagert sich in diesen Fällen auf die Sekundärebene der Kostentragung der unmittelbaren Anordnung. Die unmittelbare Ausführung einer Maßnahme lässt sich als Vollzugsmaßnahme eigener Art, mit der auf Kosten des Verantwortlichen das ausgeführt wird, wozu der Verantwortliche in Anspruch genommen werden kann, umschreiben.[440] *Stein* definiert die unmittelbare Ausführung einer Maßnahme aber auch als besondere Art der Beseitigung von Gefahren und Störungen durch Polizei oder Ordnungsbehörden ohne Heranziehung des an sich verantwortlichen Störers,[441] wobei aber der falsche Eindruck entstehen kann, dass der verantwortliche Störer (besser: Polizei- bzw. Ordnungsbehördenpflichtiger) auch nicht auf der Sekundärebene der Kostentragungspflicht einstehen muss. Das Wesen der unmittelbaren Ausführung[442] lässt sich zutreffend auch als öffentlich-rechtliche Geschäftsführung ohne Auftrag zum materiellen Polizei- und Ordnungsrecht bezeichnen,[443] wobei das Tätigwerden mit oder ohne den erklärten Willen des Polizei- bzw. Ordnungspflichtigen geschieht.[444]

Bis auf den letzten Alternativtatbestand, nämlich „nicht in der Lage sein" (ungeeignet sein) ohne entgegenstehendem Willen,[445] kann schon deshalb kein VA

---

[437] Vgl. *Rühle/Suhr,* in: Polizei- und Ordnungsbehördengesetz Rheinland-Pfalz, § 6, S. 96 f.; ebenso *Stein,* Fälle und Erl. zum Polizei- und Ordnungsrecht RP, § 11 B. und C. und *Würtenberger/Heckmann/Riggert,* Polizeirecht in BW, S. 235 Rn. 510 m.w.N.

[438] Das Rechtsinstitut der unmittelbaren Ausführung einer Maßnahme hat in Rhld.-Pf. im § 6 Polizei- und Ordnungsbehördengesetz folgenden Gesetzeswortlaut: „(1) Die allgemeinen Ordnungsbehörden und die Polizei können eine Maßnahme selbst oder durch einen Beauftragten unmittelbar ausführen, wenn der Zweck der Maßnahme durch Inanspruchnahme der nach den §§ 4 oder 5 Verantwortlichen nicht oder nicht rechtzeitig erreicht werden kann. Der von der Maßnahme Betroffene ist unverzüglich zu unterrichten. (2) Entstehen den allgemeinen Ordnungsbehörden oder der Polizei durch die unmittelbare Ausführung einer Maßnahme Kosten, so sind die nach §§ 4 oder 5 Verantwortlichen zum Ersatz verpflichtet. Mehrere Verantwortliche haften als Gesamtschuldner. Die Kosten können nach dem Landesverwaltungsvollstreckungsgesetz beigetrieben werden."
Das vorgenannte Rechtsinstitut und auch der sofortige Vollzug gibt es nicht in allen Bundesländern. Stattdessen gibt es Länder, die nur den Sofortvollzug oder die unmittelbare Ausführung kennen; vgl. hierzu *Bull,* Allg. Verwaltungsrecht, § 17 Rn. 883, wo eine entsprechende Aufstellung der Länder erfolgt. Dabei dürfte der in Rheinland-Pfalz vorgenommen Trennung in unmittelbare Ausführung einer Maßnahme und Sofortvollzug gegenüber anderen Regelungen der Vorzug zu geben sein, weil diese differenzierende Ausgestaltung in § 6 POG RP und § 61 Abs. 2 LVwVG wegen der Wesensverschiedenheit noch einer Gesetzessystematik folgt; vgl. hierzu auch *Rühle/Suhr,* POG RP, § 6 Rn. 1.1.2. Die wenig homogene Ausgestaltung dieser Rechtsinstitute hat eine sehr inkonsistente Literatur und Judikatur hervorgebracht; vgl. hierzu auch *Selmer/Gersdorf,* Verwaltungsvollstreckungsverfahren, S. 7 m.w.N. und S. 48 ff.

[439] Vgl. *Würtenberger/Heckmann/Rigert,* Polizeirecht in BW, S. 235 Rn. 510.

[440] Vgl. *Götz,* Allg. Polizei- und Ordnungsrecht, § 16 Rn. 418. Man spricht bei der unmittelbaren Ausführung einer Maßnahme aber auch von einer Geschäftsführung ohne Auftrag bei der Gefahrenabwehr; vgl. *Selmer/Gersdorf,* Verwaltungsvollstreckungsverfahren, S. 23.

[441] Vgl. *Stein,* Polizei- und Ordnungsrecht RP, § 12 S. 210.

[442] In Rheinland-Pfalz im § 6 POG geregelt.

[443] So *Selmer/Gersdorf,* Verwaltungsvollstreckungsverfahren, S. 23; ebenso *Bull,* Allg. Verwaltungsrecht, § 17 Rn. 883.

[444] Vgl. *Stein,* Fälle und Erl. zum Polizei- und Ordnungsrecht RP, § 11 C.

[445] Vgl. auch *Rühle,* POG RP, S. 205 Rn. 69 und *Rühle/Suhr,* POG RP, § 6 Rn. 1.1.2.

(polizeiliche Verfügung) ergehen, weil keine verantwortliche Person physisch oder geistig anwesend ist, an die eine wirksame Bekanntgabe erfolgen kann. Ein VA setzt aber eine wirksame Bekanntgabe nach § 43 Abs. 1 VwVfG voraus, um die nach § 35 VwVfG erforderliche Außenwirkung zu erzielen. Ohne Bekanntgabe gibt es auch keine solche Außenwirkung und somit auch keinen VA.[446] Wenn der Verantwortliche anwesend ist, aber trotz guten Willens objektiv nicht in der Lage ist, die akute Gefahrenlage zu beseitigen, wäre der Erlass einer polizeilichen Verfügung eine sinnlose Formalität. Eine solche Polizeiverfügung wäre dann rechtswidrig, weil damit dokumentiert wird, dass diese Maßnahme ungeeignet ist.[447] Auch in diesem Fall greift das Rechtsinstitut der unmittelbaren Ausführung einer Maßnahme.[448] Dennoch besteht – ebenso wie bei der rechtlichen Einordnung der polizeilichen Standardmaßnahmen – ein rechtsdogmatischer Streit darüber, ob die unmittelbare Ausführung einer Maßnahme ein VA oder ein Realakt ist. Verschiedene Rechtsgründe sprechen eindeutig für die Qualifizierung derselben als Realakt.[449] So ist sie auch im Musterentwurf eines einheitlichen Polizeigesetzes des Bundes und der Länder in § 5a unter der Rubrik „Erster Abschnitt. Aufgaben und allgemeine Vorschriften" im Rahmen der verantwortlichen Personen aufgeführt. Damit wird auch klar, dass sie keine eigene Ermächtigungsgrundlage für eine solche Maßnahme darstellt.[450] Sie ist daher immer nur zusammen mit einer Ermächtigungsgrundlage zu sehen.[451] Würde sie eine VA-Befugnis enthalten, hätte die Regelung gesetzessystematisch auch im Zweiten Abschnitt des vorgenannten Musterentwurfes, der die Befugnisse regelt, aufgenommen werden müssen. Allerdings bedeuten die dort aufgeführten Befugnisnormen nicht, dass diese damit alle Eingriffsermächtigungen für den Erlass einer polizeilichen Verfügung wären. Einige der dort genannten präventiven Standardmaßnahmen enthalten mangels einer Befehlsermächtigung keine VA-Befugnis, sondern nur eine Ausführungsermächtigung in Gestalt eines Realaktes. Ein weiteres Indiz, dass die unmittelbare Ausführung objektiv kein VA ist, war die frühere Regelung in § 49 Abs. 2 S. 3 des rheinland-pfälzischen Polizeiverwaltungsgesetzes, wonach die unmittelbare Ausführung als polizeiliche Verfügung fingiert wurde. Offenbar wurde diese Regelung aus § 44 Abs. 1 S. 2 des preußischen Polizeiverwaltungsgesetzes übernommen, wonach die

---

[446] Vgl. *Götz*, Polizei- und Ordnungsrecht, Rn. 422 m.w.N.

[447] *Würtenberger/Heckmann/Riggert*, Polizeirecht in BW, Rn. 507 u. 510 m.w.N.

[448] Vgl. *Rühle*, Polizei- und Ordnungsrecht RP, S. 203.

[449] *Würtenberger/Heckmann/Riggert*, Polizeirecht in BW, Rn. 509. Man spricht auch vom regelungsersetzenden Realakt; ebenso *Lemke*, Verwaltungsvollstreckungsrecht des Bundes und der Länder, § 16, S. 432 ee); *Maurer*, Allg. Verwaltungsrecht, § 19 Rn. 26; *Rühle/Suhr*, Polizei- und Ordnungsbehördengesetz Rheinland-Pfalz, § 6 Nr. 1.1.1., der von Realakt mit Eingriffscharakter spricht.

[450] *Würtenberger/Heckmann/Riggert*, Polizeirecht in BW, Rn. 508.

[451] Die Ermächtigungsgrundlage für die unmittelbare Ausführung einer Maßnahme durch die Polizei kann in einer Spezialnorm (z.B. Versammlungsgesetz), in einer präventiven Standardmaßnahme als VA oder in der polizeilichen Generalklausel liegen. Dies gilt auch für die allgemeinen Ordnungsbehörden und auch bei entsprechender Verweisung für die Sonderordnungsbehörden im weiteren Sinne.

unmittelbare Ausführung einer Maßnahme mit einer rechtsmittelfähigen Verfügung gleichgestellt wurde.[452] Ein gesetzgebungstheoretischer Akt in Gestalt der Fiktion macht aber nur Sinn, wenn die fingierte Regelung objektiv kein VA ist.

Der gesetzlich normierte Tatbestand der unmittelbaren Ausführung einer Maßnahme enthält also entgegen einer sehr kontroversen Literatur[453] keine VA-Befugnis. Sie impliziert keine Befehlsermächtigung, und sie ist auch keine sog. gesetzliche Pflichtnorm, die sich unmittelbar an den Bürger wendet und diesem eine gesetzliche Pflicht auferlegt, die bei Nichtbeachtung mangels einer speziellen ergänzenden Befugnisnorm zu einem Einschreiten auf der Grundlage der polizei- und ordnungsbehördlichen Befugnisgeneralklausel berechtigt.[454] Deshalb ist die unmittelbare Ausführung einer Maßnahme auch im Hinblick auf die Ausführungen zur Fiktion ein polizeilicher Realakt[455] und keine polizeiliche Verfügung, denn es scheitert an dem Tatbestandsmerkmal „Regelung“ und „Außenwirkung“ nach § 35 VwVfG. Anderslautende Literaturmeinungen halten daher einer rechtsdogmatischen Prüfung nicht stand. Aber auch die in der Literatur[456] vertretene vermittelnde Meinung, dass im Falle der Abwesenheit des Verantwortlichen ein öffentlich-rechtlicher Realakt und bei Anwesenheit des Pflichtigen aufgrund einer (konkludenten) Verfügung ein VA vorliege, ist abzulehnen. Wie bereits erwähnt, kann bei Anwesenheit des Pflichtigen, der kooperationbereit ist, aber zur sog. selbstaktiven Gefahrenabwehr auch bei gutem Willen nicht in der Lage ist, keine Verfügung erlassen werden, denn in diesem Fall wäre diese erkennbar ungeeignet. Eine Verfügung nebst Zwangsmittelandrohung macht nur Sinn, wenn ein entgegenstehender Wille gebrochen oder gebeugt werden soll. Offenbar ist die rechtsdogmatisch falsche Einordnung der unmittelbaren Ausführung im Hinblick auf deren Rechtsqualität ein Relikt aus der Zeit vor Inkrafttreten der VwGO. Nach damaligem Recht konnte nur bei Vorliegen eines VA geklagt werden, so dass mit diffusen Rechtskonstrukten der Versuch gemacht wurde, auch in Realakte eine Regelung und somit einen VA hinein zu interpretieren. Nach der Rechtsweggeneralklausel des § 40 VwGO ist aber ein Verwaltungsgerichtsprozess nicht mehr vom Vorliegen eines VA abhängig.[457] Da Art. 19 Abs. 4 GG sich auch auf Realakte erstreckt, bedarf es daher keiner Umdeutung in VA auf Duldung.[458]

---

[452] Vgl. *Götz,* Allg. Polizei- und Ordnungsrecht, § 16 Rn. 418.

[453] *Habermehl,* Polizei- und Ordnungsrecht, Rn. 743. Danach sei eine unaufschiebbare Anordnung zugleich eine Verfügung, weil damit die Feststellung getroffen sei, dass die Voraussetzungen für den Erlass einer Verfügung gegeben sind.

[454] Vgl. hierzu *Druschel,* Die Verwaltungsaktbefugnis, S. 159 ff.

[455] Statt vieler *Götz,* Allg. Polizei- und Ordnungsrecht, § 16 Rn. 422 m.w.N. Auch die Einordnung der unmittelbaren Ausführung als öffentlich-rechtliche Geschäftsführung ohne Auftrag ändert nichts an diesem Befund, denn auch insoweit müsste von einem Realakt gesprochen werden.

[456] Vgl. *Stein,* Fälle und Erl. zum Polizei- und Ordnungsrecht RP, § 11 D.

[457] *Pieroth/Schlink/Kniesel,* Polizei- und Ordnungsrecht, S. 40; *Maurer,* Verwaltungsrecht, S. 518; *Selmer/Gersdorf,* Verwaltungsvollstreckungsrecht, S. 65 m.w.N.; *Steiner (Hrsg.)* Besonderes Verwaltungsrecht, S. 352 Rn. 263 m.w.N.

[458] So auch ausdrücklich *Schenke,* in: Bonner Kommentar GG, Art. 19 Abs. 4 Rn. 195.

II. Der verwaltungsvollstreckungs- bzw. polizei- und ordnungsbehördenrechtliche Sofortvollzug[459]

In Rheinland-Pfalz und in einigen weiteren Bundesländern gibt es neben dem Rechtsinstitut der unmittelbaren Ausführung einer Maßnahme auch das Rechtsinstitut des Sofortvollzuges.[460] In Teilen der Literatur wird die Meinung vertreten, dass von der Regelungsfunktion her beide Rechtsinstitute nebeneinander nicht notwendig seien, weshalb auch nicht alle Länder über beide Rechtsinstitute verfügen.[461] Dieser Sichtweise kann nicht gefolgt werden.[462] Während die unmittelbare Ausführung einer Maßnahme der Polizei bei einer vertretbaren Handlung[463] bei Vorliegen einer Ermächtigungsgrundlage bei akutem Handlungsbedarf zur Gefahrenabwehr die Möglichkeit eröffnet, gerade bei physischer und geistiger Abwesenheit des Verantwortlichen einzuschreiten, normiert demgegenüber der Sofortvollzug bei Anwesenheit des Pflichtigen bei erkennbar entgegenstehendem Willen oder Widerstand des Polizei- bzw. Ordnungsbehördenpflichtigen willensbeugende oder willensbrechende Maßnahmen,[464] ohne zuvor den ansonsten obligatorischen vorausgehenden Grund-VA nebst Zwangsmittelandrohung[465] erlassen zu müssen.[466] Die Behauptung, der Sofortvollzug habe nur für die Ordnungsbehörden Bedeutung, da die Maßnahmen des Polizeivollzugsdienstes ohnehin nach Nr. 2

---

[459] Für dieses Rechtsinstitut gibt es in der Literatur keine einheitliche Bezeichnung. Vielfach wird auch vom sofortigen Vollzug, Sofortmaßnahme, sofortiger Anwendung und sofortigen Zwang gesprochen.

[460] Vgl. *Götz,* Allg. Polizei- und Ordnungsrecht, § 16 Rn.419.

[461] Vgl. hierzu *Götz,* Allg. Polizei- und Ordnungsrecht, § 16 Rn. 417 m.w.N.; *Schoch,* JuS , S. 312; *Kugelmann,* DÖV 1997, 153 ff.; *Selmer/Gersdorf,* Verwaltungsvollstreckungsverfahren, 1996, S. 7 m.w.N.

[462] Vgl. auch *Rühle/Suhr,* POG RP, § 6 Rn. 1.1.2. Das Wesen der unmittelbaren Ausführung einer Maßnahme ist eine öffentlich-rechtliche Geschäftsführung ohne Auftrag auf dem Gebiet des Polizei- und Ordnungsbehördenrechts, während der Sofortvollzug eine besondere Erscheinungsform der Verwaltungsvollstreckung darstellt; vgl. hierzu *Selmer/Gersdorf,* Verwaltungsvollstreckungsverfahren, S. 23 und *Rühle/Suhr,* POG RP, § 6 Rn. 1.1.2.

[463] Die unmittelbare Ausführung einer Maßnahme kann nur bei vertretbaren Handlungen angewandt werden. Deshalb ist die Meinung von *Steiner (Hrsg.),* Besonderes Verwaltungsrecht, S. 373 Rn. 307, angreifbar, wenn er auch von der Durchsetzung einer Duldung spricht.

[464] Vgl. *Stein,* Fälle und Erl. zum Polizei- und Ordnungsrecht RP, § 11 C und *Rühle/Suhr,* Polizei- und Ordnungsbehördengesetz Rheinland-Pfalz, § 57 Rn. 1.3.1. und *Rühle,* Polizei- und Ordnungsrecht RP, S. 205 Rn. 69.

[465] Soweit *Rühle/Suhr,* Polizei- und Ordnungsebehördengesetz Rheinland-Pfalz, § 57 Rn. 1.3.1 meinen, dass unter Hinweis auf § 66 Abs. 1 S. 2 und § 61 Abs. 1 Polizei- und Ordnungsbehördengesetz Rheinland-Pfalz auf die Androhung im Gegensatz zum Grund-VA nicht verzichtet werden kann, muss dies zumindest im Rahmen der Ersatzvornahme rechtsdogmatisch abgelehnt werden, denn der Sofortvollzug stellt sich als Realakt dar und die Androhung eines Zwangsmittels setzt einen VA voraus. Wird dagegen bei unvertretbaren Handlungen Sofortvollzug mittels unmittelbaren Zwanges begegnet, scheidet auch die vorherige Androhung aus. Wäre hierfür noch Zeit, kann auch Nr. 2 und auch die sog. Notstandsklausel nach Nr. 4 i.V.m. Abs. 3 S. 2 greifen, so dass dann der Sofortvollzug gegenstandslos ist. Eine Zwangsmittelandrohung indiziert hier bereits, dass auch von den beiden vorgenannten verwaltungsprozessualen Beschleunigungsregelungen nach Nr. 2 und 4 i.V.m. Abs. 3 S. 2 aus dem Gesichtspunkt der selbstaktiven Gefahrenabwehr hätte Gebrauch gemacht werden können. Der Eingriff des Sofortvollzuges ist insoweit schwerwiegender als die Eingriffe nach Nr. 2 und 4 i.V.m. Abs. 3 S. 2, als beim Sofortvollzug dem Verantwortlichen die Möglichkeit genommen wird, die Gefahr selbst zu beseitigen. Er wird vor vollendete Tatsachen gestellt.

[466] *Sadler,* Das Verwaltungszwangsverfahren im Bereich des Gesundheitswesens, S. 85, stellt fest, dass eine Differenzierung zwischen der unmittelbaren Ausführung einer Maßnahme und dem sofortigen Vollzug (Sofortvollzug bzw. sofortiger Zwang) schwierig oder unmöglich sei. Die beiden Regelungen sind derzeit nicht kompatibel formuliert. Auch fehlt hinsichtlich des Sofortvollzuges eine notwendige Abgrenzung zu Nr. 2 und Nr. 4 i.V.m. Abs. 3 S. 2.

sofort vollziehbar seien,[467] ist unzutreffend. Der Sofortvollzug kommt vorgreiflich späterer Ausführungen als Ultima Ratio für Polizeivollzugsbeamte zum einen aus polizeitaktischen Gründen oder zum anderen, wenn selbst für die obligatorische unaufschiebbare Anordnung nebst Zwangsmittelandrohung keine Zeit mehr verbleibt, in Betracht. Solange also Zeit für eine mündliche unaufschiebbare Anordnung oder vorgreiflich späterer Ausführungen[468] für eine sog. Notstandsmaßnahme verbleibt, ist für den Sofortvollzug prinzipiell kein Platz.[469] Dies gebietet bereits das Verhältnismäßigkeitsprinzip, denn es soll letztlich vom Willen des Betroffenen abhängen, ob es überhaupt zur Anwendung des Zwangsmittels kommt.[470] Die akute Gefahr kann beim Sofortvollzug dann bei Vorliegen der Tatbestandsvoraussetzungen sofort durch die Zwangsmittel der Ersatzvornahme oder des unmittelbaren Zwanges[471] beseitigt werden. Das ansonsten obligatorische Verwaltungszwangsverfahren muss beim Sofortvollzug aus Gründen einer effektiven Gefahrenabwehr zurückstehen. Der Sofortvollzug ist also das Ergebnis einer Güterabwägung zwischen der prinzipiell geltenden selbstaktiven Gefahrenbeseitigung im sog. gestreckten Verwaltungszwangsverfahren mit dem Recht auf Einlegung von Rechtsbehelfen und dem sofortigen Durchgriffsrecht der Behörde oder der Polizei zwecks effektiver Gefahrenbeseitung. Die Abgrenzung des Sofortvollzuges von der unmittelbaren Ausführung einer Maßnahme ist bislang in der Literatur und Judikatur – auch wegen der unterschiedlichen Rechtslage in den Ländern – wenig überzeugend und sehr widersprüchlich. Die unmittelbare Ausführung einer Maßnahme ist also trotz vorhandener Berührungspunkte zum Sofortvollzug nicht wie letzterer eine Erscheinungsform des Vollstreckungsrechts, sondern eine besondere Art der Beseitigung von Gefahren und Störungen durch die Polizei oder Ordnungsbehörde ohne Heranziehung des an sich verantwortlichen Störers.[472] Die Verantwortlichkeit des Störers verlagert sich in diesen Fällen auf die Kostentragungspflicht.[473]

---

[467] Vgl. *Götz*, Polizei- und Ordnungsrecht, Rn. 381.
[468] Vgl. Ausführungen zu § 3 G.
[469] Ob im Einzelfall wegen ersichtlich Ineffizienz einer mündlichen unaufschiebbaren Anordnung oder mündlichen sog. Notstandsmaße, die in der Person des Betroffenen begründet ist, abgesehen werden kann und stattdessen vom Sofortvollzug Gebrauch gemacht wird, ist einea andere Frage. Mit anderen Worten: Wenn einer akuten Gefahr für ein wichtiges Rechtsgut begegnet werden soll und erkennbar und absehbar ist, dass der Verantwortliche nicht in der Lage ist, der Verfügung kurzfristig und effektiv nachzukommen, müsste es im Einzelfall möglich sein, den Sofortvollzug anzuwenden. Alles andere wäre wohl ein für die Gefahrenabwehr ungeeigneter Formalismus.
[470] Vgl. *Heesen/Hönle*, Das Bundesgrenzschutzgesetz, das Verwaltungsvollstreckungsgesetz und das Bundesgesetz über den unmittelbaren Zwang, § 6 VwVG Rn. 14.
[471] Soweit von *Steiner (Hrsg.)*, Besonderes Verwaltungsrecht, Rn. 307, die Meinung vertreten wird, dass beim Sofortvollzug nur vertretbare Handlungen und Duldungen durchgesetzt werden können, ist diese unzutreffend. Mittels unmittelbaren Zwanges können hier auch unvertretbare Handlungen bzw. Unterlassungen durchgesetzt werden. Abgesehen davon sind Duldungen keine vertretbare Handlungen.
[472] Vgl. *Stein*, Polizei- und Ordnungsrecht RP, § 12 S. 210.
[473] Vgl. § 6 Abs. 2 Polizei- und Ordnungsbehördengesetz Rheinland-Pfalz.

Ohne auf diese Widersprüchlichkeiten näher einzugehen, stellt sich die Frage, ob der Sofortvollzug ein VA ist. Nur wenn dieser ein VA ist, könnte er gem. Nr. 2 eine unaufschiebbare Anordnung oder Maßnahme sein. Auch hierzu ist die einschlägige Literatur und Judikatur uneinheitlich.[474] Unter Hinweis auf die Regelung in § 61 Abs. 2 des Landesverwaltungsvollstreckungsgesetzes von Rheinland-Pfalz enthält diese Norm keine VA-Befugnisermächtigung[475] und ferner auch keine gesetzlichen Pflichten, die Grundlage für eine HDU-Verfügung sein könnten. Sie impliziert nämlich keine Befehlsermächtigung bzw. auch keine gesetzlichen Verhaltensgebote.

Der Sofortvollzug ist also eine besondere Erscheinungsform der Anwendung von Zwangsmitteln und rechtsdogmatisch ein Realakt.[476] Dies ergibt sich auch aus der Gesetzessystematik, denn er ist unter der Rubrik „Vollstreckung von VA, mit denen eine Handlung, Duldung oder Unterlassung gefordert wird“ geregelt.[477] Diese Regelung erlaubt in Abkehr vom obligatorischen gestreckten Verwaltungszwangsverfahren unter besonderen Bedingungen ein sofortiges unbürokratisches Einschreiten ohne vorherigen Erlass einer Verfügung und einer Zwangsmittelandrohung.[478] Dass die Regelung des Sofortvollzuges unter dem Gesichtspunkt „Bundesrecht bricht Landesrecht“ angreifbar ist, wird noch später erörtert werden. Soweit in der Literatur dennoch die Meinung vertreten wird, dass der Sofortvollzug entgegen dem rechtsdogmatischen Deutungsversuch zur Abgrenzung zwischen VA und Realakt doch ein VA sei, aber ein Widerspruch dagegen unzulässig sei, weil sich der VA mit seinem Vollzug erledigt habe,[479] ist diese Aussage in dieser apodiktischen Form unzutreffend. Dabei wird übersehen, dass bei Unterstellung des Sofortvollzuges als VA bereits vor dessen Vollzug in Gestalt der Ersatzvornahme oder des unmittelbaren Zwanges nach Erlass des VA gem. § 68 VwGO ein mündlicher Widerspruch dagegen immer möglich ist.[480] Das Wesen des Sofortvollzuges ist aber, dass keine Ge- bzw. Verbotsverfügung, keine Zwangsmittelandrohung und

---

[474] Soweit in der Literatur die Meinung vertreten wird, dass in der Anwendung der Ersatzvornahme und des unmittelbaren Zwanges konkludent, sei es im gestreckten Verwaltungsverfahren oder im abgekürzten Verwaltungsverfahren (Sofortvollzug) oder bei der unmittelbaren Ausführung einer Maßnahme, ein sog. Duldungsbefehl enthalten sei und somit ein VA vorliege, ist diese Rechtsmeinung abzulehnen; so zutreffend *Pieroth/Schlink/Kniesel,* Polizei- und Ordnungsrecht, S. 433 Rn. 40.

[475] So im Ergebnis auch *Pieroth/Schlink/Kniesel,* Polizei- und Ordnungsrecht, § 23 Rn. 42 und 43 m.w.N. Danach ist zutreffend die Durchführung der Ersatzvornahme und die Anwendung des unmittelbaren Zwanges sowohl im gestreckten als auch im gekürzten Zwangsverfahren (Sofortvollzug) immer als Realakt anzusehen.

[476] Vgl. *Lemke,* Verwaltungsvollstreckungsrecht des Bundes und der Länder, S. 432 m.w.N.; *Beckmann,* LVwVG RP, § 61, S. 3 und 4. Synonyme hierfür sind auch Verwaltungsrealakt, öffentlich-rechtlicher Realakt und regelungsersetzender Realakt.

[477] Vgl. hierzu § 61 Abs. 2 LVwVG RP.

[478] Letzteres wird vom Gesetzgeber übersehen. Es handelt sich dabei um ein redaktionelles Versehen des Landesgesetzgebers, denn in § 66 Abs. 1 S. 2 LVwVG RP wird unter Hinweis auf den Sofortvollzug gesagt, dass die Zwangsmittelandrohung unterbleiben könne. Richtigerweise hätte aber gesetzessystematisch von „müssen“ gesprochen werden müssen.

[479] *Bruns/Möller,* Verwaltungsrecht, S. 328 u. 330.

[480] Insoweit kann auf die § 3 C. III. 9 verwiesen werden.

keine Festsetzung des Zwangsmittels erfolgt; stattdessen wird sofort durch Ersatzvornahme oder durch unmittelbaren Zwang eingeschritten und die Gefahr beseitigt, so dass mangels Regelung und Außenwirkung kein VA vorliegt. Der Sofortvollzug bedingt lediglich, dass eine Eingriffsermächtigung für den Erlass eines belastenden VA zur Gefahrenabwehr vorliegen muss, aber das generell obligatorische sog. gestreckte Verwaltungszwangsverfahren wegen der akuten Gefahrensituation nicht in Frage kommt. Nach der zielführenden Theorie der Befehlsermächtigung von Gusy[481] enthalten die Vorschriften über den Sofortvollzug aber keine Befehlsermächtigung, sondern vielmehr eine Ausführungsermächtigung. Somit stellt der Sofortvollzug einen Realakt dar. Der Sofortvollzug als einschneidendste Maßnahme der Gefahrenabwehr kann aus einfachgesetzlichen Gründen[482] und wohl auch aus verfassungsrechtlichen Gründen nur als Ultima Ratio greifen. Der Sofortvollzug setzt im Gegensatz zum obligatorischen gestreckten Verwaltungszwangsverfahren, der den Grundsatz der selbstaktiven Gefahrenbeseitigung verinnerlicht,[483] Fakten, ohne den Betroffenen hinsichtlich der Gefahrenabwehr selbst in die Pflicht zu nehmen. Die Verantwortlichkeit des Betroffenen wird auch hier auf die Ebene der Kostentragungspflicht verlagert. Er muss je nach Rechtslage in den Ländern die Ersatzvornahmekosten und Gebühren sowohl für die Ersatzvornahme als auch für den unmittelbaren Zwang zahlen.

Bei alledem kann der Sofortvollzug in Ermangelung der VA-Eigenschaft auch keine unaufschiebbare Anordnung oder Maßnahme im Sinne Nr. 2 sein. Daran ändert auch die Regelung des § 18 Abs. 2 VwVG nichts, der gegen den Sofortvollzug nach § 6 Abs. 2 VwVG die Rechtsmittel für zulässig erklärt, die gegen VA allgemein zulässig sind. Diese Regelung kollidiert nämlich mit §§ 68 und 42 VwGO, die einen VA im objektiven Sinne voraussetzen und mit dem Gebot eines widerspruchsfreien Verhaltens des Bundesgesetzgebers. Die Regelung des § 18 Abs. 2 VwVG ist nicht kompatibel mit den vorgenannten bundesrechtlichen Vorschriften der VwGO.[484] Nach *Lemke*[485] wird die Rechtslage völlig diffus. Obwohl zutreffend der Sofortvollzug als Realakt eingestuft wird, soll unter Hinweis auf § 18 Abs. 2 VwVG dagegen ein Widerspruch möglich sein, der dann aufschie-

---

[481] Vgl. *Gusy*, Polizeirecht, § 4 Rn. 182 ff. m.w.N.

[482] Vgl. § 80 Abs. 2 S. 1 Nr. 2 und Nr. 4, Abs. 3 VwGO.

[483] Vgl. auch *Kästner*, JS, 1994, 361.

[484] Vgl. *Renck*, NJW 1966, 124 ff. und *Kröller*, Vollstreckungsschutz im Verwaltungszwangsverfahren,1970, S. 49.

[485] *Lemke*, Verwaltungsvollstreckungsrecht des Bundes und der Länder, stellt zum einen auf S. 432 zutreffend unter Verweis auf eine Vielzahl von Rechtsquellen fest, dass der Sofortvollzug ein Realakt ist, um dann unter Hinweis auf § 18 Abs. 2 VwVG Rechtsmitteln gegen den Sofortvollzug die aufschiebende Wirkung zukommen zu lassen. Dies ist ein nicht lösbarer Widerspruch in sich. Diese Ausführungen sind geradezu symptomatisch für die Interpretationen in Literatur und Judikatur zum Sofortvollzug und verdeutlichen die rechtsdogmatischen Unsicherheiten mit diesem Rechtsinstitut.

bende Wirkung hätte.[486] Das aus dem Begriff des Sofortvollzuges abzuleitende sofortige unbürokratische Handeln würde dadurch dermaßen konterkariert, dass abgesehen von der noch zu klärenden eigentlichen Bedeutung des Sofortvollzuges im Hinblick auf die übrigen bereits kurz beschriebenen verwaltungsprozessualen Beschleunigungsregelungen des § 80 Abs. 2 S. 1 Nr. 2, 3 und 4 i.V.m. Abs. 3 VwGO sich dann die Frage aufdrängt, welche Bedeutung der Sofortvollzug im Gegensatz zu dem ansonsten obligatorischen gestreckten Verwaltungszwangsverfahren noch hat, wenn dem Rechtsbehelf noch aufschiebende Wirkung zukommen soll. Nach *Pietzner*[487] ist zutreffend mit Inkrafttreten der VwGO § 18 Abs. 2 VwVG durch § 195 Abs. 2 VwGO aufgehoben worden.

Ob also eine Norm eine Ermächtigungsgrundlage für den Erlass eines VA enthält, muss jeweils aus der betreffenden Norm interpretiert werden. In der Eingriffsnorm wird generell nicht explizit die VA-Befugnis genannt.[488] Dafür bietet sich die besagte Befehlsermächtigungstheorie von *Gusy* an. Eine solche Befehlsermächtigung zum Erlass einer sog. HDU-Verfügung enthält der Sofortvollzug, der übrigens nicht mit der Anordnung der sofortigen Vollziehung nach § 80 Abs. 2 S. 1 Nr. 4 VwGO verwechselt werden darf,[489] nicht. Ferner enthält der Sofortvollzug erkennbar auch keine gesetzlichen Pflichten, die bei Nichtbeachtung zum Erlass einer HDU-Verfügung auf der Grundlage der polizei- und ordnungsbehördlichen Befugnisgeneralklausel berechtigen.

Dass die Befürworter eines VA hinsichtlich des Rechtsinstituts des sofortigen Vollzuges dies mit einer imaginären Duldung begründen, ist wohl ein Relikt bzw. ein Reflex aus den Vorgängerverwaltungsgerichtsordnungen der Länder und des § 44 Abs. 1 S. 2 prPVG, wonach der Verwaltungsrechtsweg – anders als heute – von der realen Existenz eines VA abhängig gemacht wurde.[490] Die Befürworter eines VA beim sofortigen Vollzug müssen dann aber auch erklären, wie sich ein Widerspruch gegen den VA als sofortiger Vollzug auswirkt. Der sofortige Vollzug kann also rechtsdogmatisch aufgrund der innewohnenden Ausführungsermächtigung nur ein Realakt sein. Alle anderen Rechtskonstrukte in Form von Duldungspflichten sind rechtsdogmatisch abzulehnen.[491] Eine in der Literatur[492] vermittelnde Meinung, dass es sich bei dem Sofortvollzug bei Abwesenheit des Pflichtigen um einen öffentlich-rechtlichen Realakt und bei Anwesenheit wegen einer konkluden-

---

[486] Gesetzessystematisch kann nur ein VA aufschiebende Wirkung haben. Zwar kann der Bundesgesetzgeber, wie in § 126 BRRG regeln, dass auch bei Realakten das Vorverfahren obligatorisch ist, gleichwohl greift hier dennoch nicht die aufschiebende Wirkung.

[487] *Pietzner*, Verw.-Archiv 1993, S. 261 (285).

[488] In nur sehr seltenen Fällen wird in einer Eingriffsnorm die Handlungsform des VA explizit genannt.

[489] Zur Vertiefung dieser Rechtsfrage wird auf § 3 C.I.1. verwiesen.

[490] *Selmer/Gersdorf*, Verwaltungsvollstreckungsverfahren, S. 65, erkären dies mit § 44 Abs. 1 S. 2 PrPVG, wonach nur gegen Polizeiverfügungen Rechtsmittel zulässig waren; ebenso *Kästner*, JuS 1994, S. 362 (364).

[491] Vgl. *Pietzner*, Verw.-Archiv 1993, S. 261 (277 ff.); *Finger*, Polizeiliche Standardmaßnahmen und ihre zwangsweise Durchsetzung, JuS 2005, S. 116 (117).

[492] Vgl. *Stein*, Fälle und Erl. zum Polizei- und Ordnungsrecht RP, § 12, S. 213.

ten Duldungsverfügung um einen VA handele, ist unzutreffend. Die Unterscheidung in Anwesenheit und Abwesenheit des Pflichtigen ist schon deshalb abzulehnen, weil der Sofortvollzug in Abgrenzung zur unmittelbaren Ausführung einer Maßnahme die Anwesenheit eines Pflichtigen, dessen erkennbar entgegenstehender Willen gebeugt oder gebrochen werden soll, voraussetzt.

Soweit also präventive Standardmaßnahmen Ausführungsermächtigungen enthalten und somit Realakte sind, impliziert dies bereits grundsätzlich auch die Befugnis zur Gewaltanwendung, sodass eine Duldungsverfügung überflüssig ist. Insoweit sind nämlich die einzelnen Standardmaßnahmen abschließend geregelt. Wenn dabei allerdings Widerstand gebrochen werden muss, ist noch eine Begleitverfügung in Gestalt einer Unterlassungsverfügung auf der Grundlage der polizei- und ordnungsbehördlichen Generalklausel notwendig.[493] Dies gilt entsprechend für den Sofortvollzug. Dass der Bürger die Durchsetzung der Realakte durch hierzu legitimierte Vollstreckungskräfte generell zu dulden hat, ohne dass dies in einer Norm eigens geregelt ist und ohne dass dies ausdrücklich oder konkludent verfügt wird, ergibt sich mittelbar auch aus den Strafvorschriften der §§ 113 und 114 StGB. Danach ist Widerstand gegen Vollstreckungskräfte strafbewehrt. Diesen Tatbestand kennt übrigens im Allgemeinen auch ein Rechtsunkundiger.

Welche Bedeutung dem Sofortvollzug im Lichte der verwaltungsprozessualen Beschleunigungsregelungen der Nr. 2 und der sog. Notstandsmaßnahme tatsächlich zukommt, wird später noch erörtert.

III. Sind die einzelnen Zwangsmaßnahmen im gestreckten Verwaltungszwangsverfahren sowie weitere Maßnahmen unter Nr. 2 zu subsumieren?

Die *Zwangsmittelandrohung* ist ein VA.[494] In der Auswahl der drei Zwangsmittel liegt hier die Regelung im Sinne des § 35 VwVfG.[495] Sie ist aber – wie bereits erwähnt – keine unaufschiebbare Anordnung im Sinne von Nr. 2. Unaufschiebbare Anordnungen von Polizeivollzugsbeamten sind nämlich materiell polizeiliche Verfügungen. Das Wesen solcher Verfügungen ist aber, dass sie eine Handlung, Duldung oder Unterlassung (sog. HDU-Verfügungen) fordern. Durch die Zwangsmittelandrohung wird aber solches nicht gefordert. Mit der Zwangsmittelandrohung wird dem Betroffenen lediglich aus Rechtsstaatsgründen deutlich gemacht, womit er rechnen muss, wenn er der polizeilichen Verfügung nicht fristgerecht nachkommt. Deshalb ist die Zwangsmittelandrohung auch keine Verfügung

---

[493] Vgl. auch *Finger,* JuS 2005, 116 (120).
[494] *Reichert/Ruder,* Polizeirecht, Rn. 670.
[495] Vgl. OVG Koblenz, AS 15, S. 239 ff.

und somit auch keine unaufschiebbare Anordnung. Nr. 2 VwGO greift deshalb nicht bei Zwangsmittelandrohungen. Soweit also in der Literatur[496] die Meinung vertreten wird, die Ausnahmeregelung von Nr. 2 würde Vollstreckungsmaßnahmen implizieren, da sie in der Regel ihrerseits unaufschiebbare Maßnahmen darstellten, ist dies unrichtig. Stattdessen ist hier § 80 Abs. 2 S. 1 Nr. 3 VwGO die maßgebliche spezielle alternative Ausnahmeregelung für die Zwangsmittelandrohung, denn nach Landesrecht haben Rechtsbehelfe gegen Maßnahmen in der Verwaltungsvollstreckung, die auch die Zwangsmittelandrohung umfasst, keine aufschiebende Wirkung.[497]

Die *Zwangsgeldfestsetzung* ist unstreitig ebenfalls ein VA.[498] Auch hier handelt es sich aber ebenso wie bei der Zwangsmittelandrohung nicht um eine unaufschiebbare Anordnung im Sinne von Nr. 2, denn dann müsste es sich um eine Verfügung, mit der eine Handlung, Duldung oder Unterlassung verlangt wird, handeln. Mit der Zwangsgeldfestsetzung wird dem Betroffenen aber – ebenso wie bei der Zwangsmittelandrohung – kein neues Gebot bzw. Verbot aufgegeben, sondern es wird mit der Festsetzung deutlich gemacht, dass es nun mit der Zwangsgeldandrohung ernst wird, sofern nicht die Regelung des § 62 Abs. 4 Landesverwaltungsvollstreckungsgesetz von Rheinland-Pfalz greift.[499] Bei der Zwangsgeldfestsetzung handelt es sich ebenfalls um eine Maßnahme in der Verwaltungsvollstreckung mit der Folge, dass ein Rechtsbehelf hiergegen keine aufschiebende Wirkung hat.[500] Da die Ausnahmeregelungen in § 80 Abs. 2 VwGO Alternativregelungen sind, greift auch hier die speziellere Regelung von Nr. 3 in Verbindung mit der jeweiligen landesgesetzlichen Regelung.

Die *Beitreibung des festgesetzten Zwangsgeldes* erfolgt nach dem jeweiligen Verwaltungsvollstreckungsrecht des Bundes und der Länder. Soweit die Vollstreckungsmaßnahmen VA[501] und keine Realakte sind, hätte ein Rechtsbehelf keine aufschiebende Wirkung. In diesem Fall wären es Maßnahmen in der Verwaltungs-

---

[496] Vgl. *Lemke*, Vollstreckungsrecht des Bundes und der Länder, S. 467; ebenso *Knemeyer*, Polizei- und Ordnungsrecht, Rn. 360.

[497] Vgl. § 20 AGVwGO RP. Dort heißt es wörtlich: „Rechtsbehelfe, die sich gegen Maßnahmen in der Verwaltungsvollstreckung richten, haben keine aufschiebende Wirkung". Dies gilt auch auf Bundesebene.

[498] Vgl. *Beckmann-Gast*, Landesverwaltungsvollstreckungsgesetz für Rheinland-Pfalz, § 64, S. 2; ebenso *Reichert/Ruder*, Polizeirecht, Rn. 671.

[499] § 62 Abs. 4 Landesverwaltungsvollstreckungsgesetz von Rheinland-Pfalz hat folgenden Wortlaut: „Ist die zu erzwingende Handlung vorgenommen oder steht fest, dass ihre Vornahme unmöglich geworden ist, so dürfen Zwangsmittel nicht mehr angewendet werden."
Im Umkehrschluss bedeutet diese Regelung, dass bei einem Verbot (Unterlassung) das festgesetzte Zwangsgeld so lange beigetrieben werden kann, bis keine Wiederholungsgefahr mehr besteht (so *Beckmann-Gast*, Landesverwaltungsvollstreckungsgesetz für Rheinland-Pfalz, § 62, S. 3).

[500] Vgl. für Rheinland-Pfalz § 80 Abs. 2 S. 1 Nr. 3 und S. 2 VwGO i.V.m. § 20 AGVwGO.

[501] VA sind Pfändungen, Pfändungs- und Forderungsüberweisungsverfügungen und die Zwangshypothek; so *Rühle*, Polizei- und Ordnungsbehördengesetz RP, Rn. 90.

vollstreckung, wonach Rechtsbehelfe keine aufschiebende Wirkung haben.[502] Anstatt Nr. 2 käme die Alternativregelung von Nr. 3 zur Anwendung.

Nach § 14 des Bundesverwaltungsvollstreckungsgesetzes und auch nach § 64 NWVwVG[503] muss die angedrohte Ersatzvornahme vor deren Durchführung festgesetzt werden. Die *Ersatzvornahmefestsetzung* ist daher ein VA,[504] aber keine Verfügung und somit auch keine unaufschiebbare Anordnung, weil auch hier mit der Festsetzung keine weitere Handlung, Duldung oder Unterlassung verlangt wird. In den übrigen Bundesländern ist eine Ersatzvornahmefestsetzung nicht vorgesehen.[505] Wenn trotzdem in diesen Fällen eine Festsetzung erfolgt, beschwert eine solche Maßnahme nicht den Adressaten, so dass ein Rechtsbehelf oder ein Antrag auf vorläufigen Rechtsschutz nicht zum Erfolg führt.[506] Sie ist daher ein zulässiger VA.[507] Bei der Festsetzung einer angedrohten Ersatzvornahme handelt es sich ebenfalls um eine Maßnahme in der Verwaltungsvollstreckung, so dass auch hier nicht Nr. 2, sondern Nr. 3 i.V.m. § 20 AGVwGO Rheinland-Pfalz greift.

Bei der Erhebung eines *Kostenvorschusses hinsichtlich der Ersatzvornahmekosten*[508] handelt es sich unstreitig um einen VA. Umstritten ist allerdings, ob es sich dabei um eine Maßnahme in der Verwaltungsvollstreckung handelt.[509] Ob man darin eine Maßnahme in der Verwaltungsvollstreckung sieht oder nicht, stellt dieser jedenfalls keine Verfügung, mit der ein weiteres Handeln (Tun), Dulden oder Unterlassen gefordert wird, dar, sodass er auch keine unaufschiebbare Anordnung sein kann.

Die *Durchführung der Ersatzvornahme* ist eine Tathandlung und somit ein Realakt.[510] Soweit zuweilen in der Literatur darin ein VA gesehen wird,[511] hält diese Rechtsmeinung einer kritischen Überprüfung nicht stand.[512] Die Bestimmungen

---

[502] Vgl. für Rheinland-Pfalz § 80 Abs. 2 S. 1 Nr. 3 und S. 2 VwGO i.V.m. § 20 AGVwGO.

[503] Nordrhein-westfälisches Verwaltungsvollstreckungsgesetz.

[504] *Reichert/Ruder*, Polizeirecht, Rn. 671.

[505] Vgl. § 63 Landesverwaltungsvollstreckungsgesetz von Rheinland-Pfalz.

[506] Vgl. OVG Koblenz, Beschl. v. 22.1.1986 – 6 B 44/85 –.

[507] *Rühle*, Polizei- und Ordnungsrecht, S. 217 m.w.N. und *Drews/Wacke/Vogel/Martens*, Gefahrenabwehr, Rn. 395 m.w.N.

[508] Vgl. § 63 Abs. 2 LVwVG RP.

[509] Vgl. § 3 L. II.

[510] Vgl. *Beckmann-Gast*, Landesveraltungsvollstreckungsgesetz für Rheinland-Pfalz, § 63, S. 2; *Reichert/Ruder*, Polizeirecht, Rn. 673; *Pieroth/Schlink/Kniesel*, Polizei- und Ordnungsrecht, S. 433 u. 434 Rn. 40 – 43; *Schenke*, Polizei- und Ordnungsrecht, Rn. 553; *Lemke*, Verwaltungsvollstreckungsrecht des Bundes und der Länder, S. 451 m.w.N.; *Steiner (Hrsg.)*, Besonderes Verwaltungsrecht, S. 365 Rn. 294.

[511] Vgl. *Götz*, Allg. Polizei- und Ordnungsrecht, § 16 Rn. 396. Danach liegt bei der Ausführung der Ersatzvornahme ein VA vor, wenn diese nicht vorher angedroht worden ist. Gemeint ist hier wohl der sog. Sofortvollzug im abgekürzten Verwaltungszwangsverfahren. Dieser Sichtweise kann nicht gefolgt werden. Ob eine Norm die Handlungsform des Realaktes oder des VA vorgibt, muss aus dieser interpretiert werden. Die Regelungen über die Ersatzvornahme geben zu einer solchen Interpretation keinen Anlass. Sie enthalten klar eine sog. Ausführungsermächtigung zugunsten der Behörden oder der Polizei, so dass es sich rechtsdogmatisch bei der Ausführung der Ersatzvornahme um einen Realakt handelt. Das Fehlen der generell obligatorischen Zwangsmittelandrohung kann im Rahmen einer Feststellungsklage bzw. im Rahmen einer Schadenersatzklage gerügt werden.

[512] *Schenke*, Polizei- und Ordnungsrecht, Rn. 553.

über die Ersatzvornahme enthalten deutlich eine sog. Ausführungsermächtigung für die Behörden und die Polizei.[513] Eine VA-Befugnis kann daraus nicht interpretiert werden.[514] Somit kann die Ausführung/Durchführung der angedrohten und gegebenenfalls auch festgesetzten Ersatzvornahme mangels VA-Qualität nicht unter die Ausnahmeregelung gem. Nr. 2 fallen.

Die *Leistungsbescheide nach Durchführung der Ersatzvornahme* sind zwar VA, aber ebenfalls keine sog. HDU-Verfügungen und somit auch keine unaufschiebbaren Anordnungen. Da sie zudem immer auch nur schriftlich ergehen und behördliche zeitraubende Folgemaßnahmen nach sich ziehen, scheidet Nr. 2 auch wegen des Nichtvorliegens des Tatbestandsmerkmals „unaufschiebbar" aus. Diese Leistungsbescheide sind auch keine Maßnahmen in der Verwaltungsvollstreckung,[515] sodass hier auch Nr. 3 und S. 2 ausscheidet, denn die Ersatzvornahme ist ja bereits durchgeführt. Sie sind ferner auch keine Abgaben und Kosten nach Nr. 1.[516]

Auch die *Anwendung des angedrohten unmittelbaren Zwanges* ist ein Realakt.[517] Soweit zuweilen in der Literatur hierin ein VA gesehen wird,[518] ist diese Meinung ebenfalls unzutreffend. Zwecks Vermeidung von Wiederholungen wird auf vorstehende Ausführungen zur Abgrenzung zwischen VA und Realakte verwiesen. Die Regelungen über die Anwendung unmittelbaren Zwanges enthalten erkennbar nur Ausführungs- und keine Befehlsermächtigungen bzw. gesetzliche Verhaltensgebote für den Bürger. Die Ausnahmeregelung Nr. 2 ist daher hinsichtlich der Anwendung unmittelbaren Zwanges ebenfalls nicht relevant.

Die *Ersatzzwangshaft* wird auf Antrag der Vollstreckungsbehörde vom Verwaltungsgericht angeordnet,[519] so dass schon aus diesem Grund die Ausnahmeregelung Nr. 2 nicht greifen kann. Das Verwaltungsgericht ist keine Stelle im Sinne des

---

[513] § 63 Abs. 1 Landesverwaltungsvollstreckungsgesetz für Rhld.-Pf. hat folgenden Wortlaut: „Wird die Verpflichtung, eine Handlung vorzunehmen, deren Vornahme durch einen anderen möglich ist (vertretbare Handlung), nicht erfüllt, so kann die Vollstreckungsbehörde auf Kosten des Vollstreckungsschuldners die Handlung selbst ausführen oder einen anderen mit der Ausführung beauftragen."

[514] Vgl. *Pieroth/Schlink/Kniesel*, Polizei- und Ordnungsrecht, § 23 Rn. 4o, 42 und 43: „Hintergrund der Konstruktion oder 'Erdichtung' eines VA bei Anwendung einer Ersatzvornahme durch einen angeblichen konkludenten Duldungsbefehl war, dass bis zur Einführung der verwaltungsgerichtlichen Generalklausel nach dem Zweiten Weltkrieg der Rechtsschutz weitgehend vom Vorliegen eines VA abhängig war, gegen den allein Anfechtungsklage erhoben werden konnte. Heute ist aber auch gegen Realakte effektiver Rechtsschutz im Wege der Feststellungs- und allgemeiner Leistungsklage gegeben." Dies könnte in der Tat ein Erklärungsmuster für den krampfartigen Versuch in Judikatur und Literatur sein, alle Vollstreckungsmaßnahmen und auch die präventiven Standardmaßnahmenunterschiedslos als VA zu deuten.

[515] Vgl. OVG Münster, OVGE 22, S. 307.

[516] Vgl.§ 3 L. I.

[517] Vgl.*Beckmann-Gast*, Landesverwaltungsvollstreckungsgesetz RP, § 65, S. 2; *Pieroth/Schlink/Kniesel*, Polizei- und Ordnungsrecht, Rn. 40-43; *Götz*, Polizei- und Ordnungsrecht, Rn. 423; *Lemke*, Verwaltungsvollstreckungsrecht des Bundes und der Länder, S. 451 m.w.N.

[518] Vgl. *Habermehl*, Polizei- und Ordnungsrecht, Rn. 521 und *Papier*, Einstweiliger Rechtsschutz in ö.-r. Streitigkeiten (1. Teil), JA 1979, S. 561 (564).

[519] Vgl. für Rheinland-Pfalz § 67 LVwVG.

§ 2 VwVfG, so dass es auch gem. § 35 VwVfG keinen VA und somit auch keine unaufschiebbare Anordnung erlassen kann.

Verwarnungen durch Polizeivollzugsbeamte sind keine unaufschiebbaren Anordnungen, weil sie keine VA und somit auch keine polizeilichen Verfügungen sind. Bei einer Verwarnung fehlt erkennbar das Tatbestandsmerkmal „Regelung" im Sinne des § 35 VwVfG.[520]

Dagegen ist die *Verwarnung mit Verwarnungsgeld* ein VA.[521] Trotz VA-Charakters liegt aber keine Verfügung und somit auch keine unaufschiebbare Anordnung im Sinne Nr. 2 vor. Mit ihr wird dem Betroffenen keine Handlung, Duldung oder Unterlassung aufgegeben. Falls jemand die förmlichen Voraussetzungen für die Verwarnung im Nachhinein rügen möchte, steht ihm der besondere Rechtsbehelf des Antrages auf gerichtliche Entscheidung gem. § 62 OWiG zur Verfügung. Der Verwaltungsrechtsweg ist hier aber unter Hinweis auf § 40 Abs. 1 S. 1 Halbs. 2 VwGO ausgeschlossen.[522]

Nach dem Polizei- und Ordnungsrecht leistet die Polizei anderen Behörden *Vollzugshilfe.*[523] Sie ist eine besondere Form der Amtshilfe und kommt nur in Betracht, wenn unmittelbarer Zwang anzuwenden ist und die anderen Behörden nicht über die hierzu erforderlichen Dienstkräfte verfügen oder ihre Maßnahmen nicht auf andere Weise selbst durchsetzen können.[524] Die Polizei ist nur für die Art und Weise der Durchführung verantwortlich,[525] also für den unmittelbaren Zwang und nicht für den zu vollstreckenden VA der ersuchenden Behörde. Da der unmittelbare Zwang ein Realakt ist, kann somit die Vollzugshilfe niemals unter die Ausnahmeregelung gem. Nr. 2 fallen.

Bei den repressiven *Maßnahmen der Polizei nach dem Ordnungswidrigkeitengesetz* in Gestalt von repressiven Standardmaßnahmen handelt es sich nicht um VA, sondern um Justizverwaltungsakte. Hiergegen kann Antrag auf gerichtliche Entscheidung gestellt werden. Der Verwaltungsrechtsweg nach § 40 VwGO ist hier ausgeschlossen, so dass Nr. 2 auch hier keine Relevanz hat.

Auch *Belehrungen, Hinweise, Androhungen eines VA und Warnungen* enthalten keine Regelung i.S.v. § 35 VwVfG und sind deshalb auch niemals VA, so dass Nr. 2 auch hier nicht zur Anwendung kommen kann.

---

[520] Vgl. auch *Knemeyer,* Polizei- und Ordnungsrecht, § 5 Rn. 53.
[521] Vgl. BVerfGE 22, 125 (131); BVerwGE 24, 8 ff.
[522] Vgl. *Knemeyer,* Polizei- und Ordnungsrecht, § 5 Rn. 53; *Schenke,* Polizei- und Ordnungsrecht, Rn. 484.
[523] Vgl. § 1 Abs. 4 des Polizei- und Ordnungsbehördengesetzes RP.
[524] Vgl. in Rheinland-Pfalz § 96 Abs. 1 des Polizei- und Ordnungsbehördengesetzes.
[525] Vgl. § 96 Abs. 2 Polizei- und Ordnungsbehördengesetz RP.

E. Polizeivollzugsbeamte

Nachdem geklärt ist, was sich hinter den Tatbestandsvoraussetzungen „unaufschiebbare Anordnungen und Maßnahmen“ verbirgt, muss geklärt werden, wer Polizeivollzugsbeamter ist und ob dieser Begriff, wie unisono geschehen, nur grammatisch zu unterpretieren ist. Nach der Ausnahmeregelung Nr. 2 entfällt die aufschiebende Wirkung bei unaufschiebbaren Anordnungen und Maßnahmen von Polizeivollzugsbeamten.[526] Voraussetzung ist also nach dem Gesetzeswortlaut daher, dass ein Polizeivollzugsbeamter eine sog. mündliche HDU-Verfügung[527] oder auf andere Weise eine unaufschiebbare Maßnahme erlassen hat. Es handelt sich dabei um eine Schlüsselfrage in Nr. 2. Umso mehr erstaunt, dass die einschlägigen Kommentare und Lehrbücher zum Verwaltungsprozessrecht die Kommentierung des Tatbestandsmerkmales „Polizeivollzugsbeamter“ nur streifen. Soweit überhaupt näher auf diesen Begriff eingegangen wird, ist die Darstellung lückenhaft. So wird dieser Begriff überwiegend mit der Vollzugspolizei im formellen Sinne, die sich nach Landesrecht bestimmt, gleichgesetzt.[528] Dabei wird übersehen, dass auch der Bund nach dem Grundgesetz[529] eine spezielle bundeseigene Polizei einrichten kann und auch eingerichtet hat.

Im Polizei- und Ordnungsbehördenrecht kursieren mehrere Polizeibegriffe. So unterscheidet *Steiner* [530] Polizei im materiellen, im institutionellen (organisatorischen) und formellen Sinne, während *Rühle*[531] nur den materiellen und formellen Polizeibegriff kennt. Nach *Steiner* würde es sich bei den Polizeivollzugsbeamten um Polizei im institutionellen (organisatorischen) Sinne handeln, während nach der Definition von *Rühle* diese unter den formellen Polizeibegriff fielen. Nachfolgend werden die Polizeivollzugsbeamten im Sinne von Nr. 2 mangels einer einheitlichen kodifizierten Bezeichnung als Polizeivollzugsbeamte im formellen Sinne bezeichnet.[532] Bei dieser Festlegung der Begriffe darf aber nicht geleugnet werden, dass der formelle Polizeibegriff von *Rühle* und der Begriff der Polizei im formellen Sinne von *Steiner (Hrsg.)* nicht völlig kongruent sind.

---

[526] Die Intention des Gesetzgebers war erkennbar, dass die aufschiebende Wirkung nicht eine effektive Gefahrenabwehr konterkarieren soll; so *Stein,* Fälle und Erläuterungen zum Verwaltungsrecht/Verwaltungsprozessrecht, S. 258.

[527] Wie zuvor schon mehrfach erwähnt, könnte unter bestimmten Voraussetzungen auch eine schriftliche unaufschiebbare Anordnung ergehen.

[528] Statt vieler *Schoch,* in: Schoch/Schmidt-Aßmann/Pietzner, VwGO, § 80 Rn. 122.

[529] Art. 87 GG.

[530] *Steiner /Hrsg.),* Besonderes Verwaltungsrecht, S. 190.

[531] *Rühle,* Polizei- und Ordnungsrecht für RP, S. 32 Rn. 1.

[532] Hier wird mit dem formellen Polizeibegriff bzw. mit dem Polizeivollzugsbeamten im formellen Sinne unter Hinweis auf Nr. 2 bei Ausblendung repressiver Aufgabenfelder nach dem OWiG oder der Strafprozessordnung mit *Pieroth/Schlink/Kniesel,* Polizei- und Ordnungsrecht, § 1 Rn. 19, der formelle Polizeibegriff mit dem institutionellen (organisatorischen) Polizeibegriff gleichgesetzt.

Auffallend ist, dass in der verwaltungsprozessualen Literatur überhaupt kein Versuch unternommen wird zu prüfen, ob nicht über den Begriff des Polizeivollzugsbeamten im formellen Sinne hinaus Nr. 2 nicht im Wege einer teleologischen Auslegung auch auf andere Vollzugskräfte und Beliehene und Polizeihelfer mit Aufgaben der Gefahrenabwehr auszudehnen ist.[533] Stattdessen wird lediglich erklärt, dass Ordnungsbehörden (Verwaltungspolizei, Sicherheitsbehörden) nicht unter Nr. 2 fallen, was heißt, dass Nr. 2 hinsichtlich des Tatbestandsmerkmals „Polizeivollzugsbeamter" restriktiv im Sinne einer nur grammatischen Auslegung interpretiert wird.[534] Letztere seien im Gegensatz zu den Polizeivollzugsbeamten auf die einzelfallbezogene Anordnung der sofortigen Vollziehung angewiesen.[535] Die einschlägige Literatur ist somit auch bei der Kommentierung des Tatbestandsmerkmals „Polizeivollzugsbeamter" in Verkennung des Verfassungsrechts[536] und mangels notwendiger Gesetzesauslegung[537] ausgesprochen unzulänglich. Die ganze Bedeutung von Nr. 2 für den Polizei- bzw. Ordnungsbehördenalltag erschließt sich daher nur, wenn umfassend geklärt ist, wer als Polizeivollzugsbeamter gelten kann. Deshalb ist eine akribische Auseinandersetzung mit diesem Tatbestandsmerkmal in Nr. 2 entgegen der einschlägigen Literatur notwendig. Denn nur wenn ein Polizeivollzugsbeamter i.S.v. Nr. 2 gehandelt hat, kann auch im Einzelfalle das Resultat seines Handelns überhaupt eine unaufschiebbare Anordnung oder Maßnahme sein. Gleichzeitig wird zu klären sein, auf welche Eingriffsermächtigungen (jedoch ohne Anspruch auf Vollständigkeit) sich die jeweilige Polizeisparte bei unaufschiebbaren Anordnungen und Maßnahmen stützen kann. Nur über die Kenntnis dieser Eingriffsermächtigungen erschließt sich Nr. 2 in ihrer vollen Bandbreite. Diesen aufgeworfenen rechtsdogmatischen Fragen stellt sich jedenfalls das Schrifttum nicht.

I. Polizeivollzugsbeamte des Bundes

Um diese Frage beantworten zu können, muss auch die Verfassung geprüft werden. Die Tatsache, dass die einschlägige verwaltungsprozessuale Literatur ganz überwiegend den Begriff „Polizeivollzugsbeamter" mit den Beamten der Länderpolizeien (Schutz-, Kriminal-, Bereitschafts- und Wasserschutzpolizei) gleichset-

---

[533] Statt vieler *Schoch,* Vorl. Rechtsschutz und Risikoverteilung im Verwaltungsrecht, S. 838 und 1223. Danach werden aus der Vielzahl polizeilicher Maßnahmen nur diejenigen der Polizeivollzugsbeamten erfasst. Maßnahmen der sog. Verwaltungspolizei fallen nicht unter Nr. 2; ebenso *Papier,* JA 1979, S. 561 (564).

[534] So schon *Kirchhof,* JuS 1975, 509.

[535] Vgl. *Schoch,* Vorl. Rechtsschutz und Risikoverteilung, S. 1224; ebenso *Brühl,* JuS 1995, 627 (629).

[536] Siehe Art. 40 und 87 GG.

[537] Es findet lediglich eine grammatische (semantische/philologische) Auslegung und nicht auch eine teleologische Auslegung statt.

zen,[538] ist wohl auf Art. 30 und 83 GG zurückzuführen, wonach die Ausübung der staatlichen Befugnisse und die Erfüllung der staatlichen Aufgaben grundsätzlich Sache der Länder ist. Daraus wurde offenbar geschlossen, dass das Grundgesetz die Polizeihoheit ausschließlich den Ländern vorbehalten hat.[539] Es wurde dabei übersehen, dass auch das Grundgesetz[540] Bundespolizeibeamte vorsieht, was seinen einfachgesetzlichen Niederschlag im Bundespolizeibeamtengesetz, im Bundespolizeigesetz (BPolG)[541] und im Bundeskriminalamtgesetz findet. Die Polizeivollzugsbeamten des Deutschen Bundestages, die sog. Hausinspektion, finden ihre rechtliche Absicherung unmittelbar in Art. 40 Abs. 2 GG. Zu beachten ist aber, dass es keine allgemeine Bundespolizei gibt.[542] Ebenso wenig gibt es ein allgemeines Bundespolizeirecht.[543] Besondere Bundespolizeigesetze sind vorstehende Gesetze und die Dienstanweisung des Deutschen Bundestages.[544] Nach dem Bundespolizeibeamtengesetz[545] sind Polizeivollzugsbeamte des Bundes die mit polizeilichen Aufgaben betrauten und zur Anwendung unmittelbaren Zwanges befugten Beamten.

Neben der Vollzugspolizei im engeren Sinne – das sind Polizeivollzugsbeamte im formellen Sinne – besitzt der Bund Behörden,[546] deren Mitarbeiter Aufgaben des sog. materiellen Polizeibegriffes wahrnehmen, mündliche Verfügungen erlassen und zum Teil auch unmittelbaren Zwang[547] anwenden dürfen.

1. Bundespolizei – vormals Bundesgrenzschutz

Die Aufgaben der Bundespolizei sind in §§ 1 bis 13 des Bundespolizeigesetzes geregelt. Der Schwerpunkt der Aufgaben liegt nach wie vor in der grenzbezogenen Gefahrenabwehr; des Weiteren in den Aufgaben der ehemaligen Bahnpolizei, der Luftsicherheit und im Schutz von Bundesorganen.[548] Mit Verwaltungsabkommen

---

538 So stellvertretend *Schoch,* in: Schoch/Schmidt-Aßmann/Pietzner, VwGO, § 80 Rn. 122.

539 Vgl. auch *Rauball,* Allgemeines Polizei- Ordnungsrecht, S. 4.

540 Vgl. Art. 40 Abs. 2 GG (Hausrecht und Polizeigewalt des Bundestagspräsidenten), Art. 87 Abs. 1 S. 2 GG (Ermächtigung für die Bundespolizei und das Bundeskriminalamt)

541 Gesetz zur Umbenennung des BGS in Bundespolizei v. 21.6.2005, BGBl.I S. 1818 ff.

542 Trotz der Umbenennung des BGS in Bundespolizei gibt es auch weiterhin wegen der grundsätzlichen Polizeihoheit der Länder keine allgemeine Bundespolizei. Dies wäre schlicht verfassungswidrig. Mit der Umbenennung soll lediglich dem Umstand Rechnung getragen werden, dass der ehemalige Bundesgrenzschutz über den Grenzschutz hinaus inzwischen weitere Aufgaben wahrnimmt.

543 Vgl. *Pieroth/Schlink/Kniesel,* Polizei- und Ordnungsrecht, § 3 Rn. 1.

544 Dies ist aber unter Hinweis auf § 3 E. I. 4. rechtsbedenklich.

545 Bundespolizeibeamtengesetz, zuletzt geändert am 29.6.1998, BGBl. I S. 1666.

546 Diese Behörden werden in der Literatur unterschiedlich bezeichnet. Man spricht von Polizeibehörden des Bundes, von Sonderordnungsbehörden des Bundes und von ihren Mitarbeitern, die auch zur Anwendung unmittelbaren Zwanges befugt sind, sogar von Bundespolizeibeamten.

547 § 6 UZwG.

548 Diese über die eigentlichen grenzsichernden Aufgaben hinausgehenden Aufgaben sind in der Literatur kritisiert worden. Allerdings hat das BVerfG diese Aufgabenerweiterung wegen der tradierten Verwaltungskompetenz des

zwischen dem Bundesminister des Innern und den Stadtstaaten Bremen[549] und Hamburg[550] wurden allerdings grenzpolizeiliche Aufgaben auch auf die Stadtstaaten übertragen.[551] Danach nehmen die beiden Stadtstaaten in den Häfen von Hamburg, Bremen und Bremerhaven anstelle der Bundespolizei die polizeiliche Kontrolle des grenzüberschreitenden Verkehrs wahr. Durchgeführt wird diese übertragene Aufgabe vor Ort von den beiden Wasserschutzpolizeien. Ferner ist durch ein weiteres Verwaltungsabkommen die polizeiliche Kontrolle des grenzüberschreitenden Verkehrs entlang der bayerisch-tschechischen Grenze dem Land Bayern[552] übertragen worden. Im dortigen Grenzhinterland in einer Tiefe von dreißig Kilometern bleiben auch weiterhin die Beamten der Bundespolizei zuständig. Vorgenannte Aufgaben wurden früher von der bayrischen Grenzpolizei wahrgenommen. Seit einigen Jahren wurde diese in die bayerische Landespolizei, und zwar in das Polizeipräsidium Regensburg, eingegliedert. Ferner nimmt auch nach vorgenanntem Verwaltungsabkommen die bayerische Polizei an der deutsch-österreichischen und der deutsch-schweizerischen Grenze bis zu einer Tiefe von dreißig Kilometern die Aufgaben des grenzpolizeilichen Einzeldienstes wahr. Die an den beiden vorgenannten Grenzen mit diesen Aufgaben betrauten Dienststellen unterstehen der Fachaufsicht des Polizeipräsidiums Regensburg. Soweit grenzsichernde Maßnahmen von den Bundesländern Bayern, Bremen und Hamburg wahrgenommen werden, nehmen sie die Befugnisse nach den jeweiligen Polizeigesetzen dieser Länder wahr.

Weitere grenzsichernde Aufgaben der Bundespolizei werden auch nach der BPolGZollVO[553] durch die Zollverwaltung erledigt. Zusammenfassend lässt sich also festhalten, dass die grenzsichernden Aufgaben auf der Bundesseite vorrangig von der Bundespolizei und daneben aber auch auf der Grundlage der BPolGZollVO von Beamten der Zollverwaltung und länderseits auch von den Ländern Bayern, Bremen nd Hamburg wahrgenommen werden.

Die Bundespolizei ist gem. § 1 Abs. 1 S. 2 BPolG eine Polizei des Bundes im Geschäftsbereich des Bundesministeriums des Innern. Sie soll entgegen den Schutzpolizeien der Länder blaue Uniformen erhalten.[554] Verfassungsrechtlich

---

Bundes auf diesen Gebieten nur als Ausübung einer entsprechenden Annexkompetenz angesehen; so *Lisken/Denninger*, Handbuch des Polizeirechts, 3. Aufl., 2001, Rn. 139 u. 141 m.w.N.

[549] Verwaltungsabkommen zwischen dem Bundesminister des Innern und dem Senator für Inneres der Freien Hansestadt Bremen über die Wahrnahmung der polizeilichen Kontrolle des grenzüberschreitenden Verkehrs in den Seehäfen Bremen und Bremerhaven vom 20. Aug. 1973, MBlBGS Nr. 22/73 S. 313.

[550] Verwaltungsabkommen über die Wahrnehmung der polizeilichen Kontrolle des grenzüberschreitenden Verkehrs im Hamburger Hafen vom 22. Jan. 1974, MBlBGS Nr. 5/74 S. 75.

[551] So *Knemeyer*, Polizei- und Ordnungsrecht, Rn. 29 m.w.N.

[552] Verwaltungsabkommen zwischen dem Bundesminister des Innern und der Bayerischen Staatsregierung über die Wahrnehmung von Aufgaben des grenzpolizeilichen Einzeldienstes in der Fasssung der Bekanntmachung vom 16. Juli 1975, GVBl. S. 257, geändert durch Verwaltungsabkommen vom 19. Dez. 1991, GVBl. S. 518.

[553] Verordnung über die Übetragung von Grenzschutzaufgaben auf die Zollverwaltung vom 25. März 1975, BGBl. I S. 1068, zuletzt geändert durch Gesetz vom 21.6.2005, BGBl. I S. 1818 ff.

[554] Inzwischen werden aber auch die Länderpolizeien auf blaue Uniformen und blaue Dienstfahrzeuge umgerüstet.

abgesichert ist die Bundespolizei durch Art. 73 Nr. 5 und Art. 87 Abs. 1 S. 2 GG, wonach u.a. durch Bundesgesetz Bundesgrenzschutzbehörden geschaffen werden können.[555] Da die sogenannte Polizeihoheit aber weiterhin nach der Verfassungslage prinzipiell bei den Ländern liegt, ist eine uferlose Ausweitung der Aufgaben zugunsten der Bundespolizei unzulässig und verfassungswidrig.[556]

Nach § 1 Abs. 1 S.1 des Bundespolizeibeamtengesetzes sind die Beamten der Bundespolizei Polizeivollzugsbeamte des Bundes (Bundespolizeibeamte). Wer konkret innerhalb der Bundespolizei Polizeivollzugsbeamter im Sinne des § 1 Abs. 1 S. 1 des Bundespolizeibeamtengesetzes ist, ergibt sich aus § 1 Abs. 1 Nr. 1 bis 25 und aus Abs. 2 Nr. 1 bis 3 der Verordnung zu § 1 Abs. 1 des Bundespolizeibeamtengesetzes.[557] Das Spektrum reicht vom Polizeimeisteranwärter bzw. der Polizeimeisteranwärterin im Bundesgrenzschutz bis zum Präsidenten oder der Präsidentin eines Bundespolizeipräsidiums.

Auch im BPolG ist ebenso wie in den Polizei- und Ordnungsbehördengesetzen eine strikte Trennung zwischen Aufgaben und Befugnissen vorgenommen worden. Eingriffsermächtigungen für den Erlass von unaufschiebbaren Anordnungen sind §§ 22, 23, 25 und 38 BPolG. So kann die Bundespolizei gem. § 22 Abs. 1 BPolG Personen zum Zwecke der Befragung anhalten und nach § 22 Abs. 2 BPOlG anhalten und Ausweispapiere sowie Grenzübertrittspapiere zur Aushändigung verlangen. Nach § 23 Abs. 3 und 5 BPolG können VA zur Identitätsfeststellung ergehen und nach § 23 Abs. 4 BPolG Berechtigungsscheine und andere Papiere zur Aushändigung verlangt werden. Nach § 25 BPolG kann auch mündlich vorgeladen werden. Weiterhin kann nach § 38 BPolG eine Platzverweisung ausgesprochen werden.

Die standardisierten Eingriffsermächtigungen berechtigen zum Erlass von VA in Gestalt von Verfügungen, denn sie enthalten eine Befehlsermächtigung. Alle vorgenannten Eingriffsermächtigungen sind Rechtsgrundlage für unaufschiebbare Anordnungen.[558] Ferner sind der Bundespolizei auch spezielle Aufgaben, z.B. nach dem Zuwanderungsgesetz, übertragen, die ebenfalls Eingriffsermächtigungen zum Erlass von polizeilichen Verfügungen enthalten und die gleichzeitig die Unaufschiebbarkeit implizieren. Außerdem können polizeiliche Verfügungen des BPolG auf die Generalklausel des § 14 BPolG gestützt werden. Ebenso wie im Polizei- und Ordnungsbehördenrecht der Länder gehen aber die präventiven Standardmaßnahmen der Generalklausel vor. Es besteht insoweit ein Anwendungsvorrang.

---

555 Eine entsprechende Umbenennung im GG in Bundespolizei erfolgte bisher nicht.

556 Das Aufgabengebiet des BGS ist auf bestimmte Flächen und Räume beschränkt; so auch *Prümm/Sigirist,* Allg. Sicherheits – und Ordnungsrecht, 1997, S. 214 m.w.N. Nach *Gusy,* Polizeirecht, 5. Aufl., 2003, Rn. 43, darf der BGS nicht zu einer allgemeinen, mit den Landespolizeien konkurrierenden Bundespolizei ausgebaut werden und damit sein Gepräge als Polizei mit begrenzten Aufgaben verlieren; ebenso *Steinr (Hrsg.),* Besonderes Verwaltungsrecht, 7. Aufl., 2003, S. 341 Rn. 246 m.w.N.

557 Verordnung zu § 1 Abs. 1 des Bundespolizeibeamtengesetzes vom 9. Juli 2003, BGBl. I S. 1338.

558 Vgl. *Götz,* Polizei- und Ordnungsrecht, Rn. 490; *Gusy,* Polizeirecht, Rn. 45.

Deshalb haben auch Standardmaßnahmen eine Sperrwirkung für die Generalklausel.[559]

2. Bundeskriminalamt (BKA)

Nach § 1 Abs. 1 S. 1 des Bundespolizeibeamtengesetzes sind die Beamten des Bundeskriminalamtes ebenfalls Polizeivollzugsbeamte des Bundes. Wer Polizeivollzugsbeamter im Sinne des § 1 Abs. 1 S. 1 Bundespolizeibeamtengesetz ist, ergibt sich konkret aus § 1 Abs. 1 Nr. 26 bis 40 und Abs. 2 Nr. 4 der Verordnung zu § 1 Abs. 1 des Bundespolizeibeamtengesetzes. Das Spektrum reicht hier von der Kriminalkommissaranwärterin bzw. vom Kriminalkommissaranwärter bis zum Präsidenten bzw. zur Präsidentin des Bundeskriminalamtes.[560] Die Schaffung von Bundespolizeibeamten im Bundeskriminalamt ist verfassungsrechtlich durch Art. 73 Nr. 10 und Art. 87 Abs. 1 S. 2 GG abgesichert, wonach durch Bundesgesetz Zentralstellen für das polizeiliche Auskunfts- und Nachrichtenwesen für die Kriminalpolizei eingerichtet werden können.[561] Das Bundeskriminalamt ist als Zentralstelle eine obere Bundesbehörde ohne eigenen Verwaltungsunterbau und untersteht direkt dem Bundesministerium des Innern. Das Bundeskriminalamtsgesetz (BKAG)[562] weist über die Zentralstellenaufgaben des Art. 87 Abs. 1 S. 2 GG hinaus weitere Aufgaben zu, die sich aus anderen Bundeskompetenzen ableiten. Nach dem BKAG nimmt das BKA sowohl präventive als auch repressive Aufgaben wahr, wobei die Behörde eher als präventivpolizeiliche Stelle wahrgenommen wird.[563]

Die Aufgaben des BKA sind, verkürzt dargestellt,

- Koordinations- und Unterstützungsaufgaben gegenüber den Ländern als Zentralstelle gem. § 2 BKAG,
- die Strafverfolgung insbesondere für international organisierte Delikte des Waffen- und Rauschgifthandels etc. gem. § 4 BKAG,
- Schutzaufgaben gegenüber Verfassungsorganen (Personen- und Objektschutz) gem. § 5 BKAG und
- Aufgaben des Nationalen Zentralbüros der Internationalen Kriminalpolizeilichen Organisationen und die Zusammenarbeit mit Europol.

---

559 Vgl. *Reichert/Ruder*, Polizeirecht, Rn. 539.

560 Allerdings dürfte der Chef des Bundeskriminalamtes in der Praxis wohl selbst keine unaufschiebbaren Anordnungen treffen und diese mit Zwangsmitteln durchzusetzen versuchen.

561 Unter Hinweis auf Art. 87 Abs. 1 und Art. 73 Nr. 10 GG gibt es aber Gründe, wonach das BKAG aus verschiedenen Gründen verfassungsrechtlich bedenklich ist; so *Lisken/Denninger*, Handbuch des Polizeirechts, Rn. 151 u. 152 m.w.N.

562 Bundeskriminalamtsgesetz vom 7.7.1997, BGBl. I S. 1650.

563 Vgl. *Gusy*, Polizeirecht, S. 26 Rn. 50.

Als präventive Standardmaßnahmen in Gestalt von VA kommen nach dem BKAG folgende Regelungen in Betracht: Identitätsfeststellung nach § 21 Abs. 2 Nr. 1 BKAG, Verlangen auf Aushändigung von Berechtigungsscheinen und anderen Papieren nach § 21 Abs. 2 Nr. 2 BKAG, Platzverweis nach § 21 Abs. 4 BKAG und besondere Befugnisse nach § 26 BKAG zum Zeugenschutz. Die vorstehenden Eingriffsermächtigungen des BKAG können allesamt Grundlage für unaufschiebbare Anordnungen sein, da sie bereits die Unaufschiebbarkeit implizieren.

Nach der Generalklausel des § 21 Abs. 1 BKAG kann das Bundeskriminalamt ferner die notwendigen Maßnahmen treffen, um eine im Einzelfall bestehende Gefahr für die öffentliche Sicherheit im räumlichen Umfeld einer zu schützenden Person sowie in Bezug auf Personen abzuwenden, wenn Anhaltspunkte dafür vorliegen, dass von ihnen Gefährdungen für diese Personen ausgehen können. Auch die Generalklausel des BKAG kann Grundlage für den Erlass einer unaufschiebbaren Anordnung sein.

Soweit also in der Literatur die Meinung vertreten wird, Polizeivollzugsbeamte im Sinne von Nr. 2 seien nur uniformierte Polizeibeamte, ist dies z.B. unter Hinweis auf die speziellen präventiven Befugnisse nach dem BKAG hinsichtlich des Schutzes von Verfassungsorganen und des Zeugenschutzes widerlegt.

3. Inspekteur der Bereitschaftspolizeien der Länder

Nach § 1 Abs. 1 S. 1 des Bundespolizeibeamtengesetzes ist auch die Inspekteurin bzw. der Inspekteur der Bereitschaftspolizeien der Länder Bundespolizeibeamter, wenn gem. § 1 Abs. 2 Nr. 5 der Verordnung zu § 1 Abs. 1 des Bundespolizeibeamtengesetzes das letzte Amt, dass sie vor der Übertragung dieses Amtes innehatten, ein Amt einer Polizeivollzugsbeamtin oder eines Polizeivollzugsbeamten war.

Durch ein Verwaltungsabkommen des Bundes mit den einzelnen Ländern wurde die Funktion des Inspekteurs der Bereitschaftspolizeien der Länder geschaffen.[564] Organisatorisch ist diese Stelle dem Bundesinnenministerium als Unterabteilungsleiter in die Abteilung „Polizeiangelegenheiten" eingegliedert.[565] Polizeikräfte der Länder können in Fällen von Naturkatastrophen gem. Art. 35 Abs. 2 und 3 GG, des Verfassungsnotstandes gem. Art. 91 GG sowie im Verteidigungsfall gem. Art. 115f GG den Weisungen der Bundesregierung, vertreten durch den Inspekteur der Bereitschaftspolizeien der Länder, unterstellt werden.[566] Der Inspekteur der Bereitschaftspolizeien der Länder kann zwar formell

---

[564] Veröffentlicht für NRW beispielsweise im MBl. 1971, 906.

[565] Vgl. *Drews/Wacke/Vogel/Martens*, Gefahrenabwehr, § 5, S. 69 und 70.

[566] Vgl. vorstehende Fn.

Bundespolizeibeamter sein; er selbst wird aber wohl generell keine unaufschiebbaren Anordnungen treffen, sondern sich nur mit der Leitung eines Einsatzes befassen.

4. Polizeivollzugsbeamte beim Deutschen Bundestag als sog. Hausinspektion

Nach Art. 40 Abs. 2 S. 1 GG übt der Bundestagspräsident das Hausrecht und die Polizeigewalt im Gebäude des Bundestages aus. Während das Hausrecht als privatrechtliche Befugnis des Eigentümers gem. § 7 Abs. 2 der Geschäftsordnung des Bundestages[567] durch eine Hausordnung geregelt ist, gibt die Polizeigewalt[568] dem Bundestagspräsidenten hoheitsrechtliche Kompetenz. Er ist faktisch der Polizeipräsident im „Sprengel Bundestagsgebäude."[569] Hierzu bedient er sich eigener Polizeivollzugsbeamten, der sog. Hausinspektion. Nach § 1 Abs. 2 des Bundespolizeibeamtengesetzes gilt dieses Gesetz auch für die Polizeivollzugsbeamten beim Deutschen Bundestag, womit bundesgesetzlich die Existenz solcher eigener Polizeivollzugsbeamten dokumentiert wird. Wer aber konkret als Polizeivollzugsbeamter beim Deutschen Bundestag gem. § 1 Abs. 2 des Bundespolizeibeamtengesetzes in Verbindung mit § 1 der Verordnung zu § 1 Abs. 1 des Bundespolizeibeamtengesetzes Polizeivollzugsbeamtin oder Polizeivollzugsbeamter ist, erschließt sich aus der Verordnung nicht. Der einschlägige § 1 Abs. 2 des Bundespolizeibeamtengesetzes wurde zu einem späteren Zeitpunkt eingeführt.[570] Die Ermächtigungsgrundlage für die Verordnung ist im § 1 Abs. 1 S. 2 des Bundespolizeibeamtengesetzes enthalten und nimmt nur Bezug auf § 1 Abs. 1 S. 1 des Bundespolizeibeamtengesetzes. Anscheinend liegt insoweit eine gesetzgebungstheoretische „Panne" vor, indem durch die Schaffung des Abs. 2 die Ermächtigungsgrundlage für die Verordnung im Abs. 1 S. 2 nicht mehr allumfassend ist. Bei der Gesetzesnovellierung hinsichtlich der Polizeivollzugsbeamten beim Deutschen Bundestag hätte man die Novellierung leicht in § 1 Abs. 1 S. 1 des Bundespolizeibeamtengesetzes einbauen können, so dass in diesem Fall die Ermächtigungsgrundlage in S. 2 nicht hätte geändert werden müssen. Andererseits lässt sich die in Abs. 2 enthaltene Formulierung „Dieses Gesetz gilt auch für die Polizeivollzugsbeamten beim Deutschen Bundestag" dahingehend auslegen, dass damit im Ergebnis Abs. 1 S. 1 erweitert wurde. Da eigens für die Polizeivollzugsbeamten beim Deutschen Bundestag eine

---

[567] Geschäftsordnung des 15. Bundestages.

[568] Die Polizeigewalt ist ebenfalls nochmals deklaratorisch in § 7 Abs. 2 der Geschäftsordnung des 15. Bundestages enthalten.

[569] Vgl. *Versteyl*, in: von Münch/Kunig (Hrsg.), GG-Kommentar, Art. 40 GG, Rn. 24.

[570] Gesetz vom 20.12.1988, BGBl. I S. 2363.

Laufbahnverordnung[571] existiert, hätte in Anlehnung an die anderen Bundespolizeibeamten auch hier in der Verordnung zu § 1 Abs. 1 Bundespolizeibeamtengesetz geregelt werden müssen, wer konkret Polizeivollzugsbeamtin oder Polizeivollzugsbeamter des Bundes ist. Insoweit dürfte auch hier ein redaktionelles Versehen des Verordnungsgebers vorliegen. Deswegen sollte aus Rechtsklarheitsgründen die Verordnung entsprechend modifiziert werden. Der Kreis der Polizeivollzugsbeamten der Hausinspektion ist in § 4 Abs. 2 Nr. 1 in Verbindung mit Abs. 2 der Dienstanweisung für die Hausinspektion vom 06.04.1976 bestimmt.[572] Dieser Personenkreis sollte konsequenterweise auch in die Rechtsverordnung zum Bundespolizeibeamtengesetz aufgenommen werden.

Ein spezielles Bundesgesetz, worin die Aufgaben und Befugnisse dieser Polizeivollzugsbeamten geregelt sind, existiert nicht. *Pieroth* versteht unter Polizeigewalt alle polizeilichen Aufgaben und Befugnisse für den genannten räumlichen Bereich,[573] ohne diese Auffassung näher zu begründen. Die Aufgaben und Befugnisse der Polizeivollzugsbeamten beim Deutschen Bundestag sind vielmehr in einer Dienstanweisung des Bundestagspräsidenten für die Hausinspektion des Deutschen Bundestages geregelt. Die Befugnisse orientieren sich an dem Musterentwurf eines einheitlichen Polizeigesetzes. Die dortigen Regelungen geben nach Literaturmeinungen[574] nur wieder, was sich bereits unmittelbar aus der Verfassung gem. Art. 40 Abs. 2 GG ableiten lässt, so dass eine gesetzliche Regelung nicht erforderlich sei. Diese Sichtweise ist nicht unproblematisch, denn damit soll § 7 Abs. 2 der Geschäftsordnung des 15. Deutschen Bundestages in Verbindung mit der Dienstanweisung des Bundestagspräsidenten für die Hausinspektion des Deuschen Bundestages wohl legitimiert werden. Auch wenn der Verfassungsgeber für den Bundestag mit Art. 40 Abs. 2 GG eine eigene Polizei schaffen wollte, hätte aus Rechtsstaatsgründen in Art. 40 Abs. 2 GG auch bestimmt werden müssen, dass das Nähere durch ein Bundesgesetz geregelt wird. Für den Erlass von VA reichen wohl Geschäftsordnungen, die kein materielles Gesetz für den Bürger darstellen und Dienstanweisungen nicht aus. Insoweit dürfte dies mit Art. 20 Abs. 3 GG kollidieren, wonach insbesondere Einschränkungen von Grundrechten dem Parlamentsgesetz vorbehalten sind.[575] Dass die Befugnisnormen der Dienstanweisung, die in Anlehnung an den Musterentwurf für ein einheitliches Polizeigesetz entstanden sein dürften, Grundrechtseinschränkungen enthalten, bedarf keiner Erörterung. Wenn die Befugnisse sich allein aus der Verfassung hätten ableiten lassen sollen, wäre auch hier der Bundesgesetzgeber gezwungen gewesen, diese in der Verfassung selbst zu regeln. Das Wort „Polizeigewalt" in Art. 40 Abs. 2 GG erfült dieses

---

[571] VO über die Laufbahnen des Polizeivollzugsdienstes beim Deutschen Bundestag i.d.F.v. 20.01.2000, BGBl. I S. 58.
[572] Vgl. *Riegel*, Bundespolizeirecht, § 6 UZwG, § 6, S. 127 und 128 m.w.N.
[573] Vgl. *Pieroth*, in: Jarass/Pieroth, GG, Art. 40 Rn. 11.
[574] Vgl. *Drews/Wacke/Vogel/Martens*, Gefahrenabwehr, § 5, S. 71 und *Köhler*, DVBl. 1992, 1577 ff.
[575] Vgl. *Ipsen*, Staatsrecht I, S. 190 Rn. 695.

Rechtsstaatsprinzip wohl nicht. Wenn das Rechtsstaatsprinzip verlangt, die Aufgaben und Befugnisse der öffentlichen Gewalt in einem Gesetz klar auszuformulieren, muss dies nach dem „Erst-recht-Schluss" auch bzw. gerade für den Verfassungsgeber selbst gelten.

In der Dienstanweisung sind in Anlehnung an den Musterentwurf für ein einheitliches Polizeigesetz neben der Generalklausel auch polizeiliche (präventive) Standardmaßnahmen enthalten. Ermächtigungsgrundlage für eine unaufschiebbare Anordnung nach Nr. 2 wären derzeit unter Ausblendung grundsätzlicher Bedenken die Regelungen über die Identitätsfestellung und den Platzverweis nach §§ 13 und 16 der Dienstanweisung in Verbindung mit Art. 40 Abs. 2 GG in Verbindung mit § 7 Abs. 2 der jetzt gültigen Geschäftsordnung des Deutschen Bundestages und die Generalklausel nach § 11 der Dienstanweisung in Verbindung mit Art. 40 Abs. 2 GG in Verbindung mit § 7 Abs. 2 der Geschäftsordnung des Deutschen Bundestages.

Soweit in der Literatur die Meinung vertreten wird, dass sich der Bundestagspräsident bzw. dessen Polizeivollzugsbeamte hinsichtlich rechtsstaatlicher Anforderungen von polizeilichen Verfügungen an die herkömmlichen Grundsätze des allgemeinen Polizeirechts zu orientieren haben, wie sie im Musterentwurf eines einheitlichen Polizeigesetzes von 1977 enthalten sind, werden zum einen die angeführten grundsätzlichen verfassungsrechtlichen Probleme in puncto Rechtsstaatsprinzip nicht erörtert und zum anderen übersehen, dass in der Dienstanweisung selbst die reklamierten herkömmlichen Grundsätze des allgemeinen Polizeirechts auf der Grundlage des Musterentwurfes für ein einheitliches Polizeigesetz bereits enthalten sind, so dass nur eine Orientierung an den herkömmlichen Grundsätzen des allgemeinen Polizeirechts zu kurz greift und die Rechtslage nicht wiedergibt.[576] Die Befugnis zur Vollstreckung unaufschiebbarer Anordnungen ergibt sich aus §§ 6 ff. VwVG.[577] Wenn in der Literatur argumentiert wird, dass sich die Aufgaben und Befugnisse des Bundestagspräsidenten, der sich seinerseits der Polizeibeamten des Deutschen Bundestages bedient, originär bereits aus Art. 40 Abs. 2 GG selbst ergäben, so dass die Dienstanweisung quasi nur deklaratorischer Natur sei, wäre beispielsweise auch die Aufnahme der Polizeibeamten des Deutschen Bundestages in § 1 des Bundespolizeibeamtengesetzes und in § 6 Nr. 1 UZwG[578] entbehrlich gewesen. Dann ließe sich auch argumentieren, dass sich die Eigenschaft der Mitarbeiter der Hausinspektion des Deutschen Bundestages als Polizei des Bundes ebenfalls direkt aus Art. 40 Abs. 2 GG ableiten. Daher ist es nicht konsequent, die Polizeibeamten des Deutschen Bundestages in § 1 des Bundespolizeibeamtengesetzes

[576] Vgl. *Köhler*, DVBl. 1992, 1577 (1581 m.w.N.)
[577] Vgl. *Köhler*, DVBl. 1992, 1577 (1582 m.w.N.).
[578] Gesetz über den unmittelbaren Zwang bei Ausübung öffentlicher Gewalt durch Vollzugsbeamte des Bundes vom 10. März 1961, BGBl. I S. 165 in der jetzt gültigen Fassung.

zu Bundespolizeibeamten zu erklären und deren Aufgaben und Befugnisse als materielles Polizeirecht in einer Dienstanweisung zu regeln. Die Dienstanweisung ist keine Rechtsnorm und eine rein innerdienstliche Anweisung ohne Außenwirkung und kann somit keine geeignete Rechtsgrundlage für den Erlass von VA sein. Die Berufung auf Art. 40 Abs. 2 GG widerspricht dem Rechtsstaatsprinzip und auch der Rechtsschutzgarantie. Materielle Vorschriften müssen hinreichend bestimmt sein. Dies leistet Art. 40 Abs. 2 GG nicht. Aber auch die Dienstanweisung, die keine Rechtsnorm ist, verstößt gegen Art. 20 Abs. 3 GG. Ob dadurch alle HDU-Verfügungen rechtswidrig sind, war und ist hier nicht zu erörtern.

Die Polizeigewalt des Bundestagspräsidenten bedeutet im Umkehrschluss, dass die allgemeinen Polizeibehörden im Bundestag unzuständig sind und nur im Wege der Vollzugshilfe nach Art. 35 GG auf Weisung des Bundestagspräsidenten eingreifen dürfen.[579] Bei Gefahr im Verzug für wichtige Rechtsgüter dürfte bzw. müsste wohl aber auch ein Schutzpolizist oder ein Bundespolizeibeamter einschreiten.[580]

II. Mitarbeiter des Bundesverfassungsschutzes

Das Bundesverfassungsschutzgesetz[581] basiert verfassungsrechtlich auf den Art. 73 Nr. 10 und 87 Abs. 1 S. 2 GG. Nach § 8 Abs. 3 des Bundesverfassungsschutzgesetzes haben dessen Beamte keine spezifischen polizeilichen Befugnisse und können somit auch keine VA erlassen, so dass schon aus diesem Grund Nr. 2 nicht zur Anwendung kommen kann. Gleichwohl wird das Bundesverfassungsschutzamt auch wegen seiner Befugnisse zu Informationseingriffen nach §§ 9 ff. Bundesverfassungsschutzgesetz als polizeiliche Dienststelle bezeichnet,[582] was aber wegen des Umstandes, dass das Bundesverfassungsschutzamt keine VA erlassen darf, hinsichtlich Nr. 2 keine Relevanz erlangt. Es besteht ein Trennungsgebot zwischen Polizeibehörden und Verfassungsschutzbehörden. Die Verfassungsschutzbehörden des Bundes sind reine Nachrichtendienste. Ihre Tätigkeit beschränkt sich auf die heimliche Informationsgewinnung. Dies kann aber niemals den Tatbestand des § 35 VwVfG erfüllen. Daher sind die Mitarbeiter des Bundesverfassungsschutzes weder Polizeivollzugsbeamte im formellen (institutionellen) noch im materiellen Sinne. Die Landesämter für Verfassungsschutz sind ebenso

---

[579] Vgl. *Würtenberger/Heckmann/Riggert,* Polizeirecht in Baden–Württemberg, S. 42 und 43 m.w.N.

[580] Vgl. *Pieroth,* in: Jarass/Pieroth, GG, Art. 40 Rn. 11; ebenso *Versteyl,* in: von Münch/Kunig (Hrsg.), GG-Kommentar, Art. 40 Rn. 24.

[581] Bundesverfassungsschutzgesetz vom 20.12.1990, BGBl. I S. 2954, zuletzt geändert durch Art. 1 des Terrorismusbekämpfungsgesetzes vom 9.1.2002, BGBl. I S. 361.

[582] *Vgl. Steiner (Hrsg.),* Besonderes Verwaltungsrecht, S. 341 Rn. 247.

nicht zu präventiv-polizeilichen Maßnahmen befugt und fallen daher auch nicht unter Nr. 2.[583]

F. Fallen auch Bundesbehörden mit Aufgaben der Gefahrenabwehr unter Nr. 2?

Neben der Vollzugspolizei im formellen Sinne[584] verfügt der Bund über Bundesbehörden mit vollzugspolizeilichen Funktionen,[585] die auch als Sonderpolizeibehörden des Bundes[586] oder als Sonderordnungsbehörden des Bundes[587] bezeichnet werden und Besonderes Bundespolizeirecht ausführen. Damit wird dokumentiert, dass das weite Feld der Gefahrenabwehr auch auf Bundesebene nicht nur von den Bundespolizeibeamten, sondern auch von Bundesbehörden wahrgenommen wird. Insoweit sind sie auf Bundesebene zusammen mit den Bundespolizeibeamten dem sog. materiellen Polizeibegriff zuzuordnen.[588] *Pieroth/Schlink/Kniesel*[589] zählen den Zollgrenzdienst, den Zollfahndungsdienst, das Zollkriminalamt und die sog. Strom- und Schifffahrtspolizei zum Besonderen Bundespolizeirecht. *Würtenberger/Heckmann/Riggert*[590] zählen zutreffend auch die Bundesanstalt für den Güterkraftverkehr hierzu.

Die Mitarbeiter dieser Bundesbehörden sind zwar keine Polizeivollzugsbeamten des Bundes im formellen Sinne gem. § 1 des Bundespolizeibeamtengesetzes, dürfen aber gleichwohl nach § 6 UZwG ebenfalls unmittelbaren Zwang anwenden und sind somit Polizeivollzugsbeamte des Bundes im materiellen Sinne.[591] Allein der Umstand, dass Mitarbeiter dieser Bundesbehörden mit Aufgaben der Gefahrenabwehr unmittelbaren Zwang anwenden dürfen, indiziert bereits, dass sie auf der Grundlage des Besonderen Bundespolizeirechts, soweit dieses Ermächtigungsgrundlagen für den Erlass von VA enthält und Unaufschiebbarkeit vorliegt, auch zu unaufschiebbaren Anordnungen berechtigt sind, die es sofort durchzusetzen gilt. Der unmittelbare Zwang ist nämlich das typische Zwangsmittel von Vollzugskräf-

---

[583] *Drews/Wacke/Vogel/Martens*, Gefahrenabwehr, S. 95; *Würtenberger/Heckmann/Riggert*, Polizeirecht in BW, Rn. 93.

[584] Polizeivollzugsbeamte des Bundes im formellen Sinne sind lediglich die in § 1 des Bundespolizeibeamtengesetzes i.V.m. der dazu ergangenen RVO genannten Bundespolizeibeamten.

[585] So der Terminus von *Würtenberger/Heckmann/Riggert*, Polizeirecht in Baden-Württemberg, S. 43.

[586] Vgl. *Gusy*, Polizeirecht, S. 21 Rn. 38 .

[587] Vgl. *Knemeyer*, Polizei- und Ordnungsrecht, Rn. 38.

[588] Vgl. *Pieroth/Schlink/Kniesel*, Polizei- und Ordnungsrecht, § 1 Rn. 19; die im Schrifttum allenthalben vorgenommene Verengung von Nr. 2 auf Polizeivollzugsbeamte im formellen Sinne widerspricht der Intention des Gesetzgebers, effektiv Gefahren abzuwehren. Es darf danach keine Rolle spielen, ob die Gefahrenabwehr von Polizeivollzugsbeamten oder von sonstigen Vollzugsdienstkräften der Gefahrenabwehr abgewehrt wird.

[589] Vgl. *Pieroth/Schlink/Kniesel*, Polizei- und Ordnungsrecht, S. 43.

[590] *Würtenberger/Heckmann/Riggert*, Polizeirecht in BW, Rn. 88.

[591] So zutreffend *Riegel*, Bundespolizeirecht, § 6, S. 127 u. 128; allerdings dürfen aber nicht alle Mitarbeiter der in in § 6 UZwG genannten Bundesinstitutionen unmittelbaren Zwang anwenden.

ten zur zwangsweisen Durchsetzung unvertretbarer Handlungen in Gestalt von VA, Realakten oder justiziellen Standardmaßnahmen nach der Strafprozessordnung. Nr. 2 ist erkennbar auf den Streifen- bzw. Außendienst zugeschnitten. Der Grundgedanke dabei ist, dass die dort zu regelnden Fälle meistens dringlich und deshalb zunächst einmal zu befolgen sind, weil ansonsten Maßnahmen im Außendienst weitestgehend uneffektiv wären.[592] Soweit also Vollzugsbeamte des Bundes beispielsweise eine mündliche[593] unaufschiebbare Anordnung an Ort und Stelle mittels unmittelbaren Zwanges durchsetzen, muss auch für sie als Polizeibeamte im materiellen Sinne der Privilegierungstatbestand gem. Nr. 2 gelten.[594] Nichts anderes muss gelten, wenn sie in Fällen vertretbarer Handlungen bei Unaufschiebbarkeit mittels Ersatzvornahme einschreiten.

Diese Feststellung ergibt sich aus folgenden Überlegungen: Zwar spricht Nr. 2 unmissverständlich von Polizeivollzugsbeamten, was aber eine extensive Gesetzesauslegung auf teleologischer Basis nicht ausschließt, sondern sogar normativ rational notwendig macht.[595] Wenn man sich vergegenwärtigt, dass das weite Gebiet der Gefahrenabwehr quasi eine „Gemeinschaftsaufgabe" im funktionalen Sinne für die Polizei,[596] die vorgenannten Sonderordnungsbehörden des Bundes, die allgemeinen Ordnungsbehörden und die sog. Sonderordnungsbehörden im weiteren Sinne auf der Ebene der Länder und Kommunen einschließlich der Beliehenen und Polizeihelfer darstellt und deren Tätigkeiten somit dem sog. materiellen Polizeibegriff zuzuordnen sind, muss die Frage erlaubt sein, welche effektivitätssteigernden und privilegierenden verwaltungsprozessualen sowie verwaltungsvollstreckungs- bzw. polizei- und ordnungsbehördlichen Regelungen bei enger Auslegung von Nr. 2 stattdessen greifen sollen. Die anderen verwaltungsprozessualen Beschleunigungsregelungen des § 80 Abs. 2 S. 1 Nr. 3, 4 i.V.m. Abs. 3 VwGO sind keine Alternative, weil sie sich allesamt nicht an Vollzugsdienstkräfte der Gefahrenabwehr mit der Berechtigung zur Ausübung des unmittelbaren Zwanges wenden, sondern an Behörden mit ihren Sachbearbeitern, wobei sich lediglich die sog. Notstandsmaßnahme nach § 80 Abs. 2 S. 1 Nr. 4 i.V.m. Abs. 3 S. 2 VwGO ausweislich des Kontextes speziell an die Ordnungsbehörden wendet. Nr. 3 und 4 i.V.m. Abs. 3 S. 1 gelten nicht nur exklusiv für die Ordnungsbehörden.

Die Regelungen des Bundes zur Gefahrenabwehr, in denen gem. § 80 Abs. 2 S. 1 Nr. 3 VwGO kraft Gesetzes die aufschiebende Wirkung entfällt,

---

592 Vgl. hierzu auch *Rühle/Suhr*, Polizei- und Ordnungsbehördengesetz Rheinland-Pfalz, § 57 Rn. 1.1.3.

593 Zwar werden regelmäßig wegen des unbürokratischen Arbeitsstils von Vollzugsbeamten aller Art unaufschiebbare Anordnungen generell vor Ort mündlich ergehen. Dies schließt aber nicht aus, dass auch beispielsweise mittels eines Vordruckes für HDU-Verfügungen, der an Ort und Stelle ausgefüllt wird und dem Adressaten sofort ausgehändigt wird, eingeschritten wird. Auch diese schriftliche Handlungsform kann der Nr. 2 zugeordnet werden.

594 Die Reduzierung auf die Sparten der Länderpolizeien, wie dies u.a. auch *Rühle/Suhr*, Polizei- und Ordnungsbehördengesetz Rheinland-Pfalz, § 57 Rn. 1.1.2, propagiert, greift bei zielführender teleologischer Auslegung zu kurz.

595 Vgl. *Ekardt*, Zukunft in Freiheit, § 4 B.

596 Mit Polizei sind sowohl die Bundespolizeibeamten als auch die Polizeibeamten der Länder gemeint.

sind auf dem Gebiet des Bundesseuchengesetzes, des Tierschutzgesetzes, des Gesetzes jugendgefährdender Schriften und des Vereinsgesetzes enthalten,[597] für deren Vollzug Ordnungsbehörden zuständig sind. Die Nr. 3 impliziert Schriftlichkeit und Bekanntgabe/Zustellung per Post. Bei akuten Gefahrensituationen, die ein rasches unbürokratisches Eingreifen der Bundesbehörden mit ihren unterschiedlichen Bezeichnungen erfordern, ist die Anordnung der sofortigen Vollziehung nach § 80 Abs. 2 S. 1 Nr. 4 i.V.m. Abs. 3 S. 1 VwGO ebenfalls keine Alternative. Diese setzt nämlich ebenfalls Schriftlichkeit der Verfügung nebst Zwangsmittelandrohung, eine schriftliche Anordnung der sofortigen Vollziehung nach § 80 Abs. 3 S. 1 VwGO und eine schriftliche qualifizierte Begründung der Anordnung der sofortigen Vollziehung und deren Bekanntgabe/Zustellung voraus.[598] Das Fehlen einer Rechtsbehelfsbelehrung hat aber unabhängig davon, ob eine solche gesetzlich vorgeschrieben ist, nur die Jahresfrist als Ausschlussfrist gemäß § 70 Abs. 2 VwGO in Verbindung mit § 58 Abs. 2 VwGO zur Folge. Die Anordnung der sofortigen Vollziehung ist also ein Instrumentarium des Mitarbeiters/Sachbearbeiters einer Behörde, der vom Schreibtisch aus handelt. Als Behörden sind hier nicht nur – wie bereits erwähnt – die sog. Eingriffsverwaltungen, sondern in einigen wenigen Fällen auch die Leistungsverwaltungen angesprochen; letztere beispielsweise dann, wenn sie eine staatliche Leistung, die zu Unrecht bezogen wurde, zurückfordern. Da die Bekanntgabe/Zustellung auch regelmäßig per Post erfolgt und damit viel Zeit verstreicht, ist Nr. 4 in akuten Gefahrensituationen keine wirkliche Alternative.

Als verwaltungsprozessuale Beschleunigungsregelung bleibt noch die sog. Notstandsmaßnahme beziehungsweise Notstandsklausel nach § 80 Abs. 2 S. 1 Nr. 4 i.V.m. Abs. 3 S. 2 VwGO. Aber auch die Notstandsmaßnahme scheidet hier aus, denn sie richtet sich ausdrücklich an die Behörde. Im Gegensatz zu § 80 Abs. 2 S. 1 Nr. 4 i.V.m. Abs. 3 S. 1 VwGO richtet sich Nr. 4 i.V.m. Abs. 3 S. 2 nicht an irgendeine Behörde im Herrschaftsbereich der VwGO, die auch zu belastenden VA berechtigt ist, sondern unausgesprochen nur an Ordnungsbehörden,[599] d.h. an Ordnungsbehörden des Bundes und an die allgemeinen Ordnungsbehörden bzw. an die Sonderordnungsbehörden im weiteren Sinne auf der Ebene des Landes und der Kommunen. Weder aus den Gesetzgebungsunterlagen noch aus dem kursorischen Schrifttum ergeben sich allerdings zu den einzelnen Tatbestandsvoraussetzungen der sog. Notstandsmaßnahme brauchbare und nachvollziehbare Interpretationshil-

[597] Vgl. *Schoch,* in: Schoch/Schmidt-Aßmann/Pietzner, VwGO, § 80 Rn. 135 m.w.N.

[598] Dass Vollzugsdienstkräfte dies auch mit Laptop bewerkstelligen und die Verfügung auch per Empfangsbekenntnis an Ort und Stelle sogar zustellen könnten, dürfte aus verschiedenen Gründen noch nicht Verwaltungswirklichkeit sein. Die hierzu vorliegenden Judikate gehen allesamt davon aus, dass die Verfügungen vom Schreibtsich aus gefertigt und auch per Post bekannt gemacht bzw. zugestellt werden.

[599] Dies ergibt sich aus den Tatbestandsvoraussetzungen „Gefahr im Verzuge“ und „drohende Nachteile für Leben, Gesundheit und Eigentum.“ Es handelt sich dabei um Termini des materiellen Polizeibegriffes.

fen. Sie sind zudem sehr widersprüchlich. Wegen der Bezeichnung Notstandsmaßnahme wird z.B. fälschlicherweise der Fokus auf Feuersbrünste, Hochwasser, Erdbeben und weitere elementare Naturereignisse gerichtet.[600] In diesen Fällen greift vielmehr die sog. unmittelbare Ausführung einer Maßnahme. Ein denkbarer Fall für eine sog. Notstandsmaßnahme wäre z.B. die sofortige Benutzungsuntersagung eines akut einsturzgefährdeten Wohngebäudes durch Sachbearbeiter der Bauaufsichtsbehörde, einer Sonderordnungsbehörde im weiteren Sinne. Auch hier fehlen Judikate,[601] so dass eine stimmige Einordnung dieser ziemlich unpräzisen Regelung im System der privilegierten Eingriffsmaßnahmen des sog. materiellen Polizeibegriffes seit Bestehen der Verwaltungsgerichtsordnung nicht stattgefunden hat. Dieser Befund ist schon verwunderlich, denn bei der Regelung des § 80 Abs. 2 S. 1 Nr. 4 i.V.m. Abs. 3 S. 2 VwGO handelt es sicherlich nicht um eine Regelung, die ohne weiteres aus sich heraus interpretierbar ist. Im Gegenteil, sie enthält Unschärfen und unbestimmte Rechtsbegriffe, die geradezu eine Interpretation erforderlich machen. Aus den wenigen fragmentarischen Anmerkungen im Schrifttum spürt man förmlich wegen des missglückten Gesetzestextes das Bestreben, über den Gesetzestext hinaus möglichst wenig zu sagen, um keine Angriffsflächen zu bieten. Dies ist bedauerlich, denn der Befund einer diffusen Gesetzeslage müsste eigentlich die Rechtswissenschaft auf den Plan rufen, zumal diese Regelung schon seit Inkrafttreten der VwGO besteht und der Bereich der Gefahrenabwehr keine unwichtige Säule des öffentlichen Rechts darstellt.

Soweit ersichtlich, hat lediglich *Stumm*[602] das Wesen dieser verwaltungsprozessualen Notstandsregelung korrekt interpretiert, indem er von mündlichen für sofort vollziehbar erklärten Verfügungen[603] und von mündlicher Bezeichnung der Notstandsmaßnahme[604] spricht. § 80 Abs. 3 S. 2 VwGO, der mit Nr. 4 korreliert, impliziert also eine mündliche Verfügung nebst mündlicher Zwangsmittelandrohung, eine mündliche Anordnung der sofortigen Vollziehung und die mündliche Bezeichnung[605] der Maßnahme als Notstandsmaßnahme zum Schutz eines bedeutenden Rechtsgutes. Ferner verlangt die Notstandsklausel unausgesprochen eine gegenwärtige erhebliche Gefahr i.S.d. Legaldefinitionen des § 2 Nr. 1b und c NGefAG. Dies bedeutet, dass bei der Gefahrenabwehr durch eine Ordnungsbehör-

---

[600] Vgl. die Kommentare zur VwGO.

[601] Vgl. *Eyermann*, VwGO, § 80 Rn. 46.

[602] *Stumm*, Verwaltungsrecht II, Rn. 292.

[603] Der Vollständigkeit halber hätte auch die obligatorische Zwangsmittelandrohung erwähnt werden sollen. Hinsichtlich der mündlichen Anordnung der sofortigen Vollziehung siehe auch *Funke-Kaiser*, in: Bader/Funke-Kaiser/Kuntze/von Albedyll, VwGO, § 80 Rn. 46.

[604] Fehlt die Bezeichnung als „Notstandsverfügung“ oder „Notstandsanordnung“, wobei die Behörde darlegungs- und beweispflichtig ist, ist die Vollziehungsanordnung nichtig; vgl. *Funke-Kaiser*, in: Bader/Funke-Kaiser/Kuntze/von Albedyll, VwGO, § 80 Rn. 46.

[605] Die mündliche Zwangsmittelandrohung als rechtsstaatliche Notwendigkeit zur Folgenabschätzung bei Nichtbeachtung der sog. Notstandsmaßnahme wurde hierbei vom Gesetzgeber übersehen. Jedenfalls ist sie nach Landesrecht bechtlich. Vgl. hierzu statt vieler § 66 Abs. 1 LVwVG RP.

de zu prüfen ist, ob nicht die obligatorische schriftliche HDU-Verfügung mit Anordnung der sofortigen Vollziehung nach Nr. 4 i.V.m. Abs. 3 S. 1 VwGO,[606] die per Post oder auch durch die Behörde bekannt gemacht bzw. zugestellt werden, ausreicht. Die Verwendung des formellen Gefahrenbegriffes, mit der im Polizei- und Ordnungsbehördenrecht immer eine Eilfallkompetenz geregelt wird, ist hier mangels einer Kompetenzverschiebung abzulehnen. Grundvoraussetzung ist der Erlass einer mündlichen Verfügung. Die Frage ist, welche Bewandtnis es hat, wenn in Gesetzen Ordnungsbehörden bei Gefahr im Verzuge mündliche VA eingeräumt werden.[607] Sie sind im Hinblick auf die sog. Notstandsklausel bei diesbezüglichem Bundesrecht nur deklaratorischer Natur, dagegen gilt bei entsprechendem Landesrecht der Grundsatz „Bundesrecht bricht Landesrecht". Das Procedere für eine mündliche HDU-Verfügung einer Ordnungsbehörde ist – wenn auch unzulänglich – in der Notstandsklausel abschließend geregelt, so dass spezialgesetzlichen Regelungen über mündliche VA keine konstitutive Wirkung zukommen dürfte. Dass es überhaupt mündliche VA gibt, ergibt sich bereits aus § 37 Abs. 2 S. 1 VwVfG. Die mündliche Zwangsmittelandrohung findet ihre Rechtsgrundlage in § 66 Abs. 1 S. 2 LVwVG RP. Dagegen ergibt sich die mündliche Anordnung der sofortigen Vollziehung aus dem Kontext des Abs. 3 S.2.[608]

Unabhängig davon, dass § 80 Abs. 3 S. 2 VwGO eine unpräsize, schlecht ausformulierte Regelung darstellt, ist sie wohl als Pendantvorschrift zu Nr. 2 gedacht, um auch Sachbearbeitern von Ordnungsbehörden eine unbürokratische effektive Gefahrenabwehr zu ermöglichen. Eine andere Frage ist, ob diese Regelung als solche im Bereich der Gefahrenabwehr bislang erkannt worden ist. Dies muss eindeutig verneint werden. Im Schrifttum wird zwar allenthalben konstatiert, dass Nr. 2 nicht die Ordnungsbehörden, Verwaltungsbehörden bzw. Sicherheitsbehörden erfasse, aber nicht stattdessen auf die Notstandsmaßnahme nach Nr. 4 i.V.m. Abs. 3 S. 2 verwiesen. Wäre vom Schrifttum die vorgenannte Notstandsregelung als spezielle adäquate Regelung für Ordnungsbehörden erkannt worden, hätte sich ein solcher Hinweis geradezu aufgedrängt. Eine einfache Negierung ist in einem solchen Fall zu wenig. Ein weiteres Indiz für das Nichterkennen dieses Problemes ist auch der Umstand, dass in der Literatur die Meinung vertreten wird, dass § 80 Abs. 3 S. 2 VwGO in der Praxis keine Rolle spiele.[609] Zu einer solchen Aussage kann man aber nur kommen, wenn man die sog. Notstandsmaßnahme anscheinend nur oberflächlich interpretiert. Auch wenn zugegebenermaßen diese Vorschrift in

---

[606] Die Anordnung der sofortigen Vollziehung ist entbehrlich, wenn nach der Nr. 3 ein Gesetz die aufschiebende Wirkung bereits kraft Gesetzes entfallen lässt.

[607] Vgl. § 111 Abs. 1 Landeswassergesetz Rheinland-Pfalz oder § 20 Ordnungsbehördengesetz Nordrhein-Westfalen. Auch in diesen Gesetzen wurde entgegen des Polizei- und Ordnungsbehördenrechts keine Eilfallkompetenz geregelt.

[608] Die Gesetzgebungskompetenz ergibt sich aus der Annexkompetenz oder der Kompetenz kraft Sachzusammenhanges.

[609] Vgl. *Schmidt*, in: Eyermann, VwGO, § 80 Rn. 45; ebenso *Schoch*, in: Schoch/Schmidt-Aßmann/Pietzner, VwGO, § 80 Rn. 175 m.w.N.

ihrer Aussage unscharf bleibt und gesetzessprachlich als misslungen angesehen werden muss, ergibt sich aus der Gesetzessystematik des § 80 Abs. 2 VwGO, dass Nr. 2 einen verwaltungsprozessualen Privilegierungstatbestand für die Polizeivollzugsbeamten darstellt, während für die Ordnungsbehörden einschließlich der Sonderordnungsbehörden im weiteren Sinne[610] Nr. 4 i.V.m. Abs. 3 S. 2 die lex-specialis-Regelung bei Gefahr im Verzug[611] zur Verhinderung einer Gefahr für wichtige bzw. bedeutende Rechtsgüter repräsentiert. Die sog. Notstandsmaßnahme ist somit in akuten Gefahrensituationen für die Ordnungsverwaltung die Pendantvorschrift zu Nr. 2 und erlaubt auch deren Sachbearbeitern im Einzelfall ein effektives unbürokratisches Gefahrenabwehrmanagement.[612] Der Gesetzgeber unterscheidet in Abs. 2 und 3 des § 80 VwGO deutlich zwischen Polizeivollzugsbeamten und Behörden, obwohl auch Polizeivollzugsbeamte immer einer Polizeibehörde (z.B. Polizeipräsidium) angehören. Aufgrund der hier nicht näher zu erörternden Mängel in der Gesetzgebung zu Abs. 3 S. 2 geht davon bislang in der Verwaltungspraxis keinerlei Steuerung aus, weil der Regelungsinhalt auch vom Schrifttum für den Bereich der Gefahrenabwehr nicht im gebotenen Maße erhellt wird. Wegen des Fehlens einer einschlägigen Judikatur kommen von dieser Seite auch keine Impulse. An Abs. 3 S. 2 lässt sich exemplarisch ableiten, wie wichtig präzise ausformulierte Rechtsnormen sind, um die die gewünschte Steuerungswirkung zu erzielen. Die Interpretation dieser verkannten Vorschrift wird offenbar noch dadurch erschwert, dass es über die verwaltungsprozessualen Vorschriften des § 80 Abs. 2 und 3 VwGO hinaus auf Landes- und Bundesebene hinsichtlich einer effektiven Gefahrenabwehr ja noch die polizei- und ordnungsbehördlichen bzw. verwaltungsvollstreckungsrechtlichen Rechtsinstitute der unmittelbaren Ausführung einer Maßnahme und des Sofortvollzuges gibt, deren rechtliche Ausgestaltung untereinander kaum kompatibel ist.

Dass die Regelung des Abs. 3 S. 2, wie bereits erwähnt, offensichtlich auch vom Gesetzgeber nicht richtig eingeordnet wird, ergibt sich aus dem verwaltungsvollstreckungs- bzw. polizei- und ordnungsbehördenrechtlichen Rechtsinstitut des

---

[610] Neben der Polizei und den allgemeinen Ordnungsbehörden werden Rechtsmaterien, die dem materiellen Polizeibegriff unterliegen, auch anderen Behörden spezialgesetzlich übertragen. Ein einheitlicher Sprachgebrauch hat sich hinsichtlich dieser anderen Behörden nicht gebildet. Gemeinhin werden diese Behörden wohl als Sonderordnungsbehörden bezeichnet, obwohl Sonderordnungsbehörden im engeren Sinne nur eigenständigen Behörden außerhalb der allgemeinen inneren Verwaltung von Landes- und Kommunalverwaltungen sind. Als Sonderordnungsbehörden im engeren Sinne gelten in RP beispielsweise die Eich- und Bergämter mit ihren Hierarchien; vgl. hierzu auch *Jochum/Rühle,* Polizei- und Ordnungsrecht RP, C, Rn. 12.

[611] Gefahr im Verzuge und Unaufschiebbarkeit nach Nr. 2 sind Synonyme. Der formelle Gefahrenbegriff der Gefahr im Verzug signalisiert im Polizei- und Ordnungsbehördenrecht immer eine Kompetenzverschiebung (Eilfallkompetenz), was hier aber nicht der Fall ist. Von daher wäre es konsequent gewesen, wenn auch der Bundesgesetzgeber hier einen materiellen Gefahrenbegriff verwendet hätte. Anstatt von Gefahr im Verzuge hätte er von einer gegenwärtigen erheblichen Gefahr sprechen sollen; vgl. hierzu § 2 Nr. 1b und 1c NGefAG.

[612] Beispiel: Der Sachbearbeiter der Bauaufsichtsbehörde verfügt per Notstandsmaßnahme wegen akuter Einsturzgefahr eines Wohngebäudes eine mündliche Benutzungsuntersagung gegenüber den Bewohnern.

Sofortvollzuges.[613] Aus der Vorschrift[614] wird nicht ganz deutlich, was sie über die bundesgesetzliche Notstandsregelung hinaus regeln soll. Es scheint, dass beide Vorschriften trotz unterschiedlicher Formulierungen zumindest überwiegend kongruent sind. Auch in der Literatur und Judikatur werden diesbezüglich keine differenzierenden Betrachtungen zu den beiden genannten Rechtsinstituten angestellt. In der Literatur[615] und in den Judikaten über den Sofortvollzug wird, soweit ersichtlich, niemals die Frage aufgeworfen, ob nicht stattdessen die Notstandsmaßnahme nach Nr. 4 i.V.m. Abs. 3 S. 2 oder Nr. 2 relevant gewesen wären. Die gesetzlichen Regelungen über den Sofortvollzug sind ohne klare gesetzliche Abgrenzung zu den bundesgesetzlichen unaufschiebbaren Anordnungen und Maßnahmen von Polizeivollzugsbeamten und zur sog. Notstandsklausel nach Nr. 4 i.V.m. Abs. 3 S. 2 angreifbar. Eine solche Einbeziehung wäre aber unter Hinweis auf Art. 31 GG dringend erforderlich gewesen, denn wenn schon in Gestalt der verwaltungsprozessualen Regelungen von Nr. 2 und Nr. 4 i.V.m. Abs. 3 S. 2, alternativ für Polizeivollzugsbeamte und Behörden des sog. materiellen Polizeibegriffes, also allgemeine Ordnungs- und Sonderordnungsbehörden im weiteren Sinne, Privilegierungstatbestände hinsichtlich eines sofortigen unbürokratischen Einschreitens geschaffen wurden, stellt sich vor dem Hintergrund der obligatorischen selbstaktiven Gefahrenbeseitigung die Frage, was darüber hinaus zur Effektivitätssteigerung der Gefahrenabwehr polizei- und ordnungsbehörden- bzw. verwaltungsvollstreckungsrechtlich noch bundes- und insbesondere landesrechtlich hätte geregelt werden können. Wie bereits erwähnt, ist auch aus Rechtsstaatsgründen der Bereich der Gefahrenabwehr grundsätzlich von der selbstaktiven Gefahrenbeseitigung durch den Störer geprägt. Der Handlungs- bzw. Zustandsstörer hat es danach in der Hand, kostengünstiger und vielleicht auch effektiver eine von ihm verursachte Gefahr selbst zu beseitigen. Außerdem hat er im sog. gestreckten Verwaltungszwangsverfahren die Möglichkeit, gegen die Verfügung nebst Zwangsmittelandrohung und den Verwaltungszwang selbst mittels Rechtsbehelfen vorzugehen, insbesondere wenn die Beschleunigungsregelungen der Nr. 3 und 4 i.V.m. Abs. 3 S. 1 vorliegen. Die Rechtssituation ist demgegenüber aber für den Betroffenen beim Sofortvollzug als besondere Erscheinungsform des Verwaltungszwanges wesentlich ungünstiger. Da die verwaltungsprozessualen Privilegierungstatbestände von Nr. 2 und Nr. 4 in Verbindung mit Abs. 3 S. 2 im Rahmen der selbstaktiven Gefahrenbeseitigung gesetzessystematisch generell mündliche Verfügungen an den Störer voraussetzen, kann die Bedeutung des Sofortvollzuges nur noch darin lie-

---

[613] Der Sofortvollzug darf aber nicht mit der Anordnung der sofortigen Vollziehung verwechselt werden. Der Sofortvollzug wird auch sofortiger Vollzug oder sofortiger Zwang genannt. In RP ist der Sofortvollzug scharf von der unmittelbaren Ausführung einer Maßnahme zu trennen.

[614] Vgl. statt vieler § 61 Abs. 2 LVwVG RP.

[615] Statt vieler *Schmidt*, Grundlagen der Gefahrenabwehr, 2003, S. 179 ff. oder *Rühle/Suhr*, Polizei- und Ordnungsbehördengesetz Rheinland-Pfalz, § 57 Rn. 1.3.2.

gen, dass ausnahmsweise – als Ultima Ratio – zur Beseitigung akuter Gefahren in den Rechtskreis des Bürgers auch ohne den vorherigen Erlass eines mündlichen VA nebst Zwangsmittelandrohung mittels Ersatzvornahme oder unmittelbaren Zwanges eingeschritten werden kann, wenn der Erlass einer solchen mündlichen Verfügung nebst Zwangsmittelandrohung etc. aus polizeitaktischen Gründen nicht opportun und situationsgerecht ist[616] oder wenn selbst für den Erlass einer mündlichen Verfügung nebst Zwangsmittelandrohung und den weiteren Modalitäten nach Abs. 3 S. 2 keine Zeit mehr verbleibt.[617] Ferner wäre der Sofortvollzug wohl auch denkbar, wenn sich bei einer akuten Gefahrenlage vor Ort zeigt, dass der anwesende Zustands- oder Handlungsstörer ersichtlich wohl kaum in der Lage ist, die Gefahrenlage selbst rasch und umfassend zu beseitigen, sodass die Verfügung im Rahmen der generellen selbstaktiven Gefahrenbeseitigung ungeeignet ist und sich als reiner Formalismus erweist. Der Verzicht auf eine mündliche Verfügung zugunsten des Sofortvollzuges könnte demnach wohl auch bei ersichtlicher Ineffizienz, die in der Person des Störers begründet ist, greifen.[618] Aus den Regelungen über den Sofortvollzug lassen sich indes all diese Überlegungen nicht ablesen. Auch dies ist wohl das Ergebnis des Nichterkennens des Gesetzgebers über die Bedeutung der effektivitätssteigernden verwaltungsprozessualen Privilegierungstatbestände nach Nr. 2 und Nr. 4 i.V.m. Abs. 3 S. 2. Hätten sich ihm diese Regelungen erschlossen, hätten die spezialgesetzlichen Regelungen über den Sofortvollzug in Abgrenzung zu vorgenannten Vorschriften der Verwaltungsgerichtsordnung entsprechend ausformuliert werden müssen. Nach alledem kann konstatiert werden, dass dem Sofortvollzug gesetzessystematisch nur eine marginale Rolle zukommen kann.

Das Rechtsinstitut der unmittelbaren Ausführung einer Maßnahme ist hinsichtlich Nr. 2 auch keine Alternative, denn sie greift nur bei physischer oder geistiger Abwesenheit des Störers, bei Naturkatastrophen, für die es keine Verantwortlickeit gibt, bei Nichtkennen des Verantwortlichen oder wenn der anwesende Störer bei der notwendigen Gefahrenabwehr zwar kooperativ, aber zu der Gefahrenabwehr nicht in der Lage ist. Bei Anwesenheit und Ansprechbarkeit des Polizei- bzw. Ordnungspflichtigen scheidet wegen des Prinzipes der selbstaktiven Gefahrenabwehr die unmittelbare Ausführung einer Maßnahme also auch dann aus, wenn der Verantwortliche zwar anwesend ist und sich kooperativ zeigt, aber für eine Gefahrenbeseitigung offensichtlich nicht in der Lage ist.

---

[616] Z.B. beim finalen Rettungsschuss; vgl. auch *Rühle/Suhr,* Polizei- und Ordnungsbehördenrecht Rheinland-Pfalz, § 57 Rn. 1.3.2.

[617] Vgl. *Roos,* Polizei- und Ordnungsbehördengesetz Rheinland-Pfalz, § 61 Landesverwaltungsvollstreckungsgestez Rheinland-Pfalz, Rn. 6 bis 8.

[618] Schließlich könnte der Sofortvollzug für Gefahrenabwehrbehörden wohl im Gegensatz zur sog. Notstandsmaßnahme auch unterhalb der gegenwärtigen erheblichen Gefahr greifen. Vgl. § 61 Abs. 2 Landesverwaltungsvollstreckungsgesetz Rheinland-Pfalz.

In Anbetracht der Tatsache, dass es sich bei § 80 Abs. 2 VwGO um Alternativtatbestände handelt und die möglichen anderweitigen verwaltungsprozessualen Beschleunigungsregelungen der Nr. 3 und 4 i.V.m. Abs. 3 S. 1 im Bereich der Gefahrenabwehr nur für die Sachbearbeiter der Ordnungsverwaltung, die regelmäßig ihre Aufgaben bürokratisch vom Schreibtisch aus erledigen, gelten, muss also bei zielführender teleologischer Gesetzesauslegung auch über die Bundespolizeibeamten hinaus Nr. 2 vor dem Hintergrund der „Gemeinschaftsaufgabe" der Gefahrenabwehr im funktionalen Sinne auch für die übrigen Vollzugsdienstkräfte des Bundes zur Gefahrenabwehr angewandt werden. Von der selbstaktiven Gefahrenbeseitigung kann aus rechtsstaatlichen Gründen nur in den aufgezeigten engen Grenzen des Sofortvollzuges Abstand genommen werden.

Auch Ausnahmeregelungen, wie sie in § 80 Abs. 2 VwGO enthalten sind, können im Wege einer teleologischen Auslegung extensiv ausgelegt werden.[619] Sonst hätte Nr. 2 nicht auch analog auf Verkehrszeichen und Verkehrseinrichtungen angewandt werden dürfen. Es macht keinen Sinn, Nr. 2 nur auf Polizeivollzugsbeamte im formellen Sinne anzuwenden, aber die anderen Vollzugsdienstkräfte des Bundes mit Aufgaben der Gefahrenabwehr vor Ort und mit dem Recht auf unbürokratisches Einschreiten und der Anwendung unmittelbaren Zwanges von dieser privilegierenden Vorschrift auszuschließen. Der Gesetzgeber ging beim Inkrafttreten der Verwaltungsgerichtsordnung wohl fälschlicherweise davon aus, dass Gefahren aller Art entweder nur von Polizeivollzugsbeamten oder von den Mitarbeitern/Sachbearbeitern der Sonderordnungsbehörden des Bundes und den allgemeinen Ordnungsbehörden bzw. den Sonderordnungsbehörden im weiteren Sinne auf der Länder- und Kommunalebene abgewehrt werden. An die Möglichkeit, dass auch über Polizeivollzugsbeamte hinaus noch andere spezielle Vollzugsdienstkräfte der Gefahrenabwehr existieren, die ebenfalls vor Ort unbürokratisch akute Gefahren abzuwehren haben und dabei unmittelbaren Zwang anwenden können, hat der Bundesgesetzgeber wohl nicht gedacht, denn ansonsten hätte er in Nr. 2 nicht von Polizeivollzugsbeamten, sondern eher allgemein von Vollzugsdienstkräften der Gefahrenabwehr gesprochen. Diesen ist nämlich gemeinsam, dass sie vorwiegend im sog. Außendienst zur Gefahrenabwehr tätig werden und unmittelbaren Zwang anwenden dürfen. Im Hinblick auf diese Tatsache wurde eine Bundesratsvorlage zu § 134 Abs. 1 Nr. 4 des Entwurfes einer einheitlichen Verwaltungsprozessordnung[620] eingebracht, wonach unaufschiebbare Anordnungen und Maßnahmen von Polizeivollzugsbeamten und sonstigen Vollzugsdienstkräften der Gefahrenabwehr getroffen werden können.[621] Von daher macht es nicht nur Sinn,

---

[619] Vgl. *Lang*, Methodenlehre der Rechtswissenschaft, S. 356. Danach bedeutet ein Regel-Ausnahme-Verhältnis nicht, dass die Ausnahmebestimmung so eng wie möglich auszulegen ist oder eine Analogie in jedem Fall ausgeschlossen ist.

[620] BT-Drucks. 9/1581, S. 199 Nr. 44.

[621] Vgl. auch *Busch*, DÖV 1983, 623 (629).

sondern ist sogar notwendig, Nr. 2 auch auf sonstige Vollzugskräfte des Bundes zur Gefahrenabwehr analog anzuwenden. Wie vorstehend erläutert, wäre der besondere Status eines Vollzugsbeamten, der notwendigerweise wie ein Polizeibeamter im Außendienst zur Gefahrenabwehr auch unmittelbaren Zwang anwenden darf und zumeist auch Uniformträger ist, sinnlos. Darin unterscheidet er sich wesentlich von Sachbearbeitern der Ordnungsbehörden. Das weitere Unterscheidungsmerkmal liegt im vorwiegenden Betätigungsfeld des Außendienstes und im unbürokratischen, d.h. mündlichen Einschreiten des Vollzugsbeamten.

Würden also Vollzugsdienstkräfte des Bundes zur Gefahrenabwehr nicht unter Nr. 2 fallen, müssten sie entweder wie die Sachbearbeiter schriftliche Verfügungen erlassen und in dringenden Fällen die sofortige Vollziehung anordnen, sofern nicht bereits gesetzlich die aufschiebende Wirkung gemäß Nr. 3 bei Einlegung eines Rechtsbehelfes entfällt, was aber im Zuständigkeitsbereich von Vollzugsgdienstkräften regelmäßig nicht der Fall sein dürfte oder in akuten Gefahrensituationen vom Rechtsinstitut der sog. Notstandsmaßnahme Gebrauch machen. Als Ultima Ratio käme der außerverwaltungsprozessuale Sofortvollzug in Betracht. Im Gegensatz zu Nr. 2 wäre das Prozedere bei der sog. Notstandsmaßnahme dann wie folgt: Erlass einer mündlichen Verfügung nebst mündlicher obligatorischer Zwangsmittelandrohung, die mündliche Anordnung der sofortigen Vollziehung und die mündliche Bezeichnung der Maßnahme als Notstandsmaßnahme im Hinblick auf ein zu schützendes wichtiges Rechtsgut.[622] Wegen des Tatbestandsmerkmals „Bezeichnung als Notstand" ergibt sich für die Sachbearbeiter der Behörden, dass sie in akuten Gefahrenlagen nur ausnahmsweise vom grundsätzlich bürokratischen (schriftlichen) Vorgehen gem. Nr. 3 und 4 i.V.m. Abs. 3 S. 1 bei drohenden Nachteilen für gewichtige bzw. bedeutende Rechtsgüter absehen dürfen und unbürokratisch einschreiten können. Durch vorgenannte Einzelschritte soll dem Rechtsanwender und auch dem Rechtunterworfenen klar werden, dass hier eine besondere Situation vorliegt, die das ansonsten übliche bürokratische Verfahren ausnahmsweise nicht zulässt. Dies ist auch notwendig, denn der Bürger erwartet von Sachbearbeitern von Ordnungsbehörden im Gegensatz von Vollzugsdienstkräften der Gefahrenabwehr, die sich zudem zumeist noch durch Uniformen und Bewaffnung als solche legitimieren, keine unbürokratischen einschneidenden Ad-hoc-Maßnahmen. Das vorgenannte Prozedere war also, was im Übrigen aus weitgehender Unkenntnis der Norm in der Praxis auch nicht beachtet wird, sicherlich nur für Sachbearbeiter der Ordnungsverwaltung gedacht.[623] Die Vorschrift ist aber auch

---

[622] Eine solche unterschiedliche Vorgehensweise bei Vollzugsdienstkräften der Gefahrenabwehr kann vom Gesetzgeber nicht gewollt sein.

[623] Dass die Vorschrift im Sinne vorstehenden Procederes in der Praxis nicht umgesetzt werden, kann nicht vorgeworfen werden, denn weder der Gesetzestext noch die Literatur gibt hierzu klare Handlungsanweisungen. In der Lehre und im Unterricht wird nach den Recherchen des Verfassers die beschriebene Beschleunigungsregelung nur gestreift mit

schon deshalb nicht auf Vollzugsdienstkräfte zur Gefahrenabwehr ohne weiteres anwendbar, weil sich deren unbürokratisches Einschreiten nicht nur bei Gefahr im Verzug hinsichtlich wichtiger Rechtsgüter wie Leben, Gesundheit oder Eigentum reduzieren lässt. Obwohl die Rechtsgüter durch das Wort „insbesondere" nur beispielhaft sind, muss man bei teleologischer Auslegung wohl davon ausgehen, dass wirklich nur bei bedeutenden/erheblichen Rechtsgutverletzungen die Notstandsklausel anwendbar ist, also bei einer gegenwärtigen erheblichen Gefahr.

Nach allem ist Abs. 3 S. 2 nur für die Sachbearbeiter der Ordnungsbehörden anwendbar. Der mögliche Einwand, dass auch sonstige Vollzugsdienstkräfte der Gefahrenabwehr zu einer Ordnungsbehörde oder Sonderordnungsbehörde gehören, verfängt aus den genannten Gründen hier nicht, denn mit diesem Argument könnten auch die Polizeivollzugsbeamten unter Abs. 3 S. 2 subsumiert werden, weil auch diese immer einer Behörde angehören.[624]

Der praktische Unterschied zwischen Nr. 2 und Nr. 4 i.V.m. Abs. 3 S. 2 besteht also darin, dass die Polizeivollzugsbeamten, aber auch sonstige Vollzugsdienstkräfte der Gefahrenabwehr, überwiegend unbürokratisch, d.h. generell mündlich, im Außendienst einschreiten, um akute Gefahren abzuwehren, während die Sachbearbeiter der Ordnungsbehörden generell typischerweise vom Schreibtisch aus schriftlich agieren, was aber nicht heißt, dass sie im Einzelfall im Außendienst keine akuten Gefahren beseitigen dürfen.[625] Soweit also Vollzugskräfte des Bundes mit Aufgaben der Gefahrenabwehr ohne den Status eines Polizeivollzugsbeamten im formellen Sinne handeln, sind auch diese Personen unter Nr. 2 zu subsumieren, wenn sie unaufschiebbare Anordnungen treffen. Die Regelung von Nr. 2 ist bei zutreffender teleologischer Auslegung auf alle Vollzugsdienstkräfte der Gefahrenabwehr anzuwenden, denn Nr. 2 muss funktional verstanden werden. Handeln dagegen „normale" Sachbearbeiter von Sonderordnungsbehörden des Bundes, können sie im Einzelfall nach Nr. 4 i.V.m. Abs. 3 S. 2 unbürokratisch agieren, um vor Ort akute Gefahrensituationen für wichtige Rechtsgüter zu bekämpfen. Soweit bei unvertretbaren Handlungen unmittelbarer Zwang angedroht wird, können und dürfen sie als Sachbearbeiter nach den einschlägigen Bestimmungen diesen nicht anwenden. Stattdessen müssen sie eigene Vollzugsdienstkräfte oder Vollzugshilfe durch die Schutzpolizei anfordern. Auch bei der Notstandsklausel wird man dem Sachbearbeiter der Ordnungsbehörde – ebenso wie bei der unaufschiebbaren Anordnung nach Nr. 2 – einen Einschätzungsspielraum einräumen müssen. Ebenso wie bei Nr. 2 kann der Ordnungsbehördenpflichtige nach § 37 Abs. 2 S. 2 VwVfG eine schriftliche Bestätigung der sog. Notstands-

---

unterschiedlichen Denkansätzen. An einer Gesetzesnovelle der Nr. 2 und 4 i.V.m. Abs. 3 S. 2 sowie des Sofortvollzuges kommt man im Interesse einer effektiven Sicherheitsarchitektur nicht vorbei.

[624] Schutzpolizeibeamte gehören in RP beispielsweise dem Polizeipräsidium mit seinen Untergliederungen an.

[625] Vgl. auch *Gusy*, Polizeirecht, Rn. 56.

maßnahme verlangen, was aber aus Unkenntnis der Rechtslage wohl selten der Fall sein dürfte.

Allerdings muss bei dieser Gelegenheit auf eine gesetzliche Schwachstelle des Bundesgesetzgebers im Verwaltungsvollstreckungsgesetz hingewiesen werden. Die Regelung des § 13 Abs. 1 VwVG ist nicht mit § 80 Abs. 2 S. 1 Nr. 2 und 4 i.V.m. Abs. 3 S. 2 VwGO kompatibel. Während sich aus Nr. 2 und der Notstandsregelung gem. Nr. 4 i.V.m. Abs. 3 S. 2 konkludent ableiten lässt, dass sowohl die angedrohte Ersatzvornahme als auch der angedrohte unmittelbare Zwang[626] ebenfalls mündlich erfolgen, schreibt § 13 Abs. 1 VwVG die schriftliche Androhung des Zwangsmittels vor. Lediglich für den Sofortvollzug nach § 6 Abs. 2 VwVG entfällt danach die schriftliche Zwangsmittelandrohung. Dagegen wurden die verwaltungsprozessualen Beschleunigungsregelungen der Nr. 2 und 4 i.V.m. Abs. 3 S. 2 übersehen. Da Bundesgesetze auch untereinander widerspruchsfrei sein müssen, ist es an der Zeit, § 13 Abs. 1 VwVG hinsichtlich des Wegfalles einer schriftlichen Zwangsmittelandrohung auch auf die Tatbestände von Nr. 2 und 4 i.V.m. Abs. 3 S. 2 auszudehnen.[627] Der § 13 Abs. 1 VwVG konterkariert und blockiert daher derzeit nominell ein wirksames Einschreiten von Vollzugsdienstkräften des Bundes mit Aufgaben der Gefahrenabwehr auf der Basis der Nr. 2, wenn man den § 13 Abs. 1 VwVG wörtlich auslegen würde. Diese Problematik setzt sich in § 14 VwVG fort. Danach sind die angedrohten Zwangsmittel grundsätzlich mit Ausnahme des Sofortvollzuges nach § 6 Abs. 2 VwVG (schriftlich) festzusetzen. Auch hier wurde versäumt, auch auf die Nr. 2 und auf die Notstandsmaßnahme nach Nr. 4 i.V.m. Abs. 3 S. 2 zu verweisen, was den Schluss zulässt, dass der Bundesgesetzgeber hinsichtlich seiner eigenen effektivitätssteigernden Beschleunigungsregelungen zur Gefahrenabwehr nach den Nr. 2 und 4 i.V.m. Abs. 3 S. 2 und dem Sofortvollzug die Übersicht verloren hat. Hier muss sich der Bundesgesetzgeber bezüglich des Verwaltungsvollstreckungsgesetzes nach den bundesweiten Beschleunigungsregelungen der Nr. 2 und 4 i.V.m. Abs. 3 S. 2 richten, denn die Regelungen der VwGO gelten nicht nur für Bundesbehörden, sondern für die gesamte öffentliche Gewalt auf den verschiedenen Staatsebenen im Herrschaftsbereich der VwGO. Deshalb muss sich nicht die VwGO nach dem VwVG richten, sondern umgekehrt das VwVG nach der VwGO. Daher sind die von *Sadler*[628] im Zusammenhang mit § 13 Abs. 1 VwVG vorgenommenen Interpretationen zur schriftlichen Zwangsmittelandrohung unzutreffend, indem er wegen der Schriftlichkeit der Zwangsmittelandrohung die Anwendung von Nr. 4 i.V.m. Abs. 3 S. 2 für Bundesbehörden ausschließt und meint, den Vollzugsbehörden des Bundes

---

[626] Ebenso wie im Fall der Nr. 2 scheidet auch bei der Notstandsmaßnahme nach Abs. 3 S. 2 eine Zwangsgeldandrohung aus.

[627] Auch im einschlägigen LVwVG RP fehlt im § 66 Abs. 1 ein solcher notwendiger Verweis auf die Notstandsmaßnahme nach Abs. 3 S. 2.

[628] Vgl. *Sadler*, VwVG, VwZG, § 6 VwVG Rn. 72.

bliebe trotz der durch § 80 Abs. 3 S. 2 VwGO eingeräumten Möglichkeit, vor Ort eine mündliche Notstandsmaßnahme zu treffen und die sofortige Vollziehung mündlich anzuordnen, nichts anderes übrig, als vom gestreckten Verfahren als reguläres Verfahren bei einer akuten Gefahrenlage in den sofortigen Vollzug nach § 6 Abs. 2 VwVG überzugehen. Folglich sei der § 80 Abs. 3 S. 2 VwGO auch eine untaugliche Regelung. Dabei übersieht *Sadler,* dass sich hier das Verwaltungsvollstreckungsgesetz des Bundes – wie bereits erwähnt – an § 80 Abs. 3 S. 2 VwGO zu orientieren hat. Im Übrigen spricht *Sadler*[629] davon, dass der sofortige Vollzug ein Notstandsvollzug ist. Spätestens mit dieser Feststellung hätte eine intensive Auseinandersetzung mit der sog. Notstandsmaßnahme nach Nr. 4 i.V.m. Abs. 3 S. 2 erfolgen müssen und wegen des Grundsatzes einer widerspruchsfreien Gesetzgebung auf Bundesebene § 13 VwVG hinterfragt werden müssen. Dieser Vorwurf lässt sich aber auch auf das gesamte Schrifttum und auf die Judikatur übertragen. Bei akuten Gefahrensituationen wird zwar immer wieder vom Übergang des sog. gestreckten Verwaltungszwangsverfahrens in den Sofortvollzug gesprochen, ohne allerdings darüber zu resümieren, ob nicht die verwaltungsprozessualen Beschleunigungsregelungen vorrangig gewesen wären. Nach allem ist es an der Zeit, dass sowohl in § 13 als auch in § 14 VwVG neben der Ausnahmeregelung des sofortigen Vollzuges nach § 6 Abs. 2 VwVG auch § 80 Abs. 2 S. 1 Nr. 2 und 4 i.V.m. Abs. 3 S. 2 VwGO aufgenommen wird. Bis dahin müssen aber diese angreifbaren Regelungen analog auf die Nr. 2 und 4 i.V.m. Abs. 3 S. 2 ausgedehnt werden, denn es handelt sich sicherlich um eine unbewusste Regelungslücke.

Diese beschriebenen bundesgesetzlichen Fehlleistungen finden sich aber bezeichnenderweise auch im Landesrecht wieder. So fehlt z.B. in § 66 Abs. 1 S. 2 LVwVG RP der Hinweis, dass in den Fällen der Nr. 2 und 4 i.V.m. Abs. 3 S. 2 die Zwangsmittelandrohung mündlich erfolgt.

Nach alledem muss bei zielführender teleologischer Auslegung Nr. 2 funktional verstanden werden, was eine weite Auslegung des Begriffes „Polizeivollzugsbeamter" bedeutet.[630] Ferner zeigen die Untersuchungen, dass die verwaltungsprozessuale und die polizei- und ordnungsbehörden- bzw. verwaltungsvollstreckungsrechtliche Sicherheitsarchitektur nicht durchgehend kompatibel ist. Es besteht insoweit dringender gesetzgeberischer Handlungsbedarf auf Bundes- und Länderebene.[631]

---

[629] Vgl. *Sadler,* Das Verwaltungszwangsverfahren im Bereich des Gesundheitswesens, Diss. Uni Marburg, 1974, S. 74.

[630] Vgl. *Ekardt/Beckmann,* Polizeivollzugsbeamter und aufschiebende Wirkung von verwaltungsgerichtlichen Rechtsbehelfen, VerwArchiv 2008, 241 ff.

[631] Der Verfasser weiß als Referent auch für obige Rechtsfragen und aus Gesprächen mit Dozenten von Fachhochschulen, dass hinsichtlich der oben aufgezeigten effektivitätssteigernden verwaltungsprozessualen Regelungen nach Nr. 2 und 4 in Verbindung mit Abs. 3 incl. der sog. Notstandsmaßnahme sowie des Sofortvollzuges allenthalben „Stillstand der Rechtslehre" besteht. Eine Kongruenz in obigen relevanten Rechtsfragen ist flächendeckend nicht vorhanden. Es wird sich irgendwie durchgemogelt. Diese offensichtliche Rechtsunsicherheit hinsichtlich der genannten Rechtsinstitute besteht schon seit Jahrzehnten. Eine klare Abgrenzung ist im Schrifttum nicht erfolgt. Auch die Judikatur war hier

Nachfolgend wird zu prüfen sein, ob die Mitarbeiter nachfolgender Bundesbehörden mit Vollzugsbeamteneigenschaft gem. § 6 UZwG sich auf Eingriffsermächtigungen stützen können, die Grundlage für unaufschiebbare Anordnungen oder Maßnahmen sind. Wären sie nämlich nur zu Realakten oder zu justiziellen Standardmaßnahmen nach der Strafprozessordnung oder dem OWiG befugt, würden deren Handlungen mangels VA-Charakter nicht unter Nr. 2 fallen.

I. Strom- und Schifffahrtspolizei

Die Behörden der Wasser- und Schifffahrtsverwaltung des Bundes können nach der Generalklausel des § 24 Abs. 1 des Bundeswasserstraßengesetzes gem. § 28 Abs. 1 Bundeswasserstraßengesetz strompolizeiliche Verfügungen erlassen, die nach § 28 Abs. 2 Bundeswasserstraßengesetz mündlich, schriftlich oder durch Zeichen erlassen werden können. Da die strompolizeilichen Verfügungen in akuten Gefahrensituationen auch mündlich oder durch Zeichen ergehen können, haben Rechtsbehelfe unter Hinweis auf Nr. 2 bei teleologischer Auslegung auch hier keine aufschiebende Wirkung, wenn sie gem. § 6 UZwG von Vollzugsbeamten des Bundes ausgesprochen wurden. Strompolizei ist Wegepolizei, die sich mit den Wasserstraßen als Verkehrsträger befasst.[632] Handeln dagegen Sachbearbeiter in dringenden Fällen mündlich, müsste dies im Wege der sog. Notstandsmaßnahme erfolgen.

Die mit den schifffahrtspolizeilichen Aufgaben anfallenden Vollzugsaufgaben auf den Bundeswasserstraßen werden regelmäßig auf der Grundlage einer mit den Ländern abzuschließenden Vereinbarung auf die Wasserschutzpolizeien der Länder übertragen.[633] Rechtsgrundlage hierfür ist § 1 Abs. 1 Nr. 2 und 5 in Verbindung mit Abs. 2 Binnenschifffahrtsaufgabengesetz i.d.F. v. 4.8.1986.[634] Ansonsten sind die Behörden der Wasser- und Schifffahrtsverwaltung des Bundes zuständig. Die Schifffahrtspolizei ist Verkehrspolizei. Danach sind vor allem Gefahren für die Sicherheit und Leichtigkeit des Verkehrs sowie von der Schifffahrt ausgehende Gefahren abzuwehren.[635] Soweit diese vollzugspolizeilichen Aufgaben nicht auf die jeweiligen Wasserschutzpolizeien der Länder durch Vereinbarungen übertragen worden sind, können auch die Beamten der Wasser- und Schifffahrtsverwaltung,

---

bislang nicht wegweisend. Dass trotz dieses Befundes offenbar kein hinreichender Klärungsdruck entstanden ist, mag auch darauf zurückzuführen sein, dass die Adressaten solcher Maßnahmen mangels Problembewusstseins bislang auch keine entsprechenden gerichtlichen Klärungen vorangetrieben haben.

[632] Vgl. *Würtenberger/Heckmann/ Riggert,* Polizeirecht in Baden-Württemberg, S. 43 Rn. 89 m.w.N.

[633] Vgl. *Würtenberger/Heckmann/Riggert,* Polizeirecht in Baden-Württemberg, S. 44 Rn. 90 m.w.N.

[634] BGBl. I S. 1270 aus 1986; relevant ist auch das Gesetz über die Aufgaben des Bundes auf dem Gebiet der Seeschifffahrt i. d. F. vom 30.6.1977, BGBl. I S. 1315.

[635] Als Eingriffsermächtigung kommt § 6b Binnenschifffahrtsaufgabengesetz und das Seeschifffahrtsgesetz in Betracht.

die gem. § 6 UZwG Vollzugsbeamte sind, zwecks Gefahrenabwehr vor Ort unaufschiebbare Anordnungen oder Maßnahmen treffen.[636] Rechtsgrundlagen für solche unaufschiebbare Anordnungen sind die § 1 Abs. 2 und §§ 6 und 6a des Binnenschifffahrtsaufgabengesetzes. Für die sonstigen Sachbearbeiter bleibt im Einzelfall die sog. Notstandsmaßnahme und als Ultima Ratio der Sofortvollzug. Die Schifffahrtspolizei ist aber auch aufgrund des Seeschifffahrtsaufgabengesetzes auf den Seewasserstraßen des Bundes zu schifffahrtspolizeilichen Verfügungen berechtigt. Auch hier können unaufschiebbare Anordnungen getroffen werden.[637]

Entgegen *Knemeyer*[638] gehört also die sog. Strom- und Schifffahrtspolizei nicht zur Polizei des Bundes im formellen Sinne.[639] Deren Mitarbeiter sind aber nach *Riegel*[640] zutreffend Polizeivollzugsbeamte des Bundes im materiellen Sinne, soweit sie gem. § 6 UZwG im Rahmen ihrer Befugnisse auch unmittelbaren Zwang anwenden dürfen. Im Wege der teleologischen Auslegung ist hier Nr. 2 anwendbar, wenn sie eine akute Gefahr beseitigen wollen. Soweit die Aufgaben der Schifffahrtspolizei auf die Wasserschutzpolizeien der Länder übertragen wurden, fallen diese natürlich originär unter Nr. 2.

II. Bundesamt für Güterverkehr

Die Beauftragten des Bundesamtes für Güterverkehr[641] können nach §§ 12 und 13 Güterkraftverkehrsgesetz vor Ort VA[642] in Form von unaufschiebbaren Anordnungen und Maßnahmen erlassen und diese durch Zwangsmittel nach dem Verwaltungsvollstreckungsgesetz und dem Gesetz über den unmittelbaren Zwang durchsetzen. Sie sind gem. § 6 UZwG Vollzugsbeamte des Bundes, ohne Polizeivollzugsbeamte des Bundes zu sein. Im Wege der teleologischen Auslegung fallen die Betriebsprüfer und Straßenkontrolleure als Polizeivollzugsbeamte des Bundes im materiellen Sinne ebenfalls unter Nr. 2.[643] Deren VA gem. den §§ 12 und 13 Güterkraftverkehrsgesetz sind Grundlagen für unaufschiebbare Anordnungen oder Maßnahmen im Sinne von Nr. 2.

---

[636] Vgl. auch *Drews/Wacke/Vogel/Martens*, Gefahrenabwehr, § 5 S. 79.
[637] *Drews/Wacke/Vogel/Martens*, Gefahrenabwehr,1985, S. 78.
[638] *Knemeyer*, Polizei- und Ordnungsrecht, Rn. 28.
[639] Im Bundespolizeibeamtengesetz sind sie nicht aufgeführt.
[640] Vgl. *Riegel*, Bundespolizeirecht, § 6, S. 128.
[641] Betriebsprüfer und Straßenkontrolleure; vgl. *Lammich/Pöttiger*, GüKG, § 12, S. 3.
[642] Die in §§ 12 u. 13 des Güterkraftverkehrsgesetzes enthaltenen Befugnisse zum Erlass von VA ergehen aus der Natur der Sache heraus regelmäßig mündlich oder unter Hinweis auf § 12 Abs. 3 Güterkraftverkehrsgesetz auch durch Zeichen. Unaufschiebbare Anordnungen und Maßnahmen sind das Anhalten durch Zeichen, die Aufforderung zur Herausgabe von notwendigen Unterlagen und die Untersagung der Weiterfahrt.
[643] Vgl. *Riegel*, Bundespolizeirecht, § 6 UZwG, S. 127 u. 128.

III. Luftpolizei

Die Aufgaben der sog. Luftpolizei sind gem. § 31 Abs. 2 Luftverkehrsgesetz im Auftrag des Bundes Aufgabe der Länder. Als Luftfahrtbehörde fungiert in Rheinland-Pfalz der Landesbetrieb Straßenbau- und Verkehr als obere Landesbehörde. Vom Bundes-Luftfahrtamt werden keine unaufschiebbaren Anordnungen oder Maßnahmen nach Nr. 2 getroffen. Auch der rheinland-pfälzische Landesbetrieb für Straßenbau und Verkehr als Luftfahrtbehörde erlässt solche nicht. Sie werden in Rheinland-Pfalz von Beliehenen[644] gem. § 29 Abs.2 Luftverkehrsgesetz wahrgenommen. Die Luftfahrtbehörden des Bundes und des Landes – zumindest in Rheinland-Pfalz[645] – unterliegen somit derzeit nicht der Regelung Nr. 2.

IV. Mitarbeiter des Zollkrimininalamtes, der Zollfahndungsämter, der Zollverwaltung als sog. Finanzkontrolle Schwarzarbeit und die Zollverwaltung im Zuständigkeitsbereich der Bundespolizei

Die Aufgaben des *Zollkriminalamtes* sind in §§ 3 und 5 des Zollfahndungsdienstgesetzes geregelt.[646] Die Befugnisse des Zollkriminalamtes zum Erlass von Verfügungen, und somit auch zum Erlass von unaufschiebbaren Anordnungen i.S.d. Nr. 2 sind in § 23 des Zollfahndungsdienstgesetzes enthalten. Als Standardmaßnahmen kommen gem. § 23 Abs. 1 Nr. 1 (Identitätsfeststellung), § 23 Abs. 1 Nr. 2 (Aufforderung zur Aushändigung von verschiedenen Papieren) und § 23 Abs. 1 Nr. 5 (Platzverweis) in Betracht; ferner die Generalklausel des § 23 Abs. 1 Zollfahndungsgesetz. Die Mitarbeiter des Zollkriminalamtes dürfen auch nach § 6 Nr. 2 UZwG unmittelbaren Zwang anwenden. Diese Eingriffsermächtigungen berechtigen regelmäßig auch zum Erlasss von unaufschiebbaren Anordnungen im Sinne von Nr. 2. Da diese Streitigkeiten nicht von der speziellen Rechtswegzuweisungsnorm des § 33 Finanzgerichtsordnung erfasst werden, kommt hier der subsidiäre Verwaltungsrechtsweg in Betracht, so dass auch die Beamten des Zollkriminalamtes als Polizeivollzugsbeamte im materiellen Sinne bei teleologischer Deutung unter Nr. 2 fallen.[647]

Die Aufgaben der *Zollfahndungsämter* sind in §§ 24 und 25 des Zollfahndungsdienstgesetzes in der Fassung des Zollfahndungsneuregelungsgesetz[648] enthalten. Dessen Befugnisse sind in § 26 Abs. 2 und 3 des Zollfahndungsdienstgeset-

---

[644] Vgl. § 3 K. I.
[645] In anderen Bundesländern mag dies anders sein.
[646] Vgl. das Zollfahndungsneuregelungsgesetz v. 18.8.2002, BGBL. I S. 3202 ff.
[647] *Riegel*, Bundespolizeirecht, § 6, S. 128 m.w.N.
[648] Gesetz zur Neuregelung des Zollfahndungsdienstes (Zollfahndungsneuregelungsgesetz – ZFnrG) vom 16.8.2002, BGBl. I S. 3203.

zes geregelt. Danach können auch die Beamten der Zollfahndungsämter unaufschiebbare Anordnungen treffen und als Vollzugsbeamte des Bundes auch unmittelbaren Zwang nach dem UZwG anwenden. Da auch hier diese Streitigkeiten nicht gemäß § 33 der Finanzgerichtsordnung dem Finanzrechtsweg zugewiesen worden sind, sind auch die Beamten der Zollfahndungsämter insoweit Polizeivollzugsbeamte im materiellen Sinne und unterliegen somit auch bei teleologischer Auslegung dem Privilegierungstatbestand von Nr. 2.

Durch Verordnung über die Übertragung von Grenzschutzaufgaben auf die *Zollverwaltung* (BPolGZollVO)[649] ist dieser die polizeiliche Kontrolle des grenzüberschreitenden Verkehrs an den in der Anlage aufgeführten Grenzübergangsstellen übertragen worden. Nach § 7 dieser Rechtsverordnung hat die Zollverwaltung dabei die Befugnisse der Bundespolizei, die sich aus §§ 14 bis 50 BPolG und aus dem UZwG ergeben. Ihre Maßnahmen gelten dann als Maßnahmen der Bundespolizei. Man spricht bei dieser ungewöhnlichen Rechtskonstruktion auch von Mandatsverwaltung. Dies bedeutet, dass auch Beamte der Zollverwaltung gem. §§ 66 und 68 BPolG, soweit sie auch die polizeiliche Kontrolle des grenzüberschreitenden Verkehrs an den aufgeführten Grenzübergangsstellen wahrnehmen, als Vollzugsbeamte des Bundes und damit als Polizeivollzugsbeamte im materiellen Sinne unter Nr. 2 fallen, wenn sie nach dem Bundespolizeigesetz unaufschiebbare Anordnungen in Form der Standardmaßnahmen, der Befugnisgeneralklausel oder spezieller Bundesgesetze wie das Zuwanderungsgesetz treffen.

Die Behörden der Zollverwaltung als sog. *Finanzkontrolle Schwarzarbeit* können dagegen keine unaufschiebbaren Anordnungen im Sinne von Nr. 2 treffen, denn § 23 des Schwarzarbeitsgesetzes[650] regelt, dass in öffentlich-rechtlichen Streitigkeiten über das Verwaltungshandeln der Behörden der Zollverwaltung nach diesem Gesetz der Finanzrechtsweg gegeben ist. Nr. 2 kann aber nur zur Anwendung kommen, wenn auch der Verwaltungsrechtsweg nach § 40 VwGO gilt. Dies ist aber nicht der Fall.

V. Bundeswehr

Auch die Bundeswehr nimmt im begrenzten Umfang polizeiliche Aufgaben wahr. Danach können Soldaten der Bundeswehr im militärischen Wach- oder Sicherheitsdienst nach dem UZwGBw[651] Verfügungen nach § 4 (Anhalten von Personen zur Personenüberprüfung) im militärischen Bereich und im Sicherheitsbereich

---

[649] BGBl. I S. 1068 vom 25. März 1975, zuletzt geändert durch Gesetz vom 19. Okt. 1994, BGBl. I S. 2978.

[650] Gesetz zur Intensivierung der Bekämpfung der Schwarzarbeit und damit zusammenhängender Steuerhinterziehung vom 23.7.2004, BGBl. I S. 1842.

[651] Gesetz über die Anwendung unmittelbaren Zwanges und die Ausübung besonderer Befugnisse durch Soldaten der Bundeswehr und zivile Wachpersonen (UZwGBw) vom 12.August 1965, BGBL. I S. 796 ff.

aussprechen und diese auch durch Zwangsmittel durchsetzen. Insoweit sind die Bundeswehrangehörigen ebenfalls Polizeivollzugsbeamte im materiellen Sinne und unterliegen somit bei teleologischer Auslegung ebenfalls der Regelung gem. Nr. 2. Dies gilt entsprechend unter bestimmten Bedingungen auch für ziviles Wachpersonal gem. § 1 Abs. 2 UZwGBw. Auch dieses kann danach unaufschiebbare Anordnungen durch das Anhalten zur Personenüberprüfung treffen. Da die Bundeswehrangehörigen wegen ihres Verteidigungsauftrages nicht als Vollzugsbeamten des Bundes agieren, weil die Verteidigung nicht als Gefahrenabwehraufgabe im herkömmlichen Sinne gilt, konnte hier nicht das UZwG greifen, so dass eigens für den Bereich der Bundeswehr das UZwGBw geschaffen werden musste.

Nachdem das BVerfG im Februar 2006 die Bestimmungen des Luftsicherheitsgesetzes über den Abschuss eines Flugzeuges wegen Verstoßes gegen die Menschenwürde und gegen die Gesetzgebungskompetenz des Bundes für verfassungswidrig erklärt hat, sind weitere Betrachtungen, ob § 14 Luftsicherheitsgesetz auch eine Eingriffsermächtigung für eine unaufschiebbare Anordnung oder Maßnahme enthält oder ob es ich um eine Vollzugshilfe oder um einen speziellen bundesgesetzlichen Fall des Sofortvollzuges handelt, gegenstandslos geworden. Nach Auffassung des BVerfG wäre bei entsprechender Grundgesetzänderung, welche den Einsatz der Bundeswehr bei der Terrorbekämpfung erlaubt, insoweit grundgesetzlich unproblematisch, als ein nur mit Terroristen besetztes Flugzeug abgeschossen werden soll.

Die Feldjäger fallen eindeutig nicht unter Nr. 2, weil deren Anordnungen innerhalb der Bundeswehr wegen des besonderen Gewaltverhältnisses und wegen der damit verbundenen fehlenden Außenwirkung keine VA i.S.v. § 35 VwVfG sind. Dagegen zählt *Rühle*[652] die Feldjäger zu den Polizeibehörden des Bundes. Wegen Art. 87a Abs. 3 und 4 GG kann diese vorgenommene Einordnung wohl nur im Verteidigungsfall oder im Spannungsfall zutreffen.

G. Polizeivollzugsbeamte der Länder im formellen Sinne

Die Gesetzgebungs- als auch die Vollzugskompetenz liegt hinsichtlich des Polizei- und Ordnungsbehördenrechtes gem. Art. 30, 70 und 83 GG grundsätzlich bei den Ländern.[653] Ausnahmsweise hat der Bund gem. Art. 40 Abs. 2 und 87 Abs. 1 S. 2 GG – wie vorstehend bereits dargestellt – eine eigene Vollzugskompetenz. Unter Ausblendung der Bundesvollzugskompetenzen haben die Kommentatoren und Autoren zum Verwaltungsprozessrecht aber teilweise den verwaltungsprozessualen

[652] Vgl. *Rühle*, Polizei- und Ordnungsrecht für RP, B. Rn. 3.
[653] Im Stadtstaat Bremen werden die Aufgaben der Schutz- und Kriminalpolizei in Bremerhaven von der Gemeinde Bremerhaven im Auftrag des Stadtstaates Bremen wahrgenommen.

Begriff „Polizeivollzugsbeamter" im Sinne von Nr. 2 nur mit Polizei im formellen Sinne nach Landesrecht interpretiert.

Trotz unterschiedlicher Organisation mit unterschiedlichen Hierarchieebenen in den Flächenländern und Stadtstaaten sind die Polizeivollzugsbeamten der Länder generell in den Sparten der Schutz- (Landespolizei), Kriminal-, Wasserschutz-[654] und Bereitschaftspolizei organisiert,[655] die wiederum Bestandteil staatlicher Polizeibehörden und Polizeieinrichtungen (z.B. Polizeipräsidien mit nachgeordneten Dienststellen, Landeskriminalamt, Wasserschutzpolizeiämtern und Bereitschaftspolizeien) sind.[656] In Sachsen gibt es darüber hinaus als Teil des Polizeivollzugsdienstes noch befristet eine Wachpolizei für Aufgaben des Objektschutzes, die von Angestellten besetzt wird.[657] Daneben gibt es in einzelnen Bundesländern noch einen staatlichen Freiwilligen Polizeidienst und staatliche Hilfspolizeibeamte. Die föderalistische Vielfalt auf dem Rechtsgebiet der Organisation der Polizei im formellen Sinne (Vollzugspolizei) mag man beklagen,[658] sie ist aber Tatsache. Das uneinheitliche Polizeiorganisationsrecht könnte sich nach *Drews/Wacke/Vogel/Martens*[659] bei einem einheitlichen Einsatz der Landespolizeien wegen eines inneren oder äußeren Notstandes nach Art. 91 Abs. 2 oder 115f GG wegen der Unterschiede in der Organisationsform der Polizeien als Hemmnis erweisen. Während das materielle Polizeirecht weitgehend bundesweit durch den Musterentwurf eines einheitlichen Polizeigesetzes des Bundes und der Länder inhaltlich und strukturell angeglichen ist, müsste auch eine möglichst einheitliche Polizeiorganisation im Interesse eines effizienten einheitlichen Polizeieinsatzes der Landespolizeien möglich sein. Der Föderalismus würde hierunter sicherlich nicht leiden.

Aufgrund der Polizeihoheit der Länder müssen Polizeibeamte der Länder gem. Art. 30 GG polizeiliche Aufgaben nach Landes- und Bundesrecht ausführen, soweit nicht ausnahmsweise Aufgaben nach Bundesrecht von Bundespolizeibeamten oder Sonderordnungsbehörden des Bundes wahrgenommen werden. Insoweit ist der Aufgaben- und Befugniskatalog der Polizeien der Länder breiter gefächert als der der Bundespolizeibeamten. Letztere dürfen nur auf der Grundlage von Bundesgesetzen tätig werden.

Nach § 205 Abs. 1 des rheinland-pfälzischen Landesbeamtengesetzes sind Polizeibeamte (identisch mit dem verwaltungsprozessualen Begriff des Polizeivollzugsbeamten im Sinne von Nr. 2) die mit polizeilichen Aufgaben betrauten und zur Anwendung unmittelbaren Zwanges befugten Beamten der Schutzpolizei, Krimi-

---

[654] Lediglich in Thüringen gibt es keine Wasserschutzpolizei.
[655] Vgl. auch *Lorent-Link*, Verhältnis zwischen Polizei- und Ordnungsbehörden, S. 66.
[656] Im Stadtstaat Bremen werden die Aufgaben der Schutz- und Kriminalpolizei in Bremerhaven im Auftrag des Stadtstaates wahrgenommen.
[657] Vgl. *Steiner*, Besonderes Verwaltungsrecht, S. 343 Rn. 251 m.w.N.
[658] Vgl. *Drews/Wacke/Vogel/Martens*, Gefahrenabwehr, § 6, S. 89.
[659] Vgl. vorstehende Fn.

nalpolizei, Wasserschutzpolizei und Bereitschaftspolizei.[660] Welche Beamten im Einzelnen zum Polizeivollzugsdienst gehören, bestimmt nach § 205 Abs. 2 des Landesbeamtengesetzes von Rheinland-Pfalz das für das Polizeirecht zuständige Ministerium durch Rechtsverordnung.[661] Die privaten Sicherheitsunternehmen mit ihren sog. „Schwarzen Sheriffs" fallen jedoch eindeutig nicht unter die Polizei im formellen Sinne,[662] weil Polizeihoheit nach der Verfassungslage generell eine staatliche Aufgabe der Bundesländer ist,[663] die eine Privatisierung dieser hochsensiblen Aufgabe nicht zulässt. Ferner wird untersucht werden, ob über die Polizeivollzugsbeamten hinaus nicht noch andere Personen polizeiliche Aufgaben wahrnehmen können und somit unter Nr. 2 subsumiert werden können. Außerdem ist – wie bei vorstehenden Ausführungen zu den Bundespolizeibeamten – fraglich, ob auch Mitarbeiter staatlicher allgemeiner Ordnungsbehörden und Sonderordnungsbehörden im weiteren Sinne – sei es als Sachbearbeiter oder als Vollzugsdienstkraft – bei teleologischer Auslegung ebenfalls unter Nr. 2 subsumiert werden können.

Auch hier werden die gängigen Eingriffsermächtigungen für unaufschiebbare Anordnungen und Maßnahmen kurz erörtert werden. Erst die Kombination der Polizeisparte bzw. anderer Personen mit polizeilichen Aufgaben mit den Eingriffsermächtigungen zum Erlass von unaufschiebbaren Anordnungen und Maßnahmen erschließt den Regelungsgehalt von Nr. 2. Dass diese Vorgehensweise geboten ist, beweist das einschlägige Schrifttum. Eine umfassende Interpretation des Begriffes „Polizeivollzugsbeamter" existiert nicht. Hinsichtlich des Tatbestandsmerkmals „unaufschiebbare Anordnung" fehlt sogar faktisch jedwede Kommentierung.[664] Letztlich erschließt sich Nr. 2 daher nur über einen intensiven Exkurs in das Polizei- und Ordnungsbehördenrecht, was im einschlägigen Schrifttum nicht stattfand.

I. Schutzpolizei/Landespolizei

Nach dem „einheitlichen Musterentwurf eines Polizeigesetzes in Bund und Ländern" hat die uniformierte Schutzpolizei (in Baden-Württemberg und Bayern „Landespolizei")[665] die polizeilichen Vollzugsaufgaben wahrzunehmen, soweit sie

---

[660] Diese Definition ist in der Sache identisch mit der des Bundespolizeibeamtengesetzes.

[661] Laufbahnverordnung für den Polizeidienst v. 26.5.1997, GVBl. 157, zul. geändert durch LVO vom 25.6.2002, GVBl. 317.

[662] Vgl. auch *Knemeyer*, Polizei- und Ordnungsrecht, S. 21.

[663] Eine Ausnahme von der staatlichen Trägerschaft besteht in Bremen. Dort werden die Aufgaben der Schutzpolizei und Kriminalpolizei im Auftrag des Landes von der Stadt Bremerhaven wahrgenommen.

[664] Vgl. statt vieler *Redeker/ von Örtzen*, VwGO, 13. Aufl., § 80 Rn. 17. Außerdem ist der Hinweis auf tatsächliches Handeln gesetzessystematisch unzutreffend, denn Realakte fallen nicht unter §§ 80 ff. VwGO.

[665] Die ehemalige bayerische Grenzpolizei nimmt weiterhin Aufgaben der Bundespolizei an den bayrischen Außengrenzen wahr, ist aber seit dem 1.4.1998 in die bayerische Landespolizei eingegliedert worden. Insoweit kann die

nicht der Kriminal- oder Wasserschutzpolizei übertragen sind. Es sind dies die Gefahrenabwehr, repressive Aufgaben nach dem OWiG, der StPO usw., der Schutz privater Rechte, Vollzugshilfe gegenüber anderen Behörden, Abwehr von Gefahren durch den Straßenverkehr und schließlich Eilzuständigkeit für andere Behörden.[666] Somit obliegt innerhalb des Polizeivollzugsdienstes der Schutzpolizei/Landespolizei der allgemeine mit der Gefahrenabwehr befasste Polizeivollzugsdienst.[667]

Nach dem jeweiligen Polizei- und Ordnungsbehördenrecht der Länder obliegen der Polizei auch die Aufgaben- und Befugnisse, die ihr durch Rechtsvorschrift übertragen worden sind. Diese speziellen Aufgaben können in Normen des Bundes und der Länder der Polizei im formellen Sinne ausdrücklich zugewiesen sein. Soweit im Bundesrecht eine ausdrückliche Behördenzuweisung nicht erfolgt ist und nach der Verfassung auch keine Bundespolizeibeamte für die Ausführung des Bundesgesetzes zuständig sind, können die Länder bei Bundesgesetzen auf dem Gebiet der Gefahrenabwehr im Hinblick auf die in Art. 30 GG innewohnende Verwaltungskompetenz der Länder bestimmen, ob für den Vollzug die Polizei oder die allgemeinen Ordnungsbehörden bzw. Sonderordnungsbehörden im weiteren Sinne zuständig sind. Soweit also in Bundesgesetzen ausdrücklich die Polizei angesprochen wird – gemeint ist damit wegen der grundsätzlichen Polizeihoheit der Länder die uniformierte Länderpolizei in Gestalt der Schutz- bzw. Landespolizei –, kann auch nur die Polizei im formellen Sinne die übertragenen Aufgaben und Befugnisse wahrnehmen.

Bundesgesetzlich übertragene Befugnisse der Polizei (Schutz-/Landespolizei) zum Erlass von unaufschiebbaren Anordnungen und Maßnahmen nach Nr. 2 sind die Zeichen, Weisungen[668] und Anweisungen der Polizeibeamten nach § 36 StVO[669] und der Platzverweis nach Auflösung einer Versammlung.[670] Soweit ein Bundesgesetz auf dem Gebiete der Gefahrenabwehr ohne konkrete Behördenzuweisung vorliegt, liegt die Verwaltungskompetenz bei den Ländern. Das jeweilige Bundesland regelt durch Rechtsvorschrift, wer das Bundesgesetz auszuführen hat. Dies können nach dem Polizei- und Ordnungsbehördenrecht der Länder die allgemeinen Ordnungsbehörden oder auch Sonderordnungsbehörden im weiteren Sinne sein. Es kann aber auch die Polizei im formellen Sinne sein; letztere aber im All-

---

bayerische Landespolizei auch grenzpolizeiliche unaufschiebbare Anordnungen auf der Grundlage der grenzpolizeilichen Generalklausel und der grenzpolizeilichen Standardmaßnehmen nach dem BPolG treffen.

[666] Andere Behörden können allgemeine Ordnungsbehörden oder aber Sonderordnungsbehörden im weiteren Sinne sein.

[667] Vgl. *Steiner,* Besonderes Verwaltungsrecht, S. 344 Rn. 252.

[668] Hinsichtlich der Definition „Weisungen“ wird auf *Schieferdecker,* Die Entfernung von Kfz als Maßnahme staatlicher Gefahrenabwehr , S. 63 ff., verwiesen.

[669] *Kraft/Böcking/Kay,* Eingriffsmaßnahmen der Polizei, S. 176-182.

[670] Nach *Benfer,* Rechtseingriffe von Polizei und Staatsanwaltschaft, Rn. 194, der Platzverweis nach § 13 Abs. 2 VersG.

gemeinen nur, wenn es sich dabei um keine administrativen, sondern um rein vollzugspolizeiliche Aufgaben vor Ort handelt, die nicht typischerweise vom Schreibtisch aus verwaltet werden können.

In einigen Bundesgesetzen werden der Polizei Vollzugshilfeaufgaben in Gestalt von Vorführungen und Zuführungen übertragen.[671] Da es sich bei diesen Maßnahmen aber nicht um VA, sondern um polizeiliche Realakte handelt, fallen diese bundesgesetzlich normierten Spezialermächtigungen nicht unter Nr. 2.

Dies gilt entsprechend für Landesgesetze, wonach ebenfalls die Polizei bestimmte Personen vor- bzw. zuführt.[672] Außerhalb des Polizei- und Ordnungsbehördengesetzes von Rheinland-Pfalz sind der Polizei – soweit ersichtlich – durch Landesgesetz keine speziellen Befugnisse zum Erlass von unaufschiebbaren Anordnungen nach Nr. 2 übertragen worden. Dieser Befund lässt sich wohl auch auf die übrigen Bundesländer übertragen.

Neben spezialgesetzlichen Befugnissen haben die Beamten der Schutz- bzw. Landespolizei polizeiliche Befugnisse in Gestalt von präventiven Standardmaßnahmen nach dem Polizei- und Ordnungsbehördenrecht. Aufgrund des „Musterentwurfes eines einheitlichen Polizeigesetzes des Bundes und der Länder" verfügen die Bundesländer über nahezu identische präventive Standardmaßnahmen. Dagegen sind die repressiven Standardmaßnahmen in der Strafprozessordnung geregelt[673] und daher auch keine VA, denn für repressive Standardmaßnahmen ist nicht der Verwaltungsrechtsweg nach § 40 VwGO eröffnet, sodass schon deshalb auch nicht Nr. 2 anwendbar sein kann.

Danach wären bei der Personenfeststellung das Anhalten und die Aufforderung, mitgeführte Ausweispapiere zur Prüfung auszuhändigen, VA. Dies gilt ebenso für das Verlangen, Berechtigungsscheine herauszugeben. Auch die mündliche zeitnahe Vorladung[674] und der Platzverweis[675] sind VA. Ferner gibt es im Bereich der polizeilichen Informationserhebung Auskunftspflichten, so dass wegen des damit implizierten Verhaltensgebotes diese Standardmaßnahme ein VA ist.[676] Nach § 25d des Polizei- und Ordnungsbehördengesetzes von Rheinland-Pfalz kann die

[671] Vgl. z.B. die Vorführung von säumigen Zeugen und Beschuldigten gem. §§ 51, 134 Strafprozessordnung, die Vor- und Zuführung von Wehrpflichtigen gem. § 44 Abs. 2 bis 4 Wehrpflichtgesetz, Suche nach dienstsäumigen Zivildienstpflichtigen nach § 23a ZDG und Vorführung von Prostituierten nach § 19 des Geschlechtskrankheitengesetzes.

[672] Vgl. Zuführungen von Schülern nach den jeweiligen Schulgesetzen der Länder oder die Verbringung von Personen wegen geistiger oder psychischer Defekte in psychiatrische Landeskrankenhäuser nach den jeweiligen Unterbringungsgesetzen der Länder.

[673] Die Regelungsinhalte der präventiven und repressiven Standardmaßnahmen sind sich weitgehend angenähert.

[674] Die schriftliche Vorladung ist zwar als Standardmaßnahme ein VA, aber keine unaufschiebbare Anordnung; so auch *Reichert/Ruder,* Polizeirecht, Rn. 562.

[675] Vgl. *Drews/Wacke/Vogel/Martens* Gefahrenabwehr, § 12, S. 215 und 216. In Rheinland-Pfalz wären dies §§ 10 Abs. 2 und 3, 12 und 13 des Polizei- und Ordnungsbehördengesetzes. Ebenso auch *Selmer/Gersdorf,* Verwaltungsvollstreckungsverfahren, S. 28; *Lemke,* Verwaltungsvollstreckungsrecht des Bundes und der Länder, 1997, S. 75 u. 76 m.w.N.; ebenso *Pieroth/Schlink/Kniesel,* Polizei- und Ordnungsrecht, S. 331 Rn. 31.

[676] Vgl. auch *Beckmann,* Polizei- und Ordnungsbehördengesetz von Rheinland-Pfalz, § 25a, S. 5.

Polizei von öffentlichen Stellen[677] und nichtöffentlichen Stellen, soweit gesetzliche Vorschriften nicht entgegenstehen, zur Abwehr einer gegenwärtigen erheblichen Gefahr die Übermittlung von personenbezogenen Informationen oder Informationsbeständen bestimmter Personengruppen auch zum Zwecke des Abgleichs mit anderen Informationsbeständen verlangen, wenn tatsächliche Anhaltspunkte die Annahme rechtfertigen, dass dies zur Abwehr der Gefahr erforderlich ist. Auch diese Norm enthält somit eine Befehlsermächtigung mit der Folge, dass diese Standardmaßnahme ebenfalls ein VA ist. Die präventiven Standardmaßnahmen gehen der Generalklausel vor und sie enthalten auch zugleich eine Sperrwirkung für diese.[678]

Alle anderen präventiven Standardmaßnahmen enthalten in Rheinland-Pfalz Ausführungsermächtigungen mit der Folge, dass es sich um polizeiliche Realakte handelt. Aufgrund des „Musterentwurfes eines einheitlichen Polizeigesetzes des Bundes und der Länder“ dürfte sich die Rechtslage in den Bundesländern ähnlich gestalten. Danach wären die erkennungsdienstlichen Maßnahmen, die Ingewahrsamnahme, die Durchsuchung von Personen, Sachen und Wohnungen und auch die Sicherstellung rechtsdogmatisch polizeiliche Realakte.[679] Die Sicherstellung wird allerdings in der Literatur[680] und Judikatur[681] auch als VA eingestuft. § 22 Polizei- und Ordnungsbehördengesetz Rheinland-Pfalz enthält jedenfalls nur eine Ausführungsermächtigung, so dass die Sicherstellung ungeachtet anderer Rechtsauffassungen kein VA sein dürfte. Der Gegenmeinung, dass alle präventiven Standardmaßnahmen VA seien, weil die vorgenannten Regelungen unausgesprochen entsprechende Duldungen des Betroffenen implizierten,[682] kann rechtsdogmatisch – wie bereits erwähnt – nicht gefolgt werden. Die Ausübung unmittelbaren Zwanges wird bereits von diesen Standardmaßnahmen umfasst, so dass es keines Rückgriffes auf das allgemeine Vollstreckungsrecht bedarf. Die jeweilige präventive Standardmaßnahme als Realakt ist alleinige Ermächtigungsgrundlage für die Vollstreckung, so dass diese Rechtskonstrukte einer konkludenten Duldung überhaupt nicht sachdienlich sind. Eine andere Frage ist allerdings, ob bei Realisierung der präventiven Standardmaßnahme als Realakt zum Zwecke der Beugung des Widerstandes gegen diese nicht eine auf die polizeiliche Generalklausel zu stützende Begleitverfügung notwendig wird, die dann als polizeiliche Verfügung mittels

[677] Ob bei öffentlichen Stellen ein VA vorliegt, ist eher zweifelhaft.
[678] *Reichert/Ruder*, Polizeirecht, Rn. 539.
[679] Vgl. *Drews/Wacke/Vogel/Martens*, Gefahrenabwehr, § 12, S. 216 und 217; *Haus/Wohlfahrt*, Allg. Polizei- und Ordnungsrecht, Rn. 265; *Prümm/Sigrist*, Allg. Sicherheits- und Ordnungsrecht, S. 20.; *Lisken/Denninger*, Handbuch des Polizeirechts, Rn. 658; *Selmer/Gersdorf*, Verwaltungsvollstreckungsverfahren, S. 29 und. 30 m.w.N.; ebenso etwas differenzierend *Lemke*, Verwaltungsvollstreckungsrecht des Bundes und der Länder, S. 80 und 81 und *Finger*, JuS 2005, S:116 (118).
[680] Stellvertretend *Habermehl*, Polizei- und Ordnungsrecht, Rn. 635 m.w.N.
[681] OVG Münster, DVBl. 91, 1373.
[682] Vgl. stellvertretend *Habermehl*, Polizei- und Ordnungsrecht, 1993, Rn. 527 f. m.w.N.

Verwaltungszwanges nach dem Verwaltungsvollstreckungsrecht bzw. dem Polizei- und Ordnungsbehördenrecht durch unmittelbaren Zwang durchzusetzen ist.[683] Eine solche akzessorische Begleitverfügung würde aber aus vorgenannten Gründen der Implizierung der Gewaltanwendung in den Standardmaßnahmen als Realakt keine Duldungs-, sondern eine Unterlassungsverfügung sein. Die allenthalben propagierte Duldungsverfügung ist auch aus diesem Grunde nicht zutreffend. Diese Begleitverfügung wäre ihrerseits eine unaufschiebbare Anordnung eines Polizeivollzugsbeamten im Sinne von Nr. 2. Die Verfechter, die in allen präventiven Standardmaßnahmen wegen einer konkludenten Duldungspflicht einen VA sehen, obwohl diese keine Befehlsermächtigung beinhalten, haben offenbar die rechtsdogmatisch notwendige Trennung zwischen der Standardmaßnahme und der etwa notwendigen polizeilichen Begleitverfügung zur Realisierung der Maßnahme nicht erkannt.[684]

Generell sind also die präventiven Standardmaßnahmen in Gestalt von VA auch unaufschiebbare Anordnungen im Sinne von Nr. 2. Soweit allerdings die Polizei schriftlich per Post vorlädt, handelt es sich nicht um eine unaufschiebbare Anordnung, denn bereits aus der Schriftlichkeit – verbunden mit der Bekanntgabe bzw. Zustellung durch die Post – ergibt sich, dass die Anordnung nicht unaufschiebbar ist. Lädt dagegen die Polizei mündlich mit einer kurzfristigen Terminierung vor, dürfte es sich hierbei um eine unaufschiebbare Anordnung handeln. Aber auch die beiden genannten VA auf dem Gebiet der Informationserhebung dürften keine unaufschiebbaren Anordnungen darstellen.[685] Gleiches gilt wohl auch für das Aufenthaltsverbot.[686] Die unaufschiebbaren Anordnungen in Gestalt von präventiven Standardmaßnahmen als VA werden regelmäßig mangels Vertretbarkeit der Handlung durch unmittelbaren Zwang durchgesetzt.

Schließlich können Anordnungen der Polizei auf der Grundlage der polizeilichen Generalklausel auch unaufschiebbare Anordnungen sein, wenn ihre Befolgung erkennbar keinen Aufschub duldet.[687] Da die Gefahrenabwehr primär Aufgabe der allgemeinen Ordnungsbehörden ist, soweit nicht Sonderordnungsbehörden im weiteren Sinne zuständig sind, wird die Polizei eine polizeiliche Verfügung auf der Grundlage der polizeilichen Generalklausel nur erlassen können, wenn die zuständigen Ordnungsbehörden nicht rechtzeitig einschreiten können oder hierzu

---

[683] Vgl. auch *Selmer/Gersdorf*, Verwaltungsvollstreckungsverfahren, S. 30 bis 32 m.w.N.; ebenso im Ergebnis *Finger*, JuS 2005, 116 (120).

[684] Vgl. vorstehende Fn.

[685] Nach *Beckmann*, Polizei- und Ordnungsbehördengesetz RP, § 25a, S. 5, kann die Auskunftspflicht mit Zwangsgeld durchgesetzt werden. Daraus ergibt sich auch, dass es sich bei dem Verlangen auf Auskunft nicht um eine unaufschiebbare Anordnung handelt. Diese Gedanken lassen sich auch auf die besonderen Formen des Informationsabgleichs nach § 25d des Polizei- und Ordnungsbehördengesetzes RP übertragen.

[686] So explizit *Finger*, DVP 2004, 370 m.w.N.

[687] Z.B. die sog. Begleitverfügungen bei Realisierung von präventiven Standardmaßnahmen als Realakte.

nicht in der Lage sind.[688] In Eilfällen wendet die Schutzpolizei das Polizei- und Ordnungsbehördenrecht und nicht das jeweilige Fachgesetz an.[689]

Die Eingriffsermächtigungen zum Erlass von unaufschiebbaren Anordnungen und Maßnahmen durch die Schutzpolizei/Landespolizei können demnach auf spezialgesetzliche Regelungen außerhalb des Polizei- und Ordnungsbehördenrechts, auf polizeiliche (präventive) Standardmaßnahmen[690] nach dem jeweiligen Polizei- und Ordnungsbehördenrecht und auf die polizei- und ordnungsbehördliche Generalklausel gestützt werden.[691]

II. Kriminal-, Wasserschutz- und Bereitschaftspolizei

Im Gegensatz zur Schutzpolizei arbeitet die *Kriminalpolizei* in Zivil. Ihr obliegt die Verfolgung der gewichtigeren strafbaren Handlungen. Die weniger bedeutenden werden auch von der Schutz-/Landespolizei und örtlich begrenzt von der Wasserschutzpolizei verfolgt. Unaufschiebbare Anordnungen auf dem Gebiet der Gefahrenabwehr nehmen Kriminalbeamte dagegen wohl nicht wahr, denn deren Aufgabe ist die Repression mit justiziellen Standardmaßnahmen. Die Dienststellen der Kriminalpolizisten sind die obligatorischen Landeskriminalämter[692] und die Polizeibehörden (z.B. Polizeipräsidien mit ihren nachgeordneten Dienststellen). Somit dürfte Nr. 2 für die Beamten der Kriminalpolizei nicht relevant sein.

Die uniformierte *Wasserschutzpolizei*[693] ist z.B. in Rheinland-Pfalz im Wasserschutzpolizeiamt organisiert. Der Dienstbezirk ist hier auf die Wasserstraßen einschließlich ihrer Nebenarme, Ufer, Anlagen und Häfen im Gebiet des Landes beschränkt. Innerhalb dieses Dienstbezirkes nimmt die Wasserschutzpolizei alle polizeilichen Aufgaben wahr, soweit sie nicht durch Rechtsverordnung einer anderen Polizeibehörde übertragen sind. Ferner nimmt sie auch insbesondere die ihr durch Vereinbarung übertragenen Aufgaben der Schifffahrtspolizei nach dem Bin-

---

[688] Also bei Gefahr im Verzuge.

[689] Wenn allerdings in einem Bundesland die Gefahrenabwehr im Hinblick auf die Polizei und den allgemeinen Ordnungsbehörden wie z.B. in Nordrhein-Westfalen zwei getrennte Gesetze haben, kommt nur das jeweilige Polizeigesetz, welches unter verschiedenen Bezeichnungen firmiert, zur Anwendung. Dass in diesen Eilfällen das Polizei- und Ordnungsrecht in Gestalt der polizeilichen Befugnisgeneralklausel zur Anwendung kommt, ergibt sich aus dem Polizei- und Ordnungsrecht. Vgl. auch *Habermehl,* Polizei- und Ordnungsrecht, 2. Aufl., 1993, S. 200 Rn. 472.

[690] Soweit *Lin*, S. 26, unreflektiert meint, dass polizeiliche Standardmaßnahmen nach der Nr. 2 sofort vollziehbar sind, ist diese Aussage zu indifferent. Ohne dass geklärt wird, ob sie auch VA sind, ist diese Aussage wenig belastbar, denn viele Standardmaßnahmen nach dem Polizei- und Ordnungsrecht sind Realakte. Weiterhin ist auch hier die Aussage, den Wegfall der aufschiebenden Wirkung mit der sofortigen Vollziehung gleichzusetzen, schon aus Gründen der Gesetzgebungskompetenz nicht richtig. Vgl. § 3 B.

[691] Vgl. im Ergebnis auch *Stollmann,* VR 2003, 335 (336); *Haurand,* DVP 1998, 228.

[692] Siehe § 1 Abs. 2 BKAG.

[693] Mit Ausnahme des Bundeslandes Thüringen gibt es überall Wasserschutzpolizeien.

nenschifffahrtsaufgabengesetz auf den Bundeswasserstraßen wahr.[694] Unaufschiebbare Anordungen können auf der Grundlage des § 1 Abs. 2 des Binnenschifffahrtsaufgabengesetzes ergehen. Weitere denkbare Eingriffsermächtigungen sind wohl §§ 6 und 6a des Binnenschifffahrtsaufgabengesetzes. Dies gilt entsprechend für die schifffahrtspolizeilichen Vollzugsaufgaben nach dem Seeschifffahrtsaufgabengesetz auf den Seewasserstraßen des Bundes, soweit diese Aufgaben mit Vereinbarung des Bundesverkehrsministeriums auf die Wasserschutzpolizeien der Länder übertragen worden sind.

Neben diesen übertragenen Aufgaben nach dem Binnenschifffahrtsaufgabengesetz haben in Rheinland-Pfalz die Beamten der Wasserschutzpolizei zur Gefahrenabwehr dieselben Befugnisse wie die Schutzpolizei. Ferner nimmt die Wasserschutzpolizei der Stadtstaaten Hamburg und Bremen durch Abkommen mit dem Bundesinnenminister auch grenzpolizeiliche Aufgaben nach dem BPolG wahr. Auch insoweit stehen ihnen die Befugnisse nach dem BPolG und speziellen Bundesgesetzen wie das Zuwanderungsgesetz zu.

Die uniformierte *Bereitschaftspolizei* unterstützt nach § 81 des Polizei- und Ordnungsbehördengesetzes von Rheinland-Pfalz die Polizeibehörden bei der Erfüllung ihrer Aufgaben. Außerdem obliegt ihr die Erstausbildung der Polizeivollzugsbeamten. Es handelt sich dabei um geschlossene Einheiten, die auch unter bestimmten Voraussetzungen dem Inspekteur der Bereitschaftspolizeien der Länder im Bundesinnenministerium unterstellt werden können. Nach § 81 Abs. 1 S. 1 des rheinland-pfälzischen Polizei- und Ordnungsbehördengesetzes unterstützt die Bereitschaftspolizei die Polizeibehörden bei der Erfüllung ihrer Aufgaben. Soweit die uniformierten Polizeibeamten der Bereitschaftspolizei die Schutzpolizei der Polizeipräsidien unterstützen, haben sie auch die Befugnisse der Schutzpolizei.

H. Uniformierte Polizeivollzugsbeamte im materiellen Sinne auf Landesebene

I. Hilfspolizeibeamte der Polizeibehörden

In Rheinland-Pfalz besteht gem. § 95 Abs. 1 des Polizei- und Ordnungsbehördengesetzes die Möglichkeit, bei den staatlichen Polizeibehörden zur hilfsweisen Wahrnehmung bestimmter polizeilicher Aufgaben sog. Hilfspolizeibeamte zu bestellen, wenn hierfür ein Bedürfnis besteht. Mögliches Betätigungsfeld wäre die Überwachung des fließenden Verkehrs.[695] Bisher ist davon aber kein Gebrauch

---

[694] *Drews/Wacke/Vogel/Martens*, Gefahrenabwehr, S. 79 m.w.N. Die Vereinbarung des Bundesverkehrsministeriums mit dem Land Rheinland-Pfalz datiert vom 12. März 1956.

[695] Die Überwachung des ruhenden Verkehrs ist in Rheinland-Pfalz den kommunalen Hilfspolizeibeamten übertragen.

gemacht worden. Der Begriff des Hilfspolizeibeamten ist dabei funktional und nicht statusmäßig zu verstehen.[696] Sie haben dabei zur Erfüllung ihrer Aufgaben gem. § 95 Abs. 2 POG RP die Befugnisse der Polizeibeamten. Da diese Hilfspolizeibeamten gem. § 205 Landesbeamtengesetz RP keine Polizeibeamten und somit keine Polizeivollzugsbeamten im formellen Sinne sind, stellt sich die Frage, ob sie dennoch unter den Privilegierungstatbestand nach Nr. 2 fallen. Bei teleologischer Auslegung muss dies auch hier eindeutig bejaht werden.[697] Sinn und Zweck der Vorschrift von Nr. 2 ist es offensichtlich, dass unaufschiebbare Anordnungen und Maßnahmen auf dem Gebiet der Gefahrenabwehr keine aufschiebende Wirkung entfalten sollen, um die Gefahren für die öffentliche Sicherheit oder Ordnung unbürokratisch und effektiv vor Ort im sog. Außendienst wirksam bekämpfen zu können.

Soweit sich die übertragenen Befugnisse in Gestalt von Standardmaßnahmen als unaufschiebbare Anordnungen und Maßnahmen darstellen, muss auch für diese Personengruppe Nr. 2 gelten. Wenn der Träger der Polizeihoheit, also nach der Verfassungslage grundsätzlich das Land, in § 95 Abs. 1 Polizei- und Ordnungsbehördengesetz regelt, dass auch die Polizei (Schutzpolizei) nach freiem Ermessen Hilfspolizeibeamte zur hilfsweisen Wahrnehmung bestimmter polizeilicher Aufgaben bestellen kann, wenn hierfür ein Bedürfnis besteht, und ihnen zur Erfüllung ihrer Aufgaben die Befugnisse der Polizeibeamten nach diesem Gesetz zustehen, was den unmittelbaren Zwang in eingeschränktem Maße umfasst, müssen sie rechtsdogmatisch auch als Polizeivollzugsbeamte nach Nr. 2 gelten. Vollzugskräfte aller Schattierungen sollen nämlich im Gegensatz zu den Sachbearbeitern von Polizei- und Ordnungsbehörden einschließlich von Sonderordnungsbehörden im weiteren Sinne in der Lage sein, an ihrem Arbeitsplatz (das ist prinzipiell der Außendienst) unbürokratisch und effektiv zu handeln. Dagegen ist der Arbeitsplatz von Sachbearbeitern dieser Behörden generell der Schreibtisch, wo im Allgemeinen andere Handlungsformen gelten, nämlich die Schriftlichkeit. Ohne Anwendung von Nr. 2 auch auf Hilfspolizeibeamte der Länder würden die übertragenen Befugnisse in Gestalt von VA bei Unaufschiebbarkeit faktisch wirkungslos bleiben,[698] denn sie wären dann zu schriftlichen VA nebst Anordnung der sofortigen Vollziehung oder bei Vorliegen der Voraussetzungen zum sofortigen Vollzug gezwungen, um nicht erst nach Unanfechtbarkeit vollstrecken zu können. Die verwaltungsprozessuale Pendantvorschrift zu Nr. 2, nämlich die Nr. 4 in Verbindung

[696] Vgl. *Jochum/Rühle*, Polizei- und Ordnungsrecht, S. 74 Rn. 2o.

[697] Vgl. hierzu *Roos*, Polizei- und Ordnungsbehördengesetz Rheinland-Pfalz, 3. Aufl., 2004, § 95 Rn. 5 m.w.N. Danach sind Hilfspolizeibeamte nicht nur Polizeibeamte im Sinne der StVO und des § 163b StPO, sondern auch im Sinne Nr. 2. Damit wird ebenfalls entgegen der ganz überwiegenden einschlägigen Literatur eine teleologische Auslegung des Begriffes „Polizeivollzugsbeamter" vorgenommen. Zur zielführenden teleologischen Auslegung vgl. auch *Ekardt/Beckmann*, Polizeivollzugsbeamter und aufschiebende Wirkung von verwaltungsgerichtlichen Rechtsbehelfen, VerwArch 2008, 241 ff.

[698] Insoweit kann auf § 3 G. verwiesen werden.

mit der Notstandsmaßnahme nach Abs. 3 S. 2, greift nur für die Sachbearbeiter der Behörden und nicht für Vollzugskräfte der Gefahrenabwehr. Die Anordnung der sofortigen Vollziehung nach Nr. 4 in Verbindung mit Abs. 3 S. 1 ist hier also im Polizeialltag auch keine Option. Auch der Sofortvollzug als Ultima Ratio kann nur im begrenzten Maße zur Anwendung kommen.[699] Rechtsdogmatisch muss nach alledem bei teleologischer Auslegung Nr. 2 auch für die staatlichen Hilfspolizeibeamten gelten, sofern sie tatsächlich eingestellt werden würden.

II. Besondere Polizeisparten auf der Ebene der Schutzpolizei

Soweit in einigen Bundesländern ein Freiwilliger Polizeidienst bzw. Sicherheitswachte existieren, sind diesen Polizeikräften auch Befugnisse übertragen,[700] welche auch in eingeschränktem Maße unmittelbaren Zwang umfassen. So finden nach dem baden-württembergischen Gesetz über den Freiwilligen Polizeidienst die für den Polizeivollzugsdienst geltenden Vorschriften grundsätzlich auch für den Freiwilligen Polizeidienst Anwendung,[701] sodass insoweit auch hier auf die Ausführungen zur Schutzpolizei hingewiesen werden kann. Sie sind zwar nicht Polizeivollzugsbeamte im formellen Sinne, aber gleichwohl als Polizeivollzugsbeamte im materiellen Sinne analog unter Nr. 2 zu subsumieren.

I. Sachbearbeiter von staatlichen allgemeinen Ordnungsbehörden und staatlichen Sonderordnungsbehörden im weiteren Sinne auf Landesebene[702]

Die Rechtsmaterien, die unter den sog. materiellen Polizeibegriff fallen,[703] werden nicht nur von der Polizei, also von Mitarbeitern des formellen Polizeibegriffes, sondern überwiegend von den allgemeinen Ordnungsbehörden[704] und von Sonder-

---

[699] Vgl. vorstehende Fn.
[700] Vgl. *Würtenberger/Heckmann/Riggert*, Polizeirecht in Baden-Württemberg, S.44.
[701] Vgl. vorstehende Fn.
[702] Hinsichtlich allgemeiner Ordnungsbehörden (entpolizeilichte Ordnungsbehörden) gibt es in den einzelnen Ländern folgende unterschiedliche Termini: Sicherheitsbehörden, Verwaltungsbehörden, Gefahrenabwehrbehörden und Ordnungsbehörden; vgl. hierzu *Steiner (Hrsg.)*, Besonderes Verwaltungsrecht, 7. Aufl., 2003, S. 344 und 345 Rn. 254. Sonderordnungsbehörden werden außerhalb von RP auch besondere Polizei- und Ordnunsbehörden genannt. Vgl. hierzu *Steiner (Hrsg.*), Besonderes Verwaltungsrecht, 7. Aufl., 2003, S. 337 Rn. 241.
[703] Der materielle Polizeibegriff impliziert alle Aufgaben der Gefahrenabwehr, die von der Polizei, von allgemeinen Ordnungsbehörden bzw. Sonderordnungsbehörden (letztere auch besondere Polizei- und Ordnungsbehörden genannt) wahrgenommen werden. Zum materiellen Polizeibegriff auf Bundesebene gehören z.B. folgende Gesetze: Gaststättengesetz, Bundesimmissionsschutzgesetz, Kreislaufwirtschafts- und Abfallgesetz, Wasserhaushaltsgesetz, Straßenverkehrsgesetz; auf Landesebene: z.B. Polizei- und Ordnungsrecht, Landeswasserrecht, Landesabfallwirtschafts- und Altlastenrecht, Bauordnungsrecht, Melderecht; auf kommunaler Ebene: Gefahrenabwehrverordnungen.
[704] Allg. staatliche Ordnungsbehörde ist in RP die Aufsichts- und Dienstleistungsdirektion als Landesordnungsbehörde.

ordnungsbehörden im weiteren Sinne[705] auf Länder- und Kommunalebene und ferner in wenigen Fällen auch von Beliehenen und Polizeihelfern wahrgenommen. Es handelt sich dabei um eine „Gemeinschaftsaufgabe" der Gefahrenabwehr im funktionalen Sinne. Die allgemeinen Ordnungsbehörden und die Sonderordnungsbehörden im weiteren Sinne können kommunale und staatliche Behörden auf Landesebene sein.[706] Nach dem 2. Weltkrieg wurde das bis dahin geltende Einheitssystem (Polizeibehörde) aufgegeben und in allen Ländern die Fachpolizei von der Vollzugspolizei getrennt (Ordnungsbehördensystem). Zur Gefahrenabwehr ist nunmehr generell die allgemeine Ordnungsbehörde berufen, soweit nicht eine spezielle Sonderordnungsbehörde im weiteren Sinne zuständig ist.[707] Bei staatlichen allgemeinen Ordnungsbehörden und staatlichen Sonderordnungsbehörden im weiteren Sinne[708] stellt sich wie bei den Mitarbeitern/Sachbearbeitern vorstehender Sonderordnungsbehörden des Bundes ebenfalls die Frage, ob auch deren Mitarbeiter nach Nr. 2 unaufschiebbare Anordnungen in Form von ordnungsbehördenrechtlichen Verfügungen erlassen können. Dies muss aber im Hinblick auf die grundsätzlichen Ausführungen zu den Vollzugsbeamten der Sonderordnungsbehörden des Bundes verneint werden, denn die staatlichen Ordnungsbehörden dürften über keine eigenen Vollzugsbeamten – anders als beim Bund – verfügen.[709] Deshalb scheidet hier auch eine analoge Anwendung von Nr. 2 von vorneherein aus. Stattdessen kommt als Pendantvorschrift die Notstandsmaßnahme gem. Abs. 3 S. 2 zur Anwendung, wenn die Gefahrenlage ein sofortiges unbürokratisches Einschreiten zur Abwehr von Gefahren für wichtige Rechtsgüter verlangt und bürokratische schriftliche Verfügungen nach den alternativen Beschleunigungsregelungen der Nr. 3 und 4 i.V.m. Abs. 3 S. 1 aus zeitlichen Gründen ausscheiden müssen. Der Sofortvollzug[710] dürfte alternativ nur dann zum Zuge kommen, wenn selbst für die mündliche Verfügung nebst den weiteren Modalitäten nach Nr. 4 i.V.m. Abs. 3 S. 2 keine Zeit mehr verbleibt, was aber – wenn überhaupt – nur ganz selten der Fall sein dürfte. Ferner könnte der Sofortvollzug auch zur Anwendung kommen,

---

705 Neben der Polizei und den (allgemeinen) Ordnungsbehörden werden Rechtsmaterien, die dem materiellen Polizeibegriff unterliegen, auch anderen Behörden spezialgesetzlich übertragen. Ein einheitlicher Sprachgebrauch hat sich hinsichtlich dieser anderen Behörden nicht gebildet. Gemeinhin werden diese wohl als Sonderordnungsbehörden bezeichnet, obwohl solche eigentlich nur eigeständige Behörden außerhalb der allgemeinen inneren Verwaltung von Landes– und Kommunalbehörden sind. Als Sonderordnungsbehörden im engen Sinne gelten in RP z.B. die Eich- und Bergämter.

706 *Benedens*, VR 2003, 3345 ff.

707 Lorenz, Verwaltungsprozessrecht, S. 475 Rn. 21; ebenso *Rühle/Suhr*, Polizei- und Ordnungsbehördengesetz RP, S. 27.

708 Sonderordnungsbehörden im engeren Sinne sind in RP z.B. die Eich- und Bergbehörden. Es handelt sich um Spezialbehörden außerhalb der staatlichen inneren Verwaltung des Landes. Sonderordungsbehörden im weiteren Sinne können sowohl kommunale Behörden (z.B. Bauaufsichtsbehörden bei den Verbandsgemeinde- und Stadtverwaltungen der großen kreisangehörigen und kreisfreien Städte) als auch staatliche Behörden der allgemeinen inneren Landesverwaltung sein (z.B. die Genehmigungs- und Strukturdirektion als obere Wasserbehörde).

709 So jedenfalls in Rheinland-Pfalz.

710 Vgl. § 61 Abs. 2 LVwVG RP.

wenn der Störer erkennbar nicht in der Lage wäre, die verfügten notwendigen Maßnahmen zu ergreifen, um eine prekäre Gefahrensituation für wichtige Rechtsgüter zu ergreifen, sodass die sog. Notstandsmaßnahme von vorneherein ungeeignet ist und sich als reiner Formalismus darstellt.

J. Kommunale Polizeivollzugsbeamte und Vollzugskräfte als Polizeivollzugsbeamte im formellen und materiellen Sinne

Bundesweit gibt es, abgesehen von Bremerhaven[711] keine eigene Gemeindepolizei mehr.[712] Zwar lässt Art. 5 Abs. 1 des bayerischen Gesetzes über die Gemeindepolizei[713] im Blick auf Art. 83 Abs. 1 Bay.Verf. zur Wahrnehmung der eigenen Wirkungsaufgaben (Selbstverwaltungsaufgaben) weiterhin eine Gemeindepolizei zu, aber davon wurde noch kein Gebrauch gemacht.[714] In den Bundesländern existieren aber gemeindliche Vollzugsbedienstete,[715] die zum Vollzug der ihrer Verwaltung als allgemeiner Ordnungsbehörde obliegenden Aufgaben berechtigt sind.[716] Des Weiteren können z.B. in Rheinland-Pfalz auch Hilfspolizeibeamte zur hilfsweisen Wahrnehmung bestimmter ordnungsbehördlicher Aufgaben bei den allgemeinen Ordnungsbehörden bestellt werden.[717] Nach dem jeweiligen Verwaltungsvollstreckungsrecht der Länder[718] besitzen die Kommunen in ihrer Eigenschaft als Vollstreckungsbehörde auch Vollstreckungsbeamte. Ferner sind dort auch Ermittler bei den Sozialämtern tätig. Schließlich ist auch fraglich, ob auch die Sachbearbeiter von kommunalen allgemeinen Ordnungsbehörden (Verwaltungspolizei bzw. Sicherheitsbehörde) und die sog. Sitzungspolizei der Kommunalparlamente Polizeivollzugsbeamte im Sinne von Nr. 2 sind.

I. Schutz- und Kriminalpolizei als gemeindliche Aufgabe in Bremerhaven (Polizeivollzugsbeamte im formellen Sinne)

In Bremerhaven werden abweichend von anderen Ländern die Aufgaben der Schutz- und Kriminalpolizei nicht vom Stadtstaat Bremen, sondern in dessen Auf-

---

[711] Vgl. § 74 BremPolG. *Schunck/de Clerck*, VwGO, S. 462, spricht ohne weitere Begründung auch von Polizeivollzugsbeamten des Bundes, der Länder und der Kommunen.
[712] Vgl. *Gusy*, Polizeirecht, § 2 Rn. 58.
[713] Art. 5 Abs. 1 des Gesetzes über die Gemeindepolizei in der Fassung vom 24.10.1974, GVBl. S. 746.
[714] Vgl. *Drews/Wacke/Vogel/Martens*, Gefahrenabwehr, § 2, S. 21.
[715] In Baden-Württemberg heißen sie gem. § 80 PolG „gemeindliche Vollzugsbeamte", während sie beispielsweise in Rheinland-Pfalz gem. § 94 POG „kommunale Vollzugsbeamte" genannt werden.
[716] Vgl. § 94 Abs. 1 des Polizei- und Ordnungsbehördengesetzes von Rheinland-Pfalz.
[717] Vgl. § 95 Abs. 1 des rheinland-pfälzischen Polizei- und Ordnungsbehördengesetzes. Aber auch in anderen Bundesländern gibt es Hilfspolizeibeamte. Vgl. hierzu auch *Gusy*, Polizeirecht, Rn. 6o.
[718] Vgl. § 4 Abs. 1 LVwVG RP.

trag von der Gemeinde Bremerhaven ausgeführt. Ansonsten kann hier hinsichtlich der Schutzpolizei auf die vorstehenden Ausführungen zur Schutzpolizei verwiesen werden. Die Kriminalbeamten werden wegen ihrer repressiven Aufgaben nicht von Nr. 2 erfasst. Die kommunalen Polizeibeamten der Schutzpolizei sind dessen ungeachtet Polizeivollzugsbeamte im formellen Sinne und unterliegen somit originär Nr. 2, ohne auf eine teleologische Auslegung zurückgreifen zu müssen.

II. Gemeindliche Vollzugsbeamte/kommunale Vollzugsbeamte

Die gemeindlichen Vollzugsbediensteten (gemeindliche Vollzugsbeamte/kommunale Vollzugsbeamte)[719] sollen zum einen die Polizei im formellen Sinne (hier die Schutzpolizei bzw. Landespolizei) entlasten und zum anderen dafür sorgen, dass auch einfachere, aber gleichwohl notwendige präventiv- und repressivpolizeiliche Vollzugsaufgaben, deren Wahrnehmung im besonderen Interesse der Gemeinden liegt, erfüllt werden können.[720] Die örtliche Zuständigkeit dieser Vollzugsbediensteten beschränkt sich auf das Gemeindegebiet der jeweiligen Gebietskörperschaft. Auch diesem Personenkreis werden in eingeschränktem Masse beim Vollzug der übertragenen Aufgaben ausdrücklich Befugnisse der Polizei nach dem Polizei- und Ordnungsrecht übertragen. So sind sie beim Vollzug der übertragenen Aufgaben zu präventiven Standardmaßnahmen in Gestalt von VA befugt.[721] Den rheinland-pfälzischen kommunalen Vollzugsbeamten können aber auch über das Polizei- und Ordnungsbehördenrecht hinaus weitere Aufgaben übertragen werden.[722] Da die gemeindlichen Vollzugsbeamten auch Mitarbeiter der kommunalen allgemeinen Ordnungsbehörden sind, beschränkt sich deren Betätigungsfeld wohl nicht nur auf den Vollzug des behördlichen Willens, sondern sie werden auch in eigener Regie über die übertragenen Befugnisse hinaus auch unaufschiebbare Anordnungen auf der Basis der ordnungsbehördlichen Generalklausel treffen können, ohne dass dies gesetzlich ausdrücklich erwähnt wird.[723] Des Weiteren dürfen sie

---

[719] Die Funktion des kommunalen Vollzugsbeamten kann auch mit Angestellten oder Arbeitern der Gemeinde besetzt werden. Vgl. *De Clerck/Schmidt*, POG, § 94, S. 390 m.w.N.

[720] Vgl. *Würtenberger/Heckmann/Riggert*, Polizeirecht in Baden-Württtemberg, S. 45 Rn. 104.

[721] Vgl. hierzu § 4 der rheinl.-pf. LVO über die kommunalen Vollzugsbeamten vom 21.7.1976 (GVBl. S. 223), zuletzt geändert durch Gesetz vom 8.6.1993 (GVBl. S. 314).

[722] Vgl. § 3 der rheinl.-pf. LVO über die kommunalen Vollzugsbeamten vom 21.7.1976, GVBl. S. 223, zuletzt geändert durch Gesetz vom 8.6.1993, GVBl. S. 314.

[723] In § 94 Abs. 1 des POG RP und in § 3 der dazu ergangenen rh.-pf. LVO wird lediglich vom Vollzug der übertragenen Aufgaben gesprochen. Es spricht aber alles dafür, dass sie über den eigentlichen Vollzug der ihnen übertragenen Aufgaben hinaus im Einzelfall auch selbst unaufschiebbare Anordnungen auf der Basis der ordnungsbehördlichen Generalklausel treffen können. Zwar ist in der enumerativen Aufzählung der polizeilichen Befugnisse nach § 4 der LVO über die kommunalen Vollzugsbeamten vom 21.06.1976, GVBl. S. 223, die polizeiliche Befugnisgeneralklausel nicht aufgeführt, gleichwohl ist dies unschädlich, denn § 94 Abs. 1 POG RP spricht dort lediglich von Befugnissen der Polizei nach diesem Gesetz, womit auch die Befugnisgeneralklausel erfasst ist. So zutreffend auch *Würtenber-*

auch im Gegensatz zu den Sachbearbeitern der allgemeinen Ordnungsbehörden in eingeschränktem Umfang unmittelbaren Zwang anwenden. Dieser Personenkreis übt seine Aufgaben entweder in Uniform, die sich aber deutlich von der der Schutz-/Landespolizei unterscheidet, oder in Zivil aus.[724] In Rheinland-Pfalz sollen die verbandsfreien Gemeinden, Verbandsgemeinden, großen kreisangehörigen und kreisfreien Städte sowie die Landkreise generell kommunale Vollzugsbeamte bestellen.[725] Für die genannten kommunalen Gebietskörperschaften sind, da „sollen" bei Nichtvorliegen von Besonderheiten „müssen" bedeutet, kommunale Vollzugsbeamte obligatorisch.

Obwohl auch sie nach dem jeweiligen einschlägigen Landesrecht nicht Polizeivollzugsbeamte sind,[726] ist Nr. 2 auch hier anwendbar.[727] Die Aufgaben und Befugnisse der gemeindlichen/kommunalen Vollzugsbeamten sind in ihrem Wesenskern auf dem Gebiet der Gefahrenabwehr denen der Polizei ähnlich, so dass eine differenzierte Betrachtung der Ausnahmeregelung von Nr. 2 aus teleologischer Sicht nicht nachvollziehbar wäre. Die gemeindlichen/kommunalen Vollzugskräfte handeln nämlich ebenfalls innerhalb ihrer Aufgaben und Befugnisse ganz überwiegend im Außendienst und zudem oft in Uniform und mit Waffen – aber keine Schusswaffen – und können dort vor Ort unaufschiebbare Anordnungen auf der Grundlage der ihnen übertragenen präventiven Standardmaßnahmen[728] bzw. der ordnungsbehördlichen Generalklausel treffen, soweit sie ausdrücklich übertragen wurden.[729] Bei unvertretbaren Handlungen können sie auch diese durch unmittelbaren Zwang durchsetzen. Rechtsdogmatisch ist daher der Begriff des „Polizeivollzugsbeamten" nach Nr. 2 bei teleologischer Auslegung auch auf die gemeindlichen Vollzugsbediensteten nach dem jeweiligen Polizei- und Ordnungsrecht auszudehnen.[730] Auch sie sind somit Polizeivollzugsbeamte, aber im materiellen

ger/Heckmann/Riggert, Polizeirecht in BW, 1993, S. 46. Zu denken ist dabei z.B. die Begleitverfügung bei Widerstand einer präventiven Standardmaßnahme als Realakt.

[724] Vgl. § 5 der vorstehenden LVO.

[725] Vgl. § 94 Abs. 1 des Polizei- und Ordnungsbehördengesetzes von RP.

[726] Vgl. z.B. § 205 des Landesbeamtengesetzes von Rheinland-Pfalz.

[727] *Rühle/Suhr*, Polizei- und Ordnungsbehördenrecht Rheinland-Pfalz, § 94 Rn. 2, legen den Begriff des Polizeivollzugsbeamten nach Nr. 2 grammatisch und somit restriktiv aus und sind der Meinung, dass VA seitens der kommunalen Vollzugsbeamten entweder bestandskräftig werden oder die sofortige Vollziehung angeordnet werden müsste, bevor sie vollstreckt werden können. Bei dieser unzutreffenden Sicht brauchte es nicht der Rechtsfigur eines kommunalen Vollzugsbeamten. Dannn könnte man es auch bei den normalen Sachbearbeitern, die ihren Dienst vornehmlich bürokratisch vom Schreibtisch aus bewältigen, belassen.

[728] Nach § 4 der LVO über die kommunalen Vollzugsbeamten können den Vollzugsbeamten widerruflich die polizei- und ordnungsbehördlichen Befugnisse der Identitätsfeststellung, des Anhaltens, der Prüfung von Berechtigungsscheinen und der Platzverweisung übertragen werden. Die weiteren Standardmaßnahmen, die übertragen werden können, sind Eingriffsermächtigungen für Realakte.

[729] Vgl. die rheinland-pfälzische Landesverordnung über die kommunalen Vollzugsbeamten vom 21.7.1976 (GVBl. S. 223), zuletzt geändert durch Gesetz vom 8.6.1993 (GVBl. S. 314). Vgl. auch *Würtenberger/Heckmann/Riggert*, Polizeirecht in BW, S. 46.

[730] Vgl. *Beckmann*, VR 2002, 404 ff.; *Beckmann-Gast*, LVwVG RP, § 61S. 4 u. 5.; wohl ebenso *Schunck/de Clerck*, VwGO, § 80, S. 462; audrücklich auch *Büchner/Schlotterbeck*, Verwaltungsprozessrecht, Rn. 559; a.A. ohne Begrün-

bzw. funktionalen Sinne.[731] Da die rheinland-pfälzischen Fachaufsichtsbehörden Nr. 2 nur grammatisch auslegen und meinen, dieses Problem nur durch eine rechtspositivistische Regelung in Nr. 2 erreichen zu können, bestehen derzeit Aktivitäten der rheinland-pfälzischen kommunalen Spitzenverbände und des Deutschen Städtetages, um auf eine Modifizierung der Nr. 2 hinzuwirken. Eine explizite Aufnahme dieses Personenkreises wäre zwar hilfreich, aber aus teleologischer Sicht nicht zwingend.[732] Intention des Gesetzgebers zur Schaffung der gemeindlichen Vollzugsbeamten war es, die Vollzugshilfe der Länderpolizeien gegenüber den Ordnungsbehörden zu reduzieren, damit die Schutzpolizei sich mehr den eigentlichen repressiven Aufgaben widmen kann. Die Schaffung der gemeindlichen Vollzugsbeamten macht aber nur Sinn, wenn sie ebenfalls im Sinne von Nr. 2 privilegiert sind. Unter Hinweis auf die allgemeinen Vollstreckungsvoraussetzungen könnten sie ansonsten nur HDU-Verfügungen zwangsweise durchsetzen, wenn sie schriftlich die sofortige Vollziehung anordnen oder erst nach Unanfechtbarkeit oder als Ultima Ratio im Weg des sog. Sofortvollzuges. Es spricht also alles dafür, Nr. 2 funktional zu verstehen, sodass auch die gemeindlichen Vollzugsbeamten unter diese Bestimmung fallen.

III. Kommunale Hilfspolizeibeamte[733]

In Rheinland-Pfalz können die kommunalen allgemeinen Ordnungsbehörden auch kommunale Hilfspolizeibeamte – im Gegensatz zu den kommunalen Vollzugsbeamten – nach freiem Ermessen bestellen.[734] Daneben kann – wie bereits erörtert – auch die Schutzpolizei Hilfspolizeibeamte bestellen. Rechtsdogmatisch dürften eigentlich nur die vorgenannten Hilfspolizeibeamten für die Schutzpolizei zur hilfsweisen Wahrnehmung bestimmter polizeilicher Aufgaben als solche bezeichnet werden. Die Bezeichnung „Hilfspolizeibeamter" zur Unterstützung von allgemeinen Ordnungsbehörden ist in Rheinland-Pfalz aufgrund des Trennungsprinzipes zwischen allgemeinen Ordnungsbehörden und Polizeibehörden nicht ganz korrekt, weil die allgemeinen Ordnungsbehörden eben keine Polizei sind. Im Unterschied zu den vorgenannten kommunalen Vollzugsbeamten werden ihnen nur bestimmte Aufgaben übertragen. Im Prinzip ist dies nur die Überwachung des

---

dung *Stein*, Fälle und Erl. zum Polizei- und Ordnungsrecht, § 17 B. 5.b). Dies dürfte das Ergebnis einer nur grammatischen Auslegung sein.

[731] *Rühle*, Polizei- und Ordnungsrecht für RP, B. Rn. 20, lehnt ohne jegliche Begründung die Anwendung von Nr. 2 auf kommunale Vollzugsbedienstete ab.

[732] Eine explizite Aufnahme des gemeindlichen/kommunalen Vollzugsbeamten würde unter Hinweis auf § 3 G. I. V. überdies zu kurz greifen. Vgl. auch *Ekardt/Beckmann*,, VerwArchiv 2008, 241 ff..

[733] *Gusy*, Polizeirecht, Rn. 61, bezeichnet Beliehene nach Bundesrecht wie zum Beispiel bestätigte Jagdaufseher unzutreffend ebenfalls als Hilfspolizeibeamte.

[734] Auch andere Bundesländer kennen solche Hilfspolizeibeamte. Vgl. hierzu *Gusy*, Polizeirecht, Rn. 6o.

ruhenden Verkehrs.[735] Sie haben dabei gem. § 95 Abs. 1 S. 2 Polizei- und Ordnungsbehördengesetz die Befugnisse der Polizeibeamten.[736] Landläufig werden diese überwiegend weiblichen Personen auch als Politessen bezeichnet. Ebenso wie den kommunalen Vollzugsbeamten kann den Hilfspolizeibeamten mit der Befugnis zur Anwendung unmittelbaren Zwanges mehr an Kompetenz übertragen werden, als der übertragenden Stelle selbst zusteht.[737]

Wenn also der Landesgesetzgeber den Hilfspolizeibeamten dieselben Befugnisse nach dem Polizei- und Ordnungsbehördengesetzes wie den Polizeibeamten einräumt, muss bei teleologischer Auslegung konsequenterweise auch Nr. 2 für diese Personengruppe gelten.[738] Sie sind daher Polizeivollzugsbeamte, aber nur im materiellen Sinne.[739] Diese Meinung wird inzwischen auch von einer Fachaufsichtsbehörde über die allgemeinen Ordnungsbehörden vertreten. Damit bestätigt eine staatliche Aufsichtsbehörde auch die Meinung, dass Nr. 2 entgegen dem Gesetzeswortlaut und der fast einhelligen Literatur teleologisch weit auszulegen ist und sich dabei nicht hinter die „grammatische Verteidigungslinie" zurückgezogen werden darf. Die zielführende teleologische Auslegung von Nr. 2 muss den Polizeivollzugsbeamten funktional[740] sehen. Nicht nachvollziehbar ist hier aber, dass die Fachaufsichtsbehörden in Rheinland-Pfalz Nr. 2 nicht auch auf die vorgenannten kommunalen Vollzugsbeamten angewandt wissen wollen, nur weil ihnen nur einzelne der Polizei zustehende Befugnisse nicht gesetzlich, sondern administrativ übertragen werden. Beide vorgenannten Vollzugsdienstkräfte können jedenfalls auf der Grundlage von präventiven Standardmaßnahmen unaufschiebbare Anordnungen und ferner womöglich auch nach § 36 StVO unaufschiebbare Maßnahmen treffen und zudem unmittelbaren Zwang anwenden, so dass eine differenzierte Betrachtung nicht plausibel ist. Auch ist aus rechtsdogmatischer Sicht nicht nachvollziehbar, einerseits den Begriff des Polizeivollzugsbeamten restriktiv, d.h. grammatisch auszulegen und andererseits ausgerechnet bei den Hilfspolizeibeamten wegen der Funktionsgleichheit mit den Schutzpolizisten eine teleologische Auslegung vorzunehmen. Entscheidend muss vielmehr sein, ob es sich um Vollzugsdienstkräfte der Gefahrenabwehr handelt, denn diese müssen vor Ort im sog. Außendienst unbürokratisch und effektiv – notfalls unter Anwendung unmittelbaren Zwanges – handlungsfähig sein. Insoweit wird hier nochmals an den Aufsatz

---

[735] Vgl. *Stein,* Fälle und Erl. zum Polizei- und Ordnungsrecht RP, § 17 B. II. 4 und *de Clerck/Schmidt,* Polizei- und Ordnungsbehördengesetz Rheinland-Pfalz, § 95, S. 398.

[736] Sie haben dabei die Befugnisse der Polizei und dürfen auch unmittelbaren Zwang in eingeschränktem Maße ausüben. Als unaufschiebbare Anordnungen kommen die präventiven Standardmaßnahmen und gegebenenfalls Verkehrsregelungen nach § 36 StVO in Betracht.

[737] Vgl. *Jochum/Rühle,* Polizei- und Ordnungsrecht, S. 74 Rn. 20.

[738] Vgl. *Beckmann,* VR 2002, 404 ff.; *Beckmann-Gast,* LVwVG RP, § 61, S. 4 u. 5. Im Ergebnis wohl auch *Schunck/de Clerck,* VwGO, § 80, S. 462.

[739] Auch *Stein,* Fälle und Erl. zum Polizei- und Ordnungsrecht RP, § 17 B. II. 5. b).

[740] Nach *Roos,* Polizei- und Ordnungsbehördengesetz Rheinland-Pfalz, § 95 Rn. 5 m.w.N. sind Hilfspolizeibeamte auch Polizeivollzugsbeamte i.S.d. § 80 Abs. 2 S. 1 Nr. 2 VwGO.

von *Busch*[741] erinnert, worin in Anlehnung eines Entwurfes für ein einheitliches Verwaltungsprozessrecht hinsichtlich eines Gesetzesvorschlages für allgemeine Verwaltungsvollstreckungsvoraussetzungen von Polizeivollzugsbeamten und sonstigen Vollzugsdienstkräften der Gefahrenabwehr gesprochen wird. Man kann also nicht einserseits apodiktisch Nr. 2 nur auf Polizeivollzugsbeamte im formellen/institutionellen Sinne reduzieren und dann andererseits die Hilfspolizeibeamten von allgemeinen Ordnungsbehörden dennoch unter Nr. 2 subsumieren, um dann aber gleichzeitig die kommunalen Vollzugsbeamten von Nr. 2 auszuschließen. Eine solche Interpretation ist rechtsdogmatisch mangels Stringenz abzulehnen. Die derzeit von den vorgenannten kommunalen Spitzenverbänden angestrebte Modifizierung von Nr. 2 soll namentlich auch die kommunalen Hilfspolizeibeamten erfassen. Eine solche Gesetzesänderung wäre zwar wünschenswert, aber nicht zwingend notwendig, weil sich dies bereits zielführend bei teleologischer Auslegung ergibt.

IV. Mitarbeiter (Sachbearbeiter) der kommunalen allgemeinen Ordnungsbehörden und der kommunalen Sonderordnungsbehörden[742]

Die Mitarbeiter der kommunalen allgemeinen Ordnungsbehörden und der kommunalen Sonderordnungsbehörden im weiteren Sinne sind keine Polizeivollzugsbeamten im formellen Sinne.[743] Ebenso wie die auf Landesebene vorhandenen staatlichen allgemeinen Ordnungsbehörden und Sonderordnungsbehörden im weiteren Sinne sind auch die kommunalen allgemeinen Ordnungsbehörden und Sonderordnungsbehörden im weiteren Sinne das Ergebnis einer nach dem 2. Weltkrieg eingeleiteten Entpolizeilichung,[744] d.h. Abkehr von dem Einheitssystem hin zum Trennungssystem zwischen Vollzugspolizei und Fachbehörden. Die Aufgaben der Gefahrenabwehr werden seitdem nicht nur von der Polizei, sondern insbesondere auch von diesen kommunalen allgemeinen Ordnungsbehörden und ferner auch von kommunalen Sonderordnungsbehörden im weiteren Sinne wahrgenommen, wobei die Polizei im Allgemeinen nur subsidiär bei Gefahr im Verzuge zuständig ist, soweit sie nicht aufgrund weniger spezialgesetzlicher Ermächtigungsgrundlagen oder aufgrund der polizeilichen Standardmaßnahmen tätig wird. Die allgemeinen

[741] *Busch*, DÖV 1983, 626 ff.

[742] Aufgaben des sog. materiellen Polizeibegriffes können von den Kommunalverwaltungen und von Sonderordnungsbehörden im engeren Sinne ausgeführt werden. Sonderordnungsbehörden im engeren Sinn sind nur Behörden außerhalb der staatlichen inneren Verwaltung und der Kommunalverwaltungen. In Rheinland-Pfalz sind dies z.B. die Eich- und Bergämter. Aber selbst wenn spezialgesetzliche Aufgaben der Gefahrenabwehr (z.B. Vollzug des Wasserrechtes) von Behörden der staatlichen inneren Veraltung und von Kommunalveraltungen wahrgenommen werden, wird von Sonderordnungsbehörden gesprochen (vgl. *Pieroth/Schlink/Kniesel*, Polizei- und Ordnungsrecht, S. 54 Rn. 30).

[743] Vgl. z.B. § 205 Landesbeamtengesetz von Rheinland-Pfalz.

[744] Vgl. auch die Ausführungen zu § 3 K. bez. staatlicher allgemeiner Ordnungsbehörden.

Ordnungsbehörden sind ihrerseits gegenüber den Sonderordnungsbehörden im weiteren Sinne subsidiär zuständig. Soweit in der verwaltungsprozessualen Literatur aber die Meinung vertreten wird, dass die Ordnungs- bzw. Sicherheitsbehörden nicht unter Nr. 2 subsumiert werden können, ist diese Aussage mit Ausnahme der kommunalen Vollzugs- und Hilfspolizeibeamten zutreffend. Es wurde aber versäumt, zu sagen, welche verwaltungsprozessuale oder verwaltungsvollstreckungsrechtliche bzw. polizei- und ordnungsbehördliche Beschleunigungsregelung stattdessen greifen soll. Eine Negierung der Ordnungsbehörden hinsichtlich Nr. 2 reicht nicht. Die verwaltungsprozessualen Beschleunigungsregelungen der Nr. 3 und 4 i.V.m. Abs. 3 gelten im Bereich der Gefahrenabwehr nur für die Ordnungsbehörden von der Bundes- bis zur kommunalen Ebene, wobei die sog. Notstandsklausel nach Nr. 4 i.V.m. Abs. 3 S. 2 die Pendantvorschrift für die Ordnungsbehörden zu Nr. 2 ist. Handelt also ein Sachbearbeiter einer kommunalen allgemeinen Ordnungsbehörde oder Sonderordnungsbehörde im weiteren Sinne vor Ort anstelle einer Vollzugsdienstkraft, kommt angesichts des Prinzipes der selbstaktiven Gefahrenbeseitigung grundsätzlich als verwaltungsprozessuale Privilegierung nur die Notstandsmaßnahme nach Nr. 4 i.V.m. Abs. 3. S. 2 in Betracht, wenn die Privilegierungstatbestände Nr. 3 und 4 i.V.m. Abs. 3 S. 1 aus zeitlichen Gründen zwecks effektiver Gefahrenabwehr nicht ausreichen. Beide vorstehende Privilegierungstatbestände implizieren nämlich Schriftlichkeit und Bekanntgabe/Zustellung, was zeitraubend ist. Davon unberührt bleibt, wie zuvor mehrfach belegt, im Einzelfall der Sofortvollzug.

V. Nachfolgende Personen und Gremien sind keine Polizeivollzugsbeamte im materiellen Sinne

Nach dem jeweiligen Verwaltungsvollstreckungsrecht haben insbesondere kommunale Behörden als Vollstreckungsbehörden auch *Vollstreckungsbeamte*. So führt nach § 4 Abs. 3 des Landesverwaltungsvollstreckungsgesetzes von Rheinland-Pfalz[745] der Vollstreckungsbeamte alle zur Vollstreckung von VA notwendigen Vollstreckungshandlungen aus, mit denen eine Geldleistung gefordert wird, soweit sie nicht der Vollstreckungsbehörde vorbehalten sind. Diese kommunalen Vollstreckungsbeamten sind gem. § 205 des Landesbeamtengesetzes von Rheinland-Pfalz keine Polizeibeamten. Da sie gem. § 4 Abs. 3 Landesverwaltungsvollstreckungsgesetz RP nur VA, mit denen eine Geldleistung gefordert wird, vollstrecken dürfen, haben sie entgegen den vorgenannten kommunalen Vollzugsbeamten oder den kommunalen Hilfspolizeibeamten keinerlei Berührung mit dem Polizei- und

---

[745] Landesverwaltungsvollstreckungsgesetz (LVwVG) vom 8. Juli 1957 (GVBl. S. 101), zuletzt geändert durch das Gesetz vom 9. Nov. 1999 (GVBl. S. 407).

Ordnungsbehördengesetz, denn die Eintreibung von Geldforderungen ist sicher keine Maßnahme im Bereich der Gefahrenabwehr. Die kommunalen Vollstreckungsbeamten können dennoch effektiv handeln, denn ihnen steht statt Nr. 2 die Nr. 3 zur Seite. Danach kann kraft Bundes- oder Landesgesetzes die aufschiebende Wirkung entfallen. So haben nach § 20 AGVwGO RP Rechtsbehelfe gegen Maßnahmen in der Verwaltungsvollstreckung keine aufschiebende Wirkung.[746] Solche Vollstreckungsmaßnahmen sind abweichend von befehlenden VA bei solchen, die eine Geldforderung beinhalten, Pfändungen und Pfändungs- und Überweisungsverfügungen, soweit letztere sich an Drittschuldner wenden und die Mitteilung der Behörde an den Vollstreckungsschuldner, dass sie gem. § 59 Abs. 2 S. 2 u. 3 LVwVG RP die Vollstreckung in sein unbewegliches Vermögen beim Gericht oder Grundbuchamt beantragt hat.[747] Da die gesetzlichen Ausnahmetatbestände des § 80 Abs. 2 S. 1 VwGO alternativer Natur sind, scheidet wegen der Spezialregelung von Nr. 3 hier Nr. 2 aus. Wegen dieser Alternativregelungen in Abs. 2 des § 80 VwGO kann es rechtsdogmatisch niemals vorkommen, dass bei einem VA gleichzeitig mehrere Ausnahmeregelungen zur Anwendung kommen.[748] Nach alledem erübrigen sich auch Überlegungen, ob kommunale Vollstreckungsbeamte im Wege der Auslegung Polizeivollzugsbeamte im Sinne von Nr. 2 sein können.

Die *Ermittler bei den Sozialämtern* sind ebenfalls keine Polizeivollzugsbeamten im Sinne der Ausnahmeregelung Nr. 2. Sie haben lediglich Kontrollfunktionen zur Eindämmung von Sozialhilfemissbrauch und können in dieser Funktion auch keine unaufschiebbaren Anordnungen und Maßnahmen treffen. Eingriffsermächtigungen für den Erlass von befehlenden VA für diese Ermittler sieht weder das BSHG noch die SGB I und X vor. Im Übrigen umfasst der Bereich der Gefahrenabwehr nicht vorstehende Rechtsgebiete, denn sie gehören zur sog. Leistungsverwaltung.

Hinsichtlich der sog. *Sitzungspolizei in den Kommunalparlamenten* besteht in der verwaltungsprozessualen Fachliteratur wohl Einigkeit, dass sie nicht von Nr. 2 erfasst wird.[749] Nach § 36 Abs. 2 der Gemeindeordnung von Rheinland-Pfalz sorgt der Vorsitzende (in der Regel der Bürgermeister) für die Aufrechterhaltung der Ordnung und übt das Hausrecht aus. Damit wird dem Bürgermeister selbst aber noch nicht durch Gesetz die Befugnis zu unaufschiebbaren Anordnungen incl. Anwendung unmittelbaren Zwanges eingeräumt. Soweit gemeindliche Vollzugs-

---

[746] Landesgesetz zur Ausführung der Verwaltungsgerichtsordnung (AGVwGO) in der Fassung vom 5.12.1977, GVBl. S. 451, zuletzt geändert durch Landesgesetz vom 18.12.2001, GVBl. S. 307.

[747] Vgl. die §§ 27 bis 59 LVwVG RP und *Rühle*, Polizei- und Ordnungsrecht für RP, J. S. 218 Rn. 90.

[748] Enthält allerdings ein Bescheid mehrere VA, gilt diese Aussage natürlich nicht. So kann eine bauaufsichtliche Beseitigungsanordnung eine Anordnung der sofortigen Vollziehung, eine Zwangsmittelandrohung und eine Gebührenfestsetzung enthalten, sodass vorliegend Nr. 1, 3 und 4 i.V.m. Abs. 3 S. 1 des § 80 VwGO greifen.

[749] Statt vieler *Sodan*, in Sodan-Ziekow, VwGO, § 80 Rn. 67 m.w.N.

beamte hierzu nicht in der Lage sind, muss die Polizei (Schutz-/Landespolizei) nach der polizeilichen Generalklausel[750] tätig werden.

Schülerlotsen als Verkehrshelfer erteilen keine Weisungen oder Zeichen nach § 36 StVO, sondern machen lediglich warnend auf Gefahren aufmerksam.[751] Da sie also keine VA erlassen, können sie auch nicht – ungeachtet ihres Alters – Polizeivollzugsbeamte im materiellen Sinne sein. Sie sind als sog. Verwaltungshelfer nicht zum Erlass von VA befugt.[752]

In Nordrhein-Westfalen gibt es gem. den §§ 15 ff. NRWPOG *Polizeibeiräte*. Sie haben die Aufgabe, vertrauensvolle Verhältnisse zwischen Bevölkerung, Selbstverwaltungskörperschaften und Polizei herzustellen. Die *Kriminalpolizeilichen Räte* sollen Ideen zur Vorbeugung und Bekämpfung von Gefahren und zur Verhinderung von Straftaten sammeln und gemeinsam zu realisieren versuchen. Ähnliche Institutionen gibt es auch in anderen Ländern. So gibt es beispielsweise in Rheinland-Pfalz auch sog. *kriminalpräventive Gremien* nach § 1 Abs. 8 des Polizei- und Ordnungsbehördengesetzes. Allen ist aber gemeinsam, dass sie keine Behörden sind und somit auch keine polizeilichen bzw. ordnungsbehördlichen Befugnisse haben.

K. Beliehene[753] und Polizeihelfer

Über vorgenannten Personenkreis hinaus werden auch Privaten[754] sondergesetzlich polizeiliche Befugnisse einschließlich unmittelbaren Zwanges eingeräumt, die auf diese Weise ebenfalls den Status von Polizeivollzugsbeamten im materiellen Sinne erhalten, ohne organisatorisch zur Polizei bzw. zu den Ordnungsbehörden zu gehören.[755] Es handelt sich hierbei beispielsweise um bestätigte Jagdaufseher nach § 25 Abs. 2 des Bundesjagdgesetzes, um Feld- und Forstaufseher nach den jeweiligen landesrechtlichen Feld- und Forstgesetzen, soweit sie nicht im Außendienst einer Ordnungsbehörde integriert sind,[756] um Fischereiaufseher, Fleischbeschauer

---

750 Der Tatbestand des Hausfriedensbruches verletzt zugleich die öffentliche Sicherheit. Durch den Hausfriedensbruch kann aber auch das Funktionieren öffentlicher Einrichtungen, wozu auch das Kommunalparlament gehört, verletzt sein, womit ebenfalls die öffentliche Sicherheit tangiert wäre.

751 Vgl. *Schurig*, Kommentar zur StVO, § 36 Rn. 2.3.

752 Vgl. auch *Stein*, Fälle und Erl. zum Polizei- und Ordnungsrecht RP, § 17 II. 5.

753 *Gusy*, Polizeirecht, Rn. 61, bezeichnet die nachfolgenden Beliehenen unzutreffend als Hilfspolizeibeamte.

754 Eine vollständige Privatisierung der Polizei oder Ordnungsverwaltung wäre verfassungswidrig, weil die Aufrechterhaltung der öffentlichen Sicherheit oder Ordnung und deren Abwehr eine ureigene staatliche Aufgabe ist; vgl. *Stein*, Fälle und Erl. zum Polizei- und Ordnungsrecht RP, § 17.

755 Nach § 95 Abs. 3 des Polizei- und Ordnungsbehördengestzes Rheinland-Pfalz haben Beliehene zur Erfüllung ihrer Aufgaben auch die Befugnisse der Polizeibeamten nach diesem Gesetz; weitergehende Befugnisse aufgrund anderer Gesetze bleiben unberührt.

756 Ist der Feld- oder Forsthüter kommunaler Bediensteter, handelt dieser nicht als Beliehener, sondern als kommunale Vollzugskraft.

und Kapitäne nach § 106 des Seemannsgesetzes.[757] Das Fahrpersonal von Straßenbahnen, Omnibussen und Droschken ist dagegen nicht beliehen im obigen Sinne.[758] Da es bei dem angesprochenen Personenkreis um Privatpersonen geht, handelt es sich dabei nach *Habermehl*[759] zutreffend um Beliehene.

Wenn also beispielsweise bestätigte Jagdaufseher nach § 25 Abs. 2 des Bundesjagdgesetzes[760] innerhalb ihres Dienstbezirkes in Angelegenheiten des Jagdschutzes die Rechte und Pflichten der Polizeibeamten besitzen,[761] gelten auch sie im Wege der Auslegung als Polizeivollzugbeamte nach Nr. 2, soweit ihnen Befugnisse zum Erlass von VA übertragen werden und ein Eilfall vorliegt, was situationsbedingt wohl immer der Fall sein wird. Da deren Aufgaben ebenfalls der Gefahrenabwehr dienen, sind auch die Beliehenen Polizeivollzugsbeamte im materiellen Sinne und unterliegen somit auch Nr. 2. Weil sie auch unmittelbaren Zwang ausüben können,[762] ist ihre Rechtsposition derer der Vollzugsdienstkräfte nach Nr. 2 ähnlich. Da der Beliehene notwendigerweise nicht einer Behörde angehört, scheidet von vorneherein die Pendantvorschrift der Notstandsmaßnahme nach Nr. 4 i.V.m. Abs. 3 S. 2 aus.

Ohne die Beliehenen und Polizeihelfer müsste der Staat überall – also auch auf Schiffen, Flugzeugen, im Wald, auf allen Flugplätzen und Häfen – durch eigene Polizeivollzugsbeamte oder durch staatliche oder kommunale Ordnungs- bzw. Sonderordnungsbehörden präsent sein. In diese Nischen springt der Beliehene oder Polizeihelfer für das Gemeinwesen ein, sofern dies gesetzlich geregelt ist. Beliehene und Polizeihelfer werden überall dort eingesetzt, wo aufgrund örtlicher Besonderheiten, relativ seltener Inanspruchnahme oder aus fiskalischen Gründen der Einsatz der Polizei und der Ordnungsverwaltung nicht sinnvoll erscheint. In der gesamten Literatur zu § 80 Abs. 2 i.V.m. Abs. 3 VwGO wird dieser Aspekt unisono ausgeblendet bzw. nicht erkannt.

I. Beliehene nach dem Luftverkehrsgesetz

Wie bereits festgestellt wurde,[763] werden zumindest in Rheinland-Pfalz unaufschiebbare Anordnungen oder Maßnahmen als sog. Luftpolizei nach dem Luftver-

---

[757] Vgl. hierzu *Götz*, Allg. Polizei- und Ordnungsrecht, § 19 Rn. 482 m.w.N.; *Habermehl*, Polizei- und Ordnungsrecht, S. 189 Rn. 439 u. 440; *Knemeyer*, Polizei- und Ordnungsrecht, § 2 Rn. 26; *Knack*, VwVfG, § 1 Rn. 21 und *Michaelis*, S. 90 ff.

[758] BVerwG, NVwZ 1985, 48; ebenso *Habermehl*, Polizei- und Ordnungsrecht, Rn. 440 m.w.N.

[759] Vgl. *Habermehl*, Polizei- und Ordnungsrecht, Rn. 440.

[760] Bundesjagdgesetz i.d.F. der Bekanntmachung vom 29.9.1976 (BGBl. I S. 2849), zul. geändert durch das Justizmodernisierungsgesetz v. 24.8.2004 (BGBl. I S. 2209).

[761] In Frage kommen hier nur die präventiven Standardmaßnahmen.

[762] Nach § 25 Abs. 2 BJagdG haben sie bei Anwendung unmittelbaren Zwanges die ihnen durch die Länder eingeräumten Befugnisse.

[763] Vgl. § 3 F. III.

kehrsgesetz von Beliehenen getroffen. geben, die rechtlich als Verfügungen (unaufschiebbare Anordnungen) einzustufen sind. Sie können gem. § 5 der Anlage 2 der Luftverkehrs-Ordnung unaufschiebbare Maßnahmen durch Lichtsignale geben. Weiterhin können Beliehene als sog. Einwinker nach § 7 der Anlage 2 zur Luftverkehrs-Ordnung gegenüber Flugzeugführern bei Start und Landung Zeichen geben, die ebenfalls unaufschiebbare Maßnahmen darstellen. Des Weiteren sind auch die Luftfahrzeugführer für Maßnahmen zur Aufrechterhaltung der Sicherheit und Ordnung an Bord gegen alle an Bord befindlichen Personen nach § 12 des Gesetzes zur Neuregelung von Luftsicherheitsaufgaben Beliehene.[764] Ferner können Fluglotsen der Flugsicherung GmbH gegenüber Piloten Anweisungen Sie sind somit ebenfalls Polizeivollzugsbeamte im materiellen Sinne und unterliegen daher auch Nr. 2.

II. Hilfspolizeibeamte der Bundespolizei als Polizeihelfer

Nach § 63 Abs. 2 des BPolG kann die Bundespolizei geeignete Personen zur Wahrnehmung bestimmter Aufgaben zu Hilfspolizeibeamten bestellen, soweit hierfür ein Bedürfnis besteht. Nach Abs. 3 dieser Vorschrift haben sie im Rahmen der ihnen übertragenen Aufgaben die Befugnisse von Beamten der Bundespolizei. Diese Hilfspolizeibeamten sind deshalb bei teleologischer Auslegung ebenfalls Polizeivollzugsbeamte nicht im formellen, aber im materiellen Sinne. Sie sind keine Bundespolizeibeamten. Deshalb sind sie folgerichtigerweise auch nicht in das Bundespolizeibeamtengesetz und in die dazu erlassene Rechtsverordnung aufgenommen worden. Als sog. Polizeihelfer sind sie zwar den Beliehenen in ihrer Rechtsstellung ähnlich, nehmen ihre Aufgaben allerdings – anders als die Beliehenen – unselbständig wahr.[765] Sie werden zumeist auf kleinen Provinzflugplätzen auf Vorschlag des Flughafenbetreibers eingesetzt. Es handelt sich dabei um Funktionsträger innerhalb des Flughafenbetriebes. Polizeihelfer werden auch für kleine Seehäfen mit grenzüberschreitendem Verkehr oder für kleine Militärflugplätze mit grenzüberschreitendem Verkehr bestellt. Solche Polizeihelfer können Soldaten oder Hafenaufseher sein. Da sie unmittelbaren Zwang mit Ausnahme des Schusswaffengebrauchs gem. § 6 Ziffer 8 in Verbindung mit § 9 Ziffer 7 UZwG anwenden dürfen, sind sie insoweit auch Vollzugsbeamte des Bundes trotz ihres Status als Hilfspolizeibeamte und Polizeihelfer. Sie sind jedenfalls auch Vollzugsdienstkräfte und fallen daher als Polizeibeamte im materiellen Sinne auch unter Nr. 2.

---

[764] Vgl. *Habermehl*, Polizei- und Ordnungsrecht, S. 189.

[765] Vgl. *Heesen/Hönle*, BGSG, § 63 Rn. 4.

L. Der mit Nr. 2 verbundene akzessorische obligatorische Verwaltungszwang im System des Abs. 2

Da mündliche unaufschiebbare Anordnungen[766] aus rechtsstaatlichen Gründen nach dem jeweiligen Verwaltungsvollstreckungs- bzw. Polizei- und Ordnungsbehördenrecht zeitgleich oder sehr zeitnah mit einer ebenfalls mündlichen Zwangsmittelandrohung verbunden und nötigenfalls auch mit Zwangsmittel durchgesetzt werden müssen[767] – ansonsten wäre das Nichtvorhandensein der Unaufschiebbarkeit dolkumentiert –, handelt es sich bei den Zwangsmittelandrohungen im Zusammenhang mit Nr. 2 um akzessorisches Recht. Wegen dieser Akzessorietät ist der Sachzusammenhang zwischen Nr. 2 mit der Zwangsmittelandrohung und auch mit den nachfolgenden Zwangsmaßnahmen, sofern sie VA sind, hergestellt. Da entgegen Literaturmeinungen die Zwangsmittelandrohung als VA nicht von Nr. 2 erfasst wird, bedarf es der Klärung, wie sich diese obligatorische Zwangsmittelandrohung und etwaige nachfolgende Zwangsmaßnahmen im System der verwaltungspozessualen Beschleunigungsregelungen nach § 80 Abs. 2 und 3 VwGO einfügen.

I. Kann Nr. 1 bei der Vollstreckung unaufschiebbarer Anordnungen Relevanz besitzen?

Unaufschiebbare Anordnungen können durch Ersatzvornahme oder bei Unvertretbarkeit durch unmittelbaren Zwang durchgesetzt werden. Die Androhung eines Zwangsgeldes kommt dagegen rechtsdogmatisch nicht in Betracht, denn wegen des zeit- und arbeitsaufwendigen schriftlichen Verfahrens[768] würde bereits dadurch dokumentiert, dass es sich nicht um eine unaufschiebbare Anordnung handeln kann. Denn dies alles nimmt so viel Zeit in Anspruch, dass damit das Nichtvorhandensein der Unaufschiebbarkeit augenscheinlich ist. Insoweit ist diese Situation mit einer schriftlichen „unaufschiebbaren“ Anordnung mit Zwangsmittelandrohung und Anordnung der sofortigen Vollziehung vergleichbar,[769] die per Post bekannt gemacht oder zugestellt wird, denn auch bei einer solchen Sachlage wird deutlich,

[766] Unaufschiebbare Maßnahmen in Form von Zeichen von Polizeivollzugsbeamten im Rahmen der Verkehrsregelung ergehen situationsbedingt ohne ausdrückliche Zwangsmittelandrohung. Bei der Lenkung eines Fahzeuges handelt es sich wohl um eine nichtvertretbare Handlung, sodass hier auch Zwangsmittel regelmäßig scheitern müssen. Realistischer ist hier stattdessen die Ahndung, Bestrafung und die Festsetzung einer Nebenfolge wie Fahrverbot.

[767] Nach § 13 Abs. 1 VwVG muss die Androhung generell schriftlich angedroht werden. Diese Regelung berücksichtigt nicht Nr. 2, wonach generell mündliche unaufschiebbare Anordnungen getroffen werden. Hinsichtlich der mündlichen Zwangsmittelandrohung wird stellvertretend auf § 66 Abs. 1 VwVG RP verwiesen.

[768] Schriftliche Festsetzung des angedrohten Zwangsgeldes, angemessene Zahlungsfristeinräumung und anschließende Beitreibung (vgl. § 64 Landesverwaltungsvollstreckungsgesetz RP).

[769] Vgl. § 3 C. I.

dass die Anordnung nicht unaufschiebbar ist. Selbst wenn man hier keine Zwangsmittelfrist einräumt, was bei Duldungen und Unterlassungen rechtlich möglich ist,[770] vergehen bis zur Zustellung[771] der Anordnung einschließlich Zwangsmittelandrohung und Anordnung der sofortigen Vollziehung nach § 80 Abs. 2 S. 1 Nr. 4 VwGO doch regelmäßig 1 bis 2 Tage, bis vollstreckt werden könnte. Von einer Unaufschiebbarkeit kann dann aber nicht mehr gesprochen werden. Dies gilt umso mehr, als mit der Verfügung eine Handlung (Tun) verlangt wird. In diesen Fällen schreiben die Vollstreckungsgesetze eine angemessene Zwangsmittelfrist vor, so dass das Fehlen der Unaufschiebbarkeit noch manifester wird. Nach allem scheidet bei unaufschiebbaren Anordnungen das Zwangsgeld von vorneherein aus. Abgesehen davon handelt es sich bei den Zwangsgeldern nach der h.M. nicht um Kosten.[772]

Die Ersatzvornahmekosten werden per VA (Leistungsbescheid) angefordert, ohne dass dies ausdrücklich in den einschlägigen Gesetzen des Bundes und der Länder geregelt ist.[773] Ein Widerspruch gegen einen solchen Leistungsbescheid hat aufschiebende Wirkung. Die Kosten der Ersatzvornahme fallen ebenso weder unter öffentliche Abgaben (im wesentlichen Steuern, Benutzungsgebühren und Beiträge nach dem jeweiligen Kommunalabgabenrecht und ferner alle öffentlich-rechtlichen Geldforderungen, die eine hauptsächliche Finanzierungsfunktion haben)[774] noch unter Kosten (Verwaltungsgebühren und Auslagen), weil sie offensichtlich nicht der Deckung des allgemeinen Finanzbedarfs dienen. Bei der Auslegung der Kosten im Sinne von Nr. 1 muss man sich vergegenwärtigen, was Sinn und Zweck der Vorschrift ist. Mit der Regelung von Nr. 1 wollte der Gesetzgeber offensichtlich sicherstellen, dass die nach allgemeingültigen, im Voraus festgelegten, also normativen Geldforderungen der öffentlichen Hand nicht erst mit zeitlicher Verzögerung am Ende von Rechtsstreitigkeiten in die Kassen gelangen. Die Haushalte der öffentlichen Hand sollen wegen des notwendigen unabweisbaren Finanzbedarfs der öffentlichen Hand nicht durch Einlegung von Rechtsbehelfen und Rechtsmittel unkalkulierbar werden. Denn auch die Kosten sind für die öffentlichen Haushalte eine wichtige Einnahmequelle, die nicht durch Rechtsbehelfe und Rechtsmittel im Interesse der Finanzierbarkeit des Gemeinwesens versiegen darf. Ausgehend von diesen Überlegungen hat das OVG Koblenz[775] den Begriff der öffentlichen Kosten

---

[770] Vgl. § 66 Abs. 1 S. 3 Landesverwaltungsvollstreckungsgesetz RP, wonach eine angemessene Frist bei Duldungen und Unterlassungen nicht bestimmt werden muss.

[771] Schriftliche Zwangsmittelandrohungen müssen auch nach Landesrecht immer zugestellt werden; vgl. stellvertretend § 66 Abs. 6 VwVG RP.

[772] Vgl. OVG Koblenz, NVwZ-RR 1992, 221.

[773] Dagegen wird in § 24 Abs. 2 sächsVwVG klarstellend ausgeführt, dass die Kosten der Ersatzvornahme von der Vollstreckungsbehörde durch Leistungsbescheid festgesetzt wird.

[774] Vgl. *Redeker/von Örtzen,* VwGO, § 80 Rn. 15b. Die Abgaben, die von Finanz- und Zollverwaltung erhoben werden, fallen gesetzessystematisch nicht unter diese Vorschrift.

[775] OVG Koblenz, NVwZ-RR 1992, 221.

zutreffend wie folgt definiert: "Öffentliche Kosten im Sinne des § 80 Abs. 2 S. 1 Nr. 1 VwGO sind nur die in einem förmlichen Verwaltungsverfahren einschließlich des Vorverfahrens entstandenen Gebühren und Auslagen."

Nach fast einhelliger Meinung in der Judikatur und Literatur fallen deshalb Aufwendungsersatzansprüche wie verwaltungsvollstreckungs- bzw. polizei- und ordnungsbehördenrechtliche Zwangsmittel der Ersatzvornahmekosten, Kostenvorschüsse für Ersatzvornahmen und Zwangsgelder nicht unter die Kosten nach Nr. 1[776]. Hierunter sind daher nur Verwaltungsgebühren und Auslagen nach den jeweiligen Kosten- bzw. Gebührengesetzen des Bundes und der Länder und den dazu ergangenen Rechtsverordnungen zu subsumieren.[777]

Sehen dagegen Bundes- und Landesrecht in ihren Kostengesetzen vor, dass Gebühren für die Vollstreckung von VA, mit denen eine Handlung, Duldung oder Unterlassung gefordert wird, entstehen, und zwar u.a. für die zur Ausführung der Ersatzvornahme erforderlichen Amtshandlungen sowie für die mit der Ersatzvornahme im Zusammenhang stehenden Amtshandlungen und für die Anwendung unmittelbaren Zwanges,[778] handelt es sich bei diesen Gebührenbescheiden um Kosten im Sinne von Nr. 1. Solche sind prinzipiell bei aller Kritik zulässig.[779] Sie waren bis in die jüngste Vergangenheit rechtspolitisch umstritten.[780]

Es kann also festgehalten werden, dass bei unaufschiebbaren Anordnungen, die nur mittels Ersatzvornahme oder unmittelbaren Zwanges durchzusetzen sind, hinsichtlich solcher Gebühren die Ausnahmeregelung nach Nr. 1 greift, die hier in Bezug auf Nr. 2 mittelbar relevant ist. Zwangsgelder, Kostenvorschüsse für Ersatzvornahmekosten und Ersatzvornahmekosten sind dagegen weder Abgaben noch Kosten und fallen daher auch nicht unter Nr. 1, so dass nur mittelbare Berührungspunkte zu Nr. 2 bestehen. Werden die Gebühren zusammen mit den Ersatzvornahmekosten erhoben, ohne dass hinsichtlich dieser die sofortige Vollziehung angeordnet ist, würde ein Widerspruch gegen die zusammen erhobenen Gebühren und Ersatzvornahmekosten entgegen einer sehr verbreiteten Meinung hinsichtlich der Gebühren keine aufschiebende Wirkung haben. Die aufschiebende Wirkung von Widersprüchen gegen öffentlichen Kosten (hier: Verwaltungsgebühren) entfällt nämlich auch dann, wenn der Rechtsbehelf gegen den Grund-VA, das wäre hier der Ersatzvornahmekostenbescheid, aufschiebende Wirkung entfaltet.[781] Die sehr umfangreiche inkonsistente Literatur und Judikate zu Nr. 1 wäre weitgehend

[776] OVG Koblenz, NVwZ-RR 1992, 221.
[777] Vgl. *Beckmann*, VR 2003, 181 ff.; *Hufen*, Verwaltungsprozessrecht, S. 539 Rn. 11.
[778] Vgl. § 8 Abs. 2 und 4 der Kostenordnung zum Landesverwaltungsvollstreckungsgesetz RP, wonach für die Ersatzvornahme Gebühren von 25 EUR bis 5.11o EUR und für die Anwendung unmittelbaren Zwanges 10 EUR bis 255 EUR erhoben werden können.
[779] *Schenke*, Polizei- und Ordnungsrecht, S. 360 und 361 m.w.N.
[780] *Götz*, Polizei- und Ordnungsrecht, Rn. 462 m.w.N.
[781] So zutreffend OVG RP, NVwZ-RR 1992, 221 und OVG RP, Beschl. vom 25.06.2003, Az.: 12 B 100792/03. OVG. Auch Verwaltungsgebühren als öffentliche Kosten sollen der öffentlichen Hand sofort zur Verfügung stehen.

vermeidbar gewesen, wenn diese wichtige Regelung präziser und verständlicher ausformuliert worden wäre. Ein entsprechender Novellierungsvorschlag für eine Gesetzesänderung erfolgt später.

II. Vollstreckungsrechtliche Berührungspunkte mit Nr. 3

Die unaufschiebbare Anordnung muss nach den einschlägigen Verwaltungsvollstreckungsgesetzen des Bundes und der Länder prinzipiell mit einer Zwangsmittelandrohung versehen werden. Dies gilt auch für die mündlichen unaufschiebbaren Anordnungen.[782] Der Zwangsmittelandrohung kommt eine Warnfunktion zu, damit der Pflichtige weiß, welche Zwangsmaßnahmen auf ihn zukommen können und er dadurch die Möglichkeit hat, innerhalb einer bestimmten Frist[783] der Verfügung freiwillig nachzukommen.[784] Diese prinzipiell obligatorische und akzessorische Zwangsmittelandrohung ist in Nr. 2 weder aufgeführt, noch wird sie von ihr erfasst. Soweit in der Literatur[785] die Meinung vertreten wird, dass auch das „Zwangsmittel selbst" – was immer darunter zu verstehen ist – eine unaufschiebbare Anordnung und Maßnahme nach § 80 Abs. 2 S. 1 Nr. 2 sei und § 80 Abs. 2 S. 1 Nr. 3 VwGO für solche vollzugspolizeiliche Maßnahmen keine unmittelbare Rolle spiele, muss dieser Auffassung aus rechtsdogmatischen Gründen widersprochen werden. Die unaufschiebbaren Anordnungen und Maßnahmen sind Verfügungen, mit denen ein Handeln, Dulden oder Unterlassen verlangt wird. Der mit ihnen beabsichtigte Zweck der Gefahrenabwehr muss mit hoher Wahrscheinlichkeit nur bei sofortiger Durchsetzung erreichbar sein, um von einer unaufschiebbaren Anordnung zu sprechen.[786] Das Rechtsstaatsprinzip verlangt, dass der Bürger bei Verfügungen wissen muss, welche Konsequenzen die nicht fristgerechte Befolgung nach sich zieht. Schon aus diesem Grund greift Nr. 2 weder für die obligatorische Zwangsmittelandrohung noch für die folgenden Festsetzungen des Zwangsmittels und die Durchführung bzw. Anwendung des Zwangsmittels. Denn weder die Zwangsmittelandrohung noch die Zwangsgeldfestsetzung und die umstrittene Anforderung des Vorschusses der Ersatzvornahmekosten und die Anforderung der Ersatzvornahmekosten, die nach der h.M. zutreffend als VA gelten, geben dem Betroffenen über den Grund-VA hinaus ein weiteres Handeln, Dulden oder Unterlassen auf, so dass sie schon deshalb keine unaufschiebbaren Anordnungen sind.

---

[782] Vgl. § 66 Abs. 1 S. 2 Landesverwaltungsvollstreckungsgesetz RP; *Schenke*, Polizei- und Ordnungsrecht, Rn. 545; *Drews/Wacke/Vogel/Martens*, Gefahrenabwehr, S. 154 Rn. 385.

[783] Nach § 66 Abs. 1 S. 2 LVwVG RP braucht für eine Duldung oder Unterlassung keine angemessene Frist gesetzt werden. Dies ist richtig, denn hierfür braucht es keines besonderen Zeitaufwandes.

[784] Vgl. VGH Baden-Württtemberg, NVwZ 1991, S. 686.

[785] Vgl. *Knemeyer*, Polizei- und Ordnungsrecht, Rn. 360; ebenso *Lemke*, Verwaltungsvollstreckungsrecht des Bundes und der Länder, 1997, S. 467.

[786] Vgl. *Finkelnburg/Jank*, Vorl. Rechtsschutz im Verwaltungsstreitverfahren, Rn. 697.

Außerdem bleibt *Knemeyer*[787] unpräzise, indem er lediglich vom „Zwangsmittel selbst" spricht. Insoweit ist die Rechtslage mit der Anordnung der sofortigen Vollziehung gleichzusetzen. Auch diese ist entgegen anderslautenden Literaturmeinungen[788] kein VA, denn sie regelt ebenfalls nichts im Sinne des § 35 VwVfG.[789] Nach allem handelt es sich bei dem Zwangsmittel „Zwangsmittelandrohung" um eine Maßnahme in der Verwaltungsvollstreckung, sodass Rechtsbehelfe nach § 20 AGVwGO RP keine aufschiebende Wirkung haben. Diese Regelung ist eine landesgesetzliche auf der Grundlage des § 80 Abs. 2 S. 1 Nr. 3 VwGO.

Es stellt sich hier die Frage, ob Bescheide über Festsetzungen der Ersatzvornahme,[790] Ersatzvornahmekostenvorschüsse und Ersatzvornahmekostenbescheide, da sie nicht unter Nr. 1 als Kosten subsumiert werden können, unter § 80 Abs. 2 S. 1 Nr. 3 VwGO in Verbindung mit bundes- bzw. landesgesetzlichen Regelungen,[791] wonach Rechtsbehelfe gegen Maßnahmen in der Verwaltungsvollstreckung keine aufschiebende Wirkung haben,[792] fallen. Soweit die angedrohte Ersatzvornahme auch festzusetzen ist, ist dies zu bejahen, denn die Festsetzung ist hier eine Maßnahme in der Verwaltungsvollstreckung. Im Falle einer Ersatzvornahmekostenanforderung handelt es sich nicht mehr um eine Maßnahme in der Verwaltungsvollstreckung. In einem solchen Fall ist nämlich die angedrohte Maßnahme schon durchgeführt, so dass eine Privilegierung im Sinne von Nr. 3 nicht mehr gegeben ist.[793] Mit diesem Privilegierungstatbestand wollte der Gesetzgeber sicherstellen, dass das angedrohte Zwangsmittelverfahren nicht durch Einlegung von Rechtsmitteln wegen der damit verbundenen aufschiebenden Wirkung verzögert wird. Die Ersatzvornahmekosten können aber erst nach Durchführung der angedrohten Ersatzvornahme durch Leistungsbescheid festgesetzt werden, so dass für eine Privilegierung keine Notwendigkeit mehr besteht.

Allerdings ist umstritten, ob auch die Anforderung des Kostenvorschusses für die angedrohte Ersatzvornahme vor deren Durchführung unter Nr. 3 i.V.m. einem Bundes- bzw. Landesgesetz, wonach Rechtsbehelfe gegen Maßnahmen in der Verwaltungsvollstreckung keine aufschiebende Wirkung haben, fällt.[794] Es spricht einiges dafür, dass die Anforderung des Kostenvorschusses durchaus auch einen empfindlichen Beugemittelcharakter hat und manchen Betroffenen angesichts der Vorlage der Kosten veranlassen wird, der unaufschiebbaren Anordnung prompt

---

[787] Vgl. *Knemeyer,* Polizei- und Ordnungsrecht, Rn. 360.

[788] In der Literatur und Judikatur wurde zuweilen die vorherige Anhörung bei Anordnung der sofortigen Vollziehung verlangt, was aber gesetzessystematisch die Existenz eines VA voraussetzt.

[789] Nach *Sadler,* VwVG, § 6 Rn. 54, betrifft die Anordnung der sofortigen Vollziehung des VA nicht seine materiellrechtliche Wirksamkeit, sondern allein seine verfahrensrechtliche Vollziehbarkeit.

[790] Während beispielsweise im Bund gem. § 14 VwVG auch die Ersatzvornahme festgesetzt werden muss, ist dies z.B. in Rheinland-Pfalz entbehrlich.

[791] Vgl. § 20 AGVwGO RP.

[792] Vgl. *Götz,* Allg. Polizei- und Ordnungsrecht, § 18 Rn. 455 m.w.N.

[793] Vgl. OVG Schleswig, NVwZ-RR 2001, 586.

[794] Vgl- *Götz,* Allg. Polizei–und Ordnungsrecht, § 18 Rn. 455 m.w.N.

nachzukommen. Es wird aber auch die Eigenschaft des Kostenvorschusses als Vollstreckungsmaßnahme damit begründet, dass die tatsächliche Durchführung der Vollstreckung der Grundverfügung durch die vorherige Aufforderung zur Zahlung der Kosten der Ersatzvornahme zumindest erleichtert werde, so dass dies letztlich der Vollstreckung der Grundverfügung diene, womit sie folglich eine Maßnahme der Vollstreckung wäre.[795] Bei dieser Sichtweise ist der Kostenvorschuss eine Maßnahme in der Verwaltungsvollstreckung und keine reine Finanzbeschaffungsmaßnahme der Behörde zur Entlastung des Haushaltes. Die Gegenmeinung widerspricht dieser Sichtweise.[796] Sie misst der Vorauszahlung im Verfahren der Ersatzvornahme hauptsächlich eine Entlastungsfunktion der Finanzen und die Funktion der Verminderung der Finanzrisiken zu. Im Übrigen werde einer gewissen beugenden Wirkung nicht widersprochen, sie sei jedoch nicht der Hauptzweck. Beide Argumente haben eine gewisse Plausibilität. Da Polizei- und Ordnungsbehörden- und Verwaltungsvollstreckungsrecht hinsichtlich der Gesetzgebungs- und Verwaltungskompetenz grundsätzlich Ländersache ist, sollte man sich in diesem Punkt der jeweiligen obergerichtlichen Rechtsprechung anschließen, soweit eine solche vorliegt.

Im Übrigen muss hier gesagt werden, dass der Kostenvorschuss hinsichtlich Nr. 2 keine Rolle spielt, denn ebenso wie die Zwangsgeldandrohung mit ihrer Festsetzung und Beitreibung signalisiert ein Kostenvorschuss, dass es sich eben nicht um eine unaufschiebbare Anordnung handeln kann. Bei einem Kostenvorschuss werden die Vollstreckungsmaßnahmen wohl generell erst nach Eingang des verfügten Vorschusses in Angriff genommen. Da die Realisierung dessen aber – wenn überhaupt – eine zeitraubende Angelegenheit ist, wird auch hierdurch manifest, dass von einer Unaufschiebbarkeit der Anordnung wirklich keine Rede sein kann. Zusammenfassend lässt sich konstatieren, dass der Privilegierungstatbestand Nr. 2 in der Konsequenz auch eine zeitnahe Vollstreckung verlangt, so dass ein Kostenvorschuss wegen des Zeitfaktors im Rahmen von Nr. 2 keine Bedeutung haben kann.

III. Die Vollstreckung unaufschiebbarer Anordnungen und Nr. 4

Die schriftlich erlassene Verfügung ist generell keine unaufschiebbare Anordnung, denn sie begründet die Vermutung, dass die Zeit ausgereicht hätte, sie formgerecht

[795] Vgl. *Lin,* Das deutsche Modell des vorläufigen Rechtsschutzes bei der polizeilichen Gefahrenabwehr, S. 62 m.w.N.; *Lemke,* Verwaltungsvollstreckungsrecht des Bundes und der Länder, S. 463 m.w.N.

[796] Vgl. *Lin,* Das deutsche Modell des vorläufigen Rechtsschutzes bei der polizeilichen Gefahrenabwehr, S. 62 und 63 m.w.N.; OVG Koblenz, DVBl. 1999, 116 = NVwZ-RR 1999, 27.

für sofort vollziehbar zu erklären.[797] Diese Aussage gilt aber nur, wenn sie per Post bekannt gemacht oder zugestellt wird. Wird aber im Einzelfall für eine HDU-Verfügung einschließlich Zwangsmittelandrohung ein Vordruck verwendet, der an Ort und Stelle ausgefüllt und sofort bekannt gemacht oder durch Empfangsbekenntnis zugestellt wird, gilt dies nicht. In diesem Fall wäre es wohl eine unaufschiebbare Anordnung, die ausnahmsweise mal nicht mündlich erginge. Dass dies aber im Polizeialltag kaum geschieht, ist eine andere Frage.

Eine Relevanz zu Nr. 4 besteht dennoch bei einem Leistungsbescheid für die Ersatzvornahmekosten. Wie bereits ausgeführt,[798] fällt der Leistungsbescheid zu den Ersatzvornahmekosten weder unter Nr. 1 noch unter Nr. 3, so dass grundsätzlich ein Widerspruch dagegen gem. § 80 Abs. 1 VwGO aufschiebende Wirkung hat. Um diese zu beseitigen, bliebe nur die Anordnung der sofortigen Vollziehung[799] übrig. Öffentliche Interessen können auch fiskalische Interessen sein.[800] Fraglich ist hier allerdings, ob die notwendige qualifizierte Begründung nach Abs. 3 S. 1 gerichtsfest gelingt.[801] Ob beispielsweise bei recht geringen Beträgen die Anordnung der sofortigen Vollziehung bei einem großen Haushaltsvolumen damit begründet werden kann, in der Entlastung des Haushaltes das öffentliche Interesse zu sehen, muss bezweifelt werden.

Diese Betrachtungen gelten analog auch für den Vorschuss der Ersatzvornahmekosten, wenn man sich Teilen der Rechtsprechung anschließt, wonach der Leistungsbescheid über den Kostenvorschuss nicht unter Nr. 3 fällt.[802] Als Aufwendungsersatz fällt dieser aber auch nicht unter die Nr. 1.Nach allem ist also auch Nr. 4 bei unaufschiebbaren Anordnungen mittelbar relevant.

IV. Zur Relevanz des § 80 Abs. 2 S. 2 VwGO bei Vollstreckung unaufschiebbarer Anordnungen

S. 2 enthält eine Öffnungsklausel für Vollstreckungsmaßnahmen der Länder nach Bundesrecht. Damit ist eine Lücke für die wenigen Fälle geschlossen worden, in

---

797 So zutreffend *Finkelnburg/Jank,* Vorl. Rechtsschutz im Verwaltungsstreitverfahren, Rn. 697 m.w.N.; ebenso *Sodan,* in: Sodan-Ziekow, VwGO, § 80 Rn. 67; *Funke-Kaiser,* in: Bader/Funke-Kaiser/Kuntze/von Albedyll, VwGO, § 89 Rn. 9 m.w.N.: *Kopp/Schenke,* VwGO, § 80 Rn. 99 m.w.N.

798 Vgl. § 3 C. I.

799 Im Gegensatz zur aufschiebenden Wirkung wirkt die Anordnung der sofortigen Vollziehung ex nunc.

800 Nach *Schoch,* in: Schoch/Schmidt-Aßmann/Pietzner, VwGO, § 80 Rn. 156 m.w.N., können auch unter bestimmten Gesichtspunkten fiskalische Interessen im öffentlichen Interesse sein. Hinsichtlich des Zinsvorteils lehnt auch *Kopp/Schenke,* VwGO, § 80 Rn. 99 m.w.N. ein öffentliches Interesse ab. Zinsvorteile sind danach kein relevantes Argument für die Anordnung der sofortigen Vollziehung. Dagegen läge ein öffentliches Interesse vor, wenn ansonsten die Kostenanforderung gefährdet wäre.

801 Vgl. *Beckmann,* Landesverwaltungsvollstreckungsgesetz RP, § 63, S. 2.

802 OVG Koblenz, Beschl. vom 28.7.1998 – 1 B 11553/98; VGH Mannheim, DÖV 1996, 425; VG Hannover, NVwZ-RR 1999, 118.

denen die Länder ausnahmweise nach Bundesrecht vollstrecken. Es handelt sich dabei um § 44 BLG, §§ 136 f. FlurbG, §§ 57 ff. AEG, § 72 Abs. 2 BauGB, § 24 WohnBindG und wohl auch um § 35 Abs. 5 GewO.[803] Diese wenigen Gesetze – mit Ausnahme des Aufenthalts- und des Gewerberechts – unterliegen nicht dem materiellen Polizeibegriff. Da die Grundverfügungen nach der Gewerbeordnung und des Aufenthaltsgesetzes von Ordnungsbehörden erlassen werden, besteht hinsichtlich dieser speziellen bundesgesetzlichen Vollstreckungsvorschriften auch keine mittelbare Verbindungslinie zu Nr. 2.

M. Zusammenfassung der Beschleunigungsregelungen zur Gefahrenabwehr inner- und außerhalb der VwGO [804]

Polizeivollzugsbeamte und sonstige Vollzugsdienstkräfte der Gefahrenabwehr können Gefahren für die öffentliche Sicherheit oder Ordnung bei Unaufschiebbarkeit unbürokratisch durch Anordnungen oder Maßnahmen nach Nr. 2 abwehren.[805] Dagegen können Sachbearbeiter von Ordnungsbehörden – ohne den Status eines Vollzugsbeamten[806] – akute Gefahren bürokratisch, d.h. schriftlich mittels Anordnung der sofortigen Vollziehung gem. Nr. 4 i.V.m. Abs. 3 S. 1 bekämpfen, es sei denn ein Bundes- oder Landesgesetz lässt bereits die aufschiebende Wirkung eines Rechtsbehelfes gemäß Nr. 3 wegfallen. Beide verwaltungsprozessualen Beschleunigungsregelungen setzen unausgesprochen Schriftlichkeit und Bekanntgabe/Zustellung des VA durch die Post voraus. Bei Gefahr im Verzug – besser: bei einer gegenwärtigen erheblichen Gefahr – kann der Sachbearbeiter einer Ordnungsbehörde ausnahmsweise unbürokratisch eine sog. Notstandsmaßnahme (Notstandsverfügung oder Notstandsanordnung) treffen, wenn selbst die Beschleunigungsregelungen der Nr. 3 und 4 i.V.m. Abs. 3 S. 1 aus zeitlichen Gründen nicht ausreichen. Die Bekanntgabe bzw. Zustellung durch die Post bedeutet eine Verzögerung von mindestens einem bis zwei Tagen. Ebenso wie bei Nr. 2 geschieht die Notstandsverfügung regelmäßig mündlich.

Die unmittelbare Ausführung einer Maßnahme kommt bei Abwesenheit bzw. bei nicht rechtzeitigem Erscheinen des Polizei- und Ordnungsbehördenpflichtigen, bei Nichtvorhandensein eines Verantwortlichen, bei Nichtermittlung eines Verantwortlichen und bei Nicht-in-der-Lage-sein des Verantwortlichen – bei gleichzeitiger Kooperationsbereitschaft – zur Anwendung. Sie unterscheidet sich von den ge-

---

[803] Vgl. *Bader*, in: Bader/Funke-Kaiser/Kuntze/von Albedyll, VwGO, § 80 Rn. 35.

[804] Der Sofortvollzug kann auch im Polizei- und Ordnungsbehördenrecht geregelt sein. So gab es im rheinland-pfälzischen Polizeirecht eine adäquate Regelung.

[805] Vgl. hierzu *Ekardt/Beckmann*, Polizeivollzugsbeamte und aufschiebende Wirkung von verwaltungsgerichtlichen Rechtsbehelfen, VerwArchiv 2008, 241 ff.

[806] Die Eigenschaft eines Vollzugsbeamten oder Sachbearbeiters wird wohl nur alternierend vorkommen.

nannten verwaltungsprozessualen Privilegierungstatbeständen dadurch, dass sie ein Realakt ist.

Der Sofortvollzug kommt bei Anwesenheit des Verantwortlichen nur in Betracht, wenn eine unaufschiebbare Anordnung nach Nr. 2 aus polizeitaktischen Gründen nicht geboten ist oder wenn selbst für den Erlass des unbürokratischen, generell obligatorischen mündlichen VA nach Nr. 2 und Nr. 4 i.V.m. Abs. 3 S. 2 keine Zeit mehr bleibt. Ferner wohl auch, wenn von vorneherein ziemlich klar ist, dass der Störer nicht in der Lage ist, zeitnah und umfassend der mündlichen Verfügung nachzukommen, sodass diese sich trotz des Prinzips der selbstaktiven Gefahrenabwehr als nicht effizient und somit ungeeignet erweist. Schließlich könnte der Sofortvollzug für Gefahrenabwehrbehörden wohl im Gegensatz zur sog. Notstandsmaßnahme auch unterhalb der gegenwärtigen erheblichen Gefahr greifen. Da bundesgesetzlich Nr. 2 und 4 i.V.m. Abs. 3 S. 2 schon ein wirksames Gefahrenmanagement erlauben, kommt dem bundesgesetzlichen Sofortvollzug daher bei weitgehender Kongruenz mit obigen Bestimmungen wohl überwiegend nur eine deklaratorische Bedeutung zu, während der landesgesetzliche Sofortvollzug unter Hinweis auf Art. 31 GG weitgehend durch obige Bestimmungen verdrängt wird. Der Sofortvollzug muss nach alledem kompatibel mit den beiden vorstehenden Regelungen des § 80 Abs. 2 VwGO abgefasst werden, was derzeit nicht der Fall ist. Ferner sollten die beiden nebeneinander bestehenden Regelungen über die unmittelbare Ausführung einer Maßnahme und den Sofortvollzug ebenfalls klarer und kompatibel abgefasst werden.[807] Der Sofortvollzug hat in Kenntnis der angesprochenen anderweitigen Beschleunigungsregelungen auf dem Gebiet der Gefahrenabwehr eher eine marginale Bedeutung.

---

[807] Eine ausführliche Erörterung ist in § 3 F. enthalten.

§ 4 Analoge Anwendung von Nr. 2 auf Verkehrszeichen und Verkehrseinrichtungen

Bereits seit mehreren Jahrzehnten wird im Rahmen der Rechtsfortentwicklung Nr. 2 auch auf Verkehrszeichen und -einrichtungen – zumeist undifferenziert – angewandt,[808] sodass diese Analogie ebenfalls zu untersuchen ist. Der Bundesgesetzgeber hat die Verkehrszeichen und -einrichtungen wohl deshalb nicht ausdrücklich in Nr. 2 erwähnt, weil diese im Zeitpunkt des Inkrafttretens der VwGO noch als Rechtsnormen und nicht als VA in Form von Allgemeinverfügungen galten.[809] Eine andere Frage ist, warum der Gesetzgeber dies nicht in seinen nachfolgenden Gesetzesnovellen entsprechend korrigiert hat, um Rechtsunsicherheiten zu vermeiden.[810] Bei der Analogie von Verkehrszeichen und -einrichtungen ist systematisch zunächst Voraussetzung, dass es sich dabei um VA[811] handelt. Sie können in der Tat technische VA in Form von Allgemeinverfügungen nach § 35 S. 2 VwVfG sein. Dabei ist die Klassifizierung der Allgemeinverfügung nach § 35 S. 2 VwVfG, der drei Varianten beinhaltet, umstritten.[812] Des Weiteren ist fraglich, ob neben der Eigenschaft als VA noch das Tatbestandsmerkmal „unaufschiebbar" im Einzelfall hinzukommen muss[813] oder ob im Interesse der Sicherheit und Leichtigkeit des Verkehrs Verkehrszeichen und Verkehrseinrichtungen als

[808] Vgl. *Würtenberger,* Verwaltungsprozessrecht, Rn. 516. Danach werden unzutreffend offenbar undifferenziert alle Verkehrszeichen und Verkehrseinrichtungen als VA eingestuft; ebenso wohl auch *Rühle/Suhr,* Polizei- und Ordnungsrecht RP, S. 141.

[809] Vgl. *Schoch,* in: Schoch/Schmidt-Aßmann/Pietzner, VwGO, § 80 Rn. 123 m.w.N.

[810] Vgl. *Schoch,* in: Schoch/Schmidt-Aßmann-Pietzner, § 80 Rn. 123; *Eyermann,* VwGO, § 80 Rn. 26, lehnt sogar eine derartige Auslegung ab; *Schwabe,* Examensrelevantes Verwaltungsprozessrecht, S. 98.

[811] Nach *Finkelnburg/Jank,* Vorl. Rechtsschutz im Verwaltungsstreitverfahren, Rn. 698 m.w.N., sind Verkehrszeichen immer VA in Gestalt der Allgemeinverfügung. Dies ist unzutreffend, denn Warnzeichen enthalten beispielsweise keine Regelung und können deshalb auch keine VA sein. Auch *Funke-Kaiser,* in: Bader/Funke-Kaiser/Kuntze/von Albedyll, VwGO, § 80 Rn. 29, stuft undifferenziert Verkehrszeichen und Verkehrseinrichtungen als VA ein und bemängelt aber in diesem Zusammenhang lediglich, dass sich nicht mit dem Tatbestandsmerkmal Unaufschiebbarkeit auseinander gesetzt wird. Auch *Martini,* Verwaltungsprozessrecht, S. 143, spricht lediglich undifferenziert von Verkehrszeichen.

[812] *Sadler,* Verwaltungsvollstreckungsgesetz des Bundes, § 6 Rn. 81 m.w.N. sieht darin eine Allgemeinverfügung zur Benutzung durch die Allgemeinheit; ebenso *Detterbeck,* Allg. Verwaltungsrecht, Rn. 471; *Frenz,* Öffentliches Recht, Rn. 467 m.w.N. Andere sehen darin VA, die die öffentlich-rechtliche Eigenschaft einer Sache betreffen; vgl. hierzu *Wolff/Bachof/Stober,* VerwR I, § 46 Rn. 30; *Niehuis,* DÖV 1965, 319 (322ff.). Dagegen sieht *Pietzner/Ronellenfitsch,* Das Assessorexamen, § 54 Rn. 15, in Verkehrszeichen eine personale Allgemeinverfügung. Wenn man aber Verkehrszeichen wegen der Funktionsgleichheit mit den verkehrsregelnden Zeichen von Polizeibeamten (vgl. *Papier,* JA 1979, S. 561, 564), analog zu Nr. 2 angewandt wissen will, spricht alles für die Einstufung als personale Allgemeinverfügungen. So auch *Schieferdecker,* Die Entfernung von Kfz als Maßnahme staatlicher Gefahrenabwehr, S. 40 u. 41 m.w.N. Denn verkehrsregelnde Zeichen von Polizeibeamten sind ja ebenfalls keine dinglichen VA, sondern personale Allgemeinverfügungen. Außerdem würde die Einstufung der Verkehrszeichen und Verkehrseinrichtungen als dingliche Allgemeinverfügungen nach § 35 S. 2 3. Variante VwVfG eine analoge Anwendung von Nr. 2 rechtsdogmatisch wohl unmöglich machen, denn Nr. 2 erfasst nur sog. HDU-Verfügungen.

[813] So *Schoch,* in: Schoch/Schmidt-Aßmann/Pietzner, VwGO, § 80 Rn. 123 und *Lin,* Das deutsche Modell des vorl. Rechtsschutzes bei der polizeilichen Gefahrenabwehr, S. 53.

Allgemeinverfügungen immer auch als unaufschiebbar einzustufen sind.[814] Die analoge Anwendung der Verkehrszeichen und Verkehrseinrichtungen auf Nr. 2 wurde mit der Funktionsgleichheit und Austauschbarkeit von Einzelanweisungen von Polizeivollzugsbeamten begründet.[815]

Jede Analogienotwendigkeit ist immer ein deutliches Zeichen für eine nicht optimierte gesetzliche Regelung, denn diese sollte präzise ausformuliert, verständlich und zudem nicht unnötig langatmig sein. Da dem Gesetzgeber seit ca. 40 Jahren bekannt sein dürfte, dass die Judikatur und Literatur in Verkehrszeichen und Verkehrseinrichtungen ganz überwiegend VA in Form von Allgemeinverfügungen sehen, wäre er aus Gründen der Rechtsklarheit bei einer funktionierenden retrospektiven Gesetzesfolgenabschätzung aufgefordert gewesen, eine entsprechende klare gesetzliche Regelung zu schaffen, solange er nicht spezialgesetzlich gemäß § 80 Abs. 2 S. 1 Nr. 3 VwGO handelt. Stattdessen müssen die Rechtsanwender und Rechtsunterworfenen einschließlich der Anwaltschaft und letztlich auch die Gerichte in jedem Einzelfall prüfen, ob es sich bei dem streitbefangenen Verkehrszeichen oder der streitbefangenen Verkehrseinrichtung um einen VA in Form der technischen Allgemeinverfügung handelt und ob laut Schrifttum bejahendenfalls noch eine Unaufschiebbarkeit unterstellt werden kann. Während die Fachliteratur überwiegend das Tatbestandsmerkmal „unaufschiebbar“ im Sinne Nr. 2 nicht problematisiert, greifen einige diesen rechtlichen Aspekt auf.[816]

Soweit ersichtlich, liegen zu dieser Gesamtproblematik zwar höchstrichterliche Urteile zu bestimmten Verkehrszeichen und Verkehrseinrichtungen vor, aber es fehlt ein obiter dictum, in dem explizit die Aussage enthalten ist, dass alle bzw. nur bestimmte Verkehrseinrichtungen und -zeichen nach §§ 37 bis 43 StVO VA in Form von Allgemeinverfügungen sind und deren Beachtung im Interesse der Sicherheit und Leichtigkeit des Verkehrs keinen Aufschub duldet. Sie gelten somit automatisch als unaufschiebbar im Sinne von Nr. 2. Da eine solche klare Aussage in Judikatur und Literatur fehlt, ist bereits deshalb die analoge Anwendung der Verkehrszeichen und Verkehrseinrichtungen auf Nr. 2 nicht unproblematisch, weil der Eindruck erweckt wird, dass in jedem Fall noch individuell die Unaufschiebbarkeit des Verkehrszeichens geprüft werden müsste. Nach allem ist eine klare positivrechtliche Positionierung des Bundesgesetzgebers, auch wenn diese hinsichtlich der Benennung der Verkehrszeichen und Verkehrseinrichtungen der einzelnen Verkehrsträger nur deklaratorischen Charakter hat, dringend geboten. Dass

---

[814] Nach *Pietzner/Ronellenfitsch*, Das Assessorexamen, § 54 III Rn. 15 m.w.N., sind Verkehrszeichen wohl immer unaufschiebbar, wenn ausgeführt wird, dass die Beachtung der Verkehrszeichen ihrer Natur nach keinen Aufschub duldet.

[815] Vgl. *Schmitt/Glaeser/Horn*, Verwaltungsprozessrecht, Rn. 263 sowie *Pietzner/Ronellenfitsch*, § 54 III Rn. 15.

[816] Vgl. *Schoch*, in: Schoch/Schmidt-Aßmann/Pietzner, VwGO, § 80 Rn. 123; *Schmitt/ Glaeser/Horn*, Verwaltungsprozessrecht, Rn. 263 und *Lin*, Das deutsche Modell des vorl. Rechtsschutzes bei der polizeilichen Gefahrenabwehr, S. 53.

dies trotz sieben zwischenzeitlicher Gesetzesnovellierungen zur VwGO noch nicht geschehen ist, ist im Interesse der Rechtsklarheit bedauerlich. Anzumerken bleibt hier, dass die Aufforderung eines Polizisten, unverzüglich aus dem Halteverbot wegzufahren, sich als unaufschiebbare Anordnung nach der polizeilichen Generalklausel darstellt.[817] In diesem Fall liegt keine personale Allgemeinverfügung vor.

Die richterliche Rechtsfortbildung, nämlich hinsichtlich von Verkehrszeichen und Verkehrseinrichtungen Nr. 2 analog anzuwenden, ist nicht unproblematisch, denn sie findet ihre Grenzen in einer klaren gesetzlichen Regelung.[818] Durch das Wort „ nur" in Abs. 2 S. 1 hätte sich eigentlich eine Analogie auf Verkehrszeichen und Verkehrseinrichtungen verboten, denn durch diese Formulierung ist scheinbar eine enge Auslegung notwendig.[819] Es wäre für den Gesetzgeber ein Leichtes gewesen, in einer der inzwischen ergangenen sieben Gesetzesnovellen zur VwGO in Nr. 2 eine entsprechende Normierung oder alternativ in dem StVG eine entsprechende Regelung gem. Nr. 3 vorzunehmen, wonach ein Rechtsbehelf bei noch näher benannten Verkehrszeichen oder -einrichtungen keine aufschiebende Wirkung hat.[820]

A. Verkehrszeichen und -einrichtungen

Bei dem Begriff „Verkehrszeichen" handelt es sich um einen Oberbegriff, der Gefahrzeichen, Vorschriftszeichen und Richtzeichen nebst Zusatzschildern umfasst.[821] Die Gefahrzeichen sind abschließend in § 4o StVO normiert. Nach Abs. 1 dieser Bestimmung mahnen sie, sich auf die angekündigte Gefahr einzurichten. Bei dieser Rechtslage können diese aber keine VA in Form von Allgemeinverfügungen sein. Es fehlt hier am Tatbestandsmerkmal „Regelung.[822] Insoweit ist Literaturmeinungen nicht zuzustimmen, wonach Verkehrszeichen und Verkehrseinrichtungen pauschal als VA in Form von Allgemeinverfügungen eingestuft werden.[823] Im Allg. Verwaltungsrecht sind Belehrungen, Warnungen, Hinweise usw. keine Regelungen im Sinne von § 35 S. 1 VwVfG.

---

[817] Vgl. *Benfer,* Rechtseingriffe von Polizei und Staatsanwaltschaft, Rn. 152.

[818] Vgl. *Schmidt-Bleibtreu,* GG, Art. 20 Rn. 42.

[819] Dagegen meint *Lang,* Methodenlehre der Rechtswissenschaft, S. 356, dass ein Regel-Ausnahme-Verhältnis nicht bedeutet, dass die Ausnahmebestimmung so eng wie möglich auszulegen sei oder eine Analogie in jedem Fall ausgeschlossen sei. Offenbar geht auch die Judikatur von obiger Aussage aus, denn ansonsten hätte die Verwaltungsgerichtsbarkeit schon längst eine Analogie abgelehnt.

[820] Vgl. *Kotulla,* DV 2000, 521 (531 m.w.N.).

[821] Vgl. § 39 Abs.2 StVO.

[822] Vgl. auch *Drews/Wacke/Vogel/Martens,* Gefahrenabwehr, § 23 Nr. 7, S. 362; ebenso *Schenke,* Polizei- und Ordnungsrecht, § 10 Rn. 487; ebenso *Steiner (Hrsg.),* Besonderes Verwaltungsrecht, S. 354 Rn. 268.

[823] Vgl. *Sadler,* VwVG, VwZG, § 6 VwVG, Rn. 16 und 81.

Anders verhält es sich gem. § 41 StVO bei Vorschriftszeichen, denn sie enthalten Gebote und Verbote.[824] Damit ist dann auch der Tatbestand der Regelung im Sinne von § 35 VwVfG erfüllt. In der Judikatur und Literatur werden Vorschriftszeichen folgerichtig auch als Allgemeinverfügungen gesehen.[825]

Gem. § 42 Abs. 1 StVO geben Richtzeichen besondere Hinweise zur Erleichterung des Verkehrs. Sie können aber auch Anordnungen enthalten. Richtzeichen sollen den Verkehr im Allgemeinen nur durch Hinweise erleichtern. Sie sind daher im Allgemeinen auch keine VA.[826] Dagegen enthält § 42 StVO Anordnungen zusammen mit den Richtzeichen 306 (Vorfahrtstraße), den Zusatzschildern zu den Z 306 oder Z 314 (Parkplatz) und den Richtzeichen Z 315 (Parken auf Gehwegen), Z 325 (verkehrsberuhigter Bereich) und Z 340 (Leitlinie).[827] Nur in diesen Fällen enthalten Richtzeichen Regelungen im Sinne des § 35 VwVfG.

Verkehrseinrichtungen nach § 43 Abs. 1 StVO sind Schranken, Sperrpfosten, Parkuhren, Parkscheinautomaten, Geländer, Absperrgeräte, Leiteinrichtungen sowie Blinklicht- und Lichtzeichenanlagen. Wie bereits erwähnt, sieht *Schurig*[828] in Verkehrseinrichtungen ohne Einschränkung VA. Während in Literatur und Rechtsprechung Parkuhren und Ampelanlagen zutreffend als VA in Form von Allgemeinverfügungen gesehen werden, muss dies aber bei Sperrpfosten, Schranken, Parkscheinautomaten, Geländer und Absperrgeräten bezweifelt werden. Das Tatbestandsmerkmal „Regelung" im Sinne des § 35 VwVfG dürfte hier eindeutig nicht vorliegen.

Diese Ausführungen zeigen, dass ein lapidarer undifferenzierter Hinweis in Judikatur und Literatur, Verkehrszeichen und Verkehrseinrichtungen seien analog unter die Ausnahmeregelung von Nr. 2 zu subsumieren, unzutreffend ist. Deshalb wäre eine deklaratorische positivrechtliche Regelung darüber hilfreich, welche Verkehrszeichen und Verkehrseinrichtungen technische VA in Gestalt von Allgemeinverfügungen sind, zumal hier auch keine konsistente Judikatur und Literatur vorliegt. Auch wurde die Frage der „Unaufschiebbarkeit" nicht im gebotenen Maße erörtert. Es spricht aber alles dafür, dass Verkehrszeichen und Verkehrseinrichtungen,[829] wenn sie VA in Form von Allgemeinverfügungen sind, auch automatisch als unaufschiebbar gelten müssen und nicht entgegen von Literatur-

---

[824] Vgl. § 41 Abs. 1 StVO.

[825] Vgl. *Jagusch/Hentschel*, Straßenverkehrsrecht, § 41 StVO Rn. 247; ebenso BVerwGE 59, 221 ff.

[826] Vgl. *Jagusch/Hentschel*, Straßenverkehrsrecht, § 42 StVO Rn. 181; *Schenke*, Polizei- und Ordnungsrecht, § 10 Rn. 487. *Schenke* stuft allerdings alle Hinweiszeichen als Realakte ein. Ebenso *Steiner (Hrsg.)*, Besonderes Verwaltungsrecht, S. 354 Rn. 268.

[827] Vgl. *Schurig*, Kommentar zur StVO, § 42 Rn. 2.1.

[828] Vgl. *Schurig*, Kommentar zur StVO, § 43 Ziff. 2; ebenso auch *Lin*, Das deutsche Modell des vorl. Rechtsschutzes bei der polizeilichen Gefahrenabwehr, S. 53.

[829] Bei den Verkehrseinrichtungen ist strittig, ob bei Ablauf einer Parkuhr mangels Verkehrsgefährdungen von einer Unaufschiebbarkeit ausgegangen werden kann; vgl. *Hufen*, Verwaltungsprozessrecht, § 32 Rn. 12 m.w.N.

meinungen[830] noch individuelle Betrachtungen über die Unaufschiebbarkeit anzustellen sind. Der im Straßenverkehrsrecht übergeordnete Grundsatz der Sicherheit und Leichtigkeit des Verkehrs verlangt nämlich die sofortige Beachtung der Verkehrszeichen und Verkehrseinrichtungen als technische personale Allgemeinverfügungen,[831] denn ansonsten wären schwere Verkehrsunfälle wohl die logische Folge.[832] Als actus contrarius gelten obige Überlegungen auch bei der Entfernung von Verkehrszeichen und Verkehrseinrichtungen, soweit sie VA sind.[833]

I. Zuständigkeit für die Aufstellung und Entfernung von Verkehrszeichen und -einrichtungen

Sachlich und örtlich zuständig für die Aufstellung und Entfernung von Verkehrszeichen und Verkehrseinrichtungen sind gem. §§ 44 bis 47 StVO i.V.m. § 2 VwVfG grundsätzlich die Straßenverkehrsbehörden innerhalb ihres Zuständigkeitsbereiches.[834] Wer diese sind, ergibt sich aus dem jeweiligen Landesrecht. Die Meinung, dass die Straßenverkehrsbehörde die Anordnung von Verkehrszeichen oder Verkehrseinrichtungen auch wirksam gem. § 38 VwVfG zusichern könne,[835] muss aber unter Hinweis auf § 38 VwVfG im Allgemeinen kritisch gesehen werden, weil Verkehrszeichen keine begünstigenden VA darstellen. Die Straßenbaubehörden bestimmen dagegen – vorbehaltlich anderer Anordnungen der Straßenverkehrsbehörden – die Art der Anbringung und der Ausgestaltung wie Übergroße und Beleuchtung; ob Leitpfosten anzubringen sind, bestimmen sie allein. Sie können auch – vorbehaltlich anderer Maßnahmen der Straßenverkehrsbehörden – Gefahrzeichen anbringen, wenn die Sicherheit des Verkehrs durch den Zustand der Straße gefährdet ist.[836] Für die Beschaffung, Anbringung, Unterhaltung und Ent-

---

[830] Vgl. *Schoch,* in: Schoch/Schmidt-Aßmann/Pietzner, VwGO, § 80 Rn. 123; ebenso *Lin,* Das deutsche Modell des vorläufigen .Rechtsschutzes bei der polizeilichen Gefahrenabwehr, S. 53 m.w.N.; *Schmitt/Glaeser/Horn,* Verwaltungsprozessrecht, Rn. 263.

[831] Verkehrszeichen und Verkehrseinrichtungen in Form von VA sind technische personale Allgemeinverfügungen nach § 35 S. 2 1. Variante VwVfG. Da unaufschiebbare Anordnungen oder Maßnahmen nur sog. HDU-Verfügungen sein können – die VA-Kategorien nach Abs. 1 S. 2 scheiden hier aus, denn es handelt sich dabei um administrative Maßnahmen, wo Ad-hoc-Entscheidungen ausscheiden – muss dies entsprechend auch für die Allgemeinverfügungen gelten. Daher sind anderslautende Einstufungen nach § 35 S. 2 3. Variante rechtsdogmatisch abzulehnen.

[832] Vgl. hierzu auch OVG Münster, DÖV 1969, 289 und *Löwer,* NJW 1968, 1541. Danach besteht ein verkehrspolitisches Interesse, dass Rechtsbehelfe gegen Verkehrszeichen nicht ipso jure aufschiebende Wirkung haben. Im Ergebnis ebenso der BGH, VerkMitt 1969, Nr. 128 = NJW 1969, 2023; OLG Düsseldorf, VerkMitt 1999, Nr. 42. Danach bleiben Verkehrszeichen im Interesse der Verkerssicherheit auch während des Anfechtungsverfahrens wirksam und sind zu beachten; vgl. auch *Lorenz,* Verwaltungsprozessrecht, § 28 Rn. 23 m.w.N.

[833] Vgl. *Redeker/von Örtzen,* VwGO, § 80 Rn. 17. Ebenso OVG Münster, Beschl. v. 12.2.1997 – 25 B 2562/96-, NJW 1998, 329.; vgl. auch *Lin,* Das deutsche Modell des vorläufigen Rechtsschutzes bei der polizeilichen Gefahrenabwehr, S. 53 m.w.N.

[834] Vgl. § 45 Abs. 3 S. 1 StVO.

[835] Vgl. *Schurig,* Kommentar zur StVO, § 39 Nr. 2.1.

[836] Vgl. § 45 Abs. 3 S. 2 StVO.

fernung der Verkehrszeichen und Verkehrseinrichtungen und zu deren Betrieb einschließlich ihrer Beleuchtung ist der Straßenbaulastträger verpflichtet, sonst der Eigentümer der Straße.[837] Dies bedeutet trotz des etwas unklaren Wortlautes des § 45 Abs. 5 StVO nichts anderes, als dass der Baulastträger die Kosten zu tragen hat.

Es bleibt also festzuhalten, dass straßenverkehrsrechtlich für den Erlass der straßenverkehrsrechtlichen technischen Allgemeinverfügungen allein die jeweilige Straßenverkehrsbehörde zuständig ist, die sich nach Landesrecht ergibt.

II. Form der Aufstellung und Entfernung von Verkehrszeichen und Verkehrseinrichtungen sowie Form der Bekanntmachung

Verkehrszeichen und Verkehrseinrichtungen werden weder schriftlich noch mündlich, sondern in anderer Weise erlassen. Mit der Aufstellung oder Entfernung wird das Verkehrszeichen oder die Verkehrseinrichtung als technischer VA in Form der Allgemeinverfügung wirksam bzw. unwirksam.[838] Die Aufstellung ist eine besondere Form der Bekanntmachung.[839] Dies gilt auch für die Entfernung. Die Regelungen über die öffentliche Bekanntmachung nach § 41 Abs. 3 und 4 VwVfG kommen hier nicht zur Anwendung. Die Bekanntgabe erfolgt spezialgesetzlich nach §§ 39 Abs. 1, 45 Abs. 4 StVO. Da es sich bei diesen technischen personalen Allgemeinverfügungen um Dauerverwaltungsakte[840] handelt, wirft dies besondere Rechtsfragen auf. Es wird die rechtsbedenkliche Meinung vertreten, dass es der Straßenverkehrsbehörde nicht verboten sei, eine solche technische Allgemeinverfügung vor der Aufstellung bestimmten betroffenen Straßenanliegern nach § 41 Abs. 1 VwVfG individuell bekannt zu geben.[841] Anzumerken bleibt, dass eine subjektive (tatsächliche) Kenntnisnahme durch den Verkehrsteilnehmer nicht erforderlich ist.

---

[837] Vgl. § 5b Abs. 1 StVG i.V.m. § 45 Abs. 5 StVO.

[838] Vgl. *Schurig,* Kommentar zur StVO, § 39 Nr. 2.1.

[839] Vgl. *Gusy,* Polizeirecht, § 6 Rn. 395. Lesenswert hierzu sind auch die Anmerkungen von *Schieferdecker,* Die Entfernung von Kfz als Maßnahme staatlicher Gefahrenabwehr, S. 44 ff.

[840] Vgl. *Knack,* VwVfG, § 35 Rn. 95.

[841] So jedenfalls *Knack,* VwVfG, § 41 Rn. 28 m.w.N. Wenn man aber davon ausgeht, dass die Bekanntmachung von Verkehrszeichen und Verkehrseinrichtungen als technische Allgemeinverfügungen spezialgesetzlich nach §§ 39 und 45 StVO erfolgt, ist eine vorherige Bekanntmachung nach § 41 Abs. 1 VwVfG rechtsdogmatisch abzulehnen. Beides ist nicht kompatibel.

III. Form des Widerspruches, Widerspruchsfrist und Erlassbehörde

Soweit Verkehrszeichen und Verkehrseinrichtungen technische VA in Form der Allgemeinverfügung sind, kann dagegen auch Widerspruch eingelegt werden.[842] Im Gegensatz zu den mündlich erlassenen unaufschiebbaren Anordnungen bzw. den auf andere Weise erlassenen unaufschiebbaren Maßnahmen kann gegen Verkehrszeichen und Verkehrseinrichtungen aber nur ein formgerechter Widerspruch im Sinne von § 70 Abs. 1 VwGO erhoben werden. Insoweit unterscheidet sich die verwaltungsprozessuale Situation auch von der einer unaufschiebbaren Anordnung oder Maßnahme durch einen Polizeivollzugsbeamten und es stellt sich erkennbar generell auch nicht das Problem der Erledigung eines VA.

Der Widerspruch ist an die erlassende Behörde zu richten.[843] Wie bereits erörtert, sind nach den einschlägigen straßenverkehrsrechtlichen Vorschriften hinsichtlich der Verkehrszeichen und Verkehrseinrichtungen die Straßenverkehrsbehörden, die Straßenbaubehörden und die Straßenbaulastträger beteiligt. Da die Straßenverkehrsbehörden die Verkehrszeichen und -einrichtungen anordnen, die Straßenbaubehörden diese Anordnung lediglich technisch umsetzen und die Straßenbaulastträger lediglich die damit verbundenen Kosten zu tragen haben, muss der Widerspruch bei der Straßenverkehrsbehörde eingelegt werden. Die mit der Anordnung verbundene Regelung wird nämlich von letzterer vorgenommen. Wer Straßenverkehrsbehörde im jeweiligen Bundesland ist, ergibt sich aus der landesrechtlichen Regelungen.

Der Widerspruch kann gem. § 70 Abs. 1 S. 2 VwGO auch bei der Widerspruchsbehörde rechtswirksam eingelegt werden. Wer Widerspruchsbehörde ist, ergibt sich entweder aus einer spezialgesetzlichen Regelung oder aus § 73 VwGO und gegebenenfalls aus der jeweiligen AGVwGO.[844]

Verkehrszeichen und -einrichtungen als Dauerverwaltungsakte erledigen sich nicht mit der Befolgung oder Übertretung des durch das Verkehrszeichen angeordneten Verbotes.[845] Über den Zeitpunkt einer Bekanntgabe einer solchen technischen Allgemeinverfügung existieren unterschiedliche Rechtsauffassungen. So wird zum einen die Meinung vertreten, dass in Ermangelung einer Rechtsbehelfsbelehrung die damit verbundene einjährige Ausschlussfrist gem. §§ 70 Abs. 2 i.V.m. § 58 Abs. 2 VwGO mit der Aufstellung des Verkehrszeichens beziehungsweise der -einrichtung und nicht erst, wenn sie erstmals zur Kenntnis genommen

---

842 Aus dem StVG und aus der StVO ergibt sich nicht, dass ein Vorverfahren entfällt. Auch liegen nicht die Tatbestandsvoraussetzungen für den Wegfall eines Vorverfahrens gem. § 68 Abs. 1 Nr. 1 und 2 VwGO vor.

843 Vgl. § 70 Abs. 1 S. 1 VwGO.

844 In RP gibt es unter Hinweis auf die bundesrechtliche Ermächtigungsgrundlage des § 73 Abs. 2 VwGO Stadtrechts- und Kreisrechtsausschüsse, die an die Stelle der Widerspruchsbehörden nach § 73 Abs. 1 Nr. 1 und 3 VwGO treten.

845 Vgl. BVerwGE 59, S. 226.

wird, zu laufen beginnt.[846] Dagegen beginnt nach Auffassung des Bundesverwaltungsgerichtes die Anfechtungsfrist erst zu laufen, wenn der Verkehrsteilnehmer sich erstmalig der Regelung des Verkehrszeichens gegenübersieht.[847] Ein rechtsdogmatischer Erklärungsversuch für die Auffassung des Bundesverwaltungsgerichtes wäre, dass es sich bei diesen technischen Allgemeinverfügungen um Dauerverwaltungsakte handelt mit der Rechtsfolge, dass es dann eben nicht mit der Bekanntgabe (Aufstellung der Verkehrszeichen und Verkehrseinrichtungen) sein Bewenden haben kann. Jeder, der sich dem technischen VA als personale technische Allgemeinverfügung erstmalig nähert, könnte ab diesem Zeitpunkt innerhalb der Jahresfrist prinzipiell Widerspruch einlegen. Da aber hier keine Popularklage in Betracht kommen kann, wird jemand mit seinem Anliegen aber nur durchdringen können, wenn er auch die Widerspruchsbefugnis individuell nachweisen kann. Diese grundsätzlichen Kontroversen machen deutlich, warum es die zum Teil noch andauernden jahrzehntelangen Diskussionen über die richtige Einordnung der Verkehrszeichen und Verkehrseinrichtungen hinsichtlich der Rechtsform (Rechtsnorm oder VA) gab und noch gibt. Es bleibt festzuhalten, dass die Frage der Bekanntgabe für den einzelnen Anlieger bzw. Verkehrsteilnehmer und auch die Frage der Widerspruchsbefugnis wohl bis heute in Literatur und Judikatur nicht hinreichend geklärt sind.[848] Deshalb ist der Gesetzgeber dringend aufgerufen, in dem StVG – wenn auch nur deklaratorisch – zu regeln, welche Verkehrszeichen und Verkehrseinrichtungen VA sind, um der Spekulation über die Rechtsqualität derselben den Boden zu entziehen. Weiterhin wäre es dringend geboten, ebenfalls in dem StVG, falls es sich dabei um Dauerverwaltungsakte[849] handelt, wenn auch nur deklaratorisch, zu regeln, ab wann diese als bekannt gemacht gelten, wobei differenziert werden sollte in Anlieger und übrige Verkehrsteilnehmer. Weiterhin wäre es hinsichtlich der unzulässigen Popularklage auch geboten, Kriterien für eine Widerspruchsbefugnis insbesondere für Nichtanlieger (deklaratorisch) aufzunehmen.

IV. Abhilfe und Widerspruchsbescheid

Wenn das streitbefangene Verkehrszeichen oder die streitbefangene Verkehrseinrichtung nicht den straßenverkehrsrechtlichen Vorschriften einschließlich den dazu

---

[846] Vgl. *Schurig*, Kommentar zur StVO, § 39 Nr. 2.1 m.w.N.; *Kopp/Ramsauer*, VwVfG, § 35 Rn. 112b.

[847] Vgl. BVerwGE 59, S. 226. In diesem Urteil sind auch Betrachtungen über die Jahresfrist enthalten und ob gem. § 58 Abs. 2 VwGO die Frist länger als ein Jahr sein kann. Die Problematik des Fristbeginns und der Dauer der Widerspruchsfrist scheint rechtsdogmatisch noch nicht hinreichend geklärt zu sein. Vgl. auch hierzu *Schieferdecker*, Die Entfernung von Kfz als Maßnahme staatlicher Gefahrenabwehr, S. 42 ff.

[848] *Drews/Wacke/Vogel/Martens*, Gefahrenabwehr, S. 366 ff.

[849] So jedenfalls *Knack*, VwVfG, § 35 Rn. 95 m.w.N.

ergangenen umfangreichen VV zu §§ 39 bis 43 StVO entspricht, wodurch auch regelmäßig die Sicherheit und Leichtigkeit des Verkehrs berührt wird, muss die Erlassbehörde auch dem Widerspruch bei Vorliegen der Widerspruchsbefugnis abhelfen. Bei einer Abhilfe ergeht – anders als bei einer Abhilfe einer mündlichen unaufschiebbaren Anordnung oder Maßnahme – gem. § 72 VwGO ein Abhilfebescheid, der auch eine Kostenlastentscheidung beinhaltet. Gleichzeitig wird das Verkehrszeichen oder die -einrichtung entfernt oder verdeckt bzw. bei einer Entfernung – als actus contrarius – dieses wieder aufgestellt. Im Falle der Nichtabhilfe ergeht ein Widerspruchsbescheid.

Die Frage ist, ob ein Dritter im Falle einer Abhilfe oder eines obsiegenden Widerspruchsbescheides im Hinblick auf § 68 Abs. 1 Nr. 2 VwGO wegen einer erstmaligen Beschwer klagen kann. Dies muss verneint werden, denn bei einer Abhilfe und bei einem stattgebenden Widerspruchsbescheid werden keine Rechte eines Dritten, allenfalls Chancen, berührt. Verkehrszeichen und Verkehrseinrichtungen werden generell nicht zugunsten von Anliegern aufgestellt und entfernt, sondern dienen dem öffentlichen Interesse, genauer der Sicherheit und Leichtigkeit des Verkehrs. Ausnahmsweise können Verkehrszeichen in Form von Fahrbahnmarkierungen oder das Anliegerparken auch im überwiegenden Interesse eines Straßenanliegers ergehen, ohne dass andere Anlieger dadurch beschwert sind. Nach alledem sind Verkehrszeichen und Verkehrseinrichtungen, sofern sie nach §§ 37 ff. StVO VA in Form von Allgemeinverfügungen sind, keine VA mit Doppelwirkung; vgl. hierzu § 5 F.

B. Luftpolizeiliche Bodensignale und Schifffahrtszeichen

Neben den vorstehenden Verkehrszeichen und -einrichtungen gehören auch die luft- und schifffahrtspolizeilichen Zeichen zu den sofort vollziehbaren technischen VA in Form von personalen Allgemeinverfügungen.[850] In der gesamten einschlägigen verwaltungsprozessualen Literatur werden nur Verkehrszeichen und Verkehrseinrichtungen analog zur Nr. 2 angewandt; gleichwohl besteht kein vernünftiger Grund, die Analogie nicht auch auf Zeichen anderer Verkehrsträger zu erweitern. Sowohl die Verkehrszeichen und -einrichtungen als auch die vorstehenden Zeichen haben alle ein Ziel: Die Sicherheit und Ordnung bzw. Leichtigkeit des Straßenverkehrs, der Schifffahrt und des Luftverkehrs zu gewährleisten.

Das Setzen und Betreiben von Schifffahrtszeichen auf Bundeswasserstraßen ist gem. § 34 Bundeswasserstraßengesetz eine Hoheitsaufgabe des Bundes. Ausgeführt wird diese durch die bundeseigene Wasser- und Schifffahrtsverwaltung (sog.

---

[850] Vgl. *Sadler,* VwVG, VwZG, § 6 VwVG, Rn. 82 m.w.N.

Strom- und Schifffahrtspolizei). Dies ergibt sich konkret hinsichtlich der Binnenwasserstraßen aus § 1 Abs. 1 Nr. 2 Binnenschifffahrtsaufgabengesetz.[851] Die schifffahrtspolizeilichen Zeichen als technische Allgemeinverfügungen für die Binnenwasserstraßen sind in der Verordnung zur Einführung der Rheinschifffahrtspolizeiverordnung vom 19.12.1994, Anlage 7 A., B., C. und E.,[852] in der Verordnung zur Einführung der Moselschifffahrtspolizeiverordnung vom 3.9.1997, Anlage 7 A., B.,C. und E.[853] und in der Binnenschifffahrtstraßenordnung vom 8.10.1998, Anlage 7 A., B., C. und E.[854] enthalten. In den Anlagen 7 sind unter A. Verbotszeichen, unter B. Gebotszeichen und unter C. Einschränkungen aufgeführt. Sie sind allesamt technische Allgemeinverfügungen durch Zeichen. Die unter E. enthaltenen Zeichen sind Hinweiszeichen. Diese können im Einzelfall ebenfalls technische Allgemeinverfügungen sein. Neben diesen schifffahrtspolizeilichen Zeichen gibt es noch auf dem Gebiete der Binnenwasserstraßen weitere Zeichen.[855]

Für die Seewasserstraßen gibt es ebenfalls nach der Seeschifffahrtsstraßenordnung vom 22.10.1998, Anlage A. und B., Zeichen.[856] Nach der Anlage A. handelt es sich hierbei um Ge- und Verbotszeichen. Unter B. sind Hinweiszeichen enthalten, die im Einzelfall wohl auch VA-Charakter besitzen. Die Seeschifffahrtsstraßenordnung gilt für den Unterlauf der Flüsse Elbe, Weser, Ems und Eider mit kleineren Nebenflüssen, für den Nord-Ostsee-Kanal,[857] für das Küstengebiet in der Drei-Meilen-Zone und hinsichtlich des Fahrwassers innerhalb der 12-Meilen-Zone.

Die luftpolizeilichen Zeichen ergeben sich aus der Anlage 2 zur Luftverkehrs-Ordnung, die auf Vorschlag des Flughafenbetreibers – z.B. in Rheinland-Pfalz vom Landesbetrieb Straßenbau und Verkehr – genehmigt werden.

Die Rechtsausführungen zu den Verkehrszeichen und -einrichtungen gelten sinngemäß auch für die luftpolizeilichen Zeichen und für die Schifffahrtszeichen. Dies bedeutet auch hier, dass es sinnvoll wäre, wenn in diesen Spezialgesetzen eine Regelung nach Nr. 3 aufgenommen wird, wonach die aufschiebende Wirkung bei Einlegung eines Rechtsbehelfes entfällt. Im Übrigen haben alle Kommentatoren und Autoren mit ihren kursorischen und deckungsgleichen Anmerkungen übersehen, dass auch die beiden anderen Verkehrsträger über Zeichen verfügen, für die ebenfalls konsequenterweise Nr. 2 analog anzuwenden ist, solange nicht eine spezielle Regelung nach Nr. 3 erfolgt.

---

[851] Binnenschifffahrtaufgabengesetz , Neufassung in 2001, BGBl. I S. 2026.
[852] BGBl. II S. 3816 i.d.F.v. 19.12. 2003.
[853] BGBl. II i.d.F.v. 31.12.2003, S. 2132
[854] BGBl. I S. 3148 und Anlagenband sowie S. 3317 und BGBl. I S. 159, Jahrgang 1999.
[855] Z.B. nach der Betriebsanlagen-Verordnung der Wasser- und Schifffahrtsdirektion Südwest.
[856] BGBl. I S. 3209 aus 1998.
[857] Besondere Vorschriften für den Nord-Ostsee-Kanal; der durchgängig mit Signaleinrichtungen bestückt ist, finden sich im 7. Abschnitt der Seeschifffahrtsstraßenordnung.

C. Bleibt ein rechtskräftiger Bußgeldbescheid auch bei einem erfolgreichen Vorgehen gegen vorgenannte Zeichen bestehen?

Im Interesse der Verkehrssicherheit bleiben vorstehende Zeichen, Einrichtungen und Signale auch während des Anfechtungsverfahrens wirksam und sind zu beachten.[858] Werden sie später auf Widerspruch oder Anfechtungsklage hin aufgehoben und entfernt, berührt dies nicht den etwaigen Bußgeldbescheid, ohne Rücksicht darauf, ob dieser bereits rechtskräftig geworden ist oder nicht. Dieser Auffassung ist zu folgen, wenn die Bußgeldbewehrung, wie hier, aus formellem Ordnungsinteresse die Respektierung des VA um seiner selbst willen – die Sicherheit und Leichtigkeit des Verkehrs wäre ansonsten tangiert – sicherstellen soll.[859]

D. Die Vollstreckung dieser Allgemeinverfügungen im System des Abs. 2

Soweit auf der Grundlage von Verkehrszeichen und Verkehrseinrichtungen nach der StVO bei Verstößen gegen Halteverbote, Parkuhren usw. bei Abwesenheit des Fahrers oder Halters[860] Verwaltungszwang in Form der Ersatzvornahme angewendet wird,[861] kann hinsichtlich dessen auf die Ausführungen unter § 3 N. I. ff. verwiesen werden.[862] Die Verkehrszeichen und -einrichtungen sind Verfügungen ohne die ansonsten obligatorischen Zwangsmittelandrohungen.[863] Dagegen dürfte die Ersatzvornahme aus rechtlichen und aus tatsächlichen Gründen bei Nichtbeachtung von Schifffahrtszeichen und luftpolizeilichen Zeichen nur theoretischer Natur sein. Bei Schiffen und Flugzeugen käme wohl in dringenden Fäller eher der unmittelbare Zwang in Betracht.

---

[858] Vgl. *Schurig*, Kommentar zur StVO, § 39 Rn. 2.1. m.w.N.

[859] So überzeugend *Finkelnburg/Jank*, Vorläufiger Rechtsschutz in Verwaltungsstreitverfahren, Rn. 646 m.w.N.; im Ergebnis auch *Schoch*, in: Schoch/Schmidt-Aßmann/Pietzner, VwGO, § 80 Rn. 105 m.w.N.

[860] Trifft der Polizeivollzugsbeamte, der gemeindliche Vollzugsbeamte oder der gemeindliche Hilfspolizeibeamte den Fahrer eines im Halteverbotes stehenden PKW an, wäre bei Weigerung, sich aus der Halteverbotszone zu entfernen, Ermächtigungsgrundlage die polizeiliche bzw. ordnungsbehördliche Generalklausel und nicht das Verkehrszeichen bzw. die Verkehrseinrichtung.

[861] Das Zwangsgeld scheidet hier wegen der Unaufschiebbarkeit von vorneherein aus. Aber auch der unmittelbare Zwang ist hier tatbestandlich keine Option.

[862] Dies gilt natürlich auch für die Zeichen anderer Verkehrsträger.

[863] Vgl. *Würtenberger/Heckmann/Riggert*, Polizeirecht in BW, S. 232.

E. Ist auch der Smog-Alarm unter Nr. 2 zu subsumieren?

Die analoge Anwendung von Nr. 2 auf die Bekanntgabe eines sog. Smog-Alarms ist in der Literatur heftig umstritten.[864] Wenn die Befürworter die Analogie lapidar damit begründen, dass der Smogalarm ein feststellender VA und deshalb Nr. 2 analog anzuwenden sei, ist bereits diese Aussage, die keine wirkliche nachvollziehbare Begründung enthält, nicht belastbar. Wie bereits festgestellt worden ist, kann eine unaufschiebbare Anordnung eines Polizeivollzugsbeamten nach Nr. 2 nur eine sog. HDU-Verfügung zum Gegenstand haben. Ein feststellender VA nach § 80 Abs. 1 S. 2 VwGO kann dagegen rechtsdogmatisch niemals unter Nr. 2 fallen, denn ein solcher VA fordert weder ein Gebot noch ein Verbot, was mit den Zwangsmitteln der Ersatzvornahme oder des unmittelbaren Zwanges sofort durchsetzbar wäre. Sonstige VA-Kategorien nach Abs. 1 S. 2 ergehen immer schriftlich. Dessen ungeachtet ist bereits der VA-Charakter der Bekanntgabe des sog. Smog-Alarms umstritten.[865] Auch handelt hier kein Polizeivollzugsbeamter, so dass eine weite Auslegung aus rechtsdogmatischer Sicht nicht in Betracht kommt.[866] Die ablehnende Haltung für eine analoge Anwendung kann schließlich auch aus dem Gesetzestext abgeleitet werden. Aus der Gesetzesformulierung „Die aufschiebende Wirkung entfällt *nur,* wenn ..." kann bei grammatischer Auslegung abgeleitet werden, dass die dort genannten vier privilegierten Ausnahmetatbestände wirklich nur sehr restriktiv anzuwenden sind, sodass bereits die analoge Anwendung von Nr. 2 auf Verkehrszeichen und -einrichtungen problematisch ist. Der mögliche Hinweis der Befürworter einer analogen Anwendung von Nr. 2 auf die Bekanntgabe des Smog-Alarms, dass Verkehrszeichen und Verkehrseinrichtungen, soweit sie VA sind, ja ebenfalls analog auf Nr. 2 anzuwenden sein, obwohl auch sie nicht von Polizeibeamten aufgestellt werden, kann hier aber nicht verfangen. Eine Analogie ist hier deshalb überzeugender, weil diese und verkehrsregelnde Zeichen und Weisungen durch Polizeivollzugsbeamte die gleiche Wirkung für die betroffenen Verkehrsteilnehmer entfalten und sowohl die Verkehrszeichen und -einrichtungen als auch die verkehrsregelnden Zeichen und Weisungen der Polizeivollzugsbeamten

---

[864] Befürworter einer analogen Anwendung sind *Puttler,* in: Sodan-Ziekow, VwGO, § 80 Rn. 68 m.w.N. Danach ist die Bekanntgabe des Smog-Alarms ein feststellender VA, auf den die Nr. 2 entsprechend anzuwenden ist. Ebenso *Kopp/Schenke,* VwGO, § 80 Rn. 64 m.w.N. und *Lin,* Das deutsche Modell des vorläufigen Rechtsschutzes bei der polizeilichen Gefahrenabwehr, S. 53 ff., *Weidemann,* VR 2005,. 217 (219).und *Jarass,* NVwZ 1987, 95. Dagegen lehnen *Eyermann,* VwGO, § 80 Rn. 27, und *Schoch,* in: Schoch/Schmidt-Aßmann/Pietzner, VwGO, § 80 Rn. 124, dies ab; ebenso *Funke-Kaiser,* in: Bader/Funke-Kaiser/Kuntz/ von Albedyll, VwGO, § 80 Rn. 30.3.; *Ehlers,* DVBl. 1987, S. 972; BVerwGE 117, *322 (327); Hausmann,* in: Landmann/Rohmer, Umweltrecht, Bd. 1, § 40 BImschG, Rn. 28. *Bull,* Allg. Verwaltungsrecht, 6. Aufl., 2000, § 10 Rn. 534 und 540, spricht von einer schwierigen Abgrenzung zwischen Verordnung und VA, von einem Grenzfall zwischen genereller und individueller Regelung und von praktischen Gründen, die für die Annahme gerade noch einer Allgemeinverfügung sprächen.

[865] Vgl. statt vieler *Kotulla,* DV 2000, 521 (531). Schließlich stand es dem Gesetzgeber frei, den Wegfall der aufschiebenden Wirkung ausdrücklich gesetzlich zu verankern.

[866] Vgl. hierzu insbesondere *Schoch,* in: Schoch-Schmidt-Aßmann/Pietzner, VwGO, § 80 Rn. 124.

im formellen und materiellen Sinne sog. HDU-Verfügungen sind. Insoweit liegt dort im Unterschied zum Smog-Alarm eine nicht zu leugnende Parallelität vor. Nach alledem ist eine entsprechende Anwendung von Nr. 2 auf die Bekanntgabe des Smog-Alarms mit *Schoch* und anderen rechtsdogmatisch abzulehnen.[867]

F. Gesetzesvorschlag für eine Novellierung von Abs. 2 und 3[868]

(2) Ein (Anfechtungs-) Widerspruch bzw. eine Anfechtungsklage haben dagegen keine aufschiebende Wirkung

1. bei der Anforderung von Abgaben – dies sind alle öffentlich-rechtlichen Geldforderungen, die eine hauptsächliche Finanzierungsfunktion haben,[869] insbesondere die Steuern, Benutzungsgebühren und Beiträge nach dem jeweiligen Kommunalabgabengesetz der Länder[870] – und Kosten nach dem Verwaltungskostengesetz des Bundes und dem Landesgebührenrecht,[871] soweit es sich nicht um Aufwendungsersatzansprüche handelt,[872]

2. bei (mündlichen)[873] unaufschiebbaren Anordnungen und bei unaufschiebbaren Maßnahmen (in anderer Weise erlassene VA) von Polizeivollzugsbeamten und sonstigen Vollzugsdienstkräften der Gefahrenabwehr[874] einschließlich Beliehener und Polizeihelfer; ferner bei Verkehrszeichen und Verkehrseinrichtungen und bei luftpolizeilichen Zeichen und Schifffahrtszeichen,[875]

3. in anderen durch Bundesgesetz oder für Landesrecht durch Landesgesetz vorgeschriebenen Fällen, insbesondere für Widersprüche und Klagen Dritter gegen Verwaltungsakte, die Investitionen oder die Schaffung von Arbeitsplätzen betreffen,

---

867 *Lorenz,* Verwaltungsprozessrecht, S. 476 Rn. 22; ebenso *Pietzner/Ronellenfitsch,* Das Assessorexamen, § 54III Rn. 15 m.w.N.; ebenso *Eyermann,* VwGO, § 80 Rn. 27; *Funke-Kaiser,* in: Bader/Funke-Kaiser/Kuntze/von Albedyll, VwGO, § 80 Rn. 33 m.w.N.

868 Dieser Gesetzesvorschlag geht von der Beibehaltung des jetzigen vorläufigen Rechtsschutzsystems aus. Nur die Neuerungen sind kursiv gekennzeichnet.

869 Vgl. *Redeker/von Örtzen,* VwGO, 14. Aufl., 2004, Rn. 15b.

870 Damit ist klargestellt, dass darunter nicht auch Steuern und Zölle der Finanzbehörden fallen. Für sie gilt die FGO.

871 Mit dieser Formulierung hört auch das Rätselraten, was überhaupt Kosten sind, auf.

872 Vgl. hierzu *Funke-Kaiser,* in: Bader/Funke-Kaiser/Kuntze/von Albedyll, 3. Aufl., 2005.

873 Dies schließt aber nicht die Schriftform aus, wenn z.B. ein HDU-Vordruck benutzt wird, der an Ort und Stelle ausgefüllt und dem Betroffenen sofort bekannt gemacht oder per Empfangsbekenntnis zugestellt wird.

874 *Busch,* DÖV 1983, 629, hat die Problematik des Tatbestandsmerkmales „Polizeivollzugsbeamter" insoweit erkannt, als hinsichtlich eines von ihm konzipierten Gesetzentwurfes bezüglich Nr. 2 auch von „sonstigen Vollzugsdienstkräften der Gefahrenabwehr" gesprochen wird. Der Formulierungsvorschlag von *Busch* zu Nr. 2 ist einem entsprechenden Bundesrats-Vorschlag zu § 134 Abs.1 Nr. 4 EVwPO, BT-Drucks.9/1581, S. 199 Nr. 44 entnommen und lautet: „1. bei unaufschiebbaren Anordnungen und Maßnahmen von Polizeivollzugsbeamten und sonstigen Vollzugsdienstkräften der Gefahrenabwehr". Mit dieser Formulierung wurde erkannt, dass unter den Privilegierungstatbestand der Nr. 2 nicht nur Polizeivollzugssbeamte im formellen Sinne fallen können. Nr. 2 muss funktionell im Sinne von Vollzugskräften der Gefahrenabwehr verstanden werden.

875 Stattdessen könnte bei Zeichen auch der Wegfall der aufschiebenden Wirkung durch Bundesgesetze im Rahmen von Nr. 3 geregelt werden.

4. in den Fällen, in denen die sofortige Vollziehung im öffentlichen Interesse oder im überwiegenden Interesse eines Beteiligten von der Behörde, die den Verwaltungsakt erlassen oder über den Widerspruch zu entscheiden hat, besonders angeordnet wird.

Die Länder können bestimmen, dass Rechtsbehelfe keine aufschiebende Wirkung haben, soweit sie sich gegen Maßnahmen richten, die in der Verwaltungsvollstreckung durch die Länder nach Bundesrecht getroffen werden. *Die allgemeinen Verwaltungsvollstreckungsvoraussetzungen des Bundes und der Länder im Verwaltungsvollstreckungs- bzw. Polizei- und Ordnungsbehördenrecht für befehlende VA bleiben mit Ausnahme der dortigen Regelung über die Unanfechtbarkeit als Komplementärvorschrift zu Abs. 2 unberührt.*[876]

(3) In den Fällen des Abs. 2 S. 1 Nr. 4 ist das besondere Interesse an der sofortigen Vollziehung des Verwaltungsaktes schriftlich zu begründen. *Die Ordnungsbehörden des Bundes, der Länder und der Kommunen können im öffentlichen Interesse bei einer gegenwärtigen*[877] *erheblichen*[878] *Gefahr eine mündliche Verfügung einschließlich einer Zwangsmittelandrohung, verbunden mit einer Anordnung der sofortigen Vollziehung, erlassen und diese Maßnahme als Notstandsmaßnahme bezeichnen, soweit nicht Polizeivollzugsbeamte oder sonstige Vollzugsdienstkräfte der Gefahrenabwehr*[879] *bzw. Beliehene oder Polizeihelfer gemäß § 80 Abs. 2 S. 1 Nr. 2 VwGO handeln oder für die Abwehr einer akuten Gefahr nicht die Anwendung der beiden Alternativtatbestände nach § 80 Abs. 2 S. 1 Nr. 3 und 4 i.V.m. Abs 3 S 1 VwGO aus zeitlichen Gründen ausreicht. Die bundes- und landesgesetzlichen Rechtsinstitute der unmittelbaren Ausführung einer Maßnahme und/oder des Sofortvollzuges bleiben unberührt.*

Mit der Neufassung von Nr. 1 wird der Spekulation weitgehend der Boden entzogen, was zum einen Abgaben und zum anderen Kosten sind. Die Neufassung von Nr. 2 trägt der notwendigen teleologischen Auslegung Rechnung. Damit wären nicht nur die gemeindlichen Vollzugs- und Hilfspolizeibeamte,[880] sondern alle übrigen Vollzugsbeamten der Gefahrenabwehr auf Bundes-, Landes- und kommunaler Ebene einschließlich der Beliehenen und Polizeihelfer erfasst. Weiterhin wird klargestellt, dass die Begriffe „Anordnungen und Maßnahmen" keine Synonyme nach § 37 Abs. 2 S. 1 VwVfG sind. Ferner werden auch die Zeichen aller drei

[876] Für die vollstreckungsunfähigen sonstigen VA nach Abs. 1 S. 2 gelten sie ebenfalls analog, solange noch keine eigene Regelung über die allgemeinen Vollzugsvoraussetzungen getroffen wird.

[877] Nach § 2 Nr. 1b NGefAG ist die gegenwärtige Gefahr eine Gefahr, bei der die Einwirkung des schädigenden Ereignisses bereits begonnen hat oder bei der diese Einwirkung unmittelbar oder in allernächster Zeit mit einer an Sicherheit grenzenden Wahrscheinlichkeit bevorsteht.

[878] Nach § 2 Nr. 1c NGefAG ist die erhebliche Gefahr eine Gefahr für ein bedeutsames Rechtsgut, wie Bestand des Staates, Leben, Gesundheit, Freiheit, nicht unvwesentliche Vermögenswerte sowie andere strafrechtlich geschützte Güter.

[879] Gemeint sind Polizeivollzugsbeamte und alle Personen, die zur Abwendung von Gefahren sog. HDU-Verfügungen erlassen und unmittelbaren Zwang anwenden dürfen.

[880] Für diese strebt derzeit der Städtetag in Köln eine entsprechende Gesetzesnovelle an.

Verkehrsträger (Straßen, Gewässer und Flughäfen) und auch Verkehrseinrichtungen zur Verkehrslenkung auf eine klare positivrechtliche Ebene erhoben, welches ebenfalls zur Rechtsklarheit beiträgt, soweit und solange sich der Bundesgesetzgeber nicht entschließen kann, hierfür eine bundesgesetzliche Regelung nach § 80 Abs. 2 S. 1 Nr. 3 VwGO zu treffen. Letzteres wäre eigentlich die naheliegendere Lösung.

Durch S. 3 wird klargestellt, dass der Regelungsgehalt des Abs. 2, ebenso wie der des Abs. 1, sich nur durch die allgemeinen Vollstreckungsvoraussetzungen voll erschließt. Sie sind auch hier Komplementärvorschriften zu Abs. 2. Dies ist Ausfluss der Gesetzgebungskompetenz. Vollstreckungs- bzw. Vollzugsregelungen sind generell Landesrecht. Der Bundesgesetzgeber durfte als Annexrecht lediglich die Wirkung eines eingelegten Rechtsbehelfes vorgeben. Diese Problematik ist aber in der ganzen verwaltungsprozessualen Literatur bislang nicht erkannt worden. Lediglich *Schoch*[881] hat das Problem erkannt; dessen Ausführungen hierzu müssen jedoch rechtsdogmatisch abgelehnt werden.[882]

Schließlich kann die Neufassung des Abs. 3 S. 2 einen Beitrag für eine Sicherheitsarchitektur hinsichtlich einer effektiven Gefahrenabwehr leisten. Die derzeitige Formulierung ist dazu nicht in der Lage. Da die Regelungen hinsichtlich der Rechtsinstitute der unmittelbaren Ausführung einer Maßnahme und des Sofortvollzuges in den Ländern sehr differenziert sind, wird auf einen Gesetzesvorschlag für den aus systematischen Gründen relevanten Sofortvollzug verzichtet, was aber den Gesetzgeber nicht entbinden darf, im Hinblick auf Nr. 2 und 4 i.V.m. Abs. 3 S. 2 den Sofortvollzug klar abzugrenzen, um die Sicherheitsarchitektur hinsichtlich einer effektiven Gefahrenabwehr kompatibel zu machen. Eine präzise Abgrenzung zwischen unmittelbarer Ausführung einer Maßnahme und Sofortvollzug – wo vorhanden – ist ebenfalls dringend angezeigt.

---

[881] Vgl. *Schoch,* in: Schoch/Schmidt-Aßmann/Pietzner, VwGO, § 80 Rn. 106.
[882] Vgl. § 3 B.

§ 5 Die Bedeutung des verwaltungsbehördlichen vorläufigen Rechtsschutzes[883] im Hinblick auf Nr. 2

Der Bezug zu Nr. 2 ist beim behördlichen und ferner aber auch beim gerichtlichen vorläufigen Rechtsschutz schon deshalb nominell gegeben, als in Abs. 4 und 5 uneingeschränkt auf Abs. 2 und somit auch auf Nr. 2 verwiesen wird. Da Nr. 2 auch für Zeichen und Einrichtungen der verschiedenen Verkehrsträger analog gilt und sich hier nach Einlegung von Rechtsbehelfen generell die Zeichen und Einrichtungen so lange nicht erledigen, als sie nicht entfernt oder verdeckt werden oder als actus contrarius wieder aufgestellt sind, besteht unstreitig ein beachtlicher Sachzusammenhang zwischen Nr. 2 und Abs. 4.

Bei unaufschiebbaren Anordnungen und Maßnahmen besteht aber demgegenüber überwiegend eine andere Rechtslage. Sie werden aufgrund der Eilbedürftigkeit entweder vom Adressaten einer solchen Verfügung sofort „freiwillig" befolgt oder konsequenterweise kurzfristig durch die Zwangsmittel Ersatzvornahme oder unmittelbaren Zwang durchgesetzt. Würde bezüglich des generell obligatorisch anzudrohenden Zwangsmittels die Polizei keine zeitnahe Frist setzen, wäre damit dokumentiert, dass es sich eben nicht um eine unaufschiebbare Anordnung handelt. Als Beugemittel scheidet hier situationsgemäß wegen der zeitraubenden Förmlichkeit das Zwangsgeld aus, sodass die Durchsetzung nur mittels Ersatzvornahme oder unmittelbaren Zwanges erfolgen kann. Erledigt sich der VA mangels Möglichkeit der Rückgängigmachung unter Hinweis auf Abs. 5 S. 3 nach Befolgung oder zwangsweisem Vollzug, ist behördlicher und gerichtlicher vorläufiger Rechtsschutz nicht mehr möglich. Es bleibt hier dann nur noch die Feststellungs- bzw. die analoge Fortsetzungsfeststellungsklage oder der Sekundärrechtsschutz. In allen anderen Fälllen greifen die Abs. 4 und 5. Im Ergebnis teilt wohl auch *Lin*[884] diese Sichtweise, jedoch mit der Einschränkung, dass sich dessen Ausführungen auf Abs. 5 beziehen. Danach sei bei ausgeführten unaufschiebbaren Anordnungen eine Erledigung des VA eingetreten, sodass in der Hauptsache eine Fortsetzungsfeststellungsklage in Betracht käme. In einem solchen Falle wäre ein vorläufiger Rechtsschutz gegen den VA undenkbar. So sei ein Antrag nach § 80 Abs. 5 VwGO im Hinblick auf eine bereits erfolgte Zurückweisung nach § 60 AuslG unzulässig, da sich der ergangene VA der Zurückweisung erledigt habe. Allerdings übersieht *Lin,* dass es auch Fälle gibt, in denen wegen Rückgängigmachung des VA keine Erledigung des VA vorliegt. Auch ist die angeführte Fortsetzungsfeststellungsklage angreifbar. Es bedarf einer differenzierteren Betrachtung. Legt der Betroffene sofort

---

[883] Zur Terminologie vgl. *Schoch,* in: Schoch/Schmidt-Aßmann/Pietzner, VwGO, § 80 Rn. 188. Der Einfachheit halber wird in der Dissertation vom behördlichen vorläufigen Rechtsschutz gesprochen.

[884] Vgl. *Lin,* Das deutsche Modell des vorl. Rechtsschutzes bei der Gefahrenabwehr, S. 24; *Schmidt/Glaeser/Horn,* Verwaltungsprozessrecht, S. 352.

nach der unaufschiebbaren Anordnung vor freiwilliger Befolgung oder zwangsweiser Durchsetzung einen mündlichen Widerspruch ein, kommt bei Erledigung des VA eine analoge Fortsetzungsfeststellungsklage zur Anwendung. Die propagierte Fortsetzungsfeststellungsklage greift als Hauptsacheklage nur, wenn bereits die Anfechtungsklage anhängig war. Hat sich der VA nicht erledigt, wobei es unerheblich ist, ob der Widerspruch nach der Anordnung und vor Befolgung oder Vollzug bzw. erst nach Befolgung oder Vollzug eingelegt wurde, greift Abs. 4. Auch *Finkelnburg/Jank*[885] erklärt hinsichtlich Abs. 5, dass im Fall einer Erledigung des VA durch Vollzug generell ein Aussetzungsverfahren nach Abs. 5 nicht mehr möglich sei. Ob sich ein vollzogener VA erledigt habe, hänge von seiner Regelungswirkung und seinem Inhalt ab. Diese auf Abs. 4 übertragbaren Rechtsgedanken wurden – aus welchen Gründen auch immer – nur zu Abs. 5 getroffen, obwohl diese Problematik ebenfalls in Abs. 4 enthalten ist. Schließlich behauptet auch *Pietzner/Ronellenfitsch,*[886] dass die Anordnung der aufschiebenden Wirkung von Rechtsbehelfen gegen unaufschiebbare Maßnahmen von Polizeivollzugsbeamten aus Gründen der Rechtssicherheit praktisch ausgeschlossen sei, ohne diese Aussage zu substantiieren. Der von *Pietzner/Ronellenfitsch* vorgetragenen Interpretation muss entgegengetreten werden. Der propagierte Rechtssicherheitsaspekt ist nämlich hier nicht ein geeigneter Gesichtspunkt. Entscheidend ist allein, ob sich die unaufschiebbare Anordnung oder Maßnahme erledigt hat.[887] Andere sprechen von einer Erledigung, wenn der VA keine unmittelbaren rechtlichen Wirkungen mehr besitze und deshalb seine Aufhebung sinnlos sei.[888]

Dagegen war der *VGH Mannheim*[889] der Meinung, dass die Vollziehung eines VA wie auch seine freiwillige Befolgung in der Regel nicht zu einer Erledigung führe, selbst dann nicht, wenn sie nicht mehr rückgängig gemacht werden könne. Begründet wurde dies damit, dass der vollzogene VA als Rechtsgrundlage etwaiger Kostenforderungen bestehen bleibe. Diese Sichtweise muss aber abgelehnt werden, denn die Anfechtungsklage setzt die Aufhebung eines existierenden VA voraus. Ein solcher VA liegt aber nach freiwilliger Befolgung bzw. nach zwangsweiser Durchsetzung gem. § 43 Abs. 2 VwVfG nicht mehr vor, wenn der Vollzug nicht mehr rückgängig gemacht werden kann. Sollten nach Erledigung des VA Kosten anfallen, kann der Betroffene dagegen einen Anfechtungswiderspruch einlegen. Dabei muss die Behörde bzw. das Gericht inzident prüfen, ob der erledigte VA

---

885 Vgl. *Finkelnburg/Jank,* Vorl. Rechtsschutz im Verwaltungsstreitverfahren, Rn. 886.

886 *Pietzner/Ronellenfitsch,* Das Assessorexamen, § 58 Rn. 3.

887 Pietzner/Ronellenfitsch spricht zwar von Maßnahmen, ohne seine Aussage offenbar auf diese zu reduzieren. Seine Kernaussage wäre – abgesehen auf seinen nicht hilfreichen Verweis auf die Rechtssicherheit – zutreffend, wenn er seine Ausführung nur auf die Maßnahmen bezogen hätte.

888 Vgl. *Schenke,* Polizei- und Ordnungsrecht, § 10 Rn. 511 m.w.N. Für *Lisken/Denninger,* Handbuch des Polizeirechts, Rn. 748 u. 749, erledigt sich der VA nach Vollzug gem. Nr. 2 und könne somit auch nicht mehr in Bestandskraft erwachsen.

889 Vgl. VGH Mannheim, VBlBW 1993, 298 (300).

rechtmäßig war. War dieser rechtswidrig, ist es auch der akzessorische Kostenbescheid. Die vom *VGH Mannheim* vorgetragene Argumentation betreffs der Erledigung des VA übersieht dies. Ferner existiert kostenrechtlich keine Regelung, wonach Verwaltungskosten nur so lange rechtswirksam sind wie der Grund-VA existiert. Kosten verlieren also nicht ihre Rechtsgrundlage, wenn sich der Haupt- bzw. Grund-VA durch Befolgung oder zwangsweiser Durchsetzung erledigt. Die Rechtsgrundlage für die Erhebung von Kosten entfällt dadurch nicht.

Wie man sieht, gehört die rechtsdogmatische Klärung der Frage, ob sich ein VA gem. § 43 Abs. 2 VwVfG i.V.m. § 113 VwGO erledigt hat, zu den schwierigsten des Allgemeinen Verwaltungs- und Verwaltungsprozessrechts. Wenn eine Aufhebung der Vollziehung nach § 80 Abs. 5 S. 3 VwGO nicht mehr möglich ist, wie beispielsweise bei einem Platzverweis,[890] liegt eine Erledigung vor. Spricht dagegen außerhalb der regulären Dienstzeit der zuständigen Bauaufsicht wegen akuter Einsturzgefahr eines Wohngebäudes der Polizeivollzugsbeamte eine Benutzungsuntersagung aus, gestützt auf die polizeiliche Befugnisgeneralklausel, und wird diese nicht von der unverzüglich informierten Bauaufsichtsbehörde aufgehoben und geändert,[891] könnte natürlich wegen Nichterledigung der ausgesprochenen Nutzungsuntersagung auch behördlicher vorläufiger Rechtsschutz beantragt werden. An diesem Beispiel wird deutlich, dass mit der Befolgung oder zwangswseiser Durchsetzung der VA sich nicht erledigt hat, denn eine Benutzungsuntersagung kann jederzeit rückgängig gemacht werden.

Vorstehende Überlegungen im Hinblick auf Erledigung des VA gelten noch augenscheinlicher auch für unaufschiebbare Maßnahmen. Bei mündlichen Widersprüchen, z.B. gegen verkehrsregelnde Maßnahmen eines Schutzpolizisten,[892] wird noch einleuchtender, dass ein nachträglicher behördlicher vorläufiger Rechtsschutz ins Leere gehen muss. Bei dieser Fallgestaltung wird auch dem Rechtsunkundigen klar, dass wegen der offensichtlichen Erledigung durch Befolgung der verkehrsregelnden Maßnahme der vorläufige Rechtsschutz im Nachhinein nichts mehr bewirken kann.

Trifft die Polizei doppelfunktionelle Maßnahmen, d.h. präventive und repressive Standardmaßnahmen nach dem jeweiligen Polizei- und Ordnungsrecht und nach der Strafprozessordnung und können diese innerhalb mehrerer zusammenhängender Maßnahmen eindeutig der Gefahrenabwehr zugeordnet werden, ist auch hier grundsätzlich § 80 Abs. 4 VwGO einschlägig. Allerdings sind präventive Stan-

---

[890] So schon BVerwGE 26, 161 ff. (162). Gegenstand einer Fortsetzungsfeststellungsklage nach § 113 Abs. 1 S. 4 VwGO war ein Gummiknüppeleinsatz der Polizei zur Durchsetzung eines Platzverweises. Dabei ging das Gericht zutreffend davon aus, dass der mit unmittelbarem Zwang durchgesetzte Platzverweis mit seinem Vollzug sich in der Hauptsache erledigt hat. Auch *Schoch*, JURA 2001, 628 (632), geht bei einem durchgesetzten Platzverweis von einer erledigten Maßnahme aus. Ebenso *Hendler*, Allg. Verwaltungsrecht, 3. Aufl., 2001.

[891] Vgl. § 1 Abs.7 Polizei- und Ordnungsbehördengesetz von Rheinland-Pfalz.

[892] Solche an sich zulässigen Widersprüche haben allerdings mit der Realität nichts zu tun.

dardmaßnahmen, die Grundlage für unaufschiebbare Anordnungen sind, nach Befolgung oder zwangsweiser Durchsetzung generell erledigt. Aber nicht alle präventiven Standardmaßnahmen in Form von VA sind unaufschiebbar. So ist die schriftliche Vorladung und das längerfristige Aufenthaltsverbot keine unaufschiebbare Anordnung. Eine einheitliche Beurteilung des Sachverhaltes hat also zu unterbleiben, wenn einzelne Teile des Geschehensablaufes abtrennbar sind.[893]

Schreitet die Polizei ein, wobei sowohl präventiv-polizeiliche als auch repressiv-polizeiliche Aspekte eine Rolle spielen und lassen sich diese aber nicht eindeutig abgrenzen, kommt wohl die Schwerpunkttheorie zur Anwendung, d.h. es ist festzustellen, worin der Schwerpunkt der Zielrichtung und des Zweckes des polizeilichen Handelns lag. Stand dabei die Prävention der Gefahrenabwehr im Vordergrund, tritt mit Durchführung der Maßnahme ebenfalls eine Erledigung des VA ein, wenn eine Rückgängigmachung nicht möglich ist. Liegt dagegen der Schwerpunkt in der Repression, kommt Nr. 2 ohnehin nicht zur Anwendung, denn justizielle VA sind keine VA im Sinne des § 35 VwVfG.[894]

Nach alledem bleibt also festzuhalten, dass wegen des uneingeschränkten Verweises in Abs. 4 auf Abs. 2 auch der behördliche vorläufige Rechtsschutz hier relevant ist. Dies gilt auf jeden Fall immer für die Zeichen und Einrichtungen der genannten Verkehrsträger, für die Nr. 2 analog anwendbar ist. Eine Erledigung des VA tritt hier generell nicht ein. Bei unaufschiebbaren Anordnungen von Polizeivollzugsbeamten werden sich zwar überwiegend nach freiwilliger Befolgung oder nach zwangsweiser Durchsetzung mangels Möglichkeit der Rückgängigmachung des Vollzuges diese erledigt haben; gleichwohl sind auch Fälle denkbar, in denen eine Rückgängigmachung vorstellbar und möglich ist, sodass insoweit im eingeschränkten Maße die Nr. 2 auch für die originären unaufschiebbaren Anordnungen greift. Dagegen ist die Anwendbarkeit des Abs. 4 auf unaufschiebbare Maßnahmen im Rahmen der Verkehrsregelung nicht vorstellbar.

Gegen unaufschiebbare Anordnungen kann also immer auch sofort mündlich Widerspruch eingelegt werden. Ist dieser plausibel, wird diesem abgeholfen. Ein damit verbundener mündlicher Antrag auf behördlichen vorläufigen Rechtsschutz ist bei Nr. 2 und der Notstandsmaßnahme nach Nr. 4 i.V.m. Abs. 3 S. 2 bei Nichtabhilfe, über den unbürokratisch vor Ort vor Befolgung oder zwangsweiser Durchsetzung zu entscheiden wäre, nicht möglich. Die in diesen Regelungen enthaltenen Tatbestandsmerkmale der Unaufschiebbarkeit bzw. Gefahr im Verzuge signalisieren bereits, dass hier sofort zu handeln ist und dass im Gegensatz zu den Beschleunigungsregeln der Nr. 1, 3 und 4 i.V.m. Abs. 3 S. 1 ein Antrag auf vorläufigen Rechtsschutz nicht die Vollstreckung zu verhindern vermag. Eine mündliche Aussetzung, die auch aus anderen Gründen abzulehnen ist, würde dokumentieren, dass

---

[893] Vgl. *Götz,* Allg. Polizei- und Ordnungsrecht, Rn. 547.
[894] Vgl. *Habermehl,* Polizei- und Ordnungsrecht, Rn. 484 bis 486 m.w.N.

eben keine Unaufschiebbarkeit und somit keine Gefahr im Verzug mehr vorläge. Deshalb kann im Falle der Nr. 2 und ebenso bei der Notstandsmaßnahme ein Antrag auf behördlichen vorläufigen Rechtsschutz erst nach Befolgung oder zwangsweiser Durchsetzung gestellt werden, wenn sich dieser ausweislich vorstehender Ausführungen nicht erledigt hat. Auch darin unterscheiden sich Nr. 2 und 4 i.V.m. Abs. 3 S. 2 von den übrigen Privilegierungstatbeständen.

Aber auch ohne diesen namentlichen Bezug in Abs. 4 auf den Abs. 2 besteht ein enger Sachzusammenhang zwischen der Nr. 2 und Abs. 4, denn Abs. 4 ist erkennbar eine Komplementärvorschrift zu Abs. 2 i.V.m. Abs. 3 und letztlich auch zu Abs. 1. Die Ausnahmen des Abs. 2 i.V.m. Abs. 3 können mittels des Abs. 4 eliminiert werden. Ist der behördliche vorläufige Rechtsschutz erfolgreich, wird Abs. 2 i.V.m. Abs. 3 gegenstandslos mit der Folge, dass der elementare gesetzliche vorläufige Rechtsschutz nach Abs. 1 – allerdings verspätet – eintritt. Die Behandlung des Schwerpunktthemas „unaufschiebbare Anordnungen und Maßnahmen von Polizeivollzugsbeamten“, ohne den vorläufigen Rechtsschutz nach den Abs. 4 und 5 anzusprechen, wäre lückenhaft, denn die Ausnahmen nach Abs. 2 sind auch aus Verfassungsgründen[895] nicht sakrosankt.

Der behördliche vorläufige Rechtsschutz ist keine zwingende Vorgabe aus der Verfassung. Die Verfechter einer verfassungsmäßigen Überhöhung des Art. 19 Abs. 4 S. 1 GG auf fast alle Regelungen der §§ 80 ff. VwGO in Richtung „zwingender Gebotenheit“ verfügen über keine belastbare Rechtsposition.[896] Die nicht verfassungsrechtliche Gebotenheit des Abs. 4 ergibt sich auch aus Abs. 4 selbst, wonach durch ein Bundesgesetz auch der behördliche vorläufige Rechtsschutz entfallen kann. Dass der behördliche vorläufige Rechtsschutz bei unaufschiebbaren Anordnungen zumeist wegen Erledigung des VA ausscheidet, verstößt nicht gegen die Rechtsschutzgarantie des Art. 19 Abs. 4 GG, denn dieser garantiert zum einen nur den Rechtsschutz durch staatliche Gerichte und zum anderen kann der einfachgesetzlich regelte behördliche vorläufige Rechtsschutz nur so lange greifen, als ein existenter VA als „conditio sine qua non“ vorliegt. Liegt nach dem Verwaltungsverfahrensrecht kein VA mehr vor, geht auch zwangsläufig der behördliche vorläufige Rechtsschutz ins Leere. Dies gilt aber auch für den gerichtlichen vorläufigen Rechtsschutz.[897] Dem Adressaten bleibt aber der durch Art. 19 Abs. 4 GG garantierte Rechtsschutz entweder in Form der analogen Fortsetzungsfeststellungs- oder der Feststellungsklage erhalten und ferner auch noch

---

[895] Art. 19 Abs. 4 GG gebietet aus effektiven Rechtsschutzgründen den gerichtlichen vorläufigen Rechtsschutz nach Abs. 5.

[896] Statt vieler Redeker/von Oertzen, VwGO, § 80 Rn. 3a m.w.N.

[897] Auch das BVerfG geht hinsichtlich des Abs. 2 davon aus, dass ein auf Art. 19 Abs. 4 GG abgeleiteter wirksamer effektiver Rechtsschutz (hier: vorl. Rechtsschutz) irreparable Entscheidungen nur soweit als möglich ausschließen kann (BVerfGE 35, S. 263 (274). Dies impliziert bereits, dass vorl. Rechtsschutz nicht in allen Fällen möglich ist.

der Sekundärrechtsschutz, sodass er dadurch nicht rechtsschutzlos wird. Deshalb hätte auch der Gesetzgeber auf Abs. 4 verzichten können.

Dass dies nicht geschehen ist, entspringt eindeutig praktischen Überlegungen. Ohne Abs. 4 wären die Gerichte noch mehr belastet, was noch langwierigere Gerichtsverfahren nach sich zöge, denn eine Personalaufstockung bei der Verwaltungsgerichtsbarkeit ist angesichts der leeren Kassen in den Länderhaushalten derzeit nicht realistisch. Im Gegenteil, die geplante Justizreform mit dem Ziel der Zusammenlegung der öffentlich-rechtlichen Gerichtszweige soll auch ausdrücklich der Personaleindämmung oder gar dem Personalabbau dienen, indem Richter je nach Arbeitsanfall innerhalb der einzelnen bisherigen Gerichtssparten leichter versetzt bzw. abgeordnet werden können.

A. Kritische Auseinandersetzung mit dem Schrifttum

I. Über die Bedeutung des behördlichen vorläufigen Rechtsschutzes, die Zulässigkeitsvoraussetzungen und die Zuständigkeitskonkurrenz

Nachdem der Sachzusammenhang der Nr. 2 zum Abs. 4 hergestellt wurde, werden die gesetzgeberischen Mängel und das Schrifttum näher untersucht. Die Aussetzungsbefugnis kann bundesgesetzlich eingeschränkt oder untersagt sein. In Gesetzen wird zuweilen zulässigerweise geregelt, dass behördlicher vorläufiger Rechtsschutz nur innerhalb einer bestimmten Frist möglich ist.[898] Allerdings ist in solchen Fällen der Rechtsuchende nur dann präkludiert, wenn eine entsprechende Rechtsbehelfsbelehrung im Sinne des § 58 Abs. 1 VwGO stattfindet.[899] Anscheinend hat der Bundesgesetzgeber aber bislang nur in wenigen Fällen, z.B. in § 39 BLG und in § 34a II des Asylverfahrensgesetzes, den Ausschluss des behördlichen vorläufigen Rechtsschutzes geregelt.[900] Über die Form des Antrages auf Aussetzung der Vollziehung sagt Abs. 4 nichts aus. Daher kann wohl ein solcher Antrag auch mündlich ergehen.[901] Im System des § 80 VwGO ist zwischen dem durch § 80 Abs. 1 VwGO vermittelten gesetzlichen vorläufigen Rechtsschutz und dem gerichtlichen Eilverfahren gem. § 80 Abs. 5 VwGO der verwaltungsbehördliche vorläufige Rechtschutz nach § 80 Abs. 4 VwGO angesiedelt.[902] Dem behördlichen

---

[898] Hier wäre es der Klarheit halber in Abs. 4 geboten, darauf hinzuweisen.

[899] Vgl. *Funke-Kaiser,* in: Bader/Funke-Kaiser/Kuntze/von Albedyll, VwGO, § 80 Rn. 67 u. 68 m.w.N.

[900] Vgl. *Finkelnburg/Jank,* Vorläufiger Rechtsschutz im Verwaltungsstreitverfahren, Rn. 788 m.w.N.; ebenso *Sadler,* VwVG, VwZG, § 6 VwVG, Rn. 94; *Puttler,* in: Sodan-Ziekow, VwGO, § 80 Rn. 103. *Puttler* setzt sich zutreffend mit der Frage auseinander, ob § 39 S. 2 Bundesleistungsgesetz (BLG) nach dem 4. VwGO-Änderungsgesetz auch auf die Erlassbehörde auszudehnen ist, wonach ein behördliches vorläufiges Rechtsschutzverfahren entfällt.

[901] So *Funke-Kaiser,* in: Bader/Funke-Kaiser/Kuntze/von Albedyll, VwGO, § 80 Rn. 53 m.w.N.; ebenso *Kopp/Schenke,* VwGO, § 80 Rn. 109.

[902] Vgl. *Schoch,* in: Schoch/Schmidt-Aßmann/Pietzner, VwGO, § 80 Rn. 188.

vorläufigen Rechtsschutz kommt eine Rechtsschutz- und eine Entlastungsfunktion zu. Die Rechtsschutzfunktion manifestiert sich in der Aussetzung der Vollziehung, die faktisch dem Schutz der gerichtlichen Anordnung bzw. Wiederherstellung der aufschiebenden Wirkung entspricht. In beiden Fällen wird trotz unterschiedlicher Termini im Nachhinein die aufschiebende Wirkung angestrebt. Im Fall einer behördlichen Aussetzung der Vollziehung wäre ein gerichtlicher Antrag auf vorläufigen Rechtsschutz mangels Rechtsschutzinteresse unzulässig, wodurch eine Entlastung der Verwaltungsgerichtsbarkeit bewirkt wird.[903] Die in der Literatur vertretene Auffassung, dass der behördliche vorläufige Rechtsschutz in der Praxis nahezu bedeutungslos sei,[904] deckt sich nicht mit der 30-jährigen Berufserfahrung des Verfassers im Rechtsamt einer mittleren Stadt mit einem Stadtrechtsausschuss als Widerspruchsbehörde. Danach haben die Betroffenen mit und ohne anwaltliche Vertretung sehr wohl die Möglichkeiten des Abs. 4 ausgeschöpft und teilweise sowohl bei der Erlass- als auch bei der Widerspruchsbehörde die Aussetzung der Vollziehung begehrt, bevor gerichtlicher vorläufiger Rechtsschutz beantragt wurde. Die Aussetzungsanträge bezogen sich überwiegend auf Abgabenbescheide, die auch die Masse der VA einer Kommune darstellen. Im Hinblick auf diese Tatsache wurde ja auch durch die 4. VwGO-Änderungsnovelle in § 80 Abs. 6 VwGO geregelt, dass grundsätzlich in den Fällen von Nr. 1 ein behördliches vorläufiges Rechtsschutzverfahren durchgeführt worden sein muss, bevor ein solcher gerichtlicher vorläufiger Rechtsschutz überhaupt zulässig ist. Außerdem wird insbesondere bei anwaltlicher Vertretung ein Motiv für die Ausschöpfung aller rechtlichen Möglichkeiten – und somit auch für den behördlichen vorläufigen Rechtsschutz – auch darin bestehen, Gebühren für das behördliche vorläufige Rechtsschutzverfahren nach dem neuen Rechtsanwaltsvergütungsgesetz[905] zu erlangen.[906] Da sich die Anzahl der Anwälte in den vergangenen Jahren drastisch erhöht hat und viele deshalb um ihre Existenz kämpfen, ist die vollständige Ausschöpfung der Rechtsschutzmöglichkeiten bereits aus Einkommensgründen angezeigt und auch sachgerecht, denn angesichts der oftmals nicht unerheblichen Dauer auch von gerichtlichen vorläufigen Rechtsschutzverfahren kann es durchaus sinnvoll sein, zunächst behördlichen vorläufigen Rechtsschutz zu beantragen.

Soweit in der Literatur die Meinung vertreten wird, dass behördlicher vorläufiger Rechtsschutz rechtsdogmatisch nicht von der Einlegung eines zulässigen

[903] Vgl. *Schoch,* in: Schoch/Schmidt-Aßmann/Pietzner, VwGO, § 80 Rn. 191.

[904] Vgl. *Schoch,* in: Schoch/Schmidt-Aßmann/Pietzner, VwGO, § 80 Rn. 189 m.w.N.; *Lorenz,* Verwaltungsprozessrecht, 1999, S. 480 Rn. 37; *Krämer*, Berliner Praxiskommentare, Vorl. Rechtsschutz in VwGO-Verfahren, S. 98 Rn. 90 m.w.N.; *Ipsen,* Allg. Verwaltungsrecht, § 19 Rn. 1216 m.w.N. und *Eyermann,* VwGO, § 80 Rn. 48, mit der Einschränkung, dass dies zumindest bis zum Inkrafttreten des 4. VwGO-Änderungsgesetzes galt.

[905] Rechtsanwaltsvergütungsgesetz (RVG) vom 5.5.2004, BGBl. I S. 714 ff.

[906] Vgl. § 19 AGVwGO RP.; ebenso im Ergebnis auch *Krämer,* Berliner Praxiskommentare, Vorl. Rechtsschutz in VwGO-Verfahren, S. 98 Rn. 90 m.w.N.

Rechtsbehelfes abhängig sei,[907] ist dies strikt abzulehnen, denn diese Komplementärvorschrift zu Abs 2, die sich ihrerseits von Abs. 1 ableitet, bedingt bereits einen zulässigen[908] Rechtsbehelf. Sowohl Abs. 1 als auch der damit korrelierende Abs. 2 setzen einen solchen voraus.[909]

Dass die Erlassbehörde auch vor Einlegung eines Rechtsbehelfes die Vollziehung des VA analog nach Abs. 4 aussetzen kann, ergibt sich aber aus anderen Überlegungen. Wenn die Erlassbehörde nämlich auch einen belastenden VA jederzeit ohne Einlegung eines Rechtsbehelfes durch Rücknahme oder Widerruf nach den §§ 48 ff. VwVfG aufheben kann, muss ihr nach dem Erst-recht-Schluss auch ohne ausdrückliche Regelung die Möglichkeit eingeräumt werden, von Amts wegen auch schon vor Einlegung eines Rechtsbehelfes bis zur Unanfechtbarkeit bzw. vorzeitigen Beendigung der aufschiebenden Wirkung analog die Vollziehung auszusetzen. Das Recht, auch von Amts wegen die Vollziehung ohne Einlegung eines Rechtsbehelfes auszusetzen, ist nicht explizit geregelt und lässt sich aus genannten Gründen entgegen gelegentlichen Literaturmeinungen schon gar nicht rechts- bzw. gesetzessystematisch aus Abs. 4 ableiten.[910] Denn, wie eingangs bereits ausgeführt wurde, impliziert bereits der mit Abs. 4 korrespondierende Abs. 2 einen Rechtsbehelf, indem geregelt wird, dass die aufschiebende Wirkung in den dort genannten vier Fällen entfällt. Die aufschiebende Wirkung löst aber nur ein zulässiger Rechtsbehelf im Sinne der bereits genannten vermittelnden Meinung aus. Deshalb hatte die ehemals in Abs. 4 enthaltene Regelung „...nach Einlegung des Widerspruches ...", welche mit dem 4. VwGOÄndG aufgehoben wurde, aus rechtsdogmatischen Gründen im Ergebnis nur deklaratorischen Charakter, ohne dass dies wohl dem Gesetzgeber bewusst war. In der Literatur wird das schlicht übersehen.

Wenn in der Literatur die nicht mit Fakten belegte Behauptung aufgestellt wird, dass der behördliche vorläufige Rechtsschutz in der Verwaltungspraxis keine wesentliche Rolle spielt,[911] weil die Behörden nicht geneigt seien, ihre eigenen Entscheidungen in Frage zu stellen, dürfte die obige Auffassung einer von Amts wegen zu verfügenden behördlichen analogen Aussetzung der Vollziehung ohne verherige Einlegung eines Rechtsbehelfes umso mehr vollends an der Verwaltungswirklichkeit vorbeigehen, weil das gerade für den Rechtskundigen die Rechtmäßigkeit des VA in Frage stellt. Dadurch werden Rechtsbehelfe provoziert, was prinzipiell nicht im Interesse der Behörden liegt.

---

[907] So stellvertretend *Krämer*, Berliner Praxiskommentare, Vorl. Rechtsschutz in VwGO-Verfahren, S. 99 Rn. 92 und *Pietzner /Ronellenfitsch*, Das Assessorexamen im öffentlichen Recht, § 56 Rn. 2 und 5.

[908] Vgl. die vermittelnde h.M. in § 2 B. II.

[909] Vgl. auch *Schunck/de Clerck*, VwGO, S. 475. Vgl. im Ergebnis auch *Sadler*, VwVG, VwZG, § 6 VwVG , S. 165 und 166.

[910] In der Praxis geschieht dies wohl eher ganz selten, weil damit für den Rechtskundigen die mögliche Rechtswidrigkeit des VA bzw. eine große Unsicherheit darüber signalisiert wird.

[911] Vgl. *Ipsen*, Allg. Verwaltungsrecht, § 19 Rn. 1216.

Soweit die Meinung vertreten wird, dass vor Einlegung eines Rechtsbehelfes auch die Widerspruchsbehörde von Amts wegen die Vollziehung aussetzen kann,[912] spiegelt dies schon gar nicht die Verwaltungsrealität wider. Abgesehen von den obigen grundsätzlichen Bedenken erfährt die Widerspruchsbehörde bei Nichteinlegung eines Rechtsbehelfes wegen des grundsätzlichen Devolutiveffektes regelmäßig erst von einem VA, wenn nach Nichtabhilfe die Akte von der Erlassbehörde der Widerspruchsbehörde gem. § 73 Abs. 1 S. 1 VwGO zur Entscheidung vorgelegt wird.[913] Der vorgenannte „Erst-recht-Schluss" kann überdies hier aber auch deshalb nicht zur Anwendung kommen, weil die Aufhebung eines VA durch Rücknahme oder Widerruf nämlich nur der Erlassbehörde vorbehalten ist. Anzumerken bleibt, dass auch diese Erörterungen entgegen Teilen der Literatur gesetzessystematisch nichts mit Abs. 4 zu tun haben, sondern Überlegungen auf der Grundlage des Erst-recht-Schlusses sind. Vorstehende Überlegungen gelten aber wegen des Devolutiveffektes auch bei Einlegung eines Rechtsbehelfes bei der Erlassbehörde.

Eine andere Frage ist, ob die Erlassbehörde nach Einlegung eines zulässigen Widerspruches ohne einen Aussetzungsantrag von Amts wegen die Vollziehung aussetzen kann. Dies ist möglich, denn im Gegensatz zu Abs. 5 steht im Abs. 4 nichts von einem Antrag.

Nach dem Gesetzestext stehen sich die Erlass- und die Widerspruchsbehörde[914] gleichwertig gegenüber. Es besteht insoweit eine echte Zuständigkeitskonkurrenz, soweit nicht gem. § 73 Abs. 1 Nr. 2 VwGO Erlass- und Widerspruchsbehörde identisch ist. Einschränkend muss aber gesagt werden, dass im Falle einer Ablehnung der Aussetzung durch die Widerspruchsbehörde die Erlassbehörde aufgrund des Hierarchieprinzipes hieran gebunden ist. Umgekehrt ist aber bei Ablehnung eines Aussetzungsantrages durch die Erlassbehörde die Widerspruchsbehörde nicht gehindert, dem Antrag auf Aussetzung der Vollziehung stattzugeben.[915] Sofern in der Literatur zuweilen der Anschein erweckt wird, dass behördlicher vorläufiger Rechtsschutz nur bei einer der beiden Behörden zulässig ist, ist eine solche Sichtweise unzutreffend, denn die Gesetzeslage ist insoweit klar. Soweit *Büchner/Schlotterbeck*[916] der Meinung sind, dass die Aussetzung der Vollziehung von der erlassenden Behörde sowie von der Abhilfe- und Widerspruchsbehörde verfügt werden könne, wird offensichtlich Erlass- und Abhilfebehörde alternativ gesehen. Richtig ist aber, dass Erlass-, Ausgangs- und Abhilfebehörde dieselbe Behörde ist.

---

[912] *Finkelnburg/Jank,* Vorl. Rechtsschutz im Verwaltungsstreitverfahren, Rn. 786; ebenso *Schmitt /Glaeser/Horn,* Verwaltungsprozessrecht, Rn. 273 und *Pietzner/Ronellenfitsch,* Das Assessorexamen, § 56 Rn. 2.
[913] Im Ergebnis auch *Kopp/Schenke,* VwGO, § 80 Rn. 110.
[914] Diese Aussage gilt aber nur, wenn ein Vorvefahren vorgeschrieben ist, also kein Fall des § 68 Abs. 1 S. 2 VwGO vorliegt. Im letzteren Fall ist nur die Erlassbehörde zur Aussetzung der Vollziehung berufen. Vgl. hierzu *Sadler,* VwVG, VwZG, 5. Aufl., 2002, § 6 VwVG S. 166 m.w.N.
[915] So im Ergebnis auch *Sadler,* VwVG, VwZG, § 6 VwVG, Rn. 97.
[916] *Büchner/Schlotterbeck,* Verwaltungsprozessrecht, Rn. 552.

Es bleibt also dabei, dass gem. Abs. 4 nur zwei Behörden, nämlich die Erlassbehörde und die Widerspruchsbehörde zur Aussetzung der Vollziehung aufgerufen sind. Die Regelung ist fakultativ bzw. kumulativ zu sehen, d.h. es kann sowohl zunächst die Erlassbehörde und danach die Widerspruchsbehörde angerufen werden, aber es könnte auch sofort die Widerspruchsbehörde angerufen werden.[917] Ferner ist auch die gleichzeitige Anrufung beider Behörden zulässig.

Während die Erlassbehörde vom Zeitpunkt des Erlasses des VA bis zur Unanfechtbarkeit bzw. vorzeitigen Beendigung der aufschiebenden Wirkung gemäß § 80b VwGO zuständig bleibt, dürfte die Widerspruchsbehörde wohl nur in der Zeit ihrer Sachherrschaft, d.h. vom Zeitpunkt des Erlasses des VA bis zum Ende des Widerspruchsverfahrens zuständig sein.[918] Inzwischen wird aber entgegen vorstehenden Ausführungen auch die Ansicht vertreten, dass sowohl die Abhilfekompetenz der Ausgangsbehörde als auch die Möglichkeit begleitender Maßnahmen nach § 80 Abs. 2 S. 1 Nr. 4 VwGO und § 80 Abs. 4 VwGO mit dem Eintritt des Devolutiveffektes endet.[919] Während bei Divergenz zwischen Erlass- und Widerspruchsbehörde eine Beschränkung der Zuständigkeit der Widerspruchsbehörde auf den Zeitraum zwischen Eingang der Widerspruchsakten und Erlass des Widerspruchbescheides der Verwaltungsrealität entspricht – mit Erlass des Widerspruchbescheides dürfte auch die Sachherrschaft der Widerspruchsbehörde enden –, ist die von *Pache/Knauff* favorisierte Beschränkung der Zuständigkeit der Erlassbehörde auf den Zeitraum zwischen Erlass des VA und Abgabe an die Widerspruchsbehörde zwecks Widerspruchsentscheidung kritisch zu sehen. Hinsichtlich der Abhilfe lässt sich eine solche zeitliche Beschränkung jedenfalls aus § 72 VwGO nicht ableiten. Dies gilt ebenso für den behördlichen vorläufigen Rechtsschutz durch die Erlassbehörde nach Abs. 4. Im Gegensatz zur Widerspruchsbehörde endet hier nicht die Sachherrschaft mit Abgabe des Widerspruches an diese.

II. Über die unterschiedlichen Termini in Abs. 4 und 5, Form und Wirkung der Aussetzung und Rechtsschutzfragen

In der Literatur ist auch umstritten, welche Bewandtnis die unterschiedlichen Formulierungen in Abs. 4 und 5 haben. Während in Abs. 4 von der Aussetzung der Vollziehung gesprochen wird, ist in Abs. 5 von der Anordnung und Wiederherstellung der aufschiebenden Wirkung die Rede. Die unterschiedliche Wortwahl in Abs. 4 und 5 begründet *Schoch*[920] damit, dass nach Abs. 4 die Behörde auch von

[917] Vgl. *Kopp/Schenke*, VwGO, § 80 Rn. 112.
[918] Vgl. *Martini*, Verwaltungsprozessrecht, S. 145; *Hufen*, Verwaltungsprozessrecht, S. 544, Rn. 24.
[919] Vgl. *Pache /Knauff*, DÖV 2004, 656 (660).
[920] *Schoch*, in: Schoch/Schmidt-Aßmann/Pietzner, VwGO, § 80 Rn. 213.

Amts wegen schon vor Einlegung eines Rechtsbehelfes aussetzen könne, so dass hier im Falle eines fehlenden Widerspruches auch nicht die aufschiebende Wirkung angeordnet oder wiederhergestellt werden könne. Aus rechts- bzw. gesetzessystematischen Gründen ist aber eine solche Interpretation abzulehnen, denn das Recht auf Aussetzung der Vollziehung durch die Behörde ohne Einlegung eines zulässigen Widerspruches wird nicht durch Abs. 4, sondern durch den erwähnten Erst-recht-Schluss gewährt.

Von daher sind unterschiedliche Termini in Abs. 4 und 5 nicht gerechtfertigt und verwirrend. Trotzdem kann unter Vernachlässigung dieser kontroversen Rechtsmeinungen die Feststellung getroffen werden, dass der mit der Aussetzung der Vollziehung verbundene Rechtszustand mit dem der Wiederherstellung oder Anordnung der aufschiebenden Wirkung übereinstimmt.[921]

Kopp/Schenke[922] ist der Meinung, dass in Ermangelung einer gesetzlichen Aussage zur Form einer Aussetzung der Vollziehung bei VA mit Drittwirkung wegen der den Begünstigten treffenden Belastung grundsätzlich die Schriftform erforderlich sei. Ohne dass dies ausdrücklich in Abs. 4 geregelt ist, muss aber schon aus Beweisgründen, sowohl bei der Aussetzung der Vollziehung als auch bei deren Ablehnung, die Schriftform gefordert werden. Da in der Praxis die Kommunikation zwischen Widerspruchs- und Erlassbehörde und insbesondere mit der Stadtkasse als Vollstreckungsbehörde für VA, die eine Geldforderung beinhalten bzw. mit dem gemeindlichen Vollzugsbeamten häufig nicht funktioniert, wäre der Betroffene mit einer mündlichen Aussetzung der Vollziehung nicht wirksam vor Überraschungen in Form von Vollstreckungsversuchen geschützt. Im Fall einer schriftlichen Aussetzung der Vollziehung ist der Betroffene vor rechtswidrigen vorzeitigen Vollstreckungsmaßnahmen unstreitig besser geschützt. Für die Schriftform spricht auch der Umstand, dass ebenso wie im gerichtlichen Aussetzungsverfahren nach Landesrecht[923] dem Aussetzungsbescheid eine Kostenlastentscheidung beizufügen ist. Ist der Antragsteller von einem Anwalt vertreten, wird zusätzlich über die Notwendigkeit der Hinzuziehung eines Bevollmächtigten zu befinden sein.[924]

Diese Aussagen gelten entsprechend für eine Ablehnung des Antrages auf Aussetzung der Vollziehung. Nur mit einer schriftlichen Ablehnung kann der An-

---

[921] Vgl. vorstehende Fn.

[922] Vgl. *Kopp/Schenke*, VwGO, § 80 Rn. 112.

[923] Bei Ablehnung eines Antrages auf Aussetzung der Vollziehung durch die Widerspruchsbehörde können nach § 15 Abs. 4 Landesgebührengesetz RP Verwaltungsgebühren als Widerspruchsgebühren in reduzierter Form – in Anlehnung an das Gerichtskostengesetz – (zumeist ausgehend von einem Drittel oder einem Viertel des Streitwertes) erhoben werden. Bei Aussetzung der Vollziehung können nach § 19 AGVwGO die zur zweckentsprechenden Rechtsverfolgung oder Rechtsverteidigung notwendigen Aufwendungen erstattet werden. Allerdings wird auch hier nicht vom vollen Betrag, sondern von einem reduzierten Gegenstandswert auszugehen sein.

[924] Vgl. § 19 Abs. 2 AGVwGO RP, wonach bei erstattungsfähigen Gebühren und Auslagen eines Anwaltes oder eines sonstigen Bevollmächtigten diese nur erstattet werden dürfen, wenn die Hinzuziehung eines Bevollmächtigten in der Kostenlastentscheidung für notwendig erklärt wird. Ohne dass dies explizit in der Vorschrift geregelt ist, muss dies auch für einen Antrag auf Aussetzung der Vollziehung gelten.

tragsteller bei einem Kosten- oder Abgabenbescheid im Hinblick auf einen Antrag auf gerichtlichen vorläufigen Rechtsschutz nach Abs. 5 unter Hinweis auf Abs. 6 den Nachweis führen, dass der behördliche vorläufige Rechtsschutz erfolglos war.[925]

Bei einer behördlichen Ablehnung sollte als „nobile officium" im Bescheid auf die Möglichkeit eines gerichtlichen vorläufigen Rechtsschutzes hingewiesen werden.[926] Eine Rechtsbehelfsbelehrung kommt mangels VA-Eigenschaft der Aussetzung der Vollziehung nicht in Betracht, denn ebenso wie die Anordnung der sofortigen Vollziehung nach § 80 Abs. 2 S. 1 Nr. 4 VwGO kein VA ist, gilt dies auch für die behördliche Aussetzung nach Abs. 4. Mit der Aussetzung bzw. deren Ablehnung erfolgt keine Regelung im Sinne des § 35 VwVfG. Deshalb scheidet auch hier aus rechtsdogmatischen Gründen – ebenso wie bei der Anordnung der sofortigen Vollziehung – eine vorherige Anhörung aus.

Wird von einer Behörde die Aussetzung der Vollziehung angeordnet, so gilt diese Entscheidung, selbst wenn in einem gleichzeitig eingeleiteten gerichtlichen „Aussetzungsverfahren" die „Aussetzung" abgelehnt wird.[927] Diese Rechtsauffassung lässt sich vor dem Hintergrund vertreten, dass der Betroffene im Ergebnis grundsätzlich zulässigerweise gleichzeitig bei der Erlassbehörde, bei der Widerspruchsbehörde und beim Gericht der Hauptsache einen Aussetzungsantrag bzw. einen Antrag auf Anordnung oder Wiederherstellung der aufschiebenden Wirkung stellen kann, wenn man hier Nr. 1 unberücksichtigt lässt. Wenn ein gerichtlicher Eilantrag erfolglos geblieben ist, kann die Behörde dennoch die Aussetzung der Vollziehung anordnen.[928] Dies ist Ausfluss der Selbständigkeit der Verfahren nach Abs. 4 und 5 und resultiert auch aus der Überlegung, dass bei der behördlichen Aussetzung im Gegensatz zum gerichtlichen vorläufigen Rechtsschutz „verwaltungspolitische" und Zweckmäßigkeitsgesichtspunkte berücksichtigt werden können.[929] Dagegen sind Anordnungen des Gerichtes in jedem Fall vorrangig.[930] Im Aussetzungsverfahren bleibt die Behörde Herrin des Verfahrens, wodurch sie in die Lage versetzt ist, eine Aussetzung der Vollziehung auch zu widerrufen.[931]

Gegen eine ablehnende Entscheidung der Erlassbehörde steht dem Betroffenen kein Rechtsbehelf zu. Lehnt die Erlassbehörde den Antrag ab, steht es ihm frei, einen gleichlautenden Antrag bei der Widerspruchsbehörde zu stellen, soweit ein

---

[925] Vgl. OVG Koblenz, NVwZ-RR 1999, 810; a.A. Münster, NVwZ 1997, 87.
[926] Vgl. *Kopp/Schenke,* VwGO, § 80 Rn. 106.
[927] Vgl. *Redeker/von Örtzen,* VwGO, § 80 Rn. 34.
[928] Vgl. *Krämer,* Berliner Praxiskommentare, vorl. Rechtsschutz in VwGO-Verfahren, Rn. 98; *Finkelnburg/Jank,* Vorl. Rechtsschutz im Verwaltungsstreitverfahren, Rn. 790 m.w.N.
[929] Vgl. *Finkelnburg/Jank,* Vorl. Rechtsschutz im Verwaltungsstreitverfahren, Rn. 790; ebenso *Pietzner/Ronellenfitsch,* Das Assesssorexamen, § 56 II, Rn. 7; *Schmitt/Glaeser/Horn,* Verwaltungsprozessrecht, Rn. 273; a.A. *Kopp/Schenke,* VwGO, § 80, Rn. 173; *Büchner/Schlotterbeck,* Verwaltungsprozessrecht, Rn. 556a m.w.N.
[930] Vgl. *Schmitt/Glaeser/Horn,* Verwaltungsprozessrecht, Rn. 273.
[931] Vgl.*Finkelnburg/Jank,* Vorl. Rechtsschutz im Verwaltungsstreitverfahren, Rn. 783.

Vorverfahren obligatorisch ist. Sollte auch sie den Antrag auf Aussetzung der Vollziehung ablehnen, hat er die Möglichkeit, das Gericht der Hauptsache anzurufen, um die Anordnung oder Wiederherstellung der aufschiebenden Wirkung zu erlangen. Lehnt die Erlassbehörde den Antrag auf vorläufigen Rechtsschutz ab, könnte der Betroffene auch, anstatt nun die Widerspruchsbehörde einzuschalten, sofort gerichtlichen vorläufigen Rechtsschutz beim Gericht der Hauptsache beantragen. Mit Ausnahme der Fälle nach Nr. 1 könnte der Betroffene aber auch sofort das Gericht der Hauptsache anrufen.

Eine Aussetzung der Vollziehung bewirkt laut *Puttler*[932] mit ex-nunc-Wirkung die Wiederherstellung der aufschiebenden Wirkung, während *Schoch*[933] meint, dass der VA bis auf weiteres nicht vollzogen werden dürfe. Dass aber entgegen von *Puttler* und *Schoch* tatsächlich mit der Aussetzung der Vollziehung die aufschiebende Wirkung nach Abs. 1 mit ex-tunc-Wirkung eintritt,[934] lässt sich u.a. auch aus der Regelung des § 80b Abs. 1 S. 2 VwGO ableiten, wonach die Regelung des S. 1 betreffs der aufschiebenden Wirkung bis zur Unanfechtbarkeit bzw. bis zur vorzeitigen Beendigung auch für den Fall gilt, dass die Behörde die Vollziehung ausgesetzt hat. Ferner darf nicht vergessen werden, dass Abs. 4 eine Komplementärvorschrift zu Abs. 2 und wegen der Ableitung des Abs. 2 von Abs. 1 auch zu Abs. 1 ist. Auch mit Abs. 4 soll erkennbar trotz verschiedener Formulierungen in Abs. 4 und 5 der in Abs. 1 enthaltene Rechtszustand der aufschiebenden Wirkung erreicht werden. Der Unterschied besteht darin, dass hier mit der Aussetzung der Vollziehung die Suspensivwirkung rückwirkend auf den Zeitpunkt des Erlasses eintritt, während nach Abs. 1 der Suspensiveffekt bereits mit Einlegung des Rechtsbehelfs rückwirkend bewirkt wird. Letztlich ergibt sich dies auch aus analoger Anwendung des Abs. 5 S. 3.

Die Aussetzung der Vollziehung kann wie die Anordnung der sofortigen Vollziehung ganz oder auch nur teilweise erfolgen und mit Bedingungen, Auflagen und Befristungen versehen werden. Ferner kann die Aussetzung entgegen dem Wortlaut des Abs. 4 für alle Fälle des Abs. 2 von verwaltungsprozessualen Nebenbestimmungen abhängig gemacht werden.[935] Es kann jedoch nicht sein, dass das Gericht mehr inhaltliche Beschränkungen nach Abs. 5 S. 4 und 5 vornehmen kann als die Behörde. Deshalb spricht alles dafür, Abs. 5 S. 4 und 5 auf Abs. 4 zu übertragen mit der Folge, dass Abs. 4 S. 2 nur noch deklaratorischer Natur ist.[936] Da die Aussetzung der Vollziehung keinen VA darstellt, sind etwaige Bedingungen und Auflagen auch keine Nebenbestimmungen zum VA im Sinne des § 36 VwVfG,

---

[932] Vgl. *Puttler,* in: Sodan-Ziekow, VwGO, § 80 Rn. 106.
[933] Vgl. *Schoch,* Vorl. Rechtsschutz und Risikoverteilung im Verwaltungsrecht, S. 1307.
[934] Vgl. auch *Huba,* JuS 1990, 806.
[935] Vgl. *Pietzner/Ronellenfitsch,* Das Assessorexamen, § 56 I, Rn. 6; ebenso im Ergebnis *Schoch,* in: Schoch/Schmidt-Aßmann/*Pietzner,* § 80 Rn. 215 m.w.N.
[936] Vgl. *Pietzner/Ronellenfitsch,* Das Assessorexamen, § 56 I, Rn. 6.

sondern wohl solche verwaltungsprozessualer Natur, die nicht vollstreckungsfähig sind, aber zu einer Abänderung oder sogar Aufhebung der Aussetzungsentscheidung berechtigen.

Sollte sich der VA – aus welchen Gründen auch immer – vor der Entscheidung der Behörde über die Aussetzung erledigen, besteht kein Anspruch auf Erlass eines Fortsetzungsfeststellungsbeschlusses der Ausgangs- oder der Widerspruchsbehörde.[937] Dies ist im Gesetz nicht vorgesehen. Da ebenso wie im gerichtlichen Verfahren auch im behördlichen vorläufigen Rechtsschutzverfahren nur eine summarische Prüfung stattfindet, wäre ein solcher Beschluss als Beweismittel auch wenig aussagekräftig. Ein Beschluss der Ausgangsbehörde oder der Widerspruchsbehörde dergestalt, dass der erledigte VA nach summarischer Prüfung wohl ernstliche Zweifel an der Rechtmäßigkeit des VA aufgewiesen habe, ist also im Gegensatz zu einer Feststellung im Hauptsacheverfahren in Gestalt eines Fortsetzungsfeststellungswiderspruchbescheides oder eines Urteils im Rahmen einer analogen Fortsetzungsfeststellungsklage wertlos.

Die zuweilen in der Literatur vertretene Auffassung, dass die Befugnis der Aussetzung bis zur Unanfechtbarkeit bestehe, übersieht die Komplementärvorschrift des § 80b VwGO zu § 80 Abs. 1 VwGO, wonach auch unter bestimmten Bedingungen eine vorzeitige Beendigung der aufschiebenden Wirkung eintritt. In diesen Fällen kommt nämlich der speziellere vorläufige Rechtsschutz in Gestalt der Fortdauer der aufschiebenden Wirkung gem. § 80b Abs. 2 VwGO zur Anwendung.

Schon vorgenannte Anmerkungen zeigen, dass Abs. 4 unter gesetzgebungswissenschaftlichen Gesichtspunkten eine wenig gelungene Regelung darstellt, denn die Funktionsfähigkeit und die Durchsetzungsnotwendigkeit des Rechts setzt eine möglichst präzise und verständliche Normierung voraus, was aber vorliegend verneint werden muss. Insbesondere ein solch zentrales Regelwerk wie die §§ 80 ff. VwGO mit ihrer Ausstrahlung in das Verwaltungsverfahrens- und in das Verwaltungsvollstreckungs- bzw. Polizei- und Ordnungsbehördenrecht sollte vorstehenden Kriterien gerecht werden.

B. Interpretationsprobleme wegen Gesetzeslücken

Abs. 4 ist auch nach fast einem halben Jahrhundert seit Inkrafttreten der VwGO ein eklatantes Beispiel für eine kritikwürdige Gesetzgebung. Es ist unverständlich, dass der Gesetzgeber in den sieben Gesetzesnovellen zur VwGO nicht in der Lage war, das Regelwerk zu optimieren, zumal eine sehr umfangreiche und inkonsistente Literatur und Judikatur vorliegt. Die inzwischen vorgenommenen Korrekturen

---

[937] Vgl. *Pietzner/Ronellenfitsch*, Das Assessorexamen, § 56 Rn. 8.

durch den Gesetzgeber waren zum einen nicht zwingend notwendig und zum anderen nicht zielführend. Es bleiben Gesetzeslücken, die Einfallstore für die unterschiedlichsten Interpretationen sind.

I. Fehlen eines Prüfmaßstabes und einer Regelung über die Wirkung eines Antrages auf Aussetzung der Vollziehung

So enthält Abs. 4 nur einen Prüfmaßstab für Fälle nach der Nr.1. So wird auch die Meinung vertreten, dass in Fällen von Nr. 2 bis 4 nach pflichtgemäßem Ermessen ohne gesetzliche Vorgaben entschieden werde. Die Folge sind sehr unterschiedliche Interpretationen dahingehend, welcher Prüfmaßstab für die Fälle Nr. 2 bis 4 gelten sollen.[938] Die in der Literatur vertretenen Interpretationen zum Prüfmaßstab sind derart differenziert, dass der Gesetzgeber aufgerufen ist, diese Konfusion durch eine klare gesetzliche Vorgabe zu beenden. Die widersprüchlichen Interpretationen sind ebenso groß wie bei der Interpretation der aufschiebenden Wirkung und der Frage der Zulässigkeit des Rechtsbehelfes im Zusammenhang mit der aufschiebenden Wirkung nach Abs. 1. Interpretationsversuche verschiedener Art und insbesondere der Versuch der Rechtsfortentwicklung mittels Analogien sind fast immer ein deutlicher Indikator für den Gesetzgeber, im Interesse der Rechtsklarheit korrigierend rechtspositivistisch einzugreifen, zumal wenn sich – wie hier – auf einem zentralen Gebiet des Allg. Verwaltungsrechts mit einer Alltagsproblematik eine uneinheitliche Literatur und Judikatur herausgebildet hat. Wegen dieser Alltagsproblematik wäre die Bereinigung einer Gesetzeslücke auch unter dem ansonsten vom Gesetzgeber gerne verwendeten Postulat der „Stärkung des Wirtschaftsstandortes Deutschland" dringend geboten. Nach alledem besteht schon seit Inkrafttreten der VwGO Handlungsbedarf für eine Novellierung des Abs. 4.

Ein weiterer fundamentaler Schwachpunkt ist das Fehlen einer Regelung, wie sich ein Antrag auf Aussetzung der Vollziehung auf den Vollzug des streitbefangenen VA auswirkt, bevor über diesen entschieden wurde. Nach dem Gesetzeswortlaut würde nur die Aussetzung der Vollziehung vor einem Vollzug schützen. In der Verwaltungspraxis wird während dieser Zeitspanne im Allgemeinen der

---

[938] Vgl. *Pietzner/Ronellenfitsch*, Das Assessorexamen, § 56III Rn. 16 und 17; *Finkelnburg/Jank*, Vorl. Rechtsschutz im Verwaltungsstreitverfahren, Rn. 792; *Schoch*, in: Schoch/Schmidt-Aßmann/Pietzner, VwGO, § 80 Rn. 204; *Puttler*, in: Sodan-Ziekow, VwGO, § 80 Rn. 109; *Kopp/Schenke*, VwGO, § 80 Rn. 116; *Büchner/Schlotterbeck*, Verwaltungsprozessrecht, Rn. 568; *Bosch/Schmidt*, Praktische Einführung in das verwaltungsgerichtliche Verfahren, S. 323. Für unaufschiebbare Anordnungen wird wohl Abs. 4 S. 3 analog anzuwenden sein. Bestehen ernsthafte Zweifel, muss die Vollziehung ausgesetzt werden. Dies setzt allerdings voraus, dass nach Vollzug der unaufschiebbaren Anordnung sich dieser nicht erledigt hat, was zumeist der Fall sein wird. Bei unaufschiebbaren Anordnungen und bei der sog. Notstandsmaßnahme ist ein Aussetzungsantrag erst nach Vollzug denkbar. Müsste vor Vollzug darüber befunden werden und die Vollziehung ausgesetzt, wären damit die Tatbestandsvoraussetzungen der Nr. 2 und 4 i.V.m. Abs. 3 S. 2 nicht gegeben. Von einer effektiven Gefahrenwabwehr könnte dann nicht mehr gesprochen werden. Außerdem setzt die Aussetzungsentscheidung Schriftlichkeit voraus, ohne dass dies explizit geregelt ist.

streitbefangene VA nicht vollzogen bzw. vollstreckt, so lange die Kommunikation innerhalb des Behördenapparates – zwischen Erlass- und Widerspruchsbehörde und Stadtkasse als Vollstreckungsbehörde sowie kommunalen Vollzugsbeamten – einigermaßen funktioniert. Diese funktioniert aber oft nicht, sodass es immer wieder in der Zeit zwischen Antragstellung und Beschlussfassung über die Aussetzung der Vollziehung bereits zu Vollzugsmaßnahmen kommt. Deshalb wäre eine positivrechtliche Regelung in Abs. 4 notwendig, wonach ab Antragstellung bis zur Entscheidung über die Aussetzung der Vollziehung entsprechend Abs. 1 aufschiebende Wirkung eintritt, wünschenswert und wohl auch notwendig und geboten, sofern nicht Nr. 2 und Nr. 4 i.V.m. Abs. 3 S. 2 greifen. Ferner sollten die allgemeinen Verwaltungsvollstreckungsvoraussetzungen durch eine Regelung versehen werden, wonach während obiger Interimszeit keine Vollstreckung zulässig ist. Da der Betroffene keinen Einfluss darauf hat, wann über den Aussetzungsantrag entschieden wird, muss sichergestellt sein, dass nach Antragstellung bis zur Entscheidung kein Vollzug erfolgt. Ein Verbot der Vollstreckung während dieser Interimszeit lässt sich positivrechtlich weder aus der VwGO noch aus den einschlägigen allgemeinen Vollstreckungsvoraussetzungen des Verwaltungsvollstreckunsgrechtes ableiten. Ein solches Vollzugsverbot ergibt sich auf den ersten Blick auch nicht aus Art. 19 Abs. 4 GG, denn dort wird nur gerichtlicher Rechtsschutz garantiert. Rechtsbehelfe, die eine Nachprüfung des Exekutivaktes lediglich durch vorgesetzte Behörden oder nichtrichterliche Spruchkörper vorsehen, genügen den Anforderungen des Art. 19 Abs. 4 GG nicht.[939] Das Rechtsstaatsprinzip, das den Art. 19 Abs. 4 GG weitgehend überlagert,[940] spricht aber dafür, dass der rechtsuchende Bürger darauf vertrauen darf, dass ab Einreichung eines behördlichen Antrages auf vorläufigen Rechtsschutz bis zur Entscheidung kein Vollzug der streitbefangenen Maßnahme stattfindet. Aber selbst wenn man dieser systematischen verfasssungskonformen Auslegung nicht beitritt, käme man bei teleologischer Auslegung ebenfalls zu diesem Ergebnis. Auch der Rechtsunkundige wird bei Antragstellung davon ausgehen können, dass ab diesem Zeitpunkt bis zur Entscheidung der Behörde sich dessen Rechtsposition nicht verschlechtert. Wäre dies anders, müssten z.B. die Behörden auch bei dem nicht vorgeschriebenen Hinweis auf die Rechtsschutzmöglichkeiten nach den Abs. 4 und 5 darauf hinweisen, dass bis zur Entscheidung oder rechtskräftigem Beschluss dennoch die Möglichkeit der Vollstreckung bzw. des Vollzuges besteht, was aber aus gutem Grund nicht geschieht. Wenn also die Behörde jederzeit bis zur Entscheidung formal den VA vollstrecken bzw. vollziehen könnte und vielfach eine Restitution gar nicht mehr möglich ist, stünde der einfachgesetzlich eingeräumte behördliche vorläufige Rechtsschutz nur auf dem Papier. Die Behörde könnte somit – weil es in ihrer Hand liegt, wann sie über den

[939] Vgl. *Ipsen,* Staatsrecht I, Rn. 710.
[940] Vgl. *Umbach/Clemens (Hrsg.),GG*, Band I, Art. 19 Rn. 146.

Aussetzungsantrag entscheidet – legalerweise jederzeit den VA vollziehen. Dies kann nicht Intention des Gesetzgebers gewesen sein.

Allerdings muss bei einer solchen Interpretation, wie bereits angeführt, die unaufschiebbare Anordnung oder Maßnahme nach Nr. 2 und die damit verbundene Zwangsmittelandrohung nach Nr. 3 ausgenommen werden, weil hier die bezweckte effektive Gefahrenabwehr Vorrang vor der Bescheidung über den vorläufigem Rechtsschutz haben muss. Dies gilt auch für die sog. Notstandsmaßnahme nach Nr. 4 i.V.m. Abs. 3 S. 2. Die Freiheitsrechte gem. Art. 2 und 19 Abs. 4 GG müssen hier also zunächst zugunsten der öffentlichen Sicherheit und Ordnung zurückstehen. Haben sich die unaufschiebbare Anordnung oder die sog. Notstandsmaßnahme nach Befolgung oder zwangsweiser Durchsetzung wegen der Möglichkeit der Rückgängigmachung des Vollzuges nicht erledigt, kann auch noch nachträglich nach Widerspruchseinlegung behördlicher vorläufiger Rechtsschutz beantragt werden. In den allgemeinen Vollstreckungsvoraussetzungen nach dem Verwaltungsvollstreckungs- bzw. Polizei- und Ordnungsbehördenrecht sollte dieser Gedanke ebenfalls seinen Niederschlag finden. In den Alternativtatbestand zur Grundregel der Unanfechtbarkeit, nämlich die Regelungen über § 80 Abs. 2 VwGO, sollte daher, wie bereits erwähnt, ein deklaratorischer Passus aufgenommen werden, wonach in der Zeit zwischen Antragstellung und Entscheidung wegen des Eintrittes der aufschiebenden Wirkung entsprechend zu § 80 Abs. 1 VwGO währenddessen keine Vollstreckungmaßnahmen durchgeführt werden dürfen, soweit nicht Nr. 2 und Nr. 3 bezüglich der gesetzlichen Regelung über die Zwangsmittelandrohung bzw. die Notstandsmaßnahme nach Nr. 4 i.V.m. Abs. 3 S. 2 anwendbar ist. Dies gilt sinngemäß auch für kurze Antragsfristen bis zu sieben Tagen.[941] Für den Fall einer positivrechtlichen Regelung der allgemeinen Vollzugsvoraussetzungen für sonstige VA-Kategorien nach Abs. 1 S. 2 sollte entsprechendes geregelt werden. Ansonsten wäre obige Modifizierung der allgemeinen Vollstreckungsvoraussetzungen analog für die sonstigen VA-Kategorien anzuwenden.

Das Vollstreckungs- bzw. Vollzugsverbot während der vorstehenden Zeitspannen gilt aber nicht absolut. Sollte sich insbesondere in den Fällen der Nr. 3 und 4 i.V.m. Abs. 3 S. 1 eine Gefahrenlage derart verschärfen, dass dringender Handlungsbedarf entsteht, könnte vom sog. gestreckten Verwaltungszwangsverfahren, je nachdem wer handelt, in die unaufschiebbare Anordnung oder die Notstandsmaßnahme übergegangen werden. Im Schrifttum und in der Judikatur wird in diesen Fällen zumeist vom Übergang in den Sofortvollzug gesprochen, welches aber aus genannten Gründen bei systematischer und teleologischer Auslegung grundsätzlich abzulehnen ist. Der Sofortvollzug wird unter Hinweis auf Nr. 2 und Nr. 4 i.V.m. Abs. 3 S. 2 wohl regelmäßig nur dann greifen können, wenn die Adressaten und

---

[941] Bei längeren Antragsfristen von bis zu einem Monat dürfte wohl kein Vollstreckungsverbot anzunehmen sein.

Störer erkennbar nicht in der Lage sind, die akute Gefahr für ein wichtiges Rechtsgut in kurzer Frist selbst zu bannen. In diesem Falle wären die erlassenen HDU-Verfügungen hier ungeeignet und reiner Formalismus.

Obige These wird inzwischen auch einfachgesetzlich durch § 58a Abs. 4 AEG[942] gestützt, wonach während der obigen Phase keine Vollstreckung erfolgen darf. Vorstehende Regelung erweitert das Vollstreckungsverbot zudem auch auf die Phase der Antragsfrist. Bei kurzen Antragsfristen – wie hier von sieben Tagen – dürfte es sich aus vorstehenden Gründen aber nur um eine deklaratorische Vorschrift handeln. In abgeschwächter Form vertrittt auch *Koch/Scholtz*[943] – allerdings ohne nähere Begründung – im Ergebnis die These, dass in der Phase des abgabenrechtlichen finanzbehördlichen Aussetzungsantrages gemäß § 361 Abs. 2 AO, die in etwa dem des § 80 Abs. 4 VwGO entspricht, bis zur Entscheidung grundsätzlich nicht vollstreckt werden soll.[944] Obwohl die obigen Ausführungen zu § 58a AEG nur für das gerichtliche Eilverfahren gelten, können diese Grundgedanken auch analog auf das behördliche Aussetzungsverfahren übertragen werden.

II. Fehlen einer Folgenbeseitigungsregelung entsprechend Abs. 5 S. 3 und einer Regelung über Modifizierungen von Aussetzungsentscheidungen

Eine weitere Gesetzeslücke besteht darin, dass eine Regelung gem. Abs. 5 S. 3 fehlt. Sie umfasst im gerichtlichen vorläufigen Rechtsschutz originär nur solche Fälle, in denen nach Abs. 2 in Verbindung mit den allgemeinen Vollstreckungsvoraussetzungen ursprünglich rechtmäßige Vollziehungsmaßnahmen vorgenommen worden sind und erst später einem Antrag auf Anordnung oder Wiederherstellung der aufschiebenden Wirkung stattgegeben wird.[945]

Wenn in den Fällen des Abs. 2 rechtmäßig Vollzugsmaßnahmen vorgenommen worden sind und diese später aufgrund der Aussetzung der Vollziehung gem. Abs. 4 keinen Bestand mehr haben, besteht auch insoweit in Abs. 4 für eine Restitution eine Gesetzeslücke, die im Interesse der Rechtsklarheit im Rahmen einer weiteren Gesetzesnovelle geschlossen werden sollte. Bislang wurde zutreffend Abs. 5 S. 3 auch im behördlichen vorläufigen Rechtsschutz analog angewandt.

In der Literatur und Judikatur wird das Problem der faktischen Vollziehung, d.h. die rechtswidrige Vollstreckung befehlender VA bzw. die rechtswidrige Voll-

[942] Es spricht vieles bei systematischer Auslegung dafür, dass diese Regelungen nur die Verfassungslage interpretieren und daher nur deklaratorischer Natur sind.
[943] *Koch/Scholtz,* AO, § 361, S. 2017.
[944] Vgl. hierzu im Prinzip auch *Ekardt/Beckmann,* VR 2006, S. 337 ff.
[945] Vgl. *Schoch,* in: Schoch/Schmidt-Aßmann/Pietzner, VwGO, § 80 Rn. 23o m.w.N.

ziehung eines VA nach Abs. 1 S. 2 trotz aufschiebender Wirkung im gerichtlichen vorläufigen Rechtsschutzverfahren dadurch gelöst, dass der Betroffene in analoger Anwendung des Abs. 5 S. 1 beantragt festzustellen, der eingelegte Rechtsbehelf habe aufschiebende Wirkung. Ferner wird entsprechend Abs. 5 S. 3 die Aufhebung der Vollziehung beantragt. Beides dürfte gesetzessystematisch aber nur möglich sein, wenn sich der VA dadurch nicht erledigt hat. Dass auch eine faktische Vollziehung im Rahmen des Abs. 2 während der kurzen Antragsfrist für vorläufigen Rechtsschutz nach Abs. 4 und 5 von bis zu einer Woche bzw. während der Zeit zwischen Antragstellung und Entscheidung möglich ist, wird schlicht übersehen.[946] Dies muss unter dem Gesichtspunkt, dass beide vorläufige Rechtsschutzverfahren prinzipiell gleichwertig sind, entsprechend für die Behörden nach Abs. 4 gelten.

Wenn dagegen eine faktische Vollziehung droht, weil die Behörde z.B. zu Unrecht die aufschiebende Wirkung verneint, kann der Betroffene im gerichtlichen vorläufigen Rechtsschutzverfahren ebenfalls mangels positivrechtlicher Regelung in analoger Anwendung des Abs. 5 S. 1 beantragen festzustellen, dass der Rechtsbehelf aufschiebende Wirkung hat.[947] Es wäre aber hilfreich, wenn dies in Abs. 4 ausdrücklich geregelt würde, um keine unüberschauen Analogien bilden zu müssen.

Ferner enthält Abs. 4 keine Regelung darüber, ob bei einer Änderung der Sach- und Rechtslage eine Aussetzungsentscheidung geändert oder aufgehoben werden kann. Nach *Kopp/Schenke*[948] können Ausgangs- und Widerspruchsbehörde jederzeit auf Antrag oder von Amts wegen ihre Entscheidungen abändern oder aufheben. Es wird in der Literatur ohne weitere Begründung auch die Auffassung vertreten, dass die Behörde als Herrin des Verfahrens die Aussetzung widerrufen könne, ohne dass sie wie das Gericht gem. § 80 Abs. 7 VwGO ein Abänderungsverfahren durchführen müsse. Positivrechtlich ist diese Frage der Modifizierung oder Aufhebung eines Aussetzungsbescheides jedenfalls nicht geregelt. Von *Schoch*[949] wird offenbar eine Modifizierung oder Aufhebung einer behördlichen Entscheidung abgelehnt mit dem nicht sehr überzeugenden Argument, dass der Gesetzgeber dies durch das 4. VwGOÄndG ja hätte regeln können. Da dies aber nicht geschehen sei, habe der Gesetzgeber für eine solche Regelung kein Bedürfnis gesehen. Bemerkenswert ist die Argumentation von *Schoch* schon, wenn man weiß, dass dieser zutreffend im Zusammenhang mit den §§ 80 ff. VwGO dem Gesetzgeber Problemvermehrung, Regelungswut, rechtspolitischen Aktionismus und Konzeptlosigkeit vorwirft. Bei einer solchen zutreffenden Analyse kann man dann aber nicht argumentieren, dass eine fehlende Regelung vom Gesetzgeber gewollt sei. Insbesonde-

---

[946] Über die zweite Variante wurde bislang im Schrifttum und in der Judikatur noch nicht resümiert.
[947] Vgl. hierzu *Schoch* , in: Schoch/Schmidt-Aßmann/Pietzner, VwGO, § 80 Rn. 241 m.w.N.
[948] Vgl. *Kopp/Schenke*, VwGO, § 80 Rn. 118.
[949] Vlg. *Schoch*, in: Schoch/Schmidt-Aßmann/Pietzner, VwGO, § 80 Rn. 211.

re im Hinblick auf die attestiertge Konzeptlosigkeit ist eine solche Deutung wenig nachvollziehbar. Im Übrigen bleiben seine Ausführungen unklar, wenn er trotzdem bei Änderung der Sach- und Rechtslage nur der Widerspruchsbehörde eine Abänderung ihrer Entscheidung zugesteht, ohne diese Befugnis zu begründen. Auch zu diesem Punkt wäre eine klare Aussage im Gesetz wünschenswert. Dies umso mehr, als eine solche Regelung in Abs. 7 für das gerichtliche Verfahren existiert. Bis dahin sind die im Abs. 7 getroffenen Regelungen entsprechend anwendbar. Der Betroffene wird durch eine etwaige Änderung auch nicht schutzlos, denn dann bliebe der gerichtliche vorläufige Rechtsschutz.

Ein weiterer gesetzgeberischer Misstand ist, dass die Frage, ob der Aussetzungsbeschluss über die enge Regelung des Abs. 4 S. 2 hinaus auch in anderen Fällen des Abs. 2 inhaltlich durch Auflagen, Bedingungen und Befristungen usw. beschränkt werden kann, nicht geregelt ist. Letzteres wird in der Literatur[950] im Wege der Analogie mit Abs. 5 S. 4 und 5 zutreffend bejaht. Abs. 4 S. 2 ist ebenfalls ein Beweis für eine suboptimale Gesetzgebung. Dem Gesetzgeber hätte doch förmlich ins Auge springen müssen, dass sich S. 2 und 3 des Abs. 4 nur auf Nr. 1 beziehen, so dass sich sofort die Frage stellt, wie sich die Rechtslage in den Fällen von Nr. 2 bis 4 darstellt. Es liegt auch kein vernünftiger Grund vor anzunehmen, dass sich die Fragen der inhaltlichen Beschränkung einer Aussetzung und der behördliche Prüfmaßstab in den Fällen von Nr. 2 bis 4 nicht stellen, so dass hierüber auch keine Regelung aufzunehmen wäre.

C. Die Bedeutung des behördlichen vorläufigen Rechtsschutzes hinsichtlich des Verwaltungszwanges im Zusammenhang mit unaufschiebbaren Anordnungen von Polizeivollzugsbeamten

Da unaufschiebbare Anordnungen[951] aus rechtsstaatlichen Gründen immer mit einer Zwangsmittelandrohung versehen werden müssen und bereits der Tatbestand der Unaufschiebbarkeit auch die zeitnahe Befolgung oder zwangsweise Durchsetzung gebietet, dürfen wegen des unbestreitbaren Sachzusammenhanges zu Nr. 2 auch bei der Untersuchung des behördlichen vorläufigen Rechtsschutzes die Zwangsmittelandrohung und die nachfolgenden Zwangsmaßnahmen als VA nicht unerörtert bleiben. Die zwangsweise Durchsetzung einer unaufschiebbaren Anordnung kann aber jederzeit wegen der „Einschätzungshoheit" des Polizeibeamten durch mündliche oder konkludente Abhilfe oder Rücknahme gegenstandslos werden.

---

[950] Vgl. *Pietzner/Ronellenfitsch*, Das Assessorexamen, § 56 I Rn. 6.

[951] Bei unaufschiebbaren Maßnahmen kommt wohl kein Verwaltungszwang zur Anwendung. Vgl. hierzu § 3 C. III. 5.

I. Kosten nach Nr. 1

Wie bereits erörtert, besteht zwischen Nr.1 und Nr. 2 insoweit eine mittelbare Relevanz, als bei zwangsweiser Durchsetzung einer unaufschiebbaren Anordnung mittels Ersatzvornahme oder unmittelbaren Zwanges Gebühren und Auslagen entstehen. In Rheinland-Pfalz ist dies z.B. der Fall, denn dort werden für die Durchführung der Ersatzvornahme und bei der Anwendung unmittelbaren Zwanges auch Gebühren und Auslagen, also Kosten im Sinne von Nr. 1, erhoben.[952] Die materielle Rechtmäßigkeit beurteilt sich dann nach § 80 Abs. 4 S. 3 VwGO. Erlassbehörde wäre nicht der Polizeivollzugsbeamte im formellen oder materiellen Sinne, sondern dessen Behörde. Die Widerspruchsbehörde ergibt sich zum einen aus einem Spezialgesetz und zum anderen aus § 73 VwGO und beispielsweise in Rheinland-Pfalz auch aus der AGVwGO.[953] Wegen Abs. 6 S. 1 ist hier der behördliche vorläufige Rechtsschutz im Gegensatz zu den Nr. 2 bis 4 verpflichtend. Das ansonsten bestehende Optionsrecht, auch sofort vom gerichtlichen vorläufigen Rechtsschutz Gebrauch zu machen, gilt hier prinzipiell nicht.

II. Behördlicher vorläufiger Rechtsschutz bezüglich Nr. 3

Die obligatorische Zwangsmittelandrohung nach Nr. 3 i.V.m. § 20 AGVwGO RPist mit Nr. 2 akzessorisch verbunden. Ist nach „freiwilliger" Befolgung bzw. nach zwangsweiser Durchsetzung der Vollzug des VA nicht mehr rückgangig zu machen, hat sich die unaufschiebbare Anordnung und auch die verbundene Zwangsmittelandrohung damit erledigt. Hat sich Nr. 2 nicht erledigt, kann im Nachhinein die Vollziehung des Grund-VA ausgesetzt und dieser auch aufgehoben werden. Die akzessorische Zwangsmittelandrohung lässt sich dagegen allerdings nicht rückgängig machen, sodass insoweit immer eine Erledigung derselben eintritt. Der Kostenvorschuss für die Ersatzvornahmekosten als Maßnahme in der Verwaltungsvollstreckung ist bei Nr. 2 nicht relevant, denn dieser ist hier als Handlungsszenarium des Polizeivollzugsbeamten wegen der notwendigen zeitnahen Durchsetzung keine Option. Der Ersatzvornahmekostenbescheid ist keine Maßnahme in der Verwaltungsvollstreckung mehr, sodass ein Widerspruch hier grundsätzlich aufschiebende Wirkung hätte, solange nicht die sofortige Vollziehung angeordnet wird, was in der Praxis selten geschieht. Die Zwangsgeldfestsetzung scheidet bei Nr. 2 von vorneherein als ungeeignet aus, weil die Nr. 2 eine zeitnahe Durchsetzung impliziert. Nach alledem kommt im Rahmen der Nr. 2 die Nr. 3 i.V.m. § 20 AGVwGO grundsätzlich nicht in Betracht.

---

[952] Vgl. § 8 Abs. 2 und 4 der Kostenordnung zum LVwVG RP.
[953] Vgl. § 6 AGVwGO.

III. Behördlicher vorläufiger Rechtsschutz hinsichtlich Nr. 4

Wird die unaufschiebbare Anordnung des Polizeivollzugsbeamten im formellen und materiellen Sinne mittels Ersatzvornahme durchgeführt, müssen nach dem Polizei- und Ordnungsrecht bzw. nach dem Verwaltungsvollstreckungsrecht des Bundes und der Länder die daraus entstehenden Kosten durch Leistungsbescheid vom Polizei- und Ordnungsbehördenpflichtigen angefordert werden. Da der Leistungsbescheid über die Ersatzvornahmekosten weder unter Nr. 1 noch unter Nr. 3 fällt,[954] könnte dieser prinzipiell mit einer Anordnung der sofortigen Vollziehung versehen werden. Ob aber angesichts von zumeist relativ geringen Beträgen eine überzeugende gerichtsfeste Begründung für eine solche Anordnung der sofortigen Vollziehung gelingt, muss bezweifelt werden. Anerkannt ist jedoch, dass prinzipiell auch ein fiskalisches Interesse das öffentliche Interesse an der sofortigen Vollziehung eines VA begründen kann.[955] Die Reklamierung von Zinsvorteilen reicht aber nicht aus. Anerkannt ist jedoch das besondere Vollzugsinteresse, wenn die Verwirklichung einer öffentlich-rechtlichen Geldforderung ohne die Anordnung der sofortigen Vollziehung ernsthaft gefährdet wäre.[956]

Für den Fall, dass ein solcher Leistungsbescheid mit Anordnung der sofortigen Vollziehung ergeht, könnte der Adressat nach Abs. 4 behördlichen vorläufigen Rechtsschutz beantragen. Erlassbehörde wäre hier die Behörde des handelnden Polizeivollzugsbeamten im weiteren Sinne. Wer Widerspruchsbehörde ist, ergibt sich aus § 73 VwGO bzw. aus der AGVwGO,[957] sofern dies nicht spezialgesetzlich geregelt ist. Es kommt hier hinsichtlich des Prüfmaßstabes folgendes Prüfungsprogramm zur Anwendung:

- zunächst ist zu klären, ob die formellen Voraussetzungen nach Abs. 3 S. 1 erfüllt sind;
- bejahendenfalls ist zu prüfen, ob analog zu Abs. 4 S. 3 ernsthafte Zweifel bestehen und
- ist dies nicht der Fall, muss das Dringlichkeitsinteresse am Sofortvollzug positiv festgestellt werden.[958]

---

[954] OVG Bautzen, Beschl. v. 21.2.2003 – 4 BS 435/02.

[955] *Pietzner/Ronellenfitsch,* Das Assessorexamen, 55III Rn. 22 m.w.N.; nach *Sadler,* VwVG, VwZG, § 6 Rn. 58a, ist die sofortige Vollziehung wegen fiskalischen Interesses umstritten. Danach sollte daher stattdessen von Haushaltsinteresse gesprochen werden.

[956] Vgl. *Schoch,* in: Schoch-Schmidt-Aßmann/Pietzner, VwGO, § 80 Rn. 156 m.w.N.

[957] Nach § 7 AGVwGO RP kann auch ein Stadt- bzw. Kreisrechtsausschuss Widerspruchsbehörde sein. Dies ergibt sich aus § 73 Abs. 2 VwGO.

[958] Vgl. *Schoch,* in: Schoch/Schmidt-Aßmann/Pietzner, VwGO, § 80 Rn. 266.

D. Behördlicher vorläufiger Rechtsschutz bei Zeichen

Die vorhandene Literatur zur Nr. 2 befasst sich, wenn auch nur kursorisch, mehr mit der Analogie auf Verkehrszeichen als mit der originären Vorschrift. Da das Schrifttum und die Judikatur ganz überwiegend von der Analogie der Verkehrszeichen ausgehen und hier regelmäßig keine Erledigung des VA eintritt, ist insoweit der in Abs. 4 enthaltene Verweis auf den Abs. 2 und somit auch auf die Nr. 2 nicht zu relativieren. Im Gegensatz zu den unaufschiebbaren Anordnungen ist bei Verkehrszeichen usw. der behördliche vorläufige Rechtsschutz generell immer möglich. Der Sachzusammenhang mit Nr. 2 ist daher hier immer gegeben.

Wie an anderer Stelle bereits ausgeführt, ist das behördliche vorläufige Rechtsschutzverfahren für Zeichen und Einrichtungen der verschiedenen Verkehrsträger auch nicht gem. Abs. 4 durch ein Bundesgesetz ausgeschlossen. In der Literatur und Judikatur werden hinsichtlich der analog anzuwendenden Verkehrszeichen und -einrichtungen vielfach keinerlei Differenzierungen in Bezug auf deren Rechtsqualität vorgenommen. Eine Erörterung von Zeichen anderer Verkehrsträger auf Flughäfen und Wasserstraßen fehlt gänzlich.

Sie sind als personale Allgemeinverfügungen nach § 35 S. 2 1. Variante VwVfG VA mit Dauerwirkung,[959] denn sie regeln eine konkrete örtliche Verkehrssituation dauerhaft. Deshalb stellt sich bei Anfechtung eines Verkehrszeichens die Frage der Erledigung des VA nicht, wenn man einmal von der Nichtbeachtung des Rotlichtes einer Verkehrsampel als Verkehrseinrichtung absieht, sodass bei analoger Anwendung der Verkehrszeichen und -einrichtungen der behördliche vorläufige Rechtsschutz anwendbar ist.

Erlassbehörde nach Abs. 4 ist die nach Landesrecht örtlich und sachlich zuständige Straßenverkehrsbehörde, da sie die Aufstellung und Entfernung von Verkehrszeichen und Verkehrseinrichtungen anordnet und somit die Regelung im Sinne des § 35 VwVfG trifft. Die faktische Umsetzung dieser Anordnungen erfolgt durch die jeweiligen örtlich zuständigen Straßenbaubehörden, während die örtlichen Straßenbaulastträger die Kosten der Aufstellung und Entfernung der Verkehrszeichen und -einrichtungen zu tragen haben. Die konkret zuständige Straßenverkehrsbehörde ergibt sich aus dem jeweiligen Landesrecht.[960]

Wer nach Abs. 4 Widerspruchsbehörde ist, ergibt sich aus § 73 VwGO bzw. in Rheinland-Pfalz auch aus der AGVwGO.[961] Eine spezialgesetzliche Regelung hinsichtlich der Widerspruchsbehörde ist im Straßenverkehrsrecht nicht vorhanden.

---

[959] Vgl. BVerwGE 59, 221 (225 f.).

[960] Nach § 3 Abs. 1 Nr. 1 der rheinl.-pf. LVO über die Zuständigkeiten auf dem Gebiete des Straßenverkehrs vom 12.3.1987, zuletzt geändert durch die LVO vom 29.7.2002 wäre dies die Kreisverwaltung, in kreisfreien und großen kreisangehörigen Städten die Stadtverwaltung.

[961] Vgl. § 6 AGVwGO.

Die einschlägige verwaltungsprozessuale Literatur setzt sich kaum mit der Frage auseinander, ob und unter welchen Prüfkriterien eine Aussetzung der Vollziehung bei Verkehrszeichen und Verkehrseinrichtungen[962] erfolgen kann. Nach *Lin*[963] ist ein gerichtlicher vorläufiger Rechtsschutz bei Verkehrszeichen aus Rechtssicherheitsgründen faktisch ausgeschlossen, denn es sei regelmäßig mit den Belangen der Verkehrssicherheit nicht vereinbar, wenn innerhalb eines kürzeren Zeitraums durch Aufstellen, Entfernen und möglicherweise erneute Beschilderung wiederholt neue Verkehrsregelungen getroffen würden, welche den Verkehrsteilnehmern unterschiedliche Verpflichtungen auferlegten. Deshalb sei der Aufrechterhaltung einer straßenverkehrsrechtlichen Regelung bis zur Entscheidung in der Hauptsache regelmäßig der Vorrang einzuräumen. Das Gericht könne aber ausnahmsweise die aufschiebende Wirkung anordnen, wenn der VA nach Prüfung der Rechtmäßigkeit bzw. der Erfolgsaussichten schlicht nicht aufrechterhalten werden könne und es dem Widerspruchsführer unzumutbar sei, die Verkehrsregelung auch nur vorläufig hinzunehmen. So habe beispielsweise das OVG Münster[964] auf Antrag eines Arztes die aufschiebende Wirkung einer verkehrsregelnden Anordnung einer Gemeinde zur Aufhebung des zuvor geltenden eingeschränkten Halteverbotes durch Verkehrszeichen Nr. 286 mit dem Zusatzschild „Krankentransporte frei“ auf zwei Parkplätze vor seiner Arztpraxis und die gleichzeitige Anordnung zur Aufstellung von Parkuhren wegen offensichtlicher Rechtswidrigkeit angeordnet. Das Gericht ging in diesem Fall von einer offensichtlichen Rechtswidrigkeit der Anordnung aus, denn sie sei ermessensfehlerhaft gewesen, weil sie nicht das Interesse des Arztes an der Aufrechterhaltung von zwei rechtmäßigen Parkmöglichkeiten für Krankentransporte von Patienten hinreichend berücksichtigt habe. Auch der VGH München[965] habe wegen erheblicher und durchgreifender Zweifel an der Rechtmäßigkeit der Anordnung, einen Bahnübergang für den Straßenverkehr zum Schutz vor Bahnlärm zu sperren, vorläufigen Rechtsschutz gewährt.

Die Ausführungen von *Lin* lassen sich auch entsprechend auf Abs. 4 übertragen. In Anlehnung an vorstehende Rechtsprechung kann bei Rechtsbehelfen gegen Verkehrszeichen und -einrichtungen in Form von Allgemeinverfügungen sehr wohl auch behördlicher vorläufiger Rechtsschutz gewährt werden. Anderslautende Überlegungen, dadurch würde der Hauptsache vorgegriffen und durch den damit verbundenen Wechsel in der Verkehrsregelung würde die Sicherheit und Ordnung bzw. Leichtigkeit des Verkehrs gefährdet werden, müssen daher zumindest bei offenkundiger Rechtswidrigkeit abgelehnt werden. Daneben gibt es bei Verkehrszeichen und -einrichtungen Probleme, die im Schrifttum und in der Judikatur sehr

---

[962] Dies gilt auch für die luftpolizeilichen Bodensignale und für schiffspolizeiliche Zeichen.
[963] Vgl. *Lin,* Das deutsche Modell des vorläufigen Rechtsschutzes bei der polizeilichen Gefahrenabwehr, S. 76 m.w.N.
[964] OVG Münster, NJW 1998, S. 329 (310).
[965] VGH München, NZV 1996, 167.

widersprüchlich interpretiert werden. So ist strittig, ab wann Widerspruch eingelegt werden kann. Weiter ist nicht ganz klar, wer innerorts oder auf Überlandstraßen widerspruchsbefugt ist und somit in seinen Rechten verletzt sein kann.[966]

Diese Ausführungen sind auch auf schifffahrtspolizeilichen Zeichen als technische Allgemeinverfügungen der sog. Strom- und Schifffahrtspolizei, hinter der sich die bundeseigene Wasser- und Schifffahrtsverwaltung verbirgt und auf Bodensignale der Luftfahrtbehörden nach § 6 der Anlage 2 zur Luftverkehrs-Ordnung anwendbar.

Nach allem ist also bei technischen Allgemeinverfügungen entgegen anderslautenden Meinungen rechtsdogmatisch immer behördlicher vorläufiger Rechtsschutz möglich. Dies gilt sowohl für die Aufstellung als auch für die Entfernung dieser Zeichen. Ob aus dem Blickwinkel der Verkehrssicherheit die Aussetzung der Vollziehung in der Praxis restriktiv geschieht, ist wohl eine Frage des Einzelfalles und der Art der Beschilderung.

E. Behördlicher vorläufiger Rechtsschutz gegen den Verwaltungszwang auf der Grundlage von Zeichen verschiedener Verkehrsträger

Fordert der Polizeivollzugsbeamte den Fahrer eines Kfz oder eines Fahrzeuges auf, sich beispielsweise aus der Halteverbotszone zu entfernen und weigert sich dieser, ist Ermächtigungsgrundlage für die Aufforderung nicht das Verkehrszeichen, sondern die polizeiliche bzw. ordnungsbehördliche Generalklausel. Insoweit handelt es sich im Ergebnis um eine unaufschiebbare Anordnung. Nachfolgende Rechtsausführungen kommen also nur zur Anwendung, wenn ein Kfz bzw. ein Fahrzeug bei Abwesenheit des Fahrers auf der Grundlage eines entsprechenden Verkehrszeichens bzw. -einrichtung im Wege der Ersatzvornahme abgeschleppt wird.

I. Kosten nach Nr. 1

Das durch die Parkuhr gekennzeichnete modifizierte Halteverbot enthält zugleich das sofort vollziehbare Gebot, ein dort abgestelltes Kraftfahrzeug alsbald wegzufahren, wenn die Voraussetzungen für ein erlaubtes Halten nicht (mehr) gegeben sind. Es kann somit Grundlage für das Abschleppen des Fahrzeugs im Wege der Ersatzvornahme sein.[967] Diese Feststellung ist nach Auffassung des Bundesverwaltungsgerichtes auch auf rechtswidrig parkende Fahrzeuge im Halteverbot anwend-

---

[966] Vgl. § 4 A. III.

[967] Vgl. BVerwG, Beschluss vom 26.1.1988 – 1 B 189/87 (Kassel), NVwZ 1988, S. 623 m.w.N.

bar.[968] Darüber hinaus gibt es noch weitere Verkehrszeichen, die ein Wegfahrgebot und somit das Recht auf behördliches Abschleppen enthalten.[969] Es muss allerdings die Frage gestellt werden, warum die höchstrichterliche Rechtsprechung in diesem Zusammenhang mit keinem Wort auf die Problematik der Zwangsmittelandrohung eingeht, die ja nach dem Verwaltungsvollstreckungsrecht des Bundes und der Länder aus guten Gründen prinzipiell obligatorisch ist. Enthält die Parkuhr oder das Halteverbotsschild bzw. andere Verkehrszeichen auch die Androhung, dass bei Nichtbeachtung des alsbaldigen Wegfahrgebotes das Fahrzeug durch Ersatzvornahme abgeschleppt werden kann? Diese Rechtsfrage ist nicht vernachlässigbar, denn eine Ersatzvornahme ohne rechtswirksame Zwangsmittelandrohung wäre generell rechtswidrig.[970] Daher dürfte der Leitsatz des Bundesverwaltungsgerichtes wegen des Fehlens von Rechtsüberlegungen in Richtung Zwangsmittelandrohung auf dem ersten Blick rechtsdogmatisch nicht ganz unangreifbar sein. In diesem hätte nämlich der Vollständigkeit halber auch stehen müssen, dass das Wegfahrgebot auch ohne explizite Zwangsmittelandrohung mittels Verwaltungszwanges realisiert werden kann, wenn nach dem Verwaltungsvollstreckungsrecht geregelt ist, dass diese verzichtbar ist, wenn es die Umstände erfordern.[971] Nach *Jagusch/Hentschel*[972] können zutreffend Gebots- und Verbotszeichen durch Verwaltungszwang ohne vorherige Androhung unmittelbar durchgesetzt werden, ohne dass dies allerdings näher begründet wird.

Das Abschleppen eines Fahrzeugs im ruhenden Verkehr kann von kommunalen Vollzugsbeamten, kommunalen Hilfspolizeibeamten oder bei Gefahr im Verzuge auch von Schutzpolizisten bzw. von staatlichen Hilfspolizeibeamten angeordnet werden.[973] Nach dem rheinland-pfälzischen Kostenrecht könnte und müsste die Polizei bzw. Ordnungsbehörde neben den Ersatzvornahmekosten (Abschleppkosten) zusätzlich eine Gebühr in Höhe von 25 bis 5111 Euro für die mit der Ersatzvornahme im Zusammenhanbg stehenden Amtshandlungen erheben.[974]

Insoweit ist bei analoger Anwendung von Nr. 2 auf Verkehrszeichen auch Nr. 1 hinsichtlich der Gebühren (Kosten im Sinne von Nr. 1) anwendbar, soweit Fahrzeuge im Rahmen der Ersatzvornahme abgeschleppt werden. Prüfmassstab ist hier

---

[968] Vgl. vorstehende Fn.

[969] *Schieferdecker*, Die Entfernung von Kfz. als Maßnahme staatlicher Gefahrenabwehr, S. 52 u. 53, hat diese anderen Verkehrszeichen aufgelistet.

[970] So z.B. § 66 Abs. 1 Landesverwaltungsvollstreckungsgesetz RP, wonach prinzipiell die Zwangsmittelandrohung schriftlich oder mündlich erfolgen muss.

[971] So z.B. im § 66 Abs. 1 LVwVG RP geregelt.

[972] Vgl. *Jagusch/Hentschel*, Straßenverkehrsrecht, § 41 Rn. 247 m.w.N.

[973] In Rheinland-Pfalz ist der ruhende Verkehr den örtlichen Ordnungsbehörden durch Rechtsverordnung übertragen worden. Die Überwachung wird von den kommunalen Vollzugsbeamten und den kommunalen Hilfspolizeibeamten wahrgenommen. Gleichwohl kann die Polizei (Schutzpolizei) und – soweit vorhanden – gegebenenfalls der staatliche Hilfspolizeibeamte bei Gefahr im Verzuge ebenfalls einschreiten. Vgl. hierzu *Beckmann*, Polizei- und Ordnungsbehördengesetz RP, § 1, Nr. 6.2. und 6.3.

[974] Vgl. § 8 Abs. 2 der Kostenordnung zum Landesverwaltungsvollstreckungsgesetz RP.

explizit Abs. 4 S. 3. Erlassbehörde ist die Behörde des einschreitenden Polizeivollzugsbeamten im funktionalen Sinne. Wer Widerspruchsbehörde ist, ergibt sich aus § 73 VwGO bzw. in Rheinland-Pfalz auch aus der AGVwGO, soweit nicht eine spezialgesetzliche Regelung vorliegt. Die Gebühr ist neben den eigentlichen Ersatzvornahmekosten zu erheben. Wie bereits erörtert, fallen Ersatzvornahmekosten nicht unter Nr. 1. Nach allem ist zumindest in Rheinland-Pfalz im Zusammenhang mit Abschleppen von Fahrzeugen eine Relevanz zu Nr. 1 gegeben.

Auch einige schifffahrtspolizeiliche Zeichen als technische Allgemeinverfügungen dürften ein Wegfahrgebot enthalten. Im Gegensatz zu Falschparkern scheidet in diesen Fällen allerdings wohl eine Ersatzvornahme aus verschiedenen Gründen, die tatsächlicher oder rechtlicher Natur sein können, aus, so dass hier eine mittelbare Berührung mit der Nr. 2 nur theoretisch denkbar ist. Dies gilt prinzipiell auch für luftpolizeiliche Bodensignale.

II. Verwaltungszwang bei Zeichen unter dem Gesichtspunkt von Nr. 3

Bestimmte Verstöße gegen Verkehrszeichen und Verkehrseinrichtungen sind Ordnungswidrigkeiten und können mit einer Geldbuße geahndet werden.[975] Bei besonders gefährlichen Sachverhalten kann nach § 315 c StGB eine Bestrafung wegen Verkehrsgefährdung erfolgen. Ferner kann auch ein Fahrverbot und die Kostentragungspflicht des Halters einer Kraftfahrzeuges verfügt werden, wenn der Führer eines Kraftfahrzeuges wegen Verstoßes gegen ein Halt- und Parkverbot nicht vor Eintritt der Verfolgungsverjährung ermittelt werden kann.[976] Weiterhin kann bei einer Reihe von Verkehrszeichen[977] zusätzlich ein Fahrzeug auch im Wege einer Ersatzvornahme abgeschleppt werden. Die Nichtbeachtung anderer Gebote und Verbote in Form von personalen technischen Allgemeinverfügungen, die von Verkehrszeichen und Verkehrseinrichtungen ausgehen, können aber kaum mit den Mitteln des Verwaltungszwanges durchgesetzt werden, denn z.B. bei Nichtbeachtung des Vorfahrtszeichen oder einer roten Ampel gibt es logischerweise wegen des abgeschlossenen Verkehrsverstoßes nichts mehr mittels Verwaltungszwanges zu erzwingen. In diesen Fällen bleibt nur noch die Ahndung als Ordnungswidrigkeit und gegebenenfalls die Verhängung eines Fahrverbots, sofern dadurch nicht sogar der Straftatbestand der Straßenverkehrsgefährdung nach § 315c StGB erfüllt ist.

Als bundes- bzw. landesgesetzliche Regelung im Sinne von Nr. 3 kämen hier die jeweiligen verwaltungsvollstreckungsrechtlichen Vorschriften in Betracht,

[975] Vgl. § 24 StVG i.V.m. § 39 StVO.
[976] Vgl. §§ 25 und 25a StVG.
[977] Vgl. *Schieferdecker*, Die Entfernung von Kfz. als Maßnahme staatlicher Gefahrenabwehr, S. 52 ff.

wonach Rechtsbehelfe gegen Maßnahmen in der Verwaltungsvollstreckung keine aufschiebende Wirkung haben.[978] Eine Zwangsmittelandrohung scheidet bei Verkehrszeichen oder Verkehrseinrichtungen naturgemäß aus. Dies gilt auch für eine etwaige Festsetzung der Ersatzvornahme. Der Leistungsbescheid über die Ersatzvornahmekosten[979] ist aber keine Maßnahme in der Verwaltungsvollstreckung, weil die Kostenerhebung bereits die Durchführung der Ersatzvornahme bedingt. Abgesehen davon, dass es streitig ist, ob die Anforderung eines Kostenvorschusses eine Maßnahme in der Verwaltungsvollstreckung ist, scheidet situationsbedingt ein Kostenvorschuss für Abschleppkosten aus. Kostenvorschüsse bieten sich regelmäßig nur bei kostenintensiven Maßnahmen an, um nicht aus Mitteln der öffentlichen Hand in Vorlage treten zu müssen. Der Kostenvorschuss ist ein Instrumentarium der allgemeinen Ordnungsbehörden und der Sonderordnungsbehörden und nicht der ad hoc einschreitenden Polizeivollzugsbeamten.

Diese Überlegungen gelten entsprechend auch bei schifffahrtspolizeilichen Zeichen und luftpolizeilichen Bodensignalen. In der Praxis werden aus tatsächlichen oder rechtlichen Gründen Verstöße gegen diese Zeichen, auch wenn sie zu vertretbaren Handlungen verpflichten, nicht zur Ersatzvornahme führen. Nach alledem kommt die Nr. 3 beim Verwaltungszwang von Verkehrszeichen und Verkehrseinrichtungen bzw. bei Zeichen der Luft- und Strom- und Schifffahrtspolizei nicht zur Anwendung.

III. Zeichen und Nr. 4 sowie Abs. 2 S. 2

Da in den das Falschparken auslösenden Verkehrszeichen und Verkehrseinrichtungen nach Auffassung des Bundesverwaltungsgerichtes das Gebot des alsbaldigen Sichentfernens aus dieser Verbotszone enthalten ist, stellt dieses Gebot in Form des Tuns eine vertretbare Handlung dar, so dass die Ersatzvornahme das geeignete Zwangsmittel darstellt. Unmittelbarer Zwang scheidet hier generell aus. Wie oben bereits ausgeführt, wird dagegen bei adäquaten Verstößen gegen schifffahrtspolizeiliche Zeichen aus tatsächlichen und rechtlichen Gründen[980] regelmäßig eine Ersatzvornahme nicht in Betracht kommen. Dies gilt ebenso auch bei Verstößen gegen luftpolizeiliche Bodensignale. Die Polizei- bzw. Ordnungsbehörde des einschreitenden Polizeivollzugsbeamten im formellen und materiellen Sinne kann nach erfolgter Ersatzvornahme dem notwendigen Leistungsbescheid, da dieser weder unter Nr. 1 noch unter Nr. 3 zu subsumieren ist, prinzipiell eine Anordnung

---

[978] Vgl. § 20 AGVwGO RP.
[979] Dies können Fremdkosten oder auch Selbstvornahmekosten der Behörde sein, vgl. § 63 Abs. 1 LVwVG RP.
[980] Dies setzt z.B. eine Mindestbesatzung des Schiffspersonals voraus, welches oft nicht anwesend ist.

der sofortigen Vollziehung beifügen,[981] wobei es aber für eine tragende qualifizierte Begründung nach Abs. 3 S. 1 im Einzelfall schwierig werden kann. Die Erlassbehörde ergibt sich im einzelnen aus der Organisationsstruktur des jeweiligen Polizei- und Ordnungsbehördenrechts.

Die Widerspruchsbehörde lässt sich aus § 73 VwGO und in Rheinland-Pfalz auch aus der AGVwGO[982] ableiten, soweit keine spezialgesetzliche Regelung vorliegt. Hinsichtlich des Prüfmaßstabes kommt folgendes Prüfungsprogramm zur Anwendung:

- zunächst ist zu klären, ob die formellen Voraussetzungen nach Abs. 3 S. 1 erfüllt sind;
- bejahendenfalls ist zu prüfen, ob analog zu Abs. 4 S. 3 ernsthafte Zweifel bestehen und
- ist dies nicht der Fall, muss das Dringlichkeitsinteresse am Sofortvollzug positiv festgestellt werden.[983]

Da die Vollstreckung von VA, die aus der Nichtbeachtung von bestimmten Verkehrszeichen und Vekehrseinrichtungen resultiert, nicht nach Bundesrecht geschieht, kommt § 80 Abs. 2 S. 2 VwGO hier nicht zur Anwendung.

F. Kann hinsichtlich Nr. 2 auch § 80a VwGO relevant sein?

Aus Abs. 1 und 2 des § 80a VwGO wird deutlich, dass es sich dabei um VA mit Drittwirkung handelt und dass der in § 80 Abs. 1 S. 2 VwGO verwendete Begriff „VA mit Doppelwirkung“ in der Sache unzutreffend ist.[984] Ob § 80a Abs. 1 oder 2 VwGO zur Anwendung kommt, hängt davon ab, ob der Adressat des VA begünstigt oder belastet wird, während ein Dritter zugleich belastet oder begünstigt wird. Wird der Adressat begünstigt und zugleich ein Dritter belastet, kommt § 80a Abs. 1 VwGO zur Anwendung. Wird dagegen der Adressat belastet und zugleich ein Dritter begünstigt, ist Abs. 2 anwendbar.[985]

§ 80a Abs. 1 scheidet aus, weil unaufschiebbare Anordnungen oder Maßnahmen von Polizeivollzugsbeamten immer Verfügungen sind, die ein Handeln, Dulden oder Unterlassen verlangen und somit ein Ge- bzw. Verbot enthalten, wodurch der Adressat eben nicht begünstigt wird. Es handelt sich somit nicht um VA mit drittbelastender Doppelwirkung[986] gem. § 80a Abs. 1 VwGO. Dies gilt auch für

[981] Vgl. § 3 L. III.
[982] In Rheinland-Pfalz tritt an Stelle der in § 73 Abs. 1 S. 2 Nr. 1 und 3 VwGO genannten Behörden der Stadt- bzw. Kreisrechtsausschuss gem. § 6 AGVwGO.
[983] Vgl. *Schoch*, in: Schoch/Schmidt-Aßmann/Pietzner, VwGO, § 80 Rn. 266.
[984] *Krämer*, Berliner Praxiskommentare, Vorl. Rechtsschutz in VwGO-Verfahren, S. 152 Rn.4. Danach ist die Nomenklatur des Gesetzgebers ein terminologischer Fehlgriff.
[985] Vgl. *Schoch*, in: Schoch/Schmidt-Aßmann/Pietzner, VwGO, § 80a Rn.12 m.w.N.
[986] So der Terminus von *Schoch*, in: Schoch/Schmidt-Aßmann/Pietzner, VwGO, § 80a Rn. 14.

den Fall, dass die Polizei aus Gründen des Umweltschutzes bei Abwesenheit der zuständigen Umweltbehörden[987] eingreift. In diesen Fällen ist immer die Befugnisgeneralklausel die Eingriffsermächtigung. Vorstehende Rechtsausführungen gelten auch für Verkehrszeichen oder Verkehrseinrichtungen in Form der personalen technischen Allgemeinverfügungen,[988] denn sie enthalten gegenüber den Verkehrsteilnehmern ein Gebot des Handelns oder Unterlassens, dessen Nichtbeachtung Verwaltungszwangsmaßnahmen[989] und/oder Sanktionen in Form von (gebührenpflichtigen) Verwarnungen, Bußgeldern, Fahrverboten, Geld- oder Haftstrafen nach sich ziehen können.

Die Frage ist, ob Verkehrszeichen in Form von Allgemeinverfügungen in einigen Fällen auch VA mit drittbelastender Doppelwirkung sein können. Zu denken ist hier z.B. an § 45 Abs. 1b Nr. 2a. StVO. Nach dieser Bestimmung kann die Straßenverkehrsbehörde im Einvernehmen mit der Gemeinde Parkmöglichkeiten für Bewohner städtischer Quartiere mit erheblichem Parkraummangel durch vollständige oder zeitlich beschränkte Reservierungen des Parkraums für die Berechtigten schaffen. Die Anordnung von Verkehrszeichen und -einrichtungen durch die Straßenverkehrsbehörden geschieht in ganz überwiegendem Maß aus Gründen der Sicherheit und Leichtigkeit des Verkehrs, also im Allgemeininteresse. Ferner aber auch in einigen Fällen im Interesse eines eingeschränkten Personenkreises aus Gründen der Parkraumnot oder zum Schutz vor Lärm und Abgasen.[990]

Da die Hürde der Widerspruchs- bzw. Klagebefugnis gem. § 42 Abs. 2 VwGO bei Anfechtung von Verkehrszeichen oder -einrichtungen durch das Bundesverwaltungsgericht offenbar sehr weit interpretiert wird,[991] kann auf den ersten Blick das privilegierte Anliegerparken möglicherweise ein VA mit Doppelwirkung nach § 80a Abs. 1 Nr. 2 VwGO darstellen mit der Folge, dass die von dieser Berechtigung bzw. Vergünstigung ausgeschlossenen übrigen Verkehrsteilnehmer drittbelastet wären. Die Frage bei dieser beschriebenen Fallkonstellation ist aber, worin die Beschwer der nahen Anlieger liegen soll und welche Rechtsverletzungen reklamiert werden können. Eine tatsächliche oder mittelbare Betroffenheit genügt nicht. Eine Begünstigung des Einzelnen nur aus Gründen der Allgemeinheit als

---

[987] Nach *Klöpfer,* Umweltrecht, 3. Aufl., 2004, Rn. 98, sind im Allgemeinen, soweit ausnahmsweise keine bundeseigenen Umweltbehörden vorhanden sind, für den Vollzug des Umweltrechts die Länder bzw. die Gemeinden zuständig. Die Polizei ist auch auf diesem Gebiet nicht originär zuständig, sondern lediglich dann, wenn die zuständigen Umweltbehörden nicht rechtzeitig einschreiten können. In diesen Fällen ist für die Polizeivollzugsbeamten immer die Befugnisgeneralklausel die Eingriffsermächtigung und nicht die standardisierte Eingriffsermächtigung nach dem Umweltrecht.

[988] Verkehrszeichen und -einrichtungen werden auch unter § 35 S. 2 2. u. 3. Variante VwVfG subsumiert.

[989] Z.B. Abschleppen von Kfz aus dem Bereich von Halteverbotszonen oder eingeschränkten Halteverbotszonen und Parkuhren als Ersatzvornahme. Dagegen dürfte der unmittelbare Zwang bei Verkehrszeichen und -einrichtungen in der Praxis kaum eine Rolle spielen.

[990] Vgl. § 45 Abs. 1b Nr. 2a. und 5 StVO. Nr. 2a. regelt das Anliegerparken bei erheblichem Parkraummangel und die Nr. 5. lässt Anordnungen zum Schutz der Bevölkerung vor Lärm und Abgasen zu.

[991] Vgl. BVerwGE 92, S. 32 (35 ff.). Danach ist es wohl nicht unabdingbar, dass nur ein Anlieger mit absoluten oder relativen Rechten klagebefugt sein kann, sondern prinzipiell jeder Verkehrsteilnehmer.

Reflexwirkungen des Straßenverkehrsrechts erlaubt keine Widerspruchs- bzw. Klagebefugnis.[992] Im gesamten Straßenverkehrsrecht gibt es keine Norm, die explizit Anliegern subjektiv-öffentliche Rechte einräumt. Die vom Anwohnerparken begünstigten Anwohner haben nur eine vergrößerte und rechtlich gesicherte Chance, in mehr oder weniger großer Nähe ihrer Wohnung einen der ohnehin nicht in genügender Zahl vorhandenen Parkplätze in Anspruch nehmen zu können.[993] Der VA mit Drittwirkung setzt aber eine subjektiv-öffentlich-rechtliche Begünstigung voraus und nicht wie hier nur Chancen auf einen Parkplatz beim Anwohnerparken. Deshalb kann rechtsdogmatisch auch kein VA mit Drittwirkung vorliegen. § 80a Abs. 1 VwGO erfasst also nur VA, die an den Begünstigten selbst gerichtet sind. Der Adressat des VA muss also der Begünstigte sein, was aber im vorliegenden Fall erkennbar nicht der Fall ist und auch nicht sein kann, denn das Straßenverkehrsrecht ist privilegienfeindlich.[994]

Der sog. belastende VA mit Drittbegünstigung gem. Abs. 2[995] kommt ebenfalls nicht zur Anwendung, denn dann müsste ein Widerspruch gegen den belastenden VA aufschiebende Wirkung haben. Bei unaufschiebbaren Anordnungen oder Maßnahmen und bei Verkehrszeichen und Verkehrseinrichtungen sowie bei luftpolizeilichen und schifffahrtspolizeilichen Zeichen hat ein solcher Widerspruch nach Nr. 2 keine aufschiebende Wirkung mit der Folge, dass hier auch nicht § 80a Abs. 2 VwGO – unabhängig von der Frage, ob überhaupt eine Drittbegünstigung vorliegt – zur Anwendung kommen kann.

Zudem wirft § 80a Abs. 2 VwGO eine andere Frage auf. Nach dem Gesetzestext kann die Behörde auf Antrag des Dritten die sofortige Vollziehung anordnen, wenn ein Betroffener gegen einen an ihn gerichteten belastenden VA einen Rechtsbehelf einlegt. Es besteht also ein Junktim zwischen Einlegung eines Rechtsbehelfes und Anordnung der sofortigen Vollziehung auf Antrag des Dritten. Bei der grundsätzlichen Monatsfrist für die Einlegung eines Rechtsbehelfes mag dies noch angehen, aber bei der Ausschlussfrist von einem Jahr[996] könnte der Betroffene bis kurz vor Ablauf dieser Jahresfrist mit dem Einlegen eines Rechtsbehelfes warten. Es kann nicht sein, dass in solchen Fällen der Dritte quasi ein Jahr abwarten muss, bevor die Behörde auf einen solchen Antrag die sofortige Vollzie-

---

[992] Erforderlich ist eine unmittelbare rechtliche Betroffenheit, d.h. der Dritte muss über eine bloße Reflexwirkung objektiven Rechtes hinaus in rechtlichen Interessen oder Rechten beeinträchtigt werden, die entsprechend der Klagebefugnis nach § 42 Abs. 2 VwGO gerade den Schutz des Betroffenen bezwecken. Demgemäß ist die lediglich tatsächliche oder bloße mittelbare Betroffenheit nicht hinreichend. So *Krämer*, Berliner Praxiskommentare, Vorl. Rechtsschutz in VwGO-Verfahren, 1998, S. 152 Rn. 5 m.w.N. Vgl. auch BVerfGE 31, 39 f. und BVerfGE 31, 369 sowie BVerfGE 83, 194.

[993] Vgl. *Hillgruber*, Verwaltungsarchiv 1998, 93 ff.

[994] Vgl. *Steiner*, NJW 1993, 3161 (3164).

[995] So der Terminus von *Schoch*, in: Schoch/Schmidt-Aßmann/Pietzner, VwGO, § 80a Rn. 21. *Lang*, Die Aufhebung des der Dritthaftung unterliegenden VA, § 3, S. 10, spricht dagegen von adressatbelastenden drittbegünstigenden VA.

[996] So kommt gem. § 70 Abs. 2 i.V.m. § 58 Abs. 2 VwGO bei Fehlen einer Rechtsbehelfsbelehrung oder bei einer fehlerhaften Rechtsbehelfsbelehrung die Ausschlussfrist von einem Jahr zur Anwendung.

hung anordnet.[997] Bei den nicht seltenen Fällen der Ausschlussfrist von einem Jahr muss dies auch vor Einlegung des Rechtsbehelfes des Betroffenen möglich sein. Auch diese Regelung zeigt, dass über den Sinn dieser Vorschrift noch einmal nachgedacht werden müsste.

G. Vorschlag für eine Gesetzesnovelle zu Abs. 4

Im Rahmen einer Gesetzesnovelle der VwGO könnte Abs. 4 folgenden Wortlaut haben:

(4) Die Behörde, die den VA erlassen oder über den Widerspruch zu entscheiden hat, kann in den Fällen des Abs. 2 die Vollziehung aussetzen, soweit nicht bundesgesetzlich etwas anderes bestimmt ist, die etwaige Antragsfrist nicht abgelaufen ist und über die Folgen im Sinne von § 58 VwGO belehrt wurde und soweit in den Fällen des Abs. 2 S. 1 Nr. 2, 3[998] *und Nr. 4 in Verbindung mit Abs. 3 S. 2 sich der VA nicht erledigt hat. In den Fällen der vorstehenden dritten Variante kann vorläufiger behördlicher Rechtsschutz erst nach Vollzug der streitbefangenen VA beantragt werden.*[999] *Im Falle einer drohenden faktischen Vollziehung bzw. bei einer faktischen Vollziehung kann die Erlass- oder Widerspruchsbehörde auf Antrag feststellen, dass der VA aufschiebende Wirkung hat. Zwischen Antragstellung und der Entscheidung über den Antrag auf Aussetzung der Vollziehung hat der VA entsprechend Abs. 1 aufschiebende Wirkung.*[1000] *Dies gilt auch während einer kurzen Antragsfrist bis zu einer Woche, soweit nicht bundesgesetzlich bei einer längeren Antragsfrist ausdrücklich ein Vollstreckungsverbot besteht. Die Sätze 3 und 4 gelten nicht bei unaufschiebbaren Anordnungen von Polizeivollzugsbeamten und sonstigen Vollzugsdienstkräften der Gefahrenabwehr einschließlich Beliehener und Polizeihelfer sowie bei der sog. Notstandsmaßnahme nach § 80 Abs. 2 S. 1 Nr. 4 i.V.m. Abs. 3 S. 2 VwGO. Die Aussetzungsentscheidung kann durch Auflagen, Bedingungen und Befristungen inhaltlich eingeschränkt werden. Die Aussetzung soll bei öffentlichen Abgaben und Kosten erfolgen, wenn ernstliche Zweifel an der*

---

[997] Eine andere Frage ist, ob nicht die Behörde von Amts wegen entgegen dem Gesetzeswortlaut die sofortige Vollziehung anordnen kann. Nach *Puttler*, in: Sodan-Ziekow, VwGO, § 80a Rn. 9 m.w.N. kann die Behörde auch von Ams wegen die sofortige Vollziehung anordnen.

[998] Zu denken ist hierbei an den Wegfall der aufschiebenden Wirkung nach Bundes- oder Landesrecht bei Zwangsmittelandrohungen, die mit unaufschiebbaren Anordnungen verbunden sind.

[999] Dies setzt allerdings voraus, dass sich der VA nicht mangels der Möglichgkeit der Rückgängigmachung erledigt hat.

[1000] In den allgemeinen Vollstreckungsvoraussetzungen des Verwaltungsvollstreckungsrechtes des Bundes und der Länder sollte auch deklaratorisch eine Regelung aufgenommen werden, dass jegliche Vollstreckungsmaßnahmen in der Zeit ab Antragstellung des behördlichen oder gerichtlichen vorläufigen Rechtsschutzes bis zur Entscheidung bzw. rechtskräftigen Beschlussfassung des Antrages zu unterbleiben haben. Einzelgesetzlich ist dies bereits im § 58a Abs. 4 AEG geregelt worden. Entsprechendes muss auch für kurze Antragsfristen gelten, soweit nicht bei längeren Fristen ebenfalls explizit ein Vollstreckungsverbot existiert.

Rechtmäßigkeit des angegriffenen VA bestehen oder wenn die Vollziehung für den Abgaben- oder Kostenpflichtigen eine unbillige, nicht durch überwiegende öffentliche Interessen gebotene Härte zur Folge hätte. In den Fällen der Nr. 2 und 3 soll die Aussetzung bei ernstlichen Zweifeln an der Rechtmäßigkeit des VA erfolgen. Betrifft die Nr. 3 eine öffentliche Geldforderung, gilt der Prüfmaßstab des S. 8. Im Falle der Nr. 4 i.V.m. Abs. 3 S. 1 ist die Vollziehung auszusetzen, wenn die Anforderungen des Abs. 3 S. 1 nicht erfüllt sind, wenn ernstliche Zweifel an der Rechtmäßigkeit des angegriffenen VA bestehen oder wenn das Dringlichkeitsinteresse an der Anordnung der sofortigen Vollziehung nicht positiv festgestellt (dargelegt) wird.[1001] *In den Fällen der Nr. 4 i.V.m. Abs. 3 S. 2 ist die aufschiebende Wirkung wiederherzustellen, wenn die formellen Anforderungen des Abs. 3 S. 2 nicht erfüllt waren, wenn ernsthafte Zweifel an der materiellen Rechtmäßigkeit der sog. Notstandsmaßnahme bestehen oder wenn das Dringlichkeitsinteresse fehlte. Ist der VA im Zeitpunkt der Entscheidung schon rechtmäßig vollzogen worden, so hat die Behörde die Aufhebung der Vollziehung anzuordnen, wenn zuvor die Vollziehung des VA ausgesetzt wurde. Dies gilt auch, wenn bei faktischer Vollziehung die aufschiebende Wirkung des VA festgestellt wurde. Die Aussetzung der Vollziehung kann von der Erlass- und der Widerspruchsbehörde von Amts wegen oder auf Antrag von Beteiligten geändert oder aufgehoben werden.*[1002] *Die allgemeinen Vollstreckungsvoraussetzungen des Verwaltungsvollstreckungsrechts bleiben unberührt.*[1003]

Da der vorläufige Rechtsschutz nach §§ 80 ff. VwGO als wichtiges Segment des Allgemeinen Verwaltungsrechts sehr praxisrelevant ist, muss eine möglichst präzise Ausformulierung des Gesetzestextes den Vorrang vor dem Bestreben des Gesetzgebers nach Kürze der Norm haben. Die Kürze einer Norm unter Ausblendung notwendiger Regelungsgehalte führt – wie hier – zwangsläufig zu Steuerungsdefiziten in Gestalt von Regelungs- und logischerweise auch Vollzugs- und Bewertungsdefiziten auf der Verwaltungsebene.[1004] Gegen knappe Regelungen ist an sich nichts einzuwenden, wenn sie gesetzessprachlich optimal sind, wenn nötig auch Legaldefinitionen und Verweisungen enthalten und in der Sache durchdacht sind, wodurch Gesetzeslücken vermieden werden. Mühsame Gesetzesinterpretationen und Rechtsfortentwicklungen durch Analogien sollten nicht überhand nehmen, denn sie sind das Einfallstor von verwirrenden unterschiedlichen Gesetzesinterpretationen durch das Schrifttum und durch die Judikatur. Eine gut ausformulierte

---

[1001] Vgl. *Schoch*, in: Schoch/Schmidt-Aßmann/Pietzner, VwGO, § 80 Rn. 266.

[1002] Vgl. hierzu auch die deklaratorische Regelung des § 80 Abs. 7 VwGO bei gerichtlicher Anordnung oder Wiederherstellung der aufschiebenden Wirkung.

[1003] Gemeint ist hier das Vollstreckungsverbot zwischen Antragstellung und Entscheidung und während kurzer Antragsfristen, sofern nicht bei längeren Antragsfristen kraft Bundesrechts ein Vollstreckungsverbot besteht. Solange nicht gesetzlich allgemeine Vollzugsvoraussetzungen für sonstige VA bestehen, wie unter § 6 G. dargestellt, gilt das obige Vollstreckungsverbot hier als Vollzugsverbot entsprechend.

[1004] Vgl. *Ekardt*, Diss., § 4.

präzise Gesetzessprache ist Ausfluss des Hauptgrundrechts aus Art. 19 Abs. 4 GG, des Rechtsstaatsprinzipes und der Demokratie. Da §§ 80 ff. VwGO zu den wichtigsten Bestimmungen der VwGO und des Allgemeinen Verwaltungsrechts gehören, ist eine Gesetzesnovellierung umso dringender. Vorstehender Entwurf könnte diesem Postulat nahe kommen. Problematische Analogien sind dann nicht mehr notwendig.

§ 6 Die Bedeutung des gerichtlichen vorläufigen Rechtsschutzes[1005] hinsichtlich Nr. 2

Auch Abs. 5 steht im Sachzusammenhang zu Nr. 2. Ebenso wie Abs. 4 verweist nämlich auch Abs. 5 schrankenlos auf Abs. 2. Hinsichtlich der Verkehrszeichen und -einrichtungen auf Straßen, Flughäfen und Gewässern kommt Abs. 5 mit dem Verweis auf Abs. 2 und somit auch auf Nr. 2 immer zur Anwendung. Es stellt sich auch hier die Frage, ob überhaupt bei den originären unaufschiebbaren Anordnungen und Maßnahmen von Polizeivollzugsbeamten[1006] gerichtlicher vorläufiger Rechtsschutz möglich ist. Dies muss entgegen der wenigen hierzu vorliegenden Literatur bejaht werden, obwohl in den meisten Fällen wohl mangels Möglichkeit der Rückgängigmachung des Vollzuges sich der VA erledigt haben dürfte. Die ganz überwiegende verwaltungsprozessuale Literatur hat dieses Rechtsproblem auch bei Abs. 5 nicht aufgegriffen. *Redeker/von Oertzen*[1007] erklärt lediglich, dass die gerichtliche Aussetzung bei unaufschiebbaren Anordnungen und Maßnahmen von Polizeivollzugsbeamten zwar möglich sei, aber regelmäßig nicht in Frage komme. Diese nur kursorische Aussage hat mangels entsprechender Begründung für die Rechtsanwender, Rechtsunterworfenen und Anwälte bzw. für die Verwaltungsrichter keinen Erkenntniswert. Es wird der Eindruck erweckt, als ob auch in den Fällen der originären Nr. 2 prinzipiell immer ein gerichtliches Eilverfahren möglich sei, was aber in der Realität wegen der Erledigung der unaufschiebbaren Anordnung nach Befolgung oder zwangsweiser Durchsetzung wohl eher selten ist. Daneben ist *Pietzner/Ronellenfitsch*[1008] der Meinung, dass die Anordnung der aufschiebenden Wirkung bei Rechtsbehelfen gegen unaufschiebbare Maßnahmen von Polizeivollzugsbeamten oder Verkehrszeichen aus Gründen der Rechtssicherheit praktisch ausgeschlossen sein dürfte. Diese nur sehr knappe Aussage trifft aber nur teilweise die Rechtslage. Die angeführte Rechtssicherheit mag zwar durchaus bei Verkehrszeichen und -einrichtungen ein beachtliches Entscheidungskriterium sein, aber nicht in dem Sinne, dass deshalb gerichtlicher vorläufiger Rechtsschutz immer erfolglos bleiben müsste. Bei unaufschiebbaren Anordnungen oder Maßnahmen dürfte der gerichtliche vorläufige Rechtsschutz nicht aus Rechtssicherheitsgründen – was immer damit gemeint sein mag – erfolglos bleiben, sondern weil nach Vollzug des VA mangels der Möglichkeit der Rückgängigmachung desselben[1009] sich

[1005] Zur Terminologie vgl. *Schoch,* in: Schoch/Schmidt-Aßmann/Pietzner, VwGO, § 80 Rn. 218 m.w.N.
[1006] Unter Polizeivollzugsbeamte im materiellen Sinne fallen auch Beliehene. Nach *Schenke,* in: Bonner Kommentar GG, Art. 19 Abs. 4 Rn. 173, umfasst der gerichtliche Rechtsschutz nach Art. 19 Abs. 4 GG besonders auch den beliehenen Privaten.
[1007] Vgl. *Redeker/von Örtzen,* VwGO, § 80 Rn. 47.
[1008] Vgl. *Pietzner/Ronellenfitsch,* Das Assessorexamen im öffentlichen Recht, § 58 Rn. 3.
[1009] Vgl. auch BVerwG, BauR 1999, 733. Danach liegt eine Erledigung des VA vor, wenn sich die Vollstreckungsmaßnahme nicht mehr rückgängig machen lässt.

dieser erledigt hat. Da hier kein VA mehr vorliegt, kann auch kein vorläufiger Rechtsschutz nach den §§ 80 ff. VwGO gewährt werden. Insoweit kann die von *Pietzner/Ronellenfitsch* angesprochene Rechtssicherheit – wie immer sie auch gemeint sein mag – nicht überzeugen. Eine solche einengende Sichtweise würde zudem sowohl gegen Art. 19 Abs. 4 GG als auch gegen den ihn konkretisierenden § 80 Abs. 5 VwGO verstoßen, wonach ein tatsächlicher, wirksamer und effektiver Rechtsschutz garantiert ist. Lin[1010] ist der Meinung, dass sich bei Ausführung einer unaufschiebbaren Anordnung der VA erledigt habe, so dass ein vorläufiger Rechtsschutz gegen den VA undenkbar sei. Diese apodiktische Aussage hält aber ebenfalls einer Überprüfung nicht stand, denn der Vollzug einer unaufschiebbaren Anordnung hat nicht immer – wegen der Möglichkeit der Rückgängigmachung – die Erledigung des VA zur Folge.

Es stellt sich sodann die Frage, ob der Ausschluss des gerichtlichen vorläufigen Rechtsschutzes bei Erledigung des VA nicht mit Art. 19 Abs. 4 GG kollidiert. Wie bereits mehrfach mit Quellenangabe ausgeführt wurde, ist § 80 Abs. 5 VwGO durch Art. 19 Abs. 4 GG zwingend vorgegeben. Die Frage ist, ob dies absolut gilt. Das Grundrecht, sich gerichtlich gegen die öffentliche Gewalt wehren zu dürfen, was prinzipiell auch den gerichtlichen vorläufigen Rechtsschutz umfasst, muss aber bei unaufschiebbaren Anordnungen und Maßnahmen hinsichtlich des gerichtlichen vorläufigen Rechtsschutzes im Interesse einer effektiven Gefahrenabwehr für die öffentliche Sicherheit und Ordnung eingeschränkt werden können. Das Grundrecht auf umfassende gerichtliche Kontrolle unter Einschluss des gerichtlichen vorläufigen Rechtsschutzes und die Handlungsfreiheit müssen hier im Rahmen einer Güterabwägung zugunsten der effektiven Abwehr von Gefahren für die öffentliche Sicherheit und Ordnung zurückstehen.[1011] Öffentliche Belange können es in Ausnahmefällen rechtfertigen, dass der Rechtsschutzanspruch des Bürgers im Interesse der Allgemeinheit bei unaufschiebbaren Maßnahmen einstweilen zurücktritt.[1012] Polizeiliche Willkür kann sich dessen ungeachtet aber nicht unkontrolliert ausweiten, denn bei Erledigung des VA kann bei Vorliegen eines Rehabilitationsinteresses und bei Wiederholungsgefahr sowie bei Grundrechtsverletzung regelmäßig eine analoge Fortsetzungsfeststellungsklage erhoben werden, wenn vor Befolgung oder zwangsweiser Durchsetzung des VA Widerspruch eingelegt wur-

[1010] Vgl. *Lin,* Das deutsche Modell des vorläufigen Rechtsschutzes bei der polizeilichen Gefahrenabwehr, S. 24 m.w.N.

[1011] Die verfassungsrechtliche Rechtsschutzgewährung gilt daher weder absolut noch ohne Rücksicht auf andere Verfassungsprinzipien. So *Huber,* in: Mangoldt-Klein-Starck, GG, Art. 19 Abs. 4 Rn. 388 m.w.N. Das BVerfG spricht im Zusammenhang mit dem formellen Hauptgrundsrecht des Art. 19 Abs. 4 GG davon, dass irreparable Entscheidungen, wie sie durch die sofortige Vollziehung einer hoheitlichen Maßnahme eintreten können, durch eine wirksame Gerichtskontrolle soweit als möglich auszuschließen sind (BVerfGE 35, S. 263 (274). Diese Einschränkung impliziert bereits, dass nicht in jedem Fall die in dem Abs. 2 genannten Tatbestände auch eines vorläufigen Rechtsschutzes unterliegen.

[1012] Vgl. *Seifert/Hömig,* GG, Art. 19 Rn. 16 m.w.N.; ebenso im Ergebnis auch *Püttler,* in: Sodan-Ziekow, VwGO, § 80 Rn. 9 m.w.N.

de. Wurde erst nach Befolgung oder Vollzug des VA Widerspruch eingelegt und hat sich der VA nach § 43 Abs. 2 VwVfG i.V.m. § 113 Abs. 1 S. 4 VwGO erledigt, ist hier eine Feststellungsklage möglich. Ferner kann auch Sekundärrechtsschutz (Schadensersatz gem. Art. 34 GG in Verbindung mit § 839 BGB) begehrt werden. Mit diesen Klagen können Polizeivollzugsbeamte wirksam in die Schranken verwiesen werden. Diese Klagen sind bei Vorliegen von unaufschiebbaren Anordnungen und bei der sog. Notstandsmaßnahme bei Erledigung des VA für die Rechtsstaatlichkeit des Polizeirechts unerlässlich.[1013] Sie lassen sich aus Art. 19 Abs. 4 GG ableiten,[1014] denn dieser ist nicht auf bestimmte Klagearten festgelegt. Das Grundrecht auf gerichtlichen Rechtsschutz gegen die öffentliche Gewalt wird also damit nicht in seinem Wesensgehalt angetastet. Das Freiheitsrecht des auf Art. 19 Abs. 4 GG basierenden gerichtlichen vorläufigen Rechtsschutzes muss hier zunächst zugunsten gefährdeter Rechtsgüter zurückstehen. Dies erfordert das in den Grundrechten enthaltene Verhältnismäßigkeitsprinzip.[1015] Hat sich nach Vollzug der VA wegen der Möglichkeit der Rückgängigmachung desselben dieser nicht erledigt, kann auch hier im Nachhinein ein gerichtlicher vorläufiger Rechtsschutz beantragt werden.

A. Eine kritische Bestandsaufnahme zur Literatur des Abs. 5 unter dem Blickpunkt der originären Nr. 2

I. Fragen der Abgrenzung zu Abs. 4 und die Bedeutung der unterschiedlichen Termini

Innerhalb der §§ 80 ff. VwGO ist lediglich Abs. 5 durch Art. 19 Abs. 4 GG verfassungsrechtlich vorgegeben. Im Verhältnis zum Hauptsacheverfahren ist das gerichtliche Eilverfahren nach Abs. 5 ein selbständiges Verfahren, so dass eine eigene Zuständigkeits- und Begründetheitsprüfung stattfindet.[1016] Die Verfahren nach Abs. 4 und 5 bestehen nebeneinander. Lediglich in den Fällen Nr. 1 ist grundsätzlich vor Anrufung des Gerichtes ein vorheriges erfolgloses behördliches Aussetzungsverfahren notwendig.[1017] Ein Nachholen des Antrages bei der Behörde ist in diesem Fall nicht möglich, denn es handelt sich bei der Ablehnung eines behördlichen Antrages auf vorläufigen Rechtsschutz um eine Zugangsvoraussetzung.[1018]

[1013] Götz, Allg. Polizei- und Ordnungsrecht, Rn. 557.
[1014] Vgl. BVerfGE 96, 27 ff.; ebenso *Huber,* in: Mangoldt-Klein-Starck, GG, Art. 19 Abs. 4 Rn. 463, hinsichtlich der Fortsetzungsfeststellungsklage, dagegen unklar bei dem Sekundärrechtsschutz.
[1015] So wohl auch *Ekardt,* Zukunft in Freiheit, § 5 A, S. 219.
[1016] Vgl. *Puttler,* in: Sodan/Ziekow, VwGO, § 80 Rn. 114.
[1017] Vgl. § 80 Abs. 6 VwGO.
[1018] So das OVG Koblenz, NVwZ-RR 1992, 589; AS 27, 328.

Ein solcher Antrag ist auch notwendig, wenn ein Vorverfahren entfällt. In diesem Fall muss eine ablehnende Entscheidung durch die Erlassbehörde vorliegen. Nach Erlass eines gerichtlichen Aussetzungsbeschlusses gem. Abs. 5 ist auch bei veränderten Umständen weder die Erlassbehörde noch die Widerspruchsbehörde befugt, die sofortige Vollziehung anzuordnen. Hier kommt lediglich ein Abänderungsverfahren nach Abs. 7 in Betracht, sofern nicht Beschwerde eingelegt wird.[1019] Bei einer gerichtlichen Aussetzungsentscheidung erlischt also die Entscheidungskompetenz der Behörden nach Abs. 4.

In den Fällen des Abs. 2 S. 1 Nr. 1 bis 3 spricht der Gesetzgeber von der Anordnung der aufschiebenden Wirkung, während in den Fällen von Nr. 4 von der Wiederherstellung der aufschiebenden Wirkung die Rede ist. In der Literatur wird aber in diesen Fällen auch vom verwaltungsgerichtlichen Aussetzungsverfahren als Chiffre zur Abgrenzung vom einstweiligen Anordnungsverfahren gem. § 123 VwGO gesprochen.[1020] Rechtsdogmatisch macht die Unterscheidung zwischen Anordnung und Wiederherstellung durchaus Sinn. Da der Gesetzgeber in den Fällen des Abs. 2 S. 1 Nr. 1 bis 3 einem Rechtsbehelf kraft Gesetzes keine aufschiebende Wirkung zukommen lässt, würde bei einem erfolgreichen gerichtlichen vorläufigen Rechtsschutzverfahren tatsächlich die aufschiebende Wirkung erstmalig hergestellt werden.[1021] Dagegen signalisiert in den Fällen von Nr. 4 die Wiederherstellung der aufschiebenden Wirkung, dass ein Rechtsbehelf gegen den streitbefangenen VA grundsätzlich aufschiebende Wirkung gehabt hätte und dies nur durch die behördliche Anordnung der sofortigen Vollziehung beseitigt wurde. Bei einem erfolgreichen gerichtlichen Eilverfahren nach Abs. 5 wird somit von einer Wiederherstellung der aufschiebenden Wirkung gesprochen. Hierdurch wird dokumentiert, dass der alte Rechtszustand vor Anordnung der sofortigen Vollziehung wieder eintritt.[1022]

Das verfassungsrechtliche Gebot des gerichtlichen Eilverfahrens verbietet es dem Gesetzgeber, dieses in einzelnen Bundesgesetzen auszuschließen.[1023] Umstrit-

---

[1019] *Büchner/Schnlotterbeck*, Verwaltungsrozessrecht, Rn. 553 u. 566a m.w.N.

[1020] A.A. *Schmidt*, in: Eyermann, VwGO, § 80 Rn. 54. Danach sollte die Formulierung „Aussetzungsverfahren" auch bei gerichtlichen Eilverfahren nicht verwandt werden, denn der Gesetzgeber habe wegen der unterschiedlichen Struktur des behördlichen und des gerichtlichen vorläufigen Rechtsschutzes absichtlich unterschiedliche Formulierungen verwendet. Dieser Ansicht ist aber nicht zu folgen. Der angebliche Unterschied, dass der behördliche vorläufige Rechtsschutz keinen Rechtsbehelf voraussetze, ist rechtsdogmatisch und gesetzessystematisch falsch. Insoweit ist das Schrifttum, nämlich *Schoch*, in: Schoch/Schmidt-Aßmann/Pietzner, VwGO, § 80 Rn. 212 und *Kopp/Schenke*, VwGO, § 80 Rn. 108, nicht zutreffend, weil beide übersehen, dass Abs. 4 eine Komplementärvorschrift zu Abs. 1 und 2 ist, welche beide einen Rechtsbehelf voraussetzen. Von daher ist die vom Gesetzgeber vorgenommene unterschiedliche Terminologie in den Abs. 4 und 5 nicht nachvollziehbar.

[1021] Vgl. *Schoch*, in: Schoch/Schmidt-Aßmann/Pietzner, VwGO, § 80 Rn. 226.

[1022] Vgl. *Schoch*, in: Schoch/Schmidt-Aßmann/Pietzner, VwGO, § 80 Rn. 225. Soweit *Schoch* allerdings meint, dass in der Praxis der vorherrschende Anwendungsfall im gerichtlichen Eilverfahren die Wiederherstellung der aufschiebenden Wirkung sei, deckt sich dies nicht mit den Erfahrungen des Verfassers. Danach sind wohl die meisten Fälle Anordnungsfälle nach Nr. 1. Eingedenk dieser Tatsache wurde ja wohl auch Abs. 6 geschaffen.

[1023] Dagegen ist dies beim behördlichen vorläufigen Rechtsschutz möglich.

ten ist, ob das asylrechtliche Verbot der Aussetzung nach § 80 VwGO bei Abschiebung in den sicheren Drittstaat ein Verstoß gegen Art. 19 Abs. 4 GG darstellt.[1024]

II. Zulässigkeitsvoraussetzungen im gerichtlichen Eilverfahren

Beteiligte im gerichtlichen vorläufigen Rechtsschutzverfahren sind Antragsteller und Antragsgegner, Beigeladene und gegebenenfalls der Oberbundesanwalt bzw. der Vertreter des öffentlichen Interesses. Antragsteller ist der Adressat des angefochtenen VA oder bei VA mit Drittwirkung der Dritte. Antragsgegner ist in entsprechender Anwendung des § 78 Abs. 1 VwGO die Behörde bzw. deren Rechtsträger. Hat nicht die Ausgangsbehörde, sondern die Widerspruchsbehörde die Anordnung der sofortigen Vollziehung erlassen, ist strittig, wer der richtige Antragsgegner in einem Verfahren auf Wiederherstellung der aufschiebenden Wirkung ist.[1025] Gericht der Hauptsache ist im Falle eines laufenden Vorverfahrens immer das örtlich zuständige Verwaltungsgericht. Findet ein Vorverfahren nicht statt, ist das für den ersten Rechtszug zuständige Gericht, bei dem die Anfechtungsklage erhoben wurde, zuständig. Dies ist in aller Regel das Verwaltungsgericht gem. § 45 VwGO. Nach § 48 VwGO kann dies aber auch das OVG sein. Schließlich kann gem. § 50 VwGO das Bundesverwaltungsgericht erste und letzte Instanz sein.[1026]

Das gerichtliche Eilverfahren erfolgt nur auf Antrag. Dieser ist schriftlich einzureichen. Er kann auch zur Niederschrift des Urkundsbeamten bei der Verwaltungsgerichtsbarkeit gestellt werden. In Ausnahmefällen kann wohl auch ein telefonisch übermittelter Antrag ausreichen. Art. 19 Abs. 4 GG gebietet, in Ausnahmefällen auf das Schriftlichkeitserfordernis zu verzichten, wenn ansonsten die Gefahr bestünde, dass der Rechtsschutz verspätet wäre, um die für den Betroffenen zu befürchtenden Nachteile abzuwenden.[1027] Da der gerichtliche Eilantrag generell formbedürftig ist, sind §§ 81 und 82 VwGO entsprechend anzuwenden.[1028]

[1024] Vgl. hierzu *Schoch,* in: Schoch/Schmidt-Aßmann/Pietzner, VwGO, § 80 Rn. 222 m.w.N.

[1025] Vgl. Puttler, in: Sodan-Ziekow, VwGO, § 80 Rn. 127 m.w.N. Danach sprächen plausible Gründe in entsprechender Anwendung der §§ 78 und 79 VwGO sowohl für die Widerspruchsbehörde als auch für die Körperschaft der Ausgangsbehörde. Andere sehen in diesen Fällen unter der Maßgabe, dass der Widerspruchsbescheid nicht alleiniger Gegenstand der Anfechtungsklage sei, nur die Körperschaft der Erlassbehörde und berufen sich dabei auf eine ganz überwiegende Rechtsprechung. Vgl. hierzu *Bader,* in: Bader/Funke-Kaiser/ Kuntze/von Albedyll, VwGO, § 80 Rn. 71 m.w.N.

[1026] Berliner Praxiskommenatere, *Krämer,* Vorl. Rechtsschutz in VwGO-Verfahren, S. 102 Rn. 104.

[1027] Vgl. *Puttler,* in: Sodan-Ziekow, VwGO, § 80 Rn. 120 m.w.N.

[1028] Vgl. *Büchner/Schlotterbeck,* Verwaltungsprozessrecht , Rn. 574.

Soweit in der Literatur die Meinung vertreten wird, dass gerichtlicher vorläufiger Rechtsschutz nicht von der Einlegung eines Rechtsbehelfes abhängig sei,[1029] ist diese Sicht rechtsdogmatisch nicht haltbar. Dies gilt auch für die Meinung, dass in Ausnahmefällen ein gerichtlicher vorläufiger Rechtsschutz vor Einlegung eines Rechtsbehelfes möglich sein soll.[1030] Im Zeitpunkt der gerichtlichen Entscheidung über den vorläufigen Rechtsschutz muss spätestens ein wirksamer Rechtsbehelf eingelegt worden sein.[1031] Dies ist generell der Anfechtungswiderspruch nach § 68 Abs. 1 VwGO, sofern nicht nach § 68 Abs. 1 S. 2 VwGO ein Vorverfahren entfällt und stattdessen sofort Anfechtungsklage zu erheben ist. Abs. 5 S. 2, wonach der Antrag auf gerichtlichen vorläufigen Rechtsschutz schon vor Erhebung der Anfechtungsklage zulässig ist, beweist nicht, dass ein solcher Antrag auch ohne den in der Hauptsache erforderlichen Rechtsbehelf möglich ist. Damit sollte nur klargestellt werden, dass in den Fällen des obligatorischen Vorverfahrens die Widerspruchseinlegung genügt, um gerichtlichen vorläufigen Rechtsschutz zulässigerweise beantragen zu können.[1032] Die Meinung, dass in den Fällen, in denen wegen Wegfalls des Vorverfahrens sofort Anfechtungsklage zu erheben ist, diese spätestens im Zeitpunkt der gerichtlichen Entscheidung über den vorläufigen Rechtsschutz vorliegen muss,[1033] ist wirklichkeitsfremd und ausgesprochen prozessunökonomisch. Das Gericht wird bei einem gerichtlichen Antrag auf vorläufigen Rechtsschutz ohne Erhebung der Anfechtungsklage wohl eher darauf hinweisen, dass dieser Antrag derzeit unzulässig ist und den Antragsteller auffordern, den erforderlichen Rechtsbehelf der Anfechtungsklage nachzureichen, bevor es mit der Rechtsfindung beginnt. Nach allem ist Abs. 5 S. 2 in dieser Formulierung nicht besonders hilfreich. Es hätte vielmehr zum Ausdruck kommen müssen, dass S. 2 nur für Fälle mit erforderlichem Vorverfahren gilt. Letztlich ergibt sich dies auch aus Abs. 5, der gesetzessystematisch als Ausnahmevorschrift zu Abs. 2 fungiert, um auf diesem Weg die Rechtswohltat des gesetzlichen vorläufigen Rechtsschutzes in Form der aufschiebenden Wirkung zu erreichen. Die Rechtswirkungen des Abs. 1 und 2 setzen nämlich explizit und implizit die Einlegung eines Rechtsbehelfes voraus.

Der gerichtliche Aussetzungsantrag ist grundsätzlich nicht fristgebunden. In einigen Bundesgesetzen gibt es hierzu aber Ausnahmen. Es existieren beispielsweise Fristen von drei Tagen, einer Woche, zwei Wochen und einem Monat.[1034] In

---

[1029] Vgl. *Kopp/Schenke,* VwGO, § 80 Rn. 139 m.w.N.; ebenso *Puttler,* in: Sodan-Ziekow, VwGO, § 80 Rn. 129 m.w.N.; *Schenke,* Verwaltungsprozessrecht, Rn. 993.

[1030] *Würtenberger,* Verwaltungsprozessrecht, Rn. 529.

[1031] Vgl. *Lorenz,* Verwaltungsprozess, § 28 Rn. 47 m.w.N.; *Büchner/Schlotterbeck,* Verwaltungsprozessrecht, Rn. 577; OVG Koblenz, NJW 1995, 1943; VGH Kassel, NVwZ-RR 1999, 346; OVG Münster, NVwZ-RR 1996, 184 u. 192.

[1032] *Hufen,* Verwaltungsprozessrecht, S. 548 Rn. 34 m.w.N.; *Ipsen,* Allg. Verwaltungsrecht, Rn. 1219.

[1033] Vgl. vorstehende Fn.

[1034] Vgl. Puttler, in: Sodan-Ziekow, VwGO, § 80 Rn. 128; eine detaillierte Aufstellung solcher Fristen enthält *Krämer,* Der Berliner Praxiskommentar, S. 194 u. 105.

§ 58a Abs. 4 S. 2 AEG ist zudem geregelt, dass innerhalb der Antragsfrist von sieben Tagen kein Vollzug stattfinden darf.[1035] Weiterhin darf nach dieser Vorschrift auch der VA in der Zeit zwischen Antragstellung und gerichtlicher Entscheidung nicht vollzogen werden.[1036] Diese beiden einfachgesetzlichen Regelungen dürften bei verfassungskonformer Auslegung wohl nur deklaratorischer Natur sein. Bei VA mit Drittwirkung kann auch eine Verwirkung eintreten.[1037]

Die Prüfungsdichte ist im gerichtlichen vorläufigen Rechtsschutzverfahren allgemein geringer als im Hauptsacheverfahren. Im Eilverfahren findet keine umfassende und vertiefte Untersuchung der Sach- und Rechtslage statt. Sie beschränkt sich nur auf eine summarische Prüfung.[1038] Allerdings soll aus Gründen der Rechtsschutzwirksamkeit und zum Schutz materieller Freiheitsgrundrechte im Einzelfall doch möglichst eine dem Hauptsacheverfahren angenäherte vertiefte Prüfung der Sach- und Rechtslage stattfinden,[1039] zumal wenn der streitbefangene VA im Unterliegensfall im vorläufigen Rechtsschutz zu schwer kalkulierbaren Risiken führen kann, wie dies in besonderem Maße in Asyl- und Aufenthaltsfragen der Fall ist.

III. Der Folgenbeseitigungsanspruch nach Abs. 5 S. 3 und Fragen eines Fortsetzungsfeststellungsbeschlusses

Die gerichtliche Anordnung oder Wiederherstellung der aufschiebenden Wirkung hat ex tunc-Wirkung. Dadurch werden bereits vollzogene VA, sei es freiwillig oder durch Zwang, im Nachhinein rechtswidrig. In diesem Fall muss das Gericht generell die Vollziehung gem. § 80 Abs. 5 S. 3 VwGO aussetzen, sofern eine Restitution möglich und angemessen ist.

Die Aufhebung der Vollziehung nach Abs. 5 S. 3 gilt originär nur für die Fälle, in denen Verwaltungsakte nach Abs. 2 rechtmäßigerweise vollzogen wurden oder

---

[1035] Fraglich ist, ob es sich bei verfassungsrechtlicher Interpretation um eine deklaratorische oder konstitutive Regelung handelt. Bei kurzen Fristen von bis zu einer Woche – ob mit oder ohne ausdrücklichem Vollzugsverbot – spricht wohl mehr für eine deklaratorische Regelung. Bei den längeren Antragsfristen bis zu einem Monat wird ein Vollzugsverbot wohl nur greifen, wenn dies konstitutiv geregelt wird. Wenn sich während dieser Antragsfristen z.B. eine Gefahrenlage dramatisch zuspitzt, bedeutet dies aber keineswegs, dass den Behörden bzw. den Polizeivollzugsbeamten im weiteren Sinne die Hände gebunden sind. In diesem Fall könnten sie – je nach Sachlage – vom gestreckten Verwaltungszwangsverfahren in die unaufschiebbare Anordnung oder in die Notstandsmaßnahme ausweichen. Der im Schrifttum für diese Fälle propagierte Übergang in den Sofortvollzug ist aus dargelegten Gründen im Allgemeinen abzulehnen.

[1036] Dieser neuartige Regelungsansatz sollte, wenn auch nur deklaratorisch, in den allgemeinen Vollstreckungsvoraussetzungen seinen Eingang finden.

[1037] So wohl auch *Puttler,* in: Sodan-Ziekow, VwGO, § 80 Rn. 13o; ebenso auch *Bader,* in: Bader/Funke-Kaiser/Kuntze/von Albedyll, VwGO, § 80 Rn. 67.

[1038] Vgl. *Schoch,* in: Schoch/Schmidt-Aßmann/Pietzner, VwGO, § 80 Rn. 274 m.w.N.

[1039] So *Schoch,* in: Schoch/Schmidt-Aßmann/Pietzner, VwGO, § 80 Rn. 285.

in denen der Betroffene den VA freiwillig befolgt hat,[1040] ohne dass zuvor nach Abs. 5 S. 1 die Anordnung oder Wiederherstellung der aufschiebende Wirkung beantragt wurde. In der freiwilligen Befolgung kann kein Verzicht auf Rechtsmittel und auf die aufschiebende Wirkung gesehen werden.[1041] Eine isolierte Aufhebung der Vollziehung ohne vorherige Anordnung oder Wiederherstellung der aufschiebenden Wirkung nach Abs. 5 S. 1 ist nicht zulässig.[1042] Nach dem Wortlaut des Abs. 5 S. 3 ist die Aufhebung der Vollziehung entgegen Teilen des Schrifttums nicht von einem Antrag abhängig. Dessen ungeachtet muss aber bei Fehlen einer Entscheidung über die Aufhebung der Vollziehung nach einem stattgebenden Beschluss gem. Abs. 5 S. 1 auch ein Antrag auf Nachholen einer solchen gerichtlichen Anordnung bei verfassungskonformer Auslegung des Art. 19 Abs. 4 GG i.V.m. Abs. 5 S. 3 möglich und zulässig sein. Außerdem lässt sich Abs. 5 S. 3 2. HS nicht so verstehen, dass es im Ermessen des Gerichts liegt, ob es im Falle der Anordnung oder Wiederherstellung der aufschiebenden Wirkung die Aufhebung der Vollziehung anordnet. Eine Gestaltungskompetenz wird dem Gericht aber insoweit eingeräumt, als es um das „Wie" der Rückgängigmachung von Vollzugsmaßnahmen geht. Generalisierende Aussagen dazu lassen sich nicht treffen.[1043] Bei Leistungsbescheiden mit einer Geldforderung wird die Aufhebung der Vollziehung regelmäßig die Erstattung des vereinnahmten Geldbetrages bedeuten.[1044] Es gibt aber Fälle, in denen eine Aufhebung der Vollziehung wegen Vorwegnahme der Hauptsache nicht in Betracht kommt. So kommt wohl z.B. der Wiederaufbau eines aufgrund einer bauaufsichtlichen Verfügung teilweise abgerissenen Gebäudes nicht im Wege einer gerichtlichen Anordnung nach Abs. 5 S. 3 in Betracht.[1045] Der in Art. 19 Abs. 4 GG enthaltene Grundsatz der Effektivität des Rechtsschutzes verlangt also grundsätzlich im Falle eines Obsiegens im gerichtlichen vorläufigen Rechtsschutz bei zwischenzeitlichem Vollzug des VA eine Folgenbeseitigung, denn ansonsten wäre die verfassungsrechtlich abgesicherte Effektivität des Rechtsschutzes wertlos. Es kann also generell nicht sein, dass das Gericht die aufschiebende Wirkung anordnet oder wiederherstellt, aber die Folgenbeseitigung in Form der Aufhebung der Vollziehung unter Berufung auf

[1040] Vgl. *Papier*, JA 1979, 561 (566).
[1041] So zutreffend *Finkelnburg/Jank*, Der vorl. Rechtsschutz im Verwaltungsstreitverfahren, Rn. 888 sowie Rn. 964 m.w.N.
[1042] Vgl. *Finkelnburg/Jank*, Vorl. Rechtsschutz im Verwaltungsstreitverfahren, Rn. 885 m.w.N.
[1043] Vgl. *Schoch*, in: Schoch/Schmidt-Aßmann/Pietzner, VwGO, § 80 Rn. 302 m.w.N.
[1044] Weitere Beispiele für Aufhebungen der Vollziehung sind bei *Schoch*, in: Schoch/Schmidt-Aßmann/Pietzner, VwGO, § 80 Rn. 303, nachzulesen.
[1045] Vgl. *Kopp*, VwGO, § 80 Rn. 88; a.A: wohl *Schoch*, in: Schoch/Schmidt-Aßmann/Pietzner, VwGO, § 80 Rn. 304.Der gänzliche Abriss eines Gebäudes dürfte wohl eher als Erledigung des VA gewertet werden, weil in diesen Fällen in der Regel wohl von Rückgängigmachung des Vollzuges des VA nicht mehr ausgegangen werden kann.

Abs. 5 S. 3 2. HS, wonach das Gericht die Aufhebung der Vollziehung anordnen kann, wegen der Kann-Bestimmung prinzipiell vernachlässigt.[1046]

Die Rechtsmeinung, dass eine Annexregelung nach Abs. 5 S. 3 auch ohne eine Anordnung oder Wiederherstellung der aufschiebenden Wirkung möglich sei, ist nicht ganz unumstritten. Die Judikate für eine solche isolierte Aufhebung der Vollziehung stammen allerdings aus den Jahren 1962 und 1965, während die neuere Literatur und Judikatur dies ablehnt. Solange nämlich seitens des Gerichtes der Hauptsache keine Anordnung oder Wiederherstellung der aufschiebenden Wirkung angeordnet ist, kann rechtsdogmatisch auch keine Folgenbeseitigung nach Abs. 5 S. 3 stattfinden, denn bis dahin hat ein Rechtsbehelf gem. Abs. 2 keine aufschiebende Wirkung mit der Folge, dass dann auch keine Aufhebung der Vollziehung in Betracht kommen kann.

Wie oben bereits erörtert, besteht trotz des Wortes „kann“ regelmäßig eine Verpflichtung zur Aufhebung der Vollziehung. Anderslautende Literaturmeinungen[1047] halten einer verfassungsrechtlichen Überprüfung nach Art. 19 Abs. 4 GG nicht stand. Der Rechtsstaat duldet es nämlich nicht, dass die Verwaltung ihr Ziel durch die Schaffung rechtswidriger Fakten doch noch erreicht.[1048]

Ein Beschluss des Gerichtes über eine Anordnung oder Wiederherstellung der aufschiebenden Wirkung kann nach Abs. 5 S. 4 und 5 von der Leistung einer Sicherheit oder von anderen Auflagen abhängig gemacht oder befristet werden. Bei den „anderen Auflagen“ handelt es sich nicht um Auflagen im Sinne des § 36 Abs. 2 Nr. 4 VwVfG.[1049] Da das Gericht keine Behörde ist, kann schon aus diesem Grunde die „andere Auflage“ keine klassische Auflage sein, denn das Verwaltungs-verfahrensgesetz gilt nicht für Gerichte.[1050] Die von *Schoch* [1051] vertretene Auffassung, dass ein gerichtlicher Aussetzungsbeschluss bis zur Unanfechtbarkeit dauert, wenn keine Befristung nach Abs. 5 S. 5 erfolgt, spiegelt nicht die ganze Rechtslage wieder. *Schoch* übersieht, dass § 80b Abs. 1 2. Alt. VwGO eine neue Rechtslage geschaffen hat. Wird nämlich die Anfechtungsklage im ersten Rechtszug abgewiesen, endet die aufschiebende Wirkung vorzeitig drei Monate nach Ablauf der gesetzlichen Begründungsfrist des gegen die abweisende Entscheidung gegebenen Rechtsmittels. Danach kann nur noch die Fortdauer der aufschiebenden Wirkung gem. § 80b Abs. 2 VwGO auf Antrag angeordnet werden.

Sollte sich der VA vor Anordnung oder Wiederherstellung der aufschiebenden Wirkung – aus welchen Gründen auch immer – erledigt haben, stellt sich die Fra-

---

[1046] Vgl. Im Ergebnis auch *Schoch,* in: Schoch/Schmidt-Aßmann/Pietzner, VwGO, § 80 Rn. 302 m.w.N.

[1047] Vgl. *Finkelnburg/Jank,* Vorl. Rechtsschutz im Verwaltungsstreitverfahren, Rn. 909.

[1048] Vgl. *Schoch,* in: Schoch/Schmidt-Aßmann/Pietzner, VwGO, § 80 Rn. 302.

[1049] Vgl. *Schoch,* in: Schoch/Schmidt-Aßmann/Pietzner, VwGO, § 80 Rn. 296.

[1050] *Büchner/Schlotterbeck,* Verwaltungsprozessrecht, Rn. 552. Danach sind die prozessualen Nebenbestimmungen nicht vollstreckungsfähig. Sie berechtigen aber zu einem Abänderungsbeschluss nach Abs. 7.

[1051] Vgl. *Schoch,* in: Schoch/Schmidt-Aßmann/Pietzner, VwGO, § 80 Rn. 295.

ge, ob dennoch eine Beschlussfassung als sog. Fortsetzungsfeststellungsbeschluss zu ergehen hat. Im Gegensatz zu einem Hauptsacheverfahren muss dies aber abgelehnt werden.[1052] Denn wegen der summarischen Prüfung im gerichtlichen vorläufigen Rechtsschutzverfahren wäre ein solcher Beschluss ohne Wert und würde beispielsweise bei einem Prozess wegen Verletzung der Amtspflichten keine prägende Bedeutung haben können. Das erkennende Gericht wäre mangels einer präjudizierenden Wirkung nicht an eine solche Entscheidung gebunden.[1053] Allerdings hält *Eyermann*[1054] bei Wiederholungsgefahr unter bestimmten Voraussetzungen trotz Erledigung des VA eine Beschlussfassung als sog. Fortsetzungsfeststellungsbeschluss für möglich. Mit dieser Meinung steht aber *Eyermann* wohl ziemlich allein. Gegen Beschlüsse des Gerichts steht den Beteiligten das Rechtsmittel der Beschwerde nach §§ 146 ff. VwGO zu. Dies gilt auch für die sog. Hängebeschlüsse.[1055]

B. Interpretationsprobleme infolge gesetzgebungstheoretischer Mängel in Form von Gesetzeslücken

Bei Durchsicht der verwaltungsprozessualen Literatur zu Abs. 5 wird man feststellen, dass infolge diverser Gesetzeslücken viele widersprüchliche Gesetzesauslegungen zu verzeichnen sind. Dies ist immer ein eindeutiger Indikator für eine suboptimale Gesetzgebung. Ein solcher Zustand darf aber im Interesse der Rechtssicherheit und -klarheit nicht belassen werden. Da die gesetzgebungstheoretische Misere auch zu Abs. 5 schon seit Jahrzehnten bekannt ist, wiegt dieser Befund umso schwerer. Hinzu kommt, dass Abs. 5 eine echte Schlüsselstellung innerhalb der §§ 80 bis 80b VwGO zukommt.

I. Fehlender Prüfmaßstab und die Frage der Notwendigkeit von sog. Hängebeschlüssen

So fehlt hier ein Prüfmaßstab, um auch vor dem Hintergrund der möglichen Gerichts- und Anwaltskosten abwägen zu können, ob ein gerichtliches Eilverfahren Aussicht auf Erfolg haben kann. Nach *Haibach.*[1056] handelt es sich dabei in Wahrheit um einen Skandal, den unter Entscheidungszwang stehenden Gerichten den Entscheidungsmaßstab vorzuenthalten. Dem ist zuzustimmen. Die seit langem

[1052] Vgl. BVerwG, NVwZ 1995, 586; *Kopp/Schenke,* VwGO, § 161 Rn. 27.
[1053] *Eyermann,* VwGO, § 80 Rn. 112.
[1054] *Eyermann,* VwGO, § 80 Rn. 113.
[1055] *Funke-Kaiser,* in: Bader/Funke-Kaiser/Kuntze/von Albedyll, VwGO, § 80 Rn. 108 m.w.N.
[1056] *Haibach,* DÖV 1996, 60 (68 m.w.N.).

gerügte skandalöse gesetzgeberische Untätigkeit ist unverständlich und unverantwortlich ist.[1057] Der Gesetzgeber ist daher gefordert, endlich klare Prüfungs- und Entscheidungskriterien zu schaffen. Wenn die Intention des Gesetzgebers war, keinen Prüfmaßstab deswegen aufzunehmen, um dem Gericht freies Ermessen über den Aussetzungsantrag einzuräumen, wäre dies verfassungsrechtlich bedenklich. Denn der rechtsstaatliche Grundsatz der Vorhersehbarkeit und Messbarkeit gerichtlicher Entscheidungen schließt es aus, dem Gericht ein freies ungebundenes Ermessen einzuräumen.[1058] In Abs. 4 stellt sich die Rechtslage insoweit etwas besser dar, als hier zumindest für die öffentlichen Abgaben und Kosten ein Prüfmaßstab vorhanden ist. Das Ergebnis ist eine kaum noch zu überblickende sehr widersprüchliche verwaltungsprozessuale Literatur und Judikatur. Zudem fehlt es an der prägenden Kraft des Bundesverwaltungsgerichtes, bei dem Aussetzungsverfahren wohl selten anhängig werden.[1059]

Ein Ausweg aus diesem Dilemma ist die von *Schoch*[1060] entwickelte Prüfsystematik, die von einigen Obergerichten übernommen wurde. Sie stellt sich wie folgt dar: In den Fällen des Abs. 5 S. 1 1. Alt. wird § 80 Abs. 4 S. 3 VwGO analog angewandt, wobei die „unbillige Härte“ außerhalb von öffentlichen Abgaben und Kosten nach Nr. 1 und sonstiger öffentlicher Geldforderungen[1061] eher keine Rolle spielt. In den Fällen des Abs. 5 S. 1 2. Alt. gilt dagegen nachfolgendes dreistufiges Prüfungsprogramm:

- Prüfung, ob die Anordnung der sofortigen Vollziehung eine qualifizierte Begründung nach Abs. 3 S. 1 enthält ;
- bejahendenfalls ist zu prüfen, ob der zur Vollziehung anstehende VA ernstlichen Rechtmäßigkeitsbedenken nach Abs. 4 S. 3 analog unterliegt, und
- ist dies nicht der Fall, muss das Dringlichkeitsinteresse an der sofortigen Vollziehung gem. § 80 Abs. 2 S. 1 Nr. 4 VwGO positiv festgestellt werden.

Nicht nur die Prüfmaßstäbe in der Hauptsache, sondern auch die des vorläufigen Rechtsschutzes sollten aus rechtsstaatlichen Gründen so formuliert sein, dass die Erfolgsaussichten einigermaßen abschätzbar sind. Trotz dieses Mankos in Abs. 4 und 5 geht wohl bislang das Bundesverfassungsgericht deswegen nicht von

---

[1057] Die obige Wertung von *Schoch*, in: Schoch/Schmidt-Aßmann/Pietzner, VwGO, § 80a Rn. 59, zu den fehlenden Prüfungs- und Entscheidungskriterien zu § 80a Abs. 3 VwGO lässt sich wegen der Bezugnahme auf § 80 Abs. 5 VwGO ohne weiteres auf den Abs. 5 übertragen.

[1058] Vgl. *Finkelnburg/Jank*, Vorl. Rechtsschutz im Verwaltungsstreitverfahren, Rn. 851; dagegen beklagt *Mampel*, DVBl. 1997, 1155 ff., lediglich das Fehlen eines positivrechtlichen Prüfmaßstabes.

[1059] Vgl. *Redeker/von Örtzen*, VwGO, § 80 Rn. 1. Aus § 152 VwGO ergibt sich, dass gerichtliche Eilverfahren wohl nicht beim Bundesverwaltungsgericht anhängig werden können.

[1060] Vgl. *Schoch*, in: Schoch/Schmidt-Aßmann/Pietzner, VwGO, § 80 Rn. 266 m.w.N.

[1061] Vgl. städtebauliche Ausgleichsbeträge nach § 212a Abs. 2 BauGB.

der Verfassungswidrigkeit aus, sondern legt die Prüfungsmaßstäbe verfassungskonform aus.

Neben dem fehlenden Prüfmaßstab für die Begründetheit des gerichtlichen Eilverfahrens fehlt hier ebenso wie in Abs. 4 auch eine Regelung, wie sich der Rechtszustand zwischen Antragstellung und Beschluss darstellt. Eine solche wäre aber längst überfällig, um sog. Stillhalteabkommen oder „Hängebeschlüsse" als Zwischenentscheidungen[1062] überflüssig zu machen. Solche „Hängebeschlüsse" sind zwar nicht im Gesetz vorgesehen, gleichwohl werden diese in der Judikatur und Literatur anerkannt.[1063] Die Thematik der sog. Hängebeschlüsse dokumentiert, dass offenbar in grammatischer Auslegung des Abs. 5 davon ausgegangen wird, dass zwischen Antragstellung und Beschlussfassung trotz eines Antrages bis zur Beschlussfassung für den Vollzug des VA eigentlich keine Hindernisse bestehen.

Es wäre für die Effektivität des gerichtlichen Eilverfahrens hilfreich, wenn der Gesetzgeber sich entschlösse, in Abs. 5 eine Regelung aufzunehmen, wonach entsprechend zu Abs. 1 in der Zeit zwischen Antragstellung und rechtskräftiger Beschlussfassung – mit Ausnahme der Fälle nach Nr. 2, 3[1064] und 4 i.V.m. Abs. 3 S. 2 – quasi ebenfalls eine aufschiebende Wirkung einträte.[1065] Bei unaufschiebbaren Anordnungen und bei Notstandsmaßnahmen einschließlich der damit verbundenen Zwangsmittelandrohungen scheiden allerdings obige Betrachtungen tatbestandlich und situationsbedingt aus. Wegen der Eilbedürftigkeit in diesen Fällen – festgemacht an den Begriffen „unaufschiebbar" und „Gefahr im Verzuge" – kann ein Eilantrag die zeitnahe zwangsweise Durchsetzung niemals hindern, denn damit würde auch dokumentiert, dass eben keine Unaufschiebbarkeit oder Gefahr im Verzug vorliegt. Würde sich der VA aber mit dem Vollzug nicht erledigen, könnte ein solcher Antrag auch noch im Nachhinein gestellt werden. Da aber in diesen Fällen der Vollzug schon stattgefunden hat, kann obiger Grundsatz hier nicht mehr greifen. In der Literatur gelegentlich vorzufindende Meinungen,[1066] die Autorität des Gerichts und der Respekt vor der rechtsprechenden Gewalt gebiete es ungeschrieben, der Entscheidung des Gerichtes nicht vorzugreifen, ist keine ausreichende Basis in dieser wichtigen Rechtsfrage. Mit solchen hehren Appellen ist der Rechtsordnung nicht gedient. Die oben beschriebene Sichtweise einer aufschiebende Wirkung entsprechend Abs. 1 während dieser Interimszeit, was ein Vollstre-

---

[1062] *Krämer*, Berliner Praxiskommentare, Vorl. Rechtsschutz in VwGO-Verfahren, S. 124 Rn. 173.

[1063] Vgl. *Würtenberger*, Verwaltungsprozessrecht, Rn. 528 m.w.N.; *Eyermann*, VwGO, § 80 Rn. 111; *Funke-Kaiser*, in: Bader/Funke-Kaiser/Kuntze/von Albedyll, VwGO, § 80 Rn. 106 m.w.N.; OVG Saarland, NVwZ-RR 1993, 391.

[1064] Gemeint ist hier nur die mit der Nr. 2 verbundene obligatorische und akzessorische Zwangsmittelandrohung nach dem jeweiligen Bundes- oder Landesgesetz, wonach Rechtsbehelfe dagegen keine aufschiebende Wirkung haben.

[1065] Eine solch längst überfällige Regelung enthält inzwischen § 58a Abs. 4 S. 3 AEG. Danach darf im Falle der rechtzeitigen Antragstellung innerhalb der 7 Tage-Frist bis zur Entscheidung des Gerichtes der VA nicht vollzogen werden. Allerdings hat der Gesetzgeber es hier versäumt, darauf hinzuweisen, dass dies bis zur Rechtskraft des Gerichtsbeschlusses nicht geschehen darf.

[1066] Vgl. *Sadler*, VwVG, VwZG, § 6 VwVG, Rn. 104.

ckungs- bzw. Vollzugsverbot bedeutet, gebietet auch das Rechtsempfinden des Bürgers, der darauf vertraut, dass nach Antragstellung bis zur Entscheidung keine vollendeten Tatsachen geschaffen werden dürfen. Damit könnten die beschriebenen zeitaufwendigen Maßnahmen vermieden werden. Im Übrigen spricht auch eine verfassungskonforme Auslegung des Abs. 5 für diese Sicht,[1067] denn im Hinblick auf Art. 19 Abs. 4 GG wäre es unter dem Gesichtspunkt der Effektivität und Wirksamkeit des vorläufigen Rechtsschutzes schwer nachvollziehbar, wenn nach wirksamer Einlegung eines gerichtlichen Eilantrages die Behörde dennoch den streitbefangenen VA vollziehen dürfte und sich dabei formalistisch darauf berufen könnte, dass ein wirksamer Beschluss des Gerichtes nach Abs. 5 S. 1 noch nicht vorläge.[1068] Zwar könnte der Betroffene in diesen Fällen über Abs. 5 S. 3 die Aufhebung der Vollziehung beantragen, wenn der VA – bei Nichterledigung – nach Antragstellung vor Beschlussfassung vollzogen würde, was aber ein weiteres gerichtliches Verfahren nach sich zöge. Da sich aber in vielen Fällen bei vorzeitigem Vollzug der VA erledigt, ist hier auch keine Restitution mehr möglich ist. Ein weiteres Problem liegt auch darin, dass in Abs. 5 S. 3 von einem Antrag überhaupt nicht die Rede ist und nach dem Wortlaut des Gesetzes die Aufhebung der Vollziehung im Ermessen des Gerichts liegt. Unter dem Gesichtspunkt des aus Art. 19 Abs. 4 GG folgenden Grundsatzes der Effektivität des Rechtsschutzes muss aber Abs. 5 S. 3 verfassungskonform dahingehend interpretiert werden, dass eine Aufhebung der Vollziehung auch auf Antrag zulässig sein muss und dass im Falle der Anordnung oder Wiederherstellung der aufschiebenden Wirkung nach Abs. 5 S. 1 eine solche Entscheidung deshalb grundsätzlich auch nicht im Ermessen des Gerichtes liegen kann.[1069]

Der Gesichtspunkt der Effektivität des Rechtsschutzes nach Art. 19 Abs. 4 GG verlangt also wegen einer wirkgleichen aufschiebenden Wirkung im Sinne von Abs. 1 ab Antragstellung beim Gericht der Hauptsache bis zur förmlichen rechtskräftigen Beschlussfassung die Einstellung jeglicher Vollstreckungs- bzw. Vollzugsmaßnahmen.[1070] Gleiches gilt für kurze Antragsfristen bis zu einer Woche, und zwar unabhängig davon, ob gesetzlich während dieser Antragsfrist ein Vollstreckungs-bzw. Vollzugsverbot besteht. Bei Antragsfristen von zwei Wochen bis zu einem Monat wird man eine solche Sichtweise wohl ablehnen müssen. Diese Über-

---

[1067] So auch ausdrücklich *Haibach*, DÖV 1996, S. 60 (64).

[1068] Das BVerfG sah die Bedeutung des Art. 19 Abs. 4 GG darin, die Selbstherrlichkeit der Verwaltung gegenüber dem Bürger zu beseitigen, indem ihm ein Anspruch auf eine tatsächliche wirksame gerichtliche Kontrolle verliehen wird (BVerfGE 10, 264 (267) = NJW 1960, 331; BVerfGE 35, 263 (274) = NJW 1973, 1491). Diese These des BVerfG impliziert obige Rechtsauffassung.

[1069] Wenn z.B. die aufschiebende Wirkung bei einem erfolgten Abriss eines Gebäudes wieder hergestellt werden würde, käme hier sicherlich nicht die Aufhebung des Vollzuges in Gestalt des Wiederaufbaues in Betracht.

[1070] So im Ergebnis auch *Haibach*, DÖV 1996, 64. Dagegen meint *Funke-Kaiser*, in: Bader/Funke-Kaiser/Kuntze/von Albedyll, VwGO, § 80 Rn.116, dass der Antrag bei Gericht noch nichts an der Vollziehbarkeit ändere und die Behörde an sich nicht gehindert sei, zu vollziehen, so das es sinnvoll sei, auch ausdrücklich hilfsweise einen Hängebeschluss zu beantragen.

legungen lassen sich auch aus dem Rechtsstaatsprinzip ableiten, welches auch die richterliche Kontrolle von Akten der öffentlichen Gewalt umfasst.[1071] Vorstehende Thesen können aber auch durch § 58a AEG belegt werden, worin explizit geregelt ist, dass innerhalb der Antragsfrist und zwischen Antragstellung und Beschlussfassung der VA nicht vollstreckt werden darf. Diese Regelung, die im Herrschaftsbereich der VwGO wohl bislang singulär geblieben ist, stützt vorstehende verfassungsrechtliche Überlegungen. Sie ist deshalb wohl nur deklaratorischer Natur.

Zu dieser Rechtsauffassung müsste man aber auch bei teleologischer Auslegung kommen. Ebenso wie der behördliche vorläufige Rechtsschutz dient auch der gerichtliche vorläufige Rechtsschutz erkennbar als Korrektiv zu Abs. 2, also der Herbeiführung des Suspensiveffektes nach Abs. 1. Ohne dass dies in Abs. 5 ausdrücklich erwähnt wird, versteht sich eigentlich von selbst, dass ab Antragstellung bis zur (rechtskräftigen) Beschlussfassung des gerichtlichen Eilverfahrens entsprechend Abs. 1 aufschiebende Wirkung eintritt, die indirekt – ebenso wie im Abs. 1 – jegliche Vollzugsmaßnahmen verbietet. Es spricht insbesondere das Effektivitätsgebot des Art. 19 Abs. 4 GG dafür, dass Vollzugshandlungen bis zur Rechtskraft des Gerichtsbeschlusses nicht erfolgen dürfen. Insoweit wäre es an der Zeit, auch in § 149 VwGO ohne jede Ausnahme zu regeln, dass die Einlegung der Beschwerde immer aufschiebende Wirkung hat. Ein weiteres Argument spricht für diese Sichtweise: Wenn die Behörde als „nobile officium" auf die Rechtsschutzmöglichkeit der Abs. 4 und 5 hinweist, wird niemals auf die Möglichkeit der Vollstreckung/Vollziehung bis zur Entscheidung bzw. Beschlussfassung hingewiesen, was dann aber fairerweise ebenso wichtig wäre.

Nach alledem wäre eine Regelung in Abs. 5, wonach zwischen Antragstellung und rechtskräftiger Beschlussfassung und bei kurzen Antragsfristen bis zu einer Woche entsprechend Abs. 1 quasi eine aufschiebende Wirkung eintritt, bei verfassungskonformer[1072] und wohl auch bei teleologischer Auslegung eigentlich überflüssig. Da aber die Rechtsanwender und auch die Anwaltschaft sowie die Verwaltungsgerichtsbarkeit wegen des nichtoptimierten Gesetzeswortlautes unverkennbar damit ihre Probleme haben, wäre eine solche – im Ergebnis wohl deklaratorische Regelung – geboten. Zugleich müsste aber auch in den allgemeinen Vollstreckungsvorausetzungen unter der Rubrik „Vollstreckung bei Wegfall der aufschiebenden Wirkung nach § 80 Abs. 2 VwGO" ein Passus aufgenommen werden, dass zwischen Antragstellung und Entscheidung der Behörde nach Abs. 4 und zwischen Antragstellung und rechtskräftigem Gerichtsbeschluss nach Abs. 5 – mit Ausnahme von Nr. 2,[1073] 3[1074]und 4[1075] in Verbindung mit Abs. 3 S. 2 – Vollstreckungs-

---

[1071] Vgl. von Münch (Hrsg.), Staatsrecht I, Rn. 333.

[1072] Jede verfassungskonforme Auslegung findet ihre Grenze dort, wo sie mit dem Wortlaut und dem klar erkennbaren Willen des Gesetzgebers in Widerspruch treten würde. Vgl. *Rieger*, NVwZ 2003, S. 17 (21). Da ein solcher Tatbestand in Abs. 5 nicht enthalten ist, steht der obigen verfassungskonformen Auslegung nichts im Wege.

[1073] Die Zeichen der Verkehrsträger fallen weiterhin unter die Nr. 2.

handlungen zu unterbleiben haben. Weiterhin müsste geregelt werden, dass im Fall einer kurzbefristeten Antragstellung bis zu einer Woche ebenfalls innerhalb derselben Vollstreckungshandlungen zu unterbleiben haben, und zwar unabhängig davon, ob im Bundesgesetz während dieser kurzen Frist ein Vollstreckungs- bzw. Vollzugsverbot ausgesprochen wird. Solange für die sonstigen VA-Kategorien im Sinne des Abs. 1 S. 2 keine entsprechenden allgemeinen Vollzugsvoraussetzungen existieren, muss hinsichtlich dieser das oben Gesagte analog gelten. Zudem sollte im Abs. 5 – ebenso wie im Abs. 1 – im Hinblick auf vorstehende Ausführungen darauf hingewiesen werden, dass die Bestimmungen des Verwaltungsvollstreckungs- bzw. Polizei- und Ordnungsbehördenrechts hinsichtlich der Regelungen der Vollstreckung bei Wegfall der aufschiebenden Wirkung unberührt bleiben.

Das Ergebnis dieser vorstehenden Überlegungen wären vermeidbare zeitaufwendige gerichtliche Aktivitäten in Richtung Behörde unterhalb der förmlichen „Hängebeschlüsse", die sog. Stillhalteabkommen. Ferner könnten die Gerichte auf „Hängebeschlüsse"[1076] als Zwischenentscheidung verzichten. Schließlich würden dadurch auch diverse Verfahren gem. Abs. 5 S. 3 nach vorausgegangenem Beschluss nach Abs. 5 S. 1 wegfallen. Letztlich würden damit auch rechtsschutzfeindliche Vollstreckungshandlungen, die nicht mehr rückgängig gemacht werden können, vermieden. Insoweit ist Abs. 5 S. 3 mit seiner Aufhebung der Vollziehung in der Realität oft keine wirkliche Option. Nach allem ist der Literaturmeinung und den Judikaten entgegenzutreten, wonach trotz eines gerichtlichen Aussetzungsantrages bis zur Entscheidung formaljuristisch der VA legal vollzogen werden könne.[1077]

Sollte im Rahmen des gestreckten Verwaltungszwangsverfahrens auf der Grundlage von Nr. 3 und 4 i.V.m. Abs. 3 S. 1 die Gefahrenlage so akut werden, dass ein sofortiges Einschreiten notwendig wird, kann in die unaufschiebbare Anordnung bzw. in die Notstandsmaßnahme übergegangen werden, soweit nicht sogar als Ultima Ratio ausnahmsweise der sog. Sofortvollzug Anwendung findet. Insoweit hätten sich die schriftlichen HDU-Verfügungen auf der Basis von Nr. 3 und 4 i.V.m. Abs. 3 S. 1 erledigt. Die entsprechend anwendbare aufschiebende Wirkung nach Abs. 1 auf den Zeitraum einer kurzen Antragsfrist bzw. zwischen

---

[1074] Gemeint sind hier die landesgesetzlichen Regelungen, wonach Rechtsbehelfe gegen Maßnahmen in der Verwaltungsvollstreckung keine aufschiebende Wirkung haben. Eine Erledigung des VA tritt hier immer hinsichtlich der obligatorischen Zwangsmittelandrohung ein.

[1075] Ebenso wie bei unaufschiebbaren Anordnungen nebst Zwangsmittelandrohungen tritt zumeist auch bei der sog. Notstandsmaßnahme nach Befolgung bzw. zwangsweiser Durchsetzung eine Erledigung des VA nach § 43 Abs. 2 VwVfG ein, so dass vorläufiger Rechtsschutz entfällt.

[1076] Vgl. hinsichtlich der sog. Hängebeschlüsse *Guckelberger*, NVwZ 2001, 275 ff.

[1077] So *Bosch/Schmidt*, Praktische Einführung in das verwaltungsgerichtliche Verfahren, S. 332; ebenso *Eyermann*, VwGO, § 80 Rn. 111; ebenso *Funke-Kaiser*, in: Bader/Funke-Kaiser/Kuntze/von Albedyll, VwGO, § 80 Rn. 106; *Redeker/von Oertzen*, VwGO, § 80 Rn. 54.

Antragstellung und rechtskräftiger Beschlussfassung hindert somit auch nicht eine effektive Gefahrenabwehr.[1078]

II. Problematik des drohenden faktischen und des faktischen Vollzuges

Ferner fehlt auch eine originäre Regelung zur Vermeidung einer drohenden faktischen Vollziehung. Die Literatur und Judikatur schließen diese Gesetzeslücke, indem sie Abs. 5 S. 1 entsprechend anwenden.[1079] Gleiches gilt für den sog. faktischen Vollzug. Für die Rückgängigmachung des faktischen Vollzuges in Gestalt der Aufhebung der Vollziehung muss hier ebenfalls mangels einer positivrechtlichen Regelung auf Abs. 5 S. 3 analog zurückgegriffen werden. Abs. 5 S. 3 gilt nämlich originär nur bei zulässigem Vollzug und bei freiwilliger Befolgung des VA nach Abs. 2, solange dieser noch nicht unanfechtbar ist oder die aufschiebende Wirkung nach § 80b Abs. 1 VwGO nicht vorzeitig endet.

Droht trotz eingetretener aufschiebender Wirkung die Behörde mit dem Vollzug des VA, gebietet der Grundsatz der Effektivität des Rechtsschutzes im Wege einer systematischen verfasssungsrechtlichen Auslegung auch in solchen Fällen vorläufigen Rechtsschutz. Es wäre prozessrechtlich ausgesprochen unökonomisch und somit nicht effektiv, wenn der Betroffene in einem solchen Fall zunächst die angedrohte Vollziehung des VA trotz aufschiebender Wirkung akzeptieren müsste, zumal in vielen Fällen nach der Vollziehung keine Restitution mehr möglich ist, wodurch der Rechtsschutz in vielen Fällen bedeutungslos wird. Daher ist in Literatur und Judikatur wohl weitgehend unstrittig, dass auch bei einem drohenden faktischen Vollzug Abs. 5 S. 1 analog mit der Maßgabe anzuwenden ist, dass die aufschiebende Wirkung festgestellt wird.[1080] Die drohende Vollstreckung des VA hat sich im Allgemeinen bei einem solchen feststellenden gerichtlichen Beschluss erledigt. Sollte es ausnahmweise dennoch zum Vollzug bzw. zur Vollstreckung des VA kommen, müsste auch hier in analoger Anwendung des Abs. 5 S. 3 der Folgenbeseitigungsanspruch greifen, sofern sich der VA nicht erledigt hat.

Eine drohende faktische Vollziehung liegt aber auch vor, wenn in den Fällen des Abs. 2 innerhalb einer kurzen Antragsfrist bis zu einer Woche bzw. trotz Antragstellung und vor rechtskräftiger Beschlussfassung die Vollstreckung angedroht wird. Auch in den vorgenannten Fällen muss entsprechend Abs. 1 systemwidrig ebenfalls im Ergebnis von einer aufschiebenden Wirkung ausgegangen werden, welches zu einem Vollstreckungs- bzw. Vollzugsverbot führt. Nach einem feststel-

---

[1078] Vgl. hierzu auch im Prinzip *Ekardt/Beckmann*, VR, 2006, S. 337 ff.

[1079] Vgl. § 5 B. II.

[1080] Vgl. auch *Finkelnburg/Jank*, Vorl. Rechtsschutz im Verwaltungsstreitverfahren, Rn. 903 m.w.N.

lenden Beschluss nach Abs. 5 S. 1 analog entfällt hier aber regelmäßig mangels Vollzugs der spezielle Folgenbeseitigungsanspruch nach Abs. 5. S. 3.

Ein faktischer Vollzug liegt dagegen vor, wenn zum einen trotz aufschiebender Wirkung nach Abs. 1 und zum anderen in den Fällen des Abs. 2 während einer kurzen Antragsfrist bis zu einer Woche[1081] bzw. in der Zeit ab Antragstellung bis zur rechtskräftigen Beschlussfassung der VA vollstreckt bzw. vollzogen wird.[1082] In diesem Fall muss neben einem feststellenden Beschluss nach Abs. 5 S. 1 prinzipiell auch durch Beschluss die Vollziehung gem. Abs. 5 S. 3 aufgehoben werden. Beide vorgenannte Beschlüsse setzen allerdings voraus, dass sich der VA nicht durch den faktischen Vollzug erledigt hat. Beide Vorschriften gelten hier nur analog.

C. Gerichtlicher vorläufiger Rechtsschutz bei Zeichen

Zwecks Vermeidung von Wiederholungen kann prinzipiell auf vorstehende Ausführungen verwiesen werden. Es spricht in der Tat aus dem Gesichtspunkt der Sicherheit und Ordnung bzw. Leichtigkeit[1083] des Verkehrs einiges dafür, dass gerichtlicher vorläufiger Rechtsschutz nur ausnahmsweise gewährt wird, wenn der VA in Form der Allgemeinverfügung nach Prüfung der Rechtmäßigkeit bzw. der Erfolgsaussichten schlicht nicht aufrechterhalten werden kann und es dem Kläger unzumutbar ist, die Verkehrsregelung auch nur vorläufig hinzunehmen.[1084]

Rechtssicherheitsgründe sprechen daher für eine restriktive Gewährung gerichtlichen vorläufigen Rechtsschutzes,[1085] schließen eine solche aber auch nicht generell aus. Soweit bei Verkehrszeichen und -einrichtungen dafür plädiert wird, dass das Wechseln derselben in einem kurzen Zeitraum im Rahmen des gerichtlichen vorläufigen Rechtsschutzes aus Gründen der Verkehrssicherheit[1086] unzulässig sei, ist dies abzulehnen. Eine solche Sichtweise wäre verfassungswidrig, denn Art. 19 Abs. 4 GG garantiert – auch aus der zeitlichen Perspektive – einen effektiven Rechtsschutz in Form des gerichtlichen vorläufigen Rechtsschutzes. Diese Effektivität wäre aber nicht mehr gewährleistet, wenn einige Sachgebiete, wie hier das Straßenverkehrsrecht,[1087] prinzipiell davon ausgeschlossen werden könnten. Eine

---

[1081] Dies gilt auchg bei längeren Antragsfristen, sofern hierfür im Bundesgesetz ein Vollstreckungsverbot besteht.

[1082] Ausgenommen hiervon sind Nr. 2 und 3 hinsichtlich der akzessorischen Zwangsmittelandrohung sowie Nr. 4 i.V.m. Abs. 3 S. 2.

[1083] Ordnung und Leichtigkeit des Verkehrs sind wohl Synonyme.

[1084] Vgl. OVG Münster, NJW 1998, 329 (310). *Kopp/Schenke,* VwGO, § 80 Rn. 98, meint dagegen, dass Maßnahmen einer Verbesserung der Sicherheit und Leichtigkeit des Straßenverkehrs nicht allein schon wegen dieser Zielrichtung Vorrang vor sonstigen Interessen haben.

[1085] Vgl. *Pietzner/Ronellenfitsch,* Das Assessorexamen, § 58 Rn. 3 m.w.N.; ebenso im Ergebnis auch *Brühl,* JuS 1995, S. 722 (724).

[1086] Vgl. *Lin,* Das deutsche Modell des vorl. Rechtsschutzes bei der polizeilichen Gefahrenabwehr, S. 76 m.w.N.

[1087] Dies gilt entsprechend für luft- bzw. schifffahrtspolizeiliche Zeichen.

andere Frage ist, ob sich das Gericht hinsichtlich des sicherheitsrelevanten Rechtsgutes der Verkehrssicherheit hierbei sehr zurückhält. Der Rechtsprechung ist zu entnehmen,[1088] dass das Gericht wegen der beschriebenen Brisanz als Messlatte nicht nur von ernsthaften Zweifeln, sondern von offensichtlicher Rechtswidrigkeit ausgeht, was hinsichtlich des Prüfmaßstabes eine höhere rechtliche Hürde bedeutet.

Wer rechtswirksam überhaupt Antragsteller nach Abs. 5 sein kann, ist bislang in Literatur und Judikatur nicht hinreichend geklärt. Um eine verbotene Popularklage auszuschließen, dürften dies wohl im Allgemeinen regelmäßig nur die näheren Anlieger[1089] sein. Ein Reisender, der ansonsten keinen privaten oder beruflichen Bezug zur Örtlichkeit hat, wird wohl deswegen von vorneherein mangels Widerspruchs- bzw. Antragsbefugnis mit einem Antrag nicht durchdringen können. Die einjährige Anfechtungsfrist beginnt wohl nicht mit der Aufstellung,[1090] sondern wenn der Verkehrsteilnehmer erstmalig davon Kenntnis genommen hat.[1091] Der Antragsteller muss daher innerhalb dieser Jahresfrist – die Ausschlussfrist von einem Monat scheidet hier situationsbedingt wegen Fehlens einer Rechtsbehelfsbelehrung aus – auch einen gerichtlichen vorläufigen Rechtsschutzantrag gestellt und innerhalb dieser Frist einen wirksamen Rechtsbehelf eingelegt haben.

Antragsgegnerin ist die Körperschaft der nach Landesrecht sachlich und örtlich zuständigen Straßenverkehrsbehörde und nicht die der Straßenbaubehörde oder die Selbstverwaltungskörperschaft des Straßenbaulastträgers. Vorstehende Ausführungen sind prinzipiell auch auf die luftpolizeilichen Bodensignale und auf die schiffspolizeilichen Zeichen übertragbar, wobei bei den schiffspolizeilichen Zeichen die Bundeswasserstraßenverwaltung, nämlich die Wasser- und Schifffahrtsverwaltung als sog. Strom- und Schifffahrtspolizei, zuständig ist. Hinsichtlich der luftpolizeilichen Bodensignale ist die Rechtslage sehr unterschiedlich gestaltet.

[1088] Vgl. OVG Münster, NJW, 1998, 329 (310).

[1089] Anlieger dürften nicht nur die Inhaber absoluter Rechte, sondern auch Mieter und Pächter sein. Dagegen dürften Verkehrsteilnehmer ohne diese Anliegereigenschaft, die nur gelegentlich durch eine Verkehrseinrichtung oder ein Verkehrszeichen sich „belästigt" fühlen, wohl nicht widerspruchs- und klagebefugt sein. Das Bundesverwaltungsgericht spricht von Eigentümern und anderen Anliegern, die widerspruchs- bzw. klagebefugt sind; vgl. hierzu BVerwGE 92, S. 32 ff. So insbesondere auch *Lorz,* DÖV 1993, 137 m.w.N. Nach *Lorz* können aber auf Straßen ohne Anlieger, wie zum Beispiel bei Autobahnen, auch andere Verkehrsteilnehmer antragsbefugt sein.

[1090] *Kopp/Ramsauer*, VwVfG, § 35 Rn. 112b.

[1091] Vgl. *Schurig,* StVO, § 39 Rn. 2.1. m.w.N.

D. Gerichtlicher vorläufiger Rechtsschutz hinsichtlich des Verwaltungszwanges im Vollzug von unaufschiebbaren Anordnungen und Maßnahmen sowie von Zeichen

Zwecks Vermeidung von Wiederholungen kann hier prinzipiell auf die entsprechenden Ausführungen unter der Rubrik des behördlichen vorläufigen Rechtsschutzes[1092] mit der Maßgabe verwiesen werden, dass hinsichtlich der etwaigen Gebühren bei Durchführung der Ersatzvornahme oder des unmittelbaren Zwanges der gerichtliche vorläufige Rechtsschutz nur unter Beachtung des § 80 Abs. 6 VwGO möglich ist. Die Ablehnung eines behördlichen Antrages auf vorläufigen Rechtsschutz ist im Allgemeinen nach der herrschenden Meinung Gerichtszugangsvoraussetzung.

E. Vorschlag für eine Gesetzesnovelle zu Abs. 5

(5) Auf Antrag kann das Gericht der Hauptsache die aufschiebende Wirkung in den Fällen des Abs. 2 *S. 1* Nr. 1 bis 3 ganz oder teilweise anordnen, im Falle des Abs. 2 *S. 1* Nr. 4 *in Verbindung mit Abs. 3 S. 1 bzw. bei einer Notstandsmaßnahme nach Nr. 4 i.V.m. Abs. 3 S.* 2 ganz oder teilweise wiederherstellen, *soweit sich der VA in den Fällen der Nr. 2,*[1093] *3*[1094] *und 4 i.V.m. Abs. 3 S. 2*[1095] *nicht erledigt hat. Das Antragsrecht kann bundesgesetzlich befristet werden.*[1096] *§ 58 VwGO ist entsprechend anzuwenden. Zwischen Antragstellung und rechtskräftiger Beschlussfassung löst der Antrag entsprechend Abs. 1 aufschiebende Wirkung aus.*[1097] *Dies gilt auch für den Fall, dass das materielle Recht eine Regelung über eine kurze Antragsfrist bis zu einer Woche enthält,*[1098] *soweit nicht bundesrechtlich bei einer längeren*

[1092] Vgl. § 5 C. I.-III.

[1093] Soweit es sich um Zeichen der Verkehrsträger handelt. Bei unaufschiebbaren Anordnungen nach Nr. 2 kann über einen solchen Antrag erst nach freiwilliger Befolgung oder nach zwangsweiser Durchsetzung derselben befunden werden, soweit nicht nach dem Vollzug eine Erledigung eingetreten ist. Unaufschiebbare Maßnahmen haben sich dagegen situationsbedingt immer erledigt.

[1094] Nr. 3 gilt wohl nicht für Zwangsmittelandrohungen, die akzessorisch mit einer unaufschiebbaren Anordnung nach Nr. 2 verbunden sind, denn nach Vollzug ist eine Rückgängigmachung derselben nicht möglich, sodass diese sich immer im Gegensatz zu der unaufschiebbaren Anordnung erledigt haben.

[1095] Die Notstandsmaßnahme nach Nr. 4 in Verbindung mit Abs. 3 S. 2 hat sich nach Befolgung oder zwangsweiser Durchsetzung gem. § 43 Abs. 2 VwVfG zumeist erledigt. In den Fällen, in denen eine Rückgängigmachung der Notstandsmaßnahme möglich ist, kann im Nachhinein ebenfalls gerichtlicher vorläufiger Rechtsschutz beantragt werden.

[1096] Damit wird den zahlreichen bundesgesetzlichen Antragsfristen Rechnung getragen.

[1097] Wie oben bereits angeführt, sollte in den korrelierenden allgemeinen Vollstreckungsvoraussetzungen des Verwaltungsvollstreckungsrechtes des Bundes und der Länder bzw. des Polizei- und Ordnungsbehördenrechts ein Passus aufgenommen werden, wonach Vollstreckungsmaßnahmen während dieser Zeitspanne untersagt sind.

[1098] Dies darf aus verfassungsrechtlichen Gründen nicht nur für den Fall gelten, dass ausdrücklich ein Vollzug im Bundesrecht während der Antragsfrist verboten ist. Bei Antragsfristen von zwei Wochen oder einem Monat gilt die entsprechend zu Abs. 1 eintretende aufschiebende Wirkung nicht.

Frist ausdrücklich währenddessen ein Vollstreckungsverbot gilt. Die S. 4 und 5 gelten nicht bei unaufschiebbaren Anordnungen und Maßnahmen von Polizeivollzugsbeamten oder sonstigen Vollzugsdienstkräften der Gefahrenabwehr einschließlich der Beliehenen und Polizeihelfer gem. Nr. 2 sowie bei der Notstandsmaßnahme nach der Nr. 4 i.V.m. Abs. 3 S. 2.[1099] *Bei einem drohenden faktischen Vollzug oder bei einem faktischen Vollzug unter Missachtung des Abs. 1 bzw. der Regelungen nach den S. 4 und 5 kann das Gericht der Hauptsache auf Antrag die aufschiebende Wirkung feststellen. Entsprechende Anträge setzen – ob ein Vorverfahren durchzuführen ist oder nicht – einen (zulässigen)*[1100] *Rechtsbehelf voraus.*[1101] *Ist der Verwaltungsakt im Zeitpunkt der Entscheidung schon befolgt oder zwangsweise vollzogen, so hat das Gericht der Hauptsache bei Vorliegen eines stattgebenden Beschlusses nach Abs. 5 S. 1 grundsätzlich von Amts wegen*[1102] *die Aufhebung der Vollziehung anzuordnen. Dies gilt entsprechend auch bei Vorliegen eines feststellenden Beschlusses der aufschiebenden Wirkung nach Abs. 5 S. 1.*

Die Anordnung der aufschiebenden Wirkung soll in den Fällen der Nr. 1 nur erfolgen, wenn ernstliche Zweifel an der Rechtmäßigkeit des angegriffenen Verwaltungsaktes bestehen oder wenn die Vollziehung für den Abgaben- oder Kostenpflichtigen eine unbillige, nicht durch überwiegende öffentliche Interessen gebotene Härte zur Folge hätte.[1103] *In den Fällen von Nr. 2 und 3*[1104] *gilt dies entsprechend mit der Maßgabe, dass im Allgemeinen nur ernstliche Zweifel an der Rechtmäßigkeit des VA genügen.*[1105] *Die aufschiebende Wirkung kann in den Fällen von Nr. 4 i.V.m. Abs. 3 wiederhergestellt werden, wenn die Anforderungen des Abs. 3 S. 1 und 2 nicht eingehalten wurden, wenn ernstliche Zweifel an der Rechtmäßigkeit des VA bestehen oder wenn das Dringlichkeitsinteresse an der Anordnung der sofortigen Vollziehung nicht positiv festgestellt wurde.*[1106] *Die Anordnung oder Wiederherstellung der aufschiebenden Wirkung kann von der Leistung einer Sicherheit oder von anderen* Auflagen *abhängig gemacht werden. Sie kann auch*

[1099] Würde in diesen eilbedürftigen Fällen zur Gefahrenabwehr diese Wirkungen eintreten, wäre damit bereits in der Hauptsache dokumentiert, dass diese HDU-Verfügungen rechtswidrig waren. In diesen beiden Fällen kann bei Befolgung oder zwangsweiser Durchsetzung dieser HDU-Verfügungen bei Nichterledigung dieser VA erst im Nachhinein vorläufiger Rechtsschutz begehrt werden.

[1100] Vgl. § 2 B. II.

[1101] Eine Gerichtszugangsvoraussetzung ist dies jedoch nicht, so dass auch noch eine spätere Rechtsbehelfseinlegung den Antrag heilt.

[1102] Dies gebietet der durch Art. 19 Abs. 4 GG garantierte wirksame und effektive Rechtsschutz.

[1103] Die spezielle Regelung des Abs. 4 S. 3 ist hier zu übernehmen.

[1104] Zwangsmittelandrohungen bei unaufschiebbaren Anordnungen und bei der sog. Notstandsmaßnahme haben sich nach Befolgung oder zwangsweiser Durchsetzung immer erledigt, was aber bei den HDU-Verfügungen nach Nr. 2 und 4 i.V.m. Abs. 3 S. 2 wegen der Möglichkeit der Rückgängigmachung nicht immer der Fall ist. Soweit Nr. 3 eine Geldforderung betrifft (z.B. die Ausgleichsbeträge nach § 212a Abs. 2 BauGB), gilt vorstehender Satz ungeschmälert.

[1105] Vgl. hierzu *Schoch,* in: Schoch/Schmidt-Aßmann/Pietzner, VwGO, § 80 Rn. 266 m.w.N.

[1106] Vgl. *Schoch,* in: Schoch/Schmidt-Aßmann/Pietzner, VwGO, § 80 Rn. 266 m.w.N.

befristet werden.[1107] *Die allgemeinen Vollstreckungsvoraussetzungen des Verwaltungsvollstreckungsrechts bleiben unberührt.*[1108]

Dieser Gesetzesentwurf berücksichtigt die aufgeworfenen Probleme. Da es sich um eine bedeutsame Regelung handelt, ist diese im besonderen Maße präzise auszuformulieren, um die beabsichtigte Steuerung erreichen zu können. Dies gebietet im Übrigen auch die Rechtsschutzgarantie, das Rechtsstaatsprinzip und die Demokratie.

F. Gesetzesvorschlag für eine Novelle der allgemeinen Vollstreckungsvoraussetzungen von befehlenden VA auf Bundes- und Landesebene

§ X Allgemeine Vollstreckungsvoraussetzungen
(1) Befehlende VA[1109] *können nur vollstreckt werden,*
1. wenn der Rechtsbehelf gem. § 80 Abs. 2 S. 1 Nr. 1 bis 3 keine aufschiebende Wirkung hat oder
2. wenn die sofortige Vollziehung gem. § 80 Abs. 2 S. 1 Nr. 4 i.V.m. Abs. 3 S. 1 VwGO besonders angeordnet ist oder
3. wenn von der Notstandsklausel des § 80 Abs.2 S. 1 Nr. 4 i.V.m. Abs. 3 S. 2 VwGO Gebrauch gemacht wird.

Ab Antragstellung auf behördlichen und/oder gerichtlichen vorläufigen Rechtsschutz nach § 80 Abs. 4 und 5 VwGO bis zur behördlichen Entscheidung bzw. bis zum rechtskräftigen Gerichtsbeschluss besteht währenddessen wegen Eintritts der aufschiebenden Wirkung entsprechend Abs. 1 ein Vollstreckungshindernis. Dies gilt auch für den Fall eines nur befristeten (zulässigen)[1110] *Antrages auf vorläufigen Rechtsschutz bis zu einer Woche,*[1111] *soweit nicht gesetzlich ein Vollstreckungsverbot auch bei einer längeren Antragsfrist besteht. Ausgenommen hiervon sind die unaufschiebbaren Anordnungen von Polizeivollzugsbeamten und sonstigen Vollzugsdienstkräften der Gefahrenabwehr einschließlich der Beliehenen und Polizeihelfer nach § 80 Abs. 2 S. 1 Nr. 2 VwGO und die sog. Notstandsmaßnahmen nach § 80 Abs. 2 S. 1 Nr. 4 i.V.m. Abs. 3 S. 2 VwGO. Sollen Gefahren für die öffentliche Sicherheit oder Ordnung unter Hinweis auf § 80 Abs. 2 S. 1 Nr. 3 und 4*

[1107] Lediglich die Neuerungen sind kursiv gedruckt.
[1108] Gemeint ist hier die Erkenntnis, dass zwischen Antragstellung und Entscheidung bzw. rechtskräftigem Beschluss und während kurzer Antragsfristen, sofern nicht auch bei längeren Antragsfristen kraft Bundesrechts ein Vollstreckungsverbot besteht, ein Vollstreckungsverbot besteht.
[1109] Solange für die sonstigen VA nach § 80 Abs. 1 S. 2 VwGO keine entsprechende Regelung besteht, sind die nachfolgenden Regelungen wirkgleich, also analog, anzuwenden.
[1110] Vgl. § 2 B. II.
[1111] Vgl. § 5 G. und § 6 E. Auch in diesen Fällen kann systemwidrig entsprechend Abs. 1 im Ergebnis von einer aufschiebenden Wirkung gesprochen werden.

i.V.m. Abs. 3 S. 1 VwGO bekämpft werden[1112] *und die Gefahrenlage verlangt infolge akuter Verschlechterung derselben ein sofortiges Einschreiten, kann in die unaufschiebbare Anordnung nach § 80 Abs. 2 S. 1 Nr. 2 VwGO oder in die sog. Notstandsmaßnahme nach § 80 Abs. 2 S. 1 Nr. 4 i.V.m. Abs. 3 S. 2 VwGO übergegangen werden, soweit nicht als letztes Mittel der verwaltungsvollstreckungs- bzw. polizei- und ordnungsbehördenrechtliche sog. Sofortvollzug zur Anwendung kommt.*[1113] *Die Verfügungen nach § 80 Abs. 2 S. 1 Nr. 3 und 4 i.V.m. Abs. 3 S. 1 VwGO haben sich dann erledigt. Unberührt bleibt die unmittelbare Ausführung einer Maßnahme als Realakt nach dem Polizei- und Ordnungsbehördenrecht.*

(2) Ansonsten kann ein befehlender VA erst nach Eintritt der Unanfechtbarkeit[1114] *vollstreckt werden.*[1115]

Dieser Gesetzesvorschlag berücksichtigt den hinlänglich beschriebenen Zusammenhang zwischen §§ 80 ff. VwGO und den allgemeinen Vollstreckungsvoraussetzungen als notwendige Komplementärvorschriften, soweit es sich um die Vollstreckung befehlender VA handelt. Bis zu einer wirkgleichen Regelung für die vollstreckungsunfähigen sonstigen VA ist obige Regelung für diese sonstigen VA analog anzuwenden. Ferner werden aus rechtssystematischen Gründen neue Akzente hinsichtlich der Reihenfolge des Gesetzesaufbaues gesetzt. Überdies berücksichtigt dieser Entwurf auch die materielle Regelung des § 58a Abs. 4 S. 2 AEG, wonach zwischen Antragstellung und rechtskräftiger Beschluss und auch innerhalb der gesetzlichen Antragsfrist, soweit es sich um eine kurze bis zu einer Woche handelt, eine Vollstreckung nicht stattfinden darf. Gleichwohl dürfte diese Regelung nur deklaratorischer Natur sein, denn der durch Art. 19 Abs. 4 GG garantierte effektive Rechtsschutz gebietet dies bei verfassungskonformer Auslegung bereits. Bei längeren Antragsfristen von bis zu einem Monat wird man dagegen wohl nicht von einem Vollstreckungsverbot, der sich direkt aus der Verfassung ableiten lässt, ausgehen können. Ob die hier in Anlehnung an § 58a Abs. 4 S. 2 AEG in Ansatz

---

1112 Dies impliziert die Schriftform.

1113 Welche der beiden Vorschriften zur Anwendung kommt, hängt vom handelnden Akteur ab. Der im Schrifttum und in der Judikatur propagierte Übergang in den Sofortvollzug ist rechtsdogmatisch generell abzulehnen, weil hier grundsätzlich die beiden genannten bundesgesetzlichen Beschleunigungsregelungen bereits greifen. Der Sofortvollzug wäre in der Praxis dann denkbar, wenn erkennbar ist, dass der Störer die notwendige kurzfristige Gefahrenbeseitigung nicht bewältigen kann, sodass im Einzelfall Nr. 2 und Nr. 4 i.V.m. Abs. 3 S. 2 wegen ersichtlicher Ineffizienz sich als ungeeignet erweisen kann.

1114 Eine Legaldefinition des unbestimmten Rechtsbegriffes „Unanfechtbarkeit" ist entbehrlich, weil der Sinngehalt der Unaufschiebbarkeit weder in der Literatur noch in der Judikatur strittig war und ist. *Schoch,* in: Schoch/Schmidt-Aßmann/Pietzner, VwGO, § 80b Rn. 14, spricht hinsichtlich der Unanfechtbarkeit sogar von einer Selbstverständlichkeit, auf deren Normierung der Gesetzgeber hätte verzichten können.

1115 Auf den Tatbestand der vorzeitigen Beendigung, der gesetzessystematisch ein Unterfall der Unanfechtbarkeit ist und kein Tastbestand, der unter den Abs. 2 einzuordnen ist, wie *Schoch,* in: Schoch/Schmidt-Aßmann/Pietzner, VwGO, § 80b Rn. 36, meint, wird verzichtet, weil die diesbezügliche Rechtslage konfus und daher nicht hilfreich ist. Der Verfasser plädiert daher für eine ersatzlose Streichung des § 80b VwGO, so dass dieser Tatbestand als Modifikation der Unanfechtbarkeit nicht aufgenommen wurde; vgl. § 2 E. II. 7.

gebrachte kurze Frist aus verfassungsrechtlicher Sicht Bestand haben kann, ist eine andere Frage.

G. Gesetzesvorschlag für allgemeine Vollzugsvoraussetzungen von belastenden sonstigen VA-Kategorien im Sinne des Abs. 1 S. 2[1116]

1) Vollstreckungsunfähige belastende sonstige VA-Kategorien[1117] mit Ausnahme von VA mit Drittwirkung können durch den Erlass eines befehlenden VA und dessen Vollstreckung vollzogen werden, wenn
ein Rechtsbehelf gegen den sonstigen VA gem. § 80 Abs. 2 S. 1 Nr. 3 VwGO keine aufschiebende Wirkung hat oder
die sofortige Vollziehung gem. § 80 Abs. 2 S. 1 Nr. 4 in Verbindung mit Abs. 3 S. 1 VwGO besonders angeordnet ist.

Im Fall einer kurzen Antragsfrist von bis zu einer Woche nach § 80 Abs. 4 und /oder 5 VwGO, soweit nicht ein Gesetz bei einer längeren Antragsfrist währenddessen explizit ein Vollzugsverbot enthält und ab zulässiger Antragstellung bis zur Entscheidung der Behörde bzw. bis zur rechtskräftigen Beschlussfassung des Gerichts darf währenddessen wegen des Eintritts der aufschiebenden Wirkung entsprechend Abs. 1 der nachfolgende befehlende VA nicht ergehen und vollstreckt werden. Bei akuter Verschlechterung der Gefahrensituation während obiger Interimszeit kann in die unaufschiebbare Anordnung nach § 80 Abs. 2 S. 1 Nr. 2 VwGO oder in die Notstandsmaßnahme nach § 80 Abs. 2 S. 1 Nr. 4 i.V.m. Abs. 3 S. 2 VwGO übergegangen werden, soweit nicht im Einzelfall vom verwaltungsvollstreckungs- bzw. polizei und ordnungsbehördlichen Sofortvollzug Gebrauch gemacht werden muss.. Ansonsten können nachfolgende befehlende VA erst nach Unanfechtbarkeit der sonstigen vollstreckungsunfähigen VA erlassen und auch vollstreckt werden.[1118]

2) Von einem VA mit Drittwirkung gem. § 80 Abs. 1 S. 2 VwGO darf der Begünstigte erst Gebrauch machen, wenn

1. ein Rechtsbehelf gem. § 80 Abs. 2 S. 1 Nr. 3 VwGO kraft Gesetzes keine aufschiebende Wirkung hat oder wenn

[1116] Diese nachfolgende positivrechtliche Regelung kann im Verwaltungsvollstreckungsrecht des Bundes und der Länder, aber auch im Verwaltungsverfahrensrecht aufgenommen werden.

[1117] Solange der Gesetzgeber nicht beispielsweise in § 35 VwVfG die VA-Kategorien legaldefiniert, sollte von sonstigen VA-Kategorien gesprochen werden, weil in der Literatur über die VA-Kategorien nach Abs. 1 S. 2 hinaus noch weitere VA-Arten existieren. Deswegen ist es weniger verwirrend, wenn man im Abs. 1 neben befehlenden VA von sonstigen VA-Kategorien spricht.

[1118] Unter Hinweis auf die vorstehenden Ausführungen zur Unanfechtbarkeit wird auf eine Legaldefinition des Begriffes „Unanfechtbarkeit“ und auf den Tatbestand der vorzeitigen Beendigung der aufschiebenden Wirkung nach § 80b Abs. 1 VwGO verzichtet.

2. die sofortige Vollziehung gem. § 80 Abs. 2 S. 1 Nr. 4 i.V.m. Abs. 3 S. 1 VwGO besonders angeordnet ist.

Ab Antragstellung des Dritten auf behördlichen und/oder gerichtlichen vorläufigen Rechtsschutz nach § 80a Abs. 1 Nr. 2 und Abs. 3 VwGO i.V.m. § 80 Abs. 4 und 5 VwGO bis zur behördlichen Entscheidung bzw. bis zum rechtskräftigen Gerichtsbeschluss darf der Begünstigte nicht von dem begünstigenden VA Gebrauch machen. Dies gilt auch für den Fall einer kurzen Antragsfrist von bis zu einer Woche, soweit nicht ein Gesetz bei einer längeren Antragsfrist ein Vollzugsverbot (Verbot der Umsetzung des begünstigenden VA) enthält.

Ansonsten darf der Begünstigte von dem begünstigenden VA erst nach Eintritt der Unanfechtbarkeit Gebrauch machen.

§ 6 F. und G. der Dissertation sind Komplementärvorschriften zu § 80 Abs. 1 bis 5 VwGO. Sie konkretisieren und verinnerlichen sowohl die herrschende Vollziehbarkeitstheorie im weiteren Sinne nach § 80 Abs. 1 VwGO als auch den Wegfall der aufschiebenden Wirkung nach § 80 Abs. 2 VwGO. Ferner implizieren sie auch Rechtsfolgen nach Abs. 4 und 5. Während die allgemeinen Vollstreckungsvoraussetzungen als Komplementärvorschriften zu § 80 Abs. 1 VwGO die der aufschiebenden Wirkung innewohnende Vollziehbarkeitstheorie hinsichtlich befehlender VA konkretisieren, gibt es aber bis zum heutigen Tage eine solche Komplementärvorschrift für die sonstigen vollstreckungsunfähigen VA-Kategorien nach § 80 Abs. 1 S. 2 VwGO nicht.[1119] Da es sich dabei aber um eine unbeabsichtigte Gesetzeslücke handelt, müssen hier bislang die allgemeinen Vollstreckungsvoraussetzungen für befehlende VA analog angewandt werden. Im Hinblick darauf, dass sich die aufschiebende Wirkung nach § 80 Abs. 1 VwGO sowohl auf befehlende als auch auf sonstige VA-Kategorien bezieht, verbietet sich eine unterschiedliche Behandlung im Hinblick auf die herrschende Vollziehbarkeitstheorie im weiteren Sinne, so dass derzeit mangels spezieller Regelungen für die vollstreckungsunfähigen sonstigen VA-Kategorien die allgemeinen Vollstreckungsvoraussetzungen des Verwaltungsvollstreckungs- bzw. des Polizei- und Ordnungsbehördenrechts für befehlende VA auch für die sonstigen VA im Sinne des § 80 Abs. 1 S. 2 VwGO entsprechend gelten. Die in der Literatur vertretene Meinung, dass vor Einlegung eines Rechtsbehelfes gegen sonstige vollstreckungsunfähige VA diese mangels entgegenstehender Komplementärvorschriften für solche VA-Kategorien bei Ausschluss des § 80 Abs. 2 VwGO vollzogen werden könnten, ist nach allem abzulehnen, weil damit die Gesetzesintention missachtet wird. Abs. 1 erfordert eine wirkgleiche Konsequenz für sonstige VA bei Einlegung eines Rechtsbehelfes mit dem Ziel der Kassation. Abs. 1 des obigen Gesetzesvorschlages berücksichtigt als Komplementärvorschrift zu § 80 Abs. 2 VwGO die

[1119] Vgl. *Beckmann*, VR 2003, 217 ff.

entsprechende Umsetzung des Wegfalles der aufschiebenden Wirkung für die vollstreckungsunfähigen sonstigen VA, sodass damit die aufgezeigte Gesetzeslücke geschlossen wäre. Bis zu einer solchen gesetzlichen Regelung für sonstige VA bleibt es bei der Analogie zu den verwaltungsvollstreckungsrechtlichen allgemeinen Vollstreckungsvoraussetzungen.

§ 7 Zur Relevanz des Abs. 6 im Hinblick auf Nr. 2

Eine indirekte Berührung des Abs. 6 mit Nr. 2 besteht dann, wenn der Landesgesetzgeber bei Durchführung bzw. Anwendung der Zwangsmittel Ersatzvornahme oder unmittelbarer Zwang Gebühren verlangt.[1120] Wird demzufolge bei solcher Rechtslage von einem Polizeivollzugsbeamten eine unaufschiebbare Anordnung mittels Ersatzvornahme oder unmittelbaren Zwanges durchgesetzt, müssten nachfolgend mit besonderem VA (Leistungsbescheid) auch noch die Gebühren festgesetzt werden. Soweit ein Polizeivollzugsbeamter im formellen Sinne gehandelt hat, wird diese Aufgabe regelmäßig internen von der Abteilung „Polizeiverwaltung" des Polizeipräsidiums wahrgenommen.[1121] Handelt dagegen ein Polizeivollzugsbeamter im materiellen Sinne, wird dieser meist auch die notwendige Gebührenerhebung namens seiner Anstellbehörde vornehmen. Solche Gebühren sind Kosten i.S.d. Nr. 1, sodass Nr. 2 auch zu Abs. 6 in Beziehung steht. Wird auf der Grundlage eines Verkehrszeichens im Wege der Ersatzvornahme ein Fahrzeug abgeschleppt, ist ebenfalls der Bezug zu Nr. 2 hergestellt.

Abs. 6 in seiner jetzigen Form wurde durch das 4. VwGOÄndG eingeführt mit dem Ziel, die verwaltungsinterne Kontrolle zu stärken und die Gerichte zu entlasten.[1122] Sie ist lediglich eine Komplementärvorschrift zu Nr. 1 und zu Abs. 5 und daher nur bei öffentlichen Abgaben und Kosten anwendbar. Da im Verwaltungsalltag mit weitem Abstand die VA über Abgaben und Kosten am häufigsten sind, ist eine partielle Einschränkung hinsichtlich der Zulässigkeit des vorläufigen Rechtsschutzes nach Abs. 5 nur in den Fällen von Nr. 1 für die Gerichte wirklich entlastend, wenn man ansonsten die Wahlfreiheit zwischen Abs. 4 und 5 unangetastet lassen wollte. Der Gesetzgeber wäre aber auch nicht gehindert gewesen, die in Abs. 6 enthaltene Modifizierung für den Zugang zum gerichtlichen vorläufigen Rechtsschutz auf alle Fälle des Abs. 2 auszudehnen. Ein Verstoß gegen das Prinzip eines wirksamen und effektiven Rechtsschutzes gem. Art. 19 Abs. 4 GG bestünde in diesem Falle nicht, denn auch das behördliche Aussetzungsverfahren nach Abs. 4 kann bereits vor vollendete Tatsachen schützen. Da in der Gesetzgebungsbegründung ausdrücklich festgehalten ist, dass eine Ausdehnung der Regelung über die Abgabenangelegenheiten hinaus nicht in Betracht komme, scheidet eine analoge Anwendung auf Nr. 2 bis 4 mangels Vorliegens einer planwidrigen Gesetzeslücke aus.[1123]

[1120] Vgl. § 8 Abs. 2 und 4 der Kostenordnung zum Landesverwaltungsvollstreckungsgesetz von RP.

[1121] So z.B. in Rheinland-Pfalz unter Hinweis auf die geltende VV OrgPol, MinBl. S. 351 aus 1993 und MinBl. S. 2 aus 1996.

[1122] Vgl. *Schoch,* in: Schoch/Schmidt-Aßmann/Pietzner, VwGO, § 80 Rn. 7 m.w.N.

[1123] Vgl. *Schoch,* in: Schoch/Schmidt-Aßmann/Pietzner, VwGO, § 80 Rn. 341m.w.N.

Bei Kosten und Abgaben kann der Betroffene grundsätzlich das Gericht erst anrufen, wenn die Erlass- oder die Widerspruchsbehörde den Aussetzungsantrag abgelehnt hat. Dies gilt auch dann, wenn gem. § 68 Abs. 1 S. 2 VwGO ein Vorverfahren entfällt.[1124] Beantragt jemand dennoch gerichtlichen vorläufigen Rechtsschutz, so wäre dieser unzulässig, wenn im Zeitpunkt der Antragstellung noch kein abschlägiger Aussetzungsbescheid vorliegt.[1125] Nach der einhelligen Rechtsprechung der Obergerichte ist eine abgelehnte behördliche Aussetzungsentscheidung, die schriftlich ergehen muss,[1126] eine nicht nachholbare Zulässigkeitsvoraussetzung.[1127]

Die in S. 2 des Abs. 6 enthaltenen Ausnahmen sind aus gesetzgebungstheoretischer Sicht insoweit zu bemängeln, als dort mehrere unbestimmte Rechtsbegriffe verwendet werden. Diese sind zwar oft zwecks Verhinderung von ausufernden gesetzlichen Darstellungen unvermeidbar, bergen andererseits zwangsläufig Auslegungsprobleme, was sich negativ im Gesetzesvollzug bemerkbar macht. Hinsichtlich Abs. 6 S. 2 Nr. 1 sind die unbestimmten Rechtsbegriffe „zureichender Grund" und „angemessene Frist" in der Praxis schwer zu deuten.

Wie bereits erörtert, sollte in Abs. 4 und auch in Abs. 5 die wohl nur deklaratorische Regelung aufgenommen werden, dass während einer gesetzlichen kurzen Antragsfrist, soweit nicht gesetzlich bei einer längeren Antragsfrist ein Vollzugsverbot besteht und zwischen Antragstellung und Entscheidung bzw. rechtskräftigem Beschluss der streitbefangene VA entsprechend Abs. 1 aufschiebende Wirkung hat. Eine solche Regelung wäre für die Rechtsanwender und die Beteiligten hilfreich und würde Rechtsunsicherheiten eliminieren. Würde in dieser Phase der VA dennoch vollzogen, käme dies einer unzulässigen faktischen Vollziehung gleich.

Unabhängig von diesen Überlegungen bleibt undeutlich, aus welcher Motivation Abs. 6 S. 2 Nr. 1 überhaupt eingeführt wurde. Ein Motiv könnte die Vorstellung gewesen sein, dass die Behörde prinzipiell auch nach Antragstellung bis zur Aussetzungsentscheidung legalerweise vollstrecken darf und deshalb nach angemessener Frist zwecks Vermeidung solcher Vollstreckungshandlungen ausnahmsweise ein solcher Antrag auch ohne eine abgelehnte Aussetzungsentscheidung durch die Behörde zulässig ist. Diese Sichtweise ist aber abzulehnen.[1128] Aber selbst wenn

---

[1124] Vgl. *Schoch,* in: Schoch/Schmidt-Aßmann/Pietzner, VwGO, § 80 Rn. 343 m.w.N.
[1125] Vgl. *Schoch,* in: Schoch/Schmidt-Aßmann/Pietzner, VwGO, § 80 Rn. 343 m.w.N.
[1126] Vgl. OVG Koblenz, AS 27, 328 = DVBl. 1999, 1001 = NVwZ-RR 1999, 810.
[1127] Vgl. *Schoch,* in: Schoch/Schmidt-Aßmann/Pietzner, VwGO, § 80 Rn. 343 m.w.N. und 344 m.w.N.; in diesem Zusammenhang wird auch von Zugangsvoraussetzung gesprochen. Vgl. hierzu OVG Koblenz, NVwZ-RR 1992, 589; AS 27, 328. Zulässigkeitsvoraussetzung und Zugangsvoraussetzung meinen aber dasselbe. A.A. OVG Münster, NVwZ 1999, 87, das wegen einer fehlenden solchen expliziten Regelung im § 80 Abs. 6 VwGO zu dieser Auffassung gelangt. Es spricht aber hier alles nach dem Sinn und Zweck der Norm für einen schriftlichen Formzwang, denn nur dies dokumentiert unmissverständlich, dass eine behördliche ablehnende Entscheidung getroffen wurde.
[1128] Vgl. § 6 E.

der Gesetzgeber diese Befürchtung nicht gehegt hätte, könnte ein weiteres Motiv darin liegen, in Anlehnung an die Untätigkeitsklage nach § 75 VwGO (hier: in Form der Anfechtungsklage) ein vergleichbares Instrumentarium für den vorläufigen Rechtsschutz zu schaffen. Es könnte ja ein Interesse des Antragstellers darin bestehen, möglichst kurzfristig zu erfahren, ob die aufschiebende Wirkung angeordnet wird, um entsprechend für die Zukunft disponieren zu können. Deshalb wäre eine solche Regelung selbst dann sinnvoll, wenn nach Abs. 4 explizit zwischen Antragstellung und Beschlussfassung jegliche Vollstreckungshandlungen zu unterbleiben hätten, der Antragsteller aber nach einer gewissen Frist gerne eine gerichtliche Entscheidung hätte, um weiter finanziell disponieren zu können. Hilfreich wäre für diesen Fall aber in Anlehnung an § 75 VwGO, eine Frist zu benennen, wonach auch ohne abgelehnte behördliche Aussetzungsentscheidung das Gericht angerufen werden kann. Allerdings müsste eine solche Frist im vorläufigen Rechtsschutzverfahren wohl deutlich kürzer sein als bei der Untätigkeitsklage. Diese sollte im Interesse des Antragstellers einen Monat nicht überschreiten.[1129]

Abs. 6 S. 2 Nr. 2 ist auch wegen des unbestimmten Rechtsbegriffes „droht" nicht ganz einfach zu interpretieren. Nach der Literatur und Judikatur liegt eine drohende Vollstreckung nicht bereits vor, wenn die allgemeinen und besonderen Vollstreckungsvoraussetzungen des Verwaltungsvollstreckungsrechts[1130] gegeben sind, sondern erst dann, wenn die Behörde konkrete Schritte zur zwangsweisen Beitreibung der Schuld angekündigt oder bereits eingeleitet hat.[1131] Um Missverständnissen vorzubeugen, sollte letzteres in Abs. 6 S. 2 Nr. 2 auch zum Ausdruck kommen. Würde Abs. 4 eine Regelung aufweisen, wonach zwischen Antragstellung und Entscheidung und auch bei kurzen Antragsfristen von bis zu einer Woche, soweit nicht explizit bundesgesetzlich auch bei einer längeren Frist jegliche Vollstreckung zu unterbleiben hat,[1132] käme die Ausnahmeregelung des Abs. 6 S. 2 Nr. 2 in der Praxis wohl nur noch sehr selten zur Anwendung, was eine Entlastung der Gerichte bewirken würde. Der Eintritt der Fälligkeit bedeutet also nicht, dass bereits die Vollstreckung droht.

[1129] Vgl. hierzu auch *Krämer,* Berliner Praxiskommentare, Vorl. Rechtsschutz in VwGO-Verfahren, 1998, S. 109 Rn. 124 m.w.N., wo aber eine klare zeitliche Limitierung nicht erfolgt. *Kopp/Schenke,* VwGO, 13. Aufl., § 80 Rn. 186, spricht von einer Faustregel von einem Monat.

[1130] Vgl. § 2 und 22 LVwVG RP.

[1131] Vgl. Sodan, *in: Sodan-Ziekow,* VwGO, § 80 Rn. 183 m.w.N.; *Kopp/Schenke,* VwGO, § 80 Rn. 186 ist unpräzise. Eine drohende Vollstreckung i.S.v. S. 2 Nr. 2 sei umso mehr eine Vollstreckung, die bereits begonnen habe, gleichzuachten.Es bleibt dabei offen, ob bereits das Vorliegen der allgemeinen und besonderen Vollstreckungsvoraussetzungen ausreicht.

[1132] Vgl. § 5 G. der Diss.

Gesetzesvorschlag für eine Novelle des Abs. 6

(6) In den Fällen des Abs. 2 Nr. 1 ist der Antrag nach Abs. 5 nur zulässig, wenn im Zeitpunkt der Antragstellung die Behörde einen Antrag auf Aussetzung der Vollziehung ganz oder zum Teil abgelehnt hat. Dies gilt auch dann, wenn nach § 68 Abs. 1 S. 2 VwGO ein Vorverfahren entfällt. Diese Gerichtszugangsvoraussetzung/Zulässigkeitsvoraussetzung entfällt, wenn

1. die Behörde über den Antrag ohne Mitteilung eines zureichenden Grundes innerhalb eines Monates[1133] *nicht entschieden hat oder*

2. wenn die Behörde unbeschadet von Nr. 1 über die Mahnung hinaus konkrete Schritte zur zwangsweisen Beitreibung der Schuld angekündigt oder bereits eingeleitet hat.[1134]

1133 Die Monatsfrist ist hier nur ein Vorschlag.

1134 Nur der kursive Text enthält abweichende Vorschläge zur bestehenden Regelung.

§ 8 Zur Relevanz des Abs. 7 im Hinblick auf Nr. 2

Da Abs. 5 sowohl für unaufschiebbare Anordnungen als auch für die analogen Verkehrszeichen usw. anwendbar ist und es sich bei Abs. 7 um eine Komplementärvorschrift zu Abs. 5 handelt, muss auch sie hier untersucht werden. Der in Art. 19 Abs. 4 GG enthaltene Grundsatz eines tatsächlich effektiven, wirksamen Rechtsschutzes gebietet es, auf veränderte Sach-, Rechts- und neuen Erkenntnislagen flexibel zu reagieren. Es kann nicht sein, dass in solchen Fällen ein einmal getroffener rechtskräftiger Beschluss des Gerichtes bis zur vorzeitigen Beendigung der aufschiebenden Wirkung nach § 80b Abs. 1 2. Alt. VwGO oder bis zur Unanfechtbarkeit nicht mehr revidiert werden kann. Dies gilt auch für einen Beschluss auf Fortdauer der aufschiebenden Wirkung. Der Grundsatz des effektiven, wirksamen Rechtsschutzes gebietet eine Flexibilisierung, wie sie in Abs. 7 enthalten ist. Deshalb ist im Hinblick auf Art. 19 Abs. 4 GG die Regelung des Abs. 7 nur deklaratorischer Natur. Wenn das Gericht nicht von sich aus abändert oder aufhebt, muss dies von den Beteiligten beantragt werden können.

Die Entscheidung über eine Änderung oder Aufhebung ist gegenüber dem Aussetzungsverfahren ein selbständiges Verfahren. Es handelt sich dabei nicht etwa um ein eigenständiges Rechtsmittel zu einer gerichtlichen Entscheidung nach Abs. 5, denn damit wird nicht die Rechtmäßigkeit des früheren Beschlusses nach Abs. 5 überprüft, sondern es ergeht eine zukunftsorientierte Entscheidung über den Fortbestand der ergangenen Eilentscheidung.[1135] Bei einer Abänderung wird demzufolge auch nicht die zuvor getroffene Kostenentscheidung berührt.[1136] In Ausnahmefällen kommt aber auch eine rückwirkende Aufhebung in Betracht, wenn die frühere Entscheidung auf einem schweren Verfahrensfehler – z.B. Verletzung des rechtlichen Gehörs oder eine in jede Hinsicht unzutreffende Tatsachengrundlage – beruht.[1137] Das Abänderungsverfahren ist unabhängig von der Frage der Beschwerde anwendbar. Die formelle Rechtskraft der gerichtlichen Entscheidung ist nicht notwendig. Die Möglichkeit der Änderung oder Aufhebung bezieht sich auf Beschlüsse nach Abs. 5 S. 1 und S. 3 [1138] Soweit in der Literatur und Judikatur die Meinung vertreten wird, dass – solange die Beschwerdefrist noch nicht abgelaufen ist – ein Antrag auf Abänderung wegen desselben Streitgegenstandes und der Gefahr widersprechender Entscheidungen unzulässig sei,[1139] ist diese Auslegung problematisch. Eine solche einschränkende Sichtweise lässt sich nicht aus Abs. 7 S. 2 ableiten. Wenn tatsächlich zwei divergierende Entscheidungen nach Abs. 7

[1135] Vgl. *Schoch,* in: Schoch/Schmidt-Aßmann/Pietzner, VwGO, § 80 Rn. 373 und 374 m.w.N.

[1136] Vgl. *Bader,* in: Bader/Funke-Kaiser/Kuntze/von Albedyll, VwGO, § 80 Rn. 119 m.w.N.

[1137] Vgl. vorstehende Fn.

[1138] Vgl. *Schoch,* in: Schoch/Schmidt-Aßmann/Pietzner, VwGO, § 80 Rn. 377.

[1139] Vgl. *Puttler,* in: Sodan-Ziekow, VwGO, § 80 Rn. 185; ebenso *Pietzner/Ronellenfitsch,* Das Assessorexamen, § 58 VI, Rn. 47 m.w.N.; *Loos,* JA 2001, S. 705.

S. 2 und § 150 VwGO ergehen, würde wohl die positive Entscheidung gelten. Für den Fall, dass ein Beschluss des Beschwerdegerichtes abgeändert werden soll, wäre für eine Abänderung oder Aufhebung das Gericht der Hauptsache zuständig. Solange das Verfahren in der Hauptsache noch nicht beim OVG anhängig ist, wäre also das Verwaltungsgericht zuständig.[1140]

Soweit das Gericht von Amts wegen zuständig ist, brauchen sich die Umstände nicht geändert zu haben. In diesem Fall genügt, dass das Gericht zu einer anderen rechtlichen Beurteilung kommt.[1141] Dagegen meint wohl zutreffend das OVG Münster,[1142] dass das Gericht nur dann von Amts wegen ändern oder aufheben kann, wenn materielle Einzelfallgerechtigkeit und inhaltliche Richtigkeit die Rechtssicherheit und den Vertrauensschutz im Einzelfall verdrängen. Das Tatbestandsmerkmal „jederzeit" dürfe nicht so interpretiert werden, dass völlige Freiheit von materiellen Anforderungen für eine gerichtliche Abänderung von Amts wegen bestehe. Das Tatbestandsmerkmal „jederzeit" solle nur ausdrücken, dass die Abänderung nicht an bestimmte Fristen gebunden ist.

Im Antragsverfahren nach Abs. 7 S. 2 ist hingegen erforderlich, dass veränderte Umstände vorliegen oder im ursprünglichen Verfahren vorlagen, die der Antragsteller ohne Verschulden nicht geltend gemacht hat. Soweit bundesgesetzlich für das gerichtliche Eilverfahren eine Fristenregelung existiert, ist diese auch auf das Abänderungsverfahren entsprechend anzuwenden.[1143]

Der Prüfmaßstab entspricht dem des Abs. 5. Ein Antrag nach Abs. 7 kann jederzeit auch ohne Einwilligung des Gegners zurückgenommen werden. Gegen eine Entscheidung des Gerichtes ist das Rechtsmittel nach §§ 146 ff. VwGO zulässig.[1144]

Das Bundesverfassungsgericht hat das Recht der Verfassungsbeschwerde auch auf den verwaltungsgerichtlichen vorläufigen Rechtsschutz ausgedehnt. Danach muss der Rechtsschutzsuchende alle prozessualen Möglichkeiten ausschöpfen, bevor er wegen der geltend gemachten Grundrechtsverletzung Verfassungsbeschwerde einlegen kann. Es genügt in diesen Fällen nicht, lediglich die Beschwerde nach § 146 VwGO einzureichen, sondern es wird auch darüber hinaus verlangt, das Abänderungsverfahren nach Abs. 7 betrieben zu haben.[1145] Liegen allerdings die gesetzlichen Voraussetzungen nach Abs. 7 S. 2 nicht vor, kann die Verfassungsbeschwerde nicht von einem Abänderungsverfahren abhängig gemacht werden.[1146]

[1140] Vgl. *Schoch,* in: Schoch/Schmidt-Aßmann/Pietzner, VwGO, § 80 Rn. 377 und 379 m.w.N.
[1141] Vgl. *Puttler,*in: Sodan-Ziekow, VwGO, § 80 Rn. 186 m.w.N.
[1142] NVwZ 1999, 894.
[1143] Vgl. VGH Kassel, NVwZ-RR 2003, 462.
[1144] Vgl. *Puttler,* in: Sodan-Ziekow, VwGO, § 80 Rn. 188 m.w.N.
[1145] Vgl. *Schoch,* in: Schoch/Schmidt-Aßmann/Pietzner, VwGO, § 80 Rn. 401 m.w.N.
[1146] Vgl. *Schoch,* in: Schoch/Schmidt-Aßmann/Pietzner, VwGO, § 80 Rn. 405 m.w.N.

Auch Abänderungsbeschlüsse können unter den gleichen Voraussetzungen von Amts wegen oder auf Antrag wieder geändert oder aufgehoben werden. Das Abänderungsverfahren ist wiederholbar, sofern sich die Umstände ändern.[1147] Bei mehreren aufeinander folgenden Abänderungsverfahren nach § 80 Abs. 7 S. 2 VwGO ist für die Frage des Vorliegens der Abänderungsvoraussetzungen auf den Zeitpunkt des Erlasses des vorangegangenen Beschlusses abzustellen.[1148]

Das Abänderungsinstrumentarium gibt dem Gericht also die Möglichkeit, auf Veränderungen während des Hauptsacheverfahrens angemessen zu reagieren mit der Einschränkung, dass nicht eine vorzeitige Beendigung der aufschiebenden Wirkung nach § 80b Abs. 1 2. Alt. VwGO eingetreten ist. In letzterem Fall kommt die Fortdauer der aufschiebenden Wirkung gem. § 80b Abs. 2 VwGO in Betracht. Derartige Beschlüsse unterliegen aber gem. § 80b Abs. 3 VwGO ebenfalls dem Abänderungsverfahren.

Obwohl dies in der Literatur nicht angesprochen wird, dürfte es sich also im Hinblick auf den sich aus Art. 19 Abs. 4 GG ergebenden Grundsatz der Effektivität des Rechtsschutzes bei Abs. 7 um eine deklaratorische Regelung handeln. Ein effektiver Rechtsschutz wäre nämlich nicht mehr gegeben, wenn beispielsweise trotz einer verfestigten neueren obergerichtlichen Rechtssprechung ein formell rechtskräftiges Eilverfahren bzw. ein Beschluss über die Fortdauer der aufschiebenden Wirkung gem. § 80b Abs. 2 VwGO bis zur Unanfechtbarkeit nicht mehr geändert werden könnte.

[1147] Vgl. *Finkelnburg/Jank*, Vorl. Rechtsschutz im Verwaltungsstreitverfahren, Rn. 1041.
[1148] VGH Mannheim, Beschl. vom 6.5.2002 – 11 S 616/02.

§ 9 Dringlichkeitsbeschlüsse des Vorsitzenden gem. Abs. 8

Abs. 8 in seiner jetzigen Ausgestaltung wurde durch das Gesetz zur Entlastung der Rechtspflege[1149] geschaffen. Es handelt sich um eine Modifizierung zu Abs. 5. Gericht der Hauptsache ist generell die Kammer des Verwaltungsgerichtes, soweit nicht im ersten Rechtszug das Oberwaltungsgericht bzw. der Verwaltungsgerichtshof gem. § 48 VwGO oder gar das Bundesverwaltungsgericht gem. § 50 VwGO zuständig ist. In diesem Falle entscheidet der Senat. Solange die Hauptsache noch nicht bei Gericht anhängig ist, ist die Kammer oder der Senat funktionell innergerichtlich zuständig, sofern nicht spezialgesetzlich ein Einzelrichter berufen ist[1150] oder bei Anhängigkeit der Hauptsache kein Einzelrichter gem. § 6 VwGO damit betraut wird. Der Vorsitzende wird in dringenden Fällen gem. Abs. 8 nicht als Einzelrichter, sondern als Mitglied des Kollegiums tätig.[1151]

Bei unaufschiebbaren Anordnungen oder Maßnahmen nach Nr. 2 werden Dringlichkeitsentscheidungen durch den Vorsitzenden nach Abs. 8 – unabhängig von der Frage, ob nicht ein Einzelrichter damit betraut werden kann – wohl kaum in Betracht kommen. Bei unaufschiebbaren Anordnungen von Polizeivollzugsbeamten im weiteren Sinne und bei sog. Notstandsmaßnahmen, die Unaufschiebbarkeit bzw. Gefahr im Verzuge voraussetzen, kann erst nach Befolgung oder zwangsweiser Durchsetzung der gerichtliche vorläufige Rechtsschutz in Betracht kommen, sofern sich die HDU-Verfügungen nicht dadurch bereits erledigt haben. Ob dann noch für eine solche Dringlichkeitsentscheidung Raum ist, muss wohl im Regelfall bezweifelt werden. Bei Zeichen und Bodensignalen der verschiedenen Verkehrsträger könnte dagegen im Einzelfall eine Dringlichkeitsentscheidung durch den Vorsitzenden notwendig werden, sofern der Rechtsstreit nicht bereits auf den Einzelrichter übertragen wurde.

Beim mittelbar anwendbaren Verwaltungszwang zu Nr. 2 dürfte Abs. 8 schon deswegen ausscheiden, weil Verwaltungsgebühren, Ersatzvornahmekosten bzw. deren Kostenvorschüsse wohl nicht von so elementarer Bedeutung sind, als dass hier eine Dringlichkeitsentscheidung des Vorsitzenden notwendig wäre.

Soweit kraft Gesetzes[1152] bzw. kraft Beauftragung also ein Einzelrichter zuständig ist, löst Abs. 8 keine Relevanz aus. Er kann auch über den vorläufigen Rechtsschutz als zuständiger Einzelrichter allein entscheiden. Deshalb ist Abs. 8 nur insoweit eine verwaltungsprozessuale Verfahrenserleichterung, als die Kam-

[1149] Gesetz vom 11.1.1993, BGBl. I. S. 50.
[1150] Vgl. § 76 Abs. 4 Asylverfahrensgesetz.
[1151] Vgl. *Schoch*, in: Schoch/Schmidt-Aßmann/Pietzner, VwGO, § 80 Rn. 334 m.w.N.
[1152] Vgl. z.B. § 76 Abs. 4 Asylverfahrensgesetz.

mer oder der Senat zuständig wäre.[1153] Es diente der Rechtsklarheit, wenn dies in Abs. 8 klargestellt werden würde. Nach §§ 146 ff. VwGO kann gegen die Dringlichkeitsentscheidung Beschwerde eingelegt werden. Im § 146 Abs. 1 VwGO wurde aber versäumt, auch die Entscheidungen des Einzelrichters, die nicht Urteile oder Gerichtsbescheide sind, einzubeziehen. Auch dies ist ein weiterer Beleg für eine suboptimale Gesetzgebung.

[1153] *Krämer*, Berliner Praxiskommentare, Vorl. Rechtsschutz in VwGO-Verfahren, S. 125 Rn. 174 m.w.N.

§ 10 Hauptsacherechtsschutz

A. Unaufschiebbare Anordnungen und Maßnahmen

Legt der Betroffene vor oder nach freiwilliger Befolgung bzw. zwangsweiser Durchsetzung gegen die unaufschiebbare Anordnung Widerspruch ein und hat sich diese wegen der Möglichkeit der Rückgängigmachung des Vollzuges nicht erledigt, muss ein Widerspruchsbescheid ergehen, gegen den gegebenenfalls der Rechtsbehelf Anfechtungsklage und Rechtsmittel eingelegt werden können. Dies gilt aber nicht für unaufschiebbare Maßnahmen, denn diese haben sich immer erledigt.

Soweit sich unaufschiebbare Anordnungen und Maßnahmen nach Befolgung oder zwangsweiser Durchsetzung erledigt haben, was bei unaufschiebbaren Anordnungen meist und bei unaufschiebbaren Maßnahmen wohl immer der Fall ist und wurde vor Befolgung oder Vollzug dagegen mündlich Widerspruch eingelegt, stellt sich die Frage, ob dennoch ein Widerspruchsbescheid ergeht. In diesem Fall wird nach *Knemeyer* die Notwendigkeit eines Widerspruchverfahrens überflüssig.[1154] Diese Meinung bleibt aber insoweit unklar, als nicht geklärt ist, ob dennoch ein Widerspruchsverfahren mit dem Ziel, dass die unaufschiebbare Anordnung oder Maßnahme rechtswidrig gewesen war, in Form eines sog. Fortsetzungsfeststellungswiderspruches in analoger Anwendung des § 113 Abs. 1 S. 4 VwGO zulässig ist. Nach der ständigen Rechtssprechung und herrschenden Meinung ist ein solcher Widerspruch unzulässig.[1155] Nach herkömmlicher Sichtweise kommt stattdessen im Rahmen des Primärrechtsschutzes als Klageart die analoge Fortsetzungsfeststellungsklage gem. § 113 Abs. 1 S. 4 VwGO zur Anwendung.[1156] Diese analoge Fortsetzungsfeststellungsklage leitet sich aus Art. 19 Abs. 4 GG ab und ist eine rechtstaatliche Notwendigkeit,[1157] soweit ein Fortsetzungsfeststellungsinteresse vorhanden ist.

Als besonderes Feststellungsinteresse in analoger Anwendung des § 113 Abs. 1 S.4 VwGO kommt die Wiederholungsgefahr oder das Rehabilitati-

[1154] Vgl. *Knemeyer,* Polizei- und Ordnungsrecht, Rn. 68 und 364.

[1155] Vgl. *Götz,* Allg, Polizei- und Ordndungsrecht, § 22 Rn. 557 m.w.N. Das BVerwG hat mehrfach betont, dass es keinen sog. Fortsetzungsfeststellungswiderspruch gibt. Dagegen ist *Steiner (Hrsg.),* Besonderes Verwaltungsrecht, S. 353 Rn. 264, entgegen der bundesverwaltungsgerichtlichen Rechtssprechung der Meinung, dass auch bei einer Fortsetzungsfeststellungklage das Vorverfahren sehr wohl eine Entlastungsfunktion erfüllt. Diese Sichtweise ist nicht von der Hand zu weisen. Eine rigide Auslegung ist aus rechtsdogmatischer Sicht hier weder Richtung herrschender Meinung, die ein Vorverfahren für unzulässig hält, noch in Richtung vorstehender konträrer Meinung hinsichtlich der Entlastungsfunktion angebracht. Für beide Ansichten gibt es tragende Gründe. Auch *Pietzner/Ronellenfitsch,* Das Assessorexamen, § 31 Rn. 29 und 30, hält aus verschiedenen Gründen einen Widerspruchsbescheid trotz Erledigung des VA für zulässig; ebenso *Huxholl,* Die Erledigung eines VA im Widerspruchsverfahren, § 5, S. 410 ff.

[1156] Vgl. *Wehr,* VBl. 2001, 785 ff. m.w.N.; *Habermehl,* Polizei- und Ordnungsrecht, Rn. 531, 723.

[1157] So *Fechner,* NVwZ 2000, 121.

onsinteresse in Betracht. Nach *Schoch* [1158] kommt auch der effektive Grundrechtsschutz als Feststellungsinteresse in Frage. *Steiner*[1159] bejaht auch bei sich „typischerweise kurzfristig erledigenden VA" ein Rechtsschutzbedürfnis. Nach *Umbach/Clemens (Hrsg.)*[1160] besteht auch bei Grundrechtsverletzungen ein Fortsetzungsfeststellungsinteresse, wenn es sich um einen schwerwiegenden Eingriff in ein besonders geschütztes Grundrecht handelt und ein Rechtsschutz angesichts des typischen Verfahrensverlaufes in der prozessrechtlich eröffneten Instanz nicht rechtzeitig erlangt werden kann. Es kann also festgehalten werden, dass es drei Varianten des Fortsetzungsfeststellungsinteresses gibt, nämlich zum einen die Wiederholungsgefahr, das Rehabilitationsinteresse und der von *Umbach/Clemens (Hrsg.)* propagierte tiefgreifende Grundrechtseingriff. Die von *Schoch* und *Steiner (Hrsg.)* vertretenen Varianten dürften aber über die anderen drei Varianten hinaus keine selbständigen Varianten sein, sondern nur eine verkürzte Wiedergabe der von *Umbach/Clemens (Hrsg.)* vertretenen dritten Variante.

Wenn sich der VA vor Klageerhebung erledigt hat, ist ein Feststellungsinteresse wegen einer beabsichtigten Amtshaftungsklage als Sekundärrechtsschutz unzulässig. In diesen Fällen muss sofort der Amtshaftungsanspruch gem. Art. 34 GG i.V.m. § 839 BGB gem. § 40 Abs. 2 S. 1 VwGO i.V.m. § 71 Abs. 2 und Abs. 3 GVG beim Landgericht anhängig gemacht werden.[1161]

Eine zeitliche Einschränkung der Klagemöglichkeit (Klagefrist) wird spätestens seit der Entscheidung des BVerwG vom 14.7.1999[1162] abgelehnt.[1163] In diesem Urteil hat das Gericht in einem „obiter dictum" bezweifelt, ob es für die verwaltungsgerichtliche Feststellung der Rechtswidrigkeit eines vor Klageerhebung erledigten VA überhaupt einer analogen Anwendung des § 113 Abs. 1 S. 4 VwGO bedarf oder ob es nicht näher gelegen hätte, von vorneherein den Rechtsschutzbereich der allgemeinen Feststellungsklage nach § 43 VwGO weiterzuentwickeln. Damit hat das Bundesverwaltungsgericht entgegen seiner ständigen Rechtsprechung und der herrschenden Meinung in der Literatur die Diskussion hierüber wieder neu entfacht. Das Gericht hat aber in der Folgezeit die beiläufigen Anmerkungen nicht berücksichtigt und weiterhin in diesen Fällen § 113 Abs. 1 S. 4 VwGO analog angewandt.[1164] Nach *Finger*[1165] sollte der beiläufigen Anregung des Bundesverwaltungsgerichtes gefolgt und bei vorprozessual erledigten VA der Rechtsschutz nach § 43 Abs. 1 2. Alt. VwGO analog gewährt werden. Das Prob-

---

[1158] *Schoch,* Rechtsschutz gegen polizeiliche Maßnahmen, JURA 2001, 632.
[1159] *Steiner (Hrsg.),* Besonderes Verwaltungsrecht, S. 353 Rn. 264 m.w.N.
[1160] Vgl. *Umbach/Clemens (Hrsg.),* GG, Band I, Art. 19 Rn. 174 m.w.N.
[1161] Vgl. *Knemeyer,* Polizei- und Ordnungsrecht, Rn. 397 m.w.N.
[1162] Vgl. DVBl. 1999, S. 1660 = NVwZ 2000, 63 ff. = BVerwGE 109, 203 ff.
[1163] Vgl. Knemeyer, Polizei- und Ordnungsrecht, Rn. 364.
[1164] Vgl. *Finger,* VR 2004, 145 ff. m.w.N.; ebenso im Ergebnis wohl auch *Fechner,* NVwZ 2000, 121 ff. m.w.N; ebenso *Wehr,* DVBl. 2001, 785 ff. m.w.N.
[1165] Vgl. *Finger,* VR 2004, 145 ff. m.w.N.

lem ist aber, dass das Bundesverwaltungsgericht selbst entgegen seiner beiläufigen Anmerkungen bislang seine ständige Rechtsprechung beibehält. Dies ist ein bemerkenswert inkonsequentes Verhalten, was noch unter Hinweis auf die bejahende Fachliteratur[1166] umso unverständlicher wird. Anstelle einer analogen Fortsetzungsfeststellungsklage wird auch von einer eigenen Rechtswidrigkeitsfestellungsklage, die sich hinsichtlich der Sachurteilsvoraussetzungen an die Feststellungsklage anlehnt, gesprochen.[1167] Die nichtförmlichen Rechtsbehelfe von Gegenvorstellung, Fachaufsichtsbeschwerde und Dienstaufsichtsbeschwerde bleiben unberührt.[1168]

Wird bei einer unaufschiebbaren Anordnung Widerspruch erst nach Befolgung oder zwangsweiser Durchsetzung eingelegt und besteht nicht die Möglichkeit der Rückgängigmachung des Vollzuges, ist dieser wegen zwischenzeitlicher Erledigung des VA gem. § 43 Abs. 2 VwVfG unzulässig. In diesem Fall kommt nur noch eine Feststellungsklage nach § 43 VwGO in Betracht.

Ob eine derartige Klage erfolgreich ist, hängt hinsichtlich der Frage, ob die Anordnung unaufschiebbar war, davon ab, ob der Polizeibeamte offensichtlich von unzutreffenden Voraussetzungen ausgegangen ist, die zum Zeitpunkt der Entscheidung erkennbar waren. Dem Polizeibeamten wird insoweit ein Einschätzungsspielraum eingeräumt.[1169]

B. Zeichen

Tatsache ist, dass seit 1967 die herrschende Meinung und die ständige Rechtsprechung in diesen Zeichen und Einrichtungen undifferenziert technische VA in Form von Allgemeinverfügungen sehen. Die Frage, ob nicht diejenigen Recht haben, die darin immer noch Rechtsnormen sehen,[1170] braucht deswegen hier nicht mehr näher erörtert zu werden. Deshalb muss hier dagegen mittels Anfechtungswiderspruchs vorgegangen werden. Unberührt bleibt hier die Anfechtungsklage als Untätigkeitsklage nach § 75 VwGO. Daneben sind die nichtförmlichen Rechtsbehelfe der Gegenvorstellung, der Fachaufsichtsbeschwerde und die Dienstaufsichtsbeschwerde möglich.[1171]

[1166] Vgl. vorstehende Beiträge von *Finger* und *Fechner* sowie *Wehr*.
[1167] *Fechner*, NVwZ 2000, 122 (129); *Göpfert*, BayVBl. 2000, 300 (305).
[1168] Vgl. *Vahle*, DVP 2002, 341 ff.
[1169] Vgl. *Würtenberger/Heckmann/Riggert*, Polizeirecht in BW, Rn. 127 m.w.N.; *Habermehl*, Polizei- und Ordnungsrecht, Rn. 471; so auch im Ergebnis *Eyermann*, VwGO, § 80 Rn. 25. Besonders lesenswert hierzu ist *Lorent-Link*, Verhältnis zwischen Polizei- und Ordnungsbehörden, S. 117-119.
[1170] Vgl. *Drews/Wacke/Vogel/Martens*, Gefahrenabwehr, § 23 Nr. 7, S. 366 bis 369 m.w.N.
[1171] Vgl. *Vahle*, DVP 2003, 341 ff.

C. Polizeiliche/ordnungsbehördenrechtliche Realakte

Im Falle eines irreversiblen Vollzugs bleibt nur die Festellungsklage nach § 43 Abs. 1 VwGO.[1172] Dies wäre z.B. bei einer Durchsuchung als präventive Standardmaßnahme der Fall.[1173] Ist der Realakt rückgängig zu machen und dauert die rechtswidrige Beeinträchtigung fort, wie z.B. bei einer Sicherstellung, sofern man zutreffend die Sicherstellung entgegen Literaturmeinungen und Judikaten als Realakt ansieht, greift stattdessen die allgemeine Leistungsklage.[1174]

Liegt ein polizeiliches Maßnahmebündel in Form von präventiven Standardmaßnahmen in der Handlungsform des Realaktes und von repressiven Standardmaßnahmen als sog. justizielle VA vor[1175] und lässt sich dieses aufspalten, wäre die Doppelspurigkeit des Rechtsweges nach § 40 VwGO und § 13 GVG gegeben.[1176] Andernfalls wird die Schwerpunkttheorie angewandt. Danach muss geklärt werden, wo der Schwerpunkt der polizeilichen Gesamtmaßnahmen lag. War dies die Gefahrenabwehr, wäre der Verwaltungssrechtsweg gegeben und es müsste entweder eine allgemeine Leistungsklage oder eine Feststellungsklage erhoben werden. Lag der Schwerpunkt der Maßnahmen in der Strafverfolgung, müsste der ordentliche Rechtsweg beschritten werden.[1177]

Bei einer unmittelbaren Ausführung einer Maßnahme als Realakt ergeben sich prinzipiell zwei Ebenen, wonach Rechtsschutz erlangt werden kann. Der Verantwortliche kann zum einen im Nachhinein Rechtsschutz hinsichtlich des Realaktes begehren[1178] oder zum anderen gegen den generell obligatorischen Leistungsbescheid Widerspruch einlegen, in dem incidenter die Voraussetzungen für die unmittelbare Ausführung einer Maßnahme geprüft werden.

Als Klagearten kommen beim Sofortvollzug bei zutreffender Unterstellung eines Realaktes die Feststellungsklage oder im Falle der Möglichkeit der Rückgängigmachung des Vollzuges die allgemeine Leistungsklage in Betracht. Ob vorläufiger Rechtsschutz im Wege einer einstweiligen Anordnung nach § 123 VwGO möglich ist, hängt davon ab, ob Belastungen noch andauern und rückgängig gemacht werden können. Ebenso wie bei der unmittelbaren Ausführung einer Maß-

---

[1172] Vgl. *Lemke,* Verwaltungsvollstreckungsrecht des Bundes und der Länder, S. 433 u. 452; *Schenke,* Polizei- und Ordnungsrecht, Rn. 667.

[1173] Soweit *Lin,* Das deutsche Modell des vorl. Rechtsschutzes bei der polizeilichen Gefahrenabwehr, S. 25, bei Standardmaßnahmen bzw. unmittelbarer Ausführung einer Maßnahme in Form von Realakten meint, dass hier die Fortsetzungsfeststellungsklage zur Anwendung komme, ist dies unzutreffend. Diese Klageart setzt einen VA voraus.

[1174] Vgl. *Lemke,* Verwaltungsvollstreckungsrecht des Bundes und der Länder, S. 452; *Schenke,* Polizei- und Ordnungsrecht, Rn. 664 u. 665.

[1175] Sog. doppelfunktionelle Maßnahmen der Polizei.

[1176] So *Schoch,* Rechtsschutz gegen polizeiliche Maßnahmen, JURA 2001, 631 und *Götz,* Polizei- und Ordnungsrecht, Rn. 547.

[1177] So *Schoch,* JURA 2001, S. 631. Dabei legt er sich nicht fest, welchen der beiden Ansichten zu folgen ist. Er spricht lediglich von h.M., ohne eine Bewertung vorzunehmen.

[1178] Entweder allg. Leistungsklage auf Rückgängigmachung oder falls dies nicht mehr möglich ist, Feststellungsklage; vgl. hierzu auch *Maurer,* Allg. Verwaltungsrecht, § 19 Rn. 26.

nahme verlagert sich die Verantwortungsebene auch hier von der Ebene der obligatorischen selbstaktiven Gefahrenbeseitigung auf die Sekundärebene der Kostentragung. Der sofortige Vollzug geschieht bei vertretbaren Handlungen mittels Ersatzvornahme.[1179] Gegen den folgenden obligatorischen Leistungsbescheid kann der Betroffene Anfechtungswiderspruch einlegen und im Falle einer Anordnung der sofortigen Vollziehung vorläufigen Rechtsschutz nach Abs. 4 und 5 begehren. Bei unvertretbaren Handlungen wird der sofortige Vollzug mittels unmittelbaren Zwanges durchgesetzt und sieht der Gesetzgeber hierfür Gebühren und Auslagen vor, kann der Betroffene dagegen ebenso Anfechtungswiderspruch einlegen und auch nach Abs. 4 und 5 vorläufigen Rechtsschutz beantragen. In diesem Fall ist aber Abs. 6 zu beachten. Dabei ist auch hier inzidenter zu prüfen, ob die Tatbestandsvoraussetzungen für den sofortigen Vollzug vorlagen. War dies nicht der Fall, sind auch die Leistungsbescheide rechtswidrig. Nach alledem bieten sich auch bei dem sofortigen Vollzug zwei prozessuale Vorgehensweisen an.

D. Schadensersatz- und Ausgleichsansprüche als Sekundärrechtsschutz

Statt Hauptsacherechtsschutz gem. § 10 A. kann der Betroffene bei Erledigung des VA nach § 43 Abs. 2 VwVfG auch sofort Schadensersatzklage gem. Art. 34 GG in Verbindung mit § 839 BGB erheben.[1180] Auch durch diesen Sekundärrechtsschutz kann polizeiliche Willkür begrenzt werden. Wenn keine Wiederholungsgefahr, kein Rehabilitationsinteresse und auch nicht der sog. effektive Grundrechtsschutz greift, bleibt nur dieser Sekundärrechtsschutz, um polizeiliche bzw. ordnungsbehördenrechtliche Willkür wirksam zu bekämpfen. Nach dem Polizei- und Ordnungsbehördenrecht kann zudem ein Schadensausgleich gewährt werden.[1181] Beide Ansprüche, nämlich der Schadensersatzanspruch und auch der Ausgleichsanspruch bestehen nebeneinander.[1182] Sowohl der Hauptsacherechtsschutz als auch die Schadensersatz- bzw. die Ausgleichsklage als Sekundärrechtsschutz sind bei Erledigung des VA wirksame Instrumentarien, um rechtswidrige Anordnungen und Willkür von Polizeivollzugsbeamten einzudämmen. Die Schaffung vollendeter Tatsachen durch die unaufschiebbare Anordnung oder Maßnahme bleibt also nicht folgenlos, wenn die formellen und materiellen Voraussetzungen für den Erlass einer solchen nicht vorliegen und besonders das Tatbestandsmerkmal „unaufschiebbar“ erkennbar missachtet wird. Dies garantiert eine Balance zwischen dem Interesse der Allgemeinheit an einer schnellen unbürokratischen Gefahrenabwehr

[1179] Diese Regelung des Sofortvollzuges kann aber unter Hinweis auf Nr. 2 und 4 i.V.m. Abs. 3 S. 2 wohl kaum zur Anwendung kommen.
[1180] Ist das Hauptziel der Schadenersatz, darf nicht vorher Hauptsacherechtsschutz begehrt werden.
[1181] Vgl. § 68 Abs. 1 S. 2 POG RP.
[1182] Vgl. § 68 Abs. 3 POG RP.

und den Freiheitsrechten der Bürger. Im Falle einer Schadensersatz-/Ausgleichsklage muss das erkennende Gericht [1183] inzident prüfen, ob die unaufschiebbare Anordnung oder Maßnahme rechtens war.

[1183] Nach dem GVG ist dies das Landgericht.

§ 11 Zusammenfassung der wichtigsten Erkenntnisse

A. Zu § 80 Abs. 1 VwGO und §§ 80a und b VwGO

1. Die aufschiebende Wirkung ist entgegen anderslautenden Meinungen im Schrifttum verfassungsrechtlich nicht zwingend geboten, soweit nicht Großprojekte im Umwelt- und Planungsrecht davon betroffen sind.

2. § 80 Abs. 1 VwGO enthält gesetzessprachliche und gesetzgebungstheoretische Mängel, die im Schrifttum zu vielen Fehlinterpretationen geführt haben.

3. Die verschiedenen Wirksamkeitstheorien zur Interpretation der aufschiebenden Wirkung sind im Hinblick auf die abschließende Regelung des § 43 VwVfG und der entsprechenden Landesverwaltungsverfahrensgesetze abzulehnen. Stattdessen ist die erweiterte Vollzugstheorie, die auch ein Verwirklichungs- und Ausnutzungsverbot des VA beinhaltet, vorzuziehen. Dies bedeutet: Befehlende VA dürfen vorerst nicht vollstreckt werden. Hinsichtlich der übrigen VA-Kategorien dürfen keine nachteiligen Folgemaßnahmen in Gestalt von befehlenden VA getroffen werden. Bei VA mit Drittwirkung darf der Begünstigte vorerst vom VA keinen Gebrauch machen. Um Rechtsklarheit zu schaffen, wäre eine Legaldefinition für die aufschiebende Wirkung wünschenswert, aber unter Hinweis auf die Komplementärvorschriften der allgemenen Vollstreckungsvoraussetzungen des Verwaltungsvollstreckungs- bzw. Polizei- und Ordnungsbehördenrechts nicht unbedingt notwendig.

4. Wie das Schrifttum zeigt, ist ein deklaratorischer Hinweis, dass die allgemeinen Vollstreckungsvoraussetzungen des Verwaltungsvollstreckungs- bzw. des Polizei- und Ordnungsbehördenrechts unberührt bleiben, dringend erforderlich. Wegen der Gesetzgebungskompetenz sind die allgemeinen Vollstreckungsvoraussetzungen notwendige Komplementärvorschriften zu Abs. 1. Solange der Gesetzgeber im Hinblick auf die VA-Arten nach Abs. 1 S. 2 keine eigenen allgemeinen Vollzugsvoraussetzungen im Verwaltungsverfahrensrecht implementiert, sind die allgemeinen Vollstreckungsvoraussetzungen für befehlende VA entsprechend anzuwenden.

5. Zwecks Vermeidung von Irritationen sollten in § 35 VwVfG alle in Frage kommenden VA-Kategorien ihrem Inhalt nach legaldefiniert werden.

6. In § 80a Abs. 2 VwGO sollte ein zweiter Satz eingeschoben werden, wonach das Junktim der Rechtsbehelfseinlegung für einen Antrag des Dritten nicht in den Fällen einer Ausschlussfrist gemäß §§ 70 Abs. 2 und 58 Abs. 2 VwGO gilt.

7. Die Regelung des § 80b VwGO sollte aus verschiedenen Gründen ersatzlos gestrichen werden. Zum einen lässt sich die vorzeitige Beendigung der aufschiebenden Wirkung auch für den Rechtskundigen schwer oder gar nicht ermitteln, wenn die Rechtsmittelbegründungsfrist nach § 124a VwGO richterlich verlängert

wird. Zum anderen sind notwendige Gesetzesanpassungen durch den Bund und die Länder in den allgemeinen Vollstreckungsvoraussetzungen bislang unterblieben, so dass die intendierte Steuerung bis heute ins Leere geht. Im Übrigen ist diese Norm in der Praxis unbekannt geblieben und wird demzufolge auch nicht angewendet. Indikator hierfür sind auch die fehlenden Judikate.

B. Zu Abs. 2 und 3

8. Der Ausnahmetatbestand nach Abs. 2 ist nicht von der Verfassung vorgegeben und somit eine einfachgesetzliche Regelung.

9. Soweit in Schrifttum und Judikatur der Wegfall der aufschiebenden Wirkung mit sofortiger Vollziehbarkeit gleichgestellt wird, ist dies aus Gründen der Gesetzgebungskompetenz unzutreffend. Auch hier sind wie in Abs. 1 die allgemeinen Vollstreckungsvoraussetzungen des Verwaltungsvollstreckungs- bzw. Polizei- und Ordnungsbehördenrechts notwendige Komplementärvorschriften zu Abs. 2. Deshalb sollte darin deklaratorisch die Regelung aufgenommen werden, dass die allgemeinen Vollstreckungsvoraussetzungen unberührt bleiben und dies auch für die vollstreckungsunfähigen VA-Katgegorien des Abs. 1 S. 2 gilt, solange keine eigenen entsprechenden allgemeinen Vollzugsvoraussetzungen im Verwaltungsverfahrensrecht existieren.

10. Polizeivollzugsbeamte im Sinne von Nr. 2 sind entgegen Teilen der Literatur nicht nur Polizeivollzugsbeamte im formellen/institutionellen Sinne der Länder, sondern auch die Polizeivollzugsbeamten des Bundes. Im Wege der teleologischen Auslegung fallen aber entgegen dem Schrifttum auch sonstige Vollzugsdienstkräfte des Bundes, der Länder und der Kommunen sowie Beliehene und Polizeihelfer, soweit sie mit Aufgaben der Gefahrenabwehr betraut sind, unter Nr. 2.

11. § 80 Abs. 2 S. 1 Nr. 4 i.V.m. Abs. 3 S. 2 VwGO ist gesetzessystematisch für die Mitarbeiter der allgemeinen Ordnungsbehörden und der Sonderordnungsbehörden im weiteren Sinne auf der Ebene des Bundes, der Länder und der Kommunen im Interesse einer effektiven Gefahrenabwehr die Pendantvorschrift zu Nr. 2, soweit ein schriftliches Vorgehen mit den Beschleunigungsregelungen der Nr. 3 und 4 i.V.m. Abs. 3 S. 1, welche eine zeitraubende Bekanntmachung bzw. Zustellung implizieren, zeitlich nicht ausreicht und soweit nicht Nr. 2 anwendbar ist. Der Sofortvollzug als Ultima Ratio bleibt hier unberührt. Diesen Erkenntnissen sollten im Interesse einer kompatiblen „Sicherheitsarchitektur" Gesetzesnovellen seitens des Bundes und der Länder folgen. Sowohl Nr. 2 und besonders die Notstandsmaßnahme nach Nr. 4 i.V.m. Abs. 3 S. 2 müssen wesentlich präziser und verständlicher ausformuliert werden, um die beabsichtigte Steuerung zu erreichen. Des Weiteren müssen die Regelungen über den sog. Sofortvollzug mit den beiden vor-

rangigen Regelungen von Nr. 2 und Nr. 4 i.V.m. Abs. 3 S. 2 abgestimmt und somit kompatibel gemacht werden, was bislang nicht geschehen ist. Im Hinblick auf die erwähnten verwaltungsprozessualen Vorschriften kommt dem Sofortvollzug wohl nur noch eine marginale Rolle zu. Außerdem ist eine klarere Abgrenzung zwischen den Rechtskonstrukten der unmittelbaren Ausführung einer Maßnahme und dem Sofortvollzug notwendig, um eine in sich schlüssige Sicherheitsstruktur hinsichtlich einer effektiven Gefahrenabwehr zu gewährleisten. Diese aufgezeigte Problematik wird in Literatur und Judikatur übersehen.

12. Zur Differenzierung zwischen den sog. HDU-Verfügungen und polizeilichen Realakten, die vorwiegend im Rahmen von Nr. 2 und der sog. Notstandsmaßnahme relevant wird, kommt es in Ermangelung von klaren Ausssagen im Gesetz darauf an, ob eine Regelung eine Befehls- oder eine Ausführungsermächtigung enthält. Nur im ersten Fall impliziert die Rechtsnorm eine Eingriffsermächtigung für eine HDU-Verfügung.

13. Wenn man für Verkehrszeichen und Verkehrseinrichtungen eine Analogie zu Nr. 2 damit begründet, dass diese wirkungsgleich mit der Verkehrsregelung von Schutzpolizisten seien, müssen sie auch entgegen Teilen der Literatur als personale technische Allgemeinverfügungen nach § 35 S. 2 1. Variante VwVfG und nicht nach Variante 3 eingestuft werden. Die Analogie erstreckt sich aber auch auf luftpolizeiliche Bodensignale und auf schiffspolizeiliche Zeichen, was im Schrifttum allenthalben übersehen wird. Im Übrigen sind entgegen dem zumeist undifferenzierten Schrifttum und der Judikatur nicht alle Verkehrszeichen und Verkehrseinrichtungen VA. Die entsprechende Anwendung von Nr. 2 gilt daher nicht für Gefahrzeichen, weil sie keine Regelung im Sinne des § 35 VwVfG enthalten. Entgegen der Literatur kommt es auch nicht auf die Prüfung des Tatbestandsmerkmales „unaufschiebbar“ an, denn das Wesen der Verkehrszeichen und Verkehrseinrichtungen in Gestalt der technischen personalen Allgemeinverfügungen impliziert notwendigerweise im Interesse der Verkehrssicherheit die Unaufschiebbarkeit.

C. Zu Abs. 4

14. Der behördliche vorläufige Rechtsschutz setzt im Hinblick auf Abs. 1 und 2 gesetzessystematisch entgegen von Teilen der Literatur die Einlegung eines Rechtsbehelfes voraus. Dass auch schon vor Einlegung eines Rechtsbehelfes die Aussetzung der Vollziehung möglich sein soll, lässt sich aber demzufolge nicht aus Abs. 4, sondern aus dem „Erst-recht-Schluss“ der §§ 48 ff. VwVfG ableiten, denn wenn auch ohne Rechtsbehelfseinlegung der VA aufgehoben werden kann, muss

dies erst recht für den weniger bedeutsamen behördlichen vorläufigen Rechtsschutz gelten, der hier analog anzuwenden ist.

15. Die Auffassung, dass auch die Widerspruchsbehörde von Amts wegen bereits ab Erlass des VA die Vollziehung aussetzen könne, entspricht bereits aus organisatorischen und strukturellen Gründen wegen des grundsätzlichen Devolutiveffektes nicht der Verwaltungswirklichkeit. Im Übrigen gilt das zu Nr. 14 Gesagte. Der Devolutiveffekt hindert aber auch im Falle einer Rechtsbehelfseinlegung ohne Aussetzungsantrag entgegen von Literaturmeinungen die Widerspruchsbehörde, von Amts wegen den VA auszusetzen.

16. Aus der Regelung des Abs. 4 ergibt sich, dass auch Nr. 2 schrankenlos dem vorläufigen behördlichen Rechtsschutz unterliegt. Dabei übersieht der Gesetzgeber, dass sich die unaufschiebbare Anordnung bei Befolgung oder zwangsweiser Durchsetzung zumeist und dass sich die unaufschiebbare Maßnahme immer erledigt haben. Auch die mit der unaufschiebbaren Anordnung verbundene obligatorische Zwangsmittelandrohung nach der Nr. 3 hat sich nach Befolgung oder zwangsweiser Durchsetzung immer erledigt. Ebenso gilt dies zumeist auch für die sog. Notstandsmaßnahme nach Nr. 4 i.V.m. Abs. 3 S. 2. Ein Fortsetzungsfeststellungsbeschluss im Rahmen des Abs. 4 scheidet aus.

17. Entgegen Literaturmeinungen endet das Recht auf behördlichen vorläufigen Rechtsschutz unter Zurückstellung grundsätzlicher Bedenken prinzipiell schon mit Eintritt der vorzeitigen Beendigung der aufschiebenden Wirkung nach § 80b VwGO und nicht erst mit der Unanfechtbarkeit.

18. Zwischen Antragstellung und Entscheidung über den behördlichen vorläufigen Rechtsschutz darf der VA mit Ausnahme der Fälle nach Nr. 2 und 4 i.V.m. Abs. 3 S. 2 nicht vollstreckt bzw. vollzogen werden, was zudem einen wirksamen Rechtsbehelf impliziert. Dies gilt auch für kurze Antragsfristen bis zu einer Woche, soweit nicht bei längeren Antragsfristen explizit ein Vollstreckungs- bzw. Vollzugsverbot gilt. Dies ergibt sich bei verfassungskonformer Auslegung aus dem Rechtsstaatsprinzip. Der Bürger muss darauf vertrauen können, dass während dieser Phasen kein Vollzug im weiteren Sinne stattfindet. Zu dieser Erkenntnis muss man aber auch bei teleologischer Auslegung kommen, denn es kann nicht sein, dass erst die stattgebende Entscheidung der Behörde vor der Vollstreckung bzw. dem Vollzug schützt. Als Beleg dafür kann auch der neue § 58a Abs. 4 AEG herangezogen werden, wonach der VA auch schon während der Antragsfrist von einer Woche und überdies zwischen Antragstellung und Entscheidung des Gerichtes nicht vollzogen werden darf.[1184] Eine entsprechende Klarstellung im Abs. 4, wonach quasi entsprechend Abs. 1 während obiger Phasen/Zeiträume eine auf-

---

[1184] Diese zu Abs. 5 gemachten Modifizierungen sind bei verfassungskonformer Auslegung und auch bei teleologischer Auslegung wohl nur deklaratorischer Natur. Sie lassen sich auch auf Abs. 4 übertragen, denn beide Absätze stehen gleichberechtigt nebeneinander und sollen dasselbe bewirken.

schiebende Wirkung eintritt, ist dringend geboten. Des Weiteren ist dies auch im Hinblick auf die Gesetzgebungskompetenz in den allgemeinen Verwaltungsvollstreckungsvoraussetzungen zu implementieren, indem ein Vollstreckungsverbot während dieser Interimszeit geregelt wird. Eine entsprechende positivrechtliche Regelung sollte zwecks Vermeidung von schwer erkennbaren Analogien im Verwaltungsverfahrens- oder im Verwaltungsvollstreckungsrecht aufgenommen werden. In vorgenannten Ausnahmefällen des § 80 Abs. 2 S. 1 Nr. 2 und 4 i.V.m. Abs. 3 S. 2 VwGO kann aber im Nachhinein vorläufiger Rechtsschutz nach Abs. 4 beantragt werden, sofern sich der VA nicht erledigt hat und vor Eintritt der Erledigung mündlich Widerspruch eingelegt wurde.

19. Das Rechtsstaatsprinzip und die damit verbundene Rechtssicherheit und Rechtsklarheit und wohl auch die Rechtsschutzgarantie verlangen einen klaren Prüfmaßstab, um die Erfolgsaussichten einigermaßen abschätzen zu können. Dies ist aber in Abs. 4 nur unzulänglich der Fall, denn dieser Prüfmaßstab bezieht sich explizit nur auf Abgaben und Kosten nach Nr. 1. Des Weiteren fehlen Regelungen über die drohende faktische und auch über die faktische Vollziehung und über eine Folgenbeseitigung im Sinne von Abs. 5 S. 3.

20. Entgegen Literaturmeinungen muss es prinzipiell auch bei personalen technischen Allgemeinverfügungen behördlichen vorläufigen Rechtsschutz geben.

21. Personale technische Allgemeinverfügungen sind ebenfalls wie die unaufschiebbaren Anordnungen und Maßnahmen niemals VA mit Drittwirkung, so dass insoweit § 80a VwGO nicht relevant ist.

D. Zu Abs. 5

22. Entgegen Literaturmeinungen setzt auch der gerichtliche vorläufige Rechtsschutz im Hinblick auf die Gesetzessystematik nach Abs. 1 und 2 einen zulässigen Rechtsbehelf im Sinne der herrschenden vermittelnden Meinung voraus.

23. Das Recht auf gerichtlichen vorläufigen Rechtsschutz endet entgegen Teilen des Schrifttums nicht mit der Unanfechtbarkeit, sondern bereits mit der vorzeitigen Beendigung der aufschiebenden Wirkung nach § 80b VwGO. In solchen Fällen greift unter Ausblendung der grundsätzlichen Bedenken des § 80b VwGO der spezielle vorläufige Rechtsschutz der Fortdauer der aufschiebenden Wirkung nach § 80b Abs. 2 und 3 VwGO.

24. Hinsichtlich des uneingeschränkten Verweises auf Abs. 2 sind die kritischen Äußerungen zu Ziffer 16 hier übertragbar.

25. Zwischen Antragstellung und Beschlussfassung darf der streitbefangene VA mit Ausnahme der Fälle nach Nr. 2 und 4 i.V.m. Abs. 3 S. 2 aus verfassungsrechtlichen (Art. 19 Abs. 4 GG und Rechtsstaatsprinzip) und auch teleologischen

Gründen nicht vollzogen werden, sofern auch ein wirksamer Rechtsbnehelf vorliegt. Dies gilt auch während einer kurzen Antragsfrist bis zu einer Woche, wie es § 58a Abs. 4 AEG regelt, sofern nicht gesetzlich bei längeren Antragsfristen ebenfalls explizit ein Vollzugsverbsot im weiteren Sinne besteht. Da der Bund im Allgemeinen für die Vollstreckung keine Gesetzgebungskompetenz besitzt, sollte im Abs. 5 als Annex deklaratorisch zum Ausdruck kommen, dass während obiger Interimsphasen entsprechend Abs. 1 aufschiebende Wirkung besteht. Die Judikatur und das Schrifttum haben diesen Aspekt bislang übersehen. Hängebeschlüsse und andere Maßnahmen unterhalb eines Gerichtsbeschlusses sind daher überflüssig. In den obigen Ausnahmefällen kann aber im Nachhinein vorläufiger Rechtsschutz beantragt werden, sofern sich der VA nicht erledigt hat. Wird der steitbefangene VA während dieser Interimsphasen mit Ausnahme der Fälle nach Nr. 2 und 4 i.V.m. Abs. 3 S. 2 vollzogen, handelt es sich im Ergebnis ebenfalls um einen unzulässigen sog. faktischen Vollzug entsprechend § 80 Abs. 5 S. 1 VwGO. Ferner sollten auch die allgemeinen Vollstreckungsvoraussetzungen einen deklaratorischen Passus enthalten, wonach zwischen Antragstellung und rechtskräftiger Beschlussfassung und auch während einer kurzen gesetzlichen Antragsfrist bis zu einer Woche, soweit bei längeren Antragsfristen nicht explizit ein Vollstreckungsverbot besteht, keine Vollstreckungsmaßnahmen zulässig sind. Dies würde dann auch entsprechend für vollstreckungsunfähige sonstige VA-Kategorien im Sinne des Abs. 1 S. 2 gelten, so lange nicht eine adäquate Regelung im Verwaltungsverfahrens- oder Verwaltungsvollstreckungsrecht aufgenommen wird.

26. Wegen der aufgrund der viele Jahrzehnte währenden Gesetzeslücken in punkto Prüfmaßstab, drohenden faktischen und faktischen Vollzuges ist eine präzise ausformulierte Gesetzesnovelle zu Abs. 5 dringend erforderlich.

E. Zu Abs. 6

27. Gemäß den vorstehenden Nr. 19 und 25 ist die Regelung des Abs. 6 Nr. 1 überflüssig. Sie signalisiert, dass während der Interimszeit eine Vollstreckung zulässig ist, was abgelehnt werden muss. Eine modifizierte Beibehaltung dieser Vorschrift würde aber Sinn machen, wenn nach Ablauf einer konkreten Frist noch keine behördliche Entscheidung zum Aussetzungsantrag erfolgt ist. Insoweit handelt es sich um eine dem § 75 VwGO nachgebildete Regelung auf dem Gebiet des vorläufigen Rechtsschutzes. Abs. 6 Nr. 2 sollte dahingehend konkretisiert werden, dass von einer drohenden Vollstreckung nur gesprochen werden kann, wenn während der gesetzlichen Antragsfrist bzw. zwischen Antragstellung und behördlicher Entscheidung mehr als nur das Vorliegen der allgemeinen und besonderen Vollstreckungsvoraussetzungen gegeben ist.

F. Zu Abs. 7

28. Die Regelung des Abs. 7 ist im Hinblick auf Art. 19 Abs. 4 GG nur deklaratorischer Art, denn der durch Art. 19 Abs. 4 GG verbürgte und garantierte lückenlose, effektive, wirksame Rechtsschutz impliziert bereits bei verfassungskonformer Auslegung die in Abs. 7 enthaltenen Korrekturen der gerichtlichen vorläufigen Rechtsschutzbeschlüsse.

G. Zu §§ 70 und 72 VwGO

29. Entgegen § 70 Abs. 1 VwGO ist bei unaufschiebbaren Anordnungen und Maßnahmen und auch bei der sog. Notstandsmaßnahme auch ein mündlicher Widerspruch möglich. Dieses Waffengleichheitsgebot ergibt sich aus Art. 3 GG, denn wenn unaufschiebbare Anordnungen regelmäßig situationsbedingt mündlich ergehen, muss dies auch für den Betroffenen hinsichtlich der Form der Rechtsbehelfseinlegung gelten.

30. Die Abhilfe nach § 72 VwGO kann ausnahmsweise in den Fällen von Nr. 2 und 4 i.V.m. Abs. 3 S. 2 auch mündlich oder konkludent erfolgen, was im Schrifttum und Judikatur bislang nicht erörtert wurde.

H. Zu den allgemeinen Vollstreckungsvoraussetzungen

31. In den allgemeinen Vollstreckungsvoraussetzungen, die im Bund und in den Ländern inhaltlich deckungsgleich sind, sollte dringend eine Regelung aufgenommen werden, dass in den Fällen des § 80 Abs. 2 VwGO mit Ausnahme von Nr. 2 und 4 i.V.m. Abs. 3 S. 2 eine Vollstreckung zu unterbleiben hat, wenn 1. im Hinblick auf den vorläufigen Rechtsschutz nach den Abs. 4 und 5 eine kurze Antragsfrist bis zu einer Woche existiert, es sei denn, bundesgesetzlich wird auch bei längeren Antragsfristen ein Vollstreckungs- bzw. Vollzugsverbot geregelt und 2. zwischen Antragstellung und Entscheidung bzw. rechtskräftiger Beschlussfassung. Soweit sich aber während dieser Interimsphase die Gefahrenlage derart verschärft, das ein sofortiges Eingreifen erforderlich macht, muss sofort im Wege der Nr. 2 oder der Nr. 4 i.V.m. Abs. 3 S. 2 reagiert werden, wobei sich dann die streitbefangenen Verfügungen mit einem gesetzlichen Wegfall der aufschiebenden Wirkung nach Nr. 3 bzw. der Anordnung der sofortigen Vollziehung nach Nr. 4 i.V.m. Abs. 3 S. 1 in der Hauptsache erledigt haben. Ferner müsste unter Ausblendung der grundsätzlichen Bedenken zu § 80b VwGO in den allgemeinen Vollstreckungsvor-

aussetzungen neben der Unanfechtbarkeit auch die vorzeitige Beendigung der aufschiebenden Wirkung nach § 80b Abs. 1 VwGO aufgenommen werden.

32. Da bislang keine gesetzliche Regelung im Sinne von vorstehenden allgemeinen Vollstreckungsvoraussetzungen existiert und die aufschiebende Wirkung nach Abs. 1 eine wirkgleiche Konzeption auch für die vollstreckungsunfähigen VA nach Abs. 1 S. 2 verlangt, ist eine entsprechende Regelung im Sinne von § 6 G. der Dissertation längst überfällig. Die Fehlinterpretationen zu § 80 Abs. 1 VwGO unterstreichen diese Notwendigkeit.

I. Zu den §§ 13 und 14 VwVG und den jeweiligen entsprechenden landesgesetzlichen Bestimmungen

33. In §§ 13 Abs. 1 und 14 VwVG fehlt eine Regelung, dass auch bei unaufschiebbaren Anordnungen und bei der sog. Notstandsmaßnahme weder eine schriftliche Zwangsmittelandrohung noch eine schriftliche Zwangsmittelfestsetzung erfolgt. Da diese HDU-Verfügungen mündlich ergehen, muss dies auch für den Verwaltungszwang gelten. Das Ergebnis davon sind falsche Schlussfolgerungen in der Literatur in Richtung Sofortvollzug. Auch in den besonderen Vollstreckungsvoraussetzungen der Länder[1185] fehlt eine solche Regelung.

J. Zum Sofortvollzug

34. Der Sofortvollzug in Bund und Ländern berücksichtigt tatbestandlich nicht die bundesgesetzlichen Beschleunigungsregelungen der Nr. 2 und 4 i.V.m. Abs. 3 S. 2. Diese Regelungen verdrängen nach Art. 31 GG zumindest teilweise die Bestimmungen über den Sofortvollzug in der Ausgestaltung der Abgrenzung zur unmittelbaren Ausführung einer Maßnahme. Hinsichtlich des Sofortvollzuges gem. § 2 VwVG greift der Grundsatz der widerspruchsfreien Gesetzgebung, was bedeutet, dass diese vorgenannte Vorschrift mit der bundesweiten Vorschrift des § 80 VwVO, die auch auf Länderebene und für die mittelbare Staatsverwaltung gilt, kompatibel sein muss. Das VwVG muss sich also hier nach der VwGO richten. Die Rechtsinstitute für eine effektive Gefahrenabwehr, nämlich die verwaltungsprozessualen Privilegierungstatbestände Nr. 2 und 4 i.V.m. Abs. 3 S. 2 sowie der Sofortvollzug nach dem Verwaltungsvollstreckungs- bzw. Polizei- und Ordnungsbehördenrecht und die polizei- und ordnungsbehördenrechtliche unmitttelbare Ausführung einer Maßnahme sind nicht tatbestandlich so klar von einander abge-

[1185] Vgl. z.B. § 66 Abs. 1 LVwVG Rheinland-Pfalz.

grenzt, wie es notwendig wäre. Sie bedürfen daher einer Modifizierung, um kompatibel zu sein. Trotz der verwaltungsprozessualen Beschleunigungsregelungen der Nr. 2 und 4 i.V.m. Abs. 3 S. 2 könnte der Sofortvollzug dann greifen, wenn von vorneherein absehbar ist, dass bei einer akuten Gefahrensituation diese Verfügungen nicht zum gewünschten Ziel – aus welchen Gründen auch immer – führen werden, sodass sich diese Maßnahmen als reiner Formalismus darstellen. In diesen Fällen wäre die Ungeeignetheit solcher Verfügungen manifest. Ferner wäre der Sofortvollzug erstens auch aus polizeitaktischen Gründen möglich, zweitens, wenn selbst für den Erlass einer mündlichen Verfügung etc. keine Zeit mehr verbleibt und drittens, wenn die Gefahrenabwehrbehörde wohl im Gegensatz zur sog. Notstandsmaßnahme unterhalb einer gegenwärtigen erheblichen Gefahr einschreitet.

§ 12 Zusammenfassung der vorgeschlagenen Gesetzesnovellierungen

A. Zu § 70 Abs. 1 VwGO

Der Widerspruch ist innerhalb eines Monats, nachdem der VA dem Beschwerten bekanntgegeben worden ist, schriftlich oder zur Niederschrift bei der Behörde zu erheben, die den VA erlassen hat. *Im Falle des § 80 Abs. 2 S. 1 Nr. 2 VwGO und der sog, Notstandsmaßnahme nach § 80 Abs. 2 S. 1 Nr. 4 i.V.m. Abs. 3 S. 2 VwGO kann der Beschwerte den Widerspruch bei dem handelnden Polizeivollzugsbeamten im formellen und im materiellen Sinne bzw. bei dem Rechtsanwender (Sachbearbeiter) der Ordnungsbehörde mündlich einlegen. Dies gilt auch für die damit verbundene Zwangsmittelandrohung.* Die Frist wird auch durch Einlegung bei der Behörde, die den Widerspruchsbescheid zu erlassen hat, gewahrt.

B. Zu § 72 VwGO

Hält die Behörde den Widerspruch für *zulässig und* begründet, so hilft sie ihm ab und entscheidet über die Kosten. *Im Falle einer unaufschiebbaren Anordnung oder Maßnahme von Polizeivollzugsbeamten nach § 80 Abs. 2 S. 1 Nr. 2 VwGO nebst Zwangsmittelandrohung und auch im Falle einer sog. Notstandsmaßnahme nach § 80 Abs. 2 S. 1 Nr. 4 i.V.m. Abs. 3 S. 2 VwGO einschließlich der Zwangsmittelandrohung kann auch mündlich oder konkludent abgeholfen werden und es bedarf hier generell auch keiner Kostenlastentscheidung. Sollten allerdings schon Kosten auf Seiten des Betroffenen entstanden sein, muss auf Antrag ergänzend eine schriftliche Kostenlastentscheidung durch die Behörde des Polizeivollzugsbeamten im formellen oder materiellen Sinne bzw. durch die Ordnungsbehörde des Sachbearbeiters ergehen. § 37 Abs. 2 S. 2 VwVfG bleibt hinsichtlich der mündlichen oder konkludenten Abhilfeentscheidung unberührt. Dies gilt auch für §§ 48 ff. VwVfG. Im Fall einer erstmaligen Beschwer sind die Abhilfebescheide den Beteiligten zuzustellen, zu begründen und mit einer Rechtsbehelfsbelehrung zu versehen.*

C. Zu § 80 Abs. 1 bis 6 VwGO

(1) Der Anfechtungswiderspruch oder die Anfechtungsklage und die nachfolgenden Rechtsbehelfe bzw. Rechtsmittel gegen befehlende VA haben aufschiebende Wirkung, sofern sie nicht aus nachfolgenden Gründen bereits unzulässig sind:

- *der Verwaltungsrechtsweg ist nicht gegeben,*

- *es liegt objektiv kein VA vor,*
- *der Rechtsbehelf ist nicht wirksam eingelegt worden,*
- *der Rechtsmittelführer ist nicht rechtsmittelbefugt und*
- *die Rechtsbehelfsfrist wurde nicht gewahrt.*

Die aufschiebende Wirkung gilt auch für sonstige belastende VA-Kategorien einschließlich der VA mit Drittwirkung. Die aufschiebende Wirkung bewirkt hinsichtlich befehlender VA ein Vollstreckungsverbot, ein Verbot, tatsächliche und rechtliche Folgerungen aus den angefochtenen sonstigen VA zu ziehen und ein Verbot des Gebrauchmachens des VA durch Private bei VA mit Drittwirkung. Die allgemeinen Vollstreckungsvoraussetzungen des Verwaltungsvollstreckungsrechts des Bundes und der Länder bzw. des Polizei- und Ordnungsbehördenrechtes für befehlende VA bleiben hinsichtlich der dortigen Grundregel der Unanfechtbarkeit als Komplementärvorschriften zu Abs. 1 unberührt.

(2) Ein (Anfechtungs-) Widerspruch bzw. eine Anfechtungsklage haben dagegen keine aufschiebende Wirkung

1. bei der Anforderung von Abgaben – dies sind alle öffentlich-rechtlichen Geldforderungen, die eine hauptsächliche Finanzierungsfunktion haben, insbesondere die Steuern, Benutzungsgebühren und Beiträge nach dem jeweiligen Kommunalabgabengesetz der Länder – und Kosten nach dem Verwaltungskostengesetz des Bundes und dem Landesgebührenrecht, soweit es sich nicht um Aufwendungsersatzansprüche handelt,

2. bei (mündlichen) unaufschiebbaren Anordnungen und bei unaufschiebbaren Maßnahmen (in anderer Weise erlassene VA) von Polizeivollzugsbeamten und sonstigen Vollzugsdienstkräften der Gefahrenabwehr einschließlich Beliehener und Polizeihelfer; ferner bei Verkehrszeichen und Verkehrseinrichtungen und bei luftpolizeilichen Zeichen und Schifffahrtszeichen

3. in anderen durch Bundesgesetz oder für Landesrecht durch Landesgesetz vorgeschriebenen Fällen, insbesondere für Widersprüche und Klagen Dritter gegen Verwaltungsakte, die Investitionen oder die Schaffung von Arbeitsplätzen betreffen,

4. in den Fällen, in denen die sofortige Vollziehung im öffentlichen Interesse oder im überwiegenden Interesse eines Beteiligten von der Behörde, die den Verwaltungsakt erlassen oder über den Widerspruch zu entscheiden hat, besonders angeordnet wird.

Die Länder können bestimmen, dass Rechtsbehelfe keine aufschiebende Wirkung haben, soweit sie sich gegen Maßnahmen richten, die in der Verwaltungsvollstreckung durch die Länder nach Bundesrecht getroffen werden. *Die allgemeinen Verwaltungsvollstreckungsvoraussetzungen des Bundes und der Länder im Verwaltungsvollstreckungs- bzw. Polizei- und Ordnungsbehördenrecht für befeh-*

lende VA bleiben mit Ausnahme der dortigen Regelung über die Unanfechtbarkeit unberührt.

(3) In den Fällen des Abs. 2 S. 1 Nr. 4 ist das besondere Interesse an der sofortigen Vollziehung des Verwaltungsaktes schriftlich zu begründen. *Die Ordnungsbehörden des Bundes, der Länder und der Kommunen können im öffentlichen Interesse bei einer gegenwärtigen erheblichen Gefahr eine mündliche Verfügung einschließlich einer Zwangsmittelandrohung, verbunden mit einer Anordnung der sofortigen Vollziehung, erlassen und diese Maßnahme als Notstandsmaßnahme bezeichnen, soweit nicht Polizeivollzugsbeamte oder sonstige Vollzugsdienstkräfte der Gefahrenabwehr bzw. Beliehene oder Polizeihelfer gemäß § 80 Abs. 2 S. 1 Nr. 2 VwGO handeln oder für die Abwehr einer akuten Gefahr nicht die Anwendung der beiden Alternativtatbestände nach § 80 Abs. 2 S. 1 Nr. 3 und 4 i.V.m. Abs 3. S. 1 VwGO aus zeitlichen Gründen ausreicht. Die bundes- und landesgesetzlichen Rechtsinstitute der unmittelbaren Ausführung einer Maßnahme und/oder des Sofortvollzuges bleiben unberührt.*

(4) Die Behörde, die den VA erlassen oder über den Widerspruch zu entscheiden hat, kann in den Fällen des Abs. 2 die Vollziehung aussetzen, soweit nicht bundesgesetzlich etwas anderes bestimmt ist, die etwaige Antragsfrist nicht abgelaufen ist und über die Folgen im Sinne von § 58 VwGO belehrt wurde und soweit in den Fällen des Abs. 2 S. 1 Nr. 2, 3 und Nr. 4 in Verbindung mit Abs. 3 S. 2 sich der VA nicht erledigt hat. In den Fällen der vorstehenden dritten Variante kann vorläufiger behördlicher Rechtsschutz erst nach Vollzug der streitbefangenen VA beantragt werden. Im Falle einer drohenden faktischen Vollziehung bzw. bei einer faktischen Vollziehung kann die Erlass- oder Widerspruchsbehörde auf Antrag feststellen, dass der VA aufschiebende Wirkung hat. Zwischen Antragstellung und der Entscheidung über den Antrag auf Aussetzung der Vollziehung hat der VA entsprechend Abs. 1 aufschiebende Wirkung. Dies gilt auch während einer kurzen Antragsfrist bis zu einer Woche, soweit nicht bundesgesetzlich bei einer längeren Antragsfrist ausdrücklich ein Vollstreckungsverbot besteht. Die Sätze 4 und 5 gelten nicht bei unaufschiebbaren Anordnungen von Polizeivollzugsbeamten und sonstigen Vollzugsdienstkräften der Gefahrenabwehr einschließlich Beliehener und Polizeihelfer sowie bei der sog. Notstandsmaßnahme nach § 80 Abs. 2 S. 1 Nr. 4 i.V.m. Abs. 3 S. 2 VwGO. Die Aussetzungsentscheidung kann durch Auflagen, Bedingungen und Befristungen inhaltlich eingeschränkt werden. Die Aussetzung soll bei öffentlichen Abgaben und Kosten erfolgen, wenn ernstliche Zweifel an der Rechtmäßigkeit des angegriffenen VA bestehen oder wenn die Vollziehung für den Abgaben- oder Kostenpflichtigen eine unbillige, nicht durch überwiegende öffentliche Interessen gebotene Härte zur Folge hätte. In den Fällen der Nr. 2 und 3 soll die Aussetzung bei ernstlichen Zweifeln an der Rechtmäßigkeit des VA erfolgen. Betrifft die Nr. 3 eine öffentliche Geldforderung, gilt der Prüfmaßstab des S. 8. Im

Falle der Nr. 4 i.V.m. Abs. 3 S. 1 ist die Vollziehung auszusetzen, wenn die Anforderungen des Abs. 3 S. 1 nicht erfüllt sind, wenn ernstliche Zweifel an der Rechtmäßigkeit des angegriffenen VA bestehen oder wenn das Dringlichkeitsinteresse an der Anordnung der sofortigen Vollziehung nicht positiv festgestellt (dargelegt) wird. In den Fällen der Nr. 4 i.V.m. Abs. 3 S. 2 ist die aufschiebende Wirkung wiederherzustellen, wenn die formellen Anforderungen des Abs. 3 S. 2 nicht erfüllt waren, wenn ernsthafte Zweifel an der materiellen Rechtmäßigkeit der sog. Notstandsmaßnahme bestehen oder wenn das Dringlichkeitsinteresse fehlte. Ist der VA im Zeitpunkt der Entscheidung schon rechtmäßig vollzogen worden, so hat die Behörde die Aufhebung der Vollziehung anzuordnen, wenn zuvor die Vollziehung des VA ausgesetzt wurde. Dies gilt auch, wenn bei faktischer Vollziehung die aufschiebende Wirkung des VA festgestellt wurde. Die Aussetzung der Vollziehung kann von der Erlass- und der Widerspruchsbehörde von Amts wegen oder auf Antrag von Beteiligten geändert oder aufgehoben werden. Die allgemeinen Vollstreckungsvoraussetzungen des Verwaltungsvollstreckungsrechts bleiben unberührt.

(5) Auf Antrag kann das Gericht der Hauptsache die aufschiebende Wirkung in den Fällen des Abs. 2 *S. 1* Nr. 1 bis 3 ganz oder teilweise anordnen, im Falle des Abs. 2 *S. 1* Nr. 4 *in Verbindung mit Abs. 3 S. 1 bzw. bei einer Notstandsmaßnahme nach Nr. 4 i.V.m. Abs. 3 S.* 2 ganz oder teilweise wiederherstellen, *soweit sich der VA in den Fällen der Nr. 2, 3 und 4 i.V.m. Abs. 3 S. 2 nicht erledigt hat. Das Antragsrecht kann bundesgesetzlich befristet werden. § 58 VwGO ist entsprechend anzuwenden. Zwischen Antragstellung und rechtskräftiger Beschlussfassung löst der Antrag entsprechend Abs. 1 aufschiebende Wirkung aus. Dies gilt auch für den Fall, dass das materielle Recht eine Regelung über eine kurze Antragsfrist bis zu einer Woche enthält, soweit nicht bundesrechtlich bei einer längeren Frist ausdrücklich währenddessen ein Vollstreckungsverbot gilt. Die S. 4 und 5 gelten nicht bei unaufschiebbaren Anordnungen und Maßnahmen von Polizeivollzugsbeamten oder sonstigen Vollzugsdienstkräften der Gefahrenabwehr einschließlich der Beliehenen und Polizeihelfer sowie bei der Notstandsmaßnahme nach der Nr. 4 i.V.m. Abs. 3 S. 2. Bei einem drohenden faktischen Vollzug oder bei einem faktischen Vollzug unter Missachtung des Abs. 1 bzw. der Regelungen nach den S. 4 und 5 kann das Gericht der Hauptsache auf Antrag die aufschiebende Wirkung feststellen. Entsprechende Anträge setzen – ob ein Vorverfahren durchzuführen ist oder nicht – einen (zulässigen) Rechtsbehelf voraus. Ist der Verwaltungsakt im Zeitpunkt der Entscheidung schon befolgt oder zwangsweise vollzogen, so hat das Gericht der Hauptsache bei Vorliegen eines stattgebenden Beschlusses nach Abs. 5 S. 1 grundsätzlich von Amts wegen die Aufhebung der Vollziehung anzuordnen. Dies gilt entsprechend auch bei Vorliegen eines feststellenden Beschlusses der aufschiebenden Wirkung nach Abs. 5 S.1.*

Die Anordnung der aufschiebenden Wirkung soll in den Fällen der Nr. 1 nur erfolgen, wenn ernstliche Zweifel an der Rechtmäßigkeit des angegriffenen Verwaltungsaktes bestehen oder wenn die Vollziehung für den Abgaben- oder Kostenpflichtigen eine unbillige, nicht durch überwiegende öffentliche Interessen gebotene Härte zur Folge hätte. In den Fällen von Nr. 2 und 3 gilt dies entsprechend mit der Maßgabe, dass im Allgemeinen nur ernstliche Zweifel an der Rechtmäßigkeit des VA genügen. Die aufschiebende Wirkung kann in den Fällen von Nr. 4 i.V.m. Abs. 3 wiederhergestellt werden, wenn die Anforderungen des Abs. 3 S. 1 und 2 nicht eingehalten wurden, wenn ernstliche Zweifel an der Rechtmäßigkeit des VA bestehen oder wenn das Dringlichkeitsinteresse an der Anordnung der sofortigen Vollziehung nicht positiv festgestellt wurde. Die Anordnung oder Wiederherstellung der aufschiebenden benden Wirkung kann von der Leistung einer Sicherheit oder von anderen Auflagen abhängig gemacht werden. Sie kann auch befristet werden. Die allgemeinen Vollstreckungsvoraussetzungen des Verwaltungsvollstreckungsrechts bleiben unberührt.

(6) In den Fällen des Abs. 2 Nr. 1 ist der Antrag nach Abs. 5 nur zulässig, wenn im Zeitpunkt der Antragstellung die Behörde einen Antrag auf Aussetzung der Vollzie hung ganz oder zum Teil abgelehnt hat. *Dies gilt auch dann, wenn nach § 68 Abs. 1 S. 2 VwGO ein Vorverfahren entfällt. Diese Gerichtszugangsvoraussetzung/Zulässigkeitsvoraussetzung entfällt, wenn*

1. die Behörde über den Antrag ohne Mitteilung eines zureichenden Grundes innerhalb eines Monates nicht entschieden hat oder

2. die Behörde unbeschadet von Nr. 1 über die Mahnung hinaus konkrete Schritte zur zwangsweisen Beitreibung der Schuld angekündigt oder bereits eingeleitet hat.

D. Ersatzlose Streichung des § 80b VwGO

E. Gesetzeschlag für eine Novelle der allgemeinen Vollstreckungsvoraussetzungen von befehlenden VA auf Bundes- und Landesebene

§ X Allgemeine Vollstreckungsvoraussetzungen

(1) Befehlende VA können nur vollstreckt werden,

1. wenn der Rechtsbehelf gem. § 80 Abs. 2 S. 1 Nr. 1 bis 3 keine aufschiebende Wirkung hat oder

2. wenn die sofortige Vollziehung gem. § 80 Abs. 2 S. 1 Nr. 4 i.V.m. Abs. 3 S. 1 VwGO besonders angeordnet ist oder

3. wenn von der Notstandsklausel des § 80 Abs.2 S. 1 Nr. 4 i.V.m. Abs. 3 S. 2 VwGO Gebrauch gemacht wird.

Ab Antragstellung auf behördlichen und/oder gerichtlichen vorläufigen Rechtsschutz nach § 80 Abs. 4 und 5 VwGO bis zur behördlichen Entscheidung bzw. bis zum rechtskräftigen Gerichtsbeschluss besteht währenddessen wegen Eintritts der aufschiebenden Wirkung entsprechend Abs. 1 ein Vollstreckungshindernis. Dies gilt auch für den Fall eines nur befristeten (zulässigen) Antrages auf vorläufigen Rechtsschutz bis zu einer Woche, soweit nicht gesetzlich ein Vollstreckungsverbot auch bei einer längeren Antragsfrist besteht. Ausgenommen hiervon sind die unaufschiebbaren Anordnungen von Polizeivollzugsbeamten und sonstigen Vollzugsdienstkräften der Gefahrenabwehr einschließlich der Beliehenen und Polizeihelfer nach § 80 Abs. 2 S. 1 Nr. 2 VwGO und die sog. Notstandsmaßnahmen nach § 80 Abs. 2 S. 1 Nr. 4 i.V.m. Abs. 3 S. 2 VwGO. Sollen Gefahren für die öffentliche Sicherheit oder Ordnung unter Hinweis auf § 80 Abs. 2 S. 1 Nr. 3 und 4 i.V.m. Abs. 3 S. 1 VwGO bekämpft werden und die Gefahrenlage verlangt infolge akuter Verschlechterung derselben ein sofortiges Einschreiten, kann in die unaufschiebbare Anordnung nach § 80 Abs. 2 S. 1 Nr. 2 VwGO oder in die sog. Notstandsmaßnahme nach § 80 Abs. 2 S. 1 Nr. 4 i.V.m. Abs. 3 S. 2 VwGO übergegangen werden, soweit nicht als letztes Mittel der verwaltungsvollstreckungs- bzw. polizei- und ordnungsbehördenrechtliche sog. Sofortvollzug zur Anwendung kommt. Die Verfügungen nach § 80 Abs. 2 S. 1 Nr. 3 und 4 i.V.m. Abs. 3 S. 1 VwGO haben sich dann erledigt. Unberührt bleibt die unmittelbare Ausführung einer Maßnahme als Realakt nach dem Polizei- und Ordnungsbehördenrecht.

(2) Ansonsten kann ein befehlender VA erst nach Eintritt der Unanfechtbarkeit vollstreckt werden.

F. Gesetzesvorschlag für allgemeine Vollzugsvoraussetzungen von belastenden sonstigen VA-Kategorien im Sinne des Abs. 1 S. 2

1) Vollstreckungsunfähige belastende sonstige VA-Kategorien mit Ausnahme von VA mit Drittwirkung können durch den Erlass eines befehlenden VA und dessen Vollstreckung vollzogen werden, wenn

1. ein Rechtsbehelf gegen den sonstigen VA gem. § 80 Abs. 2 S. 1 Nr. 3 VwGO keine aufschiebende Wirkung hat oder

2. die sofortige Vollziehung gem. § 80 Abs. 2 S. 1 Nr. 4 in Verbindung mit Abs. 3 S. 1 VwGO besonders angeordnet ist.

Im Fall einer kurzen Antragsfrist von bis zu einer Woche nach § 80 Abs. 4 und /oder 5 VwGO, soweit nicht ein Gesetz bei einer längeren Antragsfrist währenddessen explizit ein Vollzugsverbot enthält und ab zulässiger Antragstellung bis zur

Entscheidung der Behörde bzw. bis zur rechtskräftigen Beschlussfassung des Gerichts darf der nachfolgende befehlende VA nicht ergehen und vollstreckt werden. Bei akuter Verschlechterung der Gefahrensituation während dieser Interimszeit kann in die unaufschiebbare Anordnung nach § 80 Abs. 2 S. 1 Nr. 2 VwGO oder in die Notstandsmaßnahme nach § 80 Abs. 2 S. 1 Nr. 4 i.V.m. Abs. 3 S. 2 VwGO übergegangen werden, soweit nicht im Einzelfall vom verwaltungsvollstreckungs- bzw. polizei- und ordnungsbehördlichen Sofortvollzug Gebrauch gemacht werden muss.

Ansonsten können nachfolgende befehlende VA erst nach Unanfechtbarkeit der sonstigen vollstreckungsunfähigen VA erlassen und auch vollstreckt werden.

2) Von einem VA mit Drittwirkung gem. § 80 Abs. 1 S. 2 VwGO darf der Begünstigte erst Gebrauch machen, wenn

1. ein Rechtsbehelf gem. § 80 Abs. 2 S. 1 Nr. 3 VwGO kraft Gesetzes keine aufschiebende Wirkung hat oder wenn

2. die sofortige Vollziehung gem. § 80 Abs. 2 S. 1 Nr. 4 i.V.m. Abs 3 S. 1 VwGO besonders angeordnet ist.

Ab Antragstellung des Dritten auf behördlichen und/oder gerichtlichen vorläufigen Rechtsschutz nach § 80a Abs. 1 Nr. 2 und Abs. 3 VwGO i.V.m. § 80 Abs. 4 und 5 VwGO bis zur behördlichen Entscheidung bzw. bis zum rechtskräftigen Gerichtsbeschluss darf der Begünstigte nicht von dem begünstigenden VA Gebrauch machen. Dies gilt auch für den Fall einer kurzen Antragsfrist von bis zu einer Woche, soweit nicht ein Gesetz bei einer längeren Antragsfrist ein Vollzugsverbot (Verbot der Umsetzung des begünstigenden VA) enthält.

Ansonsten darf der Begünstigte von dem begünstigenden VA erst nach Eintritt der Unanfechtbarkeit Gebrauch machen.

§ 13 Schlussbemerkungen

Obwohl das Regelwerk der §§ 80 ff. VwGO in seiner Substanz schon fast ein halbes Jahrhundert in Kraft ist und zu diesem wichtigen Segment des Allgemeinen Verwaltungsrechts auch eine kaum noch überschaubare Literatur und Judikatur vorliegt, konnte hier an verschiedenen Stellen des Regelwerkes eine suboptimale Gesetzgebung nachgewiesen werden. Insoweit verstößt und missachtet der Bundesgesetzgeber seit langem gegen die gemeinsame Geschäftsordnung der Bundesministerien. Weiterhin konnte belegt werden, dass viele Interpretationen des Schrifttums und der Judikatur zu den §§ 80 ff. VwGO kritikwürdig sind.

Wie eingangs bereits angedeutet, ist im Hinblick auf vorstehende Erkenntnisse das Regelwerk der §§ 80 bis 80b VwGO gesetzessprachlich, gesetzgebungstheoretisch und inhaltlich ziemlich misslungen. Es bedarf einer kompletten Gesetzesnovellierung und ferner einiger weiterer Novellierungen innerhalb und außerhalb der VwGO. Die beklagten gesetzgeberischen Fehlleistungen lassen sich wohl damit erklären, dass insbesondere den Verfassern von Entwürfen von Bundesgesetzen wegen des grundsätzlichen Gesetzesvollzuges durch die Länder die praktische Anschauung hinsichtlich der von den Regelungen betroffenen Lebenssachverhalte fehlt. Nur so sind einige der aufgezeigten Mängel in der Gesetzgebung erklärlich.

Der verwaltungsgerichtliche Rechtsschutz gegen polizeiliche Maßnahmen der Gefahrenabwehr gleicht nach *Honnacker*[1186] einem Irrgarten mit vielen Hindernissen und Sackgassen. Der von einer polizeilichen Maßnahme Betroffene und die Polizei selbst könnten darin jederzeit hängen bleiben und sich im wahrsten Sinne des Wortes verrennen. Dem ist zuzustimmen. Da die aufgezeigten vielfältigen gesetzgeberischen Schwachpunkte schon seit Inkrafttreten der VwGO bestehen und teilweise schon früher bestanden und teilweise auch schon publiziert wurden, wäre es wirklich an der Zeit, spätestens mit der nunmehr angestrebten neuen einheitlichen Prozessordnung für die gesamte öffentlich-rechtliche Gerichtsbarkeit die Mängel und Schwachpunkte zu bereinigen. Mit einer umfassenden Gesetzesnovellierung im Rahmen eines einheitlichen Prozessrechts könnte ein wichtiger Beitrag zu mehr Rechtssicherheit und Rechtsklarheit geleistet werden. Allerdings dürfte nach *Meyer-Ladewig*[1187] die angestrebte Vereinheitlichung des Prozessrechts aus den verschiedensten Gründen wohl nur ein Lippenbekenntnis bleiben. In diesem Fall sollten zumindest bei der nächsten Gesetzesnovelle zur VwGO die §§ 80 ff. sowie die §§ 70 und 72 VwGO modifiziert werden. Ferner sollte der Bund sein VwVG und die Länder das Verwaltungsvollstreckungsrecht bzw. das Polizei- und Ordnungsbehördenrecht hinsichtlich der allgemeinen Vollstreckungsvoraussetzun-

[1186] So im Ergebnis auch *Honnacker,* Schriftenreihe der Hochschule Speyer, Bd. 121, 1997, S. 113.
[1187] Vgl. Meyer-Ladewig, NVwZ 2007, 1262 ff.

gen und der Rechtsinstitute der unmittelbaren Ausführung einer Maßnahme und des Sofortvollzuges novellieren, indem zum einen das Augenmerk auf eine klare Abgrenzung unter den genannten Rechtsinstituten gelenkt wird und zum anderen der Sofortvollzug kompatibel mit den verwaltungsprozessualen Beschleunigungsregelungen der Nr. 2 und Nr. 4 i.V.m. Abs. 3 S. 2 ausformuliert wird.

Nach der Rechtsschutzgarantie, dem Rechtsstaats- und Demokratieprinzip obliegt es dem Gesetzgeber, verständliche und präzise Normen aufzustellen, um damit die Freiheitsrechte zur vollen Geltung kommen zu lassen. Diesen Kriterien entspricht es am ehesten, wenn der Text einer Rechtsnorm vollständig ausformuliert wird.[1188] Um dies zu gewährleisten, gibt es Vorschläge in der Literatur[1189] und aus der aktuellen Politik, Gesetzesentwürfe vor der Beschlussfassung durch das Kabinett der Gesellschaft für deutsche Sprache zuzuleiten.[1190] Dies wäre in der Tat ein erwägenswerter Weg, um Gesetze allgemein – soweit möglich – etwas verständlicher auszuformulieren. Auch *Kirchhof*[1191] hat auf dem 65. Deutschen Juristentag die Bundesregierung aufgefordert, einen „Sachverständigenrat für Gesetzeskultur" zu schaffen. Dieses unabhängige Gremium müsse mit juristisch, sprachwissenschaftlich und ökonomisch hoch qualifizierten Beamten besetzt werden. Es solle die Erarbeitung klarer und leicht verständlicher Gesetze gewährleisten. Da ein Konflikt zwischen Verständlichkeit und Präzision besteht, muss wohl im Zweifel die Präzision Vorrang vor der immer anzustrebenden Verständlichkeit haben.[1192] Dessen ungeachtet wird aber auch allgemein gefordert, ein Gesetz möglichst kurz zu halten. Deswegen sind auch abkürzende Figuren der Gesetzestechnik wie Legaldefinitionen, Verweisungen und Fiktionen üblich, um einen Spagat zwischen Kürze und Prägnanz und leichter Verständlichkeit und Anschaulichkeit herbeizuführen.[1193] Das muss umso mehr gelten, als es sich bei §§ 80 ff. VwGO um zentrale verwaltungsprozessuale Normen für die gesamte Eingriffsverwaltung im Herrschaftsbereich der VwGO handelt.

Wenn der Bundesgesetzgeber die hier unterbreiteten Vorschläge zur Grundlage von Gesetzesnovellierungen machen würde, wäre die Rechtslage sicherlich klarer, wodurch die Rechtsschutzgarantie, das Rechtsstaats- und Demokratieprinzip und somit die Freiheitsrechte gestärkt würden. Gleichzeitig würde von einer optimierten Gesetzgebung auch die sog. Eingriffsverwaltung einschließlich der Polizeivoll-

---

[1188] Vgl. *Guckelberger*, Zeitschrift für Gesetzgebung, 2004, S. 62 (69).
[1189] Vgl. *Kindermann*, Ministerielle Richtlinien der Gesetzestechnik, S. 46.
[1190] Spätestens bei Gesetzen, die viele Menschen betreffen, wie etwa bei der Sozialgesetzgebung, sollte die Gesetzessprache allgemein verständlich sein, so die Meinung der Gesellschaft für deutsche Sprache; vgl. „Die Welt" vom 25.02.2006. Obwohl der vorläufige Rechtsschutz im Ergebnis auch viele Menschen betrifft, richtet sich diese Vorschrift wohl eher an die Rechtsanwender, Bevollmächtigten und Gerichte, so dass bezweifelt werden muss, ob §§ 80 ff. VwGO ein solches Betätigungsfeld wären.
[1191] Vgl. die Zeitschrift „Die Welt" vom 21. Sept. 2004.
[1192] Vgl. *Kindermann*, Ministerielle Richtlinien der Gesetzestechnik, S. 39.
[1193] Wie vor, S. 47.

zugsbeamten und sonstigen Vollzugsdienstkräfte der Gefahrenabwehr sowie die Verwaltungsgerichtsbarkeit davon profitieren, denn damit könnten die vielen kaum noch überschaubaren widersprüchlichen Interpretationen im Schrifttum und in der Judikatur reduziert und minimiert werden, wodurch schließlich auch die Verwaltungsgerichtsbarkeit entlastet würde.

Abkürzungsverzeichnis

a.A. = andere Ansicht
Abs. = Absatz
AEG = Aufenthaltsgesetz
AGVwGO RP = Ausführungsgesetz zur VwGO für Rheinland-Pfalz
Allg. Verwaltungsrecht = Allgemeines Verwaltungsrecht
Art. = Artikel
AO = Abgabenordnung
Aufl. = Auflage
AS = Amtliche Sammlung Rheinland-Pfalz
AVR = Allgemeines Verwaltungsrecht
Az. = Aktenzeichen
BAG = Bundesanstalt für Güterverkehr
BauGB = Baugesetzbuch
BayVBl. = Bayrisches Verwaltungsblatt
BayVerf. = Bayrische Verfassung
BayVwZVG = Bayrisches Verwaltungszwangsvollstreckungsgesetz
BBG = Bundesbeamtengesetz
Beschl. = Beschluss
BGB = Bürgerliches Gesetzbuch
BGBl. = Bundesgesetzblatt
BGH = Bundesgerichtshof
BJagdG = Bundesjagdgesetz
BKA = Bundeskriminalamt
BKAG = Bundeskriminalamtgesetz
BLG = Bundesleistungsgesetz
BPolG = Bundespolizeigesetz
BPolGZollVO = Verordnung über die Übertragung von Grenzschutzaufgaben auf die Zollverwaltung
BR-Drucks. = Bundesrats-Drucksache
BrPolG = Bremisches Polizeigesetz
BremVwVG = Bremisches Verwaltungsvollstreckungsgesetz
BRRG = Beamtenrechtsrahmengesetz
BRS = Baurechtssammlung
BSGE = Entscheidungen des Bundessozialgerichts
BSHG = Bundessozialhilfegesetz
BT-Drucks. = Bundestags-Drucksache
BVerfG = Bundesverfassungsgericht
BVerfGE = Entscheidungen des Bundesverfassungsgerichts
BVerfGG = Bundesverfassungsgerichtsgesetz
BVerwG = Bundesverwaltungsgericht
BVerwGE = Entscheidungen des Bundesverwaltungsgerichts
BW = Baden-Württemberg
bzw. = beziehungsweise
ders. = derselbe
Diss. = Dissertation
DÖD = Der öffentliche Dienst (Zeitschrift)
DÖV = Die öffentliche Verwaltung (Zeitschrift)
DV = Die Verwaltung (Zeitschrift)
DVBl. = Deutsches Verwaltungsblatt (Zeitschrift)
DVP = Deutsche Verwaltungspraxis (Zeitschrift)
EGGVG = Einführungsgesetz zum Gerichtsverfassungsgesetz
EG-Recht = Europäisches Gemeinschaftsrecht
EuGH = Europäischer Gerichtshof
EUR = Euro
EVwPO = Entwurf für eine Verwaltungsprozessordnung
FGO = Finanzgerichtsordnung
FlurbG = Flurbereinigungsgesetz
Fn. = Fußnote

gem. = gemäß
GewO = Gewerbeordnung
GG = Grundgesetz
GGO = Gemeinsame Geschäftsordnung der Bundesmin.
Grund-VA = Grund-Verwaltungsakt
GKG = Gerichtskostengesetz
GüKG = Güterkraftverkehrsgesetz
GVBl. = Gesetz- und Verordnungsblatt
GVG = Gerichtsverfassungsgesetz
Habil = Habilitationsschrift
HDU-Verfügung = Verfügung über Handeln, Dulden oder Unterlassen
h.M. = herrschende Meinung
Hrsg. = Herausgeber
HS = Halbsatz
incl. = einschließlich
i.d.F. = in der Fassung
i.S.d. = im Sinne des/der
i.V.m. = in Verbindung mit
JURA = Zeitschrift
JuS = Juristische Schulung (Zeitschrift)
Kfz = Kraftfahrzeug
LBauO RP = Landesbauordnung für Rheinland-Pfalz
LVO = Landesverordnung
LVwVG RP = Landesverwaltungsvollstreckungsgesetz für Rhld.-Pf.
MinBl. = Ministerialblatt
MinBlBGS = Ministerialblatt des BGS (jetzt Bundespolizei)
m.w.N. = mit weiteren Nachweisen
NJW = Neue juristische Wochenschrift (Zeitschrift)
Nr. = Nummer
NRW = Nordrhein-Westfalen
NRWPOG = Polizeigesetz für Nordrhein-Westfalen
NVwZ = Neue Zeitschrift für Verwaltungsrecht (Zeitschrift)
NVwZ-RR = Neue Zeitschrift für Verwaltungsrecht, Rechtsprechung
NWOBG = Ordnungsbehördengesetz für Nordrhein-Westfalen
NWVwVG = Verwaltungsvollstreckungsgesetz für Nordrhein-Westfalen
o.g. = oben genannt
OLG = Oberlandesgericht
OVG = Oberverwaltungsgericht
OVGE = Entscheidungen des Oberverwaltungsgerichts NRW
OwiG = Ordnungswidrigkeitengesetz
POG RP = Polizei- und Ordnungsbehördengesetz für Rhld.-Pf.
pol. = polizeizeilich
PrPVG = Preußisches Polizeiverwaltungsgesetz
rheinld.-pf. = rheinland-pfälzisch
Rn. = Randnummer
RP = Rheinland-Pfalz
RVO = Rechtsverordnung
SGB = Sozialgesetzbuch – Allgemeiner Teil –
SGG = Sozialgerichtsgesetz
sof. = sofortiger
sog. = sogenannte(r)
StGB = Strafgesetzbuch
StPO = Strafprozessordnung
StVG = Straßenverkehrsgesetz
StVO = Straßenverkehrsordnung
TBM = Tatbestandsmerkmal
Uni = Universität
Urt. = Urteil
UZwG = Gesetz über den unmittelbaren Zwang für Vollzugsbeamte des Bundes

UZwGBw = Gesetz über die Anwendung unmittelbaren Zwanges und die Ausführung besonderer Befugnisse durch die Bundeswehr und zivile Wachpersonen
VA = Verwaltungsakt
VAG = Bundesamt für das Versicherungswesen
VBlBW = Verwaltungsblatt Baden-Württemberg
VEMEPolG = Vorentwurf zur Änderung des Musterentwurfes eines einheitlichen Polizeigesetzes des Bundes und der Länder
VerkMitt = Verkehrsmitteilungen (Zeitschrift)
VersG = Versammlungsgesetz
VerwArch = Verwaltungsarchiv
VG = Verwaltungsgericht
VGH = Verwaltungsgerichtshof
vgl. = vergleiche
VO = Verordnung
Vorb = Vorbemerkungen
vorl. = vorliegend oder vorläufig
VR = Verwaltungsrundschau (Zeitschrift)
VT = Verkehrsteilnehmer
VV = Verwaltungsvorschrift
VVOrgPol = Verwaltungsvorschrift zur Organisation der Polizei in Rheinland-Pfalz
VwGO = Verwaltungsgerichtsordnung
4. VwGOÄndG = viertes Verwaltungsgerichtsordnungsänderungsgesetz
VwVfG = Verwaltungsverfahrensgesetz des Bundes
VwVG = Verwaltungsvollstreckungsgesetz des Bundes
VwZG = Verwaltungszustellungsgesetz des Bundes
WaStrG = Bundeswasserstraßengesetz
WohnBindG = Wohnungsbindungsgesetz
z.B. = zum Beispiel
ZDG = Zivildienstgesetz
ZG = Zeitschrift für Gesetzgebung
ZPO = Zivilprozessordnung

Literaturverzeichnis

App/Wettläufer: Verwaltungsvollstreckungsrecht, 3. Aufl. 1996.
Bader/Funke-Kaiser/Kuntze/von Allbedyl: Verwaltungsgerichtsordnung.
Bauer: Die Bundestreue, 1992, Habil Uni Augsburg.
Beckmann: § 80b VwGO – eine Mogelpackung? VR 1997, 387.
Beckmann: Der Abhilfebescheid und die neue VwGO, VR 1998, 226.
Beckmann: Über die innere Wirksamkeit rechtsgestaltender belastender VA, VR 1998, 123.
Beckmann: Kritische Gesamtschau des neuen § 80b VwGO, NVwZ 1998, 373.
Beckmann: Der neue § 80b VwGO – eine Zwischenbilanz, VR 1999, 272.
Beckmann: Polizei- und Ordnungsbehördengesetz RP, 2000.
Beckmann: Ist der Begriff des Polizeivollzugsbeamten i.S.d. § 80 Abs. 2 S. 1 Nr. 2 VwGO restriktiv auszulegen?, VR 2002, 404
Beckmann: Ist die Notstandsmaßnahme nach § 80 Abs. 3 S. 2 VwGO überflüssig?, VR 2003, 53.
Beckmann: Gibt es doch einen mündlichen Widerspruch?, VR 2003, 1.
Beckmann: Die Kostenanforderung im Fokus des § 80 Abs. 2 S. 1 Nr. 1 VwGO, VR 2003, 181.
Beckmann: Wann wird eine Rücknahme oder Widerruf wirksam?, VR 2003, 217 ff.
Beckmann: Sind die in Literatur und Judikatur vertretenen diversen Theorien zur Zuständigkeitskonkurrenz zwischen Erlass und Widerspruchsbehörde gem. § 80 Abs.2 S. 1 Nr. 4 VwGO nachvollziehbar und schlüsssig?, NVwZ, 2004, 184 ff.
Beckmann: Bringt der neue § 124a VwGO weitere Rechtsunsicherheiten hinsichtlich des § 80b VwGO?, VR 2005, 43 ff.
Beckmann-Gast: Landesverwaltungsvollstreckungsgesetz RP.
Benedens: Aktuelle Organisation der Polizei- und Ordnungsbehörden sowie Sonderordnungsbehörden in Brandenburg nach der Strukturreform, VR 2003, 3345.
Benfer: Rechtsbegriffe von Polizei und Staatsanwaltschaft, 2. Aufl. 2001.
Bettermann: Sofortiger Vollzug und Erfolgsaussichten der Anfechtung, DVBl. 1976, 64.
Bonner Kommentar: GG.
Bosch/Schmidt: Praktische Einführung in das verwaltungsgerichtliche Verfahren, 7. Aufl., 2001.
Brühl: Vorl. Rechtsschutz im Verwaltungsstreitverfahren, JuS 1995, 627.
Brühl: JuS 2001, 628.
Bruns/Möller: Verwaltungsrecht, 3. Aufl. 1996.
Büchner/Schlotterbeck: Verwaltungsprozessrecht, 6. Aufl. 2001.
Bull: Allg. Verwaltungsrecht, 6. Aufl. 2000.
Busch: Nochmals: Vorl. Rechtsschutz und materielles Verwaltungsrecht, DÖV 1983, 626.
Denninger: Staatsrecht 2.
Detterbeck: Allg. Verwaltungsrecht, 2002.
Dreier: GG, Bd. I, 1996.
Drews/Wacke/Vogel/Martens: Gefahrenabwehr, 9. Aufl. 1985.
Druschel: Die Verwaltungsaktbefugnis, Diss. Uni Halle,1999.
Dünchheim: Die Europäisierung des Verwaltungsprozessrechts und die Notwendigkeit europäischer Gerichtskooperation, VR 2003, 362.
Ehlers: Die Rechtsnatur der Bekanntgabe von Smog-Alarm, DVBl. 1987, 972.
Ekardt: Zukunft in Freiheit, 2004, zugl. Habil Uni Rostock..
Ekardt: Das Prinzip Nachhaltigkeit: Generationengerechtigkeit und globale Gerechtigkeit, 2005
Ekardt: Steuerungsdefizite im Umweltrecht, Diss. 2001, Ber
liner Wissenschaftsverlag.
Ekardt: Information, Partizipation, Rechtsschutz, 2. Aufl. 2008.
Ekardt: Wird die Demokratie ungerecht?, Beck-Taschenbuch 2007.
Ekardt/Beckmann: Vorläufiger Rechtsschutz zwischen Beschleunigungs- und Internationalisierungstendenzen im Verwaltungsrecht, DÖV 2006, 672.
Ekardt/Beckmann: Polizeivollzugsbeamte und aufschiebende Wirkung von verwaltungsgerichtlichen Rechtsbehelfen, VerwArchiv 2008, 241.
Ekardt/Beckmann: Sind verwaltungsgerichtliche Hängebeschlüsse zulässig?, VR 2006, 337.
Engelhardt/App: VwVG.
Erbguth: Zur Vereinbarkeit der jüngeren Deregulierungsgesetzgebung im Umweltrecht und dem Verfassungs- und Europarecht, 1999.
Erichsen: Verwaltungsrecht und Verwaltungsgerichtsbarkeit.

Eyermann: VwGO, 11. Aufl. 2000.
Fechner: Die Rechtswidrigkeitsfeststellungsklage, NVwZ 2000, 121.
Finger: Das Aufenthaltsverbot – Die neue Standardmaßnahme der nordrhein-westf. Gefahrenabwehr, DVP 2004, 370.
Finger: Existenzberechtigung der sog. erweiterten Fortsetzungsfeststellungsklage gem. § 113 Abs. 1 S. 4 VwGO analog?, VR 2004, 145.
Finger: Polizeiliche Standardmaßnahmen und ihre zwangsweise Durchsetzung – Rechtswirkung, Rechtsgrundlage u. Rechtsschutz am Beispiel der Ingewahrsamnahme, JuS 2005, 116.
Finke/Sundermann/Vahle: Allg. Verwaltungsrecht, 2002.
Finkelnburg/Jank: Vorl. Rechtsschutz im Verwaltungsstreitverfahren, 4. Aufl. 1998.
Fliedner: Notwendigkeit, Verständlichkeit und Praktikabilität von Rechtsvorschriften, Zeitschrift für Gesetzgebung (ZG), 1993, 352.
Frenz: Öffentliches Recht, 2. Aufl. 2004.
Gersdorf: Die Subsidiaritätsklausel des Institutes der unmittelbaren Ausführung – dargelegt am Beispiel des Abschleppens eines PKW, NVwZ 1995, 1086.
Giermulla/Jaworski/Müller/Uri: Verwaltungsrecht, 7. Aufl. 2004.
Göpfert: Die Rechtswidrigkeitsfeststellungsklage – eine eigenständige Klageart?, BayVBl. 2000, 300.
Götz: Allg. Polizei- und Ordnungsrecht, 13. Aufl. 2001.
Greipl: Art. 19 Abs. 4 GG und Entscheidungen von unabhängigen Sachverständigenausschüssen, Diss. Uni Bonn, 1988.
Gusy: Polizeirecht, 9. Aufl. 2003.
Guckelberger: Gesetzgebungstechnik der Verweisung, Zeitschrift für Gesetzgebung, 2004, 62.
Guckelberger: Zulässigkeit und Anfechtbarkeit verwaltungsgerichtlicher Hängebeschlüsse, NVwZ 2001, 275.
Habermehl: Polizei- und Ordnungsrecht, 2. Aufl. 1993.
Haibach: Vorl. Rechtschutz im Spannungsfeld von Gemeinschaftsrecht und GG, DÖV 1996, 60.
Haurand: Zwanzig Fragen zu Polizei- und Ordnungsrecht, DVP 1998, 228.
Haus/Wohlfahrt: Allg. Polizei- und Ordnungsrecht, 1997.
Hendler: Allg. Verwaltungsrecht, 3. Aufl. 2001.
Hesselberger: Das GG, 2003.
Hillgruber: Das Anwohnerparken in der Gemengelage von Straßen- und Straßenverkehrsrecht, Verwaltungsarchiv 1998, 93.
Hofmann/Gehrke: Allg. Verwaltungsrecht, 8. Aufl. 2002.
Hofmann/Meyer-Teschendorf: Neue Anforderungen an Gesetzgebungsmethodik und Gesetzesfolgenabschätzung, 1998, 362.
Heesen/Hönle: BGSG, VwVG und UZwG, 4. Aufl. 2002.
Heesen/Hönle/Peilert: BGSG, VwVG u. UZwG,
Honnacker: Die verwaltungsgerichtliche Kontrolle polizeilicher Gefahrenabwehr, Schriftenreihe der Hochschule Speyer, Bd. 121, 1997, 113.
Huber: Allg. Verwaltungsrecht, 2. Aufl. 1997.
Hufen: Verwaltungsprozessrecht, 4. Aufl. 2000.
Huxholl: Die Erledigung eines VA im Widerspruchsverfahren, Diss. Uni Münster, 1995.
Ipsen: Staatsrecht I, 12. Aufl. 2000.
Ipsen: Allg. Verwaltungsrecht, 3. Aufl. 2003.
Jäde: Verwaltungsverfahren, Widerspruchsverfahren, Verwaltungsprozessrecht, Vorl. Rechtsschutz.
Jagusch/Hentschel: Straßenverkehrsrecht.
Jannasch: Einwirkungen des Gemeinschaftsrechts auf den vorläufigen Rechtsschutz, NVwZ 1999, 494.
Jarass: Bekanntgabe des Smogalarms, NVwZ 1987, 95.
Jarass/Pieroth: GG.
Jochum/Rühle: Polizei- und Ordnungsrecht.
Kästner: Unmittelbare Maßnahmen der Gefahrenabwehr, JuS 1994, 362.
Kaltenborn: Anforderungen an eine Anordnung der sof. Vollziehung, DVBl. 1999, 831.
Kimms/Schlünder: Verfassungsrecht II, Grundrechte, 1998.
Kindermann: Ministerielle Richtlinie der Gesetzestechnik.
Kirchhof: Grundfälle zum Polizeirecht, JuS 1975, 509.
Klinger: VwGO, 2. Aufl. 1964.
Knack: VwVfG, 8. Aufl. 2003.
Knemeyer: Polizei- und Ordnungsrecht, 9. Aufl. 2002.
Koch/Scholtz: AO, 15. Aufl. 1996.
Köck: Gesetzesfolgenabschätzung und Gesetzgebungslehre, Verwaltungsarchiv 2002, 1.
Köhler: VwGO.
Köhler: Die Polizeigewalt des Parlamentspräsidenten im deutschen Staatsrecht, DVBl.1992, 1577.

Kopp/Ramsauer: VwVfG, 8. Aufl. 2003.
Kopp/Schenke: VwVfG, 13. Aufl. 2003.
Kopp/Schenke: VwGO, 13. Aufl. 2003.
Kotulla: Der Suspensiveffekt des § 80 Abs. 1 VwGO, ein Rechtsschutzinstrument auf Abruf?, DV 2000, 521.
Krämer: Berliner Praxiskommentare, Vorläufiger Rechtsschutz im VwGO-Verfahren, 1998.
Kraft/Böcking/Kay: Eingriffsmaßnahmen der Polizei, 3. Aufl. 2000.
Kröller: Vollstreckungsrecht im Verwaltungszwangsverfahren.
Kugelmann: Unmittelbare Ausführung von Maßnahmen und die sofortige Anwendung von Verwaltungszwang durch die Polizei, DÖV 1997, 153.
Kuhla/Hüttenbrink: Der Verwaltungsprozess.
Kutsch: Proz. Konsequenzen einer fehlenden Rechtsbehelfsbelehrung in Bezug auf § 80 Abs. 6 VwGO, VR 2004, 361.
Lammich/Pöttiger: GüKG.
Lang: Methodenlehre der Rechtswissenschaft, 6. Aufl. 1991.
Lang: Die Aufhebung des der Drittanfechtung unterliegenden VA, zugl. Uni Mannheim, 1989.
Lechner: BVerfGG, 3. Aufl. 1973.
Leibholz/Rinck: GG.
Leibholz/Rinck/Hesselberger: GG, 7. Aufl.
Lemke: Verwaltungsvollstreckungsrecht des Bundes und der Länder, 1. Aufl. 1997.
Limberger: Probleme des vorl. Rechtsschutzes bei Großprojekten, Diss. Uni Frankfurt.
Lin: Das deutsche Modell des vorl. Rechtsschutzes bei der polizeilichen Gefahrenabwehr, Diss. Uni Tübingen, 2000.
Lisken-Denninger: Handbuch des Polizeirechts, 3. Aufl. 2001.
Löwer: Anmerkungen zu Nr. 26, NJW 1968, 1541.
Lorent-Link: Verhältnis zwischen Polizei und Ordnungsbehörden, 1998, zugl. Diss. Uni Würzburg.
Lorenz: Verwaltungsprozessrecht, 1999.
Lorz: Der Rechtsschutz einfacher Verkehrsteilnehmer gegen Verkehrszeichen und andere verkehrsbehördliche Anordnungen, DÖV 1993, 137.
Mampel: Vorl. Rechtsschutz gegen Verwaltungsakte mit Doppelwirkung nach dem 6. VwGOÄndG, DVBl. 1997, 1155.
Mangoldt/Klein/Starck: GG, 4. Aufl. 1999.
Martens: Suspensiveffekt, Sofortvollzug und vorläufiger Rechtsschutz bei atomrechtlicher Genehmigung.
Martini: Verwaltungsprozessrecht, 2. Aufl. 1999.
Maunz/Dürig-Herzog: GG.
Maurer: Allg. Verwaltungsrecht, 14. Aufl. 2002.
Mayer/Kopp: Allg. Verwaltungsrecht, 5. Aufl. 1985.
Meyer/Borgs: VwVfG.
Meyer-Ladewig: Aktualität einer Vereinheitlichung des Prozessrechts, NVwZ 2007, 1262.
Michaelis: Der Beliehene, Diss. Uni Münster, 1969.
Model/Müller: GG, 11. Aufl. 1996.
von Münch/Kunig: GG-Kommentar.
Niehuis: Dingliche VA, DÖV 1965, 319.
Obermeyer: VwVfG, 3. Aufl.1995.
Pache/Knauff: Zum Verhältnis von Ausgangs- und Widerspruchsbehörde, DÖV 2004, 656.
Papier: Einstweiliger Rechtsschutz bei öffentl.-rechtl. Streitigkeiten (1. Teil), JA 1979, 561.
Pieroth/Schlink/Kniesel: Polizei- und Ordnungsrecht, 2002.
Pietzner/Ronellenfitsch: Das Assessorexamen im öffentlichen Recht, 11. Aufl. 2005.
Pietzner: Rechtsschutz in der Verwaltungsvollstreckung, Verwaltungsarchiv 1993, 261.
Prümm/Sigrist: Allg. Sicherheits- und Ordnungsrecht, 1997.
Rauball: Allgem. Polizei- und Ordnungsrecht, 13. Aufl. 1983.
Redeker/von Oertzen: VwGO, 14. Aufl. 2003.
Reichert/Ruder: Polizeirecht, 1994.
Renck: Die Rechtsmittel gegen Verwaltungsvollstreckungsakte, NJW 1966, 124.
Renck: Ernstliche Zweifel an der Rechtsmäßigkeit des angefochtenen VA, NVwZ 1992, 338.
Richter/Schuppert/Bumke: Casebook Verfassungsrecht, 4. Aufl. 2001.
Riegel: Bundespolizeirecht, 1985.
Rieger: Grenzen verfassungskonformer Auslegung, NVwZ 2003, 17.
Rühle: Polizei- und Ordnungsrecht RP, 3. Aufl. 2004.
Rühle/Suhr: Polizei- und Ordnungsbehördengesetz RP, 2000.
Sachs (Hrsg.): GG, 1998.
Sadler: VwVG u. VwZG, 5. Aufl. 2002.
Sadler: Der Verwaltungszwang im Bereich des Gesundheitswesens, Diss. Uni Marburg, 1974.

Sandner: Probleme des vorl. Rechtsschutzes, DVBl. 1998, 262.
Schenke: Verwaltungsprozessrecht, 8. Aufl. 2002.
Schenke: Polizei- und Ordnungsrecht, 2. Aufl. 2003.
Schieferdecker: Die Entfernung von Kfz als Maßnahme staatlicherGefahrenabwehr, 1988, zugl. Diss. Uni Mannheim.
Schmalz: Allg. Verwaltungsrecht und Grundlagen des Verwaltungsrechtsschutzes, 2. Aufl. 1994.
Schmalz: Staatsrecht, 4. Aufl. 2000.
Schmidt: Verwaltungsprozessrecht, 6. Aufl. 2002.
Schmidt/Bleibtreu/Sachs (Hrsg.): GG, 9. Aufl. 1999.
Schmidt-Bleibtreu: GG, 9. Aufl. 1999.
Schmidt/Glaeser/Horn: Verwaltungsprozessrecht, 15. Aufl. 1999.
Schoch: Vorl. Rechtsschutz und Risikoverteilung im Verwaltungsrecht, Habil Uni Heidelberg, 1988.
Schoch: Grundfälle zum Polizei- und Ordnungsrecht, JuS 1995, 307.
Schoch: Die Europäisierung des verwaltungsgerichtlichen Rechtsschutzes, DVBl. 1997, 289.
Schoch: Rechtsschutz gegen polizeiliche Maßnahmen, JURA 2001, 628.
Schoch: Der verwaltungsprozessuale vorl. Rechtsschutz, JURA 2001, 673.
Schoch/Schmidt-Aßmann/Pietzner: VwGO.
Schunck/de Clerck: VwGO, 3. Aufl. 1977.
Schurig: Kommentar zur StVO.
Schwabe: Examensrelevantes Verwaltungsprozessrecht, 5. Aufl. 2000.
Seifert/Hömig: GG, 6. Aufl. 1999.
Selmer/Gersdorf: Verwaltungsvollstreckungsverfahren, 1996.
Sodan-Ziekow: VwGO.
Stein: Fälle und Erläuterungen zum Allg. Verwaltungsrecht/Verwaltungsprozessrecht, 2001.
Stein: Fälle und Erläuterungen zum Polizei- und Ordnungsrecht RP, 2. Aufl. 2004.
Steiner (Hrsg.): Besonderes Verwaltungsrecht, 7. Aufl. 2003.
Stelkens/Bonk/Sachs: VwVfG, 6. Aufl. 2001.
Stollmann: Die polizeirechtliche Verfügung, VR 2003, 335.
Stülpnagel: Der einstweilige Rechtsschutz nach § 80 VwGO und die Durchführung von gemeinschaftsrechtlichen Verordnungen, DÖV 2001, 932.
Stumm: Verwaltungsrecht.
Suckow: Allg. Verwaltungsrecht und Verwaltungsrechtsschutz.
Tettinger/Wahrendorf: Verwaltungsvollstreckungsrecht, 2. Aufl.
Tettinger/Wahrendorf: Verwaltungsprozessrecht, 2. Aufl.
Ule: Verwaltungsprozessrecht.
Ule/Laubinger: VwVfG.
Umbach/Clemens (Hrsg.): GG, Bd. I, 2002.
Vahle: Der sofortige Vollzug im Verwaltungsvollstreckungsrecht, DVP 1994, 92.
Vahle: Rechtsschutz gegen Maßnahmen der Ordnungs- und Polizeibehörden, DVP 2003, 341.
Vahle: Zwanzig Fragen zum Verwaltungsvollstreckungsrecht anhand des Landesrechts NRW, DVP 2004, 276.
Wassermann: Reihe Alternativkommentare, GG der BRD, Bd. I.
Weber: Rechtsschutz im Verwaltungsvollstreckungsverfahren, VR 2004, 253.
Weber: Fälle zum Verwaltungsvollstreckungsrecht, VR 2004, 183.
Weidemann: Die Allgemeinverfügung, VR 2005, 217.
Weides: Verwaltungsverfahren und Widerspruchsverfahren.
Wieseler: Der vorl. Rechtsschutz gegen VA, 1967.
Wolff/Bachof/Stober: VerwR I.
Würtenberger: Verwaltungsgerichtsbarkeit, Prüfe Dein Wissen.
Würtenberger: Verwaltungsprozessrecht.
Würtenberger/Heckmann/Riggert: Polizeirecht in BW, 1993.
Wehr: Abschied von der Fortsetzungsfeststellungsklage analog § 113 Abs. 1 S. 4 VwGO, DVBl. 2001, 785.